Barentssee
Sibirien
Moskau
Gut Ankelohe
JUGOSLAWIEN
Schwarzes Meer
TSCHETSCHENIEN
Aralsee
Kaspisches Meer
Ochotskisches Meer
Japanisches Meer
NORDKOREA
Mittelmeer
IRAK
AFGHANISTAN
BURMA
LAOS
Pazifischer Ozean
Rotes Meer
Arabisches Meer
Golf von Bengalen
Indischer Ozean
Kap der Guten Hoffnung

Lutz Kleveman

KRIEGSGEFANGEN

Lutz Kleveman

KRIEGSGEFANGEN

MEINE DEUTSCHE SPURENSUCHE

Siedler

Alle Abbildungen stammen aus dem Privatbesitz des Autors.

MIX
Papier aus verantwortungsvollen Quellen
FSC® C014496

Verlagsgruppe Random House FSC-DEU-0100
Das für dieses Buch verwendete FSC®-zertifizierte Papier *EOS*
liefert Salzer Papier, St. Pölten, Austria.

Erste Auflage
August 2011

Umschlaggestaltung: Rothfos + Gabler, Hamburg
Lektorat: Jan Schleusener, Berlin
Bildredaktion und Satz: Ditta Ahmadi, Berlin
Karten: Peter Palm, Berlin
Druck und Bindung: GGP Media GmbH, Pößneck
Printed in Germany 2011
ISBN: 978-3-88680-990-5

www.siedler-verlag.de

FÜR LAILA

INHALT

PROLOG

Fast lautlos, wie eine riesige Kreuzotter, zieht der Expresszug nach Moskau aus dem Sankt Petersburger Bahnhof. Es ist ein heißer Sommertag, die Passagiere um mich herum wischen sich den Schweiß von der Stirn. Ich werfe meine Tasche auf die Ablage, lasse mich in den Sitz fallen und schalte meinen iPod ein. »I won't go to rehab«, knurrt die Stimme von Amy Winehouse, während sich der Zug durch die grauen Vororte der Stadt schlängelt.

Ich habe eine lange Reise vor mir. Von Moskau will ich mit der Transsibirischen Eisenbahn quer durch Sibirien bis nach Wladiwostok im Fernen Osten reisen – fast 10 000 Kilometer über acht Zeitzonen. Aber dieses eine Mal reise ich ohne journalistischen Auftrag, sondern auf einer privaten Mission.

Es wird wohl für lange Zeit meine letzte große Reise sein. Meine Wanderjahre sind vorbei, und ich muss nach Deutschland heimkehren, um mein Erbe anzutreten, das Gut Ankelohe, unseren Familiensitz bei Bremen. So haben Mutter und ich es vereinbart, als Vater starb und ich zu seinem Nachfolger bestimmt wurde. Damals fühlte ich mich noch zu jung, ich war 24, um den Hof zu übernehmen. Erst wollte ich mein Studium abschließen und etwas von der Welt sehen, wie man so sagt. Mach das, sagte meine Mutter, noch kann ich mich um den Betrieb kümmern, aber in acht bis zehn Jahren musst du zurück sein.

Das war der Deal.

Seitdem habe ich Gas gegeben. Nach der Uni bin ich fast ununterbrochen *on the road* gewesen – oder sollte ich sagen: auf der Flucht? – als Reporter in den gottverlassensten Orten und Kriegsgebieten dieser Erde: auf dem Balkan, in Westafrika, im Kaukasus, Zentralasien, im Nahen Osten, Südamerika und Ostasien. Der Reisepass in meiner Tasche ist bereits der fünfte oder sechste, den ich in meiner Laufbahn benutzt habe, und die Seiten sind schon wieder voller Stempel. Sierra Leone, Afghanistan, Irak, Kolumbien – ich muss wohl mehr als hundert Länder bereist haben. Dort habe ich Artikel und Bücher geschrieben, mir einen Namen zu machen versucht und ein anderes, ein aufregendes, freies Leben fern der Heimat gelebt.

Jetzt ist die Schonfrist um, es gibt keine Ausrede mehr, nun muss ich ran. Die Pflicht ruft, wie es früher hieß: zurück zur Scholle. Doch früher – wie lange ist das her? Diese familiäre Pflicht, was hat das heute noch mit mir zu tun? Ich beginne mich zu fragen, worauf ich mich da eingelassen habe. War der Deal mit Mutter etwa ein faustischer Pakt: erst Freiheit auf Zeit, doch danach Scholle für immer?

Kindheit und Jugend auf Gut Ankelohe waren schön, aber bereits als 16-Jähriger wollte ich nur noch weg. Schon vor Vaters Tod, und danach erst recht, fühlte ich mich zu Hause nicht mehr wohl. Tradition und Geschichte erdrückten mich, ohne dass ich sagen konnte, was ich damit genau meinte. Die Idylle trog, das wusste ich. Gut Ankelohe war auch ein Ort der Traurigkeit, an dem früher schlimme Dinge passiert waren, besonders in der ersten Hälfte des 20. Jahrhunderts. Zwar weit vor meiner Geburt, doch sie wirkten nach und legten sich schwer auf meine Schultern und um mein Herz.

Lange bin ich der Familiengeschichte ausgewichen und habe versucht, von Gut Ankelohe zu fliehen und mir eine Identität zuzulegen, die nichts mehr mit meiner Herkunft zu tun hat. Bevor ich nun heimkehre, muss ich die Fragen klären, die in meinem Kopf blinken wie Alarmknöpfe: Was war Gut Ankelohe vor meiner Zeit für ein Ort, wie lebten meine Vorfahren, und wer ist dieser Familienclan, dessen Tradition ausgerechnet ich weiterführen soll? Ich kenne ja eigentlich nur meine Eltern und drei ältere Brüder, dazu ein paar Onkel und Tanten. Von meinen Großeltern väterlicherseits habe ich nur noch meine Großmutter erlebt. Mein Großvater ist 1974 gestorben, in dem Jahr, in dem ich geboren wurde.

Großvater Hans-Heinrich, Jahrgang 1891, Gutsherr und Oberstleutnant a.D., war der große Zampano der Familie, dessen dunkler Schatten noch weit über seinen Tod hinausragte. »Er war wie ein Kaiser in unserer Familie, wir alle fürchteten ihn«, sagte mir mein Bruder einmal. Ich weiß kaum etwas über meinen Großvater, außer der familienoffiziellen Karikatur eines Mannes, der zeit seines Lebens ein strenger preußischer Offizier blieb. Weswegen er sich übrigens – so der Familienmythos – auch nie den Nazis angeschlossen habe. Die waren der Pöbel, so bekam ich immer wieder zu hören, mit denen hatten wir nichts zu tun. Damit das gleich mal geklärt war.

Diesen Großvater habe ich mir vorgenommen. Opa kann ich ihn nicht nennen, das war er ja nie für mich. Ich will ihn Hans-Heinrich nennen, das macht ihn etwas menschlicher und auch jünger.

In den kommenden sechs Wochen werde ich quer durch Russland der Route nachfahren, die Hans-Heinrich vor fast hundert Jahren gereist ist, unfreiwillig, als russischer Kriegsgefangener im Ersten Weltkrieg. Als Oberleutnant bei den Luftaufklärern der Armee wurde er im Dezember 1915 auf einem Spähflug über Weißrussland nahe Minsk abgeschossen. Da war Hans-Heinrich 24 Jahre alt. Er überlebte den Absturz, verbrachte aber die folgenden drei Jahre in russischen Kriegsgefangenenlagern. Mit Güterzügen wurde er immer weiter nach Osten deportiert, quer durch Sibirien bis nach Wladiwostok am Japanischen Meer. Genau dahin will ich auch gelangen. Trotz Kälte und arger Zustände in den Lagern, besonders nach dem Ausbruch der russischen Revolution, blieb Hans-Heinrich am Leben und kehrte 1918 nach Deutschland zurück.

Klingt nach einer guten Geschichte, denkt der Reporter in mir.

Als kleiner Junge sah ich mir manchmal Fotos vom Großvater im Ersten Weltkrieg an. Sie hingen im zweiten Stock des Gutshauses in einem Raum, den er zu einem »Traditionszimmer« umgestaltet hatte. Das Traditionszimmer unserer Familie oder: unseres stolzen Geschlechts, wie Hans-Heinrich es gerne formulierte. Etwas modrig roch es darin, fand ich immer, und selbst mittags war es zu dunkel. Neben Gemälden von ernst bis erhaben dreinschauenden Vorfahren hingen überwiegend Fotos von ihm selbst an den Wänden, dazwischen Souvenirs seines Kriegsdiensts: seine alten Säbel, Orden,

Abzeichen und Helme. Auch ein mannslanger, schön gedrehter und geschliffener Frontpropeller aus Holz, das Schraubloch mehr als faustgroß, gehörte zu den Ausstellungsstücken.

Ein Foto zeigte Hans-Heinrich mit Fliegermütze auf einem verschneiten Flugplatz nahe Wilna im heutigen Litauen, das die deutschen Truppen damals besetzt hielten. Von dort brach er ab Herbst 1915 zu Aufklärungsflügen hinter die russischen Linien auf. Obwohl er jünger war als ich heute, sah er schon viel älter aus in seiner Uniform, das Gesicht in hochmütigem Ernst gefroren, darin kalte blaue Augen, die unter der preußischen Pickelhaube hervorstarrten.

In seinem Testament hatte Hans-Heinrich die Familie angewiesen, das Traditionszimmer zu bewahren und darin nichts zu verändern. Das Einzige, was meine Großmutter auf den Dachboden trug, war eine Schaufensterpuppe, über die ihr Mann seine kaiserliche Uniform gehängt hatte, mitsamt Pickelhaube. Sie habe sich gegruselt, erklärte Oma entschuldigend, besonders wenn nachts der Mond auf die Opa-Puppe schien. Nie jedoch hätte sie die gekreuzten Säbel über den Türrahmen angerührt, oder die Marmorbüste des deutschen Soldaten, die seit den 1930er-Jahren mit Stahlhelm und Stierblick an der Wand über Großvaters Schreibtisch hing. Selbst nach dem Tod meiner Oma verstaubte das Traditionszimmer zwar etwas, aber es blieb unverändert.

Erst als Vater starb, nahmen Mutter und ich unseren Mut zusammen, die sonderbare Ausstellung abzuhängen. An einem hektischen Nachmittag schafften wir alle gerahmten Fotos, Säbel, Helme, Uniformen und Orden auf den Dachboden und verstauten sie dort in großen Truhen. An dem Tag entdeckte ich, in alten Munitionskisten versteckt, Bündel staubiger Briefe, die Hans-Heinrich während der russischen Kriegsgefangenschaft im Ersten Weltkrieg seinen Eltern geschrieben hatte. Wie interessant, dachte ich, aber dann fand ich in einer anderen Kiste eine alte Hakenkreuzfahne, so groß wie ein Bettlaken. Sofort stopfte ich Briefe und Fahne zurück in die Kisten und knallte die Deckel zu.

Über Jahre hatte ich keine Lust, auf den Dachboden zurückzugehen und die Kisten erneut zu öffnen. Wie andere Deutsche meiner Generation, deren Groß- und Urgroßväter aktive Offiziere in der ersten Hälfte des 20. Jahrhunderts gewesen waren, wollte ich lieber nicht so genau wissen, was ich dort finden könnte. Stattdessen riss ich alle Wände des ehemaligen Traditionszimmers ein und richtete mir ein sonnendurchflutetes Loft ein, mit etlichen großen Fenstern in den Dachschrägen. Aber die seltsamen Vibes blieben. Meine damalige Freundin beklagte sich, nachts spuke es in meiner Wohnung. Sie behauptete sogar ernsthaft, manchmal Säbelrasseln zu hören.

Zwei Wochen ist es her, da war ich dann doch wieder auf dem Dachboden. Inzwischen fühle ich mich bereit, da an das Familienerbe ranzugehen, wo es wehtut. Wer war mein Großvater, frage ich mich, während ich meine Finger über die alten Briefe und Schriften in meiner Reisetasche gleiten lasse. Ich will erst einmal verstehen, wie er war als junger Mann, gefangen in einem Krieg fern von zu Hause.

Zugleich hoffe ich, auf den Spuren von Hans-Heinrich Antworten auf Fragen an mich selbst zu finden: Warum war mein eigenes Leben in den vergangenen acht Jahren ein derartiger Wahnsinn? Als ich als Auslandsreporter zu arbeiten anfing, war ich genauso alt wie Hans-Heinrich zu Beginn seiner Kriegsgefangenen-Irrfahrt durch Russland. Gibt es noch weitere Parallelen? All diese Kriegsgebiete, was habe ich dort gesucht? Welche Rolle hat meine Familiengeschichte gespielt?

Bin ich vor etwas weggelaufen?

Selbst hier und jetzt, in einem Zug nach Moskau im Juli 2008, erinnere ich mich noch deutlich an den klaren Frühlingstag vor acht Jahren, als ich meinen weißen Citroën CX-25 über die kriegszerstörten Balkanberge in das Kosovo steuerte. Vögel zwitscherten in den Kirschbäumen, die inmitten der verkohlten Ruinen von Dörfern blühten. Der Tag markierte den Beginn meines neuen Lebens als Reporter. Ich entsinne mich, wie aufgeregt ich damals war. Nach zwei Jahrzehnten in öden Klassenzimmern war ich mehr als bereit, endlich ein freieres und ereignisreicheres Leben zu führen.

Viele meiner Kommilitonen an der London School of Economics angelten sich lukrative Jobs in Investmentbanken in der boomenden City, aber mir graute vor der Sicherheit eines sesshaften Lebens mit täglicher Büroroutine. Ich wollte raus in die Welt und dort mein eigenes Ding machen. Unsicher fragte ich mich, ob es klappen würde. Ich hatte weder einen Job noch einen Auftrag, sondern bloß vage Ermutigungen vom Auslandsredakteur des Londoner *Daily Telegraph*, mein Glück als freier Mitarbeiter zu versuchen.

Ich konnte ja nicht ahnen, dass Kosovo nur der Anfang einer Odyssee sein würde, die mich vom Balkan an lauter absurde, surreale Orte dieser Welt führen sollte. Hätte ich an jenem Frühlingstag gewusst, welcher Ärger vor mir lag, wäre ich wohl umgekehrt.

Aber ich fuhr weiter.

JUGOSLAWIEN
DER TIGER

Mit einem fiesen Knacken fiel die Tür ins Schloss. Justin und ich waren wieder allein im Hotelzimmer. Unsere Reisepässe waren weg, ebenso unser Geld, 5000 Mark. Ich sah zu Justin herüber, der schweigend den Kopf schüttelte. Wir wussten beide, dass wir gerade einen möglicherweise kapitalen Fehler begangen hatten. Nun konnten wir nichts anderes mehr tun als dazusitzen und darauf zu warten, dass Goran zurückkehrte.

Mittlerweile wurde die Lage in Belgrad immer revolutionärer. Es war der 5. Oktober 2000, und die anfangs friedlichen Straßenproteste gegen die manipulierte Präsidentenwahl schlugen inzwischen in gewaltsame Ausschreitungen um. Keiner wusste, wie Slobodan Milošević, der Präsident Restjugoslawiens, reagieren würde. Würde er nachgeben und zurücktreten oder würde er den Roten Baretten, seiner Eliteeinheit, den Befehl geben, das Feuer auf die Menschenmassen zu eröffnen? Würden die Demonstranten triumphieren? Oder würde es ein Blutbad geben?

Wie auch immer, wir mussten dorthin. Noch allerdings steckten wir in einem heruntergekommenen Zimmer des Crna Gora Hotels in Podgorica, Montenegro, fest, hunderte Kilometer südlich von Belgrad. Die Lage an der serbischen Grenze war unklar. Wir hatten weder die Visa noch die Transportmittel, um nach Belgrad zu gelangen. Überdies würden wir an vielen, vielen Polizeisperren vorbei müssen.

Die größte Geschichte des Jahres entfaltete sich, und wir waren nicht dabei. Es war unerträglich.

»Sag, Lutz, haben wir gerade unsere Reisepässe und tausende von Deutschmarks an diesen Mann übergeben?«, fragte Justin.

»Sieht so aus.«

»Er sagte, er wolle zurückkommen.«

»Das hat er gesagt, ja.«

Wenn es schiefgehen sollte, wären wir selbst schuld. Wir wussten, dass Goran, wie sich unser Mann zwei Stunden zuvor vorgestellt hatte, ein höchst suspekter Typ war. Es gab da ein Gerücht, so hatte mich mein Dolmetscher gewarnt, dass Goran Mitglied einer berüchtigten serbischen Miliz gewesen sei. Sie hatte in allen Balkan-Kriegen von 1991 bis 1995 gebrandschatzt und gemordet, als der Zerfall der Jugoslawischen Föderation in nationalistische Kleinstaaten zum schlimmsten Blutvergießen in Europa seit dem Zweiten Weltkrieg führte. Ein anderes Gerücht war, dass Goran auch im Kosovo-Krieg gekämpft hatte, in dem serbische Truppen tausende Albaner töteten, bevor NATO-Kräfte Anfang 1999 Serbien bombardierten und im Kosovo einmarschierten.

Mit seinem Kurzhaarschnitt, der zerbeulten Boxernase und den alerten Augen entsprach Goran, ein dunkler und muskulöser Mann Mitte dreißig, der Standardbeschreibung eines ehemaligen Kämpfers, abgesehen vielleicht von seinem guten Englisch. Nun, da das Regime von Slobodan Milošević, das noch immer eine schützende Hand über serbische Kriegsverbrecher hielt, ins Wanken geriet und möglicherweise bei Sonnenaufgang hinweggefegt sein würde, sah Gorans Zukunft unsicher aus. Falls Blut an seinen Händen klebte, hatte er gute Gründe, in den Untergrund zu gehen oder das Land zu verlassen. Dies, so viel war Justin und mir klar, würde ihm jetzt viel leichter fallen, mit zwei gültigen ausländischen Reisepässen und 5000 Mark in der Tasche.

Eine Stunde später war Goran noch immer nicht zurückgekehrt. Justin stand auf und sah aus dem Fenster, während er mit der rechten Hand immer wieder nervös durch sein langes Haar fuhr. Ein junger Uniabsolvent wie ich, war Justin von England nach Prag gezogen und hatte dort angefangen, als freier Mitarbeiter für den *Independent* über Osteuropa zu berichten. Als die Lage in Serbien heißer wurde, hatten seine Redakteure ihn nach Montenegro geschickt. Wir hatten uns erst einen Tag zuvor im Hotel getroffen, aber seine phlegmatische Art war mir gleich sympathisch. Über einigen Drinks beschlossen wir, zusammen zu versuchen, nach Serbien zu gelangen. Sich zusammenzutun war nur sinnvoll. Der geplante Trip nach Belgrad war riskant und daher auch teuer. Anders als die fest angestellten Reporter und TV-Journalisten im Hotel konnten wir es uns als Freelancer schlicht nicht leisten, jeder einen eigenen Fahrer zu bezahlen.

»Ich glaube, der Bastard ist mit dem Geld abgehauen«, sagte Justin. Seine Zeitung, *The Independent*, war damals beinahe bankrott, sodass 2500 Mark für sie eine beträchtliche Investition bedeutete, möglicherweise ihre letzte. Meine Redakteure im Auslandsressort des *Daily Telegraph* in London hatten diese Sorgen nicht. Sie riefen mich alle halbe Stunde an und drängten mich, einen Weg nach Belgrad zu finden, koste es, was es wolle. Ihnen ging es einzig um die richtige *dateline*, Belgrad, und damit um das Prestige, einen Bericht von ihrem Mann vor Ort zu bekommen.

Inzwischen wusste ich: Immer wenn irgendwo auf dem Planeten eine große Story losbrach, für die mehrere Reporter gebraucht wurden, schalteten die *Telegraph*-Redakteure auf Militärmodus um. Höflichkeit war ohnehin ein rares Gut an der Londoner Fleet Street, wo einst die meisten großen englischen Zeitungen ihre Häuser hatten. Bei großen Storys allerdings verwandelten sich die Bosse in Offiziere, die Befehle in Telefone bellten. Sie breiteten Landkarten über ihre Schreibtische und entwarfen strategische Pläne, wie ihre Jungs von verschiedenen Richtungen in Serbien einfallen könnten. Nach einem Pint warmem Bier im Pub, da war ich mir sicher, erwogen sie bestimmt auch die Option, einen Reporter am Fallschirm über Belgrad abzuwerfen.

Das Problem war nur, dass es bislang niemand aus der schnellen Eingreiftruppe des *Telegraph* bis nach Serbien geschafft hatte. Unser Balkan-Korrespondent Julius, ein erfahrener Mann, der den Krieg in Bosnien mitgemacht hatte, saß an der ungarisch-jugoslawischen Grenze fest. Unser Russland-Korrespondent Marcus Warren und selbst unser *Senior Correspondent*, der große Patrick Bishop, wurden an den Flughäfen in Moskau und Paris aufgehalten, weil sie keine Visa hatten. Während der Frust in London wuchs, wurde klar, dass ich in Podgorica in der am wenigsten hoffnungslosen Position war, nach Serbien zu gelangen.

Der kleine Staat Montenegro hatte sich seit einiger Zeit de facto von der moribunden Jugoslawischen Föderation abgespalten und für ausländische Besucher geöffnet. Seine Grenze mit Serbien wurde allerdings nicht besonders streng kontrolliert. Für unser Geld hatte Goran uns versprochen, falsche Visa zu besorgen und uns in der Dunkelheit der Nacht nach Belgrad zu fahren. Es schien so, dass ausgerechnet ich, der deutsche Freelance-Debütant, die letzte Hoffnung des *Telegraph* war, eine Live-Berichterstattung aus Belgrad zu bekommen.

»Wollen wir nicht einfach in mein Auto steigen und aufbrechen?«, schlug ich ungeduldig vor. Justin sah mich halb entgeistert, halb amüsiert an.

»Hervorragende Idee! Wir nehmen einfach dein sehr unauffälliges, großes weißes französisches Auto mit deutschem Kennzeichen. Und wenn wir auf einer kleinen Straße in den Bergen von marodierenden serbischen Tschetniks angehalten werden – was schlägst du vor, sollen wir dann tun?«

»Nun, wir müssten uns bloß irgendwie an ihnen vorbeimogeln«, sagte ich ohne viel Überzeugungskraft.

»Sicher! Wir sagen einfach ›Guten Tag! Könnten Sie uns vielleicht bitte den Weg nach Belgrad zeigen?‹«

Justin hatte recht. Die Dinge würden nicht einfach sein im Grenzgebiet, nicht heute Nacht. Zwar zeigte die BBC ausführliche Aufnahmen aus Belgrad, aber aus dem Rest Serbiens gab es fast keine Nachrichten. Sorge bereitete uns auch, dass wir durch Landstriche fahren müssten, deren Bewohner als überzeugte Milošević-Anhänger bekannt waren. Keiner konnte sagen, ob es dort Gewalt geben würde oder wie wir behandelt würden, falls man uns erwischte.

Aber meine Ungeduld wuchs. Ich musste um jeden Preis nach Belgrad gelangen. Ich hatte mittlerweile sechs Monate in Jugoslawien verbracht, zumeist im Kosovo und in Serbien, und es konnte nicht angehen, dass ich nun die größte Story des Jahres verpassen sollte: den Sturz von Slobodan Milošević, den Schlächter des Balkans. Während wir auf Goran warteten, hatte ich Zeit, darüber nachzudenken, wie ich überhaupt in diese gequälte Ecke Europas geraten war.

Ich war durch Zufall Reporter geworden. Nach dem Abitur hatte ich ein Praktikum bei unserer Heimatpostille, der *Nordsee-*

Zeitung, gemacht und dann einen Sommer lang im Lokalteil der *Berliner Morgenpost* gejobbt. Das konservative Springer-Blatt, von den Berlinern »Mottenpost« genannt, zahlte damals noch richtig gutes Zeilenhonorar. Ich schrieb über jeden Mist, die Weinkönigin von Zehlendorf, Baustellenfrust auf der Stadtautobahn und rekordverdächtige Sonnenblumen in Steglitzer Kleingärten. Damals berichtete die *Morgenpost* noch über jeden hundertsten Geburtstag in der Stadt mit einem Zehnzeiler und Foto. Da niemand in der Redaktion Lust hatte, in Altenheime zu fahren, bekam ich den Job. Ich fand ihn großartig: Stundenlang trank ich Tee und Cognac mit den Hundertjährigen und fragte sie aus über das Leben in Berlin vor dem Ersten Weltkrieg, ob sie denn je den Kaiser gesehen hätten und wie das später mit Hitler war.

Als Student wurde ich in die Journalistische Nachwuchsförderung der Konrad-Adenauer-Stiftung aufgenommen, deren Ziel, der CDU genehme Schreiberlinge heranzuzüchten, bei mir allerdings nicht verfing. Nachdem ich auf einer Pilgerfahrt zum Grab Konrad Adenauers in Rhöndorf dort einen Strauß roter Nelken niedergelegt hatte, schloss mich die Stiftung wieder aus. An der Uni in London probierte ich mich dann ein wenig im Reisejournalismus aus. Meistens schrieb ich über Orte in Osteuropa, wohin ich damals gerne monatelange Solo-Radtouren unternahm. Auf einem dieser Trips lernte ich in einer kleinen Stadt in der Slowakei eine Redakteurin des *Condé Nast Traveler* kennen, einer auflagenstarken US-Zeitschrift, von der ich noch nie gehört hatte. Ich half der Frau aus einer schwierigen Lage, und aus Dankbarkeit bot sie mir an, fortan als Restaurantkritiker für sie zu schreiben.

Meine Erfahrung als *connaisseur de cuisine* war auf verschiedene Nudelgerichte der Studentenkantine begrenzt, aber das behielt ich für mich. Über zwei Jahre flog mich *Condé Nast* quer durch Europa, von Spanien bis Norwegen, um Fünf-Sterne-Restaurants und Hotels zu testen. Es war nett, am Wochenende von der Uni in London wegzukommen, und mit einem Honorar von einem Dollar pro Wort war es leicht verdientes Geld. Der Boom der 1990er-Jahre war in vollem Schwung, und die Redakteurin bezahlte sogar die Spesen für meine mitreisende Freundin. Meine Kritiken in der Zeitschrift waren lächerlich blasiert, aber als Studentenjob war die Sache nicht zu toppen.

Als ich mein Studium in London 1999 abschloss, hatte ich keinen Plan, wie es weitergehen sollte. Ich wollte Journalist werden, aber wie? Ich hatte die Wahl, mich um einen Job bei der BBC oder einer Tageszeitung zu bewerben, aber die Aussicht auf ein geregeltes Leben am Schreibtisch war für mich so attraktiv wie ein Fußnagel-Sorbet zum Dessert. Die Dinge liefen nicht gut mit meiner Freundin, und ich fühlte mich zunehmend eingeengt in unserem bequemen bourgeoisen Apartment in South Kensington. Ich musste raus aus London.

Ich entschied mich, nach Budapest zu ziehen. Die Schönheit der ungarischen Hauptstadt und ihr postkommunistischer, osteuropäischer Charme faszinierten mich. Ich zog in eine nette Wohnung am Franz-Liszt-Platz. Das Leben war viel billiger und entspannter als in London. Schnell lernte ich andere *expats* kennen, langweilige Abende waren selten. Mit meinen journalistischen Ambitionen jedoch kam ich nicht weiter. In Ungarn passierte nicht viel, worüber es sich zu berichten gelohnt hätte. Um mich über Wasser zu halten, tat ich das, was die meisten *expats* nach dem College tun: Ich begann, als Englischlehrer zu arbeiten.

Der Job machte mir Spaß. Meine Schüler waren ungarische Diplomaten, die sich auf Ungarns Eintritt in die Europäische Union vorbereiteten, und wir führten viele interessante Diskussionen über Politik und Geschichte. Nach einigen Monaten jedoch begann mich das Leben in Ungarn zu langweilen. Das Land hat keine nennenswerten Berge, ja nicht einmal eine eigene Küste, sodass die meisten Ungarn elendig provinziell sind. Die wenigen interessanten Menschen, die ich in Budapest kennenlernte, waren ausländische Journalisten, entweder Osteuropa-Korrespondenten oder Reporter, die während der Balkan-Kriege in der Stadt gestrandet waren. Ich wollte einer von ihnen werden, aber wie?

Zwischen mir und dem Posten als Auslandskorrespondent schienen Jahre mühseliger Arbeit in einer Heimatredaktion zu liegen. Das klang nicht besonders sexy. Es musste einen Weg geben, von außen hereinzukommen. Mein Timing war nicht schlecht. Das Internet schuf in den 1990er-Jahren viele neue Möglichkeiten für freie Journalisten und veränderte die Art und Weise, wie Auslandsjournalismus und Zeitungen gemacht wurden. Viele Publikationen, Fernseh- und Radiostationen hatten daher begonnen, ihre teuren fest angestellten Korrespondenten zu entlassen und sich auf Freelancer zu stützen. Der Zerfall alter Strukturen bedeutete, dass Außenseiter wie ich ein Stück vom Kuchen abbekommen konnten.

Einer der vielen Journalisten in Budapest war Julius, Balkan-Korrespondent für den *Daily Telegraph*, die größte seriöse Tageszeitung in Großbritannien. Eines Abends lernte ich ihn in einer ranzigen Bar in Pest kennen. Er war betrunken und deprimiert. Er hatte Gräuel und Schrecken im Bosnien-Krieg erlebt, aber das schien ihm an diesem Abend alles harmlos im Vergleich zu dem Unrecht, das ihm seine treulose Verlobte angetan hatte. Er wollte sie nie wiedersehen. Das Problem war, dass sie für die Vereinten Nationen im Kosovo arbeitete. Die Provinz war überschaubar klein, und so hatte Julius beschlossen, sich fortan vom Kosovo fernzuhalten.

»Warum übernimmst du nicht meinen Job?«, fragte er mich in der Bar. »Der *Telegraph* braucht da unten ohnehin einen freien Mitarbeiter.« Ohne auf eine Antwort zu warten, zückte er sein Telefon, rief das Auslandsressort in London an und unterrichtete den verblüfften Nachtschicht-Redakteur von seiner Idee. »Ich habe genug vom Kosovo. Aber ich habe diesen Jungen hier, der behauptet, er könne schreiben. Schickt ihn da runter.«

Und so geschah es. Julius erinnerte sich auch am nächsten Morgen noch an seinen Plan. Die Redakteure, an seine kapriziöse Art gewöhnt, waren einverstanden. »Ich habe deine Arbeitserfahrung ein wenig übertrieben«, berichtete er mir mit einem schelmischen Grinsen. Nicht dass ich wirklich einen Job beim *Telegraph* hatte. Ich würde bloß einer von weltweit hunderten von Stringern sein, freien Mitarbeitern, die gelegentlich ein paar Zeilen in der Zeitung veröffentlichten. Statt eines regulären Gehalts, so erklärte mir Julius, würde man mich nur für Artikel bezahlen, die gedruckt wurden. Wenn eine Story unterging, würde ich lediglich ein mageres Ausfallhonorar erhalten. Was Spesen anging, würde mir der *Telegraph* vermutlich die Telefonrechnung und gewisse Reisekosten erstatten. Nur bei einem *assignment*, einem konkreten Auftrag, dürfte ich

Hotelrechnungen einreichen. Mein Arbeitswerkzeug, also Laptop und Handy, müsste ich mir selbst kaufen.

Das Gleiche galt für die Kranken- und Unfallversicherung, aber ich war zu gedankenlos, um mich darum zu kümmern. (Wie es sich ergab, sollte ich auf allen meinen späteren Einsätzen in Kriegsgebieten ohne Versicherungsschutz bleiben. Erst als ich nach New York zog, ließ ich mich krankenversichern.) Aus der Sicht des *Telegraph* war es weitaus günstiger, Freelancer zu beschäftigen, denn sie mussten weder dauerhaft bezahlt noch versichert werden, und es fielen auch keine Sozialversicherungsabgaben an. Zugleich musste die Zeitung keine Verantwortung für freie Mitarbeiter übernehmen, falls sie entführt oder getötet wurden.

Kurz gesagt, mein Jobangebot war nicht gerade lukrativ. Schlimmer noch, eine Stelle im Kosovo ein Jahr nach dem NATO-Krieg verhieß nichts weiter, als völlig zu verarmen und vergessen zu werden. Abgesehen vom gelegentlichen Aufflammen ethnischer Spannungen zwischen Albanern und Serben in einer kleinen Stadt namens Mitrovica passierte nicht viel in der UN-verwalteten Provinz. Die meisten Redakteure und Leser hatten jegliches Interesse verloren.

»Es kann passieren, dass wir dich wochenlang nicht anrufen«, warnte mich Alec Russell, damals einer der Auslandschefs beim *Telegraph*. »Deine einzige Hoffnung ist, dass du dich eines Tages zur rechten Zeit am rechten Ort befindest, wenn ein großes Ding geschieht. Dann könntest du dich plötzlich im Titelseiten-Scheinwerferlicht befinden, aber um ehrlich zu sein, die Wahrscheinlichkeit ist eher gering.«

Unbeeindruckt von diesen trüben Aussichten, kündigte ich meinen Lehrerjob in Budapest und löste meine Wohnung auf. Von meinem Bruder kaufte ich einen weißen Citroën CX-25 Turbodiesel, Baujahr 1986, und brach auf gen Kosovo. In meiner Reisetasche befanden sich ein Laptop, ein Handy und einige Bücher über den Balkan. Diese Werkzeuge wären komplett nutzlos gewesen und meine Lage untragbar ohne das glorreiche Internet. Ich gehörte zur ersten Generation freier Schreiberlinge, die sich nur deshalb einen Lebensunterhalt verdienen konnten, weil selbst in den rückständigsten Orten des Planeten gerade Internet-Cafés aufmachten.

Nur ein paar Jahre zuvor war Kommunikation mühselig und teuer gewesen. Korrespondenten waren auf Festanschlüsse und Telexgeräte angewiesen, um den Redaktionen daheim Texte zu senden oder zu diktieren. Nun, dank der Globalisierung, gab es E-Mail, ein Glücksfall für freie Journalisten mit schmalem Budget. Per E-Mail konnten wir unser Produkt den Käufern in Sekundenschnelle und fast ohne Kosten anbieten.

Auf einer langen Fahrt von Ungarn über Kroatien, Bosnien und Montenegro bis in den Kosovo besuchte ich einige Schauplätze der Balkan-Kriege der frühen 1990er-Jahre wie etwa Vukovar, Sarajevo, Mostar und Dubrovnik. Fünf Jahre nach dem Ende der Kämpfe in diesem Teil Jugoslawiens war der Grad der Zerstörung noch immer erschreckend, besonders in Bosnien und auf dem Land. Niedergebrannte und verlassene Dörfer lagen entlang der Straße. Die schwarzen Ruinen standen im stechenden Kontrast zu den sie umgebenden blühenden Kirschbäumen. Als ich Montenegro erreichte, hatte ich einen ersten Eindruck davon bekommen, wie furchtbar die Bürgerkriege auf dem Balkan gewütet hatten.

Dann beging ich meinen ersten schlimmen Fehler. Als ich Montenegro verließ, hätte ich rechts zum Kosovo abbiegen müssen. Aber ich übersah die Abzweigung, so dass ich anstelle von freundlichen französischen UN-Truppen direkt auf eine Truppe serbischer Milizionäre zufuhr, die die serbisch-montenegrinische Grenze bewachte. Sind das etwa NATO-Truppen?, dachte ich noch, als ich den Citroën abbremste.

Waren sie nicht. Kaum dass sie mich erblickten, sprangen die Männer in Tarnuniformen auf die Straße und brüllten, mit Maschinenpistolen fuchtelnd, ich solle augenblicklich den Wagen anhalten und den Motor abstellen. Das tat ich. Dann sollte ich aussteigen und langsam auf sie zugehen. Ich gehorchte. Mir wurde weich in den Knien, und ich spürte, wie mein Herz wild pochte. Dies war kein idealer Start in meine Reporterkarriere.

Also tat ich das, was ich immer tat, wenn ich unfreundlichen uniformierten Herrschaften gegenüberstand, seit jener Nacht, in der ich als 16-jähriger Austauschschüler im US-Bundesstaat Alabama von der Polizei auf einer High-School-Party beim illegalen Wodka-

Trinken erwischt worden war: Ich sagte Hallo, stellte mich vor und streckte die Hand zur Begrüßung aus. Diese Geste hat üblicherweise eine entwaffnende Wirkung.

Hier bewirkte sie gar nichts. Der Anführer der Gruppe, ein fetter, unrasierter Schlägertyp, bellte mich in gebrochenem Englisch an, ich solle meinen Reisepass rausrücken. Wieder gehorchte ich, wobei ich bemerkte, dass der Typ an seinem Handgelenk nicht weniger als vier goldene Armbanduhren trug, darunter eine schmale Damenuhr. Der Serbe durchblätterte meinen Pass und entdeckte einen Stempel, den ich wenige Tage zuvor an der kroatischen Grenze erhalten hatte.

»Was machst du in verdammtes Kroatien?«, fragte er mit leiser, bedrohlicher Stimme.

»Oh, ich bin da nur durchgefahren auf dem Weg nach Montenegro.«

»Und wo jetzt hinfahren?«

»In den Kosovo«, antwortete ich mit einer Stimme, von der ich hoffte, dass sie fest klang.

»Du fahren falsche Weg. Hier ist Serbien!«

Ach du Scheiße, dachte ich. Nachdem ich jahrelang Zeitungsberichte über völkermordende Serben gelesen hatte, begann ich mich unwohl zu fühlen.

»Du arbeiten für NATO?«, fragte mich ein anderer Serben-Bulle, seinen Zeigefinger auf meine Brust stoßend. Heftig schüttelte ich den Kopf.

Dann kam mir ein Einfall. Ich erklärte den Männern, dass ich auf dem Weg in die Stadt Mitrovica sei, die anders als der Rest des Kosovo noch mehrheitlich von Serben bewohnt wurde, um dort serbische Freunde zu besuchen. Ich deutete sogar an, dass darunter eine serbische Freundin sei, die ich im vorigen Sommer an der montenegrinischen Küste kennengelernt hatte. Die Geschichte war eine leicht durchschaubare Lüge, aber sie brachte den Kommandeur zum Lächeln. Ich war nicht sicher, ob er mir glaubte oder nicht, aber nach einer kurzen Unterredung mit seinen Kameraden gab er mir den Pass zurück und befahl mir, kehrtzumachen.

Als ich endlich in Pristina ankam, der wenig lieblichen Hauptstadt des Kosovo, ging ich direkt zum Hauptquartier der UN, die die

Provinz nun verwaltete, um meine Akkreditierung als Journalist zu erhalten. In den folgenden Tagen war alles neu für mich. Nie zuvor in meinem Leben, außer bei NATO-Manövern während des Kalten Kriegs, hatte ich so viel Militär gesehen. Zehntausende Soldaten aus mehr als zwanzig verschiedenen Ländern waren im Kosovo stationiert. Mit der Ehrfurcht und Begeisterung eines kleinen Jungen inspizierte ich die NATO-Bombentreffer auf ehemalige Kasernen der jugoslawischen Armee am Stadtrand von Pristina.

Ich sah mir amerikanische Panzer und Helikopter an und lernte zwischen verschiedenen Waffenarten zu unterscheiden. Ein US-Marinesoldat erklärte mir geduldig, wie sein M-16-Gewehr zu handhaben war. Als er mir anbot, ich solle es selbst mal halten, lehnte ich allerdings höflich ab. Eines Morgens hörte ich den lauten Knall einer Explosion, offenbar in einem von Serben bewohnten Wohnblock in Pristina.

»Was zum Teufel war das?«, fragte ich einen erfahrenen Reporter.

»Das war ein RPG, eine Granate mit Raketenantrieb«, sagte er. »An den Sound dieser kleinen Biester gewöhnst du dich besser bald.«

»Donnerwetter, das war vielleicht ein Knall.«

»Der Knall ist nicht das, was zählt«, fügte er hinzu. »Wenn du den hörst, ist es eh zu spät. Du musst lernen, den zischenden Klang einer anfliegenden RPG zu erkennen.«

Die meisten fest angestellten Journalisten wohnten im einzigen Hotel der Stadt, dem Grand Hotel, aber das konnte ich mir als Freelancer nicht leisten. Daher hatte Julius mich bei einer kosovo-albanischen Familie untergebracht, die ein großes Haus in einem der netteren Stadtteile besaß. Ischmet, der kettenrauchende Chef der Familie, war unter Tito ein jugoslawischer Diplomat gewesen und sprach gutes Englisch. Als angesehener Mann mit guten Beziehungen gab mir mein Gastgeber den Schutz und zugleich Einsichten, die ich als unerfahrener Reporter gut brauchen konnte, gerade in dieser Nachkriegszeit, in der noch viele Dinge sehr unklar waren.

Mehr noch als die Bücher, die ich über den Balkan las, halfen mir die abendlichen Diskussionen mit Ischmet dabei, die lokalen Themen und die Bedeutung von Geschichte zu begreifen. Als moderater Muslim der alten sozialistischen Schule empfand er bislang kaum eine kosovo-albanische Identität, sondern nur tiefe Trauer über den blutigen Kollaps Jugoslawiens. »Es war besser, in einem großen und angesehenen Land zu leben als in dem kleinen, provinziellen Ort, den wir heute haben«, sagte er mir. Zwar fürchtete und verachtete er serbische Nationalisten, die ihm und seiner Frau Nadja das Leben schwergemacht hatten, aber die korrupte Führung der Kosovo Liberation Army (KLA) sah er ebenso kritisch. »Einige der Kommandeure sind schlicht Kriminelle, die den Krieg benutzt haben, um reich zu werden.«

Im Haus von Nadja und Ischmet verliefen die Tage ruhig. Meist weckte mich der Ruf des Muezzins einer nahen Moschee. Nach einem Frühstück aus Nadjas köstlichen Spiegeleiern mit Schinken latschte ich runter zu den täglichen Pressekonferenzen im Hauptquartier von UN und KFOR, den Besatzungstruppen im Kosovo. Die Pressesprecher hatten selten etwas Interessantes zu berichten, abgesehen von gelegentlichen Zusammenstößen zwischen Albanern und den wenigen Serben, die noch nicht aus der Provinz geflüchtet waren. Sie harrten in versprengten Enklaven aus, wo sie regelmäßig von rachsüchtigen KLA-Kommandos angegriffen wurden. Tausende KFOR-Soldaten waren vor den serbischen Siedlungen und besonders orthodoxen Kirchen stationiert, um die Albaner davon abzuhalten, sie niederzubrennen.

So langweilig die Pressekonferenzen waren, so boten sie doch gute Gelegenheiten, andere Reporter kennenzulernen. Abgesehen von wenigen Stars der Branche, die nur für ein paar Tage einflogen, waren die meisten wie ich junge Freelancer, die in Pristina lebten und sich gerne in der einzigen guten Bar der Stadt oder bei jemandem zu Hause zum Trinken trafen. Da gab es Christian, einen glatzköpfigen und schweigsamen Briten, der als Soldat in der französischen Fremdenlegion in Afrika gedient hatte, bevor er Journalist wurde. Zumindest behauptete er das. Andy, ein englischer Fotograf, war lange vor dem Krieg in den Kosovo gekommen und hatte sich in ein albanisches Mädchen verliebt. Nach dem Krieg hatten sie geheiratet und lebten nun bei ihren Eltern, unweit von Ischmets Haus.

Ein anderer Fotograf, der seit Jahren im Kosovo arbeitete, war

Alan Chin, ein dicker, aber flinker Chino-Amerikaner aus New York. Wenn er nicht im Auftrag der *New York Times* unterwegs war, bot er seine Dienste auch anderen Presseorganen an. Professionell und zugleich herrlich gelassen, half Alan mir dabei, eine große Geschichte für den *Telegraph* zu recherchieren über hunderte vermisster Albaner, die vermutlich während des NATO-Bombardements von serbischen Einheiten massakriert worden waren. Oft verzog Alan das Gesicht über meine anfangs naiven und ungeschickten Interviewmethoden, und er erteilte mir einige essenzielle Lektionen, wie sich ein Journalist verhalten sollte. »Du darfst nie vergessen, dass der Typ mit der Wumme immer recht hat, nicht du«, sagte er zu mir. »Selbst wenn er zehnmal dümmer ist als du, musst du ihn mit Respekt behandeln – sonst kriegst du eines Tages einen Arschvoll.« Als er einmal sah, wie ich mich mit zwei italienischen KFOR-Soldaten stritt, die uns an einer Straßensperre aufhielten, schritt Alan ein. »Mach es auf die amerikanische Weise: Sei nett und lächle sie an!« Dann umgarnte er die Soldaten derart charmant, dass sie uns passieren ließen.

Nicht jeder Kollege war so hilfsbereit zu Neuankömmlingen. In jenen ersten Wochen im Kosovo erlebte ich viel journalistische Kameradschaft, aber auch Lästereien, Neid und Rivalität. Die meisten Reporter behielten ihre Kontakte und Informationen streng für sich. Immer in Sorge, dass sie ihre eigenen Auftraggeber an jemand anderen verlieren könnten, räuberten einige Freelancer zugleich schamlos in den Revieren von Kollegen. Einmal warnte mich ein Brite, dass er dem *Telegraph*, meinem Arbeitgeber, Artikel aus dem Kosovo anzubieten gedenke. Als ich protestierte, entgegnete er: »Der freie Journalismus ist ein hartes Geschäft mit hartem Wettbewerb – daran gewöhnst du dich besser gleich.«

Bald wurde mir klar, dass die meisten Journalisten keine Kollegen waren und dass ich besser alleine arbeitete. Statt zu den großen Veranstaltungen zu gehen, über die alle anderen berichteten, versuchte ich mich fortan von der Herde fernzuhalten und eigene Wege zu gehen. Es war eine Regel, an die ich mich während meiner gesamten Karriere halten sollte. Reporterfeste waren nie mein Ding. Wenn die Fernsehkameras auftauchten, sah ich zu, dass ich weiterkam. Auch Fotografen, mit denen ich gerne zusammenarbeitete, mied ich, zumal ich herausgefunden hatte, dass ich mir gutes Geld dazuverdienen konnte, indem ich die Fotos für Geschichten selbst schoss. Der *Telegraph* bezahlte bis zu 150 Pfund pro Bild. Das war mehr, als ich normalerweise für einen Text bekam.

Die einzigen fest angestellten Reporter im Kosovo ein Jahr nach Kriegsende arbeiteten für die Nachrichtenagenturen wie Associated Press, Reuters und Agence France Press. Von früh bis spät waren sie damit beschäftigt, das Nachrichtenmonster mit Neuigkeiten aus dem Kosovo zu füttern. Zu keiner Tageszeit war es möglich, mit den Agenturreportern einen entspannten Kaffee zu trinken. Sie waren stets buchstäblich »auf Draht«. Ich entwickelte eine enorme Bewunderung und Dankbarkeit für sie, denn ihr Einsatz ermöglichte es uns faulen Freelancern, dass wir nie eine Story verpassten. Wenn ich morgens aus dem Bett rollte, hatten die Nachrichtenhunde bereits die gesamte Lage gecheckt und zwei oder drei Artikel geschrieben, die ich bequemerweise beim Frühstück über das interne *Telegraph*-Netzwerk lesen konnte.

Nach zwei Wochen schrieb ich mein erstes kleines Stück, über Albaner, die in einen Hungerstreik getreten waren, um auf das Schicksal ihrer verschollenen Verwandten aufmerksam zu machen. Die Zeitung brachte es am folgenden Tag, was sich großartig anfühlte, wie auch die kurze Glückwunsch-E-Mail von Alec. Er informierte mich, dass ich 75 Pfund für das Stück bekommen würde, was sich weniger großartig anfühlte. Ich rechnete nach und begriff schnell, dass ich auf diese Weise finanziell nicht lange überleben würde. Da der *Telegraph* eher an aktuellen Nachrichten als an langen Reportagen interessiert war, wurde meine Lage im verschlafenen Provinznest Kosovo von Tag zu Tag prekärer. Ich rief die Redaktion an.

»Du musst dir noch andere Abnehmer beschaffen«, riet mir Alec. »Es gibt Freelancer in Afrika, die neben uns noch zwanzig andere Zeitungen auf der ganzen Welt beliefern.«

»Könnte ich also auch für die *Times* schreiben?«, fragte ich.

»Nein, das geht nicht«, sagte Alec. »Du kannst es mit Blättern in den USA oder Irland probieren, aber eine andere Publikation in Großbritannien ist ausgeschlossen.«

Zum Glück konnte ich noch im deutschen Markt angeln gehen. Also schickte ich einige E-Mails mit Vorschlägen für Geschichten an Redakteure verschiedener deutscher Blätter. Eine Woche später hatte ich Zusagen von der *Financial Times Deutschland* und der *Berliner Zeitung*. Zweisprachig zu sein erwies sich als Segen, wenn nicht gar als Lebensretter, für meine keimende Karriere. Der Trick bestand darin, eine Geschichte einmal zu recherchieren und sie dann zweimal zu verkaufen. Die Abnehmer freuten sich, dass ich die Spesen auf mehrere Schultern verteilen konnte. Da die deutschen Redakteure längere Reportagen vorzogen, hörte ich auf, zu Pressekonferenzen in Pristina zu gehen, und begann stattdessen, das restliche Kosovo nach Stories abzusuchen.

Mein Citroën CX-25 war dafür das ideale Auto. Es war ein Wunderwerk französischer Ingenieurskunst und modernistischen Stils. Dank des einzigartigen Hydrauliksystems und der gasgefüllten Gummibälle, die als Stoßdämpfer dienten, fühlte es sich sogar auf Schlaglochpisten und bei hoher Geschwindigkeit so an, als ob man in einem eleganten Raumschiff dahingleiten würde. Ich fuhr den einzigen Citroën, den ich je in Jugoslawien gesehen habe, und abgesehen von Krankenwagen und den Toyota-Forerunner-Geländewagen der UN war er das einzige weiße Auto im Kosovo. Jedes Mal, wenn ich den Citroën vor dem UN-Hauptquartier in Pristina parkte, war er bald von ehrfürchtigen albanischen Jungs umstellt, die gespannt auf meine Rückkehr warteten. Wenn ich den Motor zündete und die Hydraulik das Auto zehn Zoll nach oben pumpte, brachen sie in Jubel aus – sehr zum Neid, bildete ich mir ein, der albanischen Mafiosi in ihren dunklen BMWs und Audis.

Die meisten dieser Limousinen hatten keine Kennzeichen und waren in Deutschland oder Italien gestohlen worden. Aber im Chaos des ersten Jahres nach der Invasion hatten die UN-Verwalter ärgere Sorgen als Autodiebstahl (bis eines Nachts fast hundert Toyota Forerunners vom UN-Parkplatz geklaut wurden). Da es kaum UN-Polizei gab, konnten Autofahrer auch alle Verkehrsregeln missachten, besonders Geschwindigkeitsbegrenzungen. Die Hauptursache für gewaltsame Todesfälle im Kosovo damals waren nicht ethnische Säuberungen, sondern Autounfälle.

Nach all den Jahren in überregulierten Ländern war es mir ein kleines, aber göttliches Vergnügen, mit Vollgas die Landstraße von Pristina nach Mitrovica runterzujagen. Die einzigen Orte, wo man abbremsen musste, waren eine zerbombte Brücke und KFOR-Checkpoints – außer dem Checkpoint, der von Soldaten aus den Vereinigten Arabischen Emiraten bewacht wurde, die lächerliche Uniformen trugen und nicht in der Lage schienen, mit ihren Gewehren umzugehen, sodass wir oft einfach an ihnen vorbeirasten. Einmal wurde ich von einem ghanaischen UN-Polizisten angehalten, aber da die UN-Verwaltung noch keine Strafzettel gedruckt hatte, hob er nur mahnend den Zeigefinger und ließ mich weiterfahren.

Mein Bruder hatte den Motor des Citroëns gehörig frisiert. »Damit du immer schnell flüchten kannst, wenn es knallt da unten.« So fuhr ich oft viel zu schnell und verursachte mehrere Beinahe-Unfälle auf dem Balkan. Einmal stieß ich nahe Pristina fast mit einem russischen Panzer zusammen. Ein anderes Mal rammte ich ein Fahrzeug der Bundeswehr. Die deutschen Soldaten hatten mir ohne Grund den Weg in eine serbische Enklave versperrt. Dank der Gene meiner Mutter bin ich manchmal etwas unbeherrscht, und so hatte ich die Soldaten mit Nazis verglichen und war an ihnen vorbeigefahren, woraufhin es zu einer Verfolgungsjagd mit Unfall kam. Der bedauerliche Zwischenfall kostete mich beinahe meine Journalisten-Akkreditierung, aber nachdem ich mich beim deutschen Kommandeur entschuldigt hatte, wurde mir vergeben.

Ein Ort, den ich oft besuchte, war die Gracanica-Enklave, wo 8000 Serben unter dem Schutz von UN-Truppen ausharrten. Das spirituelle Zentrum von Gracanica war das orthodoxe Kloster, einer der vielen christlichen Bauten aus dem Mittelalter, die das Kosovo in den Augen der Serben zur Wiege der serbischen Nation und Identität machen. Nach einer sehr feierlichen und düsteren Mitternachtsmesse am Ostersonntag im Jahr 2000 lernte ich Vater Sava kennen, den charismatischen Sprecher der Gracanica-Serben. Bis in die frühen Morgenstunden diskutierten wir über serbische Macht und Misere. Aus der Sicht des Mönches waren die Serben Opfer der Geschichte, denen wieder einmal übel mitgespielt wurde. Dem hielt ich die gebrandschatzten muslimischen Dörfer entgegen, die ich in Bosnien und im Kosovo gesehen hatte. »Schlimme Dinge sind geschehen«, räumte Vater Sava ein. »Doch nun sind die Serben im Kosovo dem Untergang geweiht.«

Die Serben von Gracanica fühlten sich belagert. Ein Mann, ein einfacher Bauer, zeigte mir einmal seinen alten jugoslawischen Reisepass und sagte: »Vor nur zehn Jahren konnte ich mit diesem Pass überall in der Welt reisen – heute kann ich nicht einmal in die Felder um mein eigenes Dorf gehen.« Einige Tage später fuhr ein Bus mit serbischen Schulkindern aus Gracanica auf eine Mine. Drei kleine Mädchen starben. Ich berichtete meinen *Telegraph*-Redakteuren davon, aber es interessierte sie nicht. Serben als Opfer, das war für sie keine Geschichte. Dies änderte sich erst, nachdem britische Soldaten in einen Protestzug von Gracanica-Serben gegen die Landminen-Hinterhalte der KLA feuerten und mehrere Demonstranten verletzten. Britische Soldaten im Einsatz – das war *big news*.

Der einzige Ort im ganzen Kosovo, wo Serben und Albaner noch friedlich zusammenlebten, lag eine Stunde außerhalb von Pristina. Es war eine alte Irrenanstalt aus der Tito-Ära. Ein hoher Eisenzaun umgab das schäbige Gebäude, das Grundstück war mit Müll übersät. Ärzte oder Pfleger waren nirgends zu sehen. Einige der Patienten, die auf einem Rasen umhergingen, kamen zum Zaun, um einen Blick auf mich zu werfen. Ihr Alter ließ sich schwer bestimmen, aber sie sahen elendig aus. Sie hatten rasierte Schädel, und ihre Mäntel waren so alt und zerrissen, dass sie im kalten Wind zitterten. Einer der Männer zeigte auf mich und brach in wahnsinniges Lachen aus, die anderen starrten mich nur durch den Zaun an, seine eisernen Gitterstäbe umklammernd.

Woher sie kämen, fragte ich sie. »Jugoslawien«, antworteten sie.

Einige der Patienten hatten fünfzehn oder zwanzig Jahre in diesem Irrenhaus gelebt, wie mir ein Dorfbewohner später erzählte. Sie waren aus allen ehemaligen jugoslawischen Republiken hierher geschickt worden. Es gab einen Slowenen, ein paar Kroaten und Bosnier, einige Serben, vielleicht einen Montenegriner und einen Mazedonier sowie zwei oder drei Kosovo-Albaner. Sie lebten auf diesem eingezäunten Gelände zusammen, während das Land um sie herum zerfiel in einem blutigen Bürgerkrieg, der weder Nachbarn noch

Brüder kannte. Sie aber glaubten, sie lebten noch immer in Jugoslawien, und so gingen sie auch miteinander um, als jugoslawische Mitbürger.

Vielleicht waren gar nicht sie die Irren.

Der Mann, der hauptverantwortlich für den Bürgerkrieg in Jugoslawien war, ging an diesem Abend im Oktober 2000 wahrscheinlich im Präsidentenpalast in Belgrad nervös auf und ab, während der Lärm der Demonstranten auf den Straßen der Stadt immer lauter wurde. Derweil saßen Justin und ich noch immer in unserem Hotelzimmer in Montenegro fest. Slobodan Milošević sollte gestürzt werden – aber würden wir rechtzeitig nach Belgrad gelangen, um es mitzuerleben?

Plötzlich ging die Tür auf und herein trat Goran, unser dubioser Schleuser. Justin und ich müssen auf dem Bett gesessen haben wie Kaninchen, die gefüttert oder geschlachtet zu werden erwarteten, denn ein spöttisches Grinsen huschte über sein Gesicht. Dann holte er unsere Reisepässe heraus.

»Ich habe die Visa«, verkündete er. »Wir können sofort aufbrechen.«

Ich sah mir das gefälschte Visum an. Ausgestellt von der jugoslawischen Botschaft in Paris, hieß es dort, doch es sah alles andere als echt aus. Weder war es eines der Aufklebervisa, die ich normalerweise in Budapest bekam, noch ähnelte es im Entferntesten einem Stempel. Ohne die üblichen abgerissenen Ränder sah es viel zu perfekt aus bis auf die Schreibweise von »Turist Visa«. Wer immer der Fälscher war, er hatte offenbar noch nie zuvor ein Jugo-Visum gesehen. Dies war die Arbeit eines Amateurs, der einfach ein »Word«-Dokument umrahmt und in unsere Pässe gedruckt hatte. Eine Druckseite für 1500 Mark.

»Das soll ja wohl ein Witz sein!«, sagte ich zu Goran.

»Warum Witz?«

»Es ist offensichtlich ein Computerausdruck, Goran, und es ist voller Fehler. Es trägt das heutige Datum, was unmöglich ist, weil jugoslawische Konsulate seit mindestens einer Woche keine Visa mehr ausstellen.«

»Die gucken bestimmt nicht auf das Datum«, entgegnete er.

»Es ist noch nicht einmal unterschrieben. Hier, wo ›Konsul‹ steht, ist nur ein weißes Feld.«

»Na und?« Goran nahm einen Kugelschreiber und unterzeichnete es selbst, indem er umständlich seinen Vornamen in das weiße Feld schrieb, in Großbuchstaben.« Ungläubig sah ich zu Justin herüber, der nur die Achseln zuckte.

»Jetzt kann es losgehen«, verkündete der frisch ernannte jugoslawische Konsul in Paris. »Ich kenne eine geheime Route. Wir werden ohnehin keinen serbischen Grenzsoldaten begegnen.«

Wir eilten die Treppe runter und durch die Lobby voller verzweifelt blickender Journalisten, die alle wussten, dass sie an dem Abend am falschen Ort waren, aber weder den Cash noch die Connections hatten, um dies zu ändern. Um nicht aufgehalten zu werden, spazierten wir so nonchalant wie möglich zum Ausgang, als ob wir nur für eine Kippe rausgehen wollten. In einem Fernseher an der Wand war zu sehen, wie sich zehntausende zorniger Demonstranten vor dem Bundesparlament in Belgrad zusammenrotteten. Kaum draußen, rannten wir zum Parkplatz. Schnell stopfte ich noch einige Klamotten vom Rücksitz des Citroëns in meine Tasche und klopfte ihm zum Abschied aufs Dach.

»Rein jetzt ins Auto«, zischte Goran aus seinem schwarzen Mercedes mit verdunkelten Scheiben.

»Immerhin werden wir mit Stil reisen«, kommentierte Justin, als wir in die Dunkelheit fuhren.

Außerhalb Podgoricas holte Goran noch einen Freund ab, der sich zu Justin auf den Rücksitz zwängte. Ich war nicht begeistert, eine weitere Lederjacke im Auto zu haben, blieb aber ruhig. Bald bogen wir von der Hauptstraße ab in einen Weg, der kurvenreich in die Berge führte. Es gab kaum anderen Verkehr. Vergeblich versuchte Justin, mit seinem Radio ein Signal des BBC World Service zu empfangen, sodass wir über die Vorgänge in Belgrad im Unklaren blieben.

»Was halten Sie denn von den Protesten in Belgrad?«, fragte ich Goran, der mit den Schultern zuckte und weiter auf die Straße starrte.

»Es hat keinen Sinn, darüber nachzudenken«, murmelte er schließlich. »Slobo ist im Arsch. Es ist alles vorbei.«

Vom Rücksitz raunte mir Justin ins Ohr, dass es wohl besser sei, Goran nicht mit unangenehmen Fragen zu belästigen. »Er ist unser Fahrer nach Belgrad, belass es einfach dabei, okay?«

Die Straße führte in einen dichten Wald. Die Scheinwerfer tasteten sich über den löchrigen Asphalt, eingerahmt von massigen Kiefernstämmen. Es war stockdunkel, Wolken hatten sich vor Mond und Sterne geschoben. Wir passierten zwei allein stehende, unbeleuchtete Gebäude. Nicht ein einziges Auto kam uns entgegen. Schließlich wurde meine Neugier zu stark, und ich fragte Goran, ob er in den Kriegen gekämpft hatte. Justin unterdrückte ein Stöhnen.

»Natürlich habe ich für mein Land gekämpft«, antwortete Goran, das Steuer noch fester umklammernd.

»In der jugoslawischen Armee?«

»Nun, am Anfang ja«, antwortete er zögernd. »Aber dann bin ich zu einer anderen Einheit in Bosnien gegangen, einer speziellen Einheit.«

»Waren Sie ein Mitglied der Tiger?«, setzte ich nach, mit so viel Unschuld in meiner Stimme wie möglich. Während Justin sein Knie in meine Rückenlehne rammte, drehte Goran den Kopf zu mir her und starrte mich an. Die Tiger waren eine paramilitärische Elite-Einheit der Serben. Sie wurden von Zeljko Raznatovic angeführt, einem berüchtigten Mafioso und Warlord, der sich Arkan nannte. Den Tigern wurden unzählige Massaker an Zivilisten vorgeworfen, besonders an Kroaten und Muslimen in Bosnien. Im Januar 2000 wurde Arkan zusammen mit zwei Leibwächtern von Unbekannten in einer Belgrader Hotellobby erschossen, und seine Miliz wurde aufgelöst.

»Ja, ich war ein Tiger, aber das ist lange her«, sagte Goran schließlich. Er lobte Arkan als guten Kommandeur, der seine Männer zur diszipliniertesten Kampfeinheit auf dem Balkan geformt habe.

»Diszipliniert?«

»Wir waren nicht wie die Tschetniks, die lange Bärte trugen und ständig besoffen waren«, erläuterte Goran. »Wir waren sauber, unsere Uniformen waren sauber, wir rasierten uns, und wir haben nie getrunken vor Kampfeinsätzen. Darum haben wir auch nie dumme Sachen gemacht.«

»Dumme Sachen? Etwa Zivilisten zu töten?«

»Nein, wir haben die Menschen in den Dörfern nicht getötet«, erwiderte er. Seine Stimme klang erregt, aufgewühlt. »Wer das behauptet, ist ein verdammter Lügner. Manchmal kannst du nicht sehen, wer Kämpfer ist und wer Zivilist. In der Nacht sind alle Männer Kämpfer.«

Justin tippte mir von hinten auf die Schulter. Als ich meinen Kopf zu ihm hinwandte, schob er sein Gesicht ganz nah an meines, und aus seinen Augen schoss stille Wut.

»Hey Deutscher«, zischte er mich an. »Würde es dir etwas ausmachen, dein verdammtes Maul zu halten? Dies ist kein guter Zeitpunkt für diese Art der Unterhaltung, verstehst du? Siehst du nicht, wie du den Typen richtig stinkig machst? Deinetwegen bringt der uns noch um. Er ist ein verdammter Tiger, Mann!«

Justin hatte recht. Ich wechselte das Thema und erzählte Goran fröhlich, wie aufgeregt ich sei, eine echte Revolution zu erleben.

Das war wahr. Ich hatte die antikommunistischen Revolutionen von 1989 verpasst. Damals war ich fünfzehn. Als die Berliner Mauer am 9. November 1989 fiel, sprang mein Bruder Ralf in sein Auto und fuhr nach Berlin, um das Ereignis hautnah zu erleben. Ich flehte ihn an, mich mitzunehmen, aber er zog die Gesellschaft seiner Ex-Frau vor, wohl in der Hoffnung, den nationalen Überschwang für eine Versöhnung zu nutzen (was nicht klappte). Während also wenige Autostunden von unserem Heimatdorf entfernt Geschichte geschrieben wurde, hatte ich frustrierenderweise keine andere Wahl, als zu Hause zu bleiben und mir alles im Fernsehen anzuschauen. Elf Jahre später, an diesem Abend nämlich, sollte ich endlich für den Spaß entschädigt werden, der mir damals in Berlin entgangen war. Eine Revolution war im Gange, und ich war live dabei.

Aber Goran hörte mir nicht zu. Er sah sauer aus, fuhr viel zu schnell und grummelte aggressiv klingende serbokroatische Schimpfwörter vor sich hin. Einmal schlug er mit der flachen Hand auf das Steuerrad. »Scheiß *novinars*«, grunzte er, was »Journalisten« bedeutet. Dann fuhr er herum: »Ihr glaubt, wir waren Killer, die Frauen und Kinder vergewaltigt haben, stimmt's?«

Ich dachte schweigend über seine Frage nach, während ich Justins kalten Blick in meinem Nacken spürte. Es war wahrscheinlich keine gute Idee, einen ehemaligen Tiger nachts in einem dunklen Wald mit seiner Vergangenheit zu konfrontieren. Es war naiv und tollkühn, und es brachte Justin in Gefahr. Andererseits, falls er das klären wollte mit seiner Vergangenheit, da nun Milošević gerade auf den Müllhaufen der Geschichte geworfen wurde, war dies doch der richtige Zeitpunkt dafür. Auf eine Art, dachte ich mir, versuchte ich ja nur, Goran zu helfen.

»Nun, vorgekommen ist es schon, oder?«

»Wir haben die Frauen und Kinder nicht angerührt, ist das klar?«, antwortete er mit bedrohlicher, dünner Stimme. »Andere haben das getan, die Moslems und die Ustascha und vielleicht auch einige Tschetniks, aber nicht die Tiger. Wir waren gute Soldaten mit Disziplin. Wir haben nur andere Kämpfer getötet.«

Er machte eine Pause, schwer atmend, und machte eine Handbewegung, als ob er einen unangenehmen Gedanken verscheuchen wollte.

»Und manchmal waren die Kämpfer eben Frauen, also was macht man dann? Wie auch immer, ich habe genug von dieser Unterhaltung. Es ist vorbei, es ist alles vorbei.«

Mit diesen Worten bremste Goran den Wagen. Ich bemerkte die roten Rücklichter eines Autos vor uns, das neben der Straße geparkt war, die inzwischen zu einem schlammigen Feldweg degeneriert war. Ich sah einen Mann in einer schwarzen Lederjacke aus dem Auto, einem BMW, steigen. Zu meiner Überraschung blendete Goran kurz auf und ließ den Mercedes hinter dem BMW zum Stehen kommen. Der Mann kam zu uns herüber, Goran und sein Freund stiegen aus. Sie gaben sich die Hand, schienen sich zu kennen. Im dämmrigen Licht sah Justin mich an. Unsere Verwirrung wuchs zu Besorgnis. Wer war dieser Mann? Was zum Teufel ging hier ab?

Es war nicht nur die Milošević-Story, die es für mich *de rigeur* machte, dass ich nach Belgrad kam. Nach zwei Monaten im Kosovo hatte ich einen guten Teil des Sommers in Belgrad verbracht, wo ich heimlich als Undercover-Reporter arbeitete. Kurz vor den Wahlen verriet mich jemand an die Behörden, und ich wurde aus Serbien ausgewiesen. Drei Wochen waren seitdem vergangen, und meine

Freunde in Belgrad fingen an mir zu fehlen. Viele von ihnen waren aktive Mitglieder der *Otpor* (Widerstand), der Studentenopposition gegen Milošević, und ich sorgte mich um ihre Sicherheit in dieser Nacht.

Ich war zum ersten Mal nach Belgrad gezogen, als die Dinge im Kosovo etwas langweilig wurden und ich eine Veränderung brauchte. Ein Journalistenvisum würde ich niemals erhalten, das war mir klar, und so beantragte ich in der jugoslawischen Botschaft in Budapest ein Touristenvisum. Die Assistentin des Konsuls war eine Klassikerin: eine kettenrauchende Lady, die eines dieser diaphanen, den Büstenhalter entblößenden Hemden trug, die vor der Welle westlicher Klamotten in Osteuropa schwer in Mode waren. »Money!« war alles, was sie zu mir sagte. Nachdem ich ihr 50 Mark gegeben hatte, klebte sie das Visum in meinen Pass. Wie sich herausstellen sollte, war es ein Ticket für einen aufregenden Sommer.

Da Serbien damals nicht gerade die beste Presse hatte, stellte ich mir Belgrad als einen sehr unangenehmen Ort vor, voller Mafiosi und völkermordender Ex-Paramilitärs. Als ich dann das erste Mal in die Stadt einrollte, war ich überrascht zu sehen, dass die Schäden des NATO-Bombardements zumeist auf Regierungsgebäude und Infrastruktur begrenzt waren. Die Bombenkrater im Verteidigungsministerium waren riesig, aber die Zerstörung war nicht annähernd so schlimm wie das, was das serbische Militär Jahre zuvor in Sarajewo angerichtet hatte.

Belgrad war eine lebendige und moderne Stadt mit der richtigen Prise morbiden osteuropäischen Charmes. Die Altstadt war voller Restaurants, Biergärten und Terrassencafés für lange Sommerabende. Zunächst fielen mir weit mehr hübsche Studentinnen als Kriminelle oder Kriegsgewinnler auf. Die meisten Menschen, die ich kennenlernte, waren offen, freundlich und an der Welt außerhalb Serbiens interessiert. Die Serben in Belgrad erschienen mir als besonderer Menschenschlag, exzentrisch, einnehmend und mit einem schrägen Sinn für Humor. Allerdings gab es eine Reihe von Tabuthemen, über die niemand viel sprach. Selbst junge und liberale Serben verharrten meist in der Leugnung der jüngsten Vergangenheit ihres Landes. Viele Serben schienen in einem trotzigen kollektiven Schockzustand zu leben. Immerhin war ihr Land, das nur ein Jahrzehnt zuvor ein angesehenes Mitglied der blockfreien Welt gewesen war, zu einem isolierten und ständig schrumpfenden Schurkenstaat verkommen.

Da meine journalistische Tätigkeit dem Regime verborgen bleiben musste, versuchte ich mich unauffällig zu bewegen und schrieb unter einem Pseudonym. Dem Vorschlag von Alec folgend, »einen vornehmen und lächerlichen Namen« zu wählen, änderte ich meine Autorenzeile zu »Lawrence Lucas«. Als weitere Vorsichtsmaßnahme hielt ich mich von den staatlichen Hotels wie dem »Moskau« fern, da dort sicher viele Spitzel herumschlichen. Stattdessen zog ich in ein schäbiges Hotel voller Nutten nahe dem Kalamegdan-Park an der Donau. Die Wände waren so dünn, dass ich bald bestens darüber im Bilde war, was Serben tun und brüllen, um einen Orgasmus zu bekommen, aber immerhin bewegte ich mich dort inkognito und sicher.

Ansonsten versuchte ich Paranoia zu vermeiden. Serbien unter Milošević war nicht der totalitäre Staat, den die westliche Presse oft beschrieb. Schließlich waren wir auf dem Balkan, und die serbische Staatssicherheit operierte nicht annähernd mit dem Maß an Kontrolle und Infiltration, das etwa die Stasi der DDR erreicht hatte. Da ich für meine Arbeit Kontakte brauchte, verriet ich einigen Leuten, meist Oppositionellen, dass ich kein Tourist war. Am sichersten fühlte ich mich bei den Studenten von *Otpor*. Unter dem Logo einer geballten Faust ärgerten ihre spontanen, wenn auch leicht chaotischen Proteste das Regime so sehr, dass die Staatspropaganda überall in Belgrad Poster aufhängen ließ, auf denen die Studenten als »Hitlerjugend« der damaligen US-Außenministerin Madeleine Albright dargestellt waren.

Einige Kollegen des ausländischen Pressecorps in Belgrad wussten ebenfalls um meine Identität als Reporter, aber sie hielten ihren Mund. Der netteste Kerl der Bande war Alex, ein geselliger Amerikaner serbischer Herkunft von Ende dreißig. Nachdem seine Eltern beide an Krebs gestorben waren, hatte Alex Kalifornien Anfang 1999, nur wenige Wochen vor dem Beginn der NATO-Luftschläge, verlassen und war zu seinem serbischen Großvater zurückgekehrt. Als Reporter für den *San Francisco Chronicle* harrte er dann während des gesamten Kriegs in Belgrad aus, was ihn in den Augen der serbischen Behörden höchst suspekt erscheinen ließ. Unter dem Verdacht, ein amerikanischer Spion zu sein, wurde Alex einige Male zu Vernehmungen abgeholt, wie er mir erzählte, doch er durfte im Lande bleiben.

Alex arbeitete als Freelancer auch für die *Times* in London, den unmittelbaren Konkurrenten des *Telegraph* auf dem britischen Markt. Davon ließen wir unsere aufblühende Freundschaft aber nicht beeinträchtigen, sondern entdeckten vielmehr bald einen Trick, die Rivalität unserer Arbeitgeber auszunutzen und so beide mehr Geld zu verdienen. Da das Interesse unserer Redakteure an Serbien in dem Sommer auf einem Tiefststand angekommen war, beschlossen wir, sie ein wenig zu manipulieren.

Das ging so: »Hey Alec, wie wäre es, wenn ich heute ein Stück über die Demo gegen Milošević schreibe?«

»Nun, wir kriegen morgen nur drei Seiten für Nachrichten aus dem Ausland, und ich glaube nicht, dass wir genug Platz für so ein Stück haben werden«, kam Alecs vorhersehbare Antwort durch die Telefonleitung.

»In Ordnung, aber ich habe Gründe anzunehmen, dass die *Times* ein langes Stück über die Demo macht.«

»Was, echt? Verdammt!«, rief Alec. »Nun, in dem Fall, kannst du 600 Wörter raushauen, bis heute Nachmittag um 16 Uhr? Wir werden uns von den *Times*-Bastarden ja wohl nicht die Show stehlen lassen, oder?«

»Natürlich nicht, Alec, mache ich.«

Zur gleichen Zeit führte Alex neben mir das exakt gleiche Telefongespräch mit seinen Redakteuren, mit gleichem Resultat. Wir klatschten uns mit breitem Grinsen in die Hände und machten uns an die Arbeit. Wir schrieben im Haus der Kultur, wo es eines von Belgrads wenigen Internet-Cafés gab. Zu lautem »Losing my Religion« von R.E.M. hackten wir unsere Artikel runter. Dabei tauschten wir gegenseitig Informationen und Zitate aus. Bevor wir unsere Texte abschickten, stellten wir sicher, dass sie nicht zu ähnlich waren und keine Widersprüchlichkeiten enthielten.

Zu unserer Gaudi fügten wir manchmal ein irrelevantes, aber komplett absurdes Element ein, das wir frei erfanden. Dies konnte ein sinnloses Zitat (»Milošević ist ein verbrecherischer Linkshänder«) oder auch eine Beobachtung à la Emir Kusturica sein, etwa: »Einer der Demonstranten zerrte ein rosa Klavier durch die Straßen.« Da unsere Redakteure stets überarbeitet und nachlässig beim Redigieren und Faktenprüfen waren, schafften es viele unserer kleinen Absurditäten direkt auf den Frühstückstisch der Leser.

Alex und ich klickten meist gleichzeitig auf den »Senden«-Knopf, um dann erst einmal zwei Bierflaschen zu öffnen. Wir hatten gerade beide 150 Pfund verdient, womit man im von Inflation geschüttelten Serbien eine Menge anfangen konnte. Oft halfen wir auch einander aus. Wenn einer von uns einen Kater pflegte oder einen lauen Nachmittag mit einem Mädchen verbrachte, ging der andere raus und erledigte die Berichterstattung für beide. Es war die Solidarität unter Sklaven, so sahen wir es.

Damit eine Story aus Serbien irgendeinen Sexappeal in London hatte, musste sie nur ein einziges Kriterium erfüllen: Milošević musste vorkommen, und er musste als blutrünstiges, kriegstreibendes Monster dargestellt werden. Redakteure mögen Klischees, mit denen sie die beunruhigend komplexe Welt in leicht verdauliche Happen einteilen können. Die meisten Redakteure wissen das, aber sie schieben die Schuld schnell auf die Leser. »Unsere Leser wollen beim Frühstück gesagt bekommen, dass ihre Ansichten richtig sind und immer schon richtig waren«, sagte mir ein Redakteur einmal. »Alles, was differenzierter oder nuancierter ist, würde sie nur verwirren. So ist das im Nachrichtenjournalismus.« In ihrer intellektuellen und ethischen Armut war diese Offenbarung deprimierend, aber schon bald beschloss ich, nach den Regeln zu spielen.

Es gab eine Woche im August, in der keine Tricks notwendig waren, um unsere Stücke zu verkaufen. Die serbische Polizei hatte zwei Briten festgenommen, deren Kofferraum angeblich voller Baumaterial für Bomben war. Innerhalb von Stunden brach der Wahnsinn los. Die Geschichte landete auf den Titelseiten aller britischen Zeitungen, und sie konnten nicht genug davon bekommen. Die Frage war nicht, ob die Männer tatsächlich in einer Sabotagemission unterwegs gewesen waren, sondern ob sie im Gefängnis zwecks Geständnissen gefoltert würden. Unsere Recherchen vor Ort beschränkten sich auf Telefonate mit dem serbischen Anwalt der beiden Briten. Ansonsten lungerten Alex und ich bloß stundenlang vor dem Gefängnis herum. Unsere Berichterstattung der Story war dubios und chauvinistisch, aber zum ersten Mal spürte ich den aufregenden Druck harter Deadlines. Der Zwang, manchmal in weniger als einer Stunde 800 zusammenhängende Worte über ein schwieriges Thema zu produzieren, sorgte für nette Adrenalinschübe.

Nach der Arbeit war Spaß angesagt. Alex ging damals mit Asne Seierstad aus, einer sehr blonden norwegischen Journalistin, die in Belgrad für ein Buch recherchierte. Sie sollte später als Schriftstellerin zu internationalem Ruhm aufsteigen. Asne war ein attraktives Mädchen, aber Alex war Serbe genug, um mit mir auf ausgedehnte Streifzüge durch Belgrads Lasterhöhlen zu ziehen. Abgesehen von Besäufnissen in den verruchten Untergrundbars der Altstadt standen immer diverse Partys zur Auswahl, einschließlich erstklassiger Raves in den Ruinen der Kalamegdan-Burg. Autoritär regierte Länder haben oft ein großartiges Nachtleben, notierte ich mir damals, weil es die einzige Nische für junge Leute ist, wo sie sich ausdrücken und Dampf ablassen können.

Für richtig kitschige Unterhaltung gingen wir runter zu den *Splavs*, den Partybooten, die am Westufer der Donau vertäut lagen. Unter Mafiatypen und ihren üppigen Begleitungen tranken wir Sliwowitz und tanzten zur grauenhaftesten Turbofolkmusik, die der Balkan zu bieten hatte. Eine Nacht auf einem Boot war eine heitere Abfolge geschmacklicher Verfehlungen, aber nie langweilig. Eines Morgens trug Alex, gut auf Speed unterwegs, einen weißen Plastikstuhl hinaus zu einer flachen Stelle der Donau, zog sich nackig aus und trank ein letztes Bier in der aufgehenden Sonne.

»Stell dir vor, mein Großvater muss neulich zwei Ecstasypillen auf meinem Schreibtisch entdeckt haben«, sagte Alex. »Er dachte wohl, dass es Viagra sei. Also hat der alte Herr sie geschluckt, um meine Großmutter nochmal so richtig zu verwöhnen.«

»Und was geschah dann?«

»Tja, wilden Sex hatten sie nicht, aber er fing wie verrückt zu tanzen an«, berichtete Alex kopfschüttelnd. »Offenbar hat er sie dann immer wieder umarmt und ihr gesagt, wie sehr er sie liebe.«

»Alex, das hört sich nach einer leicht apokryphen Geschichte an.«

»Mag sein, aber es ist eine gute Story, oder?«

Die guten Zeiten konnten nicht ewig dauern. Als ich eines Tages in mein Hotel kam, beugte sich die Empfangsdame vor und flüsterte mir zu, dass »zwei Herren von der Regierung« nach mir gesucht hätten. Sie hatten eine Telefonnummer hinterlassen, die ich umgehend anrufen solle. In meinem Zimmer fiel mir auf, dass die Bücher, Notizblöcke und der Laptop anders als zuvor auf meinem kleinen Schreibtisch lagen. Ein roter Kartonstreifen, den ich als Lesezeichen nutzte, war auf den Teppich gefallen, und der Reißverschluss meines Rucksacks war geöffnet. Jemand hatte mein Zimmer durchsucht.

Ich wählte die Nummer. Jemand hob ab, der sich als Beamter des Informationsministeriums vorstellte. Er habe meinen Anruf erwartet, sagte er mit müder Stimme, während er Akten durchzublättern schien.

»Wir haben Kenntnis davon erlangt, dass Sie als Journalist in Jugoslawien arbeiten, Herr Kleveman«, sagte der Mann.

»Nun, das ist genau genommen nicht ganz richtig«, stammelte ich. »Ich schreibe gerne ein wenig.«

»Aber Sie haben sich nicht beim Informationsministerium akkreditieren lassen.«

»Ähm, nein, noch nicht.«

»Das bedeutet, dass Sie keine Arbeitserlaubnis in diesem Land haben.«

»Könnte ich mich nicht jetzt noch akkreditieren lassen?«

»Auf keinen Fall«, ranzte der Beamte mich an. »Ihr Visum ist annulliert worden, und Sie müssen das Land innerhalb von 24 Stunden verlassen. Falls Sie das nicht tun, wird die Polizei Sie verhaften und außer Landes deportieren.«

Damit legte er auf. Ich saß auf meinem Bett, sprachlos. In einer Woche waren Präsidentschaftswahlen. Es sah so aus, als könnte Milošević tatsächlich seinem demokratischen Gegenkandidaten Vojislav Kostunica, einem nationalistischen Rechtsanwalt, unterliegen. In der Woche zuvor hatte ich mich mit Kostunica getroffen und unter der Autorenzeile »Lawrence Lucas« das erste große Porträt über ihn geschrieben, das in der britischen Presse erschien. Die Wahlen und ihr Nachhall versprachen aufregend zu werden und eine nette Ernte an Artikeln zu ergeben, sprich: eine dringend benötigte Cash-Infusion für mein Bankkonto. Falls Milošević verlieren sollte, hatten meine *Otpor*-Freunde und ich uns außerdem vorgenommen, auf den Straßen zu feiern.

Nun sollte daraus nichts mehr werden. Ich wurde aus dem Land geschmissen. Ich fragte mich, wie das Informationsministerium Wind von mir bekommen hatte. Irgendjemand, der wusste, dass ich Journalist war, muss mich verpfiffen haben. Die meisten Serben, die ich kannte, waren in der Opposition, womit sie über jeden Verdacht erhaben schienen. Oder konnte es sein, dass meine Kreise, vielleicht gar Kostunicas engstes Umfeld, von Regimespitzeln infiltriert waren? Abgesehen von meinem serbischen Dolmetscher, einer treuen Seele, waren die einzigen Leute, die über meine Tätigkeit Bescheid wussten, andere westliche Journalisten in Belgrad. Von denen hatte mich ja wohl keiner an die Behörden verraten, oder? Schließlich saßen wir doch alle im selben Boot, oder etwa nicht?

Mir fiel ein, dass mich Alex irgendwann davor gewarnt hatte, Jackie zu trauen, der BBC-Korrespondentin in Belgrad. Offenbar hatte sie mich auf einem privaten Dinner als Schummler bezeichnet, weil ich mit einem Touristenvisum arbeitete, während sie und andere reguläre Journalisten sich mit viel Mühe und Ärger eine offizielle Arbeitserlaubnis besorget hatten. Seinerzeit hatte ich die Warnung beiseitegewischt und glaubte sie noch immer nicht. Ich mochte Jackie. Sie war ehrgeizig und verteidigte ihre journalistischen Jagdgründe, aber sie schien nicht hinterhältig zu sein. Statt ihrer verdächtigte ich einen serbischen Agenturreporter, der mich auf das berüchtigte Zigeuner-Trompetenfestival in Guca, einer kleinen Stadt südlich von Belgrad, mitgenommen hatte. Zu den rasenden Rhythmen hunderter Trompeter war ich mit dem Vater meines Kollegen in einen trunkenen Streit über serbische Kriegsverbrechen geraten. Später stellte sich der Herr als hochrangiger Diplomat im Außenministerium heraus. Vielleicht hatte er sich mit einem Anruf bei seinen Kollegen im Informationsministerium an mir gerächt? Möglich war es, aber zugleich zu kleinlich, um plausibel zu sein.

Ich rief die Redaktion in London an, um meinen Bossen die

schlechte Nachricht mitzuteilen. Mitfühlend schlug mir Alec vor, in den Kosovo zurückzukehren und über die Folgen der Wahlen dort zu berichten. Es war ein schwacher Trost, aber die einzige verbleibende Option, sodass ich einwilligte und meine Koffer zu packen begann. Später am Abend rief ich Alex an.

»Ich bin des Landes verwiesen worden!«

»Scheiße! Lass uns in einer Stunde auf dem Crni Panteri treffen!«

Der »Schwarze Panther« war unsere bevorzugte Absteige, ein Zigeunerboot auf dem Ada-See. Mit seinen verrückten Musikanten und langen, vom Whisky befeuerten Feiernächten schien das Crni Panteri direkt aus einem Film von Emir Kusturica zu stammen. Es war jedenfalls der richtige Ort, um einige Abschiedsdrinks zu nehmen.

Fünf Stunden später standen Alex und ich völlig betrunken an der Reling des Boots. Drinnen tanzte ein Zigeunermädchen zu den traurigen Klängen eines Geigenspielers auf den Tischen, wobei ihr besoffene Männer Dollars und Dinare unter ihr leichtes Kleid schoben. Zuvor hatten sich zwei Serben geprügelt und gegenseitig Whiskey-Flaschen über die Köpfe gezogen, aber jetzt war die Stimmung eher melancholisch. Zur gleichen Zeit war ich dabei, eine schmerzliche Wahrheit zu erfahren.

»Ich hab dich nicht verraten, Mann«, sagte Alex, schwer lallend.

»Aber warum hast du dem Typen vom Geheimdienst erzählt, wer ich bin!?«

»Der hatte dich schon eine ganze Weile observiert«, versuchte Alex zu erklären. »Wie auch immer, ich habe ihm nicht gesagt, dass du Journalist bist.«

»Warum hast du überhaupt mit ihm geredet?«

»Weil er mich nach dir gefragt hat«, schoss Alex zurück. »Ich muss schon ein wenig mit denen kooperieren. Begreifst du es nicht? Ich will hierbleiben. Ich bin ein Serbe, dies ist mein Land.«

»Ich verstehe«, sagte ich. »Ausgerechnet du. Ich dachte, wir sind Freunde.«

»Ich hab dich nicht verraten, Mann«, sagte Alex. »Ich war es nicht. Ich bin dein Freund.«

Einige Stunden später, verkatert und deprimiert, saß ich wieder in meinem Citroën CX-25 und raste die Autobahn gen Kosovo runter. Falls die Sache nach den Wahlen heiß werden sollte, tröstete ich mich, würde ich versuchen, irgendwie über Montenegro zurück nach Serbien zu gelangen.

Ob dieser Plan gelingen würde, hing nun von Goran ab, unserem Ex-Tiger und Chauffeur. Während Justin und ich in seinem Mercedes im dunklen Wald saßen, beriet er sich offenbar gerade mit dem BMW-Fahrer, was sie mit uns machen sollten.

»Das gefällt mir alles gar nicht«, sagte Justin finster.

»Mir auch nicht«, gab ich zu. »Ich frage mich, ob wir noch immer auf dem Weg nach Belgrad sind. Es sieht so aus, als ob sie andere Pläne mit uns haben.«

»Warum musstest du ihn auch mit deinem blöden Interview verärgern?«

»Tut mir leid, Alter, kommt nicht wieder vor.«

»Klar kommt das nicht wieder vor, weil die uns gleich die Köpfe wegschießen und uns in eine Grube im Wald werfen werden.«

Da kamen Goran und sein Freund auch schon zurück zum Wagen und befahlen uns barsch auszusteigen.

»Ihr müsst in das andere Auto umsteigen«, sagte Goran ungeduldig. »Vor uns liegt ein serbischer Checkpoint, und wir müssen die Gegend sichern.«

Was er damit meinte, war nicht ganz klar. Dennoch stiegen wir aus, warfen unsere Taschen in den Kofferraum des BMW und kletterten auf den Rücksitz. Auf dem Beifahrersitz saß zu meiner Überraschung eine junge Frau. Sie lächelte uns an. Dann sprang der neue Fahrer rein, und nach einem kurzen Nicken in unsere Richtung jagte er los. Goran und sein Freund blieben zurück. Wir sollten sie nie wiedersehen.

Wenig später erreichten wir den Checkpoint, der wohl an der Grenze zwischen Montenegro und Serbien lag. Unser Fahrer grüßte die bewaffneten Wachen, die ihn erkannten und uns durchwinkten. Zu meiner Erleichterung wollte niemand die gefälschten Visa in unseren Pässen sehen. Ich bemerkte, dass zwischen den Vordersitzen ein Pistolenhalfter lag. Unser neuer Fahrer war offenbar ein serbischer Polizist und die Frau seine Freundin. Sie konnten beide kein Englisch, sodass wir uns kaum unterhielten. Da wir die Hauptstraßen und potenzielle Gefahrenpunkte vermeiden mussten, dauerte unsere Reise nach Belgrad weitere sechs Stunden. Im Morgengrauen erreichten wir die Vororte der Stadt.

Anfangs erschien alles normal. Die Menschen gingen wie immer zur Arbeit, und nirgends gab es Anzeichen einer Revolution. Die einzigen Menschenmassen, die zu sehen waren, waren Arbeiter an Bushaltestellen. Sollte dies bedeuten, dass der Aufstand gelungen oder dass er niedergeschlagen worden war? Das Kriegsrecht war jedenfalls offenbar nicht verhängt worden. Unser Fahrer lehnte es ab, in die Stadt hineinzufahren, und setzte uns an einer Bushaltestelle ab. Justin winkte ein Taxi herbei, um in ein Hotel zu fahren. Er brauchte Schlaf.

»Wir haben es geschafft, Justin!«

»Wir hatten gehörig Glück«, grummelte er. »Du bist ein Irrer, und ich werde nie wieder in meinem Leben mit dir irgendwo hinfahren. Bis denn mal …«

Ich stieg in ein anderes Taxi, einen verbeulten Mercedes 200D mit sagenhaften 850 000 Kilometern auf dem Zähler, und bat den Fahrer, mich zum Bundesparlament zu bringen. Er nickte. Als ich am Parlament ankam, wurde mir gleich klar, dass gerade alles vorbei war. Das neoklassizistische Gebäude schmorte noch, schwarzer Qualm stieg aus den zerborstenen Fenstern zwischen den Säulen. Die Sicherheitskräfte, die wir am Abend zuvor noch im Fernsehen gesehen hatten, waren vom Eingang verschwunden. Statt ihrer säumten nun Zivilisten die Treppenstufen. Feuerwehrleute waren dabei, die letzten Flammen zu löschen. Das Gebäude war gestürmt und geplündert worden. Davor lagen ein Dutzend ausgebrannter Autos und zertrümmerter Polizeiwagen. Der Rasen war übersät mit hunderten an den Rändern angekokelter Stimmzettel, die die Demonstranten aus den Büros der Wahlkommission geworfen hatten. Auf allen war der Name »Slobodan Milošević« in exakt gleicher Weise eingekreist, was die triumphierenden Demonstranten als Beweis dafür hielten, dass die Wahlen gefälscht worden waren.

Auf dem Platz zwischen dem Parlament und dem Rathaus sah

es aus wie am Morgen nach einem Rockfestival. Tausende verdattert und müde aussehender Männer und Frauen wanderten umher. Sie sangen und diskutierten die Ereignisse der vergangenen Nacht. Andere hatten auf dem mit Müll übersäten Rasen Decken für ein Frühstück ausgebreitet, das unweigerlich eine Flasche Pflaumenschnaps beinhaltete. Nach den derben Gesichtern und gefalteten braunen Kappenmützen zu urteilen, kamen viele der Demonstranten vom Land. Einige ältere Frauen trugen Halsketten mit orthodoxen Ikonen. Versteckt unter einer Decke lagen ein Computerkeyboard und ein Monitor, geplünderte Beute aus dem Parlament.

Viele der Demonstranten trugen Hemden mit dem *Gotov je!*-Slogan der Opposition, der bedeutete, dass Milošević »fertig« sei. Rein technisch war Milošević noch immer an der Macht, aber da die Aufständischen auch die staatliche Fernsehstation eingenommen hatten und die meisten Militärs und Polizeieinheiten zur Opposition übergelaufen waren, blieb ihm keine andere Wahl, als im Verlauf des Tages von seinem Amt zurückzutreten. Noch immer der einzige *Telegraph*-Mann vor Ort, begann ich sofort zu arbeiten und schrieb eine Geschichte über die Fußballfans des Clubs Roter Stern Belgrad, die den Angriff auf das Parlament angeführt hatten.

Am Nachmittag traf Julius in der Stadt ein, ebenso unsere Kollegen Marcus Warren und Patrick Bishop. Ihre Ankunft bedeutete, dass ich als niederer Freelancer den fest angestellten Korrespondenten Platz machen und ihnen fortan quasi als Assistent zuarbeiten musste. Auf unserer ersten Besprechung in einem Restaurant am Abend wies mich Bishop an, nach draußen zu gehen und ihm Zigaretten zu holen. »Gerne«, sagte ich, ging zu einem Kiosk um die Ecke und besorgte den stärksten und dreckigsten Balkan-Knaster im Angebot. Als er die erste Kippe anzündete, sah Bishop aus, als gurgelte er mit Glasscherben. Gute zwei Minuten lang musste er husten. Für den Rest der Woche bekam ich keine weiteren Artikel ins Blatt.

Es war mir egal. Da Milošević fort war, war die Balkan-Story ohnehin passé, und ich musste woandershin weiterziehen.

Mein Großvater,
Leutnant Hans-Heinrich Kleveman,
vor dem Kriegsausbruch 1914

RUSSLAND I

Gestern bin ich in Nischny-Nowgorod angekommen. Es ist Russlands drittgrößte Stadt, eine fünfstündige Zugfahrt östlich von Moskau gelegen. Sie hat eine nette Altstadt mit einigen Kirchen und eine ummauerte Festung, den *kremlin*, auf einem kleinen Berg hoch über der Wolga. Hier wurde Großvater Hans-Heinrich nach seinem Abschuss im Dezember 1915 zuerst einige Wochen lang gefangen gehalten.

Wie die meisten Orte entlang der Transsibirischen Eisenbahn war die Stadt zu Sowjetzeiten für Ausländer gesperrt. Damals hieß sie Gorki, benannt nach dem Papst sozialistischer Literatur, und war weltweit bekannt als der Ort, an den die sowjetische Regierung den Dissidenten Andrej Sacharow verbannt hatte. Nach dem Zusammenbruch der Sowjetunion erhielt die Stadt ihren alten Namen zurück. Große Männer, egal wie groß, eignen sich offenbar nie lange als Namensgeber für Städte.

Vorige Nacht bin ich in eine Sportbar in der Altstadt gegangen, um das Finale der Fußballeuropameisterschaft 2008 zu gucken, Deutschland gegen Spanien. Die Deutschen verloren. Die Russen in der Bar waren alle für Spanien, und ich nuckelte schön unauffällig meine Bierchen weg. Ein Russe gab mir einen Wodka aus und tröstete mich. Wenn die Deutschen besser gespielt hätten, wären sie in der Bar alle gegen die Spanier gewesen. Er sagte: »So ist das, der Russe liebt die Starken.«

Nach dem Frühstück lädt mich der junge Eigentümer des Hotels, in dem ich abgestiegen bin, zu einer kleinen Wolga-Rundfahrt mit seiner Yacht ein. Er hat sie in Italien bauen lassen, mit neuester Technik und weißen Ledersofas. »Mein Vater arbeitet im Ölgeschäft«, erklärt Kyril mit der müden Lässigkeit der jungen russischen Superreichen, die in ihrem Leben keine materiellen Härten gekannt haben. Wir legen ab. Schöner Blick auf den Kreml und die Altstadt. Kyril zeigt auf eine Brücke, die von deutschen Kriegsgefangenen erbaut wurde. »Im Ersten Weltkrieg?«, frage ich ihn. »Nein, nach dem Zweiten Weltkrieg.«

Meine Suche nach Großvater Hans-Heinrich hat begonnen. Von Nischny-Nowgorod aus wurde er, so viel weiß ich, von 1915 bis 1918 immer tiefer in Russlands Osten verfrachtet. Zuletzt war er in Chabarowsk und Wladiwostok am Pazifischen Ozean interniert. Die Route seiner Odyssee will ich über die nächsten Wochen nachreisen, wenngleich hoffentlich mit etwas mehr Komfort als in den Güterwaggons, mit denen Kriegsgefangene damals transportiert wurden. Vielleicht kann ich etwas recherchieren. Zeitzeugen sind wohl inzwischen alle tot, aber womöglich finde ich Überreste der Gefangenenlager oder kann von örtlichen Historikern mehr erfahren.

Zurück im Hotel krame ich aus meiner Reisetasche die Briefe und Karten hervor, die Hans-Heinrich aus der Kriegsgefangenschaft an seine Eltern und einige andere Familienmitglieder geschrieben hat und die ich in den Munitionskisten auf dem Dachboden des Gutshauses gefunden habe. Das Papier ist erstaunlich gut erhalten, ebenso die gestochene Tintenschrift. »*Correspondance des prisonniers de guerre*« steht auf den Umschlägen, auch auf russisch in kyrillischen Lettern, darunter ein Rotes Kreuz. Sämtlicher Postverkehr zwischen den Kriegsgefangenen und dem Deutschen Reich lief damals über das schwedische Rote Kreuz. Eine mutige Frau namens Elsa Brandström, Tochter des schwedischen Militärattachés in Russland und später als »Engel von Sibirien« bekannt, hatte neben der medizinischen Grundversorgung für Kriegsgefangene in Russland auch den Postdienst eingerichtet.

Obwohl die Sendungen aus Sibirien und dem Fernen Osten über Skandinavien oft Monate brauchten, kam die Mehrzahl trotz des Kriegschaos sicher auf Gut Ankelohe an. Nur wenige Sätze und Passagen, die unerlaubte Informationen enthielten, waren von russischen Militärzensoren schwarz durchgestrichen worden. Auch die Briefe und Karten der Eltern erreichten irgendwann fast alle ihr Ziel, obwohl sie einfach nur »An den russischen Kriegsgefangenen

Oberleutnant Kleveman« in Nischny-Nowgorod oder Chabarowsk adressiert waren. Das erstaunt mich noch immer. Der heutigen russischen Post würde ich das nicht ohne weiteres zutrauen.

Die Briefe sind einigermaßen chronologisch geordnet, stelle ich erleichtert fest. Die erste Karte, die Hans-Heinrich nach seiner Gefangennahme nach Hause schreiben darf, kommt dort zwei Monate später als erstes Lebenszeichen an. Sie klingt noch recht lapidar: »Liebe Eltern, leider hat mein Fliegerleben also einen schnellen Abschluss gefunden. Es geht mir aber recht gut, was die Behandlung anbetrifft. Sonst bin ich allerdings sehr traurig, dass mein Urlaub nun nach Russland geht.«

Aber eines nach dem anderen: Was genau war geschehen? Bei Kriegsausbruch Ende Juli 1914 war Hans-Heinrich Leutnant im 3. Infanterieregiment No. 135 in der Garnisonsfestung Diedenhofen an der Mosel in Lothringen. Beim Einmarsch nach Frankreich wurde er im Oktober 1914 im Argonnerwald durch einen Schuss in den Fuß verwundet und nach Genesung im Lazarett als Stabsadjutant in die Garnison zurückberufen. Da ihn der Dienst in der Festung bald langweilte, ließ er sich im Juli 1915 zur Fliegertruppe versetzen. Als neue Waffengattung galten die Flieger als eine Elite, wo Hans-Heinrich bald wieder Frontabenteuer zu erleben hoffte.

Während der Ausbildung in Hannover überraschte er die Eltern einmal mit einem Besuch aus der Luft. Mit drei Albatros-Doppeldeckern landeten er und seine Kameraden auf einem Stoppelfeld hinter dem Gutshof. Es gibt ein altes Foto, auf dem die Landarbeiter vom Gut und einige Bauern aus dem Dorf staunend vor den Flugzeugen stehen. Solche Maschinen hatte man im Dorf noch nicht gesehen. Noch Monate später sprach man davon, natürlich auf Plattdeutsch, wie »de Lütte von Klevemans mit sien grooten Vogel hier mol vorbie kummen wör«.

Ende August 1915 meldet sich Hans-Heinrich in der Feldfliegerabteilung 51 auf Gut Weszole bei Wilna. Dieser Teil des heutigen Litauens gehörte damals zum russischen Zarenreich, war aber von deutschen Truppen besetzt worden. Die Feldflieger waren direkt dem Armee-Oberkommando 10 unterstellt und sollten die russischen Truppen jenseits der nahen Front angreifen und ausspionie-

Der Feldflieger Hans-Heinrich (2.v.l.)
vor seiner Maschine

ren. Kommandeur der Einheit war ein Hauptmann Felmy, später Vater des bekannten Schauspielers Hansjörg Felmy.

In seinen Briefen nach Hause berichtet Hans-Heinrich begeistert von seiner neuen Aufgabe. Er ist froh, die Pickelhaube des Infanteristen gegen den ledernen Fliegerhelm ausgetauscht zu haben. »Schlecht ist nur das Quartier. Die Russen, welche vor uns dort waren, haben die ganze Einrichtung, selbst Fenster und Türen, mitgenommen. Hiergelassen haben sie nur viel Schmutz, Fliegen und Läuse.« Er schreibt über gemütliche Casinoabende mit anderen Offizieren und eine Tour mit Pferdewagenkolonne, um von der örtlichen Bevölkerung Vieh zu requirieren. »Am nächsten Tage war darauf großes Schweine-Schlachten und Wurstmachen. Abends gab es Wurstsuppe mit Pellkartoffeln wie im Kadetten-Korps.«

Sogar der Kaiser kommt die Fliegertruppe besuchen, wie ich aus einem Brief vom 17. September 1915 erfahre: »Gestern Nachmittag waren Seine Majestät, Hindenburg und sonstige Hauptpersonen der Heeresführung in Kowno, wo eine Parade der hier liegenden Landwehr- und Landsturm-Truppen stattfand. Wir konnten alles aus nächster Nähe mit ansehen. S.M. wie auch der Generalfeldmarschall v. Hindenburg sahen gut und frisch aus und waren anscheinend in bester Stimmung.«

Viel schreibt Hans-Heinrich über seine ersten Flüge: »Ich habe viel erlebt: Kampf mit einem russischen Flieger, bis er ausriss, Bomben auf Bahnhofsanlage, die teilweise gut trafen.« Sein Flugzeugführer ist ein gewisser Vizefeldwebel Franz Wegener, Forstassessor aus Trier. Hans-Heinrich beschreibt ihn so: »Als Soldat und Mensch weit über dem Durchschnitt. Er ist ein sehr wohl erzogener, angenehmer Mensch, bescheiden und zurückhaltend, immer militärisch ... Wegener und ich haben nun ein ganz neu von der Fabrik gekommenes L[uft].V[erkehrs].G[esellschafts].-Flugzeug mit 120 PS-Pferdestärken bekommen. 115km pro Stunde schnell, etwas weniger als das Albatros-Flugzeug.«

Bis auf 3000 Meter Höhe steigt das neue Flugzeug, und als der Winter naht, bildet sich Eis an den Tragflächen. Hans-Heinrich muss sich wärmere Kleidung besorgen: eine Pelzlederjacke, darüber ein Mantel und pelzgefütterte Lederhose. Noch weiß er nicht, dass er dieselben Klamotten zweieinhalb Jahre lang als Kriegsgefangener tragen wird.

Anfang Dezember schreibt er: »Heute schneit es. Wenn es morgen besser wird, müssen wir endlich mal wieder fliegen, denn die Russen nutzen diese dunklen Tage wahrscheinlich für Marsch-Bewegungen ohne unsere Kenntnisnahme aus. Aus Aussagen von Überläufern geht das auch hervor.« Es ist der letzte Brief an die Eltern aus Wilna.

Was danach geschieht, lese ich in einem Bericht, den Hans-Heinrich nach dem Krieg verfasst hat. Auch am 6. Dezember herrscht kein Flugwetter, aber das Oberkommando macht Druck, sodass sich Hans-Heinrich und Wegener freiwillig zu einem Aufklärungsflug melden. Die Mission ist gefährlich, das wissen sie, denn sie müssen unter den Schneewolken in nur 900 Metern Höhe fliegen, also in Reichweite der russischen Geschosse. Sie heben ab und stechen diesseits der Front durch die Wolken, dann jenseits wieder nach unten.

»Sehen konnten wir nun allerdings viel«, erinnert sich Hans-Heinrich. »Die Russen hatten große Mengen rollenden Materials auf allen Eisenbahnstrecken angesammelt und Truppen zusammengezogen, deren lange Marschkolonnen wir auf den vorhandenen Straßen feststellen und photographieren konnten. Während ich Zeitpunkt, Stärke und Richtung einer Kolonne gerade aufschrieb, fing plötzlich unser Motor an, unregelmäßig zu arbeiten. Wir wendeten sofort, der Motor ließ auch sehr schnell mit den Umdrehungen nach, um plötzlich zu stehen. Jetzt konnten wir bei der Stille miteinander sprechen. Ein Infanteriegeschoss hatte den Kühler getroffen, sodass das Wasser heraus und der Motor sich heiß lief. Wir hofften, wenn auch in zu geringer Höhe, noch über die Front hinüberzukommen, merkten jedoch bald, dass dies nicht gelingen würde! Da der Befehl bestand, dass ein Flugzeug nicht unzerstört in Feindeshand kommen dürfe, hielten wir auf die vorstehende Ecke eines Tannenwaldes zu, um das Flugzeug dort hineinfallen zu lassen.«

An dieser Stelle muss ich stutzen. Anstatt sicher auf einem Feld zu landen, verursachen Hans-Heinrich und Wegener lieber einen Crash und riskieren damit ihr Leben – wegen eines Befehls? Ohne einen Vorgesetzten in der Nähe, der sie sehen und bestrafen könnte? Alle Achtung, das nenne ich Gehorsam. Ich stelle mir vor, wie die Unterhaltung darüber verlaufen wäre, wenn ich an Wegeners Stelle am Steuerknüppel gesessen hätte.

Hans-Heinrich: »Halten Sie auf den Baum da zu. Das Flugzeug muss zerstört werden.«

Ich: »Was? Sind Sie wahnsinnig? Dabei gehen wir drauf.«

Hans-Heinrich: »So ist die Befehlslage. Kein unzerstörtes Flugzeug in Feindeshand.«

Ich: »Ich weiß, aber wir sitzen hier drin!!«

Hans-Heinrich: »Gegen den Baum, sage ich! Für Kaiser und Vaterland!«

Ich: »Jawohl, Herr Oberleutnant, für den Kaiser gegen den Baum!«

»Dies gelang auch«, schreibt Hans-Heinrich weiter. »Die Flügel an beiden Seiten brachen ab und das Flugzeug sackte mit dem Kopf nach unten zwischen Baumstümpfen auf die Erde. Durch den Anprall wurde der Motor aus der Fassung herausgerissen und ich, der ich dahinter saß, so eingeklemmt, daß mein rechtes Knie durch ein

Metallstück unbeweglich wurde und ich mich allein nicht befreien konnte. Das Waldstück war jedoch ein russisches Winterlager und neben uns standen sofort viele Soldaten. Ein darunter befindlicher Offizier befahl ihnen, mich heraus zu ziehen. Es war das 31. sibirische Schützenregiment.«

Von deutscher Seite aus beobachtet ein vorgeschobener Artillerie-Aufklärer den Absturz und meldet, der größere der beiden Flieger sei auf einer Trage fortgebracht worden. Ob lebend oder tot, vermag der Aufklärer aus der Ferne nicht zu sagen, eine Ungewissheit, die Hans-Heinrichs Eltern, die über Wochen keine weitere Auskunft erhalten sollen, fortan um den Schlaf bringt.

Nach der Gefangennahme werden Hans-Heinrich und Wegener zum Regimentsstab der Russen gebracht, dort verbunden, verpflegt und ausgefragt. Die Stimmung ist entspannt: »Russische Flieger, welche sich auch bald einstellten, forderten uns sogar auf, Briefe an unsere Angehörigen zu schreiben. Sie wollten dieselben jenseits der deutschen Frontlinien abwerfen, ein durchaus freundliches Verfahren, welches umgekehrt auch durchgeführt wurde. Angekommen ist zu Hause allerdings nichts ... Nach Verbinden meines verletzten Knies wurden wir weiter transportiert zum ›Hauptstab für Gefangenenverhör‹ in Minsk. Hier wurden wir weniger höflich, sondern sehr hart behandelt.«

Nach wochenlangen Verhören werden die Gefangenen nach Moskau gebracht, von wo Hans-Heinrich am 20. Januar 1916 eine Karte nach Hause schreiben darf: »Heute bin ich auf der Reise nach Sibirien oder der Mandschurei durch die alte Kaiserstadt gekommen. Wahrscheinlich soll es hier neue Wäsche und auch etwas Geld durch Vermittlung des amerikanischen Konsuls geben. Später bekommen wir 25 Rubel monatlich, wovon wir alles bestreiten müssen.«

Einige Tage später trifft Hans-Heinrich in Nischny-Nowgorod ein und landet in einem Offizierslager mit vierzehn anderen Deutschen und neunzig Österreichern. In einem Brief vom 27. April 1916, als die Wolga schon langsam auftaut, beschreibt er das Lager: »Wir haben kürzlich vom amerikanischen Konsulat in Moskau eine eingesammelte bzw. gekaufte Bibliothek von etwa 200 Büchern jeder Art bekommen, so dass wir nicht mehr so viel Langeweile haben.

Das Leben verläuft hier übrigens folgendermaßen: 8.00 Uhr Aufstehen, 9.00 Abzählen, anschließend Frühstück. Dann anderthalb Stunden Spaziergehen im Hof der Schule, die unser Quartier ist. 12.30 Mittagessen. Bis zum Abend beliebige Beschäftigung, unterbrochen durch nochmaligen Spaziergang auf dem Hof und das Vesper um 16.30 Uhr. Um 20.00 Abendessen, 21.00 Uhr Abzählen, und um 23.00 muß alles Licht gelöscht sein. Wir liegen zusammen mit zehn anderen auf einer Stube, dem sogenannten ›Nichtraucher‹- oder ›Gesundheitszimmer‹, wo wir, wie der Name sagt, streng nach den Regeln der Gesundheit leben.«

Das klingt doch gar nicht so schlimm. Sogar seine Abstinenz, mit deren Betonung er später seine Familie täglich nerven sollte, kann Hans-Heinrich hier pflegen. Offiziere waren im Ersten Weltkrieg noch privilegierte Gefangene, zumindest an der Ostfront, wo sich im Gegensatz zur barbarischen Westfront etwas altmodische Ritterlichkeit erhalten zu haben scheint. Die Umstände, unter denen die gefangenen Offiziere lebten, waren zunächst, bis zur Revolution, noch relativ gut. Sie waren nicht in Barracken mit Stacheldrahtzäunen untergebracht, sondern in fest gemauerten, beheizten Gebäuden. Anders als reguläre Soldaten wurden die Offiziere respektvoll behandelt, gut ernährt und von Zwangsarbeit ausgenommen. Stattdessen durften sie Sport treiben und Spaziergänge machen.

Das alles sollte sich später ändern. Die schlimmsten Erlebnisse fangen oft ganz harmlos an. Das habe ich schließlich selbst erfahren müssen – als Reporter in Afrika.

SIERRA LEONE
DER REBELL

Nach dem Ende meiner Lehrzeit auf dem Balkan wusste ich nicht so recht, was ich als Nächstes tun sollte. Zum Winteranfang kehrte ich nach Deutschland zurück und fühlte mich dort bald miserabel. Auf einer vereisten Straße in Hamburg donnerte ich meinen geliebten Citroën CX-25 in einen brandneuen Mercedes. Der andere Fahrer und ich kletterten unverletzt aus unseren Autowracks, aber mir wurde klar, dass ich nach all der waghalsigen Raserei auf dem Balkan offenbar nicht mehr in der Lage war, sicher auf deutschen Straßen zu navigieren. Es gab zu viele Stoppschilder und rote Ampeln.

So ähnlich sah ich den gesamten zivilisierten Teil Europas. Der Alltag deprimierte mich, mir fehlte der Kick im Leben. Eher halbherzig bewarb ich mich an der angesehenen Henri-Nannen-Journalistenschule des Verlags Gruner & Jahr in Hamburg. Von den etwa 3000 Bewerbern, die das rigorose Auswahlverfahren jedes Jahr durchlaufen, werden am Ende weniger als zwanzig aufgenommen. Die Glücklichen werden in zwei Jahren dazu ausgebildet, später die hohen Posten in deutschen Redaktionen einzunehmen. Zumindest damals war es ein sicherer Weg zu einer vielversprechenden Karriere. Nach diversen schriftlichen Aufgaben wurde ich zu einem Vorstellungsgespräch vor dem Auswahlgremium der Schule geladen, der letzten Hürde. Die Jurymitglieder, acht Chefredakteure bekannter Zeitungen und Magazine, saßen im Halbkreis vor mir, Macht und Selbstzufriedenheit ausstrahlend.

»Nun, Herr Kleveman, was würden Sie denn eigentlich machen, wenn wir Sie nicht in die Schule aufnehmen?«, fragte einer von ihnen, während er sich in seinem Ledersessel zurücklehnte.

»Ich würde wohl in ein tiefes schwarzes Loch fallen und jede

Nacht weinen«, hörte ich mich sagen, was wieherndes Gelächter auslöste. »Aber im Ernst, ich würde wahrscheinlich zurück in meinen Wagen steigen und als Freelancer weitermachen.«

Als ich den Brief erhielt, der mir zu meiner Aufnahme in die Schule gratulierte, verspürte ich kaum Freude. Eher sank mein Herz bei der Vorstellung, für eine Angestelltenkarriere zurück in ein Klassenzimmer zu müssen. Zur Überraschung der Schuldirektorin lehnte ich das Angebot ab. Lieber wollte ich als mittelloser, aber unabhängiger Schreiber weitermachen.

Auf der Suche nach einem neuen Ort für meine Arbeit reiste ich nach Israel und Palästina, erkannte aber bald, dass es mir nicht lange gefallen würde, vom ewigen Kreislauf aus Selbstmordattentaten und Vergeltungsschlägen zu berichten. Das war vor dem 11. September, und es schien bereits alles über den Nahen Osten gesagt und geschrieben worden zu sein. Ich sah wenig Sinn darin, auch noch meine Sicht der Dinge kundzutun. Die Gegend war ohnehin übervölkert mit ausländischen Journalisten. Der *Telegraph* hatte einen fest angestellten Korrespondenten in Jerusalem, und es war zwecklos, in seinem Revier räubern zu wollen.

Das war genau das Problem: Alle wichtigen und aufregenden Orte rund um den Globus waren *No-go*-Zonen für mich, da sie bereits vom damals noch umfangreichen Korrespondentennetz des *Telegraph* abgedeckt waren. Gleichzeitig wollte ich nicht wieder in einem verschlafenen Nest wie dem Kosovo landen und meine Tage damit vergeuden, dort auf berichtenswerte Geschehnisse zu warten. Da damals nirgendwo ein schlagzeilenträchtiger Krieg tobte, beschloss ich, meine Strategie zu ändern. Anstatt mich an einem Ort niederzulassen, wollte ich fortan eine medial unterbeleuchtete Gegend der Erde auswählen, sie für etwa zwei Monate bereisen, aus jedem Land eine Geschichte verkaufen und dann weiterziehen.

Als Erstes wählte ich Westafrika, eine von Bürgerkriegen und Rohstoffkonflikten zerrüttete Region, die aber dennoch von der britischen Presse arg vernachlässigt wurde. Die Afrika-Korrespondenten, die entweder in Nairobi oder Kapstadt stationiert waren, unternahmen selten die weite, beschwerliche Reise an den Golf von Guinea. Ich beabsichtigte, nach Sierra Leone zu fliegen und mich von dort aus entlang der Küste nach Liberia, Elfenbeinküste, Ghana, Togo und Benin durchzuschlagen, um dann aus Nigeria heimzufliegen. Das war zumindest mein Plan, der törichterweise eher auf einem kurzen Blick auf die Weltkarte basierte als auf fundierter Kenntnis der geografischen und politischen Realitäten vor Ort.

Einer der Gründe, warum ich nach Westafrika wollte, war der bedeutende Aufsatz »The Coming Anarchy« von Robert Kaplan, den ich an der Uni gelesen hatte. Der Autor stellte darin ein neues Modell auf, um die Welt nach dem Ende des Kalten Kriegs zu beschreiben. Am Beispiel Sierra Leones argumentierte Kaplan, dass viele Teile des Planeten auf Anarchie, Krieg, Armut, Seuchen und Umweltkatastrophen zusteuerten. Etliche Länder, deren Grenzen und Regierungen während des Kalten Kriegs durch die Unterstützung entweder der USA oder der UdSSR hochgehalten worden waren, erlebten nun einen tief greifenden institutionellen und sozialen Zusammenbruch.

Solche »gescheiterten Staaten« bedrohten zunehmend die internationale Sicherheit, weil die von Bürgerkriegen hervorgebrachten Flüchtlingsströme und bewaffneten Kämpfer ganze Regionen destabilisierten. Terroristen profitierten von dem Machtvakuum, indem sie gescheiterte Länder als Zufluchtsort nutzten und manchmal in »Schurkenstaaten« verwandelten.

Anfang 2001 bewertete die UN das von einem brutalen Bürgerkrieg zerstörte Sierra Leone als das ärmste und kaputteste Land der Welt, Nummer 162 von 162 Ländern. Diese Statistik allein war für mich Grund genug, mir den Ort mal selbst anzusehen. Ich sollte Afrika durch die Hintertür betreten.

Als ich das Auslandsressort des *Telegraph* anrief, um meine Redakteure über meinen Plan zu informieren, hob Paul Hill den Hörer ab, der geniale *Managing Editor* des Ressorts. Paul kümmerte sich um alle Aufgaben, die nichts mit Texten zu tun hatten, wie etwa die Organisation von Flugreisen für Korrespondenten und Stringer. Er hatte offene Leitungen zu hunderten Airlines und ein Talent dafür, innerhalb von Minuten »seine Jungs« in das letzte Flugzeug zu bekommen, dass in einen Ort heißer News hineinflog oder heraus.

Paul hatte eine besondere Stellung in der Redaktion. Seit seinen Anfängen als Botenjunge beim *Telegraph* in den Sechzigern hatte er viele Redakteure kommen und gehen sehen. Paul war derjenige, der mich bezahlte, und das auf eine recht altmodische Weise. Sein Urteil darüber, wie viel Geld meine Artikel wert seien, war zwar leicht abhängig von ihrer Länge und Stärke, aber ansonsten völlig willkürlich. Wenn Paul ein Stück mochte, gab er mir 150 Pfund. Wenn nicht, musste ich mich mit 70 Pfund begnügen. Diskutiert wurde nicht.

»Hallo Paul, hier spricht Lutz.«

»*Ah, hello kraut!*«, rief er aus, und dann auf deutsch: »Jawohl! Achtung!«

Ich war der erste Deutsche, der für das Auslandsressort schrieb. Als ich beim *Telegraph* anfing, hatte mir Julius geraten, niemandem je meine Nationalität zu verraten. »Behalte deinen vornehmen *Public-school*-Akzent bei, wenn du mit ihnen redest, dann klingst du wie ein Engländer«, empfahl er mir. Der *Telegraph* war traditionell antieuropäisch eingestellt und verdächtigte die Deutschen, die EU als Werkzeug dazu zu gebrauchen, den Zweiten Weltkrieg doch noch zu gewinnen. Es erschien daher klüger, die Redakteure nicht wissen zu lassen, dass ihre Zeitung, der standhafte Wachsoldat des glorreichen *British Empire*, ausgerechnet von einem *kraut* unterwandert worden war.

Paul war es, der es irgendwann herausfand. (Mein Vorname war wohl etwas verdächtig.) Während Alec mich an Bord behielt, weil er meine Artikel mochte, gefiel Paul wohl eher die Vorstellung, den Feind unter enger Beobachtung zu halten. Wann immer ich anrief, begrüßte mich Paul als *kraut* und erzählte einen Witz oder zwei über den Krieg. Wir hatten uns noch nicht gegenübergestanden, und Paul schien sich mich als einen modernen Dr. Strangelove vorzustellen, ohne den Rollstuhl, der seinen rechten Arm nur schwer davon abhalten konnte, ständig zum Hitlergruß hochzuschnellen.

Einmal faxte er mir einen Brief, den ich für die Akkreditierung beim russischen Informationsministerium benötigte. In einem solchen Brief bestätigt die Zeitung üblicherweise, dass ein Reporter in ihrem Auftrag unterwegs ist, und ersucht die ausländischen Behörden, ihn bei seiner Arbeit zu unterstützen. Nur wenige Minuten bevor ich das Schreiben dem russischen Beamten überreichen wollte, fiel mir auf, was Paul unter dem offiziellen *Telegraph*-Briefkopf in Wahrheit verfasst hatte: nämlich eine Warnung an die Russen, dass ich ein deutscher Spion sei, der eine erneute Barbarossa-Invasion ihres Landes vorbereite.

»Erlauben Sie ihm AUF KEINEN FALL, irgendwelche Landkarten zu kaufen«, las sich der Brief in der besten Tradition englischen Humors. »Die Deutschen haben die Neigung, übermütig zu werden, wenn sie Landkarten in den Händen halten.« Eines von Pauls Referenzschreiben an das Informationsministerium eines anderen Landes enthielt zwar alle üblichen Phrasen. Der Brief endet allerdings mit der ernsten Warnung, dass ich Deutscher sei und man mich daher nicht in die Nähe von Giftgasreserven lassen dürfe. Dies erschien mir als ein leicht kruder Scherz, aber Paul versicherte mir, dass er nicht böse gemeint war. Wenn ich allerdings tatsächlich mal in Schwierigkeiten war, konnte ich mich immer auf Pauls Hilfe verlassen.

»Paul, ich werde demnächst nach Westafrika reisen.«

»Das sieht dir ähnlich«, frotzelte Paul. »Noch immer genug Lebensraum für deutsche Bauern da unten, was? Warte, ich gebe dich weiter an den Boss.«

Alec zeigte sich von meinem Plan überrascht, aber angetan. »Das ist keine schlechte Idee, alter Junge«, sagte er. »Aber denk daran, wenn es keine großen News-Aufhänger gibt, müssen deine Geschichten schon verdammt gut sein, um es ins Blatt zu schaffen.«

»Aber meine Telefonanrufe von dort nimmst du schon noch entgegen, oder?«

»Ja, so viel kann ich dir versprechen.«

Dieses Mal wollte ich nicht allein reisen. Ich hatte mich mit Alix zusammengetan, einer Fotografin meines Alters aus London. Ich hatte sie im Jahr zuvor im Kosovo kennengelernt und mit ihr nach der Belgrader Revolution eine Citroën-Reise durch Albanien unternommen. Mit gemeinsamem Sinn für verrückte Orte waren wir in den albanischen Bergen zu einer Kolonie pensionierter kommunistischer Partisanen gefahren und in die ehemalige Strandvilla von Enver Hodscha eingebrochen, dem einstigen Diktator des Landes. Sommersprossig und mit stets zerwuscheltem blondem Haar, war Alix eigentlich Kunstfotografin und Islingtoner Partygirl mit einer Vorliebe für wilde Nächte. Klugerweise sah sie ihre Fotoaufträge in drogenfreien Ländern immer auch als eine Gelegenheit zum Entgiften. Das einzige Problem war, wie ich bald herausfinden sollte, dass sie nicht in der Lage war, auch nur ein einziges gutes News-Foto zu schießen.

Zunächst mussten wir einen Weg finden, günstig nach Sierra Leone zu gelangen. Kommerzielle Flüge nach Freetown, der Hauptstadt, gab es schon seit Jahren nicht mehr. Daher kontaktierten wir die Royal Air Force (RAF). Im Jahr zuvor waren 750 britische Soldaten nach Sierra Leone, einer ehemaligen englischen Kolonie, entsandt worden, um den dortigen Bürgerkrieg zu beenden und die Armee des Landes auszubilden. Dies war Teil der von Premierminister Tony Blair verkündeten »ethischen Außenpolitik«, deren Kern die Sorge um Menschenrechte sein sollte und mit der militärische Interventionen zum Wohle unterdrückter Völker auf der Welt gerechtfertigt wurden.

So lautete zumindest die PR, und es war im Interesse des britischen Militärs, dass Journalisten gute Werbung für seine humanitäre Arbeit machten. Um die Sache zu erleichtern, nutzten wir in unserer Korrespondenz mit den RAF-Presseoffizieren den Briefkopf des *Telegraph* mit einem gotischen Schrifttyp des 19. Jahrhunderts. Der Trick funktionierte. In der Annahme, der rechtslastige *Telegraph* werde die Streitkräfte schon nicht kritisieren oder ihre Aktivitäten zu genau untersuchen, bot die RAF an, uns auf einem ihrer Flüge nach Freetown mitzunehmen.

Als Alix und ich in der folgenden Woche auf dem RAF-Stützpunkt westlich von London ankamen, erwartete uns eine Überraschung. Der stellvertretende Verteidigungsminister Ihrer Majestät hatte ebenfalls die Absicht, an dem Tag die Truppe in Sierra Leone zu besuchen, begleitet von einer kleinen Gruppe Journalisten, die über das Ereignis berichten sollten. Statt eines wackeligen Transportflugzeugs stand daher ein glänzend weißer Regierungsjet mit den royalen Insignien der Queen auf der Startbahn. Wie es sich für einen Trip in das ärmste Land des ehemaligen britischen Empires gehörte, reisten wir in großem Stil. Das Innere des Flugzeugs war luxuriös, mit Mahagonipaneelen und um Tische gruppierten komfortablen Ledersesseln. Während des Flugs bediente uns ein uniformierter Kellner und reichte selbst uns niederen Schreibern ein fünfgängiges Menü und reichlich französischen Rotwein.

Etwas ernüchternd war nur der RAF-Stabsoffizier, der uns über die Lage in Westafrika und die dortige britische Mission unterrichtete. Sierra Leone, eine philanthropisch-wirtschaftliche Schöpfung englischer Sklavereigegner aus dem späten 18. Jahrhundert, lag komplett darnieder nach einem zehnjährigen Bürgerkrieg zwischen Regierungstruppen und Rebellen der Revolutionary United Front (RUF), die von Charles Taylors Regime im benachbarten Liberia unterstützt wurden. Es war ein Kampf um die Kontrolle über Sierra Leones reiche Diamantengruben, und die RUF-Rebellen waren weltweit berüchtigt für die grausame Taktik, mit der sie Feinde und Zivilisten terrorisierten: Sie hackten ihnen die Arme, Beine und andere Gliedmaßen ab. Zehntausende waren bereits auf derartige Weise verstümmelt worden, 100 000 waren tot und fast fünf Millionen Menschen aus ihren Heimatorten vertrieben worden.

Friedensverhandlungen kollabierten im Januar 1999, als die Rebellen einen blutigen Angriff auf Freetown unternahmen, bei dem sie 8000 Zivilisten töteten und geschätzte 30 000 Frauen vergewaltigten. Als Reaktion auf diesen apokalyptischen Albtraum schuf der UN-Sicherheitsrat die United Nations Mission in Sierra Leone (UNAMSIL). Mit einem jährlichen Budget von einer halben Milliarde Dollar, dreißigmal höher als der Haushalt der Regierung von Sierra Leone, und mit 17 000 bewaffneten Soldaten sowie zivilen Verwaltern war es die größte und teuerste UN-Mission der Welt. Nachdem die Rebellen im Sommer 2000 etwa 500 UN-Blauhelme als Geiseln genommen hatten, beschloss die britische Regierung, etwa 750 Soldaten in ihre ehemalige Kolonie zu schicken, um die UN-Mission zu stärken sowie die demoralisierte und schlecht ausgerüstete Armee der Regierung auszubilden.

»Wir bringen sie wieder in Form, damit sie gegen die Rebellen kämpfen können«, sagte uns der Stabsoffizier im Flugzeug. Auf die Landkarte vor uns zeigend, bat ich ihn, uns die Stellungen der Rebellen zu zeigen. Mit dem Zeigefinger zeichnete er den Verlauf der

Front nach, die das Land in von der Regierung gehaltene Küstenregionen und das von Rebellen kontrollierte östliche Hinterland teilte.

»Das Hauptquartier der RUF liegt jetzt in der Stadt Makeni«, erläuterte der Offizier.

»Und wo sind die Diamantenminen, die sie erobert haben?«

»Noch weiter im Osten, im Dschungel«, antwortete er und schob seinen Finger über eine Region nahe der Grenze mit Guinea. »Die Diamanten sind der größte Trumpf der Rebellen. Damit kaufen sie Waffen von Charles Taylor.«

»Kann man zu den Minen gelangen?«, fragte ich.

»Wohl kaum, denn sie verteidigen sie mit allem, was sie haben«, sagte der Offizier kopfschüttelnd. »Sie wären dort der erste ausländische Reporter seit etwa vier Jahren, und ich bezweifle, dass Sie lebend wiederkommen würden.«

Das hörte sich für mich nach einem Scoop an.

Als sich der Jet Freetown vom Ozean her näherte, tauchten unter uns weiße Strände und üppige Wälder auf, durchzogen von rostfarbenen Straßen. Wir landeten. Als wir auf die Gangway heraustraten, schlug uns eine extrem feuchte Hitze ins Gesicht und tauchte unsere Klamotten augenblicklich in Schweiß. Der Himmel war grauweiß und ziemlich niedrig. Eine blasse Sonne schimmerte hindurch; sie sah wie ein schleimiges Spiegelei aus.

Britische Soldaten eskortierten uns zu einem Hubschrauber für den Weiterflug zum Militärstützpunkt im Süden von Freetown. Auf dem metallenen Bauch der alten russischen MI8-Maschine, die von einer Fluglinie namens »Diamond Airlines« betrieben wurde, waren glitzernde Edelsteine gemalt. Während des wackeligen, 15-minütigen Flugs lachten die ukrainischen Piloten über unsere nervösen Gesichter. Aus der Luft sah Freetown wie ein wuchernder Slum aus mit einigen mehrstöckigen Gebäuden, aber zumeist aus ärmlichen Hütten mit Wellblechdächern bestehend.

Auf dem Stützpunkt begrüßte uns Journalisten ein gewisser Captain Harris, ein Public-Affairs (PA)-Offizier. Er war ein Rotschopf aus Schottland und schwitzte in der westafrikanischen Hitze wie ein Schwein, aber er schien froh, uns zu sehen. »Die Medien kommen nicht oft hierher«, sagte Harris strahlend. »Es ist alles für

Sie vorbereitet.« Ich musste ein Stöhnen unterdrücken. Aus meiner Erfahrung im Kosovo wusste ich bereits, dass britische PA-Offiziere zwar beflissen und generell höflicher als ihre amerikanischen Kollegen waren, aber ebenso nutzlos darin, interessante Informationen mitzuteilen. Ihr Job war vielmehr, das exakte Gegenteil davon zu tun und den Reporter davon abzuhalten, ungebührlich herumzuschnüffeln. Was immer sie sagten, sie waren Militärs, die sich an ihr PR-Skript hielten. Captain Harris war auch so einer. Ein bierernster Typ, unbelastet von jeglichem Sinn für Ironie. Nicht dass er Journalisten nicht mochte. Er traute uns nur nicht.

Nett war allerdings, dass Harris uns erst einmal auf eine Tour durch Freetown mitnahm. Als der Jeep sich einen Weg durch die verstopften Straßen bahnte, wurde mir schlagartig bewusst, dass ich zum ersten Mal in meinem Leben in Afrika war. Von Urlauben in Marokko und Ägypten abgesehen, war ich auch noch nie zuvor in einem Land der Dritten Welt gewesen. Was meine Sinne um mich herum sahen, hörten und rochen, war anders als alles, was ich auf dem Balkan erlebt hatte.

Auch was ich je im Fernsehen gesehen hatte, ließ mich unvorbereitet los auf die schiere Menschheit auf den Straßen: Im Lärm der Motorräder und Autohupen wurde um uns herum gelacht, geschrien und palavert. Frauen in bunten, fließenden Kleidern trugen enorme Körbe auf ihren Köpfen, vorbei an Straßenverkäufern, die durch Zischlaute, Lippenschmatzen und Zungenschnalzen ihre Aufmerksamkeit zu erhaschen versuchten. Meine Nase kämpfte mit einem intensiven, übel machenden Cocktail aus frischem Fisch und Fleisch, Dieseldämpfen und verrottendem Müll. Kein Wunder, dass Kaplan verstört gewesen war von der Anarchie dieses Orts. Ich hingegen war begeistert.

Wir fuhren zum Hafen runter, wo eine Fregatte der British Navy angelegt hatte, unser Schlafquartier für die Nacht. Als ich in meinem Etagenbett auf dem Unterdeck lag, konnte ich trotz der Erschöpfung nach der langen Reise vor jungenhafter Aufgeregtheit stundenlang nicht einschlafen. Ich konnte es nicht abwarten, dass die Sonne wieder aufgehen würde; neugierig, wie sich mein afrikanisches Abenteuer entfalten würde.

Die folgenden zwei Tage waren vollgepackt mit einem umfassenden Showprogramm, das PA-Offizier Harris für die VIP-Besucher und uns vorbereitet hatte. Mit dem Hubschrauber wurden wir zu einem Trainingscamp am Rande des von der Regierung kontrollierten Territoriums gebracht, wo wir Zeugen wurden, wie Rekruten der Sierra Leonean Army (SLA) unter den Augen ihrer britischen Ausbilder militärische Übungen vorführten. In einer *firepower demonstration* ballerten britische Infanteristen mit schweren Gewehren und Sprengstoff auf Zielpuppen. Das Publikum aus dreitausend SLA-Soldaten war beeindruckt.

Mit derartigen Waffen würde man die Rebellen leicht besiegen, sagten mir die SLA-Kommandeure selbstbewusst. Trotz des von der UN ausgehandelten Waffenstillstands waren sie sichtlich erpicht darauf, bald wieder zu kämpfen. Ich fragte den britischen Lagerleiter, ob die Ausbildung auch Lektionen über die Genfer Konventionen enthalte. »Wir erzählen ihnen, wie man Kriegsgefangene korrekt behandelt«, antwortete er ausweichend und mit dem typischen Nuschelakzent der englischen Oberschicht. »Aber wissen Sie, die sind nicht besonders willens, überhaupt Gefangene zu machen. Ein Bürgerkrieg ist eben eine eher unerfreuliche Angelegenheit.«

Einer der etwas seltsameren Verbündeten, den uns die PA-Offiziere auf einer Patrouille nahe dem Camp präsentierten, war Commander Snake. Er war der Anführer einer ländlichen Miliz namens *Kamajors* (Jäger), die regierungstreu waren und die wahrhaft schmutzige Arbeit im Krieg gegen die RUF-Rebellen erledigten. Als wir das Lager der Miliz erreichten, fanden wir eine Lumpentruppe aus etwa dreißig Kämpfern vor, viele von ihnen noch Teenager. Ihre Augen waren stumpfer als alle, in die ich im Kosovo geblickt hatte, und ich stellte mir vor, dass sie sehr furchtbare Dinge gesehen haben mussten.

Commander Snake kam aus einer Lehmhütte und begrüßte uns mit einem breiten Grinsen. Er war etwa in meinem Alter und trug eine lächerliche hellrote Wollperücke sowie eine ärmellose Flickenweste, in die viele kleine Glöckchen und Spiegel eingenäht waren. »Sie wehren Kugeln ab, sodass ich in einer Schlacht niemals sterbe«, behauptete Snake auf Pidginenglisch. Er klang *stoned*, schien aber fest von seinen mystischen Kräften überzeugt. Zum weiteren Schutz trug Snake kleine Beutel voller Glücksbringer, angeblich getrocknete Leber und Herzen, die er aus den Leichen seiner Feinde gerissen hatte. Der entsetzliche Gestank, den Snakes seltsame Uniform ausdünstete, bot bestimmt einen gewissen Schutz an sich, dachte ich. Falls alle Stricke rissen, prahlte Snake weiter, würde er einfach seinen eigenen Namen 25-mal aufsagen und sich so unsichtbar machen.

Captain Harris und seine Kameraden lächelten gütig; offensichtlich sehr zufrieden, einen so einfallsreichen Verbündeten in diesem Krieg zu haben. Die Gegenwart von Kindersoldaten in seiner Kampfeinheit schien sie nicht im Mindesten zu beunruhigen. Harris schreckte erst dann auf, als ich Snake bat, mir mal sein Maschinengewehr zu leihen, damit ich seine Unverwundbarkeit mit einigen Salven auf seinen Brustkorb testen könne. Es war natürlich nur ein Scherz, zugegebenermaßen mit der Absicht, den Dschungel-Warlord ein wenig bloßzustellen – aber seine Jovialität wich augenblicklich einem harten Stierblick. Einige seiner Kämpfer verspannten sich sichtlich. So auch Kollege Harris, der hastig verkündete, man werde nun das Lager verlassen und die Patrouille fortsetzen.

»Sind Sie eigentlich total wahnsinnig, so einen Typen derart zu provozieren?«, knurrte er mich an.

An dem Nachmittag wurde mir und Alix klar, dass es an der Zeit war, sich vom britischen Militär zu trennen und unsere Unabhängigkeit zurückzuerlangen. Während die anderen Journalisten mit dem Verteidigungsminister nach London heimflogen, zogen wir ins Cape-Sierra-Hotel um. Am Lumley Beach gelegen und von mehreren Polizei-Checkpoints geschützt, war das Cape Sierra der einzige sichere Ort für die wenigen ausländischen Geschäftsleute, die nach Freetown kamen: Diamantendealer und Waffenhändler. Abends trafen sie sich alle in der Hotellobby oder in Paddy's Bar, der angesagtesten Spelunke für *expats* in der Stadt, und erzählten sich gegenseitig Geschichten von Deals an gefährlichen Orten. Weiße Männer in Safariwesten, aufgedonnerte Nutten und massig Zigarrenqualm – die Szene hätte direkt aus der klischeehaften Verfilmung eines Romans von Graham Greene stammen können.

Ich lernte einen wohlhabenden Waffenhändler aus England kennen, der schwere Geschütze an die SLA verkaufte und behauptete, damit zur Beendigung des Bürgerkriegs beizutragen. Er machte mich mit diversen Diamantendealern bekannt, die aus Armenien, Israel und Südafrika kamen. Die zwielichtigste Gestalt unter ihnen war ein Amerikaner namens Nicholas Karras, Chef von Anaconda Worldwide Ltd. und in Freetown nur als *The King* bekannt, weil er stets von einem Trupp imposant ausgerüsteter Bodyguards umgeben war, angeblich ehemalige SAS-Elitesoldaten. Einmal wurde Karras, so das Gerücht, im Paddy's von einer Angestellten einer humanitären Organisation mit der Frage konfrontiert, ob er keine moralischen Skrupel habe, mit Diamanten zu handeln, an denen Blut klebe. »Warum?«, hatte er geantwortet. »Das Blut lässt sich leicht abwaschen.«

Ich fragte Karras, warum die internationale Gemeinschaft unfähig scheine, das Milliardengeschäft mit »Blutdiamanten« aus Konfliktgebieten zu unterbinden. Voller Hohn über meine Naivität zeigte er mir eine Streichholzschachtel. »Weil man hier drin Steine im Wert von einer Million Dollar verstecken kann«, sagte er. Er habe keine Ahnung, fügte er hinzu, ob die Diamanten, die er in Sierra Leone kaufte, aus legitimen oder von den Rebellen kontrollierten Minen stammen würden. »Es ist ja nicht so, dass sie einen ›RUF‹-Schriftzug tragen.« Er hatte recht. Blutdiamanten waren offensichtlich die große Story in Sierra Leone, aber Alix und ich hatten noch immer keinen Plan, wie wir sie angehen sollten.

In der Zwischenzeit stand uns ein berichtenswertes Ereignis bevor: der 40. Jahrestag der Unabhängigkeit Sierra Leones vom britischen Empire. Ironischerweise sollte der Festumzug in der Hauptstadt von britischen Truppen angeführt werden. Alec würde der absurde Twist der Geschichte gefallen, vermutete ich. Selbst an der Schwelle zum neuen Jahrtausend war der *Telegraph* bekanntermaßen noch immer voller Nostalgie über das verlorene Empire, was sich in glühenden Nachrufen auf obskure Oberste ausdrückte, die in Britisch-Indien oder in irgendeiner malariaverseuchten afrikanischen Kolonie gedient hatten. Eine von britischen Truppen angeführte Militärparade wäre da eine herrliche Erinnerung an die guten, alten Tage des Empires.

Am großen Tag rief ich die Redaktion an, kurz nach 9 Uhr Londoner Zeit. Um eine Geschichte erfolgreich unterzubringen, war das Timing entscheidend. Am besten erwischte man Alec in der entspannten Stunde vor der großen Morgenkonferenz um 10 Uhr, in der die verschiedenen Ressortleiter des *Telegraph* ihre Ideen für den Tag dem Chefredakteur, damals Charles Moore, vorstellten. Nach der Konferenz waren Alec und seine Kollegen damit beschäftigt, die Korrespondenten rund um den Globus anzurufen, um mit ihnen Storys und Marschbefehle zu erörtern. Danach gingen sie zum Lunch. Eine zweite Chance für einen Ideenvorschlag ergab sich vor der Nachmittagskonferenz um 14 Uhr. Am Nachmittag, wenn der Redaktionsschluss näher rückte, war es in der Redaktion meist zu hektisch, um irgendetwas anderes als *last minute breaking news* zu besprechen.

Paul hob den Hörer ab.

»*Hello kraut!*«, rief er aus, seinen Morgenkaffee schlürfend. »Wie geht's? Marschiert ihr schon wieder gegen Polen?«

»Wie es aussieht, habe ich hier eine Story über britische Truppen, die in Afrika marschieren.«

»Klingt ja heiter, ich geb dich an Alec weiter.«

»Lutz, hallo«, meldete sich Alec. »Wie sind die Strände in Sierra Leone?«

»Sehr hübsch. Und das hiesige Bier ist auch gut.«

»Prima, lass dich nicht runterziehen von dem schmutzigen Zeug, den verstümmelten Leuten und so. Was gibt es, was ist die Story?«

Ich erzählte sie ihm.

»Ausgezeichnet!«, rief Alec. »Schick uns einen Haufen Wörter und Fotos!«

Wie feiert man den Unabhängigkeitstag in einem Land, das a) nicht gerade unabhängig ist und b) nicht einmal mehr ein wirkliches Land ist, sondern ein gescheitertes? Die Regierung von Sierra Leone organisierte Straßenfestlichkeiten, bei denen hunderte Schulkinder und Spielmannszüge in einer Parade durch die Hauptstraßen Freetowns zogen. Zum Applaus der Menge und den fröhlichen Rhythmen von Trommeln und Trompeten marschierten sie in der

Altstadt an den Gebäuden aus der Kolonialzeit vorbei, die noch Einschusslöcher aus den jüngsten Kämpfen trugen. In einem dieser Häuser hatte Graham Greene in den Jahren 1942/43 seinen Roman *The Heart of the Matter* geschrieben, während er zugleich als Agent des MI6 fungierte.

Die Parade zog unter einem uralten Baum entlang, dem Wahrzeichen der Stadt. Aus dem Schlaf in den Ästen gerüttelt und geblendet vom Sonnenlicht, flatterten hunderte Fledermäuse durch die Luft. Derweil lachte sich eine Gruppe von Teenagern kaputt über ein neues Plakat der Regierung, mit dem sie das Volk vor dem HI-Virus warnte. Es riet dazu, Kondome zu benutzen oder »seinen Partnern [sic!] treu zu sein«.

Die Szene wechselte auf drastische Weise, als wir das Stadion erreichten, wo die offizielle Parade für die Öffentlichkeit stattfinden sollte. Einige Tage zuvor hatten Alix und ich hier ein Fußballländerspiel zwischen den Nationalmannschaften Sierra Leones und Nigerias erlebt. Die Tribünen quollen fast über mit 30 000 Zuschauern, die nach dem Sieg ihrer Mannschaft in einem kollektiven Taumel auf das Spielfeld stürmten. Die Unabhängigkeitsparade hingegen schien für die Bewohner Freetowns weniger interessant zu sein – außer ein paar Schulklassen und einigen Würdenträgern war das Stadion komplett leer.

Der Präsident von Sierra Leone, ein damals 74-jähriger muslimischer Rechtsanwalt und ehemaliger UN-Funktionär namens Ahmad Tejan Kabbah, betrat die Ehrentribüne. Flankiert von zwei Generälen, sah er prächtig aus in seiner blauen Toga und mit orangener Sonnenbrille. Nachdem eine große Eidechse von der Laufpiste verscheucht worden war, konnte die Parade beginnen. Zu meiner Enttäuschung wurde die Parade doch nicht von britischen Soldaten angeführt, sondern von SLA-Einheiten, gefolgt von einem langen Konvoi von Sanitätswagen als einzigen Fahrzeugen. Kein Panzer, kein Truppentransporter, nichts, nur Ambulanzen.

Fast am Ende rollten ganze sechs britische Soldaten in einem Kampfjeep heran, begleitet von weiteren sechs passablen Hornisten. Es war nicht gerade der ruhmreiche Moment britischer Geschichte, den wir uns erhofft hatten, und der *Telegraph* brachte auch nur ein kurzes Stück. Schlimmer noch, sie mussten auf ein Agenturfoto von Reuters zurückgreifen, weil Alix offenbar zu sehr damit beschäftigt gewesen war, mit den einheimischen Tanzgruppen Hüftschwünge zu üben, um auch nur ein einziges brauchbares Foto zu schießen.

Am nächsten Morgen wurde mir klar, dass ich erst zwei kleine Artikel verkauft hatte und die Hotelrechnung meine Reserven auffraß. Ich musste eine große, lukrative Story aufspüren, und zwar schnell. Also fuhren Alix und ich zu einem Rehabilitationslager für Kindersoldaten, untergebracht in einem verlassenen Hotel südlich von Freetown. Es wurde von einem italienischen Pfarrer geleitet, Vater Joseph Berton, einem freundlichen weißhaarigen Herrn von 69 Jahren, der uns bereitwillig durch sein Lager führte. Idyllisch im Schatten hoher Palmen an einem weißen Strand gelegen, bestand das Camp aus hölzernen Bungalows für etwa 120 Kinder. Sie lebten in Gruppen, denen jeweils ein Erwachsener vorstand. »Wir simulieren ein Familienleben, bis wir ihre tatsächlichen Familien wiederfinden«, erläuterte Vater Berton. »Viele der Kinder haben furchtbare Dinge gesehen und getan. Wir versuchen hier, sie mental zu demobilisieren. Sie sollen die Gesellschaft akzeptieren und zugleich gesellschaftlich wieder akzeptabel werden.«

Er winkte ein Mädchen von etwa dreizehn Jahren zu sich. Sechs Jahre zuvor, erzählte Betty mir, sei sie von RUF-Kämpfern aus ihrem Dorf verschleppt worden. Der Kommandeur war ihr eigener Onkel, der Betty dazu zwang, ihren Mut zu beweisen: Sie musste Gefangenen mit einem Messer die Arme abschneiden oder sie zu Tode hakken. Mir stockte der Atem. Ungläubig sah ich Vater Berton an. Er nickte, um zu bestätigen, dass Bettys Horrorstory stimmte. Als sie einmal aus dem RUF-Lager im Dschungel zu fliehen versuchte, schossen ihr die Wachen ins Bein. Erst 1999 gelang es ihr, nach Freetown zu flüchten. »Ich habe noch immer Albträume«, flüsterte sie mit versteinerter Miene. »Dann kommt der Teufel in meinen Kopf.« Mich überkam tiefes Mitleid mit dem Mädchen. Sie hatte zwar körperlich überlebt, aber ihre Seele war schwer verwundet, wenn nicht gar tot.

Erschüttert entschuldigte ich mich und ging runter zum Strand. Als ich im Sand saß und in die krachenden Wellen starrte, kniete sich ein Teenager-Junge neben mich und stellte sich als Hassan vor. »Du bist der Reporter, richtig? Willst du mal meine Geschichte hören?«, fragte er. Obwohl ich nicht sicher war, ob ich bereit war für noch mehr Horror, hörte ich ihm zu. Er war acht Jahre alt, als die RUF-Rebellen ihn von zu Hause mitnahmen. »Meine Mutter weinte und flehte die Kämpfer an, mich bei ihr zu lassen. Also schoss einer von ihnen sie tot«, erinnerte sich Hassan mit nüchterner Stimme. Andere Rekruten wurden gezwungen, fügte er hinzu, als ersten Akt der Treue zur RUF ihre Eltern selbst zu erschießen.

Im Rebellenlager wurde Hassan beigebracht, wie man ein Gewehr trug und nutzte. Damals war er noch so klein, dass er den Gewehrgürtel über seinen Kopf spannen musste, damit der Lauf nicht über den Boden schleifte. Obwohl er sich bald als guter Kämpfer erwies, vertraute er niemandem. »Im Busch hast du keinen Bruder und keinen Freund.« Während seiner achtjährigen Tortur im Busch wurde Hassan zweimal von der Armee gefangen genommen, die ihn aber ihrerseits zwang, die Uniform zu wechseln und für sie zu kämpfen.

Im Jahr 1997 eroberte die RUF die Diamantenminen in Koidu, die zu den ertragreichsten in ganz Afrika gehören. Inzwischen war Hassan Bodyguard von Issa Sesay, einem brutalen RUF-Kommandeur. Als Foday Sankoh, der Anführer der Bewegung, verhaftet und in Freetown eingesperrt wurde, übernahm Sesay das Oberkommando im von der RUF kontrollierten Gebiet. Hassan beschrieb Sesay als einen Mann, der seinen Kämpfern Vorträge über die sozialrevolutionären Ziele der RUF hielt und ihnen vor Kampfeinsätzen aufputschende Drogen spritzen ließ.

Plötzlich sprang Hassan auf, stand still und hob seine rechte Hand zu einem militärischen Gruß an seine Schläfe. Dann fing er an, in einer überraschend schönen Chorknabenstimme ein RUF-Kampflied zu singen: »*Who is fighting to save our people? Who is fighting to save Sierra Leone?*« Die Antwort war natürlich: die RUF. Der schaurigste Vers des Liedes lautete: »*Go and tell my parents that they'll see me no more.*« Als Hassan den Song zu Ende gesungen hatte, senkte er den Arm und blickte mich schweigend an. Ich war verwirrt und wendete meinen Blick ab. »Im Feld nannten sie mich

Commander Mosquito«, entsann er sich, eher stolz. Jetzt war er bloß ein 16-jähriger Junge, der in der Schule viel aufzuholen hatte. Hassan sagte, er habe Angst davor, nach Freetown zu gehen, weil er sich vor der Rache der Menschen fürchte, die sich an ihn aus dem Blutbad erinnerten, das die RUF im Januar 1999 angerichtet hatte. »Damals habe ich sehr schlimme Dinge getan«, gab er zu.

Mir wurde klar, dass es in Hassans Geschichte eine noch dunklere Seite geben musste. Vater Berton füllte später die Lücken für mich auf. »Hassans Erfahrung ist besonders traurig. Was er Ihnen wohl nicht erzählt hat, ist, dass er bereits bei uns lebte, als die RUF 1999 Freetown angriff. Da rannte er von uns weg, um sich seinen alten Kameraden wieder anzuschließen, gerade rechtzeitig für das große Schlachten. Das Kämpfen fehlte ihm, verstehen Sie? Oder vielleicht fehlte es ihm einfach, Mädchen zu vergewaltigen.« Später kehrte er dann ins Reha-Camp zurück, zeigte Reue und zählte auf Vater Bertons Vergebung. Der Pfarrer nahm ihn wieder auf.

Auf der Rückfahrt nach Freetown war ich noch immer verwirrt. War Hassan nun ein Opfer oder ein Täter? Die Wahrheit schien, wie ich in meiner Reportage für den *Sunday Telegraph* auszudrücken versuchte, irgendwo in einer schmutzigen Grauzone zu liegen. Dennoch war es aber die RUF gewesen, die aus Hassan einen Killer gemacht hatte. General Sesay und seine Kameraden trugen die Schuld. Was für Männer waren das? Wie konnten sie so grausam sein?, fragte ich mich. Um das herauszufinden, beschloss ich, in das RUF-kontrollierte Gebiet zu fahren und die Rebellenführer zu treffen. Immerhin würde dies meine Hotelrechnung niedrig halten.

Meine beste Chance war, die Front nahe Lunsar zu überqueren, etwa 200 Kilometer nordöstlich von Freetown, und das RUF-Hauptquartier in Makeni anzusteuern. Eine Woche zuvor hatte die UN angekündigt, 700 nigerianische Friedenssoldaten entlang der Straße nach Makeni zu stationieren. Einige Flüchtlinge kehrten bereits in ihre Heimatdörfer zurück, obgleich der Waffenstillstand jederzeit wieder brechen konnte. Die Lage wurde generell als viel zu unsicher eingeschätzt, als dass Westler sich aus den von Regierungstruppen gehaltenen Gebieten herauswagen konnten.

Noch am Abend rief ich in der Redaktion an. Alec war von meinem Plan angetan, aber da er Sierra Leone aus seiner Zeit als Afrika-Korrespondent selbst gut kannte, warnte er mich eindringlich vor den drohenden Gefahren. Nur ein Jahr zuvor waren der bekannte Kriegsreporter Kurt Schork und drei weitere Journalisten auf der Straße nach Makeni in einen Hinterhalt der RUF geraten und ermordet worden. »Diese Rebellen verstehen keinen Spaß, hast du das begriffen?«, schärfte mir Alec ein. »Sei immer sehr vorsichtig und denk daran, dass sie Leuten gerne Arme und Beine abhacken.« Im Hintergrund hörte ich Pauls Kommentar, dass ich ohne Gliedmaßen weit weniger Chancen hätte, ein nettes englisches Mädchen zu heiraten. Das schien es mir wert zu sein, und ich entschied, die Sache durchzuziehen. Alix nannte meinen Plan wahnsinnig und sagte nur widerwillig zu mitzukommen.

Am nächsten Morgen latschte ich rüber zum Mammy Yoko Hotel, dem schicken Hauptquartier von UNAMSIL. Zu meinem Ärger lehnte es der nigerianische Presseoffizier rundweg ab, uns in einem Helikopterflug oder Straßenkonvoi der UN mitzunehmen. »Nach Makeni geht im Moment nichts raus«, log er, während er langsam Akten auf seinem Schreibtisch durchblätterte. »Für euch Weiße ist es dort ohnehin zu gefährlich.« Auch keiner der Taxifahrer vor dem Cape-Sierra-Hotel, die sonst so eifrig bei der Sache waren, wollte uns nach Makeni bringen. »*Not safe, not safe*«, sagten sie nur. Die Erinnerung an die Verbrechen der RUF war offenbar noch sehr lebendig.

Dann kam mir Gibril zu Hilfe, mein Dolmetscher für Pidginenglisch und lokaler Fixer. Der Fixer ist in der Regel ein Einheimischer, der ausländischen Reportern bei ihrer Arbeit hilft, indem er nicht nur dolmetscht, sondern auch Interviewpartner ausfindig macht, Termine vereinbart, Erlaubnisse von Behörden einholt sowie Transport und Unterkunft arrangiert. Der Fixer kennt die Gesetze der Straße und die richtigen Leute. Er hat idealerweise für jedes auftretende Problem eine Lösung. Außerdem sollte er morgens die lokalen Zeitungen gelesen haben, um den Journalisten über relevante Gerüchte und Entwicklungen zu informieren. Er ist ein Mädchen für alles und zugleich ein Partner, ohne den jeder Auslandsreporter aufgeschmissen wäre. In einigen Fällen muss der Fixer die Berichterstattung selbst erledigen, besonders wenn eine Gegend für einen Ausländer zu gefährlich ist (oder wenn der Korrespondent verkatert im Hotelzimmer liegt). Auch wenn sein Name selten mit in der Autorenzeile auftaucht, ist der Fixer aus funktionierendem Auslandsjournalismus nicht wegzudenken.

Gibril schlug vor, dass wir uns den Flüchtlingen anschließen sollten, die mit Minibussen nach Makeni zurückkehrten. Das klang nach einem guten Plan. Einmal mehr war ich froh, Gibril engagiert zu haben. Er hatte noch nie als Fixer gearbeitet, sondern managte sonst eine private Schule für Waisenkinder. Erst ein Jahr zuvor hatte sich Gibril, selbst Waise und 25 Jahre alt, mit zwei befreundeten, arbeitslosen Lehrern zusammengetan und auf Brachland nicht weit von meinem Hotel das Schulgebäude errichtet. Mithilfe magerer Privatspenden unterrichteten seine Freunde nun freiwillig mehr als hundert Kinder, die Gibril mit dem Versprechen einer warmen Mahlzeit am Strand eingesammelt hatte.

»Der Krieg in unserem Land hat seine Ursachen in der Unwissenheit der Menschen«, sagte Gibril. »Wir müssen die Kinder bilden, damit sie verlogenen Politikern und Militärs nicht mehr blind folgen.« In seinem einfallsreichen Idealismus inspirierte er seine Freunde, und die Kinder liebten ihn. Ich war mir nie ganz sicher, warum er sie für eine Weile verließ, um einem ausländischen Journalisten wie mir zu assistieren. Im Vergleich zu seiner Arbeit war alles, was ich tat, eigennützig und im Übrigen nutzlos. Wäre ich damals nicht so ein selbstsüchtiger junger Schnösel gewesen, hätte ich von ihm Demut lernen können. Voller Idealismus sagte er mir einmal, dass er durch seine Zusammenarbeit mit mir wohl dazu beitragen würde, die Wahrheit über sein armes Land zu verbreiten. Da musste ich lächeln; unsicher, was ich darauf antworten sollte.

Im Morgengrauen des folgenden Tages trafen Alix und ich uns mit Gibril am Busbahnhof von Freetown. Er hatte seinen Freund Teddy mitgebracht, einen schlaksigen Jungen mit einem sympathischen Lächeln. Da er in Makeni geboren und aufgewachsen war, schien Teddy weniger bange vor der bevorstehenden Reise ins Rebellengebiet zu sein als Gibril. Bald fanden wir einen Minibus nach Makeni, und der Fahrer willigte ein, uns mitzunehmen. Als wir endlich losfuhren, war das Fahrzeug mit sage und schreibe 27 Passagieren besetzt, von denen acht zwischen gigantischen Gepäckhaufen auf dem Dach saßen. Auf dem Weg aus der Stadt passierten wir einen Friseurladen, der auf einem Schild Rabatte für Amputierte anbot. Der Fahrer sagte, er hoffe vor Einbruch der Dunkelheit in Makeni anzukommen. »Das wird von den Hindernissen unterwegs abhängen.«

Die Hindernisse, so wurde uns bald klar, waren Straßensperren, die die verschiedenen Bürgerkriegsparteien errichtet hatten. In den Vororten von Freetown wachten noch Polizisten und Soldaten der UN oder der SLA an ordentlich gebauten, mit Sandsäcken verstärkten Checkpoints. Sie ließen uns ohne weiteres passieren, wenn ich mit meinem blauen UN-Presseausweis wedelte, sehr zur Freude des Fahrers und der anderen Passagiere. Für wichtig gehalten und durchgelassen zu werden, egal ob in einem edlen Londoner Nachtclub oder an einer Straßensperre im Busch von Sierra Leone, ist und bleibt ein wahrhaft egoschmeichelndes Vergnügen in dieser irrwitzigen Welt.

Auf unserer Weiterfahrt nahm der Verkehr ab und die Straßensperren sahen immer dilettantischer aus, meist bestehend aus zwei zerbeulten Ölfässern, zwischen denen ein Seil oder eine Latte über die Straße gespannt war. Verlumpte Teenager-Soldaten, die zu Commander Snakes *Kamajor*-Miliz gehörten, verlangten Schmiergelder dafür, dass sie unsere »Sicherheit« auf der Straße gewährleisteten. Das war natürlich nichts weiter als organisiertes Banditentum, und da wir mittlerweile alle zwei Kilometer auf eine Straßensperre stießen, wäre es sehr teuer geworden, uns auf ihre Forderungen einzulassen. Unsere Fahrer und die Soldaten führten lange Verhandlungen, die manchmal in hitzige Streits ausarteten, wobei die Soldaten mit ihren AK-47-Maschinengewehren herumfuchtelten.

Von der latenten Gewalt entnervt, entschied Alix plötzlich, dass sie genug hatte. Sie griff nach ihren Kamerataschen, stieg aus und versuchte den Fahrer eines entgegenkommenden Jeeps zu überreden, sie mit zurück nach Freetown zu nehmen.

»Du kneifst doch jetzt nicht etwa, oder?«, fragte ich sie.

»Mir ist das einfach zu gefährlich, Alter.«

»Babe, wir sind doch ein Team?«

»Ja, Lutz, aber dieses Mal musst du allein klarkommen.«

»Nun gut, aber kannst du mir wenigstens eine deiner Kameras leihen?«

»Nee, tut mir leid. Die brauche ich selbst. Außerdem bezweifle ich, dass du von dieser Reise lebend zurückkehren wirst.«

»Das ist nett von dir.«

»Jedenfalls viel Glück!«

»Danke.«

Ohne Fotografin und ohne eine Kamera, um selbst Fotos zu schießen, sanken meine Chancen, eine brauchbare Reportage produzieren zu können, aber ich war entschlossen weiterzumachen. Seit meinen großen Radtouren in Osteuropa als Student hasste ich es, jemals umkehren zu müssen. Bald gab ich es auf, die Straßensperren zu zählen, die Minibusreise wurde lang und erschöpfend. Mit jeder Steigung fing der Motor unseres irrwitzig überladenen Fahrzeugs zu stottern an. Selbst bergab konnten wir nicht mit hoher Geschwindigkeit fahren aus Sorge, dass die Passagiere auf dem Dach herunterfallen könnten. Unser Fortkommen wurde zudem von Kindern behindert, die Seile über die Fahrbahn spannten und für das Füllen der zahllosen Schlaglöcher Geld forderten.

Am letzten Armee-Checkpoint vor der Front warnte mich der diensthabende Offizier, dass er fortan meine Sicherheit nicht garantieren könne. Ich nickte. Dann fuhren wir ins Niemandsland hinein. Wir passierten verlassene Dörfer, niedergebrannte Ruinen mit großen Einschusslöchern. Am Straßenrand rostete das Gerippe eines alten Panzers vor sich hin.

Eine gut gekleidete Frau namens Kadia hatte sich neben mir auf den Platz von Alix gesetzt. Mit ihrem makellosen Make-up und den goldenen Ringen an allen Fingern wollte sie nicht recht in diesen Bus voller armer Menschen passen. Ursprünglich aus Makeni stammend, war Kadia mit ihrer Familie nach Freetown geflüchtet, nachdem die RUF-Aufständischen Ende 1998 ihre Heimatstadt eingenommen hatten. »Vier Wochen lang marschierten wir durch den Busch, um von den Kämpfen wegzukommen«, erinnerte sich die 43-Jährige, die ein Reisebüro geleitet hatte. »Wer versuchte, auf der Straße zu entkommen, wurde an den Roadblocks der Rebellen ausgeraubt und erschossen.« Nun kehrte sie nach Makeni zurück, um ihre Mutter zu besuchen. Hatte sie keine Angst vor den Rebellen?, fragte ich sie. Sie schnaubte verächtlich. Falls es Ärger gebe, sagte sie, würde sie sich als Geliebte eines RUF-Kommandeurs ausgeben. Im Stillen wünschte ich, dasselbe tun zu können.

Inzwischen befanden wir uns im von der RUF kontrollierten Gebiet. Wir näherten uns der Kleinstadt Lunsar, am Straßenrand standen Frauen, die Mangos, Kokosnüsse, Bananen und Plastikbeutel mit Trinkwasser feilboten. Dann tauchten die ersten RUF-Kämpfer auf, zumeist Teenager, die mit Pistolen bewaffnet waren. »Oh, oh«, murmelte Kadia, als ob sie eine düstere Vorahnung hatte. »Nimm dich vor den Jungen in Acht. Sie sind die Schlimmsten. Sie kennen keine Grenzen, sondern töten einfach. Sie sind jung und kennen nichts anderes.« Mein Herz begann schneller zu schlagen. Vielleicht hätte ich mit Alix umkehren sollen.

Wenige Augenblicke später versperrte uns ein massiver Balken den Weg. So viel zur Behauptung der UN, dass die RUF hier keinerlei Straßensperren mehr errichten würde, dachte ich. Fünf Rebellensoldaten schlenderten aus ihrer Bambushütte zu uns herüber. Sie sahen aus wie Gangsterrapper aus dem Ghetto einer US-amerikanischen Großstadt: Sie trugen Perücken, Tarnhosen, grelle T-Shirts, Flipflops und aggressive Sonnenbrillen. Ein Soldat hatte eine pinke, wollene Weihnachtsmannmütze auf dem Kopf. Andere tranken Star Beer aus Dosen. Einer der Jungs kam an mein Fenster, stierte mich an und stellte sich mit falscher Höflichkeit vor: »Guten Tag, mein Name ist Blood, Commander Blood.«

Ein übergroßer roter Wecker hing an einer Metallkette um seinen Hals. Seine Augen waren blutunterlaufen und von Krankheit gelbgefärbt. Kommandeur Blut und seine Kompagnons genossen sichtlich die Furcht in unseren Gesichtern. Plötzlich schoss Blood nach vorne und schlug einem Passagier ins Gesicht. Die RUF-Leute zerrten den Mann, der nicht protestierte und seinen Blick nach unten gerichtet hielt, aus dem Bus in die Bambushütte, wo sie ihn fünf Minuten lang verprügelten. Der Mann stöhnte vor Schmerzen, während wir schweigend und stocksteif auf unseren Plätzen verharrten. Es war entsetzlich. Ich wollte aussteigen und einschreiten, natürlich nur mit Worten, aber Gibril ergriff von hinten meinen Arm und hielt mich fest. Schließlich ließen sie den Mann wieder frei, und er kam zurück an Bord, das Gesicht verquollen und aus mehreren Wunden blutend. Alec hatte recht gehabt: Mit diesen Kerlen war nicht zu spaßen.

Zu allem Ärger hatten wir auch noch einen platten Reifen und hingen mehr als eine Stunde an dem Checkpoint fest. Ich stieg aus, um mit Commander Blood zu sprechen. Immerhin war dieser Junge zehn Jahre jünger als ich und hatte mir als Älterem ja wohl Respekt zu erweisen. Und falls Autorität im Busch von komischen Namen abhing, wollte ich mir auch gerne einen solchen zulegen. »Nett, dich kennenzulernen, Commander«, sagte ich zu Blood und streckte meine Hand aus. »Mein Name ist Louis, Louis der Schreiberling.« Etwas perplex nahm der Junge meine Hand. Händeschütteln sei viel wert in Afrika, hatte mir einer der Diamantendealer im Hotel verraten, denn wer einem die Hand schüttele, besiegele damit einen Pakt gegenseitiger Achtung und werde sein Gegenüber dann so schnell nicht umbringen. Auf seinen Walkman zeigend, fragte ich Blood, was für Musik er höre. »Reggae«, sagte er. »Reggae aus Jamaika, Burning Spear – die sind die besten!«

Nachdem ich mir Bloods Musik angehört hatte, was viel Heiterkeit unter seinen Kameraden auslöste, gab ich ihm die Kopfhörer meines Walkmans und legte eine Chill-out-CD von Café del Mar ein. Blood zog die Augenbrauen hoch und sah mich groß an. Dann legte ich nach mit einer selbstgebrannten CD mit Songs von Jamiroquai und Travis. »So einen Scheiß hörst du?«, fragte mich Blood, aber er nahm die Kopfhörer nicht ab, während seine Kameraden zuzuhören versuchten. Dann tauschte er die Kassetten in seinem Walkman aus – eine weitere Reggae-Band. Als Letztes spielte ich ihm aus »Parachutes« vor, dem gerade erschienenen Debütalbum von Coldplay. Blood guckte mich nur noch entgeistert an. »Ist das ein Typ oder eine Alte, die da singt?«, fragte er. »So ein trauriges Gejaule hört ihr euch in Europa an?« Da mussten wir beide lachen.

Etwas später entschied ich, die Straße runter zu einem UN-Checkpoint zu gehen, dem ersten, den ich im Rebellengebiet sah. Trotz des schweren Maschinengewehrs auf den Sandsäcken gab es furchterregendere Anblicke als diesen von zwei Blauhelmen aus Bangladesch besetzten Checkpoint. Sie schienen die Straßensperre, die die RUF vor ihren Augen betrieb, einfach zu ignorieren. Sie hatten wohl noch nicht vergessen, dass die Rebellen kaum ein Jahr zuvor 500 UN-Soldaten gekidnappt hatten, und wollten keinen Stress. Stattdessen wiederholten die Bangladeschis immerfort, dass alle Menschen in Sierra Leone sehr freundlich seien. So machte ich mir immerhin keine Illusionen darüber, was die UN für mich tun würde, wenn es Ärger in Lunsar geben sollte.

Als ich zum Bus zurückkehrte, sprang Blood gerade auf das Busdach und befahl dem Fahrer, in die Stadt hineinzufahren. Der RUF-Befehlshaber von Lunsar wolle mich sehen, verkündete Blood. Der Fahrer gehorchte, während die Bangladeschis gleichgültig lächelnd zusahen. Während der Fahrt durch Lunsar, einer halb zerstörten Geisterstadt, herrschte Stille im Bus. Sogar Gibril mied meinen Blick. Ich spürte, dass meine Beliebtheit bei den anderen Passagieren rapide abnahm. Jetzt sahen sie mich als ein Hindernis, eine Bürde, auf ihrer Reise. Glücklicherweise war der Kommandeur, ein gewisser Colonel Kolon, eher verärgert, dass seine Männer ihn aus einem nachmittäglichen Nickerchen in seiner Hängematte geweckt hatten. Nur mit Sandalen und Unterhose bekleidet, erteilte er uns unwirsch die Erlaubnis weiterzufahren.

Nach sieben weiteren RUF-Roadblocks erreichten wir in der Dämmerung Makeni. Was einst eine lebendige und relativ moderne Stadt mit 200 000 Einwohnern gewesen war, war nun ein dunkler, verfallender Ort. Wenige der heruntergekommenen Häuser hatten Glasfenster, und alter Putz blätterte von den grauen Betonziegelwänden. Auf den Straßen waren kaum Autos zu sehen, abgesehen von rostigen Gerippen komplett auseinandergenommener Fahrzeuge. Seit drei Jahren war die Versorgung mit Trinkwasser und Strom kollabiert, sodass die Menschen Palmöllampen anzündeten und Wasser aus alten Brunnen schöpften. Kadai war entsetzt: »Die RUF-Leute haben alles geplündert. Wir müssen wieder ganz von vorne anfangen.«

Der Fahrer brachte uns zum Haus von Gibril Massaquoi, besser bekannt als Colonel Postmaster und einer der höchsten RUF-Offiziere. Als wir seinen Vorgarten betraten, spielte Massaquoi gerade Volleyball mit Soldaten, willigte aber in ein spontanes Interview ein. Eloquent und studiert, agierte der 34-jährige Massaquoi oft als inoffizieller Sprecher der RUF. Nach etwas Smalltalk kam ich auf das Thema Kindersoldaten zu sprechen und konfrontierte Massaquoi mit den Horrorgeschichten, die ich in Vater Bertons Camp zu hören bekommen hatte.

»Das sind alles Lügen! Es gibt keine Kindersoldaten in der RUF«, behauptete Massaquoi. Ich merkte an, dass gut die Hälfte aller Soldaten um uns herum kaum älter als vierzehn Jahre sein konnte. »Wer eine Waffe ergreift, tut das freiwillig«, entgegnete Massaquoi. »Sie wollen ihre Dörfer verteidigen, sich unserer Revolution anschließen und die Menschen in Sierra Leone retten.«

»Geht es in Ihrem Kampf nicht eher darum, die Diamantenminen zu kontrollieren?«, fragte ich, was dazu führte, dass sich unser Gespräch kurzzeitig zu dem entwickelte, was man in der Diplomatie einen »offenen Meinungsaustausch« nennt. Wohl etwas zu offen für den Geschmack von Gibril und Teddy, die sich diskret aus dem Staub machten. Ich war allein.

»Wir stellen sicher, dass die Einnahmen aus den Minen endlich an die Bevölkerung gehen und nicht an die korrupte Regierung in Freetown.«

»Nutzen Sie die Diamanten denn nicht, um Waffen für Ihre Truppe zu kaufen?«

»Nein, das tun wir nicht!«, rief Massaquoi. »Natürlich müssen wir uns um unsere Soldaten kümmern, aber mit den Diamanten finanzieren wir Schulen und Krankenhäuser.«

Falls das stimmte, war es mehr, als man von den früheren Herrschern Sierra Leones behaupten konnte, die die Bodenschätze des Landes gründlich geplündert hatten. Als der langjährige Staatspräsident Siaka Stevens 1957 das Monopol des DeBeers-Konzerns auf Schürfrechte in Sierra Leone aufhob und die Diamantenminen verstaatlichte, betrug die landesweite Ausbeute etwa zwei Millionen Karat pro Jahr. Sierra Leone ging schuldenfrei in die Unabhängigkeit von Großbritannien. Bis 1988 war die Menge offiziell exportierter Diamanten auf mickrige 48 000 Karat gesunken. Trotz lächerlich niedriger Steuern wurden die meisten Diamanten mit Duldung korrupter Regierungsbeamter unterm Ladentisch verkauft. Der Wohlstand der Nation wurde verschwendet, während die Bevölkerung in bitterer Armut versank. Nun allerdings waren die Rebellen an der Reihe: Schätzungen der US-Regierung zufolge stopften sich die RUF-Kommandeure jedes Jahr 30 bis 125 Millionen Dollar aus dem Diamantenhandel in die Taschen.

»Es gibt viele Gerüchte über die Lage in den Minen von Koidu«, ließ ich nicht locker. »Eines davon ist, dass Sie Menschen zwingen, für die RUF nach Diamanten zu graben.«

»Das ist Unsinn!«, rief Massaquoi. »Wir haben da nichts zu verbergen.«

»Wenn das so ist, dann zeigen Sie mir die Minen von Koidu doch mal!«, schoss ich zurück. Es war natürlich ein hoffnungsloses Ansinnen. Keinem Journalisten war je erlaubt worden, die Minen zu sehen, seit die RUF sie eingenommen hatte. Zu meiner völligen Überraschung willigte Massaquoi jedoch ein.

»Ich gebe Ihnen ein Auto und eine Eskorte, dann können Sie gleich morgen früh nach Koidu fahren.«

Als ich mit Gibril und Teddy, die wieder aufgetaucht waren, in die Stadt spazierte, schwirrte mir der Kopf. Das war ja fantastisch! Falls ich es bis zu den Minen schaffte, wäre ein Bericht von dort ein weltweiter Scoop erster Güte, den ich nicht nur an den *Telegraph*, sondern auch an eine große Zeitschrift verkaufen könnte. Dies würde das Ende all meiner finanziellen Sorgen auf der Afrika-Reise bedeuten – und zugleich einen Durchbruch in meiner Reporterlaufbahn. Die einzige Frage, die weiter an mir nagte, betraf Massaquoi: Ob ich ihm trauen konnte? »Sein Angebot könnte eine Falle sein«, sagte Gibril. »Eine tödliche Falle.«

Es war schon dunkel, als wir auf einige verblüffte nigerianische UN-Soldaten stießen, die uns in ihre Kaserne, ein ehemaliges Lehrerseminar, brachten. Von unserem Besuch überrascht, erklärte uns der Kommandeur, dass es nicht genügend Feldbetten gebe und wir daher in einem der Klassenzimmer auf dem harten Fußboden schlafen müssten. Erschöpft von der langen Reise, nahmen wir selbst diese Offerte gerne an.

Die Nacht war furchtbar heiß, Mücken zerstachen mir Hals und Gesicht. Mein Schlaf war unruhig und von amorphen Albträumen geschüttelt. Irgendwann nach Mitternacht ging plötzlich die Tür zu unserem Raum mit einem lang gezogenen Knarren auf. Ich riss meine Augen auf und sah die Umrisse zweier großer Kerle, die auf der Schwelle standen und ihre Gewehre auf uns richteten. Teddy jagte hoch und brüllte vor Schreck. Ich tastete nach meiner Taschenlampe, war aber wie gelähmt. Das war's, dachte ich, der Massaquoi hat seine Killer losgeschickt, damit sie uns erschießen. Wie sich dann herausstellte, waren die Männer nicht ganz nüchterne nigerianische UN-Soldaten, die durch unseren Raum zu ihren Schlafquartieren wollten. Als sich der Schock etwas gelegt hatte, fragte ich mich zum ersten Mal, was ich zum Teufel an diesem Ort zu suchen hatte.

Bei Sonnenaufgang verließen wir das UN-Camp und kehrten zu Massaquois Haus zurück. Er war nicht zu Hause, aber einer seiner Stellvertreter, Major Black Man, erwartete uns. »Ich werde euch nach Koidu eskortieren«, sagte der hochgewachsene 27-Jährige. Er schien etwas verwundert über seine ungewöhnliche Mission. Unser Auto, ein unmöglich zerbeulter kleiner Datsun, war wenig Vertrauen erweckend, aber der Fahrer versicherte uns, es werde die Strecke hin und zurück schaffen. In der westafrikanischen Tradition, Autos und Lkw mit Mottos zu schmücken, stand »*Step by Step*« auf der Motorhaube des Datsuns geschrieben. Um Gewicht zu sparen, beschlossen wir, dass nur Gibril mich begleiten würde, während Teddy in Makeni blieb.

Bevor es losgehen konnte, musste ich noch ein Problem lösen: Ich benötigte eine Kamera und Filmrollen. Kopfschüttelnd schickte Black Man zwei Soldaten auf die Suche. Kameras waren im kriegszerschredderten Makeni schwer aufzutreiben, aber auf wundersame Weise kamen die beiden mit einer Ritschratsch-Kleinkamera aus den 1970er-Jahren sowie zwei Konica-Filmrollen wieder. Das Objektivglas war zerkratzt, und das Verfallsdatum der Filme fast zehn Jahre überschritten, aber ich hatte keine Wahl. Alix verfluchend, packte ich die Kamera in meine Tasche.

Als wir aus der Stadt herausfuhren, Gibril und Black Man auf dem Rücksitz, schnitt uns plötzlich ein weißer Nissan-Pickup den

Weg ab. Auf seiner Lagefläche saß ein Dutzend finster aussehender und schwer bewaffneter Kämpfer mit Munitionsgürteln über den Schultern und M-16-Gewehren auf den Schenkeln. Black Man sprang aus dem Wagen und salutierte dem Fahrer des Nissans. Es war General Issah Sesay, der Oberkommandeur der RUF. Mit seinem weißen Polohemd und Goldkettchen sah er eher wie ein Vorort-Familienvater als wie ein General aus. Dies war also der Mann, dem Hassan aus Vater Bertons Camp als Bodyguard gedient hatte sowie die anderen Jungs in seiner Entourage. Dies war das Monster, das Teenager mit Drogen vollpumpen ließ und sie in den Kampf schickte. Ich schluckte, schwieg aber. Sesay schien über meine Anwesenheit in Makeni informiert zu sein wie auch über den Plan, die Diamantenminen zu besichtigen. »Viel Glück auf Ihrer Reise!«, sagte Sesay mit einem fiesen Grinsen und brauste davon.

Unsere Fahrt ins Hinterland war anstrengend. Die Straße verwandelte sich in eine schrecklich schlammige Piste, mit Schlaglöchern voller Wasser so groß wie Badewannen und von beiden Seiten wuchernder Vegetation. Stundenlang kam uns kein anderes Fahrzeug entgegen, abgesehen von einem wahnsinnig überladenen Truck. Die Dörfer, durch die wir kamen, waren verwahrlost, und viele Kinder sahen unterernährt aus. Unser Motto *Step by Step* stellte sich als passend heraus, denn der Motor des Datsuns gab gleich dreimal den Geist auf, doch unser Fahrer konnte ihn immer wieder reparieren. Dank Black Mans Autorität wurden wir durch alle RUF-Roadblocks durchgewinkt. Offenbar verfügten in diesem Teil des Landes nur hohe RUF-Offiziere über Autos.

Mit seiner angenehmen und ausgeglichenen Heiterkeit entsprach Black Man so gar nicht dem Stereotyp des brutalen, Gliedmaßen abhackenden Rebellen. Er war in meinem Alter und relativ gebildet, und ich fragte mich, was wir wohl sonst noch gemein haben könnten. Dies sollte eines meiner Hauptinteressen in Kriegsgebieten werden: Wann immer ich junge Männer meines Alters traf, deren Leben in Widrigkeiten so ganz anders als meines verlief, wollte ich herausfinden, was sie antrieb und wie sie ihr Leben lebten. Was war ihre Motivation, was waren ihre Ängste und Träume? In Black Mans Fall fragte ich mich, warum er sich der RUF angeschlossen hatte.

Zunächst bestanden seine Antworten aus lauter offiziösen Phrasen über die Notwendigkeit einer sozialen Revolution, um Korruption und Armut in Sierra Leone abzuschaffen.

»Das ist eine gute Sache, verstehst du?«, behauptete er.

»Aber ist sie das Kämpfen und Leiden wert gewesen?«

»Jede Revolution hat ihren Preis.«

»Etwa unschuldigen Zivilisten die Arme und Beine abzuhacken?«

»Das ist Propaganda«, sagte er müde. »Glaub mir, so etwas haben wir nie getan. Zumindest habe ich es nie selbst miterlebt.«

»Ich habe sie gesehen, die Amputierten in den Lagern in Freetown.«

»Das waren Opfer der anderen Seite. Die Regierungstruppen haben doch auch Verbrechen begangen.«

Es schien sinnlos, die Diskussion fortzusetzen. Es war wichtiger, sicher zu den Diamantenfeldern zu gelangen. Aber dann war es Black Man, der seine offizielle Seite ablegte und zuließ, dass sich Zweifel, Merkmal jeder kultivierten Intelligenz, in seine Rhetorik einschlichen. Er wählte seine Worte vorsichtig, aber mit verblüffender Ehrlichkeit, als er mir von seinem Leben zu erzählen begann.

»Weißt du, Lutz, das kannst du dir vielleicht gar nicht vorstellen, weil du in Europa lebst, aber wenn du in Sierra Leone aufwächst, wenn du arm bist, und es herrscht Krieg, dann hast du nicht viele Optionen. Dein Leben wird ohnehin beschissen und kurz sein, also kannst du genauso gut eine Waffe nehmen und kämpfen. Natürlich frage ich mich manchmal selbst, warum ich all die Jahre damit zugebracht habe, im Busch zu kämpfen, anstatt eine Familie zu gründen und eine ehrliche Arbeit auszuüben. Glaubst du denn nicht, dass auch ich wünschte, die Dinge wären anders gelaufen? Sind sie aber nicht. Manchmal triffst du Entscheidungen im Leben, aber meistens werden die Entscheidungen für dich getroffen. In beiden Fällen bist du am Ende tot.«

Danach hielt ich meinen Mund. Was wusste ich, ein Ich-guck-dann-mal-vorbei-Reporter, denn über das Leben im Busch? Wer war ich denn, dass ich Black Man verurteilen konnte?

Nach acht rückenversehrenden Stunden erreichten wir Koidu.

Black Man versuchte mich auf das vorzubereiten, was vor uns lag. »Bevor wir hierherkamen, war dies auch kein besonders netter Ort.« Dies war ein höfliches Understatement angesichts des Ausmaßes von Zerstörung und Verfall in der Stadt. Nur etwa ein Dutzend Gebäude waren heil geblieben inmitten endloser Reihen verkohlter und zerschossener Ruinen. So in etwa musste Dresden 1945 ausgesehen haben. »Bergbau-Ausrüstung« stand auf einem alten Schild über einem geplünderten Laden. Eine nahe Moschee mit vier exquisit schlanken Minaretten sah ebenso verlassen aus. Über den trostlosen Marktplatz der Stadt gingen Frauen wie Zombies, vorbei an Plakaten mit dem lächelnden Konterfei des eingesperrten RUF-Anführers Foday Sankoh. »Wir führen die Nation herab auf den Pfad zur Demokratie«, verkündete ein RUF-Plakat.

Auf den Hügeln unter uns erkannte ich grabende Menschen in tiefen Kratern, die aussahen wie riesige rote Wunden im Wald. Das mussten die Diamantenminen sein. Aber anstatt dorthin zu fahren, hatte Black Man die Anweisung, mir zunächst ein Hospital zu zeigen, ein schimmeliges Gebäude am Rande der Stadt. Am Eingang lagen mehrere RUF-Kämpfer auf dem nackten Fußboden. Frische Schusswunden schwärten in ihren Beinen. Von Black Man dazu aufgefordert, erzählten sie, dass sie an einer neuen Front wenige Kilometer östlich von Koidu von regierungstreuen *Kamajor*-Milizen und Kampfeinheiten aus dem benachbarten Guinea angegriffen worden seien. »Siehst du, unsere Feinde halten sich nicht an den Waffenstillstand«, sagte Black Man. »Und die Armee aus Guinea mischt sich auch schon ein, wahrscheinlich mit Unterstützung der Briten.«

Die unerwartete Kunde über nahe Kämpfe beunruhigte mich, aber ich versuchte mich auf meinen Job zu konzentrieren und sah mich um. Das Hospital hatte keinerlei medizinische Ausrüstung, nur fünf rostige Betten. Auf einem lag ein Junge, der mich gleich wieder an Hassan erinnerte. Er hatte eine offene Wunde im Unterleib und war sehr schwach. Würde er sterben? »Junge, du hättest niemals hier landen dürfen, du gehörst doch noch in die Schule«, murmelte ich und spürte, wie Tränen in mir aufstiegen. Da rückte auch schon der Direktor an und bestätigte die absurde Behauptung Black Mans, dass die RUF ihm ausreichend Medikamente für die

Patienten besorge. Auf die Frage, ob das Hospital über Betäubungsmittel für Operationen verfüge, schüttelte der Direktor den Kopf: »Nein, wir schneiden die Kugeln einfach so raus, das klappt schon.«

Endlich verließen wir den deprimierenden Ort und fuhren zu einer Diamantenmine. Gibril und ich kletterten zur Kante hoch. Unter uns taten sich gigantische Schächte auf, in denen hunderte schlammverschmierter Jungs bei glühender Hitze schufteten. Der Anblick erinnerte mich an Fotos von überfüllten Goldminen im südamerikanischen Dschungel. Entlang der glitschigen Hänge hatten die barfüßigen Jungen Ketten gebildet, um Eimer voll Wasser vom Kraterboden durchzureichen. Andere zogen große Siebe durch das Wasser, während wieder andere mit Spaten und Schaufeln die rote Laterit-Erde umgruben. Dann bemerkte ich die bewaffneten RUF-Soldaten, die am Kraterrand standen und die Diamantengräber bewachten.

Sprachlos drehte ich mich zu Black Man um. »Oh, die Wachen?«, fragte er. »Die sorgen nur für die Sicherheit der Gräber, das ist alles. Sie halten die Leute davon ab, sich zu prügeln, falls einer einen großen Stein findet.« Für einen kurzen Moment wich sein Pokerface einem Kichern, als ob ihn seine Erklärung amüsierte. Wir kannten einander inzwischen zu gut für diese Art von Propagandaphrasen. Er zuckte die Schultern. Wir wussten beide, dass wir auf ein Sklavenarbeitslager blickten. Warum ließen die RUF-Kommandeure zu, dass ich diesen Ort zu sehen bekam, schoss es mir durch den Kopf.

Ich trat in den Krater hinab, um Fotos zu machen und mit den Diamantengräbern zu sprechen. Einer von ihnen, ein 13-jähriger Junge namens Sahr, erzählte mir über Gibril, dass er den ganzen Tag in der Mine arbeite, vom Morgengrauen bis zum Sonnenuntergang. Mit gesenktem Blick trat er den Spaten in den schleimigen Boden. Hier lagen die kostbaren Edelsteine, Sierra Leones blutiger Fluch, gleich unter der Oberfläche. Um sie hervorzuholen, brauchte es nur hundert Jungs mit Spaten und ein paar andere mit Gewehren, um sie unter Kontrolle zu halten.

Als die RUF-Einheiten Koidu 1997 überrannten, versuchten Sahrs Eltern, zusammen mit den Angestellten westlicher Minenfirmen und ihren südafrikanischen Söldnern durch die Kampflinien an die Küste zu fliehen. Aber in jener Nacht flogen viele Kugeln durch den Busch, und als die Sonne aufging, war Sahr ein Waisenjunge. Seit jenem furchtbaren Tag arbeitete Sahr in den Gruben. »Das Graben macht mir viel Spaß«, sagte der Junge mechanisch, während Black Man sich lauschend zu uns herüberbeugte. »Und eines Tages werde ich einen richtig großen Diamanten finden.«

Die Kinder von Koidu trugen keine Schulbücher und Bleistifte, sondern Schaufeln oder Gewehre. Mit Schrecken erkannte ich, dass in Koidu kaum ein Erwachsener mittleren Alters zu sehen war. Die Stadt war ein gigantisches apokalyptisches Pfadfinderlager im Busch, die afrikanische Version von Goldings *Herr der Fliegen* oder Orwells *Farm der Tiere*. Dies war eine große Story, von der die Öffentlichkeit daheim erfahren musste.

Als ich gerade Fotos von Sahr machte, hörte ich hinter meinem Rücken Lärm. Ich fuhr herum und sah, wie drei ältere Jungs auf protzigen roten Motorrädern auf uns zurasten. »Was zum Teufel macht dieser Mann hier?«, schrie einer von ihnen. Ehe ich mich versah, hielt er mir einen Revolver ins Gesicht. Es ging alles sehr schnell. Ich erstarrte, sah auf die Waffe direkt vor mir und hob dann langsam den Arm hoch. Vor mir stand ein dicker Schlägertyp, auf seinem schwarzen T-Shirt prangte ein Totenschädel. »Dies ist Colonel Alpha, der Chef für innere Sicherheit in Koidu«, zischte mich einer seiner Gefolgsleute an. »Also antworte auf seine Frage – wer bist du?«

Während sich die Diamantengräber von uns entfernten, drückte Colonel Alpha seinen Revolver an meine Stirn. Unter dem Totenschädel auf Alphas Hemd stand »*Wanna raise Hell?*« Der Typ war ein Tier. Meine Augen suchten Gibril und Black Man, aber sie waren außerhalb meines Sichtfelds. Noch immer war ich unfähig zu sprechen. Da fielen mir plötzlich die gefürchteten Minuten in meiner Kindheit ein, wenn Vater mich in sein Büro beordert hatte, um mich für irgendeine Ungezogenheit zu bestrafen. Damals hatten Furcht und Adrenalin in mir immer irgendwie eine seltsam belustigte Stimmung hervorgerufen. Es war weder Mut noch Stoizismus, keineswegs, nur eine gewisse nervöse Entrücktheit, die mir half, das Unweigerliche mit grinsendem Gleichmut zu ertragen. Meine Reaktion hatte meinen Vater nur noch zorniger gemacht, aber jetzt verwirrte mein breites Grinsen *malgré moi* Colonel Alpha. Er senkte seinen Revolver.

In diesem Augenblick ging Black Man dazwischen. Er wies darauf hin, dass General Sesay in Makeni wenige Stunden zuvor persönlich grünes Licht für meinen Besuch gegeben habe. Das überzeugte Colonel Alpha nicht. Er kannte Black Man nicht, und Makeni war weit weg. Offenbar fiel die Kommandostruktur der RUF gerade auseinander, und es entstanden regionale Machtzentren. »Ich bin hier für die Sicherheit verantwortlich. Dieser weiße Mann hat keine Erlaubnis, unsere Diamantenminen zu fotografieren«, lautete Alphas Urteil. »Wir werden ihn jetzt mitnehmen.« Nur dank Black Mans energischer Fürsprache verschwand der Revolver schließlich zurück im Halfter. Alpha schüttelte mir die Hand, bestand aber darauf, dass wir die Grube augenblicklich verlassen und ins RUF-Parteibüro fahren.

Es dämmerte bereits, und die ersten Diamantengräber schlurften nach Hause, als ich Alpha, der sich inzwischen beruhigt hatte, bat, mich dahin zu bringen, wo die Diamantenhändler Steine kauften. Er war einverstanden, und wir fuhren zu einem kleinen Markt. Die meisten Dealer waren Muslime aus den Nachbarländern Mali und Burkina Faso. In bunte Togagewänder gekleidet, bestritten sie erwartungsgemäß, irgendwelche Abgaben direkt an die RUF zu entrichten. Ein Händler holte eine Streichholzschachtel aus der Tasche, die zwei fünfkarätige Rohdiamanten enthielt. Sie waren winzig und sahen nicht sehr rein aus. Wie ich sie so zwischen Daumen und Zeigefinger hielt, fiel es mir schwer, mir vorzustellen, dass solche Steine so viel Blutvergießen verursachen können.

Wie umgepolt, lobte Alpha fortwährend die guten Beziehungen der RUF-Behörden zur zivilen Bevölkerung. »Meine Aufgabe ist es, RUF-Soldaten zu bestrafen, die Zivilisten schlecht behandeln.« Prompt und offensichtlich nur für mich wurden zwei uniformierte Jungen präsentiert, zusammen mit einem älteren Mann, den sie angeblich geschlagen hatten. »Ich bestrafe euch für eure Arroganz«, verkündete Alpha, woraufhin die Jungs in ihr Gefängnis geschleppt wurden, einen frei stehenden Stahlcontainer. In der sengenden Sonne musste es tagsüber unglaublich heiß darin werden, dachte ich. Nur wenige kleine Löcher für frische Luft waren in die stählernen Seiten gebohrt worden. Durch ein Loch ins Innere des dunklen Kerkers blickend, erkannte ich etwa fünfzehn Jungs, einige von ihnen fast bewusstlos, die in der höllischen Hitze zusammengepfercht lagen. »Colonel, bitte lassen Sie mich raus!«, jammerte ein vielleicht 11-jähriger Junge, aber sein Flehen um Gnade ließ Alpha ungerührt.

Dieser abscheuliche Anblick war zu viel für mich. Mir graute. Ich hatte genug von verpickelten, schießfreudigen Teenagern. Alpha bot uns an, die Nacht in Koidu zu verbringen, aber ich hatte keine Lust, am Ende irgendwie doch in seinem Containergefängnis zu landen. Ich wollte nur noch raus aus dieser Hölle. Gibril sah das genauso. Zu meiner Erleichterung war Black Man einverstanden. Wir besorgten noch eine Kiste Star Beer in einer Bar, verabschiedeten uns von Alpha und stiegen zurück in den Datsun.

Auf der Rückfahrt nach Makeni in jener Nacht sprach keiner von uns viel. »My highland, don't sell out, please don't sell out«, sang Burning Spear von einer Kassette, Gibril und Black Man dösten auf dem Rücksitz. Ich feierte meinen Scoop, indem ich mich still betrank, mit einer Bierflasche nach der anderen. Während ich dem zittrigen Kampf der Scheinwerfer mit der mondlosen Dunkelheit um uns herum zusah, dachte ich über das Böse im Menschen nach. Die Spannung in mir löste sich, und ich merkte, dass sich, wie aus dem Nirgendwo kommend, Tränen über mein Gesicht abseilten.

Ich hatte Afrika wirklich durch die Hintertür betreten. Beklommen fragte ich mich, welche Abenteuer mir noch bevorstanden.

RUSSLAND II

Noch mehr als vierzehn Stunden bis nach Jekaterinburg. Es sieht so aus, dass ich das Abteil ganz für mich allein haben werde und so auf einer der beiden unteren Liegen schlafen kann. Der Zug ist nicht so toll. Die Federn der Stoßdämpfer sind alt und rostig, die Fahrt dadurch recht rumplig. Ein bräunlicher Film aus Schmutz und Menschenschweiß aus Jahrzehnten hat sich über die gesamte Einrichtung gelegt, von den Wänden bis zu den Vorhängen, sogar über den Strauß Plastikblumen vor dem Fenster.

Die *Provodnitsa*, die Schlafwagenbegleiterin, kam gerade vorbei und verteilte Decken für die Nacht. Ihre lila Turmfrisur wäre der Stolz jeder westlichen Drag Queen. Ich bat sie um eine weitere Tasse Tee. Sie nickte, sogar ein Lächeln andeutend. In den transsibirischen Zügen hat jeder Waggon eine *Provodnitsa*, eine uniformierte Frau, die die Fahrscheine der Passagiere prüft, Gebäck verkauft und in einem kohlegeheizten Samowar Tee zubereitet. Zu Sowjetzeiten waren die *Provodnitsas* als Furcht erregende, nie lächelnde Frauenzimmer verrufen, deren Hauptaufgabe es war, die vielen Verhaltensregeln für Passagiere durchzusetzen, so etwa das Verbot, Brücken oder militärische Einrichtungen zu fotografieren.

Heute sind die Regeln für das Fotografieren weniger streng, aber was ich durch mein Fenster sehe, sind ohnehin nur Bäume. Pappeln, Kiefern und natürlich viele, viele Birken. Die Birke ist Russlands Nationalbaum. Russen glauben, dass echte Birken nur in ihrem Land wachsen. Ich kannte mal eine Russin in Berlin, die, wenn sie Heimweh hatte, mit den Birken im Treptower Park sprach: »Arme kleine Birke, was machst du in Berlin, so weit von zu Hause?« Russen sind sentimentale, idealistische Menschen, wie die Deutschen. Das ist wahrscheinlich der Grund, warum wir das 20. Jahrhundert für uns und alle anderen zur Hölle gemacht haben.

Der Zug nach Jekaterinburg schuckelt so dahin, mit einer konstanten Geschwindigkeit von etwa 60km/h. Die Langsamkeit würde mich daheim wahnsinnig machen, aber wenn man die moderne Ungeduld einmal überwunden hat, ist es eine sehr entspannte Art zu reisen. Entschleunigung. Die enormen Entfernungen in Russland geht man wahrscheinlich ohnehin am besten mit Langsamkeit an. Die ersten kleinen Sorgen, die einem das Leben daheim versauen, fallen bereits von meinen Schultern. Es ist, als ob ich durch Raum und Zeit dahingleiten würde. Ich habe Zeit zum Lesen, Schreiben, Musikhören, Aus-dem-Fenster-Gucken und Nachdenken.

Meine Gedanken schweifen zum Großvater zurück. Was war Gut Ankelohe für ein Ort vor hundert Jahren, wie ist der kleine Hans-Heinrich dort aufgewachsen? Vor meiner Abreise habe ich mir auf dem Dachboden des Gutshauses viele alte Fotos aus dem ehemaligen Traditionszimmer angesehen. Weitere Schätze fand ich in einer Schublade eines Eichenschranks in Vaters Büro. Seit Jahren war sie verschlossen gewesen. Darauf angesprochen, munkelte Mutter etwas von Vaters kleinen Geheimnissen, die darin verstaut seien und besser verschlossen blieben. Meine Neugier obsiegte. Als ich nach Stunden noch keinen passenden Schlüssel gefunden hatte, brach ich die Schublade mit einem Kuhfuß auf. Darin fand ich allerdings keine Liebesgedichte, sondern weitere Briefe und Schriften von Großvater Hans-Heinrich, darunter einen kurz vor seinem Tod geschriebenen »Lebensbericht«, eine von seinem Bruder Kuno im Jahr 1911 verfasste Familienchronik und deren Fortsetzung, geschrieben von einer Tante in den 1950er-Jahren.

Meine wichtigste Entdeckung aber waren die Kriegstagebücher meiner Urgroßmutter Helene, der Mutter von Hans-Heinrich. Daumendicke, einfache Schulhefte waren es, in Presskarton gebunden, die Seiten mit schwarzer Tinte dicht beschrieben. Helene hatte eine schöne, schwungvolle Handschrift, aber für mich absolut unleserlich, denn sie schrieb noch nicht in lateinischer Schrift, sondern in altdeutschem Sütterlin. Zum Glück hatte Mutter, Jahrgang 1929, in der Schule noch Sütterlin gelernt, sodass sie mir die Tagebücher »übersetzen« konnte. Wir gingen auf die weinumrankte Südterrasse des Gutshauses, sie setzte ihre Lesebrille auf und begann mir vorzulesen.

Von der ersten Seite an fesselte uns der ergreifend ehrliche und gefühlsbetonte Schreibstil der Urgroßmutter, deren Tagebücher somit, das wurde mir gleich klar, das weibliche Gegenstück zu den eher kalten, kopflastigen Schriften ihres Sohnes Hans-Heinrich sind.

Schon als ich mir die Fotos von vor hundert Jahren angesehen habe, kamen sie mir vor wie aus einer anderen Welt, die lange untergegangen war. Sicher, ich erkannte das schnörkellos nüchterne, mit Efeu und wildem Wein umrankte Gutshaus wieder und einige ziegelrote Stallungen, damals noch mit Reet gedeckt, dann die Dorfstraße, seinerzeit noch mit Kopfsteinpflaster, auch junge Bäume auf dem Hof, die heute alte Riesen sind. Aber was trugen diese Menschen, meine Vorfahren, doch für sonderbare Kleidung, wie ernst waren ihre Gesichter, wie bescheiden sahen die Möbel aus, wie altmodisch die Kutschen. So viele Pferde, Reitpferde und Ackergäule, Knechte und Tagelöhner, Dienstboten und Mägde, wie schlicht und derb sie aussahen. Und immer wieder Fotos von Hans-Heinrich und seinen beiden älteren Brüdern, erst in Matrosenanzügen, später nur noch in Kadetten- und Offiziersuniformen. Prächtig sahen sie aus und doch unnahbar, schwarzweiß leblos, wie Zinnsoldaten.

Zwei widerstreitende Empfindungen beschäftigten mich beim Anblick der Fotos. Zum einen: Wer sind diese Leute, was habe ich mit ihnen zu tun? Und dann: Mensch, die sind auch alle mal so jung gewesen wie ich, hatten ihre Träume und Wünsche, hatten ihr Leben vor sich – und sind nun schon lange tot. Es ging mir wie in dem Film »Der Club der toten Dichter«, in dem Robin Williams als Lehrer seine Schüler in einer Szene die Fotos von lange verstorbenen Ehemaligen ansehen und belauschen lässt. »Hört ihr ihre Stimmen?«, fragt er dort. Nichts hörte ich.

Nun allerdings, während Mutter mir viele Stunden lang aus Helenes Tagebüchern vorlas, wurden langsam Stimmen vernehmbar. Vor unseren Augen entstanden Bilder und Klänge vom Leben auf Gut Ankelohe zwischen der Jahrhundertwende und dem Ersten Weltkrieg, Bilder vom Alltag in diesem Haus, in dem wir gerade saßen, hundert Jahre später, nur noch zu zweit, dort, wo damals zwanzig, wenn nicht dreißig Menschen wohnten, wo ständig Füße die große Treppe im Foyer rauf und runter trappelten, wo vielstimmig geredet, gelacht und gestritten wurde, gearbeitet und getanzt. Welch ein Leben herrschte damals in diesem Haus!

Dabei geht es nie besonders feudal zu. Statt Gutsherrlichkeit wie bei Guldenburgs bestimmen Arbeit und finanzielle Nöte das Dasein. Helenes Schwiegervater, mein Ururgroßvater Johan Heinrich Kleveman, ein Kaufmann aus Oldenburg, hat das Gut Ankelohe mit etwa 200 Hektar Land im Jahr 1873 für einen viel zu hohen Preis gekauft. Da er nichts von Landwirtschaft versteht, schon gar nicht auf den kargen Moor- und Sandböden um Ankelohe, wo vor der Erfindung des Kunstdüngers fast nur Heide wuchs, setzt er Verwalter ein, die aber lieber in die eigene Tasche wirtschaften. Als ihm Schulden und Hypothekenlasten über den Kopf zu wachsen drohen, übergibt Johan Heinrich den Hof seinem Sohn Theodor, damit der ihn wieder in Schwung bringe. Eigentlich will Theodor, mein Urgroßvater, lieber Karriere bei der Armee machen. Er hat als Freiwilliger am Deutsch-Französischen Krieg von 1870/71 teilgenommen und ist nun als Leutnant der Infanterie in Hameln stationiert, wo er sich gerade mit einer hübschen Bürgerstochter verlobt hat: Helene.

Es hilft nichts, gleich nach ihrer Hochzeit 1881 ziehen Theodor und Helene von Hameln aufs Land. Für Helene ist der Umzug zunächst ein Schock: Ankelohe liegt damals noch weltabgeschiedener als heute, ein Bauerndorf von 200 Seelen am Ende eines sandigen Feldwegs, umgeben von nassem Moor, Wäldern aus Birken und Eichen, Heidefeldern und einem großen See, der oft monatelang über die Ufer tritt und die Weiden überschwemmt. Die Landschaft hat eine herbe, zauberhafte Schönheit, aber sie ist unwegsam. Von der Endstation der Postkutsche im Nachbardorf führt der direkte Weg nach Ankelohe mit dem Ruderboot über den See. Nicht einmal eine Kirche gibt es, zum nächstgelegenen Sonntagsgottesdienst dauert die Kutschfahrt auf regenverschlammten Sandwegen oft mehrere Stunden.

Ihre neue Heimat muss dem Stadtkind Helene wie das Ende der Welt vorgekommen sein. Anders als in ihrem Elternhaus in Hameln wird auf Gut Ankelohe das Wasser noch aus Brunnen geschöpft, für die Notdurft geht man auch im Winter durch den Garten zum Plumpsklohäuschen. Heizen kann man das Gutshaus nur mit

Die Offiziersfamilie Kleveman auf Gut Ankelohe, 1911:
Mein Urgroßvater Theodor (sitzend) und seine Frau Helene mit ihrem »Dreiblatt«,
den Söhnen Kuno, Hans-Heinrich und Paul-Udo mit Frau Else (v.r.n.l.)

Kachelöfen und den Herden in der Küche, die mit Holz und Torf befeuert werden. Licht geben Gaslampen, denn Elektrizität kommt erst nach dem Ersten Weltkrieg nach Ankelohe. Neuigkeiten von der Außenwelt erhält man im Dorf mit Tagen Verspätung. Radio gibt es natürlich noch nicht, die von Theodor abonnierten Zeitungen sind meist von der vorigen Woche. Die wichtigsten Informationsquellen sind die Post, die im Nachbardorf abgeholt werden muss, und telegrafierte Depeschen, die ein Kurier überbringt.

Aber Helene liebt ihren Mann, und gemeinsam gehen sie daran, die Schulden des Vaters über Jahrzehnte abzuarbeiten. Sie lassen braches Heideland umbrechen und investieren in neue Ställe für Kühe, Schafe und Schweine. Helene kümmert sich um Haus und Garten, Theodor um den Hof und die Politik. Er lässt sich in den Kreistag wählen, später kandidiert er, erfolglos, für den Reichstag. Sie bekommen drei Söhne: Paul-Udo, Kuno und Hans-Heinrich. »Unser Dreiblatt« nennt Helene die Knaben stolz und liebevoll in ihrem Tagebuch. Und doch wünscht sie sich immer eine Tochter. Daher und als zusätzliche Einnahmequelle wandelt Helene das Gutshaus nach und nach in ein privates Mädchenpensionat um, wo wohlhabende Bürgerstöchter aus Hameln, Hannover und Bremen nach der Schule ein oder zwei Jahre lang das Landleben kennenlernen können. Bis zu zwanzig Pflegetöchtern gleichzeitig bringt Helene Haus- und Gartenarbeiten, Kochen und Nähen, aber auch Tanzen und Tennisspielen bei. Statt mit Strenge begegnet sie »ihrer Jugend«, wie Helene die Mädchen nennt, eher mit mütterlicher Liebe und freiem Geist. Abends wird beim Schein der Gaslampen gelesen, erzählt, musiziert und Theater gespielt.

Wie sehr den Stadttöchtern ihre Zeit auf Gut Ankelohe gefällt und wie sie ihre Pflegemutter Helene verehren, habe ich aus den Briefen ehemaliger Pensionärinnen erfahren, die sich unter den Fundstücken in der geheimnisvollen Schublade befinden. Auch erinnere ich mich an mehrere hochbetagte Damen, die in meiner Kindheit meist unangekündigt zu Besuch kamen. Eine von ihnen, obwohl schon weit über neunzig Jahre alt, war die fünf Kilometer von der Bushaltestelle zu Fuß zu uns gelaufen. Ich war schwer beeindruckt, doch die alte Dame winkte ab: »Das haben wir doch damals auch immer so gemacht.« Als Grund ihres Besuchs gab sie an, vor ihrem Tod noch einmal Ankelohe sehen zu wollen. Fast achtzig Jahre waren seit ihrem Aufenthalt vergangen, doch bei Kaffee und Kuchen schwärmte sie davon als der schönsten Zeit ihres Lebens. »Es war die Zeit, bevor der Ernst des Lebens begann«, sagte sie mir. »Hier war das Paradies auf Erden.« Mein Vater, der ja erst viel später geboren wurde, fragte sie, ob sie sich noch an meinen Großvater Hans-Heinrich erinnern könne. »Na klar, das war doch der Jüngste, für den haben wir alle geschwärmt. Wir nannten ihn immer ›Klein-Hänschen‹!«

Das Paradies auf Erden – bessere Werbung hätte sich Urgroßmutter Helene wohl nicht wünschen können. Das Pensionat, das damals in einem Baedecker-Reiseführer über die Nordseeküste erwähnt wird, läuft bald so gut, dass das Gutshaus im Jahr 1907 um ein Stockwerk erweitert werden muss. Nun hat es die heutige Gestalt mit den hohen, flachen Giebeln, einer großen, verglasten Holzveranda vor dem Eingang an der Querseite und innen etwa zehn neuen Zimmern mit vielen großen Fenstern, verbunden durch einen breiten Flur. Mühen und Fleiß lohnen sich, die Schulden schmelzen, für die Erziehung der Söhne kann etwas Geld zurückgelegt werden. Herr und Frau Hauptmann, wie Theodor und Helene überall heißen, sind über das Dorf hinaus angesehen und schließen Freundschaften mit Akademikerfamilien in der benachbarten Kleinstadt. Haus, Hof und Familie stehen in voller Blüte.

In diesem Umfeld aus harter Arbeit und weltferner, naturverbundener Muße wachsen die drei Söhne auf. Früh lernen sie reiten, angeln im Boot auf dem See und helfen auf dem Hof mit aus. In den ersten Lebensjahren werden sie von Hauslehrerinnen unterrichtet. Nur die Lateinlektionen übernimmt Vater Theodor selbst. Dann allerdings, im zarten Alter von nur elf oder zwölf Jahren, kommt der entscheidende Einschnitt, der das Schicksal der Familie mehr als alles andere vorherbestimmen soll: Zur höheren Schulbildung werden die Söhne einer nach dem anderen in die königlich-preußischen Kadettenanstalten Plön und Oranienstein geschickt. Die Schulen gehören zu einem Netz von Elite-Internaten des preußischen Militärs, in denen die zukünftigen Offiziere des Landes herangezogen werden. Ihre gesamte verbleibende Kindheit und Jugend verbringen Paul-Udo, Kuno und Hans-Heinrich im Kadettenkorps. Familienleben gibt es nur noch zu Weihnachten und in den Sommerferien. Elterliche Liebe und Zuwendung werden ersetzt durch die strenge Härte des preußischen Militärs.

Nach dem Abschied von den Eltern weinen die Jungs während der Kutschfahrt von Gut Ankelohe zum Bahnhof, vielleicht auch noch im Zug, aber für einen königlich-preußischen Kadetten darf es weder Heimweh noch Tränen geben. Zur Erziehung der jungen Kadetten gehört das übliche gymnasiale Curriculum, auch Latein und

Französisch, aber in erster Linie eine strikte militärische Ausbildung. Unbedingter Gehorsam, die Treue zu Kaiser und Vaterland sowie die Pflicht, sich für Deutschland zu opfern, werden als höchste Tugenden gelehrt.

Schon seit Generationen gehört es zur Klevemanschen Familientradition, die Söhne zum Militär zu schicken. Getreu dem Motto »Schwert und Pflug« dienen viele meiner Vorfahren ihren Landesherren – erst den Kurfürsten und Königen von Hannover, dann dem König von Preußen – als aktive Offiziere. Vater Theodor selbst bedauert es zeitlebens, dass er seine Offizierslaufbahn wegen der Hofübernahme nicht fortsetzen konnte, und will seinen Söhnen alle Chancen beim Militär ermöglichen. Zugleich ist die Ausbildung zum Offizier damals für Nichtadlige der einzige Weg, in der wilhelminischen Gesellschaft aufzusteigen und etwa mit »Euer Hochwohlgeboren« angesprochen zu werden.

In einem Brief an die Eltern schreibt der 13-Jährige Ende Januar 1905 aus der Kadettenanstalt Oranienstein: »An Kaisers Geburtstag aßen wir mit den Herren Offizieren zusammen und zwar besseres Essen. Zum Abendbrot gab es Lachs und Wurst sowie Bier. Anschließend Fackelzug vom Berg herunter vor das Schloß. Herzliche Grüße sendet Gefreiter Kleveman.« Wohl weil das Ideal des preußischen Soldaten noch immer die Langen Kerls des Alten Fritz sind, notiert und meldet Hans-Heinrich regelmäßig seinen Wuchs. »Meine Größe beträgt: 1,57m«, schreibt er im März 1905. Und eineinhalb Jahre später, als 15-Jähriger: »Ich bin jetzt 1,68m groß, habe 74 bis 81cm Brustumfang und wiege 108 Pfund.«

Von 1906 bis 1910 besucht Hans-Heinrich bis zur Oberprima die Hauptkadettenanstalt Berlin-Lichterfelde, die renommierteste Kaderschmiede des gesamten Korps, deren zumeist aristokratische Absolventen später in den prestigereichsten Regimentern dienen. Nach dem Krieg werden die Alliierten im Versailler Vertrag den Deutschen ausdrücklich auferlegen, die Kadettenanstalt Lichterfelde als Brutstätte preußischen Militarismus zu schließen und das Kadettenkorps abzuschaffen.

In der Hauptstadt Berlin ist Hans-Heinrich dem kaiserlichen Hof nahe und nimmt an vielen Festlichkeiten der Hohenzollern-

Monarchie teil. Begeistert berichtet er den Eltern im September 1906 von der Herbstparade Unter den Linden: »Dann nahmen wir gegenüber Seiner Majestät Aufstellung und sahen uns den Vorbeimarsch der übrigen Truppenteile an, was hoch interessant war. Es war ein Bild äußerster Strammheit.«

Es ist ein Glücksfall für Hans-Heinrich, dass auch sein älterer Bruder Kuno nach dem Abitur in Lichterfelde weiter in Berlin lebt und mit dem Studium an der Kriegsakademie an seiner militärischen Laufbahn arbeitet. An freien Sonntagen nimmt Hans-Heinrich die »Elektrische« in die Stadt und lässt sich von seinem weltgewandten Bruder ins Theater mitnehmen. Auch in das gesellschaftliche Leben der Hauptstadt führt Kuno den kleinen Bruder ein. Im Oktober 1908 wird Hans-Heinrich zum ersten Mal auf einen Ball eingeladen: »Für ein junges Mädchen ist das ja ungeheuer bedeutungsvoll, aber auch für mich war es sehr wichtig. Ich habe festgestellt, dass ich den Anforderungen voll und ganz genügen kann. Zu meiner Freude war ich auch keineswegs der schlechteste Tänzer.«

Mit 17 Jahren wird Hans-Heinrich Unteroffizier, mit 19 besteht er das Abitur, und dann erhält er sein Leutnantspatent. Die Offizierslaufbahn kann beginnen, ein Regiment muss gefunden werden. Wie bereits für seinen Vater und seine Brüder kommt für Hans-Heinrich zunächst nur ein Infanterieregiment infrage. Angesehenere Kavallerie-Regimenter wie die Kürassiere, Dragoner oder Ulanen sind für die Klevemans zu teuer, da die Kosten für den hohen Aufwand an Pferden, Burschen und Uniformen damals von den Offizieren selbst getragen werden. Vermutlich fehlen den Klevemans auch die entscheidenden Beziehungen in jene noch sehr von Adligen dominierten Regimenter.

So wird Hans-Heinrich im März 1910 in das 3. Infanterieregiment No. 165 nach Diedenhofen in Lothringen beordert. In der kleinen Grenzgarnison sind die Aufstiegschancen begrenzt, eine Beförderung in höhere Offiziersränge dauert lange. Aber Hans-Heinrich ist ja noch jung, der Sold ist gut, und das Leben ist einigermaßen feudal. Er verbringt »gemütliche Abende im Kasino«, und wie alle Offiziere hat er einen Burschen, der seine Uniform wäscht, die Stiefel wienert, den Säbel blank putzt und sich um sein Pferd kümmert.

Am 25. Januar 1914 (zufälligerweise genau sechzig Jahre vor dem Tag, an dem ich geboren werden soll) schreibt Hans-Heinrich nach Hause: »Zum Kaisers Geburtstag führe ich den Zapfenstreich der Garnison, was mir naturgemäß viel Freude macht.«

Nicht weniger Freude, vermute ich, macht es Hans-Heinrich und seinen Brüdern, aus der reinen Männergesellschaft beim Militär auf Heimaturlaub nach Gut Ankelohe zu kommen, wo es wie in einem Bienenstock vor heiratswilligen Mädchen wimmelt. Es gibt ein Foto vom Gutshaus, wohl kurz vor dem Krieg aufgenommen, wo aus jedem offenen Fenster, auch im Dach, zwei hübsche Mädchen hervorgucken, in weißen Blusen und schönen Damenhüten. Auf einem anderen Foto sitzt Hans-Heinrich in geschniegelter Leutnantsuniform auf seinem dunklen Hengst, umgeben von schwärmenden jungen Frauen. Sein Bruder Kuno hat sich bereits mit einer Pensionärin verlobt, Tochter aus gut situiertem Schweizer Hause aus Hannover. Auch Paul-Udo lässt wohl nicht viel anbrennen, heiratet dann jedoch eine reiche Verlegererbin aus Magdeburg.

Aber die Söhne bringen aus Armee und Kadettenkorps auch einen anderen Geist mit ins friedliche Ankelohe. Besonders Kuno, der Überflieger der Familie, der Anfang 1914 in den Großen Generalstab in Berlin berufen wird, geht im Zeitgeist aus preußischem Militarismus und wilhelminisch-nationalistischem Größenwahn voll auf. Er ist hochtalentiert, aber auch stolz, arrogant und geltungssüchtig. Immer um seinen gesellschaftlichen Status besorgt, lässt er neue Gipsabgüsse des alten Familienwappens anfertigen und die alte Schreibweise »Klävemann« in die ursprüngliche »rein deutsche« Form »Kleveman« umwandeln. Im Jahr 1911 verfasst er eine hochtrabende Familienchronik, in der er erste, etwas nebulöse Spuren der Klevemans ausgerechnet im Jahr 1311 verortet, die das Alter der Familie also auf genau 600 Jahre festlegen lassen. Adlige Vorfahren zu finden, was wahrscheinlich Sinn seiner Stammbaumforschung war, gelingt ihm allerdings nicht. So klingt das Motto der Chronik auch etwas trotzig: »So lange noch die Eichen wachsen, in alter Kraft um Hof und Haus, so lange stirbt in Niedersachsen die echte Stammesart nicht aus.«

In den Tagebüchern von Helene erscheint Gut Ankelohe vor

1914 trotz aller Sorgen des Alltags wie eine Idylle, eine heile Welt. Strahlender Höhepunkt ihres Schaffens ist 1913 die Aufnahme der 200. Pensionärin, was mit einem großen Fest in Hannover gefeiert wird, zu dem auch fast alle ehemaligen Pflegetöchter zusammenkommen. Sie schenken Helene eine große Standuhr, deren mittlerweile gespenstischer Gong heute im Foyer des Gutshauses die Gäste erschreckt. Helene ist stolz und voller Liebe für ihre Pflegetöchter – und für ihr »Dreiblatt«, ihre drei so gut gedeihenden Söhne. Was sie nicht ahnt: Diese Söhne tragen bereits den militaristisch-nationalistischen Virus in sich, der das Ankeloher Paradies ab 1914 so gründlich zerstören wird, dass sich meine Familie bis heute nicht davon erholt hat.

Hans-Heinrich und seine Brüder sind damals wie Deutschland an sich: Sie wollen mehr sein, als sie sind. In dem gutsherrlichen Offiziersdünkel drückt sich derselbe Minderwertigkeitskomplex aus wie in der protzigen wilhelminischen Klafterarchitektur jener Zeit. Wenn ich die nassforschen Hurra-Schriften gerade meines Großonkels Kuno lese, möchte ich ihn warnen, ihn anschreien: »Wisst ihr denn nicht, wie gut es euch geht? Wie schön ihr es habt?« Gut Ankelohe geht es vor 1914 so gut wie Deutschland selbst: Das politische System ist etwas verknöchert, aber die Wirtschaft brummt wie nirgendwo sonst in Europa, die Mittelschicht wächst, ebenso ihr Wohlstand, und die Gesellschaft ist im Kern gesund. Man darf zufrieden sein, der Laden läuft.

Und dann kommt der 28. Juni 1914, das Attentat, und dieses Land begeht ohne guten Grund, nur aus Größenwahn und Umzingelungsparanoia, kurzerhand Selbstmord. Reißt Europa mit und zerstört für dreißig Jahre den Frieden, bringt das Böse an die Macht. Der Krieg gegen Russland und Frankreich wird zum Ersten Weltkrieg und der zur »Urkatastrophe« des 20. Jahrhunderts, auch für Gut Ankelohe und meine Familie. Wie heißt es in Kafkas *Landarzt:* Einmal dem Fehlläuten der Glocke gefolgt, ist es nie wieder gutzumachen.

LIBERIA
DER DIKTATOR

Eine Woche nach meinem Trip zu den Diamantenminen von Sierra Leone saß ich in einem Flugzeug nach Monrovia, der Hauptstadt des benachbarten Liberia. Neben mir saß, von ihren Kamerataschen umgeben, Alix, mit der ich mich in Freetown wieder versöhnt hatte. Unser Auftrag war es, Liberias berüchtigten Diktator Charles Taylor für den *Telegraph* zu interviewen. Zugleich wollte ich Taylors Rolle beim grenzüberschreitenden Schmuggel von Konfliktdiamanten eingehender untersuchen. Das Thema ließ mich nicht los.

Wir begaben uns also in die Höhle des Löwen, nicht ahnend, dass der Löwe sich bereits die Lippen nach uns leckte.

»Was möchten Sie trinken?«, fragte die Stewardess, und ich bestellte ein Glas Sekt. Ich war noch immer *high,* dank des ersten großen Scoops meiner jungen Reporterkarriere. Als ich aus Makeni nach Freetown zurückgekehrt war, hatte ich die beiden Konica-Filmrollen bei einem örtlichen Fotografen entwickeln lassen. Die Qualität der Bilder aus den Minen in Koidu würde entscheiden, für welches Honorar ich die Diamantengeschichte verkaufen könnte. Während der Wartezeit vor dem Labor dachte ich nervös an das zerkratzte Objektiv der Ritschratsch-Kamera und an das hohe Alter der Filmrollen. Aber die Fotos kamen ganz ordentlich raus. Sie waren körnig und sepiafarbig, aber das verlieh ihnen eher einen coolen Dokumentarstil wie bei Fotos aus dem Vietnam-Krieg. Sie waren gerade gut genug, hoffte ich, für eine Fotostrecke in einer Zeitschriftenreportage, dem lukrativsten Geschäft in der Branche.

Zurück in meinem Hotelzimmer im Cape Sierra schrieb ich die Diamantengeschichte auf und schickte zwei Angebot-E-Mails an die Auslandsredakteure des *Newsweek*-Magazins in New York und des

Sterns in Hamburg, der größten und reichsten Zeitschrift Europas. Beide Redakteure antworteten innerhalb von zwei Stunden und klangen sehr interessiert an der Geschichte. Dieses eine Mal, so schien es, hatte sich das Verhältnis aus Angebot und Nachfrage zu meinen Gunsten verschoben. Normalerweise musste ich als Freelancer den Redakteuren mit meinen Texten winken, aber dieses Mal wollten sie dringend eine Geschichte von mir haben. Sie riefen mich sogar im Hotel an, nicht wie üblich andersherum. Nie zuvor waren Redakteure so freundlich zu mir gewesen. Selbst der arrogante Auslandschef des *Stern* raspelte Süßholz. Dies war ein neues Spiel, und es machte Spaß.

Es gab ein DHL-Büro in Freetown, von wo ich einige der Negative per Eilboten nach Hamburg und andere nach New York schickte. Den Bildredakteuren beider Magazine gefiel, was sie sahen, und sie kauften die Story. Sie zahlten saftige, fünfstellige Beträge, mehr Geld, als ich mir als freier Reporter je erträumt hatte. Mein Risikospiel war aufgegangen, ich hatte gewonnen. Das fühlte sich verdammt gut an. Das Beste war, dass keine der beiden Zeitschriften etwas gegen eine Veröffentlichung der gleichen Geschichte im anderen Blatt jenseits des Atlantiks einzuwenden hatte, weil sich die jeweiligen Leserschaften nicht überschnitten. Jedes Magazin konnte behaupten, in seinem Land eine exklusive Geschichte zu haben. Da meine Treue allerdings zuerst dem *Telegraph* galt, schrieb ich auch für ihn noch zwei lange Stücke.

Meine Zweisprachigkeit hatte für mich als Freelancer den großen Vorteil, dass ich eine einmal recherchierte Story gleich an drei verschiedene Blätter in Amerika, Deutschland und Großbritannien verkaufen konnte. Es war der perfekte Weg, möglichst wenig zu arbeiten und trotzdem alle meine Reisen bezahlen zu können. Am Abend vor meiner Abreise aus Freetown gab ich den Diamantendealern und Waffenhändlern an der Hotelbar eine Runde Drinks aus. Mein Trinkspruch war kurz: »Meine Herren, auf die Globalisierung!«

Die Diamantenstory sollte mir noch weit mehr Geld bescheren. Während *Newsweek* die Reportage gleich brachte, schob der *Stern* sie Woche für Woche vor sich her. Das war frustrierend, auch angesichts der Risiken, die ich eingegangen war, um die Geschichte zu bekommen. Dann wies mich ein Kollege darauf hin, dass eine Zeitschrift in Deutschland gesetzlich verpflichtet ist, Fotonegative nach spätestens drei Monaten an den Eigentümer zurückzugeben, unabhängig davon, ob sie genutzt wurden oder nicht. Zugleich hatte der *Stern* kein Recht, das gezahlte Honorar zurückzufordern. Kaum erhielt ich die Negative zurück, verkaufte ich sie weiter an die Zeitschrift *Max*, die sie eine Woche später in einer großen Reportage über zehn Seiten brachte. Unbegreiflicherweise gingen den *Max*-Fotoredakteuren dann die Negative verloren, was als Ausgleich für ein letztes lautes Klingeln in der Kasse sorgte. Alles in allem etwa 50 000 Dollar – der Tagesausflug zur RUF hatte sich gelohnt.

Während des Landeanflugs auf Monrovia gingen Alix und ich unsere Notizen über Charles Taylor durch. Es war bekannt, dass er in den 1980er-Jahren in einem Gefängnis im US-Bundesstaat Massachusetts eingesessen hatte, von wo ihm wegen Unterschlagung von viel Geld die Ausweisung nach Liberia drohte. Aber es gelang ihm, aus dem Gefängnis auszubrechen und sich in ein lybisches Ausbildungslager zu flüchten, wo er Foday Sankoh kennenlernte, den späteren RUF-Anführer. Mit Unterstützung von Oberst Gaddafi kehrte Taylor 1989 nach Liberia zurück und eröffnete einen brutalen Bürgerkrieg gegen die dortige Regierung.

Acht Jahre später war Taylor selbst an der Macht. Der neue Präsident setzte Todesschwadronen ein, um politische Gegner zu eliminieren. Außerdem begann Taylor, Liberias Bergwerke zu plündern, und schuf Sankohs RUF, um nach den Diamantenminen Sierra Leones zu greifen. Seit die RUF die Minen in Koidu kontrollierte, war Liberias Export an Diamanten rapide gestiegen. Der »Diamond High Council« in Antwerpen schätzte, dass Liberia, dessen eigene Minen einen maximalen Ertrag von jährlich 150 000 Karat erbrachten, tatsächlich jedes Jahr etwa sechs Millionen Karat im Wert von 300 Millionen Dollar verkaufte. Man nahm an, dass viel von diesem Geld direkt auf Taylors private Bankkonten in der Schweiz floss.

Ich hatte Alec beim *Telegraph* dazu überreden können, die Kosten für unsere Flüge und die Hotelunterkunft auf dieser Reise zu übernehmen. Es war das erste Mal, dass ich sämtliche Spesen abrechnen durfte – seit dem Diamanten-Coup genoss ich bei meinen

Bossen offenbar ein höheres Ansehen. Zugleich gab es einen seltenen nachrichtlichen Anlass: Der UN-Sicherheitsrat hatte auf britisches Drängen soeben Sanktionen über Liberia verhängt, um den Bürgerkrieg in Sierra Leone zu beenden. Diamantenausfuhren und Auslandsreisen hoher Regierungsbeamter wurden verboten, nachdem UN-Berichte Taylor vorgeworfen hatten, die RUF-Rebellen mittels Diamantenschmuggel und Waffenhandel zu unterstützen. Natürlich bestritt die liberianische Regierung die Anschuldigungen und bezeichnete die Sanktionen als »unfair und ungerechtfertigt«.

»Schreib uns, wie die Ankündigung von Sanktionen in den Straßen von Monrovia aufgenommen wird«, instruierte Alec mich am Telefon. »Und wenn du ein Interview mit Taylor kriegen kannst – das wäre großartig!«

»Ich werde mein Bestes geben, Alec.«

Die Aufgabe schien lösbar. Ein Kontakt in Freetown mit guten Verbindungen in Liberia hatte mir angedeutet, dass Taylor seine Haltung zu den Sanktionen gerne ausländischen Medien mitteilen würde. Ich hoffte auf einen weiteren Scoop, und dieses Mal feuerte Alec mich regelrecht an.

»Übrigens, Charles Moore ist sehr angetan von deiner Arbeit«, sagte Alec, hörbar erfreut und vielleicht selbst ein wenig stolz. Der Chefredakteur vom *Telegraph* hatte Alec offenbar in der Morgenkonferenz dafür gelobt, mich als Reporter angeheuert zu haben.

»Oh, na dann sind ja alle zufrieden«, brachte ich mit der gespielten Verlegenheit hervor, die Engländer so schätzen. Ich war froh, dass Alec am Telefon nicht sehen konnte, wie ich eine ziemlich deutsche Boris-Becker-Siegerfaust machte.

»Ein Wort der Warnung allerdings noch, alter Junge«, sagte Alec, bevor er auflegte. »Zieht eure Köpfe ein in Liberia, denn die Taylor-Leute sind vermutlich stinksauer über die Sanktionen und könnten nach Sündenböcken suchen.«

»Keine Sorge, Alec, wir kommen schon klar.«

Ich wusste, dass Liberia für die Sanktionen den Druck Londons auf die UN verantwortlich machte, und zwar zu Recht. Allerdings wusste ich nicht, dass gerade der *Telegraph* schon lange auf eine Strafe für das Taylor-Regime gedrängt hatte. Dass nun ausgerechnet ein Reporter dieser Zeitung in Monrovia vorbeispazierte, musste dem Regime wie eine bewusste Provokation oder wie Hohn erscheinen – zumal derselbe Reporter gerade große Artikel über Taylors Verstrickung in den Bürgerkrieg Sierra Leones veröffentlicht hatte. Jung und naiv, wie ich war, hatte ich keinen blassen Schimmer davon, auf was für einen Stunk Alix und ich zusteuerten.

Es war gut, Alix wieder an meiner Seite zu haben. Sie war sichtlich erleichtert gewesen, als sie mich in das Cape Sierra Hotel wanken sah, zwar erschöpft und von rotem Staub bedeckt, aber immerhin unversehrt. »Willkommen zurück, du Wahnsinniger«, waren ihre ersten Worte, während sich auf ihrem sommersprossigen Gesicht ein großes Lächeln ausbreitete. Schnell verzieh ich ihr, dass sie mich im Busch im Stich gelassen hatte, und sie bereute es nun doch etwas, dass ihr das Diamantenabenteuer entgangen war. Es war nicht schwer, sie zu überreden, mit nach Liberia zu kommen.

Nach der liberianischen Botschaft in Freetown zu urteilen, wo Alix und ich unsere Visa besorgten, musste das Land recht chaotisch sein. Der Konsul, reichlich verdattert über unseren Besuch, empfing uns zunächst in einer Hängematte, die er über die offene Veranda des schäbigen Botschaftsgebäudes gespannt hatte. Nur in Shorts und T-Shirt gekleidet, behandelte er unsere Visumsanträge mit angenehm effizienter Gleichgültigkeit. Er stempelte die Visa in unsere Pässe und steckte sich die Gebühr von 50 Dollar in die Tasche. »Seit Monaten bekomme ich kein Gehalt von der Regierung in Monrovia«, klagte der Konsul, zur Hängematte zurückschlurfend. Nicht einmal genug Geld habe er, um die Miete für die Botschaft zu bezahlen, und der Vermieter drohe ihm bereits mit Rauswurf. »Doch was immer auch passiert, ich gehe nicht zurück nach Liberia«, murmelte er, eher zu sich selbst als zu uns. »So verrückt bin ich nicht.«

Als wir auf dem Flughafen von Monrovia gelandet waren und alle Einreiseformalitäten überstanden hatten, nahmen wir ein Taxi. Die Straße in die Stadt war überraschend gut asphaltiert, doch viele Stadtteile trugen noch die Narben des verheerenden Bürgerkriegs. Wir fuhren an verkohlten, mit Einschusslöchern übersäten Ruinen vorbei und an Läden, in die seit Jahren nicht investiert worden war. Selbst das kommerzielle Zentrum war weitgehend verödet, zerbeulte Karren krochen von Schlagloch zu Schlagloch. Die Menschen hatten grämliche Gesichter und bewegten sich lethargisch. Hunde durchstöberten große Müllhaufen. Verglichen mit Freetown schien diese Stadt nicht nur ärmer, sondern irgendwie anämisch und gelähmt. Obwohl der Himmel klar war, schien eine schwarze Wolke über dem Ort zu hängen.

Auf dem Weg zum Hotel passierten wir auf einem Hügel mit Blick über die Stadt ein gigantisches neoklassizistisches Gebäude, das so gar nicht nach Afrika passte. Ein Freimaurertempel sei das überwucherte und zerbröckelnde Ungetüm mal gewesen, raunte uns der Taxifahrer zu. Viele der Logenmitglieder waren befreite Sklaven aus den Vereinigten Staaten, die Liberia 1822 als Afrikas erste Republik gründeten. Vor langer Zeit schon war die Loge aufgelöst worden, aber es ging das Gerücht, dass böse Geister im Tempel spukten. Kein Liberianer wage es, so der Fahrer, sich ihm zu nähern. Ich bat ihn anzuhalten und stakste über Gestrüpp hinweg zu der abweisenden Fassade, die mit Freimaurersymbolen verziert war. Als ich ein altes Eisentor erreichte, das einst in einen Park geführt hatte, packte mich plötzlich ein leises Grauen. Trotz des hellen Tageslichts lag über dem Grundstück eine stille, unheimliche Stimmung. Eilig schritt ich zum Wagen zurück.

»Sehen Sie sich vor in Monrovia«, warnte uns der Fahrer, der den Motor angelassen hatte, mit eindringlicher Stimme. »Böse Dinge sind hier passiert. Böse Dinge passieren hier noch immer.«

Inmitten der allgemeinen Verwüstung war unser kleines Hotel eine angenehme Überraschung. Am Meer nahe der amerikanischen Botschaft gelegen, zählte das von einer libanesischen Familie geleitete Mamba Point zu den besten Hotels in Afrika. Egal wie schlimm die Lage in Monrovia gerade war, das Mamba Point erwies sich stets als ein verlässlicher Zufluchtsort mit einem exzellenten Restaurant, in dem französischer Champagner und klebrige libanesische Desserts serviert wurden. Das Hotel war natürlich sehr beliebt bei den wenigen Journalisten, die in jenen Tagen nach Monrovia kamen. Gleich am Abend unserer Ankunft lernten wir an der Bar Mark Doyle kennen, den langjährigen BBC-Korrespondenten in Westafrika.

Mark war ein erfahrener Afrika-Fuchs. Von Abidjan in der Elfenbeinküste aus hatte er den Kontinent seit acht Jahren erkundet, inklusive etlicher Kriegsgebiete. Unter seiner leicht schroffen Art verbarg sich die angenehme Coolness eines Mannes Ende dreißig, der genug gesehen hatte, um sich nicht über unwichtige Dinge aufzuregen. Mithilfe von ein paar steifen Drinks checkten wir einander ab. Mark war aus demselben Grund wie ich nach Liberia gekommen: um ein Interview mit Taylor über die Sanktionen zu ergattern. Da wir uns gut verstanden, beschlossen wir, uns zusammenzutun. Nachdem ich in Sierra Leone so lange auf mich allein gestellt gewesen war, war ich froh über die Gesellschaft eines anderen Reporters, der zudem die Lage im Land viel besser kannte als ich.

Seit meinen ersten Begegnungen mit anderen Journalisten im Kosovo und in Belgrad hatte ich noch immer nicht so recht rausgefunden, was ich von ihnen halten sollte. Mir waren die vielen Klischees über Journalisten, besonders Kriegsreporter, bekannt. Sie galten allgemein als abgebrühte, zynische Arschlöcher, die rücksichtslos hinter ihren Geschichten herjagten. Diese Beschreibung traf auf einige der Journalisten zu, die ich unterwegs getroffen hatte, aber wie bei allen Menschen gab es verschiedene Typen. Der unsympathischste war der fest angestellte Feuerwehrreporter aus der Heimatredaktion, der nur bei großen Ereignissen ins Ausland geschickt wurde. Seine einzige Aufgabe war es, möglichst viel Text zu produzieren, ohne ein wirkliches Interesse oder Mitgefühl für die einheimische Bevölkerung zu entwickeln. Dann gab es den Korrespondenten, der schon zu lange an einem Ort war, um sich Offenheit und Begeisterungsfähigkeit bewahrt zu haben. Andere wiederum konnten sich gar nicht mehr vorstellen, irgendetwas anderes als Journalismus zu machen, und hatten infolgedessen meist eine Schraube locker. Schließlich lernte ich viele anständige Kerle kennen, die einfach das hatten, was ein guter Journalist braucht: Neugier, Empathie und Leidenschaft. Mark war einer von ihnen.

Anders als ich hatte Mark in Abidjan schon die aktuelle *Newsweek*-Ausgabe mit meiner Diamantenstory gesehen. Zu meinem Entsetzen erfuhr ich, dass mein Artikel neben einer großen Geschichte eines anderen Autors platziert war, die Charles Taylor als blutrünstigen Tyrannen porträtierte.

»Du bist ziemlich dreist, dich nach der Geschichte hier noch blicken zu lassen«, sagte Mark, an seinem Whisky nippend. Er war überzeugt, dass Exemplare des Magazins bereits nach Monrovia gelangt waren. Taylor hatte die Geschichte inzwischen bestimmt gelesen und war darüber sicher nicht amüsiert.

»Meinst du, ich sollte das Land verlassen?«

»Nicht unbedingt, aber sei demütig«, sagte er. »Die haben hier eine sehr paranoide Belagerungsmentalität und können extrem unangenehm werden.«

Das war ein guter Rat. Manchmal hilft einem zielbewusste Arroganz weiter, manchmal aber auch schmeichlerische Demut. Das Problem war natürlich, dass ich in der Wahl meiner Haltung meist genau danebenlag.

Am folgenden Morgen nahm Mark Alix und mich zum Informationsministerium mit, damit wir uns akkreditieren ließen. Das Gebäude war leicht an den massiven Artillerietreffern zu erkennen, die es im Krieg abbekommen hatte und die noch immer zugemauert wurden. Der Akkreditierungsvorgang dauerte mehr als zwei Stunden und bedurfte einer lachhaften Menge Papierkram, da lauter verschiedene Formulare manuell getippt und kopiert werden mussten. Je ärmer und kaputter ein Land war, desto bürokratischer wurden die Abläufe.

Als die Formalitäten erledigt waren, schlug Mark vor, gemeinsam um ein Gespräch mit dem Informationsminister zu ersuchen. In seinem Büro, kenntlich gemacht durch ein einfaches Schild an der Tür, wimmelte es von Bauarbeitern. In der Zimmerdecke klaffte ein riesiges Loch, offenbar als Folge eines Granateneinschlags, und der ministerielle Schreibtisch war mit Schutt übersät. Während wir diskret über gescheiterte Staaten und die Chaostheorie nachsannen, betrat seine Exzellenz Reginald Goodrich das Büro durch eine Seitentür.

»Ah, der Reporter vom *Telegraph* – von Ihnen habe ich schon gehört«, begrüßte mich der Informationsminister mit einem Blick, der eher neugierig als feindselig wirkte.

In seinem Aufzug – italienische Lederschuhe, makelloser Designeranzug, blaues Hemd und rosa Krawatte – kam Goodrich dem Stereotyp eines korrupten afrikanischen Bonzen sehr nahe. Es war offenbar von Vorteil, ein enger Wegbegleiter Taylors zu sein. Die protzigen Goldringe an seinen Fingern unterstrichen diesen Eindruck. Goodrich machte eine komische Figur inmitten all der Bauarbeiter, die um uns herum auf Wände einhämmerten und Staubwolken losstießen. Sicher war es ein demonstrativer Akt, dass Goodrich vorzeitig in sein ruiniertes Ministerium zurückgekehrt war, doch es war etwas unüblich, einem Minister eines souveränen Staates dabei zuzusehen, wie er mit Bauarbeitern darüber diskutierte, wie das Loch in der Decke zu reparieren sei.

»Ihr müsst da drüben einen Balken einziehen«, sagte er zu ihnen. »Sonst kracht die ganze Decke runter.«

»Jawohl, Sir, dann holen wir jetzt einen Balken«, antwortete einer der Arbeiter.

»Und mischt nicht wieder zu viel Wasser in den Beton!«

»Jawohl, Sir, nicht zu viel Wasser.«

Während des gesamten Interviews, das uns Goodrich über die Sanktionen gab, gab er nebenbei seine Anweisungen. Die Absurdität à la Monty Python amüsierte mich. Trotz der strengen Blicke von Mark und meiner besten Absichten, höfliche Demut zu zeigen, konnte ich mehrmals ein Kichern nicht unterdrücken.

Als Mark und ich uns nach einem Interview mit Taylor erkundigten, nickte Goodrich und sagte, es könne wahrscheinlich schon für den Folgetag arrangiert werden. In seinem verletzten Stolz schien es Taylor nicht abwarten zu können, auf einem öffentlichen Forum die Ungerechtigkeit der Sanktionen zu beklagen. Goodrich empfahl uns, am nächsten Tag wiederzukommen, und wir verabschiedeten uns optimistisch. Auf dem Flur begegneten wir den Bauarbeitern, die einen dicken Balken zum Ministerbüro schleppten. Als wir auf die Straße traten, raste gerade ein langer Konvoi aus etwa zwanzig schwarzen Limousinen und Jeeps mit Blaulicht und Sirenen den Hügel vom Präsidentenpalast herunter. Es folgten mehrere Trucks mit bedrohlich aussehenden Soldaten der Anti-Terror-Einheiten (ATU) in olivengrünen Kampfanzügen, die bis an die Zähne bewaffnet waren. Die ATU-Kämpfer, die angeblich von südafrikanischen Söldnern ausgebildet wurden, waren Taylors Prätorianergarde und gefürchtet für ihre Brutalität.

»So bewegt sich Taylor durch die Stadt«, bemerkte Mark. »Dies ist der längste und gefährlichste Konvoi in ganz Afrika.«

Es war tatsächlich eine beeindruckende Machtdemonstration: wie ein vorbeidonnernder Güterzug. Plötzlich geschah ein Unfall. Einer der Jeeps der ATU krachte in das Auto eines Zivilisten, der durch die Windschutzscheibe flog. Sogleich sammelte sich eine kleine Menschenmenge am Ort des Geschehens, aber die ATU-Soldaten drohten den Leuten mit AK-47-Kalaschnikows, sodass alle schnell abhauten. »Die gehen kein Risiko ein«, kommentierte Mark trocken.

An jenem Abend erhielten wir im Hotel die Nachricht aus dem Informationsministerium, das Interview mit Taylor finde am folgenden Nachmittag statt. Ich war begeistert und aufgeregt. Es würde meine erste Begegnung mit einem afrikanischen Diktator sein. Bis weit nach Mitternacht schrieb ich Interview-Fragen in meinen Notizblock.

Das Interview fand nicht statt. Als wir am nächsten Morgen in sein Büro kamen, informierte uns Goodrich schulterzuckend, dass das Gespräch gestrichen worden sei. Offenbar sah der Präsident keinen Sinn mehr darin, mit ausländischen Journalisten zu reden. Mark schien nicht besonders überrascht, sondern lachte nur heiser auf. Ich aber war enttäuscht. Ohne meinen Taylor-Scoop, so wurde mir klar, musste ich mir etwas anderes einfallen lassen. Die Sanktionen an sich waren als Thema für einen Artikel nicht besonders sexy. Tatsächlich waren Geschichten über Sanktionen, wie ich mich aus Jugoslawien erinnerte, alle gleich und landeten beim *Telegraph* meist am unteren Rand der Auslandsseiten.

Da hatte Goodrich einen Vorschlag zu machen: »Warum schreiben Sie nicht über den Krieg, den Guinea und Großbritannien gegen Liberia führen?«

Er bezog sich auf den Ausbruch eines neuen Bürgerkriegs an der Grenze zu Guinea, der sich auf ganz Liberia auszubreiten drohte und so die Schlinge um Taylors Hals weiter zuzog. Die Aufständischen hatten bereits einen Großteil der Lofa-Region im Norden Liberias unter ihre Kontrolle gebracht. Selbst staatliche Medien räumten ein, dass die Regierungstruppen auf dem Rückzug seien, und ausländische Diplomaten wurden angewiesen, Monrovia nicht zu verlassen. Die Story hatte sogar einen britischen Aufhänger, das unverzichtbare *Telegraph*-Kriterium für einen fernen Bürgerkrieg irgendwo in Afrika. Taylor warf den britischen Truppen in Sierra Leone vor, die Rebellen in Liberia zu unterstützen. Im liberianischen Fernsehen waren kürzlich einige feindliche Kriegsgefangene vorgeführt worden, die gestanden, vom britischen Militär ausgebildet und bewaffnet worden zu sein.

»Es wäre doch interessant, diese Gefangenen zu interviewen«, sagte ich, woraufhin Mark und Goodrich sich nur kurz anblickten. Beide verdrehten leicht die Augen, als hätte ich vorgeschlagen, Häschen-in-der-Grube zu spielen.

»Vergiss es«, flüsterte Mark mir zu. »Inzwischen wurden sie entweder umgebracht oder so übel malträtiert, dass sie gar nicht mit dir reden könnten, selbst wenn sie wollten.«

Mit der Begeisterung eines Londoner Reisebüro-Agenten, der einen Ausflug zum Lake Distrikt vorschlägt, empfahl uns Goodrich, doch zur Front im Norden zu fahren, um uns selbst ein Bild von der Lage dort zu machen. Etwas Umsicht sei im Kriegsgebiet natürlich geboten, aber wir dürften uns unabhängig bewegen. »Dies ist ein freies Land«, zwitscherte Goodrich.

Mark war nicht überzeugt. Er verlangte, zu seiner Sicherheit von einem hochrangigen Militäroffizier begleitet zu werden, aber Goodrich entgegnete, eine solche Eskorte sei weder notwendig noch praktisch. »Sie werden keine Probleme haben, keine Probleme. Außerdem, Mark, sind Sie doch nicht leicht zu verängstigen, oder?«

Vielleicht hatte Goodrich recht, dachte ich, und es war tatsächlich besser, ohne eine Armee-Eskorte unterwegs zu sein. Vielleicht wären Kurt Schork und seine Kollegen in Sierra Leone nicht in einen Hinterhalt geraten, wenn SLA-Soldaten sie nicht begleitet hätten.

»Jetzt hören Sie mal gut zu«, brüllte Mark auf einmal Goodrich an. »Ich bin kein Feigling. Aber ich bin auch nicht blöd. Ich gehe in kein verficktes Kriegsgebiet rein, nur weil der gute alte Reggie Goodrich mir sagt, dass es sicher sei. Ich hätte keine acht Jahre in dieser Ecke von Afrika überlebt, wenn ich auf Leute wie Sie gehört hätte!«

»Ja, Sie sind ein Veteran«, lachte Goodrich, der nicht im Mindesten über Marks Ausbruch erstaunt schien.

»Ich bin nur deswegen ein Veteran, weil ich noch lebe«, schoss Mark zurück.

Goodrich gab nach und griff nach dem Telefon auf seinem Schreibtisch, um den Verteidigungsminister zu fragen, ob er eine Militäreskorte für den nächsten Tag klarmachen könne. Nach einigen Minuten stillen Wartens legte er wieder auf. »Tut mir leid, der Herr Minister ist nicht in seinem Büro«, sagte er. Der Anruf war indes nur Show, wie mir Mark später erklärte. Falls Goodrich wirklich mit einem Kabinettskollegen sprechen wollte, würde er ihn direkt über das Funkgerät kontaktieren, das er an seinem Gürtel trug. Es würde keinen militärischen Schutz geben, falls wir Monrovia verließen. Goodrich stellte uns eine Falle. Anders als Mark war ich zu unerfahren, um sie zu erkennen.

Auf der Terrasse des Mamba Points schauten wir an jenem Abend auf die riesigen Wellen des Atlantischen Ozeans, die auf den Strand unter uns krachten, und erörterten die Risiken eines Trips in den Norden ohne Eskorte. Mich juckte es, aber Mark war absolut dagegen. Zu meiner Überraschung räumte Mark ein, dass er in den acht Jahren als BBC-Mann in Westafrika noch kein einziges Mal aus Monrovia herausgefahren war. »Das schien es nie wert zu sein«, sagte er. Mark war von der Arbeit in Westafrika erschöpft und sehnte sich danach, mit seiner Frau und seinem drei Jahre alten Sohn von Abidjan zurück nach London zu ziehen und einen sicheren Bürojob im Bush House der BBC zu übernehmen. Für diesen erfahrenen Kriegsreporter, der den Völkermord in Ruanda und einigen anderen Horror gesehen hatte, war jemand wichtiger geworden als die Story. »Ich kann so nicht weitermachen«, sagte er mir. »Mein Sohn hat kein Vertrauen zu mir. Ich muss so oft von zu Hause weg, ohne vorherige Ankündigung, sodass er mir nicht mehr glaubt, dass ich immer für ihn da sein werde.«

Da wir keine Familien hatten, an die wir denken mussten, charterten Alix und ich am nächsten Morgen ein Taxi, einen alten Toyota Corolla, und verließen Monrovia auf der nördlichen Ausfallstraße. Unser Fahrer war ein junger Mann namens Mickey, seine

Gage war 100 Dollar am Tag. Ich war mir sicher, dass er, wie die meisten Angestellten im Mamba Point, ein Informant der Regierung war, aber wir hatten ja nichts zu verbergen. Vor der Stadt passierten wir die gigantische Firestone-Kautschukplantage, einst die größte der Welt, in der vor dem Krieg 20 000 Menschen arbeiteten. An den Stämmen der Kautschukbäume hingen kleine Behälter, die den klebrigen Saft auffingen. In der Plantage standen Propagandaplakate, die Taylor als einfachen Bauern bei der Arbeit in einem Reisfeld zeigten. »Rückkehr zur Scholle!«, hieß der Slogan. Andere Plakate stellten einen eher präsidentiell aussehenden Taylor mit Schlips und Anzug vor – unter dem in Großbuchstaben gesetzten Motto: *Think Big!*

Bald erreichten wir die ersten Checkpoints der Armee, der Polizei und der ATU-Einheiten, die die Rebellen daran hindern wollten, die Hauptstadt zu infiltrieren. Die Wächter waren überrascht, zwei Weiße in die falsche Richtung fahren zu sehen, aber nach meinem Ritt über die Roadblocks von Sierra Leone wusste ich, dass wir nur genug Selbstvertrauen und die Akkreditierungsschreiben vom Informationsministerium zeigen mussten. Nach etwas Palaver wurden die Gewehre gesenkt und wir durchgewinkt. Unbeeindruckt von den bewaffneten Männern, die sie sich »Muppets« zu nennen angewöhnt hatte, schien Alix viel mehr bei der Sache zu sein als in Sierra Leone. Von den Straßensperren abgesehen, deutete wenig auf einen Krieg im Land hin. Nur ab und an überholten uns Pickup-Trucks voller schwer bewaffneter Soldaten.

Schockierender waren die gigantischen Renault-Sattelzüge, die mit Tropenholz zum Hafen von Monrovia fuhren. Ein Lkw nach dem anderen donnerte an uns vorbei, beladen mit vier oder fünf geschälten Stämmen einst majestätischer Bäume, einige von ihnen mehr als drei Meter dick und dreißig Meter lang. Es war kein Geheimnis, dass Taylor und seine Kumpanen nicht nur mit dem Diamantenschmuggel fabelhaft Geld verdienten. Sie ließen auch den verbliebenen Regenwald Liberias abholzen. Betrieben wurde der Raubbau von der indonesischen »Oriental Timber Company«, die viel Holz nach Frankreich exportierte. Ein Entwurf der UN-Sanktionen, der ein Embargo auf Holzexporte beinhaltete, war zwar von

London und Washington unterstützt, von Frankreich und China jedoch abgelehnt worden.

Die Rolle Frankreichs in Westafrika war besonders dubios. Während des gesamten Bürgerkriegs hatten Taylors Rebellen Waffen aus der benachbarten Elfenbeinküste erhalten, einer ehemaligen französischen Kolonie, in der Paris noch immer viel Einfluss hatte. Seit Taylor 1997 Präsident wurde, vergab Frankreich als einziges europäisches Land Visa an den ehemaligen Warlord, der regelmäßig Paris besuchte. So war es wenig überraschend, dass viel Tropenholz aus Liberia illegal in französischen Häfen landete.

Diese Story lohnte weitere Recherchen, entschieden wir. Da näherten wir uns schon einem Truck, der in einer Kurve umgekippt war und seine Ladung aus fünf riesigen Stämmen verloren hatte. Alix sprang aus dem Auto und schoss Fotos. Mickey wurde dabei sichtlich nervös. Nach dem üblichen Smalltalk zu Beginn der Fahrt war unser Fahrer recht wortkarg geworden, aber jetzt warnte er uns, wir dürften uns nicht so auffällig verhalten. Seinen Hinweis ignorierend, hielten wir erneut in einem Dorf an, und Alix fotografierte einen Holztruck, dessen Fahrer gerade zu Mittag aß. Was wir damals nicht wussten, war, dass Taylor sein Holzbusiness zu einem »Pfefferbusch« erklärt hatte. Das hieß, dass sich jeder, der dem Thema zu nahe kam, daran die Finger verbrennen würde.

Fünf Stunden später waren wir zurück in Monrovia und wurden in das nationale Polizeihauptquartier geführt. Es war ein massiger fünfstöckiger Betonklotz, vor dem einige stämmige Uniformierte in der späten Nachmittagssonne saßen, die Stiefel auf einem Tisch und die Stühle an die Wand gelehnt. Sie sahen aus wie die Sorte Londoner Türsteher, die einen nie vorbeiließen. In diesem Fall waren die Herren allerdings überaus willens, uns durch die Tür zu lassen, denn unsere Namen standen offenbar auf der Gästeliste. Wir waren verhaftet worden.

»Sie sind jetzt hier«, knurrte einer der sitzenden Türsteher in sein Funkgerät, als unsere Wächter uns durch den Eingang führten. An die jähe Dunkelheit im Innern mussten sich meine Augen erst einmal gewöhnen. Wir gingen Treppen hoch und einen langen, düsteren Gang entlang. Die Wände waren dreckverschmiert, und die nicht gerade aufheiternde graue Farbe blätterte in großen Flocken ab. Stahltüren führten in kleine, kahle Büros, die nur mit einem Schreibtisch und zwei Stühlen möbliert waren. Diverse Männer, einige in Uniform und andere in Zivil, schlurften scheinbar ziellos an uns vorbei. Ich wusste, dass das Taylor-Regime in diesem Gebäude gefürchtete Folterkammern unterhielt, in denen über die Jahre viele Oppositionelle ermordet worden waren. Von irgendwoher glaubte ich Schmerzensschreie zu hören. Ich mag sie mir eingebildet haben, aber die miesen Vibes waren deutlich spürbar. Wir betraten ein Verlies, einen bösen Ort.

Sehr zu unserem Trost waren Alix und ich nicht allein. Unter Umständen, die nur als himmlischer Zufall oder als Wunder bezeichnet werden können, war unsere Verhaftung von einem anderen Journalisten beobachtet worden, der uns nun aus Solidarität begleitete. Der Kollege war kein Geringerer als der große TV-Reporter und Buchautor Peter Scholl-Latour. Unterwegs auf Recherche für ein Buch über Afrika, befand er sich zufälligerweise zur selben Zeit in Liberia wie wir. Am Tag vor unserem Ausflug hatten wir uns bereits flüchtig im Mamba-Point-Hotel kennengelernt.

Der Mann war ja damals schon eine Legende. Als Kind elsasslothringischer Eltern 1924 in Bochum geboren, war er nach dem Krieg nach Indochina gegangen und hatte dort in einer französischen Fallschirmjägereinheit gekämpft. Seine journalistische Karriere begann er in den frühen 1960er-Jahren als ARD-Korrespondent in Afrika. Sein erstes Buch schrieb er über den Mord an Patrice Lumumba im Kongo. Später reiste Scholl-Latour von Paris aus als Sonderkorrespondent oft nach Indochina und berichtete vom Krieg in Vietnam, wo er und sein Team 1973 sogar einmal einige Tage von den Vietcong gefangen genommen wurden. Sein Buch *Tod im Reisfeld* hatte ich schon als Zehnjähriger gelesen. Später wurde Scholl-Latour zu einem Kenner des Nahen Ostens und erlebte 1979 die iranische Revolution, als er den Ayatollah Khomeini auf seinem Flug von Paris nach Teheran begleitete.

Seitdem hatte Scholl-Latour, stets in blauem Blazer und mit seidenem Einstecktuch gekleidet, nicht einen wichtigen Krieg ausgelassen. Trotz seines fortgeschrittenen Alters schrieb Scholl-Latour fast jedes Jahr einen Bestseller mit verlässlich pessimistischen, leicht altmodischen Ansichten über das Weltgeschehen, der dann regelmäßig zu Weihnachten auf meinem Gabentisch landete. Er war noch immer ein umtriebiger Reisender und hatte sich den beneidenswerten Ruf erarbeitet, stets zur rechten Zeit am rechten Ort zu sein.

Diesem Ruf wurde er gerade einmal mehr gerecht.

»Ich weiß es wirklich zu schätzen, dass Sie uns hier begleiten«, flüsterte ich Scholl-Latour zu. »Aber Sie müssen das nicht tun.«

»Natürlich komme ich mit Ihnen, junger Mann«, antwortete er knapp, mit dem gleichen dünnlippigen Nuscheln wie im Fernsehen. »Bleiben Sie einfach ruhig und machen Sie keine Dummheiten!«

Wir wurden in einen großen Raum im ersten Stock geführt. Er hatte nur ein kleines Fenster. Ein leerer Schreibtisch war von vier weiteren Tischen flankiert, hinter denen fies aussehende Männer in Zivil saßen. Sie begrüßten uns mit feindseligen Blicken, schweigend. Einer von ihnen hatte eine tiefe rosa Narbe auf seiner linken Wange.

»Hinsetzen!«, brüllte dieser Mann schließlich, auf zwei wacklige Plastikstühle zeigend, die man sonst eher auf Caféterrassen sieht. Wir setzten uns, Alix schlug die Beine übereinander. Scholl-Latour und sein einheimischer Fahrer standen an der Wand.

Es folgte eine lange, wortlose Pause, während die Männer auf ihren Chef zu warten schienen. Meine Augen durch den Raum wandern lassend, fiel mir ein Kalender mit Pin-up-Mädchen auf, ein Werbegeschenk einer Firma, die Plastik produzierte. Für den laufenden Monat stand eine vollbusige, weißhäutige Schönheit, nur sehr spärlich bedeckt mit pinkfarbenen Plastikschnipseln. Auf dem Schreibtisch vor uns lagen ungeordnet Notizbücher und Bürountensilien. Nahe der Kante stand ein gerahmtes Foto einer übergewichtigen schwarzen Frau in einem grellgrünen Hochzeitskleid. Sie hielt Händchen mit einem schwarzen Bräutigam, der in seinem grauen Anzug eher selbstgefällig und unangenehm aussah. Dies musste der Beamte sein, auf den wir warteten. Um ihn mir näher anzusehen, nahm ich das Bild in die Hand.

»Legen Sie das wieder hin!«, rief Scholl-Latour von hinten. Ich drehte mich um, blickte in sein todernstes Gesicht und gehorchte.

Es war keine gute Idee gewesen, die Trucks mit dem Tropenholz zu fotografieren. Die Dinge waren richtig schiefgelaufen, als wir die kleine Stadt Gbanga erreichten, Taylors Hauptquartier während des Bürgerkriegs in den 1990er-Jahren. Gbanga bestand aus gedrungenen eingeschossigen Gebäuden, einem schäbigen Markt und vielen Bäumen. Hier hofften wir einige der vielen tausend Flüchtlinge zu interviewen, die laut den staatlichen Medien Liberias vor den Kämpfen im Norden flohen. Die Frage war, wie wir sie finden sollten an einem Ort, wo selbst die ansässigen Einwohner erbärmlich aussahen. Nach einigen frustrierenden Versuchen, mit Leuten auf dem Markt ins Gespräch zu kommen, die aber alle misstrauisch schwiegen, beschlossen wir, Gbanga zu verlassen und direkt zur Front im Norden weiterzufahren. Wenn die Kämpfe so schlimm waren, wie die Regierung behauptete, würden wir ja unterwegs bestimmt Flüchtlingen begegnen. Unser Fahrer Mickey war von dem Plan alles andere als begeistert, aber fügte sich.

Wir kamen gar nicht erst aus der Stadt heraus. An einem Polizei-Checkpoint wurden wir angehalten und zum Stadtkommandanten gebracht. Er aß gerade unter einem großen Baum zu Mittag, umgeben von etwa zwanzig Milizkämpfern in schwarzen Tarnuniformen, die im Schatten herumlungerten. Wie sie so auf ihren Maschinengewehren lehnten, waren sie genau die Leute, mit denen man an einem Samstagabend gerne zum Bowling gehen möchte. Der Kommandant war ein korpulenter Typ, der in seinen Levisjeans, Caterpillar-Stiefeln und mit seiner Baseballkappe aber gar nicht wie ein Polizeioffizier aussah. Am Gürtel unter seinem brandneuen orangefarbenen XXL-Hemd ragte ein blinkender Revolver hervor, mit dem Cowboys in Westernfilmen durch die Gegend reiten. Sechs silbrige Kugeln steckten säuberlich in einem Lederhalfter. Die Initiative ergreifend, schritten Alix und ich auf ihn zu und beklagten uns, dass man uns von unseren beruflichen Pflichten abhalte. Wir zeigten ihm unsere Akkreditierungen, aber er war nicht im Geringsten beeindruckt.

»Und das Justizministerium?«, fragte er in einem nicht sehr freundlichen Ton. »Und das Verteidigungsministerium – was für Dokumente habt ihr von denen bekommen?«

»Gar keine, aber wir haben mir dem Informationsminister in Monrovia gesprochen, Herrn Reginald Goodrich«, entgegnete ich, jede Silbe des Namens betonend in der Hoffnung, dass er Gewicht habe. »Und er hat uns versichert, dass wir uns überall im Land frei bewegen dürfen.«

»Nein, nur wenn ihr die richtigen Dokumente habt.«

Dann hatte Alix eine ihrer obskureren Ideen.

»Aber mit dem Verteidigungsminister haben wir auch gesprochen«, platzte es aus ihr heraus. »Und er hat uns gesagt, es wäre kein Problem, hierherzufahren.«

Mir stockte der Atem. Drei goldene Regeln gelten üblicherweise für die Arbeitsverteilung zwischen Reporter und Fotograf im Einsatz. Erste Regel: Während der Reporter seine Gespräche führt, schießt der Fotograf seine Fotos und hält den Mund. Zweitens, falls der Fotograf das Bedürfnis empfindet, etwas zu sagen, sollten es weder dummes Zeug noch Lügen sein. Die dritte Regel war ebenfalls simpel: Falls der Fotograf wirklich lügen muss, und dafür kann es im Leben viele gute Gründe geben, dann sollten die Lügen etwas cleverer sein als das, was Alix gerade erzählt hatte.

»Oh, hat er das, ja?«, sagte der orangene Cowboy lediglich mit einem halb amüsierten Lächeln, während ich Alix einen ernsten deutschen Blick zuwarf. Später stellte sich heraus, dass wir gar nicht mit dem Verteidigungsminister in Monrovia gesprochen haben konnten, weil er zu der Zeit auf Frontbesuch war. Dann war ich an der Reihe, etwas Dummes zu sagen. Seit meinem Ritt über Roadblocks und RUF-Rebellen in Sierra Leone war ich überzeugt, nun ein erfahrener Experte darin zu sein, wie man mit Pistole schwingenden Afrikanern umgehen müsse. Meine Vernunft war wohl von übermütigem Selbstbewusstsein benebelt, als ich beschloss, ein paar Muskeln zu zeigen.

»Hören Sie mal zu, guter Mann, wenn es uns nicht erlaubt ist, in diese sogenannte Kriegszone zu fahren, dann müssen wir wohl nach London zurückkehren und der britischen Öffentlichkeit berichten, dass die liberianische Regierung nur lügt, dass all das Gerede von Flüchtlingen bloß Propaganda ist und dass hier in Wirklichkeit gar kein Krieg herrscht.«

Meine Bemerkungen, für jedermann laut und deutlich zu hören, lösten Unruhe bei den Milizionären unter dem Baum aus. Zwei oder drei von ihnen griffen nach ihren Gewehren, doch der orangene Cowboy machte eine Handbewegung, um sie zu beruhigen. Dann drehte er sich wieder langsam zu mir herum, die Baseballkappe tiefer in seine Stirn ziehend. Der Blick in seinen Augen war zugleich ungläubig und stechend.

»Soso, es gibt also keinen Krieg in Liberia?«, sagte er schließlich, seine Worte vorsichtig wählend. »Nun, wenn es das ist, was ihr in der Heimat berichten müsst, dann müsst ihr das eben tun.«

Dann gab er uns recht bestimmt zu verstehen, dass wir Gbanga augenblicklich verlassen sollten, um nach Monrovia zurückzukehren und die richtigen Dokumente zu beschaffen, ohne noch näher an die Front zu fahren, ohne irgendwelche Flüchtlinge zu interviewen oder sonst irgendetwas in Gbanga zu tun. Sein Ton gab uns ohne jeden Zweifel zu vertehen, dass weitere Diskussionen zwecklos wären.

»Bestimmt dürfen wir aber doch in Ihrer Stadt wenigstens noch zu Mittag essen?«, fragte ich in einem letzten schwachen Versuch, etwas spöttischen Trotz zu zeigen. »Oder brauchen wir dafür auch ein Dokument vom Justizministerium?« Der Cowboy antwortete nicht, aber sein Blick gab mir zu verstehen, dass es wohl besser wäre, auf das Lunch zu verzichten. Alix zupfte an meinem Ärmel; es war Zeit zu gehen. Wir kraxelten zurück in den Wagen, Mickey wie immer ungerührt dreinblickend, und fuhren denselben Weg aus der Stadt, auf dem wir hereingekommen waren.

Stunden später rollte sich Alix mit zittrigen Fingern eine weitere Kippe und zündete sie an. Den Qualm inhalierend, warf sie flüchtige Blicke durch den Verhörraum des Polizeihauptquartiers. Ihr Gesicht war weiß wie ein Bettlaken.

»Was wird jetzt mit uns passieren?«, fragte sie mich.

»Ich weiß es nicht.«

Plötzlich flog die Tür auf, und ein großer Mann trat ein. Es war der Bräutigam von dem Foto auf dem Schreibtisch. Langsam den Raum durchmessend, blickte er links und rechts auf seine Untergebenen, die aus Respekt ihre Füße von den Schreibtischen nahmen. Der Polizeioffizier war Mitte dreißig und hatte seit der Hochzeit etwas an Gewicht verloren. Er trug Jeans, modisch geschnitten mit tiefen Seitentaschen, und ein gelbes Polohemd. Wie beim orangenen Cowboy in Gbanga deutete seine Kleidung, inklusive makellos weißer Nike-Turnschuhe, auf kriminell beschafften Wohlstand hin. Warum nur, fragte ich mich, versuchten so viele der gemeinen Gangster und Warlords der 1990er-Jahre, ob auf dem Balkan oder im afrikanischen Busch, wie Vorortamerikaner auszusehen?

Der Beamte setzte sich hinter seinen Schreibtisch, verschränkte die kräftigen Arme hinterm Nacken, lehnte sich nach hinten und sah mich an. Seine gewissenhafte Langsamkeit verlieh ihm unmittelbare Autorität. Was immer er sagen würde, seine Worte hätten Gewicht. Die Augen des Polizeioffiziers verrieten eine rohe Intelligenz, die bislang weder von Bildung kultiviert, noch von ethischen Lehren gezügelt worden war. Wie die meisten Männer, die sich clever genug für alles Mögliche fühlen, ohne ihre Grenzen zu kennen, war er ein gefährlicher Typ.

»Mein Name ist Freeman, und ich leite die Ermittlungen in Ihrem Fall«, sagte er schließlich. Es klang wie eine formelle Einleitung aus einem Polizeilehrbuch.

»Nett, Sie kennenzulernen«, log ich und streckte meine Hand über den Schreibtisch aus, eingedenk der Erfahrung, dass ein Handschlag bei Männern wie Freeman viel ausmachen kann. Er ergriff meine Hand, aber statt sie auf europäische Weise zu schütteln, machte er den klassisch westafrikanischen Drei-Stufen-Handshake mit mir, der mit einem feuchten Fingerschnippen endete. Zum Glück hatte mir mein Freund Gibril in Sierra Leone diese Handschlagmethode beigebracht, die einer Begrüßung unter Teenagern und Hiphoppern glich. Es klappte gut, da Freeman und ich die Spannung unserer Finger bis zum letzten Augenblick hielten und die Hände dann mit einem lauten Schnalzen auseinanderflogen. Für einen Moment schien dies Freeman zu amüsieren, und ich beglückwünschte mich selbst leise dafür, mir das erste Stück Respekt verschafft zu haben. Wie die meisten afrikanischen Männer ignorierte er Alix, die direkt neben mir saß.

Weniger einfach zu ignorieren war Scholl-Latour, der nun zu Freeman schritt und sich vorstellte, aufrecht und betont keine Hand zum Gruß ausstreckend. Der damals 77-Jährige, der schon durch

Afrika gereist war, als Freeman noch in den Windeln lag, hatte offenbar kein Bedürfnis, sich bei einem mittelrangigen Polizeigangster einzuschmeicheln.

»Ich bin Deutscher, dieser junge Mann hier ist auch Deutscher, und ich werde jetzt die deutsche Botschaft darüber in Kenntnis setzen, was hier vor sich geht«, erklärte Scholl-Latour mit gebieterischer Stimme. Der Auftritt rief mir in Erinnerung, dass der alte Herr in den späten 1940er-Jahren als Fallschirmjäger in Vietnam gekämpft hatte. Ich sah ehrfürchtig zu ihm auf. Welch ein wunderbar anachronistischer Solidaritätsbeweis von einem Landsmann!

»Solange ich fort bin, wird mein Fahrer hierbleiben«, fügte Scholl-Latour hinzu, und es klang eher wie ein Befehl als wie eine Bitte. »Er wird Zeugnis ablegen über jedwede ungesetzliche Prozedur, die unter Ihrem Kommando angewandt wird.«

Freeman schien unsicher, was er von der unerwarteten Intervention dieses eigenartigen Herrn halten sollte, war aber eingeschüchtert genug, um einwilligend zu nicken. Der Fahrer setzte sich neben uns, in stiller, aber beruhigender Präsenz. Scholl-Latour machte auf dem Absatz kehrt und marschierte aus dem Raum, allerdings nicht ohne mir einen weiteren strengen Blick zuzuwerfen – eine klare Ermahnung, unser Land mit Würde zu vertreten.

Jeder Polizist im Raum hatte den Hinweis verstanden. Mit Samuel an unserer Seite würden sie uns nicht schlagen. Das Verhör konnte noch immer unangenehm werden, doch es wäre weitaus schlimmer gewesen, wenn niemand von unserer Verhaftung gewusst hätte. Sicher würde bald jemand aus der Botschaft kommen und uns retten. Wegen der internationalen Ächtung des Taylor-Regimes gab es zwar zu jener Zeit keine deutsche Botschaft in Monrovia, aber eine Gesandtschaft der EU, in der die europäischen Staaten ihre diplomatischen Ressourcen gebündelt hatten. Tags zuvor hatte ich im Mamba Point Hotel mit dem EU-Botschafter, einem freundlichen Iren namens Brian O'Neill, zu Abend gegessen. Er würde uns sicher nicht im Stich lassen.

Seine Contenance zurückgewinnend, wandte sich Freeman wieder uns zu. Das Lächeln war aus seinem Gesicht verschwunden, und das Verhör begann.

»Was ist Ihre Mission in Liberia?«

Charles Taylor zu interviewen, antwortete ich, woraufhin Freeman und seine Kollegen wiehernd lachten.

»Oh, ist das wahr? Und was für Fragen gedachten Sie dem Präsidenten zu stellen?«, fragte Freeman mit falsch süßlicher Stimme.

»Wir wollten ihn fragen, was er von den UN-Sanktionen hält.«

»Ah, die Sanktionen«, nickte Freeman, die Augenbrauen hochziehend. »Die sind eine gute Sache, diese Sanktionen, nicht?«

Ich zuckte mit den Schultern. Was auch immer an den Sanktionen gut und sinnvoll sein mochte, darüber wollte ich mich lieber nicht auf eine Diskussion mit Freeman einlassen. Ich begann mich zu fragen, ob wir auf der Gegenwart eines Anwalts bestehen sollten.

»Ich habe hier Berichte vorliegen, die nahelegen, dass Ihr Auftrag in Wirklichkeit ganz anders ist als das, was Sie uns hier erzählen«, sagte Freeman ernst. »Was hatten Sie in Gbanga zu suchen?«

Als wir Stunden zuvor Gbanga verlassen hatten, waren wir frustriert, von einem orangenen Cowboy zum Rückzug gezwungen worden zu sein. Da bemerkten wir am Straßenrand ein blaues Schild, das den Weg zu einem Lager der UN-Welthungerhilfe (WFP) wies. Wir beschlossen, es aufzusuchen, und verließen die Hauptstraße. Nach drei Kilometern auf einem Feldweg näherten wir uns einigen Zelten, die um ein scheunenartiges Gebäude aufgestellt waren. Ironischerweise handelte es sich um ein ehemaliges Trainingscamp von Taylors ATU-Kämpfern, das in ein Flüchtlingslager umgewandelt worden war. Es war mit etwa 15 000 Flüchtlingen belegt, zumeist Frauen und Kindern, die vor den Kämpfen im Norden geflohen waren. Sie waren ohne Hab und Gut hier angekommen, außer den Klamotten an ihren ausgemergelten Körpern. Die UN-Feldoffiziere, die das Camp betrieben, waren sichtlich überrascht, uns zu sehen, hatten aber nichts gegen Interviews mit den Flüchtlingen einzuwenden.

»Es ist gut, dass Sie hier sind«, sagte ein Angestellter des UN-Welternährungsprogramms (WFP). »Diesen Menschen sind furchtbare Dinge widerfahren.«

Bald wurde mir klar, was er meinte. Die meisten Flüchtlinge, zusammengepfercht unter den erbärmlichsten Umständen, waren geflohen, als sie die Explosionen näher kommender Artillerie hörten.

»Große Wummen, große Wummen, bumm, bumm!«, sagten sie immer wieder, völlig traumatisiert. Andere berichteten, dass die Regierungstruppen alle kampffähigen Männer auf der Flucht aus dem Kriegsgebiet verhaftet hätten. »Nahe einer Brücke an der Bezirksgrenze haben die ein Gefangenenlager errichtet, wo Taylors Leute Folter anwenden, um Rebellen unter den Flüchtlingen zu entlarven«, erzählte mir ein Mann. Sein Zeugnis schien einen Bericht von Amnesty International zu bestätigen, in dem der liberianischen Regierung massenhafte Verbrechen an Zivilisten vorgeworfen wurden. Nun begriff ich, warum es uns nicht erlaubt worden war, weiter als bis Gbanga zu fahren.

Nach etwa einer Stunde voller Interviews, die ausreichend Fakten und Zitate für einen robusten Artikel hergaben, hatte ich es eilig, das Camp zu verlassen und nach Monrovia zurückzukehren. Sicher waren Spitzel aus dem Camp bereits zu dem orangenen Cowboy in Gbanga gerannt und hatten ihn über unser Tun informiert. Ich erwartete ihn jeden Augenblick, mit seiner funkelnden Pistole herumfuchtelnd. Unser Fahrer Mickey drängte uns ebenfalls zum Aufbruch, was meine Sorge bestätigte. Wie sehr er bereute, uns in sein Auto gelassen zu haben, stand ihm deutlich ins Gesicht geschrieben. Es schien ein guter Augenblick für eine franke Frage.

»Mickey, bespitzelst du uns für die Polizei?«, fragte ich ihn.

»Nein, tue ich nicht«, antwortete er ohne eine Spur der Verärgerung über mein Misstrauen. »Aber andere tun es. Und der Kommandeur in Gbanga war nicht von der regulären Polizei, weißt du. Ihr seid jetzt in großer Gefahr.«

Ich rief zu Alix rüber, dass wir aufbrechen sollten.

»Gleich, nur noch ein paar mehr Fotos«, rief sie aus dem Innern eines Zeltes zurück. »Ich habe meine Schwarzweißbilder für die Galerie noch nicht fertig.«

Sogar in einem Flüchtlingslager sah sich Alix mehr als Kunstfotografin und dachte mehr an irgendeine Galerie in London als an die Fotoredaktion des *Telegraph*. Ich verlor die Geduld und insistierte.

»Aber diese Frauen haben solch erstaunliche Gesichter!«, protestierte sie. »Die werden in schwarzweiß ganz großartig rauskommen.«

»Alix, der Wagen fährt in zwei Sekunden los!«

Wir erreichten die Hauptstraße ohne Schwierigkeiten und bogen nach Monrovia ab. Ich sah meine Notizen durch, zufrieden mit der Tagesernte. Das Tropenholz und die Flüchtlinge waren keine großen Scoops wie die Diamantenstory, aber sie gaben zwei gute Stücke her, die ich gleich abends im Hotel schreiben wollte.

So dachte ich zumindest.

An einem Polizei-Checkpoint etwa fünfzig Kilometer östlich von Monrovia wurde unser Auto angehalten, von fünf uniformierten Männern mit angelegten Gewehren. Sie holten uns aus dem Wagen und führten uns in eine Polizeiwache. Offenbar wurden wir bereits erwartet. Zunächst schien alles ganz entspannt, und der oberste Beamte versicherte uns, es sei alles nur Routine, aber mein Instinkt sagte mir, dass wir in einem Haufen Ärger steckten.

»Alle wirklich schlimmen Dinge dieser Welt beginnen ganz harmlos«, sagte ich zu Alix.

»Danke, das ist ein tröstlicher Gedanke.«

Dann teilte uns der Beamte mit, er habe den Befehl erhalten, uns ins Polizeihauptquartier in Monrovia zu bringen.

»Brillante Idee«, murmelte Alix.

»Es gibt kein Problem«, sagte der Beamte. »Wir bringen Sie nur dorthin, weil unsere Kollegen mit Ihnen reden wollen.«

»Nun, das hört sich aber nach einem Problem an.«

Auf dem Schreibtisch des Provinzpolizisten lag der *Patriot*, eine von Liberias sonderbaren Zeitungen, die gewöhnlich auf jeder Seite mindestens einen speichelleckerischen Artikel über Taylor abdruckten, eingerahmt von lachhaft trivialen Geschichtchen. An jenem Tag hatte die Zeitung passenderweise eine Rede des damaligen UN-Generalsekretärs Kofi Annan im fernen New York anlässlich des globalen Tages der Pressefreiheit abgedruckt. In der Rede beklagte er die hohe Zahl von Journalisten, die weltweit in Gefängnissen eingesperrt waren.

Als wir zum Wagen gebracht wurden, kam plötzlich ein Militärjeep herangeschossen und hielt mit quietschenden Reifen direkt vor uns. Fünf Soldaten sprangen heraus. Sie trugen diverse Furcht erregende Waffen, an ihren Gürteln baumelten Handgranaten. An ihren schwarzen Uniformen und den getrockneten toten Skorpionen, die auf ihren Schultern befestigt waren, erkannte ich sie als Mitglieder von Taylors berüchtigter SOD-Einheit. Die Abkürzung stand offiziell für Security Operations Department oder so ähnlich, aber der Volksmund hatte eine treffendere Bezeichnung gefunden: »Sons of the Devil«. Ihre Menschenrechtsbilanz war schlechter als die der ATU-Truppen, und genauso sahen sie auch aus.

»Los, rein hier!«, brüllte ein Teufelssohn und zeigte auf den SOD-Jeep. Dem Polizeibeamten sagte er, wir seien besser beim SOD aufgehoben. Da war ich ganz entschieden, wenn auch schweigend, anderer Meinung, ebenso wie, Gott segne ihn, der gute Polizeibeamte, der uns nun hastig zu seinem Wagen schubste. Mir wurde bewusst, dass wir unbedingt jemanden über unsere Verhaftung informieren mussten. Der EU-Botschafter hatte mir von einem holländischen Abenteurer erzählt, der Anfang jenes Jahres bei dem Versuch, ohne ein Visum nach Liberia reinzuradeln, verhaftet worden war. »Er wurde einfach zwei Monate lang ins Gefängnis gesteckt, ohne dass uns die Behörden irgendetwas davon gesagt haben«, hatte der Botschafter berichtet. »Nur durch einen Zufall haben wir von ihm erfahren.« Daraufhin hatte ich einen Scherz über die Liebe der Holländer zu ihren Fahrrädern gemacht, aber nun hatte ich Schiss davor, eingesperrt zu werden, bis sich nur noch meine Mutter an meinen Namen erinnert.

Gerade als wir in das Polizeiauto einsteigen wollten, sah ich einen großen Toyota Land Cruiser, der sich dem Checkpoint näherte. Hinter den Fensterscheiben glaubte ich ein weißes Gesicht zu erkennen. Das war unsere Chance! Ich riss mich von meinem Bewacher los und rannte über die Straße. Die Polizisten und SOD-Soldaten brüllten Befehle stehenzubleiben, aber ich ignorierte sie in der Hoffnung, dass sie nur bellten, aber nicht schießen würden. Ich erreichte den Jeep und warf mich quasi auf die Motorhaube, mit den Fäusten an die Scheiben trommelnd. Der Fahrer hielt an.

Auf dem Rücksitz des angenehm klimatisierten Landcruisers saß, wie eine Erscheinung, der berühmte Peter Scholl-Latour. Für einen Moment glaubte ich zu halluzinieren, das Timing des alten Fuchses war mal wieder perfekt. Er drehte die Fensterscheibe herunter.

»Guten Tag, Herr Scholl-Latour, Sie schickt der Himmel«,

brachte ich atemlos hervor. »Wie schön, dass Sie gerade jetzt hier vorbeikommen – ich brauche nämlich Ihre Hilfe!«

»Guten Tag«, sagte er, und wir schüttelten Hände, wie zivilisierte Herren das so tun. »Was ist denn los?«

Ich erläuterte die Lage und bat Scholl-Latour, den EU-Botschafter über unsere Verhaftung zu informieren. Er nickte. Da kamen schon die Polizisten und SOD-Soldaten angerannt, ergriffen mich und zerrten mich zurück zum Polizeiwagen.

»Wir fahren hinter Ihnen her«, rief Scholl-Latour mir nach.

Während sein Fahrer treu an uns dranblieb, wurden wir nach Monrovia gebracht. Als wir den Regierungsbezirk erreichten, fiel mir nahe dem Präsidentenpalast ein Plakat auf, auf dem stand: »Liberia ist ein Land, wo nicht Männer, sondern Gesetze herrschen. Bitte tragt dazu bei, dass es so bleibt.«

Seit zwei Stunden wurden wir nun verhört. Gegen das schnell schwindende Licht der untergehenden Sonne im Fenster hinter ihm wurde Freeman zu einer zunehmend amorphen Silhouette. Schließlich wandte er sich Alix zu, die so miserabel aussah mit ihren bebenden Lippen, dass ich fürchtete, sie könnte unter dem Druck zusammenbrechen.

»Und Sie, die Fotografin, was haben Sie so fotografiert auf Ihrem kleinen Ausflug?«, fragte er sarkastisch.

»Die Flüchtlinge«, sagte Alix, aber Freeman schien nicht überzeugt.

»Es ist uns berichtet worden, dass Sie Fotos von militärischen Einrichtungen gemacht haben, was ein schwerer Verstoß gegen die Gesetze ist.«

Militärische Einrichtungen – immerhin wussten wir jetzt, was uns vorgeworfen wurde. Freeman forderte Alix auf, ihm den Inhalt ihrer Kameratasche zu zeigen, und sie legte die Filmrollen auf den Schreibtisch. Freeman verfrachtete sie auf die Fensterbank hinter ihm, um sie später entwickeln zu lassen. Es folgte eine lange, schwere Stille, in der mir bewusst wurde, dass sie uns fertigmachen wollten. Alles würden sie als belastende Beweise gegen uns interpretieren, selbst wenn die Fotos nur Tulpenfelder in Holland zeigten. Es ging nicht darum, was wir tatsächlich getan hatten. Aus irgendeinem

Grund, vermutlich wegen der *Newsweek*-Geschichte, wollten Taylors Leute uns bestrafen. Und sie wussten, dass sie damit durchkommen würden.

»Also, einige Fotos zeigen tatsächlich militärische Checkpoints«, sagte Alix plötzlich.

Es war schwer zu sagen, wessen Augenbrauen schneller nach oben jagten, Freemans oder meine. Auf einmal wünschte ich mir, ich hätte Alix auf ihren Kunstpartys in London gelassen.

»Aber die waren in Sierra Leone, nicht in Liberia«, fügte sie hinzu.

Das war's, wir waren geliefert. Wahrscheinlich zum ersten Mal in der Kriminalgeschichte Liberias unternahm eine Spionageverdächtige einen bewussten Versuch, sich selbst zu belasten. Freeman war selbst etwas sprachlos.

»Warum haben Sie militärische Checkpoints in Sierra Leone fotografiert?«

»Weil niemand etwas dagegen hatte«, erläuterte Alix. »Sehen Sie, wir waren ja mit der British Army unterwegs.«

Jesus.

Hatte Alix etwa vergessen, dass das Taylor-Regime dieselbe britische Armee beschuldigte, die liberianischen Rebellen auszubilden und auszurüsten? Es war Zeit einzugreifen.

»Nun, in Wirklichkeit waren wir bei der UN in Sierra Leone akkreditiert«, warf ich ein.

»Sie haben für die UN gearbeitet?«, fragte Freeman zunehmend erregt von der Aussicht, echte Spione geschnappt zu haben.

»Nein, wir waren bei denen akkreditiert«, korrigierte ich. »Wie ich schon sagte, arbeiten wir für eine englische Zeitung.« Nur ganz gelegentlich, fügte ich still zu mir selbst hinzu, schreiben wir auch für ein amerikanisches Nachrichtenmagazin, das einseitige Tiraden über blutrünstige Diktatoren in Westafrika veröffentlicht.

So ging das Verhör stundenlang weiter. Trotz der Hitze gab man uns weder Wasser noch Nahrung. Rauchen durften wir allerdings, und Alix rollte uns eine Kippe nach der anderen. Freeman und seine Untergebenen beobachteten dies mit unverhohlener Verachtung, war doch Westafrika eine der wenigen Gegenden der Erde, wo

Rauchen seit jeher als kulturell inakzeptabel galt. Raucher wurden als krank und moralisch schwach betrachtet. Schlimmer war, dass es ziemlich dunkel im Raum wurde. An jenem Abend gab es in Monrovia keinen Strom. Wir konnten die Leute um uns herum kaum noch erkennen. Irgendwann brachte jemand drei Kerzen, die auf dem Schreibtisch angezündet wurden. Durch die kleinen Flammen wurde es aber auch nicht romantischer. Freemans Gesicht, verzerrt vom flackernden Licht, sah nur noch bösartiger aus.

Würden wir wie der holländische Radler im Gefängnis verrotten, begann ich mich zu fragen. Wann kam die Kavallerie der EU angeritten? Wo war Botschafter O'Neill? Scholl-Latours Fahrer sah inzwischen auch pessimistischer aus. Mir kam der Gedanke, dass Scholl-Latour vielleicht daran gehindert worden war, das Polizeigebäude zu verlassen und die Botschaft zu benachrichtigen.

»Leeren Sie die Kameratasche aus!«, herrschte Freeman plötzlich Alix an. »Ich will alles sehen, was Sie da drin haben.«

Sie zögerte, nahm eine Kamera raus, packte sie aber gleich wieder hinein.

»Nein, ich lege meine Kamera nicht auf Ihren Schreibtisch«, sagte sie schlicht und mit einer gewissen Würde. Sie fügte einige wohl formulierte Sätze über Pressefreiheit an und schloss mit: »Es ist zu dunkel hier, meine Kamera ist hier nicht sicher.«

Dies war eher die Alix, die ich kannte, ein taffes Ostlondoner Mädchen, das für dummes Gebaren von Machomännern nichts übrighat. Angesichts unserer prekären Lage musste man sie einfach für ihre harte Haltung und für ihre Andeutung bewundern, dass Freeman nur ihre Kameraausrüstung stehlen wolle.

Unsicher, ob er amüsiert oder verärgert sein sollte, erhob sich Freeman und sagte: »Kein Problem, dann warten wir einfach auf mehr Licht.« Damit ging er aus dem Raum. Wir blieben zurück mit seinen Männern, die boshaft grinsten.

Mehrere Stunden vergingen. Die Elektrizität kam nicht wieder, Freeman auch nicht und auch kein europäischer Diplomat. Als die Kerzen heruntergebrannt waren, wurde nur eine von ihnen ersetzt, sodass uns eine unheimliche Dunkelheit umgab. Es sah so aus, als ob wir die gesamte Nacht in Haft verbringen würden. Irgendwann vergrub Alix das Gesicht in ihren Händen und begann zu schluchzen. Ich verfluchte mich dafür, meine Freundin in diese Lage gebracht zu haben, und versuchte sie zu trösten, aber vergeblich.

Dann verlor auch ich meine Coolness. Den Raum auf und ab schreitend, hielt ich den Polizisten ein spontanes Referat über die Grundsätze konsularischer Vertretung, Rechtsbeistand, Festnahme ohne Haftbefehl und die Unschuldsvermutung. »Wir haben ein Recht darauf, dass uns ein Anwalt beisteht, jetzt!«, behauptete ich. Genauso gut hätte ich nach dem Papst fragen können. Einer der Bullen sagte, ich könne meinen Anwalt doch jederzeit anrufen. Er wusste genau, dass das Telefonnetz von Monrovia nicht funktionierte.

Die Tränen von Alix beeindruckten diese harten Männer nicht. Sie hatten acht Jahre lang in einem Bürgerkrieg gekämpft, in dem massenhaft Zivilistinnen vergewaltigt worden waren, sodass der Anblick eines weinenden weißen Mädchens bei ihnen kein Mitleid auslöste. Ihre Blicke drückten Verachtung und Gleichgültigkeit aus, gemischt mit milder Vergnügtheit. »Was regt die sich so auf?«, fragte einer der Männer, nur um ominös hinzuzufügen: »Noch ist ihr doch gar nichts passiert.«

Es war nahe Mitternacht, als die Glühbirne an der Decke aufleuchtete und Freeman zurückkehrte. Er wurde von einem großen Mann namens Bruno begleitet, der wie ein weiterer Verbrecher aussah. Eine dicke Goldkette hing ihm um den Hals. Bruno stellte sich jedoch als der Fahrer und Bodyguard des EU-Botschafters heraus, der ihn als unsere konsularische Vertretung geschickt habe.

»Können Sie uns hier rausholen?«, fragte ich hoffnungsvoll.

»Kein Problem, keine Sorge«, sagte er. »Freeman ist mein Freund, seit langer Zeit. Wir sind zusammen zur Schule gegangen.« Woraufhin die beiden in herzhaftes Gelächter ausbrachen. Freeman verkündete, dass er ein guter Mann sei und uns erlaube, die Nacht im Mamba Point zu verbringen. Sehr erleichtert verließen wir das Polizeihauptquartier, aber als wir in Brunos EU-Geländewagen zum Hotel fuhren, bemerkte ich, dass uns Freeman und seine Leute in einem Auto folgten. Bruno erläuterte, dass Freeman im Gegenzug für seinen Gefallen ein Schmiergeld von 150 Dollar von uns erwarte.

Im Hotel fläzten sich die Polizisten in die Ledersessel in der

Lobby, während ich das Geld aus meinem Zimmer holte. Ich fand es unglaublich, wie dreist sie ihre Korruptheit zeigten. Ohne einen Anflug von Scham stopfte sich Freeman das Geld in die Tasche. Mit einem Schulterklopfen sagte er zu mir, er erwarte uns am folgenden Morgen zurück in seinem Büro.

»Ich kann es nicht abwarten«, sagte ich.

Während sich Alix gleich auf ihr Zimmer zurückzog, trank ich noch einen mit Mark Doyle, der bereits von unserem gescheiterten Ausflug erfahren hatte. Netterweise enthielt er sich aller hämischen Kommentare, sondern befragte mich zu dem Flüchtlingslager, das Alix und ich aufgesucht hatten, um die Informationen für einen BBC-Bericht zu benutzen. »Danke, alter Junge«, sagte er, bevor er auf sein Zimmer ging. »Und jetzt würde ich an deiner Stelle aus Liberia so schnell wie möglich abhauen.«

Auf der Hotelterrasse wartete Scholl-Latour auf mich, in einem weißen Rattansessel, mit einem Glas Bourbon in der Hand. Ich dankte ihm für seine Hilfe, aber das Lächeln verschwand gleich wieder aus seinem strengen Gesicht. Wie ein erboster Großvater schalt er mich für mein in seinen Augen absolut leichtsinniges Verhalten.

»Als Sie das gerahmte Foto von dem Polizeibeamten in seinem Büro in die Hände nahmen, da spielten Sie mit Ihrem Leben«, erklärte er mir. »Afrikaner sind abergläubische Menschen, und ein Aberglaube ist, dass man jemandes Seele verhexen kann, indem man nur sein Foto ansieht. Wenn Sie das im Kongo getan hätten, hätten die Neger Sie gleich umgebracht.«

Ich nickte demütig. Ich konnte wohl noch eine oder zwei Lektionen lernen von diesem Reporterveteran, der genau fünfzig Jahre älter war als ich und dabei noch immer bestens unterwegs. Ich fragte ihn, was ihn all die Jahre motiviert habe. Einen Moment lang dachte er nach. Die Suche nach Abenteuern sei es gewesen, sagte er dann, aber auch nach den *émotions fortes*, die er empfinde, wenn er eine beeindruckende Erfahrung mache oder einen inspirierenden Menschen kennenlerne.

»Ich glaube, ich weiß, was Sie meinen.«

»Sie wissen noch gar nichts, junger Mann«, erwiderte er. »Hören Sie, Sie werden es nicht lange machen, wenn Sie nicht lernen,

Gefahren zu erkennen, und vorsichtiger werden, besonders wenn Sie mit einer Frau unterwegs sind. Einfach so ein Taxi nehmen und blind in ein unbekanntes Terrain voller gewalttätiger Leute fahren, das ist etwas, was ich nie getan hätte. Sie werden in Afrika nicht überleben, wenn Sie so weitermachen.«

Es war ein guter Rat, aber im Adrenalinrausch jenes Tages dachte ich nicht viel darüber nach. Später sollte Scholl-Latour in seinem Buch *Afrikanische Totenklage* unsere Begegnung ausführlich und durchaus mit leichtem Altersspott beschreiben: »Ich hatte Lutz K. flüchtig im ›Mamba-Point-Hotel‹ kennengelernt. In Begleitung einer englischen Photographin war er auf seiner ersten Afrika-Reise nach kurzem Aufenthalt in Sierra Leone nach Monrovia gelangt. Er ist 27 Jahre alt und arbeitet als ›Freelancer‹ unter anderem für den ›Daily Telegraph‹, was ihn in den Augen der liberianischen Sicherheitsorgane zusätzlich verdächtig macht. Die Berufsausübung für einen freien Journalisten ist ein harter Job, und so ist Lutz K. stets auf der verzweifelten Suche nach einem ›Scoop‹ in diesem undurchsichtigen Kontinent.«

Anstatt die deutsche Jugend derartigen Risiken auszusetzen, heißt es dann indirekt weiter, sollte man ernsthaften Auslandsjournalismus lieber Korrespondenten und erfahrenen Profis wie ihm überlassen. Junge Journalisten kamen bei Scholl-Latour generell nicht gut weg. In Monrovia hatte ich ihm für seine »nicht selbstverständliche Hilfe« gedankt, was er in seinem Buch so kommentierte: »Sollten sich die Umgangsformen bei jungen Journalisten in ihrem hemmungslosen Konkurrenzzwang so degradiert haben, daß die spontane Solidarisierung in Krisensituationen, die wir Älteren ein Leben lang als Selbstverständlichkeit betrachteten, heute nicht mehr zum elementaren Berufsethos gehört?« Das war natürlich Unsinn, zumal zu guten Umgangsformen eher gehören sollte, dass man Menschen dunkler Hautfarbe nicht als Neger bezeichnet. Scholl-Latours rassistische Ausfälle waren leider nicht auf Afrikaner beschränkt. Als wir später einmal in Kabul aufeinander trafen und ich zum gemeinsamen Abendessen meinen deutsch-afghanischen Reisegefährten mitbrachte, lehnte es Scholl-Latour ab, mit einem »Einheimischen« am Tisch zu sitzen. Mein Bekannter lachte nur und sagte: »Kein Problem, Herr Scharlatan, und lassen Sie sich unser Essen schmecken!«

Im Mamba Point in jener Nacht gesellte sich später noch Botschafter O'Neill zu unserer Runde und erzählte in seiner fröhlichen irischen Art, wie er den ganzen Abend über Fäden gezogen habe, um unsere Freilassung zu erreichen. Zu meiner Überraschung sagte mir O'Neill, dass offenbar Charles Taylor selbst unsere Verhaftung angeordnet und überhaupt jedes Detail unseres Falls kontrolliert habe. »Ich habe den Eindruck, dass Ihre Gegenwart in Liberia Taylor aus irgendeinem Grund ärgert«, sagte O'Neill, der es daher für besser hielt, dass wir das Land so schnell wie möglich verließen. Er bot mir an, uns am Tag darauf persönlich auf einem Flug in die Elfenbeinküste zu begleiten, wobei er alle unsere Taschen zu diplomatischem Gepäck erklären würde.

Und so geschah es. Am nächsten Morgen rasten Alix und ich, anstatt uns in Freemans Büro zurückzumelden, in O'Neills Limousine, an der das glorreiche blaue Sternenbanner Europas wehte, zum Flughafen. Mit dabei war auch Mark Doyle, der über Nacht an Malaria erkrankt war und dringend in ein modernes Krankenhaus in Abidjan gelangen musste. »Scheiß Moskitos«, knurrte er, aschfahl im Gesicht und furchtbar zitternd. »Dies ist das fünfte Mal, dass ich Malaria habe, seit ich nach Westafrika gekommen bin. Was für eine schöne Gegend zum Leben!«

Am Flughafen schleuste uns O'Neill an Polizei und Zoll vorbei direkt in das Propellerflugzeug, das augenblicklich abhob. Während die Firestone-Kautschukplantage unter den Wolken verschwand, fragte ich mich, wie lange Charles Taylor wohl noch an der Macht bleiben würde. Zwei Jahre später stürzten die Rebellen, die wir nie zu sehen bekommen hatten, sein Regime und verjagten ihn aus Liberia. Nach einem kurzen Exil in Nigeria wurde er verhaftet und vor das UN-Tribunal in Den Haag gebracht, wo ihm der Prozess wegen Kriegsverbrechen gemacht wurde. Ein Urteil wurde noch nicht gesprochen.

Ich begann zu spüren, wie Westafrika mich auslaugte.

RUSSLAND III

Vor drei Stunden hat der Zug Jekaterinburg verlassen. Nun durchqueren wir den Ural, das eher flache Gebirge, das die geografische Grenze zwischen Europa und Asien markiert. Die Stadt Jekaterinburg, die zu Sowjetzeiten Smolensk hieß, ist bekannt als der Ort, wo die Bolschewiken im Juli 1918 Zar Nikolaus den Zweiten, den letzten Romanow auf dem Thron, und seine gesamte Familie exekutierten. Das Haus, wo sie alle erschossen wurden, ließen die Kommunisten 1977 abreißen aus Sorge, es könne zu einem Wallfahrtsort für monarchistische Pilger werden. Den Befehl zum Abriss gab übrigens ein gewisser Boris Jelzin, damals Parteichef von Smolensk.

Nach der Rehabilitation des Zaren und der Wiederauferstehung der orthodoxen Kirche im postsowjetischen Russland wurde auf dem Grundstück eine klobige, kitschige Kirche erbaut. Am Eingang erinnert eine kleine Ausstellung an die Hinrichtung der Zarenfamilie, so als ob sie das einzige schlimme Verbrechen sei, das die Bolschewiken im 20. Jahrhundert verübt haben. Die weniger prominenten, aber allemal zahlreicheren anderen Opfer Lenins und Stalins werden mit keinem Wort erwähnt. Das Ausmaß von Putins neosowjetischer Restauration wird von Tag zu Tag deprimierender.

Das nächste Ziel ist Omsk in Sibirien, wieder unglaublich viele Stunden Zugfahrt entfernt. Aber lange Zugreisen mochte ich schon immer. Als ich klein war, sind Mutter und ich zweimal im Jahr mit dem Zug zu meinen Brüdern in ihre Universitätsstädte in Süddeutschland gefahren. Den ganzen Tag rannte ich im Zug auf und ab, um andere Reisende zu beobachten. Mutter war es auch, die mir die Kunst des unabhängigen Reisens beibrachte. Wir besuchten Kirchen, Klöster und Burgen. Wenn die Tore mal verschlossen waren, machte Mutter sich auf die Suche nach dem Küster, um die Schlüssel zu besorgen. Darin war sie sehr beharrlich. Alles, was ich über das Reisen weiß, habe ich von ihr gelernt.

Abgesehen von den Reisen hatte ich eine recht ereignislose, aber idyllische Kindheit auf Gut Ankelohe. Ich war der jüngste von vier Söhnen, aber da meine Brüder schon alle aus dem Haus waren, wuchs ich wie ein Einzelkind auf. Meine Erziehung war konservativ, aber nicht mehr besonders streng. Anders als meine Brüder bekam ich von meinen Eltern viel Liebe und Zuwendung, nur selten mal Haue. Vater kümmerte sich um den Hof und machte Politik, als Bürgermeister unserer Gegend und Agrarlobbyist in Bonn. Mutter bildete Lehrlinge in Hauswirtschaft aus und zog einen Feriengastbetrieb auf. Nach der Schule war ich oft allein, las viel und fing zu imkern an, aber durfte auch mit den Kindern aus dem Dorf angeln und Fußball spielen.

Zu Hause wuchs ich unter alten Menschen auf. Meine Eltern waren beide Jahrgang 1929 und somit so alt wie die Großeltern der meisten meiner Mitschüler. Ebenso alt waren die Freunde meiner Eltern, die auf Besuchen stets ernste, meist politische Themen besprachen. Nie habe ich meine Eltern mal richtig feiern gesehen, nie betrunken, nie küssend. Auch meine Onkel und Tanten waren immer schon uralt, sodass ich mindestens zehn bis zwanzig Jahre jünger als alle meine Cousins und Cousinen war. Die Onkel waren fast alle Kriegsveteranen, einer war sogar in Stalingrad gewesen. Auf Fotos von Verwandtschaftstreffen, oft zu Goldenen Hochzeiten oder Beerdigungen, steht unter lauter Erwachsenen immer irgendwo in Schlaghosen aus Cord ein strohblonder Lümmel mit roten Wangen, der gerne keck in die Kamera grinst und Grimassen zieht: Das war ich.

Viel Zeit verbrachte ich mit »Onkel Maikuß«, dem ehemaligen Vorarbeiter auf dem Gut, der nun seinen Lebensabend bei uns verbrachte. Er war so etwas wie mein Ersatzgroßvater. Früher war er mal Nationalsozialist gewesen, aber das erfuhr ich erst nach seinem Tod. Als Kind liebte ich Maikuß, denn er war unser Jäger und nahm mich gerne mit auf lange Streifzüge durch das Gutsjagdrevier. Er brachte mir bei, Tierspuren im Schnee zu lesen und Bussarde von

Habichten zu unterscheiden. Im kalten Morgengrauen auf Rehe und Hirsche anzusitzen, war nicht so mein Ding, aber Hasen und Fasanen jagte ich gerne mit ihm. Da durfte ich auch schon mal selbst schießen, obwohl ich die schwere Flinte kaum heben konnte und mir der Kolbenrückstoß beim Schuss fast die Schulter auskugelte.

Maikuß respektierte die Tiere, die er tötete – mit einer Ausnahme: Krähen. Die hasste und bekämpfte er wie die Pest. Und Krähen gab es viele bei uns, pechschwarz bis zum Schnabel allesamt, flogen sie in Schwärmen über die Äcker; ihr »Rarara!« klang wie »Rache« oder Spottgelächter. Nur Schrot hatte Maikuß für sie übrig, hunderte todbringender Kugeln in jeder Patrone. Gesetzliche Schonzeiten ignorierte er, und wenn er im Frühling hoch in einer Eiche ein Nest entdeckte, stellte er sich unter den Stamm und schoss so lange hinein, bis sich kein Junges mehr regte. »Die Krähen sind eine Plage«, belehrte mich Maikuß, der sonst ein so liebenswürdiger alter Mann war. »Die müssen ausgerottet werden.«

Dabei war er eigentlich ein gerechter Jäger. Wenn zwischen Weihnachten und Neujahr im angrenzenden Jagdrevier die Dorfjäger ihre alljährliche große Treibjagd abhielten – ein feiges, scheußliches Massaker, das den Hasen kaum eine Chance lässt –, ließ Maikuß die Gewehre bewusst im Schrank, sodass die Tiere sich auf unsere Seite flüchten konnten. Das merkten sie sich offenbar mit der Zeit, sodass jedes Jahr vor Weihnachten wahre Migrationen in unser Revier zu beobachten waren. Während sich im Dorfrevier die Lodenmänner mit ihren Treibern zusammenrotteten, feierte die Tierwelt bei uns ein friedliches Weihnachtsfest. Ich romantisiere etwas, aber als Kind glaubte ich das wirklich.

Für die Hege und Pflege unseres Jagdgebiets war Hans zuständig, der letzte richtige Knecht auf dem Hof. Auch er hatte Jäger werden wollen, war aber immer durch die Jagdprüfung gefallen. Zusammen zogen wir durch die Feldmark, nur mit Ferngläsern bewaffnet. Hans zeigte mir im Moor verborgene Fuchsbauten, und im Frühsommer suchten wir die Weiden nach Geweihstangen ab, die Hirsche bei ihren Kämpfen untereinander verloren hatten. Hans arbeitete schon seit Kriegsende bei uns, nachdem mein Großvater ihn aus einem Waisenheim auf den Hof geholt hatte. Zuvor hatte er auf der

Flucht aus Ostpreußen 1945 seine Eltern verloren. Seitdem hatte er eine tief sitzende Furcht vor »dem Russen«. Fast zwanzig Jahre lang frühstückten wir außer sonntags jeden Morgen zusammen in der großen, weiß gekachelten Küche, er vor der Arbeit und ich vor der Schule, und jeden Morgen kam das Gespräch unweigerlich auf »den Russen, der eines Tages kommen wird«. Dann gebe es wieder Krieg, sagte Hans, dann müsse der Deutsche wieder kämpfen und der Ami auch, der Tommy und der Franzose, alle würden wieder in den Krieg ziehen, jeder gegen jeden. Jeden Morgen der gleiche weltpolitische Monolog, bei dem ich zuhörte, meine Cornflakes aß und bisweilen nickte.

Als meine Kindheit in Jugend überging, fühlte ich mich in meiner kleinen Heimat um Gut Ankelohe zunehmend eingeengt. Mit fünfzehn ging ich zum ersten Mal in ein Kino, in Bremerhaven. So konnte es nicht weitergehen. In mir wuchsen die Neugier auf die Welt da draußen und der Wunsch abzuhauen. Mit einem Interrailticket machte ich mich einen Sommer lang vom Acker. Danach wollte ich als Austauschschüler in die USA, meine Eltern unterstützten diese Idee, und so verbrachte ich ein Jahr an einer High School im US-Bundesstaat Alabama. Das Leben mit meiner Pflegefamilie Bramer, mit jungen Gasteltern und gleichaltrigen Geschwistern, zeigte mir, dass Familie auch anders ging. Außerdem lebten die Bramers nicht seit hundert Jahren am selben Ort, sondern waren in den vergangenen zwanzig Jahren drei- oder viermal umgezogen, von Colorado nach Kalifornien und von dort nach Alabama. Hatten ein Haus gekauft und wieder verkauft, um ein neues zu kaufen. Nicht um darin Wurzeln zu schlagen und alte Traditionen zu erhalten, sondern um es zu bewohnen. Heimat, so wie ich sie kannte, gab es für die Bramers nicht.

Nach meiner Rückkehr nach Deutschland war für mich klar: Niemals würde ich mein Leben auf Gut Ankelohe verbringen können. An einem Ort, wo jeder Ziegelstein und jeder alte Baum von einem meiner Vorfahren gesetzt worden war, schien das Leben zu stark vorherbestimmt. Meine Identität sollte in Zukunft nicht mehr viel mit meiner Herkunft von Gut Ankelohe zu tun haben. Dafür musste ich mir einen neuen Ort in dieser Welt suchen, einen fernen

Ort, am besten gleich mehrere. Das tat ich. Nach dem Abitur ging ich für Praktika bei CNN und im ZDF-Büro ein halbes Jahr nach Washington, DC, danach zum Geschichtsstudium nach Aix-en-Provence und London. Die Welt war mein Zuhause, ich war viel unterwegs, ich war glücklich.

Dann starb mein Vater, und von uns vier Söhnen fiel ausgerechnet mir, dem Jüngsten, das Gut als Erbe zu. Obwohl ich noch Student war, nahm ich es an – aber das ungute Gefühl blieb. Jedes Mal wenn ich Mutter zu Hause besuchte, wurde ich melancholisch. Das lag natürlich am Vater, der mir schmerzlich fehlte, aber nicht nur. Der Ort schnürte mir den Brustkorb zu, ich konnte dort nicht mehr atmen. So sagte ich Mutter, dass ich nach dem Studium erst einmal nicht nach Deutschland und Gut Ankelohe zurückkommen würde. Sie akzeptierte es. Sie hatte Verständnis für meine Wanderlust und den Wunsch, Reporter zu werden. Auch wenn sie sicher nicht froh war über meine Arbeit an gefährlichen Orten, sagte sie nie auch nur ein Wort, um mich davon abzuhalten. Nur an unsere Abmachung, dass ich nach acht bis zehn Wanderjahren heimkommen und die Verantwortung für den Hof übernehmen müsse, erinnerte sie mich hin und wieder. Daran war nicht zu rütteln.

Die zwei Russen in meinem Abteil haben sich bereits auf ihren Liegen langgemacht und sind eingeschlafen. So hole ich aus meiner Reisetasche wieder einmal ein paar alte Briefe hervor. Wie geht es auf Gut Ankelohe weiter, als nach dem Attentat auf das österreichische Thronfolgerpaar am 28. Juni 1914 in Sarajewo ein Krieg auszubrechen droht? Die beste Quelle hierzu sind einmal nicht die Briefe von Hans-Heinrich, sondern die seines Bruders Kuno, meines Großonkels. Als Adjutant von Generaloberst Helmuth von Moltke, Chef des Großen Generalstabs, war Kuno in Berlin direkt am Geschehen beteiligt, das zum Kriegsausbruch in Europa und in sein eigenes Verderben führte.

Früher hing im ersten Stock des Gutshauses ein Gemälde von Kuno, das mir als Kind immer etwas Angst machte. Darauf trug er eine dunkelblaue Offiziersuniform, aber keinen Helm, stattdessen polierte Glatze. Ein ebenmäßiges Gesicht, aber ohne verfeinerte Züge, sondern mit einem Ausdruck arroganter Grausamkeit, der sich von den kalten Augen bis zu den verächtlich heruntergezogenen Mundwinkeln ausbreitet. Das Porträt war fast fotografisch genau gemalt, sodass ich, wenn ich als Kind unter ihm vorbeischlich, immer fürchtete, der Großonkel könne jeden Moment zu mir sprechen. (»Na, kleiner Lutz, sicher willst du später auch mal zur Armee?« – »Was, ich?«) Noch bevor ich nach Papas Tod das Traditionszimmer auflöste, hängte ich als Erstes das Kuno-Gemälde ab und trug es auf den Dachboden, wo es seither niemanden mehr erschrecken kann.

Vor hundert Jahren war Kuno der Star der Familie, von allen verehrt und bewundert. Er war ein brillanter und moderner junger Offizier, schon weit gereist und polyglott. Von Berlin aus unternahm er Reisen nach England, Frankreich und natürlich Belgien, um dort das Schlachtfeld von Waterloo zu besichtigen. Ein anderes Mal fuhr er über Venedig und Triest bis nach Konstantinopel. An der renommierten Kriegsakademie ließ er sich zum Dolmetscher in Englisch und Französisch ausbilden. Als einer der besten Absolventen wurde er Anfang 1914 zum Großen Generalstab kommandiert. Im Juni 1914 war er in der russischen Abteilung tätig und lernte fleißig Russisch. Das konnte nur nützlich sein, denn eines Tages, da war er sich sicher, würde Deutschland gegen Russland Krieg führen.

Auch privat lief es blendend für Kuno. Er hatte sich auf Ankelohe eine von Helenes hübschen Pensionärinnen namens Hedi geangelt, Tochter einer wohlhabenden schweizerischen Familie, die in Hannover lebte. Es muss Liebe auf den ersten Blick gewesen sein zwischen der zierlichen, klugen Hedi und Kuno. In der Familienchronik beschreibt sie, wie sie als 17-Jährige von ihrer Mutter von Hannover nach Gut Ankelohe gebracht wurde, um ein Jahr in Helenes Mädchenpensionat zu verbringen. Schon am ersten Tag unternahm der schneidige Kuno, der gerade zu Besuch zu Hause weilte, mit ihr und ihrer Mutter einen langen Spaziergang zum See. Kaum ein Jahr später verlobten sich die beiden.

Der Tag, der alles verändern sollte, kam früher als gedacht. In der Familienchronik, die Kunos Verlobte Hedi vier Jahrzehnte später verfasst hat, beschreibt sie ihn so: »Wir verlebten den Juni gemeinsam in Berlin. Der 28. kam heran, der Tag von Sarajewo! Als am

Die letzte Aufnahme von meinem Großonkel,
Oberleutnant Kuno Kleveman, mit seiner Verlobten
Hedwig Desgraz, 1914

Abende die Schreckenskunde von der Ermordung des österreichischen Thronfolgerpaares kam, sprang Kuno wie elektrisiert von seinem Stuhl auf: ›Das bedeutet Krieg!‹«

In Tante Hedis Familienchronik finden sich etliche Briefe von Kuno an sie, aus denen seine ungeduldige Begeisterung für einen schnellen Krieg deutlich wird. Da Kuno seiner Verlobten viele damals streng vertrauliche Vorgänge mitteilt, sind die Briefe historisch hochinteressante Dokumente, die nochmal ein erhellendes Licht auf die Geschehnisse während der Julikrise 1914 und auf die Kriegsschuldfrage werfen.

Im Juli 1914 waren die meisten europäischen Staatenlenker im

Sommerurlaub und sahen alle aus heutiger Sicht unfassbar tatenlos zu, wie Europa ins Verderben schlitterte. Als Hauptschuldiger am Kriegsausbruch gilt unter Historikern heute allerdings das Deutsche Reich, das sich schon länger mit einem Krieg aus der empfundenen Umzingelung durch andere europäische Mächte befreien wollte. Hinzu kam die »Nibelungentreue« im Zweibund mit Österreich, die Kaiser Wilhelm II. bewog, nach dem Attentat dem Botschafter der Donaumonarchie in Berlin einen »Blankoscheck« auszustellen und Wien so freie Hand im Umgang mit Serbien zu geben. Das bewusst unannehmbar formulierte Ultimatum der Österreicher an die Serben rief wiederum deren russische Verbündete auf den Plan.

In einem Brief an Hedi vom 27. Juli 1914 beschreibt Kuno, wie sich die Dinge langsam zuspitzen: »Liebste Hedi, Rußland hat noch keine Gesamtmaßnahmen getroffen, dafür aber Maßnahmen, die wohl zum Einschüchtern getroffen werden. Es finden außerordentliche militärische Maßnahmen soeben 12 Uhr 25 mittags auch an unserer Ostgrenze statt. Wir haben Tag- und Nachtdienst mit besonderer Arbeitseinteilung. Alles ist telegraphisch vom Urlaub, Dienstreisen und dergleichen zurückgerufen ... Alles was ich Dir über militärische Sachen schreibe, ist natürlich *nur* für Dich und die Eltern.«

Nach der diplomatisch geschickten Antwort der Serben auf das österreichische Ultimatum sieht Kaiser Wilhelm II. jeden Grund zum Krieg entfallen. Durch persönliche Diplomatie in letzter Minute – so etwa mit Briefen an den russischen Zaren Nikolaus II., seinen Cousin, die er mit »Yours, Willy« unterschreibt – versucht Wilhelm II. den Frieden noch zu retten. Darüber regt sich Kuno furchtbar auf, denn er will keinen Frieden, sondern Krieg: »Liebste Hedi, es ist wirklich unglaublich und man kann sich schwer hineindenken. In diesem Falle, wo alles Recht und alle Chancen bei uns sind, will S.M. gern Frieden stiften. Gestern kam er an, und wahrhaftig: Evangelium: Frieden um jeden Preis! Hoffentlich nehmen ihm die Österreicher die Initiative aus der Hand, sagen ›Ja, ja‹, und machen ruhig los ... Wenn er jetzt zum Eingehen auf russische Arroganz raten will, dann bedaure ich die Folgen. Die Chancen können von Jahr zu Jahr für uns nur schlechter werden, je mehr Rußland erstarkt – und das tut es!« … Wir führen unter Wilhelm II. eben nicht übermäßig gern Krieg. Es ist aber wirklich unglaublich. Ich kann mir nicht helfen. Er ist ein unfreier Geist. Er ist in die Friedensidee verrannt und jetzt ganz entsetzt, daß sein lieber Friede gefährdet wird.«

Wenn schon ein Oberleutnant seinen Monarchen derart kritisiert, dann verwundert es nicht, dass der Kaiser bei seinen Generälen schon bald jegliches Ansehen verliert und später machtpolitisch von der Obersten Heeresleitung Hindenburg-Ludendorff beiseitegeschoben wird. Aber auch an den militärischen Führern lässt Kuno Ende Juli 1914 kein gutes Haar. Folgendes Urteil wird wohl auf seinen Chef, den zögerlichen und nervlich überlasteten Moltke, gemünzt sein: »Es ist nicht schön. 65jährige leiten uns ohne den starken Willen, den manche in dem Alter ja noch haben. Bei den telegraphisch vom Urlaub zurückgeholten ist zum Teil großer Frauen- und Kinderjammer gewesen bei der schleunigen Abreise.«

Am 30. Juli 1914 deutet sich eine Entscheidung an. Wie viele Militärs und auch der Reichskanzler Theobald von Bethmann-Hollweg ist Kuno überzeugt, dass ein weiteres Zögern nur den kriegsentschlossenen Russen und Franzosen nützen würde: »Meine liebste Hedi, ich konnte Dir gestern Abend nicht mehr schreiben. Moltke kam erst in später Nachtstunde vom Kaiser zurück, wo alle verantwortlichen Männer waren. Es ist jetzt klar: Rußland will uns durch Friedensversicherungen hinhalten. Inzwischen will es sich mit ganzer Macht auf Österreich stürzen … Hedi, liebste einzige, die nächsten 24 oder 48 Stunden müssen einen Entschluß, eine Entscheidung bringen. So geht das nicht weiter, oder die Nachteile für uns sind unabsehbar. Moltke ist wieder beim Kaiser. Er weiß, was nötig ist. Aber für den Kaiser ist der Entschluß natürlich unendlich schwer. Was ich Dir schreibe, ist wieder nur für Dich und die Eltern. Kein anderer Mensch darf um die Tatsachen wissen. Aber Du sollst mein Gefährte ganz sein. Und deshalb mußt Du die Wirklichkeit ganz wissen, nicht nur Zeitungsinformationen. Sonst kannst Du nicht mitfühlen und verstehen.«

Was Kunos Verlobte Hedi wohl wirklich fühlt und versteht beim Lesen dieser Briefe? Freut sie sich, sein »Gefährte ganz« zu sein, indem er geheime Informationen aus dem Generalstab mit ihr teilt? Das ist bemerkenswert, denn immerhin deutet es auf eine für die damalige Zeit ungewöhnlich ebenbürtige Beziehung hin, in der Kuno seine Verlobte ernst genug nimmt, dass er sie aus seinen beruflichen Angelegenheiten nicht heraushält. Vielleicht aber wünscht sie sich weniger Politik und etwas mehr liebevolle Worte? Immerhin sind die beiden frisch verlobt, und sobald Kuno wieder längeren Urlaub von seinen militärischen Pflichten hat, ist die Hochzeit geplant.

Doch dazu kommt es nicht, stattdessen will Kuno in den Krieg ziehen. »Es gilt jetzt stark zu sein, Liebste«, schreibt er Hedi in einem Brief vom 31. Juli 1914. »Es ist ein schweres Geschick, das uns in dem Augenblick trennt, wo wir einer Zukunft immer näher entgegensahen, die uns ganz vereinen sollte. Aber es gilt jetzt zu glauben. Es gibt soviel Dinge, die ein großes geistiges Gesetz regelt, das wir nicht kennen. Wenn man sich ganz darunter stellt, wenn man einfach glaubt, mehr als hofft, dann findet man sich darein. Heute als Moltke uns die letzten Entschlüsse mitteilte, da habe ich einen Augenblick daran gedacht, Dir zu telegraphieren. Aber Du hättest erst 10 Uhr 40 hier ankommen können, und vor allem, Du wärst sehr schwer morgen zurückgekommen. Denn morgen beginnen die Verkehrsbeschränkungen. Nun will ich mir die letzten Bilder einprägen und die letzten Stunden, die wir zusammensaßen. Kleinigkeiten werden jetzt zu unauslöschlichen Erinnerungen … All die Bilder, in denen werde ich leben auf langen Märschen und an den paar Tagen, wo es hart auf hart kommt … Zunächst ist noch kein Krieg erklärt. Und kommt er, so kämpft man nur an wenigen Tagen. Ich weiß, Du willst nicht, daß ich dann eine Memme bin. Warte dem Tag entgegen, an dem ich wiederkomme. Es wird kein Feldzug, sondern ein Ringen um das Bestehen als Volk und Staat. Es ist vielleicht die letzte große Entscheidung, die Europa vielleicht endgültige Völkergrenzen gibt. Kein Deutscher geht hoffärtig in diesen Kampf. Aber jeder der Sinn für Ehre und Pflicht hat, geht mit dem Gefühl hinein, daß es alles einzusetzen gilt für eine gesicherte Zukunft. Umarme unsere lieben Eltern. Das, was sie und Du verlieren können, können Millionen verlieren. Mit ihnen allen warte der Heimkehr entgegen.«

Heftig, dieser Brief. Da will Kuno vor Hedi nicht als »Memme« gelten. So weit geht der preußische Kult des unerschrockenen Kriegers damals, dass man nicht einmal seiner Verlobten gegenüber menschliche Schwäche oder Sorge zugeben kann. Durfte man in dieser Familie eigentlich nie auch mal schwach sein? Und dann der Wunsch nach »endgültigen Völkergrenzen« – das heißt ja wohl nichts anderes, als dass Kuno zu denen gehörte, die mit dem Krieg deutsche Expansionsziele verfolgten. Mehr Territorium, mehr Lebensraum. Und »ein Ringen um das Bestehen als Volk«? Das ist nicht die herkömmliche Terminologie von 1914, das ist bereits etwas anderes. Kuno gehörte zu einer neuen Generation militärischer Führer in Deutschland. Er war nicht mehr nur ein Nationalist, sondern er rechtfertigte etwa die Invasion Belgiens mit der neuartigen Begründung, dass Belgier den Deutschen rassisch unterlegen seien. Hätte Kuno den Ersten Weltkrieg überlebt, frage ich mich, ob er wohl dreißig Jahre später einen guten Nazigeneral abgegeben und den rassistischen Vernichtungskrieg der Wehrmacht im Osten bereitwillig mitgemacht hätte?

Ende Juli 1914 weiß Kuno, dass er seinen Schreibtisch im Generalstab vorerst räumen muss, denn alle jüngeren Mitglieder des Stabs erhalten bei Kriegsausbruch Frontstellen, um sich im Kampf zu bewähren. Kuno übernimmt die Führung der 1. Kompanie des Infanterieregiments No. 165. Bevor er Berlin verlässt, schreibt er Hedi noch einen Brief mit den Ereignissen nach der Bündnisfallanfrage der Österreicher: »12 Uhr 50 alle Offiziere des Generalstabes in den großen Bibliothekssaal. 1 Uhr wohl ein historischer Moment. Moltke spricht zu uns: ›So, nun gehen Sie hin und tun Sie Ihre Pflicht.‹ Leb wohl, Herzliebste!«

Weniger pathetisch schreibt Mutter Helene auf Gut Ankelohe in ihrem Tagebuch über jene Tage Ende Juli. Das Attentat von Sarajewo hat auch sie und Theodor beunruhigt, doch sie glauben nicht an eine ernste Kriegsgefahr. Schließlich konnte der russische Zar doch den Königsmord der Serben nicht gutheißen. Sorglos verleben die Ankeloher die folgenden Wochen und freuen sich über die gute Heuernte. Die Söhne Hans-Heinrich und Paul-Udo nebst Gemahlin Else sind zur Sommerfrische daheim. Am 27. Juli feiern sie alle zusammen in den 23. Geburtstag von Hans-Heinrich rein, recht fröhlich mit »Kuchen und Erdbeerbowle«. Am folgenden Morgen will Hans-Heinrich mit Paul-Udo und Else für ein paar Tage auf die ostfriesische Insel Wangerooge fahren. »Er flötete und sang beim Ankleiden am frühen Morgen«, schreibt Helene. »Da kam gegen 8 Uhr eine Depesche, die ihn in seine Garnison zurückrief. Jetzt wurden wir stutzig, und dennoch hofften wir, den Frieden zu behalten.«

Noch am selben Tag, seinem Geburtstag, bricht Hans-Heinrich nach Diedenhofen auf. Zwei Tage später erhält auch Paul-Udo den Befehl, unverzüglich in seine Garnison zurückzukehren. In die Geburtstagsfeier einer Pensionärin am 31. Juli platzt dann die Nachricht der Mobilmachung. In den folgenden Tagen werden mehrere Knechte und Tagelöhner eingezogen, Theodor muss einige seiner Pferde für die Armee abliefern, und mehr als die Hälfte von Helenes Pensionärinnen werden von ihren besorgten Eltern heimgeholt. Sie glauben ihre Töchter auf Gut Ankelohe nicht mehr in Sicherheit, denn die Angst geht um, die Engländer könnten an der nahen Nordseeküste landen. Vielleicht wollen sie ihre Töchter auch einfach lieber wieder bei sich zu Hause haben.

Die Pflegetöchter verlassen Helenes Haus, die Arbeiter den Hof, und die drei Söhne sind auf dem Weg zur Front. Das Paradies auf Gut Ankelohe zerbricht.

ELFENBEINKÜSTE
DIE HURE

Schwere Regentropfen trommelten auf das Blechdach und mich aus dem Schlaf. Ich schlug die Augen auf, sah aber nichts als Dunkelheit. Vorsichtig tastete ich nach dem Lichtschalter neben dem Bett, doch der Strom war noch immer weg. Vergeblich versuchte ich mich zu entsinnen, wo ich die Taschenlampe hingelegt hatte. Eine Weile lag ich bloß auf dem Bett, blind und schwitzend, und lauschte dem Regen, der weiter auf das Dach des Bungalows schlug. Starke Windböen rauschten durch die Palmen am Strand. Trotz des Gewitters war es eine drückend heiße Nacht, selbst für westafrikanische Verhältnisse. Blitze zuckten hinter dem Fenster. Ich wartete auf den Donner, aber es kam keiner.

Es hatte keinen Sinn, den Empfang anzurufen und mich über den Stromausfall zu beschweren. Der Nachtschichttyp dort war entweder betrunken oder schlief, wahrscheinlich beides, und das Telefon funktionierte ohnehin nicht. Das Hotel war eine *auberge*, erbaut und geleitet von einem Franzosen im Süden der Elfenbeinküste, einer ehemaligen französischen Kolonie. Es war ein charmanter Ort, so hatte ich zumindest bei meiner Ankunft am Nachmittag gedacht. Das herrschaftliche Haus aus der Kolonialzeit, umgeben von Bungalows, lag direkt am Strand und Meilen vom nächsten Dorf entfernt. Es gab kein Fernsehen, und als ich nach Internet fragte, sah mich die dicke Frau an der Rezeption nur vergnügt an.

Die *auberge* hatte einen französischen Koch, einen freundlichen Trinker aus dem Midi, der importierte *foie gras* und ein köstliches *poulet à la provençale* zum Abendessen zubereitet hatte. Zusammen mit einem kanadischen Ehepaar, den einzigen anderen Gästen im Hotel, hatte ich diese arg vermissten Delikatessen mit drei Flaschen herrlichen Côtes du Rhône runtergespült. Der Gang zurück zu meinem Bungalow war etwas wackelig gewesen, wie ich mich schwach erinnerte. Dann muss ich einfach ins Bett gekippt sein, denn ich war, wie mir langsam bewusst wurde, noch immer voll bekleidet.

Mit einem Seufzer zog ich das schweißgetränkte Hemd und die Hose aus. Meine Hand fand die Taschenlampe unter dem Bett und knipste sie an. Dann trat ich auf die knarrende Veranda, um erst einmal eine Kippe zu rauchen. Die mondlose Nacht war dunkel und ohne jeden Trost. Keines der Häuser auf dem Gelände war erleuchtet, nicht einmal von einer Kerze. Seltsam war, dass die Blitze noch immer keinen Donner erzeugten, sondern nur kurz die Silhouetten der Palmen freilegten, wie sie im Wind geschüttelt wurden. Es war ein unheimlicher Anblick. Das Schlagen der Blätter war der einzige Laut in der Luft, abgesehen vom Krachen der Wellen, das vom Strand aufstieg.

Mir fiel ein, dass an der Küste noch immer viel Voodoo praktiziert wurde. Mit leisem Schauern kroch ich in mein erbärmliches Bett zurück. Es gab für einen rationalen Mann keinen Grund, Angst zu haben, sagte ich mir. Aber nach all dem Mist, der passiert war, war ich mir nicht einmal mehr sicher, ob ich noch besonders rational unterwegs war. Ich zündete eine Kerze auf dem Nachttisch an. Ein großer Moskito surrte über meinem Kopf, erregt vom Geruch meines nackten Körpers. »Ich werde dich fangen und auf den Namen ›Charlie‹ taufen«, zischte ich das Insekt an, lose Charles Bukowski zitierend, während ich unter das Moskitonetz kroch. »Und dann klatsche ich dich an die Wand. Dich und all die Malariaerreger, mit denen du herumfliegst.« Gesundheitliche Sorgen hatte ich schließlich schon genug.

Ich war allein. Alix war weiter nach Ghana gereist für zwei Wochen Urlaub mit ihrem Freund, der aus London heruntergeflogen kam. Obwohl wir es nicht aussprachen, waren wir nach unseren anstrengenden Abenteuern in Sierra Leone und Liberia beide erleichtert, eine Pause voneinander zu haben. Das abgeschiedene Hotel war genau der richtige Ort, um einen Schritt zurückzutreten und nachzudenken. Beruflich entwickelte sich die Reise durch Westafrika zu meinem Durchbruch. Der *Telegraph* hatte meine Geschichten ganzseitig groß herausgebracht. Ich erhielt sogar einen Anruf von Charles

Moore, dem Chefredakteur, der meine *jolly good pieces* und den Mut lobte, den ich gezeigt hätte. Dies war eine seltene Ehre für einen Stringer, und Alec empfahl mir, mich auf meinem nächsten Besuch in London von Moore zum Lunch einladen zu lassen, um meine Zukunft im Blatt zu besprechen.

Aber mit dem Erfolg kam wieder einmal eine schmerzhafte Lehre. In Abidjan, der Hauptstadt der Elfenbeinküste, hatte ich zum Kaffee bei der deutschen Botschafterin vorbeigeschaut, die in der Woche zuvor eng mit EU-Botschafter O'Neill in Monrovia kooperiert hatte, um unsere Freilassung zu erwirken. Sie erzählte mir, dass sie die beiden Verlagshäuser angerufen hatte, in deren Auftrag ich derzeit unterwegs war, den *Telegraph* und den *Stern*, um sie über meine Verhaftung zu informieren. Alec sei sehr besorgt gewesen und habe sofort von London aus das Auswärtige Amt kontaktiert mit der Bitte, bei der liberianischen Regierung für uns Druck zu machen.

»Die Reaktion der *Stern*-Redakteure hingegen war ganz anders«, sagte mir die Botschafterin. Der Leiter des Auslandsressorts habe sich große Mühe gegeben, seine Hände reinzuwaschen, mit der Begründung, dass die Zeitschrift für freie Mitarbeiter nicht verantwortlich sei. »Dieser junge Mann muss wohl ziemlich dumm und unerfahren sein, dass er solche Risiken in Afrika eingeht«, soll der Redakteur der Diplomatin sinngemäß gesagt haben. Um dann noch, in einem typisch deutschen Reflex, hinzuzufügen, dass ich ja wohl auch irgendetwas angestellt haben werde, wenn ich inhaftiert wurde. Damit habe der *Stern* jedenfalls nichts zu tun.

Einige Monate zuvor hatte ich diesen Mann nach einem Lunch mit den Chefredakteuren des *Stern* in seinem Büro kennengelernt. Woran ich mich nach unserem Treffen am deutlichsten erinnerte, war seine umfassende Unhöflichkeit. Während ich ihm meine Ideen für Geschichten aus Westafrika dargelegte, legte er mit gespielter Lässigkeit seine Füße auf den Schreibtisch, mir die Sohlen seiner Schuhe zeigend. Tagelang hatte ich danach überlegt, was dieses schlechte Benehmen zu bedeuten hatte. Nun wurde deutlich, dass der Typ nicht das Format hatte, das ich von einem Auslandsressortleiter erwartet hätte. Er war zunächst ganz wild auf meine Diamantenstory gewesen und hatte mich dazu ermutigt, für weitere Recherchen nach Liberia zu reisen. Kaum steckte ich in Schwierigkeiten, ließ er mich fallen wie eine heiße Kartoffel.

Später wurde mir klar, dass diese Methode offenbar eine bewusste Politik des *Stern* war, um das Unternehmen nicht mit Vorwürfen und Verantwortung zu belasten. Die Methode wurde wohl eingeführt, nachdem zwei fest angestellte *Stern*-Mitarbeiter, der Reporter Gabriel Grüner und der Fotograf Volker Krämer, bei Recherchen 1999 im Kosovo getötet worden waren. Seitdem schienen die Manager der Zeitschrift darauf zu achten, gefährlichere Aufträge an Freelancer zu vergeben, von denen man sich leichter distanzieren konnte. Nur zwei Jahre später wurde der freie Journalist Volker Handloik von den Taliban in Afghanistan erschossen. Zwar war Handloik im Auftrag des *Stern* unterwegs gewesen, doch die Sprecher des Magazins behaupteten eilig, er sei unnötige Risiken eingegangen, ohne dafür zuvor von *Stern*-Redakteuren grünes Licht erhalten zu haben. Als ich die deutsche Botschaft in Abidjan verließ, hatte ich keine Illusionen mehr darüber, wie viel Loyalität ein freier Reporter im Einsatz von Ledersessel-Redakteuren zu Hause erwarten durfte.

Während ich mich in meinem Bungalowbett wälzte, wurde mir bewusst, welchen Tribut die Abenteuer der vorausgegangenen Wochen von mir gefordert hatten. Zwar hatte ich noch eine lange Überlandreise nach Nigeria vor mir, aber Westafrika begann mich bereits zu erschöpfen. Ich hatte den »schwarzen Kontinent« wirklich durch die Hintertür betreten, direkt dahinein, wo er so richtig verkommen und verstörend war. Keine Safaris, keine Savannen, auch keine Naturwunder – nur umfassendes menschliches Elend. Das war wohl Robert Kaplans »kommende Anarchie«, aber sie machte mir zu schaffen.

Dann war da noch etwas anderes. Gerade als es beruflich gut zu klappen begann, hatte ich Mist gebaut. Zum ersten Mal in meinem Leben fürchtete ich, dass ich mit zu hohem Einsatz gespielt – und verloren hatte. Von außen besehen, war ich noch in guter Verfassung, unversehrt von den Gefahren, die Reportern normalerweise drohen: Keine Kugel hatte meine Brust aufgerissen und kein Messer meine

Haut durchstochen. Dennoch fühlte ich mich bereits krank, und es war nicht Malaria, wovor ich Angst hatte.

Ein leichter, unruhiger Schlaf übermannte mich. In meinen Träumen kehrte Silvie zu mir zurück. Sie stand vor dem Hotel in Abidjan, als ich aus meinem Taxi stieg. Lächelnd wartete sie, bis ich den Fahrer bezahlt hatte. Sie war hübsch, Anfang zwanzig, mit einem engen dunklen Kleid über ihrem schön geformten Körper.

»*Alors, on monte?*«, fragte sie mich ohne Umschweife. Sie hatte einen leicht kreolischen Akzent.

Ich hielt an, um sie anzusehen. Sie trug ein diskretes goldenes Halskettchen, und ihr Lächeln zeigte eine makellose Reihe weißer Zähne.

»*Je sais pas*«, murmelte ich. »Wie viel soll ich dir denn bezahlen?«

»Was du willst«, sagte sie. »Du gibst mir, was du willst.«

Die Sicherheitsleute vom Hotel beobachteten uns mit vergnügtem Interesse, sodass ich einen kleinen Spaziergang vorschlug. Sie willigte ein, und wir schlenderten die Straße runter zum Boulevard de la République.

»Ich heiße Louis«, stellte ich mich vor, die Hand ausstreckend, *comme il faut.* »Und du?«

»Silvie«, sagte sie, sanft meine Hand nehmend. Auch ihr Name war sicher falsch, vermutete ich.

»Ich mache so etwas nicht oft, weißt du«, murmelte ich.

»*Ah bon? Il n'y pas de problème. On y va?*«

Als wir das Hotel betraten, gab Silvie ihren Personalausweis beim Empfangsherrn ab, der die Situation mit routinierter Diskretion behandelte. Er schien sie zu kennen, was mich beruhigte. Immerhin war sie nicht irgendein Mädchen von der Straße, dachte ich bei mir, was wohl bedeutete, dass ich mir weniger Sorgen um meine Wertsachen machen musste. Im Aufzug sprachen wir kein Wort. Wir gingen den Flur hinunter, und ich öffnete die Tür zu meinem Zimmer. Trotz meiner leichten Trunkenheit bekam ich den Schlüssel gleich beim ersten Versuch ins Schloss, wie ich mit leiser Befriedigung feststellte.

Im Alter von 27 Jahren hatte ich noch nie etwas mit einer Hure gehabt. Ich hatte keine moralischen Einwände gegen Prostitution, sah aber nicht ein, warum ich für etwas bezahlen sollte, was man mit etwas Einsatz auch umsonst haben konnte. Sechs Jahre hatte ich nacheinander mit zwei festen Freundinnen zugebracht, und wenn ich Single war, ging ich lieber aus, um Mädchen zu verführen, nicht um sie zu bezahlen. Meistens war Prostitution in Europa, sofern bezahlbar, ohnehin einfach zu schäbig, um verlockend zu sein. Die Kommst-mal-mit-Nutten, die in Hamburg entlang der Reeperbahn standen, fand ich eher einschüchternd. Eine kettenrauchende deutsche Blondine im Skianzug, die mich für eine zehnminütige Matrosennummer in ein billiges Hotelzimmer lockt, wo der Zuhälter vor der Tür steht – das war nicht meine Vorstellung von Spaß.

Richtig nahegekommen war ich käuflichem Sex nur auf einer Reise nach Moskau, wo in der Jelzin-Ära viele Mädchen eine Art Freelance-Prostitution betrieben. Das ging im wesentlichen so: Tagsüber quatschte man in einem Café eine *Djevuschka* an, besser nicht so ein abgebrühtes Moskauer Model, sondern ein unlängst zugezogenes nettes Mädchen aus einer russischen Provinzstadt. Wenn man es dann zum Abendessen und in einen angesagten Club ausführte, die Getränke bezahlte und ihr Aussehen komplimentierte, dann musste es schon mit dem Teufel zugehen, wenn da nachts nichts mehr ging. Es war ein für beide Seiten sehr angenehmes *quid pro quo*, und es funktionierte jedes Mal, was wohl auch damit zusammenhing, dass mir ein Freund für eine Woche seine große Wohnung am Roten Platz überlassen hatte.

Tipps darüber, wo man Mädchen abschleppen konnte, gab *The Exile*, eine inzwischen leider eingestellte legendäre Zeitung für *expats* in Moskau. Anhand eines grafischen *Djevuschka*-Faktors bewerteten die zumeist amerikanischen Redakteure jede Bar und jeden Club der Stadt nach der Wahrscheinlichkeit eines netten One-Night-Stands. (Ein »Flachkopffaktor« zeigte das damit einhergehende Risiko an, von russischen Männern etwas auf die Fresse zu kriegen.) Einer der vielversprechendsten Orte war die »Hungrige Ente«, eine wahre Lasterhöhle, die mit einem atemberaubend einfachen System betrieben wurde: Die ersten drei Stunden eines Abends ließ man nur Mädchen rein und machte sie mit gratis Wodka und männlichem Striptease gefügig. Um Mitternacht, wenn die Mädchen schön betrunken und stimuliert waren, öffneten die Türsteher die Tore für die draußen wartende Horde hormongetriebener Männer, die auch nicht mehr nüchtern waren. In den folgenden Stunden war es ein Sodom und Gomorrha, bei dem die Schlüpfer nach rechts und links flogen. Es war ein herrlich spätrömisches Spektakel, das wohl jeden westlichen Swinger-Club übertraf. Dabei ging es für die teilnehmenden Russen, wie sie mir immer wieder versicherten, nicht nur um Geilheit, sondern auch um den Genuss der Freiheit seit dem Ende der Sowjetunion. Der Spaß konnte natürlich nicht lange dauern, nicht in Putins neosowjetischem Russland.

Als ich in Sierra Leone ankam, fiel mir bald auf, dass Prostitution weit verbreitet war, denn viele Frauen brauchten verzweifelt Geld. Jeden Abend war das Cape-Sierra-Hotel von Frauen quasi belagert. Ich hielt mich von den Verlockungen fern, auch weil mich der PA-Offizier der britischen Armee am ersten Tag gewarnt hatte, dass fast alle in Freetown aktiven Huren HIV-positiv seien. Das war genug, um mich abzutörnen. Einmal schickte mir einer der Waffenhändler im Cape Sierra großzügig ein Mädchen auf mein Zimmer, aber ich hielt stand und ließ die Tür verschlossen.

Abstinenz war in Ordnung, solange ich mich in Arbeit begrub, aber als ich für eine Erholungspause in die Elfenbeinküste kam, wurde ich unvorsichtig. Schließlich kann ein junger Mann in den Tropen, wo allenthalben leicht bekleidete, attraktive Mädchen umherlaufen, nicht alles ertragen. Irgendwie versuchte ich mich zu überzeugen, dass Frauen in der friedlichen Elfenbeinküste eher frei von Lustseuchen seien als die Huren in einem Kriegsgebiet wie Sierra Leone. Abidjan war immerhin eine Bastion französischer Kultur und Zivilisation. (Warum dies die Gesundheit von Prostituierten verbessern würde, untersuchte ich nie ernsthaft. Der Frieden sollte auch nicht andauern. Von den Kriegen in der Region destabilisiert, sollte die Elfenbeinküste bald in einem eigenen Bürgerkrieg versinken, in dem der arme, muslimisch dominierte Norden gegen den wohlhabenderen, mehrheitlich christlichen Süden kämpfte. Um das Blutvergießen zu beenden, wurden Friedenstruppen der UN und aus Frankreich in das Land entsandt, die die Bürgerkriegsparteien seitdem auseinanderhalten und eine wackelige Waffenruhe bewahren.)

Von Fleischeslüsten abgesehen, war ich einsam. Zum ersten Mal begriff ich, dass die Flucht vor der Langeweile daheim ein zweischneidiges Schwert war. Es war großartig, alles zurückzulassen und für eine Weile in eine komplett andere Welt einzutauchen. Anfangs fehlte mir nichts und niemand zu Hause. Der Nachteil war, dass ich mich trotz E-Mails und Mobiltelefon bald von meiner Familie und Freunden in Europa abgetrennt fühlte. Selbst wenn wir telefonierten, konnten sie keinen Bezug zu dem aufbauen, was ich in Westafrika tat und erlebte – wie sollten sie auch? In meinen paranoideren Momenten hatte ich Angst, dass sie mich irgendwie als Verrückten abschreiben und einfach vergessen würden. In so einem fremden und abgeschotteten Teil der Welt zu sein, verschlimmerte nur noch dieses Gefühl, das Richard Kapuczinski, der große polnische Reporter, einmal als »Einsamkeit der Tropen« beschrieben hat.

An dem Abend, an dem ich Silvie traf, fühlte ich mich verdammt einsam. Die Biere, die ich in einer leeren Sportbar auf dem Plateau trank, verschlimmerten meinen Zustand nur noch. Ich rief einen Freund in Europa an und sagte ihm, dass ich frustriert genug sei, um jeden Moment mit einer Hure davonzuziehen. Beide lachten wir über den Gedanken, aber er erinnerte mich einmal mehr an die Gefahren, die eigentlich gar nicht erwähnt werden mussten. Ich versicherte ihm, dass ich den Anfechtungen nicht erliegen würde. Ich würde vernünftig sein und schlafen gehen. Schon im Taxi zurück zum Hotel änderte ich meinen Plan und ließ mich ins Grand Bleu bringen, einen französischen Nachtclub.

Der Club war mehr als zwielichtig. Zwei oder drei Männer in mittleren Jahren, alles französische Kolonisten, und ein gutes Dutzend Huren saßen trinkend an der Bar. Ich begann ein Gespräch mit einem eher derben Mädchen und bestellte ihr einen teuren Cocktail. Ich rauchte Kette und trank mehrere Biere. Das Mädchen und ich tanzten. Ich schob mein Bein zwischen ihre Schenkel, fühlte aber keine Erregung. Die Situation erinnerte mich an etwas, das Henry Miller in *The Tropics of Cancer* geschrieben hatte: »Wer will schon eine zarte Hure?« Nun, genau das wollte ich. Irgendwann kam ich mir bescheuert vor und verließ den Club. Im Taxi zum Hotel dachte ich, wie traurig es war, dass ich eine weitere Nacht in Afrika ohne

Gesellschaft verbringen sollte. Schlimmer noch, es gab nicht einmal ein Mädchen, das auf meine Rückkehr nach Europa wartete. Gerade als ich in Selbstmitleid zu versinken begann, sah ich Silvie.

Als Silvie und ich mein Zimmer betraten, entschuldigte ich mich für die Unordnung, aber das schien ihr egal zu sein. Sie sprang aufs Bett. Sie besah sich meinen Laptop, die Videokamera und die anderen elektronischen Geräte und fragte, was ich beruflich machte.

»Ich bin Journalist«, sagte ich.

»Du musst ein reicher Mann sein«, schloss sie daraus. Ich versuchte, ihr zu erklären, dass freie Journalisten alles andere als reich waren, doch sie lächelte nur. In ihrer Welt war jeder, der einen Pass hatte und sich leisten konnte zu reisen, ein reicher Mensch. Gegen diese Sichtweise, der ich in Afrika oft begegnete, konnte man nichts ausrichten. Ich machte den Fernseher an und zappte durch die Kanäle, während Silvie eine Packung Kekse aufaß, die sie in meinem Koffer entdeckt hatte. Daraufhin versteckte ich mein Portemonnaie unter einer Decke im Schrank.

Ich ging ins Badezimmer, um zu duschen und meine Zähne zu putzen, worüber sie lachen musste. Dann zog sie abrupt und ohne jeden Versuch, dabei anmutig zu wirken, ihr schwarzes Kleid aus. Ihre Brüste waren kleiner, als ich gehofft hatte. Sie schlüpfte unter das weiße Laken und zog es sich über den Kopf, während ich mich neben sie legte.

»Soll ich mal loslegen?«, fragte sie.

Ich nickte, und sie fing an, meinen Oberkörper zu streicheln, mit eher hastigen und rauen Bewegungen. Ich berührte ihre Haut, die weich und zart war. Ihre Hand wanderte weiter nach unten.

»Benutzt du denn auch immer Kondome?«, fragte ich.

»*Bien sûr*, immer«, antwortete sie. »Heutzutage kann man es nicht mehr ohne tun. Man muss achtsam sein.«

»Und wenn dir ein Mann 100 Dollar extra anbietet?«

»Wo denkst du hin?«, erwiderte sie empört, wobei ihr Französisch immer kreolischer klang. »Diejenigen, die es ohne Kondom machen wollen, das sind die Kranken. *Non*, das mache ich nicht, niemals.«

»*C'est bon. Il faut faire attention.*«

»*Oui, il faut faire attention.*«

Sie zog ihren Slip runter und holte ein Kondom aus ihrer Handtasche. Ich legte meine Hand auf ihre und sagte, dass ich nicht sicher sei, ob ich mit ihr schlafen wolle. Dazu murmelte ich, dass man sich besser kennen müsse, bevor man Liebe machen könne. Und dass man vielleicht sogar ineinander verliebt sein müsse. (Das sagte ich wirklich.)

»*Tu es drôle*«, erwiderte sie kopfschüttelnd. »Ich bin noch nie in einen Mann verliebt gewesen. Ich mache Liebe, wenn ich mich danach fühle. Hast du nicht Lust auf eine kleine Nummer? *Ca peut être bon, tu penses pas?*«

Es bedurfte weniger Worte, um mich zu überzeugen, aber ich bestand darauf, dass sie ihr heimisches Kondom weglegte. Stattdessen griff ich nach dem Kondom, das ich an dem Abend in meine Hosentasche gesteckt hatte. Es war ein hochwertiges deutsches Markenprodukt. Ich zog es über, und wir fingen ernsthaft zu spielen an.

Es fühlte sich gut an.

Einige Minuten mochten vergangen sein, als ich bemerkte, dass etwas nicht in Ordnung war. Ich blickte nach unten und sah, dass das deutsche Kondom gerissen war. Um genau zu sein, es war fast gar nichts mehr davon übrig. Fassungslos starrte ich auf meine bloßliegende, ungeschützte Nacktheit.

»Was ist los?«, fragte Silvie, sich aufsetzend. »*C'est cassé?*«

»*Non, c'est bon*«, stotterte ich. »*C'est rien, c'est rien.*«

»*Merde!*«, rief sie aus, nach unten blickend. »Was ist mit deinem blöden Kondom passiert? *Oh putain!*«

Benommen kniete ich vor ihr. Plötzliche Angst begann meinen Brustkorb einzuschnüren. Wie ein brennender Pfeil schoss mir nur ein Gedanke durch den Kopf: Was tat ich hier, was zum Teufel tat ich hier?

Ich erwachte mit einem Ruck und saß kerzengerade im Bett. Um den unangenehmen Traum zu verjagen, schüttelte ich heftig den Kopf.

Die Kerze war heruntergebrannt. Noch immer war kein Strom im Bungalow, und der Ventilator hing schlaff und bewegungslos von der Decke. Draußen war die Sonne aufgegangen, der Wind hatte sich gelegt, aber es war noch immer schwülheiß. Mein Kissenbezug war schweißgetränkt. Da entdeckte ich auf meinem zerknitterten Laken lauter kleine Blutflecken. Mir stockte der Atem, für einen Moment fühlte ich mich wie der Typ in *Der Pate*, der neben dem abgehackten Kopf seines Lieblingspferds aufwacht. Dann wurde mir klar, dass ich mich in der Nacht in das Moskitonetz eingerollt hatte wie ein Karpfen und dabei meinen nackten, verletzlichen Körper für die Insekten erreichbar gemacht hatte. Dutzende, wenn nicht hunderte Mücken hatten mich gestochen. Einige von ihnen musste ich im Schlaf erschlagen haben, wovon die Blutflecken zeugten. Ich begriff, dass Charlie mich am Ende doch erwischt hatte. Er hatte mich getauft, in meinem eigenen Blut.

Der Raum war noch immer voller Moskitos. Mit ihren vollen Bäuchen summten sie zufrieden herum wie fette Zeppeline. Sie zu töten war eine einfache, wenngleich blutige Angelegenheit. Dicke Bluttropfen klatschten gegen die weißen Wände und über meine Finger. Es gab nicht einen Bastard, der nicht einen guten Schluck von mir gesoffen hatte. Angesichts der Tatsache, dass fast die Hälfte aller Moskitos in der Elfenbeinküste Malariaerreger trugen, war es nun nahezu sicher, dass ich infiziert war. Ich musste etwas unternehmen, und zwar schnell. Also schluckte ich eine Lariam-Tablette, zusätzlich zu meiner wöchentlichen Dosis. Jeder, der dieses Malariamedikament, damals das stärkste auf dem Markt, schon einmal genommen hat, wird eine Geschichte über seine notorischen Nebenwirkungen zu erzählen haben. Man bekam unter anderem leichte Halluzinationen tagsüber und nachts intensive und ereignisreiche Träume, meistens Albträume. Nie zuvor in meinem Leben hatte ich so absolut realistische und absurde Träume erlebt wie in Westafrika. Lariam hatte eine ähnliche Wirkung wie LSD, und ich nahm das Zeug inzwischen seit mehreren Wochen. Es war kaum zu glauben, dass die britischen Truppen in Sierra Leone diese Droge über Monate hinweg nehmen mussten.

Um meinen Kater zu bekämpfen, ging ich runter zum Strand und versuchte, im Ozean zu schwimmen. Das Wasser war kalt und voller trügerischer Strömungen. Danach nahm ich ein Frühstück mit stärkendem Rührei ein. Ich wollte etwas schreiben, aber es gab immer noch keinen Strom, und die Batterien in meinem Laptop waren leer. Der Hotelmanager versicherte mir, dass das Problem bald gelöst werde. Dann zog er sich wieder in seine Hängematte zurück.

Ich rief das Auslandsressort vom *Sunday Telegraph* an. Obwohl beide Zeitungen demselben Unternehmen gehörten, waren der *Daily* und der *Sunday* doch unabhängige Blätter. Sie hatten verschiedene Belegschaften und lieferten sich einen genauso eifersüchtigen Wettstreit um die besten Geschichten wie alle anderen Verlagshäuser auf dem britischen Markt. Aufgrund der Lesegewohnheiten der Briten hatte der *Sunday Telegraph* wie alle Sonntagszeitungen eine viel höhere Auflage und Abonnentenzahl als die Tagesausgabe. Da der *Sunday* mehr Prestige genoss und besser bezahlte als der *Daily*, versuchte ich immer, eine Story für sie im Ärmel zu behalten. Das Problem war, dass der Auslandsredakteur vom *Sunday*, der anders als Alec und sein Team nie Stringer gewesen war, als schwieriger Kunde galt.

Sein Kollege Philip Sherwell nahm den Anruf entgegen. Er war einer der erfahrensten Reporter beim *Sunday* und gerade von einer seiner zahllosen Auslandsreisen nach London zurückgekehrt, um eine Woche Redaktionsdienst zu schieben. Ich hatte Philip mal auf einem Junggesellenabschied eines Freundes in Budapest kennengelernt und mochte ihn. Mitte dreißig und Single, war er der perfekte Feuerwehr-Reporter, der von London aus ohne Vorwarnung in irgendein Land geschickt werden konnte und sich dort problemlos zurechtfand. Er war ein Generalist par excellence. Innerhalb von zwei Stunden nach seiner Ankunft konnte Philip 600 Wörter über alles schreiben, was gerade in dem Land vor sich ging. Das war keine geringe Leistung.

»Lutz, alter Junge, Glückwünsch zu deiner Flucht aus Liberia«, schrie er aus London in die Telefonleitung.

»Danke, Philip, es war der Gedanke an ein kaltes Bier, der mich auf Trab hielt.«

»Ja, ich weiß, was du meinst. Hör mal, wir haben deine Geschichte hier über Charles Taylors Geschäfte mit Tropenholz.«

»Super«, sagte ich. »Bringt ihr sie diese Woche?«

»Ah, da gibt es ein kleines Problem«, entgegnete er. »Der Chef mag keine Umweltgeschichten.«

»Aber es ist doch gar keine Umweltgeschichte«, protestierte ich. »Es geht darum, wie Taylor mit illegalen Holzexporten an die Franzosen einen Haufen Geld verdient.«

»Nun, der antifranzösische Teil der Geschichte hat dem Chef auch gefallen«, bemerkte Philip. »Aber er ist einfach kein Öko, und Wälder werden ja auf der ganzen Welt abgeholzt.«

»Aber ...«

»Sorry, Mann. Vielleicht bringt er sie nächste Woche.«

Als ich auflegte, wusste ich, dass das Stück, das uns so viel Ärger eingebracht hatte, nie ins Blatt kommen würde. Ich würde eine *kill fee* von fünfzig Pfund erhalten.

Um mich abzulenken, beschloss ich, mir das nahe gelegene Dorf anzusehen. Beim Gang am Strand, der bis auf ein paar in den Wellen tobende nackige Kinder leer war, sah ich zwei Fischer, die einen großen Gegenstand aus einem Boot hievten. Als ich näher kam, erkannte ich, dass es sich bei dem Objekt in Wirklichkeit um eine Riesenschildkröte handelte. Das Tier maß mehr als einen Meter und war so schwer, dass die Männer es nicht einmal zu zweit tragen konnten. Sie ließen es in den Sand fallen, wo es auf seinem Panzer landete, hilflos mit den Fußflossen in der Luft rudernd. Ich fragte die Männer, wie sie zu der Schildkröte gekommen waren.

»Sie hat sich in unserem Fischnetz verfangen«, sagte einer von ihnen.

»Sie sieht unverletzt aus«, sagte ich und kniete nieder, um ihren weißlichen Bauch zu begutachten. Außer im Fernsehen hatte ich noch nie eine Riesenschildkröte gesehen, aber ich schätzte ihr Alter auf zwanzig bis dreißig Jahre, was, wie ich in der Schule gelernt hatte, nicht einmal die Hälfte ihrer normalen Lebenserwartung war. Sie sah jedenfalls uralt und weise aus. Ich legte meine Hand auf den Bauch, überrascht, wie weich die Haut dort war. Die Schildkröte hob ihren Kopf und legte ihn schräg, wobei mich ihre kleinen schwarzen Augen ganz langsam anblinzelten. Mitleid überkam mich. Ich fragte die Männer, was sie mit ihrem Fang vorhatten.

»Wir werden das Viech an ein Restaurant in Abidjan verkaufen«, sagte einer mit einem breiten Grinsen. »Schildkrötenfleisch ist ein gutes Abendessen.«

»Aber Sie dürfen sie nicht töten«, protestierte ich. »Schildkröten sind sehr seltene Tiere. Sie müssen sie wieder ins Meer bringen.« Die Männer schüttelten ihre Köpfe und lachten grob, offenbar belustigt über meine Bitte. Als Fischer hatten sie eher selten Mitleid mit einem Meerestier.

»Restaurants zahlen sehr gutes Geld für Schildkröten«, sagte einer der beiden.

»Wie viel Geld?«, fragte ich.

»Sehr gutes Geld.«

»Hören Sie, ich gebe Ihnen hier und jetzt die gleiche Summe, wenn Sie die Schildkröte wieder ins Meer zurücktragen.«

»Sie geben uns Geld, damit die Schildkröte wieder ins Meer geht?«

Ich nickte und hielt ihnen meine Hand hin, um den Deal zu besiegeln. Die Männer hörten auf zu lachen und sahen mich mit ungläubigem Misstrauen an.

»Vielleicht zahlen Sie auch zehn Dollar mehr als das Restaurant?«, fragten sie, und wieder nickte ich, die Hand weiter ausgestreckt.

Die Männer sahen zur Schildkröte und wieder zu mir. Dann, wie in extremer Zeitlupe, zog einer der Männer ein Messer aus seinem Gürtel, ließ seine Finger über die lange Klinge fahren und bückte sich. Er hielt kurz inne, um mir direkt ins Gesicht zu sehen, und rammte das Messer in den Bauch der Schildkröte. Grinsend schlitzte er dann das arme Tier bis zum Hals auf. Mit noch immer blinzelnden Augen sank der Kopf der Schildkröte ohne einen Laut in den Sand. Ich sah weg. Entsetzen und Abscheu schnürten mir die Kehle zu. Sprachlos ging ich weiter.

Westafrika machte mich fertig. Statt der bunten Lebendigkeit, die ich zu Beginn meiner Reise gesehen hatte, war ich inzwischen zunehmend erschüttert über die Armut, die Verzweiflung, die Vulgarität und die stumpfsinnige Dummheit vieler Menschen. Als ich das Dorf erreichte, einen ehemaligen französischen Handelsposten mit einem lange verlassenen Fort, war das Elend sofort wieder deprimierend. Hie und da stand noch hübsche Kolonialarchitektur, aber sie war von Unkraut und Bäumen überwachsen, die Dächer brachen ein, und die Mauern verfielen. Die feuchte, salzige Luft des Meeres hatte das Mauerwerk zerfressen und es mit graugrünem Schimmel überzogen. Die Gebäude waren allerdings keineswegs verlassen, sondern besetzt von großen Gruppen gemein aussehender Menschen in Lumpen. Es gab nicht ein einziges intaktes Gebäude in dem Dorf. Sogar die Hütten aus Beton und Wellblechdächern sahen schlimmer aus als anderswo. Die Kirche war geschlossen, wie mir eine Nonne erläuterte, seit Diebe alles bis auf die Holzbänke gestohlen hatten.

Kinder kamen angerannt und baten um Almosen. »*Un petit cadeau, un petit billet, pour manger*«, riefen sie, ihre Finger zum Mund bewegend. Viele Erwachsene bettelten mich ebenso aufdringlich an, ohne Würde oder Stolz. Selbst der Taxifahrer, der mich von Abidjan hierrunter gebracht hatte, forderte am Ende mehr Geld, als wir vereinbart hatten. Als er zu einem Vortrag anhob über meine Pflicht, für die Ungerechtigkeiten weißer Kolonialherrschaft in Afrika zu sühnen, gab ich nach und zahlte drauf.

Auf dem Dorfmarkt saßen Frauen in Pfützen und Schmutz, umgeben vom Gestank verrottender Fische. Ihr Haar war zerzaust, ihre Kleidung zerrissen und dreckig, ihre Füße von Schlamm bedeckt, aber sie schienen gleichgültig, gar blind gegenüber ihrem Zustand. Keine Spur mehr von dem stilvollen Stolz, mit dem westafrikanische Frauen, in ihren prächtigen wallenden Gewändern wie Königinnen gekleidet, sich normalerweise in der Öffentlichkeit zeigen. Einige Frauen schliefen auf der Erde, während andere auf ihrem Rücken Babys trugen, die in über die Schultern geschlungene Tücher eingehüllt waren. Eine Frau saß vornübergebeugt auf einem Stein und schluchzte leise.

Während ich auf dieses menschliche Elend starrte, fragte ich mich, was ich an diesem gottverlassenen Ort zu suchen hatte. Das Telefonat mit meiner Mutter am Vorabend hatte alles nur schlimmer gemacht. Von sehr weit weg hatte sie mir ihre Angst gestanden, dass mir etwas zustoßen könnte und dass ich im Alter nicht für sie da sein würde. Sie bereute bereits unsere Abmachung, dass ich, anstatt das Familienunternehmen zu übernehmen, noch einige Jahre die Welt bereisen konnte. Dieses Mal hatten meine beschwichtigenden Worte meine Mutter nicht getröstet. Tief in mir drin teilte ich ihre Sorgen. Schlimmer noch, ich war fest davon überzeugt, todgeweiht zu sein.

Zum ersten Mal in meinem Leben begann ich sogar, in Kirchen zu gehen, die ich unterwegs sah, um für Trost und Schutz zu beten. Vor dem Trip an die Küste war ich in einem Taxi zu dem Dorf im Dschungel gereist, wo Felix Houphouet-Boigny, der größenwahnsinnige erste Präsident des Landes, bis zu seinem Tod im Jahr 1993 Afrikas größte und mit einer Milliarde Dollar Baukosten teuerste Kirche hatte errichten lassen. Auf dem marmornen Dach der absurd pompösen Kathedrale, die dem Petersdom in Rom nachempfunden war und einen schönen Blick über die darunterliegenden Slums bot, war ich in Tränen ausgebrochen und hatte gebetet. Vielleicht spürte ich, dass ich die schützende Hand des Großen DJs brauchen würde.

Am Rande des Dorfes kam ich zu einem Haus, wo eine Zeremonie stattzufinden schien. Aus dem Innern des Gebäudes kamen Klagelaute von Frauen. Eine Mutter von fünf Kindern war am Vortag gestorben, wie mich ein Junge aufklärte. Die Familie und Nachbarn bereiteten sich auf die Beerdigung vor. Das war nicht gerade die Sorte Nachricht, die mich aufheiterte an diesem verhexten Tag. Ich fragte ihn nach der Todesursache.

»Malaria«, sagte der Junge, der Patrick hieß. Viele Menschen in diesem Dorf stürben an Malaria. Der Teenager bot mir an, mich zum Dorffriedhof zu führen, auf dem es einige alte Grabsteine von Franzosen gebe. Auf dem Weg dorthin kamen wir durch Felder, und Patrick zeigte auf ein Holzhaus, das einzeln und abseits von der Straße stand.

»Das ist eine Leprakolonie«, sagte der Junge. »Die begraben ihre Toten auf demselben Friedhof wie wir. Wir wollen nicht, dass die Leprakranken ins Dorf kommen, und so ist der Friedhof eben hier draußen.« Argwöhnisch blickte ich zu dem Gebäude rüber, das auch kaum dazu geeignet war, meine Stimmung zu heben.

Auf dem Friedhof waren keine Grabsteine von Franzosen zu finden. Stattdessen stolperte ich und fiel beinahe in das Grab, das für die Malariatote ausgehoben worden war. Ich sah in das tiefe Loch, an dessen Grund sich rötliches Brackwasser gesammelt hatte.

»Wird das Begräbnis ein katholisches sein?«, fragte ich Patrick. Er nickte.

»Die meisten im Dorf sind Katholiken, wir verehren die Jungfrau Maria«, sagte er, nur um in gesenkter Stimme zu ergänzen, dass einige Leute auch Voodoo praktizieren würden.

Ich trat vom Grab zurück und schritt stramm zur Straße zurück. Dieser verdammte Ort war mir unheimlich. Genug Elend und Untergang für einen Tag, sagte ich mir und winkte ein *moto* herbei, um zum Hotel zurückzukehren.

»Sag Bescheid, wenn du von irgendeiner Voodoo-Zeremonie hörst«, sagte ich, eher im Scherz, zum Abschied zu Patrick.

Zurück im Hotel, legte ich eine CD von Radiohead in meinen Walkman und betrank mich wieder mit zwei Flaschen Rotwein, die ich an der Bar mitgenommen hatte. Unweigerlich kehrten meine Gedanken zurück zu jener Nacht mit Silvie in Abidjan.

Ich war panisch vom Bett aufgesprungen und ins Badezimmer gerannt. Ich sah in mein Gesicht im Spiegel. Statt eines selbstgefälligen postkoitalen Grinsens war da nur bloße weiße Furcht. Mir wurde schlecht, ich wollte kotzen, um meinen Körper zu leeren und ihn von allen Giften zu reinigen. Nach fünf Minuten frenetischen Waschens trat ich aus dem Badezimmer. Silvie saß vor der Tür auf dem Fußboden. Sie fragte, ob sie nun auch mal reingehen und sich waschen dürfe. Ohne ein Wort setzte ich mich aufs Bett, mein Rücken glitt die Wand herunter. Da waren wir nun im Schlamassel. Silvie sprach als Erste.

»Morgen früh gehen wir ins Krankenhaus, um einen Test zu machen.«

Ich war einverstanden. Lange Pause. Stumm starrten wir auf den Boden. Ich fühlte, wie sich eine hohle Panik in meinem Brustkorb ausbreitete, dann weiter in meinen Hals und Kopf kroch. Sie war HIV-positiv, davon war ich völlig überzeugt. Ich hatte gerade einen langsamen Selbstmord eingeleitet, da gab es gar keinen Zweifel. Ich war ein toter Mann.

»Glaubst du, dass du gesund bist?«, fragte ich sie, meinen Mut sammelnd.

»*Moi?*«, erwiderte sie.

»Ja, du. Bist du gesund?«, wiederholte ich.

»*Eh ben, oui*«, sagte Silvie, mit leicht zögerlicher Stimme, wie mir schien. Ich war überzeugt, dass sie log. Bestimmt wusste sie, dass sie HIV-positiv war. Weiter bohrend fragte ich sie, ob sie sich hundertprozentig sicher sei. Mein Magen zog sich zusammen, als sie die Schultern hochzog und murmelte, dass sie nicht wirklich wisse, ob sie gesund sei.

»Was soll das heißen, du weißt es nicht? Machst du keine Tests?«

»*Moi?*«, antwortete sie wieder, in der lang gezogenen Weise eines leicht dummen Landmädchens, das Zeit zu gewinnen versuchte. Es war hoffnungslos, Hass stieg in mir auf.

»Ja, du, wer denn sonst?! Ob du bei dir AIDS-Tests machen lässt?«, schrie ich sie an. Endlich hatte ich das furchtbare Wort, an das wir beide dachten, ausgesprochen.

Sie wehrte sich, plötzlich wütend. »Warum fragst du mich denn? Was ist mit dir? Hast du AIDS?« Wie ich erst viel später erfahren sollte, glauben viele Afrikaner, dass AIDS, wie alle schlimmen Dinge, von Weißen nach Afrika gebracht wurde, als Teil eines rassistischen Plans, die schwarze Rasse auszurotten.

»Ich? Soll das ein Witz sein? Natürlich nicht! Du kannst dich entspannen. Ich bin hier derjenige, der sich Sorgen machen muss, nicht du!«

»Warum solltest du dir mehr Sorgen machen als ich?«

»Nun, weil, also, das ist ja wohl scheißoffensichtlich, oder nicht?«

»Na, dann erzähl es mir doch mal, für mich ist das nicht offensichtlich.«

»Weil du eine … Du hast ja wohl weitaus mehr … sexuelle Kontakte als ich, deswegen!«

»Weil ich eine Nutte bin, ja? Na und? Ich benutze Kondome!«

»Jedes Mal?«

»Yes, *toujours*.«

»Soso, aber warum willst du dann einen Test machen lassen?«, fragte ich, um sie in die Enge zu treiben. »Wovor hast du denn Angst?«

»Ich mache mir Sorgen, das ist alles.«

»Ach ja? Sorgen über dich oder über mich?«

Diese wahnsinnig machende Unterhaltung ging noch mindestens eine Stunde so weiter. Je mehr wir redeten, desto sicherer wurde ich mir, dass ich verloren war. Kalter Schweiß bedeckte meine Stirn, mein Hals war so trocken und zugeschnürt, dass ich kaum atmen konnte. Ganz klar, sagte ich mir, es war der Teufel, der mir Silvie über den Weg geschickt hatte. Nach all den Menschen, die der Große DJ in den vergangenen 27 Jahren meines Lebens sanft in meine Richtung geführt hatte und von denen viele Schutzengel gewesen waren, hatte Er einmal nicht aufgepasst – und der Teufel war an der Reihe. Oder hatte der Große DJ absichtlich weggesehen, um mich endlich für meinen Stolz und meine Arroganz zu bestrafen?

Während Silvie duschte, sammelte ich auf, was von dem unzerstörbaren deutschen Markenkondom übrig geblieben war. Ich war sauer auf mich selbst und fühlte mich dumm. Als ob es nicht schon klischeehaft genug wäre, mit einer afrikanischen Hure zu schlafen! Nun teilte ich auch noch die Angst vieler weißer Schreiber in Afrika, mir eine unheilbare Krankheit eingefangen zu haben. Ja, wie gewöhnlich war das denn! Seit Joseph Conrad gegen Ende vom *Herz der Finsternis* seinen Kurtz »der Horror, der Horror!« ausrufen ließ – wobei der Leser im Dunkeln gelassen wird, worin dieser Horror denn nun genau besteht –, hatten sich nach Afrika reisende Schriftsteller zwanghaft genötigt gefühlt, auch immer irgendeinen Horror zu empfinden. Ich schien keine Ausnahme von dieser blöden Regel zu sein.

Als Silvie aus dem Badezimmer kam, fühlte ich den Impuls, sie zu bezahlen und nach Hause zu schicken, aber sie legte sich wie selbstverständlich wieder zu mir. Wir hatten eine weitere mühselige Diskussion darüber, wer wohl eher krank sei, wer mehr Sexpartner habe und ob sie wirklich, wirklich, wirklich immer, immer, immer Kondome benutzt habe.

»Nein, immer auch nicht«, räumte sie irgendwann kleinlaut ein. Wieder wurde mir leicht übel, aber ich war zu erschöpft, noch weiter nachzubohren. Ihr Eingeständnis war schließlich nichts, was ich nicht erwartet hatte. (Wer benutzt schon immer Kondome?) Vielleicht scheute ich aber auch die Wahrheit, die vermutlich ohnehin nicht zu ertragen gewesen wäre. Ich wollte es gar nicht wissen. Beide verstummten wir. In dem Moment bemerkte ich, wie Silvie etwas aus ihrer Handtasche nahm und heimlich unter ihr Kopfkissen legte. Was das sei, fragte ich sie, eine Waffe vermutend, aber sie antwortete nicht. Als ich unter das Kissen griff, um es selbst herauszufinden, schob sie meinen Arm entschieden weg. Wir rangen recht heftig, bis ich das Objekt in der Hand hielt, ein kleines gehäkeltes Wolltäschchen, das mit Kieselsteinen, Muscheln und einigen Kräutern gefüllt war. Sie seien Glücksbringer, erklärte Silvie zögerlich.

»Sie beschützen mich, damit mir nichts Böses passiert«, sagte sie. Ich gab ihr das Täschchen zurück, und sie legte es vorsichtig wieder unter ihr Kissen. Ich schämte mich. In meiner Selbstsucht war ich nie auf die Idee gekommen, dass Silvie ein Bedürfnis nach spirituellem Schutz hatte, wenn sie Fremden in ihre Zimmer folgte, allein, und die Tür ins Schloss fiel. Zum ersten Mal an diesem Abend begannen wir über ihr Leben zu reden. Sie stammte aus einem Dorf im Süden des Landes und lebte erst seit zwei Jahren in der Hauptstadt. Sie versuchte, einen normalen Job in einem Laden oder einem Büro zu finden, aber hatte bislang nicht viel Glück gehabt. Eines Abends, als sie eine Freundin besuchen wollte, kam auf der Straße vor einem Hotel ein Ausländer auf sie zu, der sie für eine Prostituierte hielt. Als er ihr fünfzig Dollar bot, änderte sie ihre Abendplanung und spielte mit. Eine Woche später stand sie wieder vor dem Hotel und wartete auf andere Freier. Ihre Familie daheim im Dorf habe keine Ahnung von ihrer neuen Karriere, sagte Silvie, und wenn sie das Geld und die Zeit dafür habe, fahre sie sie besuchen.

»Ich fühle mich noch immer in meinem Dorf zu Hause, bei meiner Familie«, sagte sie. »Das Leben ist nicht einfach in der Stadt. *La vie est plus simple là-bas.*« Danach sagte sie nichts mehr. Als ich meinen Kopf zu ihr drehte, bemerkte ich, dass sie eingeschlafen war.

Noch Stunden lag ich wach, auf den träge rotierenden Deckenventilator starrend und mich selbst bemitleidend. Würde ich an AIDS sterben? War das das Einzige, was ich je mit Bruce Chatwin gemein hätte? Die Nacht wurde tiefer, und ich fiel in einen unruhigen Schlaf, von dem ich oft kurz aufwachte und wieder einschlief. Bizarre Gedankenfetzen rasten durch meinen Kopf und formten Träume amorpher Angst. Einmal war ich klar genug, aufzustehen und aufs Klo zu gehen. Als ich wieder unter die Decke schlüpfte, fühlte ich, wie sich Silvie bewegte. Ich streckte meine Hand aus und streichelte, nur einmal und fast verstohlen, ihr leicht klebriges schwarzes Haar. Sie rieb ihren Rücken an meinen Bauch, und ich legte meinen Arm um sie. Unsere Beine berührten sich, ich war erregt. Dann drehte sie sich zu mir um, und ich unternahm nichts, um sie aufzuhalten.

Es war kurz vor Sonnenaufgang, als Patrick und ein anderer Junge aus dem Dorf an das Fenster meines Bungalows klopften und mich aus meinen lariaminduzierten Überträumen holten.

»Monsieur Louis, kommen Sie mit«, flüsterte Patrick durch eine Ritze im Glas. »Im Wald ist eine *cérémonie de voodoo* im Gange.«

Schnell zog ich mich an, Minuten später fuhren wir auf Patricks Motorrad die Straße runter. Wir durchquerten das Dorf, dessen Bewohner in ihren Hütten gerade die ersten Feuer entfachten, und folgten weiter der Küste. Nach zwanzig Minuten bogen Patrick und sein Freund in einen verschlammten Feldweg ab, der zum Ufer einer Lagune führte. Dort stiegen wir in eine hölzerne Pirogge um, die im Mangrovengebüsch versteckt lag. Kurzzeitig fragte ich mich, ob ich den Jungs, die ich ja kaum kannte, wirklich trauen konnte, aber wie immer siegte die Neugier, und ich nahm Platz in der Pirogge. Sie war lang, aber ziemlich schmal, sodass ich als der Längste in der Mitte still sitzen musste, damit wir nicht umkippten. An beiden Enden kniend, begannen die Jungs mit kurzen Brettern zu paddeln. Wir sprachen kein Wort. Während wir durch das völlig ruhige Wasser glitten, ging am Horizont die Sonne auf und tauchte die Landschaft in ein zauberhaftes rosa Licht. In der Ferne lief ein Hund über den Kamm der Sanddünen am Strand, und aus einer der Siedlungen am anderen Ufer der Lagune krähte ein Hahn. Näher war ich dem Frieden auf meiner afrikanischen Reise bislang nicht gekommen.

Durch das Mangrovendickicht steuernd, näherten wir uns einem Dorf. Es war bereits recht betriebsam, Fischer holten ihre Netze aus den Booten, und Frauen wuschen am Wasserrand ihre Wäsche. Qualm stieg aus den Behausungen empor, zumeist einfachen Holzhütten mit Dächern aus Bananen- oder Palmenblättern. Patrick sprang ins flache Wasser und zog die Pirogge an Land, derweil die

Dorfbewohner mich neugierig betrachteten. Ein weißer Mann war hier offenbar ein seltener Anblick. Während wir, über Pfützen hüpfend, durch die engen Dorfgassen eilten, kamen wir an mehreren Fetischen von Schutzgöttern vorbei. Es waren fast mannsgroße, buddhaähnliche Figuren, einige von ihnen umgeben von Lehmwällen und Blechdächern. »Das sind *legbas*«, erklärte Patrick. »Die Einwohner bringen ihnen Opfer, damit sie die Dörfer beschützen.« Ich witzelte über eine Statue, deren imposanter Penis steil nach oben ragte, doch Patrick warnte mich mit ernster Miene, sehr vorsichtig mit den *legbas* umzugehen. Mein belustigtes Grinsen eines aufgeklärten Skeptikers fiel schnell in sich zusammen, als er hinzufügte: »Wenn du sie beleidigst, werden sie dein Leben zur Hölle machen, oder du stirbst in der Nacht, allein.«

Hinter dem Dorf erreichten wir einen sumpfigen Wald. Die Vegetation war üppig und dicht, dominiert von Palmen und einigen höheren Baumarten, von denen Lianen herabhingen. Trotz des Schattens, den sie boten, wurde die Hitze umso feuchter und intensiver, je tiefer wir in den Dschungel eindrangen. Das Kreischen von Zikaden umgab uns. Der Pfad führte an weiteren *legbas* vorbei, die anders als die im Dorf mit frischem Blut bespritzt waren. Einem lag ein totes Huhn zu Füßen. Dies seien Zeichen, so stellte Patrick fest, dass die Teilnehmer der Voodoo-Sitzung zuvor an diesem Ort vorbeigekommen waren. Sie konnten nicht weit weg sein. Mir wurde etwas mulmig zumute. Wäre es nicht hellichter Tag gewesen, wäre ich zum Dorf zurückgerannt.

Plötzlich hörten wir tiefe Trommellaute, die von irgendwo aus dem grünen Dickicht kamen. Wir folgten ihnen. Nach einigen Minuten gelangten wir zu einer Lichtung, wo sich etwa fünfzig fast nackte Männer und Frauen versammelt hatten. Viele von ihnen tanzten zu den schnellen *Tamtam*-Rhythmen, die von einer Gruppe junger Männer mit sehr starken Armen gespielt wurden. Sie hatten bereits die ganze Nacht auf ihren Trommeln rumgeschlagen, erklärte Patrick, ohne Unterbrechung. Genauso ausdauernd waren die Tänzer. Die Dorfbewohner hatten die Voodoo-Sitzung während des Gewitters der vorigen Nacht spontan begonnen, nachdem eine blinde Frau mit angeblich übernatürlichen Kräften ihnen klargemacht hatte, dass einer der *legbas* augenblicklich eine Opferzeremonie verlange. Ohne auch nur eine Minute zu zögern, waren die Menschen zu der heiligen Lichtung im Wald gezogen, um zu tanzen und ihre Opfer darzubringen. Inzwischen waren einige der Frauen offenbar in Trance verfallen. Sie verdrehten ihre Augen und warfen ekstatisch ihre Arme in die Höhe. Einigen war die Anstrengung einer Nacht ohne Schlaf anzusehen, aber die Zeremonie sollte noch bis zum Abend weitergehen. Die wildesten Techno-Raves und Rockkonzerte, auf denen ich je gewesen war, inklusive einer Show der Suicidal Tendencies, kamen nicht an das heran, was hier los war.

In der Menge beachtete uns zunächst niemand. Ich konnte ungestört beobachten, was vor sich ging. Ein alter Mann tauchte hinter einem Baum auf, ein frisch geschlachtetes Huhn schwenkend. Er ging zu einem *legba*, der unter einem alten Baumriesen errichtet worden war, und träufelte das Tierblut über ihn. Der Götze war bereits mit Mehl, Federn, Blut und anderen Opfersubstanzen bedeckt, die sich um seinen selbstbewusst erigierten Penis konzentrierten. Außerdem hatte jemand drei Flakons Eau de toilette sowie eine Flasche »Gordon's Gin« in den Schoß des *legbas* gestellt. Auf einem Baumstumpf neben dem Fetisch saß eine Frau ohne Hemd. Sie hatte enorme Brüste, die ihr bis zur Hüfte herunterhingen wie platte Traktorreifen.

Das Zentrum allen Voodoo-Treibens lag allerdings in einem Schuppen, in dem der Ober-*legba* Hof hielt. Um hineinzugelangen, musste ich mir einen Weg durch eine Gruppe mehrerer barbusiger alter Frauen bahnen, die wild umherhüpften. Eine von ihnen besprühte mich mit billigem Parfüm. Die Männer an der Tür wollten mich erst nicht vorbeilassen, aber nachdem ich dem *legba* beträchtliche finanzielle Opfer darzubringen versprach, durfte ich in das Allerheiligste eintreten. Es war ein kahler Raum bis auf einen altarähnlichen Aufbau, bedeckt mit einem wahren *smorgasbord* aus Süßigkeiten, Eiern, Zigaretten und noch mehr Parfüm. All das überragte eine Packung englischen Keksgebäcks. Hier allerdings gab es keine Götzenfigur, weil, wie mir ein alter Mann erläuterte, der Große Geist uns nunmehr alle umgebe. Gerade als wir uns in ein Gespräch über Voodoo vertieften, kam eine der Frauen mit rollenden Augen angerannt, zeigte mit dem Zeigefinger auf mich und fing an zu kreischen.

Patrick übersetzte ihr Geschrei. Offenbar hatte sie mich beim Filmen der *legba*-Figur unter dem Baum gesehen. Das traf zu, räumte ich ein. Mein Sakrileg habe die Geister verärgert, behaupteten nun die uns umstehenden Männer und Frauen erregt. Der Erfolg der gesamten Zeremonie stehe auf dem Spiel.

»Und du hast dein eigenes Leben in ernste Gefahr gebracht«, fügte Patrick mit sorgenvollem Gesicht hinzu.

Eine Menschenmenge versammelte sich um uns. Sie hörten uns zu, viele runzelten die Stirn und stießen missbilligende Laute aus. Ein Mann trug ein T-Shirt mit dem Konterfei von Muammar al-Gaddafi. Ich entschuldigte mich zerknirscht für den Bruch des Verhaltenskodex und führte Unwissenheit ins Feld, aber es nützte nichts. Gewalt lag in der Luft, und es schien sinnlos, weiter mit dem zunehmend aufgebrachten Mob zu argumentieren. Die Aussicht darauf, dass bald mein eigenes Blut über den Penis des *legba* floss, behagte mir gar nicht. Ich bedeutete Patrick, dass es Zeit war abzuhauen. Strammen Schrittes gingen wir aus dem Schuppen, während, Gott segne ihn, der freundliche Dorfältere ein rhetorisches Rückzugsgefecht absolvierte, um die uns verfolgende Menge zu beruhigen. Irgendwann rannten wir einfach los, ohne uns umzusehen. Wir erreichten das Dorf unversehrt und sprangen in die Pirogge. Eine Stunde später war ich zurück im Hotel, gerade rechtzeitig zum Frühstück.

Am nächsten Tag kehrte ich nach Abidjan zurück, nachdem ich die halbe Nacht kerzengerade in meinem Bett gesessen und mich ernsthaft gegruselt hatte. Sicher spielte sich das alles nur in meinem Kopf ab, und nicht einen Moment lang glaubte ich wirklich, dass der verfluchte *legba* mich tatsächlich holen wollte – aber die Voodoo-Session hatte mich fies und nachhaltig verhext. Zum ersten Mal in meinem Leben hatte ich das Gefühl, dass Dämonen hinter mir her waren. Zu viele wundersame Dinge waren mir in diesem seltsamen Land widerfahren. Vielleicht fing ich bereits selbst an, merkwürdige Dinge zu tun.

Ist dies das unweigerliche Schicksal eines entwurzelten Reporters?, fragte ich mich. Ich litt unter einer die Brust zuschnürenden Angst, die nur noch schlimmer wurde durch die konkrete Furcht vor einer tödlichen Krankheit. Diese Westafrikaner waren nicht meine Leute. Ich gehörte nicht hierher an diesen grausamen und fremden Ort. Dies war kein Platz zum Arbeiten für mich. Zumindest spirituell war mein Leben in Gefahr. Ich musste schnell nach Europa zurückkehren, eine heiße Badewanne nehmen, meine Mutter auf Gut Ankelohe besuchen, anständiges Bier trinken, mit weißen Frauen schlafen, reichlich und gut essen – und dann einen anderen, weniger verdorbenen Teil der Erde für meine Arbeit finden.

Als ich zu meinem Hotel in Abidjan zurückkehrte, stand Silvie am Tor. Sie trug einen hübschen gelben Rock und eine Bluse. Sie lächelte.

»Ich wollte dich sehen, bevor du wegfährst«, sagte sie und küsste mich auf die Wange. Wir machten einen Spaziergang die Straße runter und in einen kleinen Park. Als wir uns auf eine Bank setzten, holte sie einen Zettel aus ihrer Handtasche. Es war das Ergebnis eines HIV-Tests, den sie zwei Monate zuvor gemacht hatte. Er war negativ. Sie war sauber.

»Und in der Zwischenzeit hast du auch nichts Dummes getan?«, fragte ich sie.

»Nichts Dummes«, sagte sie. »Außer mit dir zu schlafen.«

RUSSLAND IV

Die Soljanka im Nachtzug von Omsk nach Novosibirsk ist lecker, ebenso das Bier dazu. Russen bringen meist ihr eigenes Essen mit auf die Reise, sodass ich der einzige Gast im Speisewagen bin. Aus einem Fernseher, der von der Decke hängt, plärrt Popmusik aus den 1980er-Jahren, Wham und Modern Talking. Himmel, ist das lange her! Ich schiebe die klebrigen Vorhänge beiseite und blicke aus dem Zugfenster. Die Sonne ist schon vor einer ganzen Weile untergegangen, aber der Himmel ist wolkenlos, und das Nordlicht taucht die Birkenwälder weiter in einen leicht unheimlichen, blassen Schein. Alle fünf Minuten kommt uns ein Güterzug entgegen, zumeist mit Kohle beladen. Irgendwo habe ich gelesen, dass dieser Abschnitt der transsibirischen Strecke die höchste Güterzugdichte der Welt hat.

Der Zug rauscht nun durch das Herzgebiet von Sibirien, das riesige Territorium im Innern Russlands. Über Jahrhunderte war Sibirien eine einzige große Strafkolonie, in die Russlands Herrscher Kriminelle und politisch Unliebsame deportierten. Stalin ließ Millionen Landsleute in Gulags, Arbeits- und Todeslager, in die Wildnis des Nordens schicken. Auch Deutsche teilten bald die Furcht der Russen vor Sibirien. Dreißig Jahre nach Großvater Hans-Heinrichs Reise durch Sibirien wurden während und nach dem Zweiten Weltkrieg hunderttausende deutscher Kriegsgefangener nach Sibirien verschleppt. Die meisten kamen nie zurück. Noch in den 1980er-Jahren, wenn ich als Kind frech gewesen war, drohten die alten Männer zu Hause immer nur halb scherzhaft damit, ich würde zur Strafe nach Sibirien geschickt.

Als ich nach dem Studium als Reporter anfing, war es mir egal, wohin ich gehen würde und warum. Hauptsache los und unterwegs sein. Ich hatte alles satt, die Latte macchiatos, die Kinoabende, den ziellosen Hedonismus, das ganze Leierdasein im müden, zivilisierten Europa. Ich wollte raus und loslegen. Ich war auf der Suche nach Action, Geschichten und Liebesabenteuern. Ich war durstig nach aufregenden Erlebnissen, nach einer Lebensbildung und nach starken, großen Gefühlen. Ich wollte Menschen kennenlernen, die Geschichten zu erzählen hatten. Ich wollte begreifen, wie die Welt sich dreht, und dabei sein, wenn Weltgeschichte gemacht wurde. Die Erde war ein riesiger, faszinierender Ort, und ich war bereit, sie zu erforschen.

Der Journalismus an sich war mir nicht so wichtig. Er konnte für mich wegen Ankelohe keine dauerhafte Berufswahl sein, das wusste ich, und so sah ich ihn eher als ein gutes Mittel, um in der Welt herumzukommen. Ich wollte keine sogenannte Karriere machen, aber ein guter Schreiber werden. Mich interessierten die Menschen, über die ich schrieb. In Kriegsgebiete ging ich auch, um herausfinden, was Kriege mit Menschen anstellte – den guten und den bösen und den vielen, die ein bisschen von beidem sind – und wie Menschen unter extremen Umständen handeln. Kriege brachten faszinierende Figuren wie Goran oder Major Black Man hervor, die ich zu Hause nicht kennengelernt hätte, zumindest nicht in Friedenszeiten.

Aber auch mein Interesse an diesen Menschen war eher persönlich. Ich wollte sie nicht als Journalist kennenlernen, sondern als junger Mann, der wissen will, wie andere Menschen, besonders andere junge Männer, auf dieser Welt ihr Leben meistern. Wenn sie Mist bauten, empörte ich mich; wenn sie litten, empfand ich Mitgefühl, aber auch diese Reaktionen waren persönlich. Ihr Leiden ging nur mich etwas an. Die Welt musste davon nicht unbedingt erfahren.

Es hat mich immer erstaunt, wie sehr Menschen überall auf der Welt Journalisten vertrauen. Ich brauchte nur den magischen Satz auszusprechen, dass ich Reporter sei, und alle Türen öffneten sich. Ich betrat eine subkutane Welt, die dem normalen Reisenden verschlossen und unbekannt bleibt. Ich erhielt Zugang zu faszinierenden Typen und mächtigen Menschen, die ich ohne meinen Presseausweis nie kennengelernt hätte. Mein Interesse an ihnen war immer erst das Interesse eines Voyeurs, und dieser Voyeurismus war mein ganz privates Vergnügen. Ich war wie ein Schwamm, der sich vollsog mit den Reizen des Reporterdaseins an verrückten Orten. Davon konnte ich nicht genug kriegen. Irgendwann dachte ich, die Welt existiere nur für mein privates Vergnügen. Ob Not oder Krieg, für mich war alles nur ein großes Spiel – mal spielte ich mit, und mal war ich nur Zuschauer, der über allem stand. Das konnte nicht gutgehen, aber so dachte ich damals.

»In den Kriegsgebieten, in denen Sie gearbeitet haben, hatten Sie da eigentlich keine Angst?«, bin ich oft gefragt worden. Die Fragesteller nehmen dabei an, dass es neben einer Prise Wahnsinn ja auch gehörigen Muts bedarf, um in Westafrika oder dem Nahen Osten als Reporter zu arbeiten. Darauf antwortete ich meistens, dass ich viel weniger mutig sein musste als die Menschen, die dort lebten, an jenen gefährlichen Orten. Anders als sie hatte ich immer genug Geld und einen westlichen Reisepass dabei, um jederzeit den Abflug zu machen, natürlich vorausgesetzt, dass ich noch rechtzeitig einen Flughafen oder einen US-Militärstützpunkt erreichen würde.

In letzter Zeit habe ich viel über Mut nachgedacht. Wie mutig bin ich gewesen im Vergleich zu Hans-Heinrich und seinen Brüdern? Während des militärischen Drills beim Kadettenkorps wurde Hans-Heinrich früh eingetrichtert, dass ein Offizier genug Mut mitbringen müsse, um seine Soldaten in eine Schlacht zu führen. Wichtiger noch als Mut war *sang froid*, die Kaltblütigkeit, um unter Feindbeschuss einen klaren Kopf zu behalten. Heißblütig wie mediterrane Männer zu handeln, also hastige, impulsive Entscheidungen zu treffen, galt in Preußen als Schande. Der deutsche Krieger kämpfte kaltblütig. Anders als heute war der Begriff positiv besetzt, Kaltblütigkeit eine Tugend.

Dank dem Ende des Kalten Kriegs und einer Knieverletzung wurde ich nach dem Abitur ausgemustert, worüber ich sehr erleichtert war. Eine Uniform zu tragen hat mich damals überhaupt nicht gereizt. Aber vielleicht wollte ich stattdessen als Reporter meinen Mannesmut beweisen und auf ganz altmodische Weise zeigen, dass ich als Mann was taugte. Das Problem war nur, dass ich keine Ahnung hatte, was Mut eigentlich war. Je länger ich über die Risiken nachdenke, die ich in all den Jahren eingegangen bin, desto mehr beginne ich zu verstehen, warum Peter Scholl-Latour mich in Liberia so eindringlich ermahnte, dass Mut mit Umsicht gepaart sein müsse.

Dabei hielt ich mich ja für einen vorsichtigen Menschen, der sich auch – wie nach der Nacht mit Silvie in der Elfenbeinküste – um seine Gesundheit sorgte. Angst vor Krankheit hatte ich. Ich spürte nur nie irgendeine Gefahr durch Gewalt, egal wo ich war. Das Problem lag in einer sonderbaren Art von Sorglosigkeit: Mir fehlte damals noch die Fähigkeit, mir vorzustellen, was mir Schlimmes passieren könnte. Wie ein junger Hund, der zum ersten Mal seine Schnauze in einen Bienenkorb steckt, war ich unfähig, eine Gefahr einzuschätzen, weil ich nie zuvor Gewalt erfahren hatte. So kannte ich keine Furcht. Mit Mut hatte das nicht viel zu tun, eher mit Leichtsinn. Mut ist ja nicht, keine Angst zu haben, sondern seine Angst zu überwinden. Ich war nicht mutig, sondern total naiv.

Obwohl ich dies in Westafrika schon ahnte, bekam ich die Lehre doch nie am eigenen Körper erteilt. In den folgenden Jahren sollte ich mich weiter arglos-achtlos und selbstzerstörerisch verhalten – und damit immer wieder durchkommen. Ich hatte Vergnügen daran, brutale, bewaffnete oder mächtige Typen wie Colonel Alpha oder Snake in Sierra Leone zu provozieren, ohne je die Konsequenzen zu fürchten. Vielleicht war es gerade meine jugendliche Arglosigkeit, die solche Typen davon abhielt, mir etwas in die Fresse zu geben. Trotz vieler brenzliger Situationen hatte ich nicht ein einziges Mal Todesangst. Selbst wenn ich mal nur knapp mit heiler Haut davonkam, blieb ich heiter gestimmt. Erst später, etwa eine Woche nachdem der Adrenalinrausch abgeklungen war, spürte ich manchmal, dass etwas nicht stimmte. Es war ein sonderbares, diffuses Angstgefühl aus Runterkommen und düsterer Vorahnung, dass ich irgendwann dran sein würde.

Dennoch kam es mir immer so vor, als würde ich mich selbst in einem Film sehen und mich dabei bestens unterhalten. Mit der sicheren Distanz der Tribüne war ich nur ein Zuschauer meiner eigenen Show. Was um mich herum geschah, betraf mich nicht wirklich und konnte mich nicht gefährden. In meinem jugendlichen Leichtsinn fehlte mir die Erfahrung von Schmerz und somit die Fähigkeit, mir Schmerz vorzustellen. Ich war nicht tapfer, sondern einfach unfähig, Schaden und Tod als Möglichkeiten zuzulassen. Ich fühlte mich unverwundbar, vielleicht sogar unsterblich, weil ich mir der Schwäche des menschlichen Körpers nicht bewusst war und weil ich mir nicht vorstellen konnte, warum mir jemand etwas Böses antun sollte. Ich war noch unschuldig.

War das womöglich ähnlich bei Hans-Heinrich und seinen Brüdern? Hatte ihre preußische Kaltblütigkeit, ihre Tapferkeit, ihr Todesmut in den ersten Kriegswochen nicht auch viel mit Unerfahrenheit und Leichtsinn zu tun? Waren sie wirklich männlich oder wie ich noch jungenhaft unreif? Keiner von ihnen hatte je wirklich gekämpft, keiner hatte je einen Toten gesehen. Man darf ja nicht vergessen, dass der letzte Krieg für Deutschland 1914 schon mehr als vierzig Jahre zurücklag. Seitdem war es in Europa weitgehend friedlich geblieben. Abgesehen von den wenigen Soldaten, die Aufstände in den afrikanischen Kolonien niedergeschlagen hatten, verfügten die Deutschen kaum über praktische Kriegserfahrung. Nur die Alten wie mein Urgroßvater Theodor wussten noch, was Krieg war. Und selbst sie hatten keine Ahnung, wie viel gewaltiger und zerstörerischer als alle bisherigen Kriege der bevorstehende Weltenbrand sein würde.

Erklärt diese Ahnungslosigkeit, warum die Truppen und die Bevölkerung so kriegsbegeistert waren, nicht nur in Deutschland, sondern auch in den anderen europäischen Ländern? Schaue ich mir die Fotos von den jungen Soldaten an, die lachend und singend in den Kampf ziehen, beginne ich zu begreifen, wie die Jugend missbraucht, wie ihr Idealismus ausgenutzt wird. Die Regierungen und militärischen Führer in Berlin – aber auch in Wien, Paris und London – konnten in den jungen Soldaten 1914 einen Idealismus ausnutzen, der noch durch keine praktischen Erfahrungen von Leben und Tod gemäßigt war. Einen Idealismus, der viele der jungen Männer tatsächlich glauben ließ, es sei *dulce et decorum pro patria mori*.

Derjenige unter den drei Kleveman-Söhnen, der vielleicht nicht mehr ganz so verblendet war, das war Paul-Udo, der Älteste. Er war vom Wesen her weder so draufgängerisch wie Kuno noch so blind gehorsam wie Hans-Heinrich. Auch war er mit 33 Jahren bereits in einem Alter, in dem ein Mann das Leben zu genießen beginnt, gerade wenn er, wie Paul-Udo, eine reiche, schöne und kunstsinnige Frau geheiratet hat und es sich gutgehen lassen kann. Als er Ende Juli gerade mit seiner Frau Else und seinem Brüderchen Hans-Heinrich in den Urlaub auf Wangerooge fahren wollte und stattdessen in seine Garnison bei Aachen beordert wurde – vielleicht hat er sich da im Stillen gefragt, was der ganze Scheiß eigentlich soll.

Wir wissen es nicht. Jedenfalls ging mein Großonkel Paul-Udo in die Geschichte ein als einer der ersten deutschen Verwundeten des Ersten Weltkriegs. Bruder Kuno, der östlich von Lüttich im gleichen Regiment wie Paul-Udo diente, erzählt die Geschichte in einem Brief an seine Verlobte Hedi zugleich lapidar und vielsagend: »Auf dem Sammelplatz drückte ich heute Paul-Udo die Hand. Ich sprach ihn eine viertel Minute. 10 Minuten später war er verwundet, der erste Verwundete. Ich habe ihn nachher nicht gesehen. Der Arzt hat mir ehrenwörtlich versichert, seine Verwundung sei leicht. Schuß durch den Fuß. Der Täter ist tot. Liebste, beste, du weißt, was ich denke.«

Tja, was ging Kuno da wohl durch den Kopf? Was musste er gar nicht erst aufschreiben, weil Hedi ihn auch so verstand? Ganz einfach: dass sich Paul-Udo mal schnell selbst verwundet hat, um ansonsten unversehrt durch den Krieg zu kommen. Wie Paul-Udo später berichtete, soll sich der Vorfall so zugetragen haben: Kurz nach dem Treffen mit Kuno entfernt sich Paul-Udo von seiner Kompanie, reitet in ein Wäldchen und wird dort von einem belgischen Partisanen in Zivil, der allein mit dem Fahrrad unterwegs ist, in den Fuß geschossen. Er schießt zurück und tötet den Belgier. Zeugen des Vorfalls gibt es nicht.

Wie ist es wirklich gewesen? Kunos Vermutung der Selbstverwundung mag auch auf einer Rivalität unter den Brüdern beruht haben. Besonders vertraut und herzlich war ihr Verhältnis ja offenbar nicht, wenn sie sich vor dem Kampf nur ganze fünfzehn Sekunden lang sprechen, wie Kuno schreibt. Wie soll man sich diese Unterhaltung vorstellen? Guten Tag, ich muss weiter, frohes Kämpfen! Und was ist mit dem belgischen »Partisanen«, den Paul-Udo erschossen hat? Ist es nicht ungewöhnlich, dass der allein mit einem Fahrrad unterwegs war? War es vielleicht nur ein Zivilist, den Paul-

Udo umbrachte, um seine Selbstverwundung zu kaschieren? Lauter Fragen, auf die es keine Antworten mehr geben wird. Den Verdacht, sich selbst verwundet zu haben, wird Paul-Udo allerdings zeitlebens nicht los, zumindest nicht in der eigenen Familie. Jahrzehnte später wird er von Hans-Heinrich offen ausgesprochen, verbunden mit dem Vorwurf der Feigheit, was das Verhältnis zwischen den Brüdern für immer vergiftet.

Im August 1914 kommt Paul-Udo jedenfalls ins Lazarett, schreibt wehleidige Briefe an Mutter Helene und Frau Else, die beide erleichtert sind, dass er aus dem Rennen ist. Der Vorteil einer Verwundung am Fuß ist ja, dass man noch Jahre später vorgeben kann, nicht mehr schmerzfrei gehen zu können. Und so lässt Paul-Udo es fortan ruhig angehen und verbringt den Rest des Krieges fern der Front auf einem sicheren Posten als Bahnhofskommandant im ostpreußischen Laugszargen.

Sehr vernünftig, wie ich finde. Es ist ja ein großer Irrtum des Darwinismus, dass immer der Stärkere und Mutigere überlebe. Meist kommt doch derjenige durch und pflanzt sich fort, der sich im richtigen Moment davongemacht hat. Nach zwei Weltkriegen sind die meisten Deutschen heute die Nachfahren nicht der großen, todesmutigen Krieger (denn die sind fast alle gefallen), sondern der Vorsichtigen und Drückeberger. Deren Nachfahren und die Nachfahren der Jahrgangsglückspilze, der Schreibtischtäter, der Mörder aus dem Hinterhalt und der schlauen Schweine, die immer irgendwie durchkommen, das sind die Deutschen heute: eine nicht unbedingt sympathische, aber absolut harmlose Friedenstruppe, vor der sich niemand in Europa mehr fürchten muss, denn von den stramm marschierenden Herrenmenschenheroen ist nichts mehr übrig.

Womit wir wieder bei Kuno wären, dem zweiten Sohn. Mit schöner Witwenverklärung schreibt seine ewige Verlobte Hedi über ihn in der Familienchronik: »Aus der Überzeugung heraus, daß der Krieg für Deutschlands Fortbestehen und Fortentwicklung notwendig sei, glühte seit Jahren der Wunsch in ihm, diesen Krieg, der für ihn ohne Sieg undenkbar war, mitzuerleben. Nun war es soweit. Sie rollten gen Westen. Kein Kleinmut konnte in ihm aufkommen. Paul-Udo, der ihn zuletzt beim Aufmarsch zwischen Aachen und Lüttich gesehen hat, schrieb: ›Kuno sah aus wie ein Kriegsgott.‹« (Ob er das nicht vielleicht spöttisch-ironisch gemeint hat?)

Anfangs läuft es gut. Die Festung Lüttich wird im Sturm genommen, weiter geht der Siegeslauf über Brüssel durch Nordfrankreich bis an die Marne. In seinen Briefen, von Hedi aufbewahrt, beschreibt Kuno seine Kriegserlebnisse als ein großes Abenteuer von historischem Gewicht. Von Ehre, Gott und Pflicht ist die Rede, ansonsten viel Vorwärts-Hurra! und »Deutschland, Deutschland über alles«.

»Wir marschieren jetzt vor«, heißt es in einem Brief vom 4. August 1914. »Die Fahrt durchs deutsche Land war herrlich. Hoffentlich werden wir die Hoffnungen erfüllen.« Des Weiteren in einem Brief vom 8. August: »Beim Vormarsch sahen wir dann bald den ersten Toten, einen belgischen Kavalleristen. Leider hat man sich an den Anblick und an manches andere bald gewöhnt. Die wallonische Bevölkerung dieser Gegend ist ja als elend bekannt. Aber so hab ich sie mir doch nicht vorgestellt. Sie sind überliebenswürdig ins Gesicht, und marschiert man nachts aus, so schießen sie aus allen Häusern. Hinter einem her. Einzelne Reiter, Radfahrer sind hingemordet auf bestialische Weise.«

Am 10. August beschreibt Kuno aus dem eroberten Lüttich in einem Brief an seinen Bruder Hans-Heinrich, wie schmutzig und rücksichtslos dieser Krieg geführt wird. Das hat er in Kadettenkorps und Kriegsakademie so wohl nicht gelernt. Auch deutet er deutsche Massaker an der belgischen Zivilbevölkerung an, euphemistisch mit dem Begriff ›Strafgerichte‹ umschrieben: »Mein lieber Bruder, wir sind in Lüttich, mein Jung … An der großen Straße entstand ein ekelhafter Häuserkampf mit Miliz, die in Civil aus den Häusern schoß. Ein unsympathisches Sengen, Brennen und Abschießen war die Folge. Die Nacht durch knallte es aus allen Hecken. Am anderen Tage kamen wir erst nach fürchterlichen Strafgerichten in 3 Ortschaften in Lüttich an.«

In den Briefen an die Verlobte ist von Strafgerichten natürlich nicht die Rede. Sie klingen weiter froh und begeistert, wie der Brief vom 15. August: »Vorne donnert die Artillerie. Und jetzt marschieren wir gleich. Leider ist meine Kompagnie ein bisschen weit hinten nach meinem Geschmack. Ich freue mich unbändig, dass es wieder vorwärts geht.«

Zur gleichen Zeit wartet Hans-Heinrich einige hundert Kilometer südöstlich in der Festung Diedenhofen noch auf einen Marschbefehl. Nachdem er an seinem Geburtstag von zu Hause wegbefohlen wurde, schickt er den Eltern als Erstes ein Paket mit Fotografien, dem Leutnantspatent, Wertsachen und einer Lebensversicherung auf 12 000 Mark, die er heimlich zu ihren Gunsten abgeschlossen hat. Im Begleitbrief schreibt er: »Die Stimmung der Reservisten, Freiwilligen wie auch der Bevölkerung ist geradezu überraschend gut. Aus einem Pferdetransport aus Bremen erhielt ich ein 2. Pferd. Ich nenne es ›Heimat‹. Es kann also losgehen.«

In einem späteren Brief an die Eltern schreibt Hans-Heinrich: »Sonst habe ich nur noch einen Wunsch: Wenn ich fallen sollte, möchte ich gern in meiner stets so geliebten Heimat meine letzte Ruhestätte finden.« Der 23-Jährige fühlt sich körperlich und moralisch auf den Kampf vorbereitet, auch durch den Brief von Kuno aus Lüttich, in dem es heißt: »Jung, alles liegt an uns. An uns! Wenn wir diesen Kampf gut durchkämpfen, werden wir ein Volk, das kein Mensch mehr angreift. Ich schüttele Dir die Hand. Gott mit uns. Dein getreuer Bruder Kuno«

Ende August marschiert auch Hans-Heinrichs Regiment an die Front, und schon bald besteht er seine Feuertaufe mit »Franktireurs«, wie man damals noch die Partisanen nannte: »Gestern sind wir zum erstenmal richtig ins Gefecht gekommen. Die Division hat den Feind geworfen. Auf der ganzen Front flutet er zurück … An der Grenze beteiligten sich Einwohner am Kampfe, so dass Strafgerichte abgehalten wurden, die ihre Wirkung nicht verfehlten. Unsere Verluste waren aber auch erheblich.«

Die Verluste betreffen Hans-Heinrich persönlich. Gleich im ersten Gefecht verliert er seinen besten Freund, einen gewissen Leutnant Sosenheimer, mit dem er seit den frühen Tagen im Kadettenkorps befreundet ist: »Unter den Toten befindet sich zu meiner großen Trauer auch mein Freund Sosenheimer, der einen Unterleibsschuss durch die Blase bekommen und noch 4 Stunden unter starken Schmerzen sehr gelitten hat. Am nächsten Morgen – der

Hans-Heinrich (2.v.l.)
mit Kameraden im Ersten Weltkrieg

Kampf hatte die ganze Nacht hindurch gedauert – fand ich ihn tot vor. Mit viel Trauer im Herzen musste ich ihn verlassen.«

Das ist es dann allerdings auch. Nur noch sehr selten und in einem Ton bemühter Distanz erwähnt Hans-Heinrich in den folgenden Monaten seinen Freund und dessen furchtbaren frühen Tod. Stattdessen beschreibt er ausführlich einen nächtlichen Bajonettangriff aller deutschen Infanterieregimenter mit entladenen Gewehren – was muss das für ein Gemetzel gewesen sein?! – und seine große Freude über den Erhalt des Eisernen Kreuzes zweiter Klasse für die »kaltblütige Überbringung eines wichtigen Befehls in die vordere Schützenlinie zu Pferde, zu der er sich freiwillig gemeldet hatte«, wie es im Kriegstagebuch des (später gefallenen) Bataillonstambours heißt, das ich auch auf dem Dachboden in Ankelohe gefunden habe.

Erwarte ich zu viel, wenn ich die Briefe nach selbstreflexiven Passagen darüber durchsuche, wie sehr der Tod des besten Freundes Hans-Heinrich traumatisiert hat? Hat er ihn womöglich einfach abgehakt, weil er so darauf gedrillt war, dass zum Krieg nun mal der Tod gehöre, der von Freunden und auch der eigene, und dass dieser

Tod fürs Vaterland ohnehin nur köstlich und ehrenvoll sei? Das kann oder will ich mir nicht vorstellen. Egal wie abgerichtet und verblendet er gewesen sein mag, ein 23-Jähriger, der über Nacht seinen besten Freund verliert, empfindet doch sicher noch lange Schmerz und Trauer. Gibt Hans-Heinrich den Schmerz nicht zu, weil er ihn als Schwäche empfindet, ober verdrängt er den Verlust im weiteren Kriegsgeschehen, sodass sich der Schmerz verkapselt? Wahrscheinlich verarbeitet Hans-Heinrich die Erfahrung weder in der Gefangenschaft noch nach dem Krieg. Wie viel nicht verarbeiteter, nicht zugelassener Schmerz mag für den Rest seines Lebens hinter der Fassade des strammen Offiziers geeitert haben?

Wie anders als die Briefe der Söhne liest sich das Tagebuch ihrer Mutter Helene auf Ankelohe. Zunächst schreibt sie wütend über »den Russenkaiser« und die Franzosen, die Deutschland überfallen hätten, dann wieder traurig über die vielen Telegramme, in denen ihre Pflegetöchter von deren Eltern oder Verlobten zur Heimkehr aufgefordert werden. Am 4. August marschieren die Reservisten und Eingezogenen aus dem Dorf ab, wozu die Jugend ein Abschiedslied singt. Ausgerechnet in dem Moment taucht ein Zeppelin vom Marinestützpunkt Nordholz bei Cuxhaven am Himmel auf. »Der Zeppelin fuhr so hübsch durch die Wolken, nie sah ich ihn schöner. Die Jugend rief Hurrah!« Die Dorfbewohner sind noch immer sprachlos beim Anblick der 150 Meter langen Luftschiffe, die erst wenige Jahre zuvor entwickelt wurden. Gewiss kein Ankeloher sieht den Zeppelin damals schon als Symbol der deutschen Machtillusionen oder sein Auftauchen am Himmel ausgerechnet zum Abmarsch der Soldaten als Unheil verkündendes Ereignis.

Schon bald drehen sich Helenes Gedanken in ihrem Tagebuch nur noch um ihre drei Söhne an der Front. Ungeachtet der kriegsbegeisterten Männer in Reih und Glied sowie am Straßenrand kann so wohl nur eine Mutter über den Krieg schreiben: »Mit viel Herzweh hatte ich meinen lieben Hans abgeliefert an seinem 23. Geburtstag. Aber leider bekamen wir nach der Mobilmachung kein Lebenszeichen von Kuno und Hans, und denken doch stets an unser Dreiblatt. O Gott wie schrecklich ist der Krieg! Und er ist kaum begonnen! Was werden wir alles erleben?« Von den »schönen Friedensjahren«

schreibt sie wehmütig am 8. August, und dann: »Heute ist es eine Woche erst, daß mobilgemacht wurde, und mir kommt es vor, als seien mindestens zwei vergangen schon. Nun möchte ich, ich wäre sogleich ein Jahr älter, dann wüßte ich ja, wen der Krieg mir gelassen hätte. Ob ich heute von Hans und Kuno hören werde? Wie würden wir Eltern uns freuen!«

Tags darauf ist die Erleichterung groß, der Bote bringt Post von allen drei Söhnen. Helene freut sich mit Kuno über die erste Siegesnachricht aus Lüttich. Die leichte Verwundung von Paul-Udo ist ein Schreck, aber nimmt ihr immerhin eine Sorge. Sie schickt ihm einen Heidestrauß aus Ankelohe, der nach Heimaterde riecht, ins Lazarett. Doch die Sorge bleibt: »Wir vertrauen den Führern und unserem tapferen Heere. Aber wenn nur die bange Sorge zu bannen wäre. Oft überkommt mich solch Angstgefühl und solch grenzenloser Jammer. Meine gesunden, prachtvollen Söhne – o, könnte ich es ertragen, wenn ich einen nicht wiedersähe? Die Heide blüht so schön wie sonst, und doch ist die Welt so ganz anders geworden, die armen Verwundeten bei der Hitze, die heute hier war.«

Von ihrem Mann Theodor kann sie in ihrem Mutterleid keinen Trost erwarten. Zwar macht auch er sich Sorgen, zumal ihm mit inzwischen 62 Jahren die Arbeit auf dem Hof immer schwerer fällt, nachdem nun auch noch mehrere Knechte und Tagelöhner eingezogen worden sind. Auch fragt er sich, wann und an welchen seiner Söhne er den Hof abgeben kann. Aber Theodor ist ein verschlossener Mann, und als Offizier akzeptiert er die Notwendigkeiten des Krieges, sodass Helene ihre Sorgen nur dem Tagebuch anvertrauen kann, so etwa am 13. August: »In den Zeitungen, die ich abends lese, steht wieder manch gute Nachricht, und doch lege ich mich mit der bangen Frage zu Bett ›Lebt Dein Sohn noch?‹ Warum wohl keine Nachricht? Ich hoffe und warte und möchte etwas unternehmen, aber was? Telegraphieren kann man nicht an die Krieger.«

Krampfhaft versucht Helene, sich auf ihre Arbeit im Haus und mit den verbliebenen Pensionärinnen zu konzentrieren. Da Tanzen im Krieg als unziemlich gilt und verboten ist, überlegt Helene, ob jetzt nicht ein geeigneter Moment wäre, die Eichendielen im Foyer des Gutshauses zu erneuern, die vom vielen Tanzen in den Friedensjahren abgewetzt sind. Als von Hans Heinrich das Paket mit seinen Wertsachen und der Lebensversicherung eintrifft, muss Helene weinen. Als sie in ihrem Dankesbrief an den jüngsten Sohn diese Tränen erwähnt, wird sie von Theodor gescholten, der den Brief nicht frohgemut genug findet. Also sendet sie den Brief nicht ab und schreibt stattdessen eine tapfere Karte. Am 14. August notiert sie in ihrem Tagebuch: »Wieder keine Nachricht von Kuno und Hans. Wo soll ich die Kinder mit meinen Gedanken suchen? Sind sie verwundet, vorab Kuno?«

Ahnt Helene bereits, dass ihre schlimmsten Befürchtungen schon bald wahr werden sollen? Ihr Sohn Kuno hat keine vier Wochen mehr zu leben. Mit dem heutigen Wissen um sein Schicksal lesen sich seine letzten Briefe mit einem morbiden Schauern. Von einem Feldlager östlich von Diest schreibt er am 17. August an seinen Bruder Paul-Udo: »Riesenfrontausdehnung. Ich möchte lieber mal eine richtige Feldschlacht des raschen Handelns und des Vorstürmens erleben. Aber was hilft es. Wenn ich durchkomme, schreibe ich Dir möglichst morgen gleich.«

Zehn Tage später aus einem Brief an Hedi: »Liebste Hedi, wir sind auf der Verfolgung der Engländer, die wir 23/24 und gestern in 2 Portionen geschlagen haben ... Erst marschierten wir den ganzen Tag, um sie zu fassen, und jetzt bis in die Nacht immer, um sie zu verfolgen. Wir haben fürchterlich unter ihnen aufgeräumt. Du machst Dir keinen Begriff von der Wut unserer Leute gerade auf die Engländer ... Meine Leute haben vorgestern einen englischen Offizier, der aus einem Hocken 10 Browning-Schüsse auf mich abgab, so vermöbelt, daß er sich kaum noch bewegen konnte. Ich hatte gerufen: ›Lebend fangen!‹ Sie verstanden gleich.«

Als ob der Krieg ein Spiel sei, so lesen sich Kunos nassforsche Abenteuerberichte an seine Verlobte. Liebesbriefe sind das nicht. Wie sie mich abstößt, diese sorglose, puerile Unreife, die mit Mut wenig zu tun hat und die ich doch irgendwie kenne und gut verstehen kann. Tagelang steht die Kompanie, die Kuno anführt, unter Granatenbeschuss. Die Geschosse schlagen rechts und links von ihm ein, er muss in einem dauerhaften Adrenalinrausch gewesen sein. Dazu die Ekstase des knappen Entkommens, des Überlebens, das wird ihn um den kühlen Verstand gebracht haben: »Ich werde immer frecher. Ich aß gerade einen Apfel, da entdeckte ich rechts vorwärts von mir in einem Rübenfelde 3 Kerls, die Anstalten machten, ihre Gewehre zu gebrauchen. Ich galoppierte gleich auf sie an, rechte Hand der Apfel, linke Zügel, und schrie ihnen zu: ›à bas les armes!‹ Einer, der nicht schnell genug war, bekam von der Spitze noch einen Schuß, die anderen hoben die Hände hoch. Einige, die sonst nicht schnell genug wegkamen, mußten umgelegt werden.«

»Umgelegt«, das Wort stößt mir übel auf. Das Töten muss Kuno offenbar richtig Spaß gemacht haben. In der Familienchronik von 1911 schrieb er noch über einen Vorfahren, der als freiwilliger Offizier im Krim-Krieg gefallen war: »Sein Ehrgeiz hat ihm sein frühes Grab bereitet.« Das soll nun auch auf ihn selbst zutreffen. Kunos letzte Bitte aus dem Feld an seine Mutter war ein kleiner Heidestrauß. Helene hat ihn abgeschickt, aber er hat ihn nicht mehr bekommen. »Ich lebe immer noch«, schreibt er Ende August an Hedi. »Die Hauptsache ist aber, dass wir siegen, und das soll uns auch weiterhin das Höchste sein.« Die letzte Karte stammt vom 4. September 1914, verfasst kurz vor der Marne-Schlacht: »Liebste Hedi, wir marschieren im Rücken der Franzosen nach Südosten. Wir wollen unser bestes tun, sie zu überholen. Dein Kuno«

Drei Tage später fällt Kuno nördlich von Paris. Im Chaos des verlustreichen Schlachtgetümmels wird sein Tod zunächst nicht eindeutig bemerkt und sein Leichnam, da sich die Deutschen zurückziehen müssen, nicht gefunden. Erst nach vielen Monaten der quälenden Ungewissheit, in denen er als vermisst gemeldet bleibt, erhalten seine Eltern und Hedi von Regimentskameraden die Bestätigung, dass Kuno tot ist. Ihre Berichte über die Umstände seines Todes hat Hedi für die Familienchronik zusammengefasst.

Sie schreibt über Kuno und seine Kameraden: »In glühender Sommerhitze wurden sie am 7. September in die Schlacht am Ourq eingesetzt. Trotz der ungeheuren Strapazen, die sie hinter sich hatten, stürmten sie im feindlichen Feuer mit Todesmut vorwärts, denn sie fühlten wohl alle, daß jetzt die Entscheidung kam. Kuno stürmte seinen Leuten voran und riß sie zum Äußersten fort. Ein Sprung vorwärts nach dem anderen wurde gemacht. Kniend feuerte er *vor* der Schützenkette, während seine Leute im Rübenkraut liegend schossen. Mit hocherhobenem Gewehr sprang er wieder vorwärts im immer dichter werdenden feindlichen Feuer, einer Oberschenkelverletzung nicht achtend. In den Nachmittagsstunden, zwischen 2 und 3 Uhr traf ihn ein Brustschuß, der ihn ohne Kampf und Schmerz dahinstreckte. Ein herrlicher Tod nach einem herrlichen Leben, das ist der Trost, der uns bleibt.« Wie unreflektiert Hedi noch vierzig Jahre später, nach einem weiteren fürchterlichen Weltkrieg, über den Soldatentod schreibt! Tut sie das, um dem Verlust ihres Verlobten und damit ihrem eigenen, seitdem erstarrten Leben einen Sinn zu geben? Immerhin wurde Kunos Wunsch, seine Liebste möge ihn nicht für eine Memme halten, erfüllt.

Tante Hedi bleibt den Klevemans auch nach dem Krieg verbunden. Als Kind habe ich sie noch auf Besuchen und Familientreffen als liebenswürdige hochbetagte Dame kennengelernt. Sie heiratet nie und bekommt auch keine Kinder, sondern hält ihrem Verlobten zeitlebens die Treue, bis sie 1984 stirbt, fast genau siebzig Jahre nach Kuno. Die Urne mit ihrer Asche liegt auf unserem Familienfriedhof. Wie Hedi selbst wirkt ihr Grabstein klein und bescheiden unter dem gewaltigen Gedenkstein, den Theodor nach dem Krieg für Kuno errichten ließ.

Wie ein germanisches Hünengrab oder ein überdimensionaler Helm sieht er aus, mit seinem riesigen, quer gelegten Findling, der auf vier großen Feldsteinen ruht. Name, Lebensdaten und militärischer Rang werden genannt, desgleichen, dass er zum Großen Generalstab kommandiert war und dass er vor Paris gefallen sei. An der einen flachen Seite trägt der Gedenkstein als Inschrift einen Vers aus dem Johannesevangelium: »Keiner hat größere Liebe, denn daß er sein Leben läßt für seine Brüder.« Auf der anderen Seite hat Theodor noch hinzugefügt: »Seine glühende Vaterlandsliebe und unbegrenzte Tatenfreunde künde dieser Stein als Sinnbild seiner markigen Kraft.«

Helene und Theodor können den Tod ihres begabtesten Sohnes nie verwinden. Schon die Ungewissheit über sein Schicksal, dann die Trauer und die Sorge um Hans-Heinrich lassen die beiden, die noch wenige Jahre zuvor auf dem Höhepunkt ihrer Schaffenskraft auf

Ankelohe waren, alt und gram werden. Für Hans-Heinrich ist der Feldzug im Westen bald beendet. Im Oktober 1914 wird er am Fuß verwundet, aber noch viel mehr nimmt ihn das Schicksal seines älteren Bruders mit. »Sollte das Schreckliche denn wirklich wahr sein?«, schreibt er am 9. November 1914. »Ich kann es gar nicht glauben. Der Gedanke, dass soviel strotzende Kraft, soviel Gesundheit, soviel Klugheit, soviel Wissen, mit einem Worte soviel blühendes, für die Zukunft viel versprechendes Leben mit einem Male nicht mehr sein sollte, erscheint mir einfach unfassbar. Deshalb will ich doch noch hoffen.«

Allerdings ändert Kunos Schicksal nicht die Art und Weise, wie Hans-Heinrich über den Tod im Krieg denkt oder zumindest schreibt. Als er von einem Kameraden seines Bruders erfährt, dass Kuno als »Stolz des Regiments« gegolten habe, notiert Hans-Heinrich dazu: »Wenn ich wüßte, dass meine Kameraden nach einem ebensolchen Heldentode ebenso ehrenvoll über mich urteilen würden, dann würde ich ihn nicht Sekunden fürchten, sondern im Gefühl, voll und ganz meine Pflicht getan zu haben, jederzeit gern sterben.« Ein Jahr später, im September 1915, als er schon bei den Fliegern in Wilna ist, schreibt er an die Eltern: »Und was für mich das Beste ist, der Soldatentod – den ich nicht fürchte – oder, dass er mein Leben noch länger erhält, das weiß Gott allein.«

TSCHETSCHENIEN
DER AGENT

Einige Monate nachdem ich Westafrika verlassen hatte, am 11. September 2001, als in New York das 20. Jahrhundert mit einem großen Rums zu Ende ging, befand ich mich in Russland, unweit von Tschetschenien. An jenem Tag wurde ich vom russischen Staatssicherheitsdienst aus dem Land deportiert, weil ich illegal in die abtrünnige Kaukasus-Republik gereist war, angeblich um für die tschetschenischen Rebellen zu spionieren. Dies war zumindest die offizielle Version des Geschehens.

Die Wahrheit war noch viel seltsamer.

Alles begann mit einer dummen Wette. Nachdem ich mich von der afrikanischen Reise erholt hatte, verspürte ich bald neue Reiselust. Von meinem Bruder erstand ich einen weiteren alten Citroën CX-25 für einen Roadtrip nach Osteuropa. Wie sein weißer Vorgänger, der mir auf dem Balkan so gute Dienste geleistet hatte und nun als trauriges Wrack in unserer Scheune auf Gut Ankelohe stand, hatte mein neuer Gefährte eine Turbodieseltechnik aus den 1980er-Jahren. Angesichts des Unfalls und der vielen knappen Situationen, in die ich mit dem ersten Citroën gerast war, hielt mein Bruder es für klüger, mir dieses Mal ein langsameres Kombimodell mit einem schwächeren Motor zu geben.

Mir war es egal, ich mag ältere Autos generell. Die meisten bezahlbaren modernen Autos sehen ja heute alle gleich aus, funktional und langweilig. Stil und Charakter fehlen diesen Standardkisten. Ganz anders ein Citroën aus den Achtzigern. Der Kombi sah aus wie eine Limousine. Er hatte eine klassische dunkelblaue Farbe und war groß genug, dass ich zur Not hintendrin schlafen konnte.

Aber als ich mein neues Auto stolz zu einer Party fuhr, um es meinen Freunden zu zeigen, lachten sie.

»Dein Auto ist ja eine totale Gurke, Alter«, versuchte mich mein Freund Matthias aufzuziehen. »Es fällt auseinander. In dem Auto kommst du niemals nach Osteuropa. Wahrscheinlich schaffst du es damit nicht einmal nach Berlin.«

Wir waren alle ziemlich betrunken, aber diese Beleidigung erforderte eine entschlossene Antwort.

»Hör zu, Kollege, mit diesem Citroën werde ich ganz bestimmt nach Berlin kommen. Und von Berlin fahre ich dann weiter bis nach ... Baku!«

Für einen Moment war es still, weil meine Freunde überlegen mussten, wo nochmal Baku lag. Da war ich mir selbst auch nicht so sicher. Ich hatte einfach einen Ortsnamen ausgerufen, der imposant weit weg klang und eine schöne alliterative Harmonie mit Berlin ergab. Schon bereute ich allerdings, nicht Budapest, Belgrad oder Bukarest gesagt zu haben. An Orten mit B mangelte es ja nicht in Osteuropa. Stattdessen hatte mein trunkenes Hirn die Hauptstadt von Aserbaidschan ausgewählt, einer obskuren postsowjetischen Kaukasus-Republik am Kaspischen Meer, tausende Kilometer von dort entfernt, wo wir gerade standen. Mit einem Grinsen hob Matthias den Fehdehandschuh auf. »Baku? Na, das möchte ich sehen ...«

»Das wirst du auch«, erwiderte ich. »Wollen wir wetten?«

Zwei Wochen später war ich unterwegs, mit 150-Dollar-Expressvisa für Russland und die Ukraine in meinem Reisepass und lauter Landkarten der ehemaligen Sowjetunion auf dem Rücksitz. Mein Plan war, erst über den Balkan und dann statt der naheliegenden Route durch die Türkei am Nordufer des Schwarzen Meeres entlang nach Baku zu gelangen. Dabei würde ich die historische Hafenstadt Odessa besuchen, die Krim und den russischen Badeort Sotschi. Von dort beabsichtigte ich die Grenze nach Georgien zu überqueren, wo es für EU-Bürger bereits keine Visumspflicht mehr gab, und mich dann südlich des Kaukasus nach Aserbaidschan durchzuschlagen. Sechs Wochen hatte ich für die Reise eingeplant. Meine einzige Sorge betraf den Zustand der zu Sowjetzeiten gebauten Straßen, aber ich vertraute auf die gasgefüllten Stoßdämpfer des Citroëns. Am Ziel hatte ich nur ein Foto von dem Auto und mir vor dem Rathaus von Baku zu schießen – und die Wette wäre gewonnen.

Die geplante Route führte durch einige Regionen der ehemaligen Sowjetunion, über die selten berichtet wurde, und so hoffte ich, mit einigen guten Storys von dort meine Reise zu finanzieren. Wie immer hatte ich kurz vor meiner Abreise das Auslandsressort des *Telegraph* angerufen, um mit Alec zu sprechen. Nach meiner afrikanischen Reise war ich nach London geflogen und hatte meine Redakteure erstmals von Angesicht zu Angesicht kennengelernt. Der *Telegraph* war kurz zuvor von der Fleet Street, der traditionellen Heimat der meisten großen Zeitungen des Landes, in eines der protzigen neuen Bürohochhäuser von Canary Wharf im Südosten der Stadt umgezogen.

Als ich das Großraumbüro betrat, das sich über ein gesamtes Stockwerk hoch oben im Gebäude erstreckte, war ich erstaunt über das schiere Chaos aus papierbedeckten Schreibtischen, flackernden Computerbildschirmen, klingelnden Telefonen und Leuten, die hektisch umherliefen. Wie war in diesem Durcheinander überhaupt jemand in der Lage, vernünftig zu arbeiten? Die Auslandsredaktion befand sich in einer recht kleinen Ecke, allerdings mit einem schönen Blick über die Themse. Jeder im Team war sehr nett zu mir. Ausnahmsweise verlor Paul kein Wort über den Zweiten Weltkrieg, sondern gratulierte mir zu meiner Flucht aus Taylors Liberia, und Alec lud mich zum Mittagessen ein. »Du bist ein guter Reporter«, sagte er beim Nachtisch. »Lass uns wissen, wo du als Nächstes unterwegs bist.«

Als ich anrief, war es Paul, der den Hörer abnahm.

»*Oh, hello kraut!*«, rief er aus. »Wie geht es dir, mein Junge?«

»*Grand!* Ich breche demnächst nach Russland auf.«

»Habt ihr das nicht schon 1941 versucht?«, stichelte er wieder.

»Ja, mag sein, aber dieses Mal werde ich einen französischen Panzer fahren.«

»Und warum sollte das ein Vorteil sein? Die Franzosen sind für Invasionen nicht zu gebrauchen. Entweder fangen sie nach ein paar Tagen an, Gräben auszuheben, oder sie schwenken weiße Fahnen. Kauf dir einen anständigen Landrover, wenn du irgendwo ankommen willst.«

»Mach ich, sobald ich mir einen leisten kann«, sagte ich. »Eigentlich wollte ich wissen, ob Alec Interesse an Geschichten aus dem Kaukasus hätte.«

»Das ist normalerweise das Revier des Moskau-Korrespondenten. Aber warte mal eben, ich werde Alec fragen«, sagte Paul. Nach ein paar Sekunden war er wieder dran. »Alec ist gerade zu beschäftigt, um zu telefonieren, aber er sagt, du sollst wieder anrufen, wenn du eine gute Geschichte hast.«

»Gewiss, danke, mache ich.«

»Eines noch, mein Junge«, sagte Paul, bevor ich auflegen konnte. »Halte dich von Tschetschenien fern. Da ist es im Moment zu gefährlich.«

»Nicht mal im Traum würde ich da hinfahren, Paul, nicht in einem französischen Wagen.«

»Du wirst dir nicht wieder Ärger einhandeln, oder?«

»Natürlich nicht.«

Zunächst war es nicht schwer, im sicheren Bereich zu bleiben. Belgrad schien inzwischen ebenso friedlich wie Budapest oder Bukarest. Der einzige leicht aufregende Teil der Reise war der Transit durch Moldawien, die kleine ex-sowjetische Republik zwischen Rumänien und der Ukraine, wo ein moldawischer Grenzpolizist in meinem Wagen mitfuhr, die Maschinenpistole zwischen die Beine geklemmt. Er hatte darauf zu achten, dass ich nicht unerlaubterweise die Autobahn verließ. Während der gesamten einstündigen Fahrt quer durch sein Land stießen alle meine Versuche, Konversation zu machen, auf steinernes Schweigen.

Da brauchte ich angenehmere Gesellschaft. Zum Glück hatte ich vor meinem Aufbruch aus Berlin Elena angerufen, eine 24-jährige Zeitungsreporterin aus Moskau. Wir hatten uns in Belgrad kennengelernt und dort manchmal zusammengearbeitet. Während der berauschenden Tage der Revolution gegen Milošević hatten wir zudem eine kleine Affäre begonnen.

»Hast du Lust, mit mir in Urlaub zu fahren?«, fragte ich sie.

»Superidee, wie wäre es mit Ibiza oder Mykonos?«, antwortete sie, an die lieblichen Orte denkend, wohin ihre Moskauer Freundinnen mit ihren westlichen Freunden flogen.

»Eigentlich dachte ich eher an einen Roadtrip durch die Ukraine und Russland, an der Schwarzmeerküste entlang«, sagte ich. Ungläubige Stille; sie traute wohl ihren Ohren nicht.

»Du billiger Bastard! Dahin durften wir doch schon immer reisen!«

Als ich nun die Platanenallee zum Flughafen von Odessa heruntersegelte, bei offenen Fenstern und lauter Musik, saß Elena aber trotzdem vor dem Terminal, in einem sexy weißen Kleid. Mit belustigter Skepsis musterte sie den Citroën, aber schon wenig später feierten wir unser Wiedersehen mit einer Flasche Krimsekt auf der potemkinschen Treppe im Hafen, wo Sergei Eisenstein 1925 die berühmte Massakerszene von *Panzerkreuzer Potemkin* gedreht hatte.

Auf der Fahrt gen Osten zur Krim wurde mir klar, dass sich Elenas Vorstellung von einem Urlaub von meinen Plänen stark unterschied. Sie hatte nur kurze Kleider und Stöckelschuhe gepackt. Am Strand zu campen war nicht ihr Stil. Ein anderes Problem war, wie vorhergesehen, der Citroën. Jeden zweiten Tag verbrachten wir einige Stunden in Werkstätten, wo wir es mit russischen Steinzeitmechanikern zu tun hatten, die der delikaten französischen Maschine mit brutalen Hammerschlägen beizukommen versuchten. Sie waren an robuste Ladas gewöhnt, und keiner von ihnen hatte je zuvor einen Citroën gesehen, aber in Jahrzehnten sowjetischer Improvisationswirtschaft hatten sie gelernt, Probleme irgendwie mit Hammer und Draht zu lösen. Der sich wiederholende Anblick der für Reparaturen weit aufgeklappten Motorhaube inspirierte uns dazu, das Auto »das Krokodil« zu taufen. Eines Nachts, auf der Suche nach einem Hotel entlang einer kurvigen Straße oberhalb von Klippen, die steil und tief ins Schwarze Meer abfielen, gingen dann plötzlich die Scheinwerfer aus, und aus dem Armaturenbrett schossen orangefarbene Flammen hervor. Kabelbrand! In völliger Dunkelheit und ätzendem Rauch brachte ich den Citroën zum Halten und löschte das Feuer. Elena stieg aus und versetzte dem Wagen einen Tritt.

Als wir endlich Sotschi erreichten, stellte sich heraus, dass das exklusivste Schwarzmeerbad der Sowjetunion zu einem Ort verkommen war, wo kein Russe mit Geld und Selbstachtung noch Urlaub machte – mit Ausnahme von Präsident Putin und seinen Höflingen, die außerhalb von Sotschi ihre Datschen unterhielten. Am ersten Abend hatten Elena und ich einen Streit in einem Nachtclub, der dazu führte, dass ich mich mit einigen Russen bis zum Anschlag mit Wodka betrank. Zwischen den Runden aßen sie extrem fettige Speisen, etwa eingelegten Fisch oder einfach löffelweise Butter, die ich vor Ekel nicht anrührte. Das war ein Fehler. Das fettige Essen sollte, wie mir zu spät aufging, die Magenwände quasi verspachteln, damit sie nicht zu viel Alkohol aufnahmen. Die Folgen meiner Gedankenlosigkeit waren desaströs. Als ich im Morgengrauen zurück zum Hotel stolperte, geriet ich an zwei Polizisten, die mich überrumpelten, meinen Kopf gegen die Motorhaube ihres Ladas schlugen und alles Geld, was ich nicht versoffen hatte, an sich nahmen.

Am nächsten Tag entschieden Elena und ich in aller Freundschaft, dass es Zeit war, den gemeinsamen Urlaub zu beenden. Sie flog nach Moskau zurück, und ich fuhr wie geplant an die nahe Grenze zu Georgien. Hier allerdings wurde meine bisherige Reiseplanung zunichtegemacht. Wegen der unsicheren Lage in der abtrünnigen georgischen Provinz Abchasien, die gleich auf der anderen Seite lag, ließen die russischen Grenzbeamten niemanden passieren. Die Grenze war dicht, da half weder Diskutieren noch Schmieren.

Nun blieb mir nur noch eine Route nach Baku: durch den nördlichen Kaukasus bis zur Republik Nordossetien. Dort gab es einen weiteren Grenzübergang nach Süd-Ossetien in Georgien, der möglicherweise durchlässiger war. Der Umweg war mir recht, denn inzwischen war wieder der Reporter in mir erwacht. Ich hatte doch Lust bekommen, so nahe wie möglich an Tschetschenien heranzukommen und Kenntnisse über die Lage dort zu gewinnen. Direkt in das Kriegsgebiet zu fahren, kam nicht infrage. Dafür benötigte man eine Sondererlaubnis des Innenministeriums in Moskau, die ich nicht hatte. Ich hatte auch nie überlegt, sie zu beantragen. Das Putin-Regime hatte die Nase voll von westlicher Kritik an seiner Kriegführung in Tschetschenien und beschränkte den Zugang für westliche Journalisten in die abtrünnige Republik massiv. Die offiziell einzige Möglichkeit, nach Tschetschenien zu gelangen, war ein Pressebesuch mit dem russischen Militär, unter ständiger Begleitung und Aufsicht russischer Offiziere.

Die Putin-Regierung hatte das Einmaleins des Medienzeitalters schnell gelernt: Alles, was kein Journalist sieht, geschieht nicht wirklich. Ein Krieg, bei dem die Kameras fehlen, hält sich nicht einen Tag lang im öffentlichen Bewusstsein. Und wenn Kameras sein müssen, muss man sie eben richtig zu lenken wissen. Bilder, auf denen irgendwo am Horizont die zerbombte Skyline Grosnys zu erkennen war, wirkten nie so stark wie etwa die Nahaufnahmen von Bosniern, die auf dem Markt von Sarajevo von Granaten zerfetzt worden waren.

Leider wurden Kontrolle und Zensur nicht nur von den russischen Behörden ausgeübt: Auch die meisten westlichen Medien haben bei der Berichterstattung über beide Tschetschenien-Kriege versagt. Zu sehr verließ man sich auf offizielle Angaben der russischen Armee, die als Einzige geregelten Zugang zum Kriegsgebiet verschaffen konnte. Die wenigen mutigen Journalisten, die sich auf der Suche nach Wahrheit über die Berge zu Rebellen und einfachen Zivilisten durchschlugen, litten oft unter dem mangelnden Interesse ihrer Redakteure und Leser im Westen. Die jahrelangen Horrormeldungen vom Balkan in den Neunzigern hatten offenbar die Bereitschaft ermüdet, auch die Kriege im Kaukasus wahrzunehmen.

Der Konflikt in Tschetschenien war nach dem Kollaps der Sowjetunion ausgebrochen, als die Tschetschenen, die unter Stalin furchtbar unterdrückt und en masse deportiert worden waren, ihre Republik für unabhängig von Russland erklärten. Im Jahr 1994 startete der russische Präsident Boris Jelzin einen massiven Militärfeldzug, um die tschetschenischen Sezessionisten niederzuschlagen. Der »kleine, siegreiche Krieg«, den Jelzin versprach, endete in einem Blutbad, in dem 50 000 tschetschenische Zivilisten und 6000 russische Soldaten umkamen. Die Armee musste schmachvoll geschlagen wieder abrücken, aber Ende 1999 kehrten sie in einer zweiten Invasion zurück. Die tschetschenische Haupstadt Grosny wurde in Schutt und Asche gebombt, wieder starben zehntausende Zivilisten. Die tschetschenischen Rebellen flohen in die Berge, um von dort einen Guerillawiderstand zu führen. Seit Anfang 2001, als der Kreml Tschetschenien offiziell als »befriedet« erklärte, war der Krieg weitgehend aus der Berichterstattung westlicher Medien verschwunden.

Ich fragte mich, was da wirklich vor sich ging, und beschloss, ein wenig in der Gegend herumzuschnüffeln.

Um in die Nähe von Tschetschenien zu gelangen, fuhr ich durch Republiken mit so exotisch klingenden Namen wie Karbadino-Balkarien, Karatschai-Tscherkessien und Nordossetien. Die Landschaft wurde bergiger und wilder, und die Einheimischen sahen dunkler und verwegener aus als die Russen in Sotschi. Alles schien ruhig und friedlich. Nur einmal hatte ich Pech und wurde ausgeraubt – schon zum zweiten Mal in einer Woche –, dieses Mal von vier tscherkessischen Banditen, nachdem mein blöder Citroën bei Nachtanbruch auf offener Landstraße liegengeblieben war. In einem zaghaften Versuch, mich zu verteidigen, zog ich mein schweizerisches Armeemesser, aber den Männern imponierte das wenig. Sie merkten wohl, dass ich bluffte. Man sollte nie eine Waffe tragen, außer man ist sich sicher, dass man sie im Notfall auch benutzen würde. Sonst landet die Waffe, wie ich in der Nacht im Kaukasus lernte, schnell in der Hand des Angreifers.

Glücklicherweise hatten meine Schutzengel mal wieder ein Auge auf mich geworfen. Ich wurde von einem einheimischen Mann und seiner Frau gerettet, die zufälligerweise gerade vorbeifuhren. Sie hielten ihr Auto an und ließen mich, die kurzzeitige Verwirrung der Banditen ausnutzend, schnell einsteigen. Das Ehepaar nahm mich zu sich in sein Haus in einem Nachbardorf mit. Anstatt die Kehle durchschnitten zu bekommen oder gekidnappt zu werden, was im Kaukasus recht häufig vorkam, wurde mir ein köstlicher Lammeintopf serviert und ein warmes Bett bereitet – die Güte von Fremden. Am nächsten Morgen brachte mich der Mann zu meinem Auto zurück und reparierte auch noch den Motor. Nach einer festen, dankbaren Umarmung fuhr ich weiter.

Einige Tage später erreichte ich Nordossetien. Dort hätte ich direkt zum Grenzübergang nach Georgien abbiegen können, aber nach kurzem Überlegen entschloss ich mich, zunächst einmal weiter östlich in Richtung Tschetschenien zu fahren und später zurückzukehren. Ich kam nach Inguschetien, der Nachbarrepublik Tschetscheniens und damals Zufluchtsort zehntausender tschetschenischer Flüchtlinge. Sie lebten in erbärmlichen Lagern, die ich mithilfe

Einheimischer besuchte. Ich holte wieder meinen Notizblock hervor und schrieb ihre furchtbaren Geschichten von Vertreibung, Mord und Vergewaltigung durch russische Truppen auf. In Nasran, der inguschetischen Hauptstadt, interviewte ich auch Mitarbeiter des Roten Kreuzes, der Vereinten Nationen und internationaler Hilfsorganisationen, die mir ebenfalls von grässlichen Vorgängen im Innern Tschetscheniens berichteten. Anders als die Putin-Propaganda behauptete, war der Krieg offenbar noch keineswegs vorbei. Tschetschenische Rebellen verübten noch immer Anschläge auf russische Truppen, die wiederum Verbrechen gegen die Zivilbevölkerung begingen. Tschetschenien war ein Schlachthaus und das Schweigen des Westens, besonders der Schröder-Regierung, eine Schande.

Fortan recherchierte ich eine Geschichte über russische Söldner, die tschetschenische Teenager entführten, um Lösegeld zu erpressen. In einem Fall hatte es die Familie eines Opfers nicht geschafft, rechtzeitig zu bezahlen, und der Junge wurde tot am Ortsrand gefunden. Seine Entführer hatten ihn gefoltert und ihm alle Fingernägel ausgerissen. Mein Plan war, die Story aufzuschreiben und dem *Telegraph* anzubieten, sobald ich Russland verlassen hätte. Letztlich wurde sie nie veröffentlicht, weil der 11. September kam und Tschetschenien monatelang völlig von den Nachrichtenradaren verschwand. Schlimmer noch, der Krieg dort wurde fortan als ein legitimer Kampf der Russen gegen muslimische Terroristen gesehen, in dem das Entführen und Ermorden von Teenagern lediglich als Kollateralschäden galten.

Um bei meinen Recherchen nicht von den russischen Behörden entdeckt zu werden, benutzte ich einen einheimischen Fahrer und versteckte das Krokodil in der Scheune einer Inguschen-Familie. Als ich meine Arbeit abgeschlossen hatte, stieg ich allerdings wieder in den Citroën. Es gab noch immer eine Wette zu gewinnen. Ich musste nach Georgien gelangen und von dort nach Baku. Jetzt erst ging mir auf, dass mein Reiseplan einen großen Haken hatte: Seit dem Ausbruch des Tschetschenien-Kriegs hatten sich die Beziehungen zwischen Russland und Georgien verschlechtert. Moskau beschuldigte die Georgier, tschetschenischen Rebellen Zuflucht zu gewähren. Zudem köchelten in Georgien selbst zwei kleine Bürgerkriege in den abtrünnigen Provinzen Abchasien und Südossetien. Russland hatte deshalb alle Grenzübergänge nach Georgien für Ausländer gesperrt, auch den in Nordossetien. Ich war aufgeschmissen.

Hinzu kam, dass mein Touristenvisum für Russland bereits am folgenden Tag auslief. Meine letzte Chance war, wie ich mit einem Blick auf die Landkarte feststellte, weiter nach Osten zu fahren und irgendwie die Kaukasus-Republik Dagestan am Kaspischen Meer zu erreichen. Vielleicht würde es mir gelingen, von dort aus die Grenze nach Aserbaidschan zu überqueren. Damit dieser Plan funktionieren konnte, musste ich mich allerdings durch Tschetschenien mogeln. Angesichts der unsicheren Lage dort war es ein leicht wahnsinniges Unterfangen, aber ich dachte an das, was mir einige tschetschenische Flüchtlinge erzählt hatten. Die beste Strategie, sich Ärger mit russischen Soldaten zu ersparen, war offenbar, die Hauptstraßen zu vermeiden und sich weit südlich von Grosny zu halten. Am nächsten Morgen, gleich nach Sonnenaufgang, fuhr ich los.

Bis zur Grenze nach Tschetschenien war es etwa eine Stunde Autofahrt durch weitgehend flache, reizlose Landschaft. In Sernowodsk, der letzten kleinen Stadt auf inguschetischer Seite, war die Nähe zum Kriegsgebiet deutlich zu spüren. An jeder Straßenecke standen teure und offenbar gestohlene BMW und Audi mit verdunkelten Scheiben und ohne Kennzeichen. Unter den zahllosen tschetschenischen Flüchtlingen hier befanden sich viele rastlose und zwielichtige Gestalten. Einige trugen kaum verborgene Waffen. Polizisten waren nirgendwo zu sehen. Meine Versuche, mit einigen Männern an einem Kiosk ins Gespräch zu kommen, stießen auf feindseliges Misstrauen. Ein Mann mit Cowboyhut und vernarbtem Gesicht herrschte mich an, ich solle mich vom Acker machen, solange ich noch könne.

Ich fuhr über die Grenze. Besonders weit kam ich dann allerdings nicht mehr. Bereits nach wenigen Kilometern wurde ich von einer russischen Armeeeinheit entdeckt. Ein Gefreiter in abgerissener olivgrüner Uniform, die Kalaschnikow fest im Griff, bedeutete mir anzuhalten. »Dokumente her!«, verlangte er. Sein Gesicht war unrasiert, der Atem roch deutlich nach Alkohol. Ich reichte ihm meinen Reisepass. Verständnislos blätterte er durch die Seiten, während seine Kameraden sich um mein Auto aufstellten. Der Truppführer beschloss, mich zum nächstgelegenen Armeelager zu bringen. Er zwängte sich auf den Beifahrersitz, die Waffe zwischen den Beinen, und wir fuhren los.

Nach etwa zehn Minuten gelangten wir an eine Kreuzung, an der mehrere russische Panzer Stellung bezogen hatten. Sie waren mit Tarnnetzen überzogen, auf denen junge Rekruten saßen, die gleichgültig zu uns herüberblickten. Einige rauchten, andere reinigten ihre alten AK-47. Die stumpfen Blicke aus ihren kahl geschorenen Schädeln ließen erahnen, dass die Jungs, wie die meisten Soldaten in Tschetschenien, nicht aus Moskau oder Sankt Petersburg kamen, sondern aus ländlichen Provinzen. Schon seit langem zog das russische Militär kaum noch Soldaten aus großen Städten ein, wo der Bildungsgrad generell höher war und viele Menschen den Krieg in Tschetschenien ablehnten.

Der Truppführer meldete unsere Ankunft, und aus einem Militärzelt trat ein junger, schlaksiger Offizier. Von den Soldaten hob er sich durch seine saubere, schneidige Uniform ab. Als Leutnant Michail M. aus Rostow am Don stellte er sich vor und fragte dann, in überraschend gutem Englisch, was zum Teufel ich denn bitte in Tschetschenien zu suchen hätte.

»Ich würde gerne Grosny besuchen und dann in Richtung Baku weiterfahren«, antwortete ich. Michail stutzte und lachte kurz auf. Das werde nicht gehen, entgegnete er höflich, ich müsse leider sofort umkehren.

»Warum denn?«

»Für Ihre eigene Sicherheit. Tschetschenische Banditen sind noch immer in der Gegend aktiv, und Sie könnten entführt werden.«

»Könnten Sie mir nicht eine russische Militäreskorte stellen?«

Der Leutnant schüttelte den Kopf: »Dadurch wären Sie nur in noch größerer Gefahr, angegriffen zu werden.«

»Aber ist denn der Krieg nicht beendet und Tschetschenien befriedet?«, fragte ich betont naiv. »So heißt es doch in Moskau.«

»Moskau ist weit weg«, murmelte Michail lakonisch. Nervös sah er über seine Schulter zum Stabszelt. Dann trat er sehr nah an mich heran, senkte seine Stimme und blickte mir intensiv in die Augen.

»Hören Sie, Sie scheinen ja gar nichts zu begreifen. Das Problem sind nicht die Tschetschenen, sondern gewisse russische Einheiten. Wenn ich Sie nach Grosny weiterfahren lasse, glauben Sie, dass Sie da je ankommen werden? Man wird Sie unterwegs zwanzigmal anhalten, und das wird sehr unangenehm werden. Nicht jeder russische Soldat ist so nett wie ich, verstehen Sie? Und jetzt machen Sie, dass Sie hier wegkommen!«

Ich dankte Michail für seinen Rat und kehrte um.

Meine letzte Hoffnung war nun, zurück nach Nordossetien zu fahren und mich von dort doch noch irgendwie mit Schmiergeld über die Grenze nach Georgien zu stehlen. Wenige Stunden später näherte ich mich einem Polizei-Checkpoint nahe Wladikawkas, der nordossetischen Hauptstadt, nicht weit von der Grenze. Ärgerlicherweise war das Krokodil mal wieder am Ende. Kurz zuvor war das Kupplungsseil gerissen. Ein Auto mit einer kaputten Kupplung lässt sich nur fahren, wie ich herausfand, indem man einen Bockstart macht und den Motor gleich im zweiten Gang hochjagt. Da ein Hochschalten unmöglich war, zuckelte ich nun mit der lachhaften, aber beständigen Geschwindigkeit von vierzig Kilometer pro Stunde die Straße entlang.

Die Polizisten, über ihren Schultern automatische Gewehre, gaben mir Zeichen, den Wagen anzuhalten. Das war auch einfacher gesagt als getan, weil ich weder das Kupplungspedal treten, noch in den Leerlauf schalten konnte. Es gab nur einen Weg, das Krokodil zum Stehen zu bringen: ich musste runter vom Gas, die Bremse treten und den Motor absaufen lassen. Ich versuchte es. Der Motor spuckte und rüttelte, was das Krokodil in spasmische Zuckungen versetzte. Als ich den Wagen endlich zu einem erschöpften Stillstand brachte, waren die Polizisten hinter die Betonblöcke gesprungen und zielten mit ihren Gewehren auf mich. In unmissverständlichen Worten befahlen sie mir auszusteigen, und führten mich in ihr Wachhaus.

Ein strenger Blick in meinen Reisepass genügte dem diensthabenden Beamten, um zu entscheiden, dass mein Fall außerhalb seiner Jurisdiktion lag. Er griff nach seinem Telefon. Die Unterhaltung war kurz, die Stimme des Beamten klang erregt und verschwörerisch. Nachdem er aufgelegt hatte, warf er meinen Pass in eine Schublade und schnauzte mich an, mich ja nicht zu rühren.

»Der KGB kommt«, sagte er, den alten sowjetischen Namen für den FSB benutzend, den russischen Staatssicherheitsdienst.

Nur wenige Minuten später kam der KGB in einer schwarzen Volga-3100-Limousine. Der Fahrer blieb sitzen, vom Beifahrersitz stieg ein hochgewachsener Mann in einem grauen Anzug und weißen Hemd. »Guten Tag«, sagte er in verblüffend gutem Deutsch, als er den Raum betrat. »Mein Name ist Malow, ich bin Untersuchungsbeamter.«

Er legte einen Notizblock auf den Schreibtisch und fing an, meinen Reisepass zu durchblättern. Als er meine Visa vom Balkan und aus Westafrika sah, zog er seine Augenbrauen hoch, wobei sich seine Stirn in Falten legte bis hoch zu seiner leicht glänzenden Glatze. Mein Reisepass war auf dieser Tour schon viele Male inspiziert worden, oft von Männern, die zu dumm waren, ihn richtig herum zu halten. Dieser FSB-Beamte war von einer anderen Sorte. Er war intelligent und schien trotz einiger grober Züge in seinem Gesicht relativ gebildet zu sein. Schließlich entdeckte er das russische Visum, das am selben Tag um Mitternacht auslaufen würde. Malow drehte sich zu mir um.

»Wer sind Sie?«, fragte er sehr langsam, jedes Wort betonend. »Und was haben Sie hier zu suchen?«

Vier Stunden später sah Major Malow seine Verhörnotizen durch und schüttelte den Kopf. Er schien sich noch immer zu fragen, warum ein Deutscher mit einem englischen Akzent in einem klapprigen französischen Auto im Kaukasus umherfuhr. Es war offensichtlich, dass er mir nicht ein Wort von dem glaubte, was ich ihm aufgetischt hatte. Er hatte mich zu meinen Verbindungen mit Russland befragt, zu vorherigen Besuchen, zu russischen Bekannten und zu meiner Reiseroute in den Kaukasus. Ein ums andere Mal wiederholte Malow seine Fragen, auf Widersprüche in meinen Antworten hoffend.

»Hören Sie, ich arbeite schon seit vielen Jahren beim FSB, aber noch niemals hat jemand versucht, mir eine so verrückte Geschichte zu erzählen.«

Ich zuckte mit den Achseln. Ich war erschöpft und brauchte einen Drink.

»Nun gut, gehen wir alles nochmal durch. Von wo sind Sie nach Russland eingereist?«

»Aus der Ukraine«, sagte ich zum fünften Mal.

»Und wie sind Sie hierhergekommen? Auf welchen Straßen?«

»Von Odessa über Sotschi«, antwortete ich ehrlicherweise, ohne allerdings meinen kleinen Ausflug nach Inguschetien und Tschetschenien zu erwähnen.

»Nochmal, was machen Sie beruflich?«

»Das habe ich Ihnen bereits zehnmal gesagt. Ich bin Historiker und in Russland als Tourist unterwegs, als ein Reisender.«

»Erzählen Sie mir nochmal von dieser Wette.«

»Also nochmal: Vor ein paar Wochen habe ich dieses Auto da gekauft«, sagte ich, aus dem Fenster auf das Krokodil zeigend. Zwei Polizisten schlichen um es herum und besahen sich staunend das Armaturenbrett, diesen feuchten Traum der französischen Moderne.

»Und als meine Freunde sagten, dass das Auto scheiße sei, sagte ich ihnen, dass sie keine Ahnung hätten und dass ich mit dem Auto bis nach Baku fahren würde.«

»Aber warum Baku?«

»Herrgott, ich weiß es nicht! Ich wollte schon immer mal in den Kaukasus reisen.«

»Ach ja, warum?«

»Ich mag Berge.«

»Und was geschah dann?«

»Nun, dann haben wir eine Wette abgeschlossen, ob ich es schaffen würde oder nicht.«

Malow nickte nachdenklich. Es steckte etwas in meiner Geschichte, das ihm absolut plausibel erschien. Russische Männer haben eine Schwäche für sinnlose romantische Unterfangen. Aber er blieb misstrauisch.

»Und um was haben Sie gewettet?«

»Um hundert Mark – und natürlich um die Ehre.«

Malow sprang von seinem Stuhl auf und begann im Raum auf und ab zu schreiten. Sein Zeigefinger schoss in meine Richtung.

»Das kann nicht sein! Sie lügen. Hundert Mark – das ist nichts! Niemand fährt so weit für so wenig Geld. Sie lügen!«

Malow war hin- und hergerissen. Als Russe wollte er an die Donquichotterie meiner Reise glauben, und sie gefiel ihm, aber als postsowjetischer Neokapitalist war er überzeugt, dass ein Wetteinsatz von weniger als zehntausend Dollar nicht glaubhaft war. Ich versuchte seine Zweifel auszuräumen.

»Natürlich geht es nicht wirklich um Geld, sondern um die Ehre, die Herausforderung.«

Der FSB-Offizier sah mich an, zugleich wütend und ratlos. Die Info über das Geld hatte ihn aus dem Konzept gebracht. Ich erkannte meinen taktischen Vorteil und setzte nach.

»Sie müssen mir helfen, diese Wette zu gewinnen, Major Malow. Bestimmt kann man da was machen, damit die Grenze nach Georgien geöffnet wird, nur für eine Minute«, sagte ich mit einem bedeutungsvollen Blick, aber da hatte ich mich verschätzt.

»Hören Sie, hier herrscht Krieg! Sie sind hier im Nordkaukasus, und es gibt überall Rebellen und Terroristen«, schimpfte er. »Und Sie glauben, Sie können hier einfach so rumfahren. Ich glaube, Sie sind ein Spion oder ein Waffenhändler. Vielleicht unterstützen Sie die tschetschenischen Rebellen.«

Er zeigte auf ein Poster an der Wand mit den Suchbildern von tschetschenischen Terrorverdächtigen, fast alle mit den langen Bärten muslimischer Fundamentalisten. Das Poster war mir schon an anderen Polizei-Checkpoints im Nordkaukasus aufgefallen. Vom Design her ähnelte es texanischen »Dead-or-Alive«-Postern aus dem 19. Jahrhundert. Ich ließ meine Hand demonstrativ über meine glatt rasierten Wangen gleiten und versuchte zu lachen.

»Jetzt machen Sie aber Witze, Major Malow! Denken Sie mal darüber nach: Welcher Geheimdienst mit einigermaßen Selbstachtung würde denn einen Agenten in einem klapprigen französischen Auto mit deutschem Kennzeichen losschicken?«

Mein Einwand enthielt eine gewisse Logik, auch Malow grinste spöttisch. Aber sein Misstrauen blieb.

»Sind Sie Journalist?«

Ich log, ohne mit der Wimper zu zucken, völlige Verblüffung

über eine derart absurde Vermutung vortäuschend. Meinen Presseausweis und meine Visitenkarten hatte ich in einem Loch in der Verkleidung der Fahrertür versteckt.

»Dann sind Sie entweder ein Lügner oder total verrückt«, schlussfolgerte Malow.

»Hier geht es um die Ehre, verstehen Sie das nicht?«

Malow grunzte verächtlich und sagte: »In Russland beweist ein Mann seine Ehre – und seine Ehrlichkeit –, indem er Wodka trinkt.«

»Wodka? Sehr gerne«, erwiderte ich.

»Ach ja?«, spöttelte er, während er seinen Notizblock zuklappte und meinen Reisepass in seine Brusttasche steckte. »Dann lassen Sie uns gehen und was trinken, bis die Wahrheit rauskommt. Wenn Sie das schaffen, dann glaube ich Ihre Geschichte.«

Als wir das Gebäude verließen, war der schwarze Volga verschwunden, sodass Malow entschied, meinen Wagen zu nehmen. Mit einem Schulterzucken schloss ich den Citroën auf. Malow stieg auf der Beifahrerseite ein und schob seine dunklen Lederschuhe vorsichtig zwischen die Apfelknüste, Mars-Riegel und alten Zeitungen, die sich im Fußraum angehäuft hatten. Ich machte Musik an, Robbie Williams schrie »Let me entertain you!« Dann steckte ich den Schlüssel ins Zündschloss und prüfte, ob die Kupplung noch im zweiten Gang war.

»Halten Sie sich lieber fest«, warnte ich Malow. »Es gibt da ein kleines Problem mit der Kupplung.« Dann drehte ich den Schlüssel um, und das Auto hechtete nach vorne. Ich trat das Gaspedal voll durch, der Motor heulte auf, die Reifen drehten durch, und wir schossen los.

»Sie sind wahnsinnig!«, schrie Malow entsetzt. »Das Auto ist ein kaputter Müll.«

»*Spakonje*, keine Sorge. Sagen Sie mir nur, wo es lang geht.«

Malow machte einen Telefonanruf und verkündete: »Ich habe ein paar Freunde eingeladen. Wir treffen uns in einem Restaurant in der Stadt.«

Wir fuhren nach Wladikawkas (Herrscher über den Kaukasus), einer im 19. Jahrhundert gegründeten ehemaligen Garnisonsstadt.

Ideal am Ufer des Terek-Flusses gelegen, hatte sie den Zarentruppen als Stützpunkt für die Eroberung der kaukasischen Bergvölker gedient. Von Wladikawkas aus hielt die Rote Armee 1942 den Vormarsch der Wehrmacht auf die Ölfelder von Baku auf. Wie ironisch, dass sich an diesem Tag Geschichte wiederholte, wenn auch in etwas kleinerem Rahmen.

Mein Schicksal erinnerte mich an Matthias Rust, einen der seltsameren Helden des Kalten Kriegs. Als 19-Jähriger war er im Mai 1987 allein in einer Cessna von Westdeutschland über Helsinki nach Moskau geflogen, wo er direkt auf dem Roten Platz landete, um eine »Friedensbotschaft« zu überbringen. Zu einer Zeit, als der Warschauer Pakt und die NATO jede Bewegung der anderen Seite beobachteten, flog Rust zu tief, um von den sowjetischen Radaren erfasst zu werden. Sonst wäre sein Flugzeug sicher abgeschossen worden wie das südkoreanische Passagierflugzeug, das russische Raketen vier Jahre zuvor über dem östlichen Sibirien vom Himmel geholt hatten. Zudem wirkte es sich günstig aus, dass Rust unbewusst den Nationalfeiertag der sowjetischen Grenzwächter gewählt hatte, ein Datum, an dem am Boden gerne ein wenig gefeiert und getrunken wird.

Der Vorfall war hochnotpeinlich für den Kreml, der zweitausend Offiziere sowie die sowjetischen Minister für Verteidigung und Luftverteidigung feuerte. Um ihren Ruf wiederherzustellen, begingen einige Offiziere Selbstmord. Der Skandal kam Michail Gorbatschow allerdings auch gelegen, da es ihm erlaubte, einige Hardliner-Militärs und Kritiker seiner Perestroika-Reformen loszuwerden. Rust wurde zu vier Jahren Arbeitslager verurteilt, aber nach einem Jahr entlassen und nach Deutschland zurückgeschickt. Typischerweise begannen die deutschen Medien bald damit, Rust als geistig gestörten Mann darzustellen. Mir war das egal. Ich war dreizehn Jahre alt und der Ansicht, dass er die coolste Aktion der Welt unternommen hatte.

Malow und ich trafen nun im Restaurant ein. Für mehr Privatsphäre, wie im Nordkaukasus üblich, saß man in separaten kleinen Holzhütten. Kaum hatten wir Platz genommen, stellte uns eine dralle Kellnerin zwei Flaschen Wodka auf den Tisch.

»Nun müssen wir trinken!«, verkündete Malow, hängte sein Jackett über den Stuhl und löste seine Krawatte.

Malows Freunde trafen ein. Leider waren es Männer. Beide hießen Alan, ein häufiger ossetischer Name. Der eine war klein und drahtig, der andere groß und fett. Beide schienen eher schlichte Gesellen zu sein und Malow klar der Anführer der Troika. Sie begrüßten sich mit der eigenartig starren Umarmung, die im Kaukasus üblich schien. Dabei legten sie schweigend die Wangen aneinander, schauten aber betont zur Seite. Der dicke Alan haute mir seine rechte Hand auf die Schulter und hieß mich in Wladikawkas willkommen. Ich dankte ihm. Wir hoben unsere Gläser und tranken auf russische Gastfreundschaft. Der Wodka war eiskalt und sehr stark. Ich musste husten, meine Augen füllten sich mit Tränen.

»Zu stark für dich, was?«, bemerkte Malow mit einem Ausdruck falschen Mitleids. Nun duzte er mich, das ging ja flott. Derweil füllte der dünne Alan unsere Gläser erneut und brachte einen Trinkspruch auf internationale *Druschba* aus, Freundschaft zwischen allen Nationen. Die Kellnerin brachte in Öl getränkte Paprikaschoten, eingelegten Kohl, Sardinen und zwei Teller mit faustgroßen *Pelmeni*, gestopft mit fettigem Fleisch. Eingedenk der Lektion, die ich in Sotschi gelernt hatte, füllte ich schnell meinen Teller. Nun schlug der dicke Alan vor, auf den Frieden zu trinken. Wie er das ›r‹ in *Mir* rollte, erinnerte mich an Jelzins Reden. Weitere Trinksprüche folgten auf die Zusammenarbeit, Brüderlichkeit und andere nebulöse Phrasen, die aus Sowjettagen übriggeblieben waren. Von seinem Tischende stierte Malow mich an.

»*Nastrovje*!«, brüllte er und hob erneut sein Glas. »Dann wollen wir mal herausfinden, wie lange du heute Abend durchhältst.«

Ich sah zum Krokodil rüber, das vor dem Restaurant stand. Mir wurde klar, dass mein Roadtrip zu Ende war. Ich war dabei, die Wette zu verlieren. Die Karre schaffte es also doch nicht bis nach Baku. Selbst wenn man die Kupplung reparieren konnte, war es unmöglich, die gesperrte Grenze zu Georgien in einem Auto zu passieren. Egal wie ich aus Russland rauskäme – das Krokodil müsste ich zurücklassen.

»Dein Visum ist soeben abgelaufen«, erklärte Malow, auf seine

Uhr zeigend und dann auf meinen Reisepass in seiner Brusttasche klopfend. Es war Mitternacht. Von nun an war ich illegal auf russischem Territorium. Mir gingen die Optionen aus.

»Morgen kommst du in Abschiebehaft.«

Ein russisches Gefängnis, das klang nicht sehr lustig. Es wurde Zeit, zu Hause anzurufen und jemanden über meinen Verbleib zu informieren. Diskret holte ich mein Handy hervor und wählte, mit leichten Schwierigkeiten, die Nummer der Auslandsredaktion in London. Nichts geschah; ich hatte keinen Empfang.

»Bevor du eingesperrt wirst, müssen wir noch mehr trinken!«, rief Malow, während der dicke Alan wieder seine Bärenpranke auf meinen Rücken niederfahren ließ. Ein dichter werdender Nebel begann durch meinen Kopf zu wabern. Malow war ein gestandener Trinker. Gerade wie ein Fahnenmast saß er auf seinem Stuhl, lebender Beweis für die natürliche russische Toleranz für Alkohol. Zur Abwechslung bestellten Alan und Alan eine Runde *Baltika*-Bier, Kategorie Nr. 9, aus Sankt Petersburg. *Baltika*-Bier wurde in neun verschiedenen Braustärken hergestellt. Nummer 1 war für Kleinkinder, die Nummern 3 und 4 für Damen, die Nummern 6 und 7 für einen ernsthaften Abend – aber die Spitzenklasse war die Nummer 9. Es enthielt fast zwanzig Prozent Alkohol, ein Gebräu, das keine Gefangenen machte.

»Sagen Sie, Major Malow, wo haben Sie eigentlich so gutes Deutsch gelernt?«, fragte ich. Ich nahm an, dass er in den Achtzigern als Rotarmist in der DDR stationiert gewesen war, wie so viele Ex-Sowjets seiner Generation. Schließlich spricht Wladimir Putin fließend Deutsch, weil er als KGB-Agent seinerzeit von der DDR aus den Westen belauschte. Aber ich irrte mich. Malow hatte an der Universität Moskau studiert und im Rahmen eines akademischen Austauschprogramms ein Jahr in Köln verbracht. Er kannte Deutschland also gut. Es war für ihn als Osseten nur folgerichtig, für den russischen FSB zu arbeiten, da die christlichen Osseten seit langem Russlands engste Verbündete im muslimisch dominierten Nordkaukasus waren.

»Was machen Ihre Freunde denn beruflich?«, fragte ich Malow. Für eine Laufbahn im Staatsdienst sahen Alan und Alan etwas zu halbseiden aus. Nach kurzem Zögern übersetzte Malow meine Frage für die beiden Männer, die in Gelächter ausbrachen. Der dicke Alan ergriff meinen Nacken und zog mich nahe an sein brutales, vernarbtes Gesicht. Eine Wolke aus Wodka und Bier umhüllte mich, und ich zählte drei Goldzähne in seinem Mund.

»Wir sind *Kontrabandista*!«, donnerte er.

»Sie schmuggeln Treibstoff über die Grenze nach Georgien«, erläuterte Malow, dem es nichts auszumachen schien, dass seine besten Freunde Ganoven waren.

»Über die Berge, auf geheimen Pfaden?«, fragte ich.

»Unsinn, sie benutzen die Hauptstraße. Man muss nur die Grenzbeamten bezahlen. In Russland kannst du alles machen, wenn du genug Cash hast.«

Wir waren die letzten Gäste im Restaurant. Die dralle Kellnerin lehnte missmutig an einem Baum. Ich versuchte, unsere Hütte zu verlassen und aufs Klo zu gehen, aber einer der Alans zog mich wieder runter und goss mehr Wodka in mein Glas. Keiner sprach ein Wort. Leichte Sorge mischte sich mit dem Nebel in meinem Kopf. Wie würde sich diese Nacht entwickeln, wo würde ich am Ende landen? Ich war sehr betrunken, was die Sache nicht einfacher machte. Mein Auto war kein geeignetes Fluchtmittel, um dieser unangenehmen Gesellschaft zu entkommen. Es gab nur einen Ausweg: Ich musste sie in ihrem Spiel schlagen. Für die Ehre Deutschlands musste ich diese Russen unter den Tisch trinken.

»Wir müssen trinken!«, verkündete ich und griff nach der Flasche. Malow sah mich etwas perplex an und schien zu zögern. Es war mir nicht entgangen, dass er auf seinem Stuhl leicht zu schaukeln angefangen hatte und immer wieder tief durchatmen musste. Goliath schien also doch verwundbar zu sein. Er lehnte über den Tisch.

»Hör zu, Deutscher, nenn mich Alex«, murmelte er. »Mein Name ist Alex.«

»*Nastrovje*, Alex!«

Wir kippten die Getränke runter und langten nach den verbliebenen kalten *Pelmenis*. Malow fiel seine Gabel runter, mühselig suchte er sie auf dem Boden unter seinem Stuhl. Alan und Alan machten vier weitere Biere auf.

»Du bist ein Spion und ein Sympathisant der Rebellen«, blaffte Malow, während er weiter den verlorenen *Pelmeni* suchte. Just als der dicke Alan vorschlug, wir sollten alle in eine *Banja* fahren und nach Huren suchen, rutschte Malow vom Stuhl. Umständlich richtete er sich wieder auf, einen dreckigen *Pelmeni* in der Hand haltend. Die geglückte Bergung musste gefeiert werden, und wir spülten eine weitere Runde runter. Mir wurde schwindelig. Drei leere und eine halb volle Flasche standen vor uns. Malow und ich sahen einander an – der Moment war gekommen für die Entscheidung. Sieg oder Niederlage.

»Deutscher, lass uns auf *Pravda* anstoßen!«, stieß er hervor. »Wenn du auf die Wahrheit trinken kannst, glaube ich deine Geschichte mit der Wette.«

Wir kippten die Gläser nach hinten, die der dicke Alan sogleich wieder füllte.

»Malow, lass uns auf die Ehre anstoßen, auf die Ehre des Mannes.«

Der Russe sah mich mit verdrießlichem Respekt an.

»Auf die Ehre des Mannes«, sagte er dann und erhob sich wie ich. Unsere Stühle fielen nach hinten um. Wir drückten unsere Rücken durch und tranken.

Das Nächste, was ich hörte, war das Kreischen einer Frau, gefolgt von einer Kaskade russischer Schimpfwörter. Schleichend kehrte mein Bewusstsein zurück, mein Kopf war ein einziger hämmernder Schmerz. Wieder hörte ich eine weibliche Stimme, zusammen mit einem lauten Scheppern wie von einem zu Boden fallenden Kochtopf. Eine männliche Stimme antwortete, gedämpft, mehr wie ein Grunzen. Schritte kamen näher. Ich schlug meine Augen auf und sah an mir runter. Ich lag auf einer Couch, voll bekleidet, bis auf einen Schuh. Das sah überhaupt nicht gut aus. Wo war ich? Der Raum wirkte wie ein Wohnzimmer, mit gestreiften Tapeten und einem Glastisch, darauf eine Häkeldecke und Plastikblumen. In der Ecke stand ein Fernseher, erklommen von einem Porzellanhund. Grelles Sonnenlicht schien durch die Fenster.

Eine Frau kam herein, in Schürze. Ich hatte sie noch nie zuvor gesehen. Mit einem großen Löffel auf mich zeigend, schrie sie etwas auf Russisch über ihre Schulter. Da erschien Malow hinter ihr in einem blauen Bademantel. Er sah schlecht aus. Wässrige Augen, darunter dunkle Ringe. Er blinzelte, offenbar unter Schmerzen. Achselzuckend und die Arme hebend, als wolle er seine Unschuld unterstreichen, sprach er besänftigend auf die Frau ein, die er Natascha nannte. Natascha mit Schürze, einem Löffel und einem betrunkenen Ehemann: Mein Kater wurde schlimmer. Sie schüttelte den Kopf und stürmte aus der Tür heraus. Malow und ich blickten uns an.

»*Dobre utre*!«

»Äh ja, guten Morgen!«

Es folgte eine peinliche Pause, das Hämmern in meinem Kopf wurde stärker. Malow räusperte sich.

»Meine Frau ist nicht zufrieden, aber sie macht Frühstück für uns. Ich habe ihr gesagt, dass du übers Wochenende bei uns bleibst. Es ist besser als Gefängnis. Das Badezimmer ist am Ende vom Flur links.«

Unter der kalten Dusche kehrten schwache Erinnerungen an die vorige Nacht zurück. Irgendwann waren wir alle aus dem Restaurant getorkelt und in den Citroën gestiegen. Die beiden Alans schoben die Karre in Startposition, was eine Weile dauerte, weil sie dabei mehrmals umfielen. Im zweiten Gang kreuzten wir dann durch die leeren Straßen der Stadt, eine weitere Wodkaflasche kreisen lassend, die Malow der Kellnerin entrissen hatte. Einmal versuchte eine Polizeistreife uns anzuhalten, aber ich war unfähig, den Motor abzuwürgen, und Malow hielt seine FSB-Marke aus dem Fenster, damit sie uns in Ruhe ließen. Wir mussten die Alans irgendwo abgesetzt haben und zu Malows Wohnung gefahren sein, in einem Hochhaus am Rande von Wladikawkas.

Ich atmete tief durch. Ich war in meinem Leben schon an einigen bedauerlichen Orten aufgewacht, aber das hier war nochmal etwas anderes.

Durch das Badezimmerfenster sah ich den majestätischen Kasbek-Berg in Georgien, dessen schneebedeckter 5000-Meter-Gipfel in der Sonne glänzte. Wie sehnte ich mich danach, auf diesen Berg von der anderen Seite der Grenze zu schauen! Georgien war nur wenige Kilometer entfernt, aber noch immer außer Reichweite. Ich sah in den Spiegel und resümierte meine Lage. Mein Visum war abgelaufen, die Grenze geschlossen, das Auto ein Wrack, ich stand unter Verdacht, für bärtige tschetschenische Rebellen spioniert zu haben, und der FSB-Offizier, der meinen Fall untersuchte, hatte mich bei sich zu Hause in Privathaft genommen – na super!

Im Flur fand ich meine Tasche, zog ein sauberes Hemd an und ging in die kleine Küche. An einem Tisch mit Plastiküberzug saß Malow und trank schwarzen Kaffee. Neben dem Becher lagen zwei Aspirin-Tabletten. Höflich gab ich seiner Frau, die sich beruhigt hatte und Rührei mit Würstchen zubereitete, die Hand. Sie lächelte mich an. Natascha war jünger als Malow und sah trotz ihrer blond gefärbten Haare gar nicht übel aus. Sie schienen noch keine Kinder zu haben.

»Setz dich hin und hör zu«, sagte Malow. »Gestern Abend haben wir Scheiße gebaut. Du solltest gar nicht hier sein. Wenn meine Vorgesetzten das herausfinden, kriege ich großen Ärger – und du auch. Also muss ich ihnen sagen, dass deine Papiere in Ordnung waren und ich dich laufen gelassen habe.«

Er fügte hinzu, dass ich in seiner Wohnung bleiben müsse, bis er einen Weg gefunden habe, mich unauffällig aus Russland rauszubringen. Meinem Gesicht muss der enthusiastische Ausdruck gefehlt haben, denn Malow knurrte drohend: »Das ist ein Befehl. Wenn du versuchst zu flüchten, kriegst du große Probleme.«

Mit meinem Reisepass in der Brusttasche machte sich Malow ins Büro auf. Ich fragte mich, ob ihm seine FSB-Kollegen seine Geschichte abkaufen würden. Dem Schicksal und meinem Kater ergeben, verbrachte ich den Rest des Tages damit, alte Songs von Massive Attack und Morcheeba zu hören, russische Seifenopern im Fernsehen zu gucken und zwischendurch zu dösen. Einmal brachte mir Natascha einige Kekse und ein Bier. Sie hatte sich ein neues Kleid angezogen, das die Formen ihres Körpers angenehm zur Geltung brachte. Als sie sich über den Tisch lehnte, sah ich in ihren Ausschnitt. Unsere Blicke trafen sich, und sie lachte nervös. Vielleicht fehlte ihrem Dasein als Hausfrau etwas Abwechslung, aber ich zwang mich, wieder auf den Fernseher zu schauen. Meine Lage war kompliziert genug. Etwas mit der Frau des FSB-Offiziers anzufangen, war da sicher keine hilfreiche Idee. Abends kehrte Malow zurück mit einigen Verwandten im Schlepptau, denen er mich als alten Freund aus Deutschland vorstellte. Sie hatten ein kaltes gekochtes Huhn mitgebracht, das wir mit viel Wodka und Bier runterspülten. Es war ein netter familiärer Abend.

Der nächste Tag war ein Samstag. Malow und Natascha schlugen vor, dass wir seine Mutter auf dem Land besuchen sollten. Bevor wir aufbrachen, wusch und polierte Malow sein Auto, einen importierten Opel Omega. Als ich auf den Rücksitz kroch, bemerkte ich eine Häkeldecke im Fußraum. Malow war ein vorsichtiger Fahrer, der das Steuer mit beiden Händen hielt. Wann immer wir einen Polizei-Checkpoint passierten, musste ich den Kopf einziehen. Wir kamen an einem Bronzedenkmal von Lenin vorbei, noch immer ein normaler Anblick in ganz Russland. Er trug die unvermeidliche Arbeitermütze, den rechten Arm emporgestreckt, um den Weg in eine glänzende revolutionäre Zukunft zu weisen. Er sah aus wie ein Verkehrspolizist.

Nach einer Stunde Fahrt in die nördliche Ebene gelangten wir in ein kleines Dorf. Vor einem Bauernhaus aus Holz hielten wir an. Eine faltige alte *Babuschka* kam heraus, um uns zu begrüßen.

»Mutter, dieser Mann ist ein Deutscher!«, platzte es gleich aus Malow heraus.

»*Erta pravda?*«, fragte sie, erstaunt. »Die letzten Deutschen, die ich hier gesehen habe, waren Soldaten im Großen Vaterländischen Krieg.«

Beim Anblick der noch immer sehr rüstigen alten Dame stellte ich sie mir als gefürchtete Partisanenkämpferin vor, die den Vormarsch der Wehrmacht im Kaukasus ganz allein aufgehalten haben mochte. Fast sechzig Jahre später tauchte wieder ein Deutscher auf, als privater Kriegsgefangener ihres Sohnes. Sogleich kam der alten Dame ein Einfall für etwas Zwangsarbeit, als kleine Wiedergutmachung für die Sünden meiner Vorväter.

»Er ist groß«, stellte sie fest. »Er kann uns im Garten die Pflaumen pflücken.«

Ohne weiteres Federlesen verbrachte ich den Rest des Tages als Erntehelfer, auf einer alten Holzleiter balancierend und die reifen

Früchte in Eimern sammelnd, immer auf der Hut vor den spätsommerlichen Wespen. Eine angenehme Brise wehte durch den Obstgarten, bauschige Wolken trieben gemächlich über mir dahin. Ich nutzte die Zeit, um darüber nachzudenken, wie es mit meiner Reporterkarriere weitergehen sollte. Ich war in den vergangenen zwei Jahren schon einen weiten Weg gekommen, von Pressekonferenzen im Kosovo bis zum Pflaumenpflücken im Nordkaukasus. Einmal mehr war ich froh, dass ich Freelancer war und mich nicht vor irgendwelchen Vorgesetzten für mein Tun und Lassen rechtfertigen musste. Außerdem, war ich hier nicht schon sehr nah dran an dem, weswegen ich überhaupt Reporter geworden war? Lernte ich Russland und seine Bewohner nicht besser kennen, als es den meisten Korrespondenten unter Deadline-Druck je möglich war? Je mehr Pflaumen ich pflückte, desto weniger sorgte ich mich darum, was der nächste Tag wohl bringen würde.

Schließlich kam Malow rüber und half mir. Ich schüttelte die Äste, er sammelte die abgefallenen Pflaumen vom Boden auf. Wir tauschten Geschichten über das Aufwachsen auf dem Land aus, und ich erzählte ihm von der russischen Kriegsgefangenschaft meines Großvaters im Ersten Weltkrieg.

»Sie muss ihm gefallen haben«, bemerkte Malow lachend.

»Glauben Sie?«

»Nun, immerhin seid ihr Deutschen ja 1941 wiedergekommen. Ihr hattet wohl noch nicht genug.«

Als die Sonne schon tief stand, riefen uns Malows Mutter und Natascha zu sich auf die Veranda. Es gab Tee und einen köstlichen Pflaumenkuchen mit Schlagsahne. Es war ein guter Tag, und ich fing an, Malow zu mögen.

Am nächsten Morgen fiel mir ein, dass der Citroën noch immer vor dem Wohnhaus geparkt war. Bevor ich Russland verließ, musste ich ihn noch verkaufen.

»Alex, du musst mir helfen, einen Käufer für das Auto zu finden«, sagte ich beim Frühstück.

»Nein, dein Auto ist kaputt«, erwiderte er. »Du kannst es nicht verkaufen. Lass es einfach hier, und ich werde mich gut drum kümmern.«

Er wollte die Karre persönlich beschlagnahmen, so schien es, um seine Kosten für meine Unterkunft und Verpflegung zu decken. Ich protestierte, dass ich das Geld brauchte, um meine Reise nach Baku fortzusetzen. Seufzend machte er einen Telefonanruf und teilte mir dann mit, dass sein Schwager vorbeikommen würde, um sich das Auto anzusehen. Eine Stunde später tauchte der Schwager auf, ein ungepflegter Mann in einem schmutzigen Trainingsanzug. Sein Name war Igor, und er war bereits betrunken. Wir gingen runter zum Parkplatz, wo Igor anfing, Adolf Hitler als großen Staatsmann zu preisen.

»Hitler hat erkannt, dass wir Osseten auch Arier sind«, verkündete Igor. »Alle anderen Völker im Kaukasus sind Dreck.«

Nach einem kurzen Blick auf das Krokodil, ohne überhaupt die Motorhaube zu öffnen, bot Igor mir 300 Dollar dafür an.

»In Sotschi wollte mir jemand 3000 Dollar geben«, erwiderte ich wahrheitsgemäß.

»Das war in Sotschi, und du warst ein freier Mann«, zischte Malow mich an. »Hier ist deine Lage anders. Du solltest froh sein, wenn du überhaupt Geld dafür bekommst.«

»Lieber fahre ich die Kiste zu Schrott, als sie Ihnen zu verkaufen«, sagte ich zu Malows Schwager. Zugleich empfahl ich ihm, sein Geld eher in neue Kleidung und eine anständige Frisur zu investieren. »Kein Arier, der dieser Bezeichnung würdig ist, würde so rumlaufen wie Sie.«

Es war klar, dass Malow mich abziehen wollte. Oder er verstand wirklich gar nichts von schönen Autos und französischem Modernismus. Nach Jahren des Mangels wollten die Menschen in postkommunistischen und neokonsumistischen Ländern nur noch brandneue Dinge kaufen. Ich musste meine Taktik ändern. Ich bat Malow, mich einen Spaziergang durch den Stadtteil machen zu lassen; ich versprach, nicht abzuhauen. Da ich ohne meine Papiere ohnehin nicht weit kommen würde, war Malow einverstanden. Kaum war ich um die Ecke, hielt ich ein Auto an. In jener Zeit nutzten viele verarmte Menschen in ganz Russland ihre Privatautos als inoffizielle Taxis, um sich einige Rubel dazuzuverdienen. Bei ihnen einzusteigen bot die einfachste Möglichkeit, Russen aller Art kennenzulernen, darunter viele arbeitslose Akademiker, die immer für eine interessante Unterhaltung zu haben waren.

Da ich dieses Mal allerdings keine Zeit zu verlieren hatte, bat ich den Fahrer, mich zur Universität der Stadt zu bringen. Dort angekommen, ging ich direkt zur Fakultät für Fremdsprachen, wo ich, obwohl es ein Sonntag war, schnell einige Studenten fand, die passables Englisch sprachen. Ich brauche einen Dolmetscher für eine Stunde oder zwei, bat ich sie, und ein nettes, langhaariges Mädchen namens Anna willigte ein. Auf der Fahrt ins Stadtzentrum erklärte ich ihr unsere Mission.

»Wir müssen Leute auf der Straße fragen, ob sie ein französisches Auto kaufen wollen.«

»Einfach irgendwelche Leute?«, fragte Anna mit unsicherem Blick.

»Ja, frag sie einfach, wie viel sie für einen schönen Citroën CX-25 Turbodiesel ausgeben würden. Baujahr 1986.«

»Einen was?«

»Sag einfach, es sei ein *krasivaya machina*, ein schönes Auto, eine französische Luxuslimousine.«

Unsere spontane Werbeaktion begann direkt unter dem Lenin-Denkmal. Es nieselte leicht, nur einige wenige Passanten hetzten an uns vorüber. Ich schob Anna auf einen gut gekleideten Typen zu, der wohlhabend aussah. Sie fragte ihn, ob er wohl Lust hätte, ein Auto von einem Ausländer zu kaufen.

Zwei Stunden später hatten wir nicht weniger als sechs Leute gefunden, die bereit waren, sich das Auto mal anzugucken. Ein westliches Auto übte offenbar noch immer einen Reiz auf Ex-Sowjets aus. Jedem potenziellen Käufer gaben wir die Adresse von Malows Wohnhaus und vereinbarten, uns alle am gleichen Abend um 18 Uhr auf dem Parkplatz zu treffen. Dort wollte ich mit Annas Hilfe eine große Auktion veranstalten.

»Wo bist du so lange gewesen?«, fragte Malow misstrauisch, als ich in die Wohnung zurückkehrte.

»Ich bin nur ein wenig herumgelaufen und habe mich mit einem Mädchen unterhalten.«

Kurz vor 18 Uhr stahl ich mich wieder aus der Wohnung. Am

Tor zum Parkplatz suchte ich den Wärter auf, einen struppigen Trinker, in dessen Häuschen ein altes Gewehr an der Wand lehnte, unter einem Foto von Josef Stalin in strahlend weißer Marschallsuniform. Ich bat den Mann um einen Eimer Wasser und einen Lappen. Während ich damit die Radkappen des Citroëns abschrubbte, erschien Anna. Mit unverhohlener Skepsis betrachtete sie das Krokodil.

»Das ist ein ziemlich altes Auto, was du da hast.«

»Es ist nicht alt, Anna. Es ist exotisch.«

»Es ist alt.«

Der erste Interessent tauchte auf. Zehn Minuten später waren vier der ursprünglich sechs Männer um das Auto versammelt, und die Auktion konnte beginnen.

»Das Mindestgebot ist 2000 Dollar, bar auf die Hand«, übersetzte Anna meine Spielregeln, während die Männer den Wagen begutachteten.

Offenbar hatten sie noch nie einen Citroën gesehen. Das Erstaunen war groß, als ich den Motor zündete und das Auto hydraulisch einen halben Meter nach oben pumpte. Keinem schien es etwas auszumachen, dass das Kupplungsseil gerissen war und dass die Karre schon 266 756 Kilometer runter hatte.

»Dieses Modell hat einen starken Dieselmotor, sodass man sich beim Fahren wie in einem dahingleitenden Schiff fühlt«, sagte ich, und Anna übersetzte.

»Mag sein, aber es ist alt und rostig«, wandte ein Mann ein, während er die Heckklappe des Kombis öffnete, die Rücksitze vornüber klappte und den Raum bis zu den Vordersitzen ausmaß. »Etwa 1,90 Meter«, stellte er fest. »Das sollte reichen für einen Sarg.«

Der Mann stellte sich als Bestattungsunternehmer heraus, der erwog, das Auto in einen Leichenwagen umzuwandeln. Es schien mir eine dem Krokodil würdige Weise, seinen Lebensabend im Kaukasus zu verbringen, aber der Mann zögerte, ein Angebot zu machen. Stattdessen begannen die vier Osseten nun ernsthaft darüber zu diskutieren, ob die meisten Särge nicht länger als 1,90 Meter maßen. Derweil Anna es nicht leicht hatte, mit ihrer Simultanübersetzung nachzukommen, folgte ich der Debatte ungläubig.

»Ein ordentlicher Sarg sollte immer mindestens zwei Meter lang sein«, meinte einer der Männer. »Dieses Auto kannst du also vergessen. Es ist zu kurz für einen Leichenwagen.«

»Nein, das stimmt nicht. Die Särge, die ich verkaufe, sind im Schnitt 1,90 Meter lang«, wandte der Bestatter, sich am Kopf kratzend, ein.

»Er muss es wissen«, warf ich mit Annas Hilfe ein, aber die Männer beachteten mich nicht mehr.

»Wir haben vergangene Woche meinen Vetter begraben«, schaltete sich der dritte Mann ein, indem er den anderen Zigaretten gab und sie anzündete. »Eins kann ich euch sagen: In dieses Auto hätte er nicht reingepasst.«

»Wie alt war dein Vetter?«

»Nun, etwa Mitte vierzig.«

»Siehst du!«, rief der Bestatter triumphierend. »Er war noch jung. Die meisten Toten aber sind alt, und im Alter schrumpfen Menschen.«

»Aber was ist mit all den Drogenabhängigen, die ins Gras beißen. Die sind doch noch relativ jung, oder?«

»Solche Leute fahre ich sowieso nicht. Die können sich eine anständige Beerdigung gar nicht leisten. Die haben nicht mal Geld für einen schlichten Sarg aus Kiefernholz.«

»Bezahlen nicht die Verwandten dafür?«

»Machst du Witze? Die wollen mit den Junkies doch nichts zu tun haben«, erläuterte der Bestatter. »Nein, meine Herren, die meisten Toten in dieser Stadt sind alt und klein. Dieses französische Auto ist lang genug, kein Problem.«

»Und wenn du mal einen langen Leichnam hast, kannst du den Sarg immer noch diagonal reinschieben«, riet der vierte Mann, der bisher geschwiegen hatte. »Das passt schon.«

»Oder du sägst die Füße ab«, warf plötzlich der Parkwächter ein, der sich von hinten unbemerkt zu uns gesellt hatte. »Das fällt doch keinem auf, und dem Toten kann es dann auch egal sein.«

»Das Beste ist, eine Leiche zu verbrennen«, stellte der Bestatter fest. »Eine Urne passt auf jeden Fall in dieses Auto.«

»Ich möchte auch lieber kremiert werden. Ich will keine Käfer und Würmer, die sich durch meinen Schädel fressen, wenn ich tot bin.«

So ging das bestimmt eine Viertelstunde lang. Meine Versuche, die Männer an den ursprünglichen Zweck unserer Auktion zu erinnern, wurden ignoriert. Nach reichlich Bartkratzen und Zigarettenrauchen kamen die fünf Männer, einschließlich Parkwächter, zu dem Schluss, dass sich mein Citroën als Leichenwagen eigne. Daher, so waren sich alle einig, sollte der Bestatter den Wagen auch bekommen. Er drehte sich zu mir um und bot 1300 Dollar. Ich verlangte 1800. Der Bestatter war ein Pragmatiker, und Sekunden später einigten wir uns auf 1500 Dollar. Ein Handschlag besiegelte das Geschäft. Ein Freund sei unterwegs, sagte er, um die Summe in bar vorbeizubringen. Zufrieden flüsterte ich Anna zu, dass wir den Deal später zu zweit mit einer Flasche Sekt feiern sollten. Sie willigte lächelnd ein.

»Aber wer ist das?«, fragte sie dann über meine Schulter blickend. Ich drehte mich um und sah, wie Malow auf uns zuschritt. Er sah verärgert aus.

»Meine Herren, gehen Sie bitte nach Hause«, sagte er zu den Männern. »Dieses Auto steht nicht mehr zum Verkauf.« Nachdem er kurz seine FSB-Marke hervorgeholt hatte, löste sich die Gruppe schnell auf. Auch der Bestatter war weg, die Auktion war vorbei. Ich gab Anna ihr Geld für den Tag, und auch sie eilte davon. Einen Augenblick lang senkte sich Stille über den Parkplatz. Unter Schock starrte ich Malow an, der mich angrinste, wobei Hohn von seinen Mundwinkeln zu tropfen schien. Er ging zum Krokodil, zog den Schlüssel aus der Zündung und steckte ihn in seine Tasche.

»Kapitalismus ist seltsam«, sagte er mit einem übertriebenen Schulterzucken. »Ich begreife noch immer nicht so richtig, wie das mit Angebot und Nachfrage nun funktioniert.«

Ich schwieg, spürte aber, wie sich eine gewaltige Wut in mir aufstaute.

»Mein Schwager wird dir 500 Dollar geben, und das war es dann.«

»Auf gar keinen Fall!«, schrie ich da und schubste Malow nach hinten, bereit für eine kleine Klopperei.

»Nun bleib mal ganz ruhig, mein Junge!«, zischte Malow und packte mich beim Hemdkragen. »Du hast jetzt ganz andere Sorgen als dein blödes Auto. Ich habe gerade einen Telefonanruf bekommen. Der FSB in Moskau sucht nach dir. Die haben zwei von ihren Top-Leuten hierhergeschickt, die ganz dringend mit dir reden möchten. Sie sagen, dass du letzte Woche in Tschetschenien gesehen wurdest ...«

Zwei Tage später rief mich Malow drei Minuten vor Mittag an. Seit er morgens ins Büro aufgebrochen war, hatte ich neben dem Telefon gesessen, wie instruiert, während Natascha meine Hemden bügelte. Malows Stimme klang gepresst und aufgeregt.

»Nimm sofort deine Sachen und verlass die Wohnung! Ich hole dich in fünf Minuten unten ab.«

Er legte auf. Ich gab Natascha zum Abschied einen Kuss, schnappte mein Zeug und nahm den Fahrstuhl zum Ausgang. Zwei Minuten später kam Malow in seinem grünen Opel um die Ecke geschossen. Er bremste kaum ab, um mich einsteigen zu lassen.

»Wir müssen zum Flughafen«, sagte er und trat das Gaspedal durch. Er sah blass aus, seine Hände umklammerten das Steuer, so als ob sie sonst gezittert hätten.

»Was ist los?«

»Die haben mich den ganzen Morgen verhört«, presste er hervor. »Die beiden Agenten aus dem Hauptquartier in Moskau, von der Abteilung für Spionageabwehr. Ich habe jetzt ein großes Problem wegen dir. Ich habe eine Familie, weißt du.« Sein Blick war auf die Straße fixiert, er fuhr sehr schnell.

»Hast du ihnen erzählt, wo ich versteckt bin?«

»Natürlich nicht! Ich habe ihnen gesagt, dass ich dich nach unserem Gespräch am Donnerstag laufen gelassen habe. Und dass ich keine Ahnung habe, wo du bist. Wir sind also jetzt im selben Boot. Ich kann es nicht glauben, dass ich einem ausländischen Spion in meinem Land helfe!«

»Ich bin kein Spion, ich bin Reisender.«

»Ach ja? Und was hast du dann in Tschetschenien gemacht?«, brüllte Malow und starrte mich wütend an. »Ah, ich vergaß, du hast eine große Rally nach Baku gemacht, um deine Wette zu gewinnen!«

Schweigend fragte ich mich, ob Malow sich wirklich so verraten fühlte, wie er klang. Wir näherten uns einem Polizei-Checkpoint, wurden aber glücklicherweise durchgewinkt. Bald danach bog Malow in die Straße ab, die zu dem kleinen Flughafen führte.

»Es gibt einen internationalen Flug von hier nach Istanbul«, erläuterte er. »Ich werde versuchen, dich in das Flugzeug zu bekommen. Lass uns hoffen, dass die Kollegen aus Moskau dich nicht schon am Flughafen suchen.«

»Vielleicht wäre es besser, wenn ich mich stelle?«

»Auf gar keinen Fall!«, rief er aus. »Du kennst diese Leute nicht. Bei Tschetschenien verstehen die keinen Spaß.«

Schweißtropfen rannen von Malows rechter Schläfe. Seine Selbstsicherheit war dahin, seine Nerven lagen blank. Wir hielten vor dem Terminal an, einem Betongebäude aus den Siebzigern. Auf dem Dach stand »Aeroport« in riesigen roten Lettern, verbunden mit dem Hammer-und-Sichel-Logo von Aeroflot. Zu Sowjetzeiten hatte es von diesem Provinzflughafen Flüge nach Moskau gegeben, ins Zentrum des Imperiums, und außerdem nach Georgien, Aserbaidschan und Armenien, die südkaukasischen Republiken. Wegen des Kriegs hatte Russland inzwischen alle Flüge von hier über die Kaukasusberge verboten.

»Warte im Auto«, sagte Malow zu mir. »Ich muss mit jemandem reden.« Er ging hinüber zu einer Gruppe von Männern, die vor dem Terminal standen. Mit ihren Sonnenbrillen und Lederjacken waren sie die Typen, die im Kaukasus die Dinge regelten. Nach einer steifen Umarmung nahm Malow einen von ihnen beiseite und redete auf ihn ein. Der Mann machte ein besorgtes Gesicht, aber schließlich nickte er und ging ins Flughafengebäude. Malow kehrte zum Wagen zurück. Wir warteten.

Die ersten Passagiere für den Flug nach Istanbul trafen ein. Es waren zerlumpt aussehende Leute, zumeist Frauen, die große zusammengeschnürte Bündel trugen. Kleine Händler schoben gewaltige Kisten und Kartons durch den Eingang zum Terminal. Wir warteten eine Stunde lang, ich wurde ungeduldig.

»Was geht da drinnen vor sich?«

»Verhandlungen über Schmiergeld«, sagte Malow nüchtern.

»Die Zollbeamten müssen bezahlt werden, dann die Grenzbeamten und der Flughafendirektor.«

Malow drehte das Radio auf, wir hörten einen Popsong über eine Reise nach Ibiza. Plötzlich klingelte Malows Handy. Er ging ran und nickte.

»Es ist Zeit reinzugehen.«

Am Eingang sagte uns der Lederjackentyp, dass der Preis für das Ticket und die Schmiergelder insgesamt 500 Dollar betrage. Das war exakt die Summe, die mir Malows Schwager am Abend zuvor für den Citroën bezahlt hatte. Ich gab ihm den Stapel Dollarnoten zurück, er zog eine Grimasse und zuckte die Achseln. Der Lederjackentyp gab mir einen von »Alan Air« ausgestellten Flugcoupon, auf dem das Flugdatum per Hand eingetragen war: 11. September 2001. Wir eilten zum Gate. Die Flughalle war leer, alle anderen Passagiere waren bereits an Bord. Die Grenzbeamten verlangten meinen Reisepass zu sehen, den Malow aus seiner Brusttasche fischte. Nach einigem Flüstern stempelte er mein Visum regulär ab und gab mir den Pass zurück. Das letzte Hindernis war der Zoll. Ein feister Beamter blickte auf die Zollerklärung, die ich bei meiner Einreise nach Russland fünf Wochen zuvor ausgefüllt hatte.

»Was ist mit dem Auto geschehen?«, fragte er. Bevor ich antworten konnte, sagte Malow, dass es irreparabel kaputt sei. Einige Videotapes, die ich in Inguschetien gefilmt hatte, wurden beschlagnahmt, aber dann ließ der Zöllner uns durch. Als wir das Rollfeld erreichten, fuhr der Pilot die Motoren der Tupolew bereits hoch. Malow begleitete mich bis zur Gangway. Ich dankte ihm für seine Gastfreundschaft. Dann griffen wir uns, in echtem Kaukasus-Stil, wie zwei Bären an den Oberarmen und legten unsere Wangen aneinander.

»Alex Malow, ist das wirklich wahr, was du mir erzählt hast?«, fragte ich ihn. »Werde ich wirklich von zwei FSB-Agenten aus Moskau gesucht?«

»Na sicher, das ist eine wahre Geschichte«, sagte er grinsend. »Wollen wir darauf wetten?«

Ich grinste zurück und rannte die Gangway hinauf.

RUSSLAND V

In seinem wundervollen Buch über Sibirien schreibt Colin Thubron: »Das einzige in Novosibirsk, woran man sich später erinnert, ist der viele Platz.« Das stimmt. Die Stadt ist der feuchte Traum eines klaustrophoben Menschen. Die breiten Boulevards, einige mit bis zu zwölf Fahrspuren, sehen aus wie Landebahnen für Flugzeuge. Die Gebäude sind in ihrem stalinistischen Entwurf zwar massiv, aber selten höher als vier oder fünf Stockwerke. Eine gigantische Lenin-Statue, noch immer ein unvermeidlicher Anblick in russischen Städten, überragt den Platz vor dem Opernhaus. Diese Monstrosität einer Stadt wurde für die »neuen sowjetischen Menschen« gebaut, aber nicht für Menschen. Die wenigen Fußgänger sehen wie Zwerge aus.

Was ich an Sibirien allerdings mag, ist das Gefühl von ferner Abgeschiedenheit, das mich hier erfüllt. Hier tritt mir keiner auf die Füße, hier kann ich für eine Weile vergessen, wie maßlos überbevölkert die Erde ist. Auch gibt es hier noch fast keine Internetcafés, und sehr wenige Menschen sprechen eine andere Sprache als Russisch. Warum sollten sie auch, angesichts ihrer geografischen Lage? Selbst am Bahnhof und in meinem Hotel muss ich mich auf Russisch verständigen, um irgendetwas zu erreichen. Meine Kenntnis der Sprache ist recht bescheiden, wird aber zwangsläufig von Tag zu Tag besser. Zu verstehen, was die Russen zu mir sagen, bleibt allerdings schwierig. Wenn ich sie bitte, etwas zu wiederholen, tun sie dies zwar, aber nicht etwa langsamer oder deutlicher, nur lauter. Schließlich brüllen sie mich an, als ob Verständigung nur eine Frage der Lautstärke wäre.

Außer mir sind nur wenige Ausländer unterwegs, was wahrscheinlich erklärt, warum ältere Leute mich mit unverhohlenem Misstrauen ansehen. Ob dies wohl noch ein sowjetisches Erbe ist oder bereits Putins Werk? Nur junge Leute zeigen sich mir gegenüber offen und interessiert. Letzte Nacht habe ich in einem Irish Pub einige nette Studenten kennengelernt. Sie fragten mich, woher ich käme. Berlin, sagte ich, was sie gleich ganz toll fanden. »Deutsche sind super«, sagte ein Mädchen. »Und Berlin soll ja der coolste Ort der Welt sein, mit guten Clubs und so. Viele junge Russen träumen davon, in Berlin zu leben.« »Nicht in London oder New York?«, fragte ich. »Nein, Berlin ist viel besser.« »Trotz Krieg und Faschismus?«, fragte ich. »Ach, vergiss das, das ist doch alles Geschichte.«

Schon öfters auf meiner Reise haben mir Russen nette Dinge über Deutschland gesagt. Es überrascht mich, wie beliebt Deutsche hier sind. Früher konnte ich meine Landsleute ja selbst nicht besonders gut leiden. Noch vor ein, zwei Jahren hätte ich mich vor den Studenten wahrscheinlich sogar als Engländer aus London ausgegeben. Louis aus London, das war meine selbst gewählte Identität, seitdem ich dort studiert und für den *Telegraph* zu arbeiten angefangen hatte.

Warum Louis statt Lutz? Erst einmal fand ich es viel cooler, Engländer zu sein. Als ich 1997 nach London zog, brach dort gerade eine aufregende Zeit an: Tony Blair hatte mit New Labour die Wahlen gewonnen, und London wurde die Hauptstadt von *Cool Britannia*. Es war der place to be. Auch die Stimmung an meiner Uni, der London School of Economics (LSE), war großartig. Meine Kommilitonen kamen aus aller Welt, fast jedes Land war auf dem Campus vertreten, und Engländer waren eher eine Minderheit. Gleich in den ersten Semestertagen fiel mir allerdings auf, dass die englischen Professoren meine Wortmeldungen in den Seminaren offenbar nicht recht ernst nahmen. Etwas schien sie an mir zu stören. Es war wohl mein deutscher Akzent, dachte ich mir, der seit dem Austauschjahr in den USA zudem einen starken amerikanischen Einschlag hatte. In den Ohren der Profs, die zumeist aus Oxford oder Cambridge kamen, klang meine Aussprache sicher furchtbar. Ich musste handeln und lernen, so zu reden wie sie.

So legte ich mir mithilfe einiger Freunde aus Chelsea kurzerhand einen *posh* klingenden englischen Akzent zu. Das war nicht schwer: Um wie ein echter *toff* aus der Oberschicht zu wirken, muss man nur kräftig näseln und nuscheln, eigenartige Kieferbewegungen machen und seine Sätze mit sinnlosen, pompösen Adverbien spicken. Dazu ein Regenschirm, und fertig ist der englische Akademiker. Überhaupt versuchte ich mich so gut wie möglich zu assimilieren, wollte englischer als die Engländer sein. Selbst in den englischen Sinn für Humor verliebte ich mich und übte mich in Ironie und Wortwitz. Irgendwann fing ich dann an, Leuten vorzumachen, ich sei Engländer, und schon bald konnte ich damit selbst Einheimische reinlegen. Dann wiederum erfand ich eine meta-nationale Identität und behauptete, »ein Europäer aus der europäischen Provinz namens Deutschland« zu sein. Ich wurde ein sich selbst verleugnender Deutscher.

Auch das war ein Grund, warum ich nach dem Studium nicht nach Deutschland und Gut Ankelohe zurückkehren wollte. Schon Heimaturlaube wurden mir unerträglich, die deutsche Bierernsthaftigkeit nervte mich, ich konnte die Deutschen nicht mehr ausstehen. Ich fand sie langweilig, bieder, piefig, humorlos, ohne Stil und Geschmack. In London wurden große Politik gemacht und wichtige Debatten geführt – in Deutschland diskutierte man Themen wie Ladenöffnungszeiten und Rentenreform. London war bunt und kosmopolitisch, daheim herrschte monokulturelle, kleindeutsche Tristesse. Ich glaubte an der bornierten Provinzialität in Deutschland zu ersticken. Selbst unter meinen Freunden in Berlin sah man mich bald als einen eingebildeten Exzentriker, der unfähig war, sich an die sozialen Konventionen in Deutschland anzupassen.

Aus Leugnung und Ablehnung wurde Hass. Ich hasste Deutschland und die Deutschen. Am meisten hasste ich natürlich die Tatsache, dass ich selbst Deutscher war. Der Grund für den Hass, wie sollte es anders sein, lag in der deutschen Vergangenheit. Nicht umsonst studierte ich an der LSE die Geschichte des »Dritten Reichs« und der beiden Weltkriege. Je mehr ich über jene Zeit las und hörte, desto mehr schämte ich mich, selbst aus dem Land der judenmordenden Nazi-Bastarde zu stammen.

Immer wieder wurde mir gesagt, ich solle da jetzt mal drüber hinwegkommen, die Verbrechen und die Schuld, kurz: den ganzen

Nazi-Scheiß. Nichtdeutsche schütteln oft den Kopf über unsere nicht enden wollende Vergangenheitsbewältigung, die ihnen wie obsessive, kollektive Selbstkasteiung vorkommt. Zugegeben, die meisten Völker haben das eine oder andere dunkle Kapitel in ihrer Geschichte. Die Ausrottung der Indianer war eine fürchterliche Barbarei, ebenso die sowjetischen Gulags in Workuta und Kolyma, die japanischen Kriegsverbrechen, der maoistische Wahnsinn und der Völkermord der Khmer Rouge. Auch der britische und französische Kolonialismus war nicht nur gutmütig und glorreich.

Aber selbst im ideologisch fanatisierten 20. Jahrhundert sticht der Holocaust der Juden in Europa als einzigartiges historisches Ereignis hervor. Kein anderer Völkermord in der Menschheitsgeschichte wurde in einem solchen Ausmaß und mit derart systematischer, industrieller Brutalität geplant und verübt. Eine Nation, die als hochzivilisiert galt und stolz auf ihre Dichter und Denker war, duldete den Massenmord. Vor den Toren Weimars errichteten die Deutschen das KZ Buchenwald. Natürlich war nicht jeder Deutscher ein Nazi, und einige wenige leisteten auch Widerstand gegen das Hitler-Regime, aber als Nation haben die Deutschen entsetzlich versagt. Zweifellos haben sie, anders als die Japaner und viele Österreicher, seit den 1960er-Jahren dafür kollektive Schuld und Verantwortung auf sich genommen und ihre NS-Vergangenheit in sehr gründlicher Weise aufgearbeitet. Problematisch ist nur, dass die Vergangenheitsbewältigung lange zu sehr auf Auschwitz und andere Vernichtungslager fokussiert war. Dadurch ist der Eindruck entstanden, dass nur eine begrenzte Zahl von hohen Nazis, SS-Verbrechern und Lagerwächtern für den Holocaust verantwortlich war.

Tatsächlich wurde aber gut die Hälfte der etwa sechs Millionen ermordeten Juden nicht vergast, sondern einzeln erschossen. Im Massaker von Babi Jar bei Kiew exekutierten Einsatzgruppen im September 1941 in nur zwei Tagen 33 771 jüdische Zivilisten. Fast 35 000 Menschen, in zwei Tagen! Auf jedes Opfer kam ein Täter, der die Kugel abschoss. In vielen Fällen wurden die SS-Truppen, wie Historiker heute wissen, von regulären Einheiten der deutschen Wehrmacht und Polizei unterstützt. Dies bedeutet, dass weit mehr normale Deutsche als bisher angenommen in den Holocaust involviert waren. Ob aus Nazi-Fanatismus oder aus blindem Gehorsam, zehntausende deutscher Männer beteiligten sich am Judenmord. Viele von ihnen lebten noch, als ich in den Achtzigern aufwuchs, einige leben noch heute.

Zu Hause wurde selten über den Holocaust gesprochen, aber ich erfuhr davon in der Schule, besuchte Auschwitz und andere Konzentrationslager. Aus dem Holocaust-Museum in Washington kam ich völlig fertig heraus, an der LSE wurde ich in den Vorlesungen zum »Dritten Reich« auf meinem Stuhl immer kleiner. Deutschland, mein Heimatland, war das Land der Mörder. Irgendwann wurden die Schamgefühle allerdings zu überwältigend, und ich flüchtete mich in den Wunsch, einen Schlussstrich zu ziehen. Auf meiner ersten Reise nach Israel hatte ich keine Lust, die Gedenkstätte in Yad Vashem zu besuchen. Ich wollte nicht schon wieder an den ganzen Horror erinnert werden. Bei meiner Abreise lernte ich dann am Flughafen von Tel Aviv ein altes jüdisches Ehepaar aus Kanada kennen.

Ihr Flug war, wie meiner auch, verspätet, und so kamen wir ins Gespräch. Zunächst sprachen wir Englisch, aber nachdem ich mich als Deutscher zu erkennen gegeben hatte, begannen sie Deutsch mit mir zu sprechen. Etwas stockend kamen die Worte, so als ob sie die Sprache lange nicht benutzt hätten. Sie stammten ursprünglich aus Polen, wie sich herausstellte, und hatten als Kinder im Krieg in einem Ghetto Deutsch gelernt. Ihre Familien hatten sie in den Gaskammern verloren, aber sie beide waren dem Tod entkommen, indem sie von einem Deportationszug sprangen und sich bis Kriegsende bei polnischen Bauern versteckten. Obwohl ihre entsetzliche Geschichte ein glückliches Ende fand – sie heirateten und wanderten nach Kanada aus –, musste ich weinen. Die alte Dame strich mir durchs Haar und tröstete mich, dass es nicht meine Schuld sei. Dann wurde ihr Flug aufgerufen, und sie gingen zu ihrem Gate. Ich blieb zurück mit der Frage, ob unsere Begegnung nur Zufall gewesen war.

Was hatte mein Großvater Hans-Heinrich als hochrangiger Wehrmachtsoffizier im Krieg getan?, fragte ich mich manchmal. Die Antworten lagen verborgen in den Munitionskisten auf dem Dachboden. Die riesige Hakenkreuzfahne ließ sich noch damit erklären, dass man damit zu offiziellen Anlässen das Haus beflaggen musste.

Komisch war nur, dass sie so fein säuberlich zusammengefaltet worden war, als ob da jemand nicht ausschließen wollte, dass sie später einmal wieder hervorgeholt werden würde. Und dann waren da diese Fotos aus der Zeit des »Dritten Reichs«. Wenn Hans-Heinrich kein Nazi war, wie es familienoffiziell heißt, warum gibt es dann dieses Foto, auf dem mein Vater und mein Onkel, beide noch Knirpse im Vorschulalter, in Lederhosen im Garten stehen und die kleinen Arme zum Hitlergruß strecken? Das Bild muss etwa 1933 aufgenommen worden sein, und es traf mich wie ein Schlag ins Gesicht. In einer Diktatur die offizielle Hakenkreuzfahne zu flaggen, das war eine Sache, aber es gab keinen Zwang, seine Kinder im eigenen Garten den Hitlergruß machen zu lassen. Es sei denn, Hans-Heinrich selbst wollte das so.

Aber ich eile zu weit voraus, die Antworten zur NS-Zeit müssen warten. Noch ist Erster Weltkrieg, noch leben Kaisertreue auf Gut Ankelohe, noch ist Hans-Heinrich Kriegsgefangener in Russland. Dass sein Flugzeug abgeschossen wurde, erfahren seine Eltern daheim erst Tage später, doch schon vorher vertraut Mutter Helene ihrem Tagebuch eine böse Vorahnung an: »Es wundert mich so sehr, dass von Hans keinerlei Nachricht seit Sonnabend kommt … Ich fange an, mich etwas zu sorgen, aber der Vater redet mir die Sorge aus. In Gefahr ist doch der Flieger bei jedem Flug, und der Hans wagt das Äußerste, so wie ich ihn kenne … Gott schütze uns das Kind zur Freude unseres Alters!«

Am 10. Dezember 1915 ereilt Helene die schockierende Nachricht: »Froh ging ich an die Arbeit. Da, um 10 Uhr, bringt Line Hencken mir eine Depesche aus Berlin von Paul folgenden Inhalts: ›Hans durch Feuer der Russen zum Landen gezwungen. Russischer Heeresbericht sagt: wir nahmen beide Flieger gefangen.‹ Vater und ich sind wie vor den Kopf geschlagen. Gott gebe es, daß das Kind lebt und durchzuhalten sich entschließt. Aber wann wird ein Zeichen kommen von Hans, daß er lebt, und welch elendes Leben wird er haben als Gefangener?«

Fast drei Monate werden Theodor und Helene auf ein erstes Lebenszeichen von Hans-Heinrich warten müssen. Bis dahin gilt er offiziell als vermisst – wie ein Jahr zuvor bereits ihr Sohn Kuno.

Hans-Heinrich und sein Kopilot Franz Wegener im Dezember 1915 in Wilna, kurz bevor sie abgeschossen und gefangen genommen wurden.

Wieder quälende Ungewissheit, die arme Helene wird von Trauer und erneuter Sorge zerfressen. Am 19. Dezember 1915 schreibt sie in ihr Tagebuch: »Morgen sind es schon 14 Tage, seitdem das Unglück passierte. Diese Tage und Nächte möchte ich nicht noch mal erleben. – Ein trauriges Weihnachtsfest!«

Heiligabend 1915 ist auf Gut Ankelohe alles anders als in den Friedensjahren. Statt des üblichen gemeinsamen Fests im Salon feiern dort dieses Mal nur die Pensionärinnen, Dienstboten und Mägde, während die Familie sich nach oben ins Herrenzimmer zurückgezogen hat und traurig vor einem kleinen Tannenbaum sitzt. Sie versuchen, Weihnachtslieder zu singen, aber immer wieder muss Helene weinen. Am Neujahrstag 1916 schreibt sie: »Das neue Jahr beginne ich mit der Hoffnung auf ein Lebenszeichen von Hans und mit der Hoffnung auf den Weltfrieden.«

Für etwas Optimismus sorgt bald darauf ein Telegramm aus Hans-Heinrichs Einheit in Wilna. Ein russischer Überläufer habe bestätigt, dass die Abgeschossenen am Leben und gefangen genommen seien. Erst am 24. Februar 1916 kommt die erlösende Nachricht: »Der Briefbote ließ mich herunterrufen und überreichte mir strahlend vor Freude zwei Karten von – Hans! Ich war stumm vor Glück und Dankbarkeit gegen Gott. Dem Briefboten drückte ich einen Thaler in die Hand und dann las ich Hansens Worte wieder und wieder mit dem Vater, unter Freudentränen.«

In Nischny-Nowgorod muss derweil Hans-Heinrich noch einige Wochen länger warten, bis er die erste Karte der Eltern in den Händen hält, aber von da an geht die Post zwar unregelmäßig, aber recht munter hin und her. Diese Korrespondenz muss für den 24-Jährigen sehr wertvoll gewesen sein, zumal er sich mit seinem Kopiloten Franz Wegener inzwischen zerstritten hat. Auf einem Transport wenig später werden die beiden zudem getrennt und sollen sich erst im Fernen Osten wiedersehen und versöhnen. Bevor Hans-Heinrich aber seine Reise in Richtung Wladiwostok antreten muss, wird er zunächst noch mit dem Schiff die Wolga hinunter in zwei Übergangslager in Samara und Astrachan gebracht.

Aus Samara schickt er Mitte Juli 1916 eine Postkarte an die Eltern: »Umseitig eine Ansicht von Samara, an der Wolga liegend, in der ich heute baden durfte. In Nischny war das nicht erlaubt. Hier ist es überhaupt viel besser. Ein schöner Garten gehört auch zum Lager. Bald mehr, herzlicher Gruß, Euer Hans«. Daheim zeigen die Eltern die Karte den russischen Kriegsgefangenen, die seit einigen Monaten auf Gut Ankelohe arbeiten und wohnen. Ein schöner Moment, wie Helene berichtet: So können Theodor und die Russen nicht anders, als über diese Ironie des Schicksals gemeinsam lachend die Köpfe zu schütteln.

Ende Juli 1916 kommt Hans-Heinrich im Lager von Astrachan an, wo er als Oberleutnant der Rangälteste unter den gefangenen Offizieren ist. »Die Behandlung war gerecht und genau nach den allgemeinen Bestimmungen ohne einschränkende Zusätze des Lagerkommandanten, eines korrekt und in Worten und Werken vorbildlichen Obersten namens Graf Krautschunatz, der aus dem Baltikum stammte und zwei Töchter in Berlin zeitweise die höhere Schule hatte besuchen lassen.« Wieder ist das Baden in der Wolga erlaubt, auch Turngeräte stehen auf dem Lagerhof. Da damals in Astrachan noch eine große wolgadeutsche Gemeinde lebt, gibt es sogar eine evangelisch-lutherische Kirche: »Jeden Sonntag ist Kirchbesuch zu deutscher Predigt erlaubt, wo wir gelegentlich mit deutschsprechenden Zivilisten zusammensaßen und uns unterhalten konnten.«

Als Höhepunkte des Aufenthalts in Astrachan beschreibt Hans-Heinrich die beiden Inspektionsbesuche erst eines Abgesandten der amerikanischen Botschaft und dann einer Schwester des Roten Kreuzes, einer gewissen Freiin von Gagern. »Sie ließ sich das ganze Lager zeigen, von dessen Einrichtung – wir hatten auf eigene Kosten selbst tapeziert, Fenster und sonstige Vorhänge angeschafft – und peinlicher Ordnung und Sauberkeit sie sehr befriedigt war.« Jedem Gefangenen brachte die Besucherin 50 Rubel als »Liebesgabe aus der Heimat« mit. Die Offiziere erhielten zudem vom Hamburger Roten Kreuz jeder eine Havanna-Zigarre. »Jedenfalls war uns der Besuch eine überaus große Freude. Wir wurden dadurch derartig aus dem üblichen Gleichmaß der Tage und der stumpfen Gleichgültigkeit emporgerappelt, daß ich mal wieder in eine ganz andere Gemütsverfassung kam und infolge der An- und Erregung der Nerven fast die ganze Nacht nicht schlafen konnte.«

Gute Unterkunft, gerechte Behandlung, reger Postverkehr, Badeausflüge, Gottesdienste und Zigarren aus der Heimat: welch ein Luxus im Vergleich zum Schicksal derer, die in den Schützengräben an der Westfront kämpfen mussten – oder die im Zweiten Weltkrieg in russische Gefangenschaft gerieten und von diesen Zuständen nur träumen konnten! Hans-Heinrich mag sich gelangweilt haben – aber war er sich eigentlich bewusst, dass er auch Glück hatte, vor den viel schlimmeren Schrecken des Kriegs geschützt zu sein? Solche Gedanken suche ich vergebens in Hans-Heinrichs Schriften. Stattdessen scheint er den Krieg wie ein Spiel zu sehen, aus dem er ärgerlicherweise zeitweilig ausgeschieden ist. Wenn er an Heimkehr denkt, so wartet er eigentlich nur darauf, in das Kriegsspiel wieder eingewechselt zu werden.

AFGHANISTAN
DER GEFÄHRTE

Diese Geschichte handelt von »Baqi« Abdul Asis Samander, meinem Reisegefährten in Afghanistan und einem der außergewöhnlichsten Menschen, die ich je kennengelernt habe. Es ist keine rasante Geschichte, es geht weder um Wodkagelage noch um Sex mit Huren. Aber es ist die Geschichte von einer Reise, die mehr als alle anderen mein Leben als Schreiber und als junger Mann, der erwachsen wird, verändert hat.

Ich hatte keine Ahnung von dem seltsamen Abenteuer, das vor mir lag, als Baqi und ich an einem kühlen Herbstmorgen im September 2002 in Köln ein Flugzeug der deutschen Luftwaffe bestiegen. Es flog nach Kabul. Fast ein Jahr war vergangen seit den 9/11-Anschlägen und dem Beginn der Operation »Enduring Freedom«, dem von den USA angeführten Feldzug gegen die Al-Qaida-Terroristen und ihre afghanischen Gastgeber, die extremislamischen Taliban. Mit der Militäraktion, die bald Teil eines – von der Bush-Regierung so genannten – »Krieges gegen den Terror« war, gelang es, das Taliban-Regime durch eine pro-amerikanische Regierung zu ersetzen. Osama bin Laden und viele seiner Topleute konnten allerdings aus Afghanistan fliehen und in den Stammesgebieten im benachbarten Pakistan untertauchen. Nach einem ersten kurzen Trip nach Kabul und in die Stadt Herat gleich nach dem Krieg wollte ich nun eine längere Reise durch das Land unternehmen, um über die Nachkriegssituation zu schreiben.

Als wir Deutschland verließen, kannte ich Baqi erst seit zwei Wochen. Wir hatten uns nur ein einziges Mal in einer Bar in Berlin getroffen, einander vorgestellt durch eine gemeinsame Bekannte. Baqi war Mitte fünfzig, hatte gelocktes, ergrauendes Haar, einen souveränen Bauch und ein ernstes Gesicht, das aber auch gerne lachte.

Ursprünglich stamme er aus Kabul, erzählte mir Baqi. Nach der sowjetischen Invasion 1979 hatte er aus Afghanistan fliehen müssen und befand sich seitdem im Exil. Mit seiner afghanischen Frau und zwei Kindern lebte er in Hamburg, wo er Arbeit in einer Druckerei gefunden hatte. Seit seiner Flucht mehr als zwanzig Jahre zuvor war Baqi nie wieder in Afghanistan gewesen, aber nun brannte er darauf, alte Freunde und Verwandte wiederzusehen. Obwohl ich fast nichts über ihn wusste, mochte ich Baqi gleich und schlug spontan vor, dass wir zusammen reisen könnten. Baqi war begeistert. Er nahm sich einen Monat Urlaub, und zwei Wochen später waren wir unterwegs nach Kabul.

Wir reisten auf Einladung der Bundeswehr, die aufgrund fehlender kommerzieller Flugverbindungen nach Kabul selbst Journalisten einflog, damit wir über die Arbeit der deutschen Soldaten innerhalb der International Security Assistance Force (ISAF) in Afghanistan berichteten. Baqi schleppte eine Riesenladung Gepäck mit an Bord, in dem zahllose Geschenke für seine Verwandten und Freunde in der Heimat verstaut waren: Lebensmittel und Winterkleidung, aber auch viele Bücher, weil Afghanen unter den Taliban kaum Zugang zu (nicht islamischer) Literatur genossen hatten. Auch eine Ausgabe des Korans trug Baqi bei sich, den er in unserer Freizeit mit mir lesen wollte. Die Bücher türmten sich auf einem medizinischen Rollstuhl. Er war, wie Baqi der verblüfften Flugzeugcrew erklärte, ein Geschenk für einen gelähmten Nachbarn, der sein Haus seit Jahren nicht verlassen konnte.

Ich ahnte, dass diese Reise anders werden sollte als alle vorigen.

Einer meiner Aufträge, bei denen Baqi mir helfen würde, war ein Dossier für die Wochenzeitung *Die Zeit* über den aufblühenden Heroinhandel in Afghanistan. In keinem anderen Land der Erde wurde so viel Mohn angebaut und so viel Opium exportiert wie in Afghanistan. Geschätzte 25 Milliarden Dollar wurden damit jedes Jahr umgesetzt, achtzig Prozent allen in Europa konsumierten Heroins kam aus den Tälern des Hindukusch. Die Operation »Enduring Freedom« hatte daran wenig geändert. Im Gegenteil: Statistiken der UN belegten, dass die Opiumproduktion seit dem Sturz der Taliban, die den Mohnanbau in den späten 1990er-Jahren rigide eingeschränkt hatten, im Jahr 2002 um das Zwanzigfache auf 3400 Tonnen angestiegen war. Die Drogenbarone, von denen viele als CIA-bezahlte Verbündete gegen die Taliban zu Reichtum und Macht gelangt waren, prosperierten im Nachkriegschaos. Hohe Preise für Opium bedeuteten, dass nur wenige Kleinbauern dem Anbau von Mohn widerstehen konnten.

Als wir nach einem Zwischenstopp auf dem Bundeswehr-Stützpunkt im usbekischen Termes in Kabul gelandet waren, hatten wir als Unterkunft die Wahl zwischen dem heruntergekommenen Intercontinental aus den 1970ern oder dem Hotel Mustafa, in dem ich auf meiner ersten Afghanistan-Reise sechs Monate zuvor abgestiegen war. Es hatte Zimmer wie Gefängniszellen, in denen Journalisten mit anderen Westlern abhingen, zumeist NGO-Angestellten und paramilitärischen Glücksrittern. Da folgte ich doch lieber Baqis Einladung, mit ihm zu seinen Verwandten zu ziehen, die in einem Dorf am Rande von Kabul lebten. Mit einem zerbeulten Toyota-Taxi fuhren wir durch die Stadt. Die Straßen waren mit Verkehr und Menschen verstopft. Seit meinem ersten Besuch waren etwa 600 000 Flüchtlinge aus ihren Lagern in Pakistan und anderswo zurückgekehrt. Kabul war wieder zu einer wahrhaft multiethnischen Stadt geworden, bevölkert von Paschtunen, Tadschiken, Usbeken, Hasaris, Turkmenen und einigen kleineren afghanischen Minderheiten. Wir erreichten die südlichen Stadtteile, die in 23 Jahren Bürgerkrieg komplett zerstört worden waren. Beim Anblick der trostlosen Ruinen schien Baqi den Tränen nahe. »All diese Jahre«, sagte er leise. »All diese verschwendeten Jahre.«

Durchs Autofenster zeigte mir mein afghanischer Gefährte Orte seines vorigen Lebens, seine alte Schule und die Ruinen einer Fabrik, in der er einst als junger Mann gearbeitet hatte. Dann deutete er auf ein ehemaliges Kino, in dem er in den späten 1960ern die ersten amerikanischen Filme gesehen hatte. Inzwischen war es längst in eine Moschee umgewandelt worden.

»Du kannst dir das heute vielleicht nur noch schwer vorstellen, aber als ich in deinem Alter war, da war Kabul eine moderne Stadt«, erinnerte sich Baqi. »In den 1970er-Jahren gingen die Frauen in Blusen und kurzen Röcken auf die Straße. Die Männer trugen Anzüge und französische Hüte. Es gab Terrassencafés, in denen westliche Musik gespielt wurde. Es war eine ziemlich weltliche Gesellschaft, in der der Islam nur eine untergeordnete Rolle spielte. Wenn Ausländer heute hierherkommen, denken sie, dass Afghanistan nie aus dem Mittelalter rausgekommen ist – aber nein! Das Land ist ins Mittelalter zurückgekehrt.«

Die meisten der Gebäude, die Baqi mir zeigte, waren längst zu Trümmerhaufen zerschossen worden, aber er sprach von ihnen, als ob sie noch immer dastünden. Es schien mir, dass er Schwierigkeiten hatte, zwischen Vergangenheit und Gegenwart zu unterscheiden. Seine Heimkehr nach mehr als zwanzig Jahren unfreiwilligen Exils begann ihn emotional zu treffen, und ich legte zum Trost eine Hand auf seine Schulter. So sehr waren meine Gedanken bislang um meine Arbeit gekreist, dass mir noch gar nicht eingefallen war, wie schwer es meinem Reisegefährten fallen könnte, mit seiner Vergangenheit konfrontiert zu werden. Einmal zeigte Baqi auf die Überreste eines in die Luft gejagten Gebäudes und erklärte, dass es seit der Invasion von 1979 ein vom russischen Geheimdienst betriebenes Gefängnis gewesen sei. »Hunderte Patrioten sind darin gefoltert und ermordet worden«, sagte er, als ob die Russen noch immer da seien.

Wir bogen in eine nicht asphaltierte Straße ab und erreichten schließlich ein Dorf, das noch so nah an Kabul lag, um eines Tages den Vororten der Hauptstadt einverleibt zu werden. Es war eine typisch afghanische Siedlung: ein staubiger Platz mit einer Moschee, die von einigen dutzend kubischer Häuser aus Lehm und Ziegeln umgeben war, mit hohen Mauern, die die Innenhöfe und Gärten vor neugierigen Blicken schützten. Es gab einige Läden und noch immer mehr Ochsenkarren als Autos. Anders als im Zentrum von Kabul trugen alle Frauen auf den Straßen lange dunkelblaue Burkas, um Körper und Gesicht zu verhüllen.

»Dies ist mein Dorf«, sagte Baqi, während er den Taxifahrer durch eine enge Gasse wies. »Hier bin ich aufgewachsen, hier habe ich die erste Hälfte meines Lebens verbracht.« Wir hielten vor einem verschlossenen Tor, und Baqi klopfte laut. Nach einer Minute machte uns ein junger Mann auf und führte uns in einen überraschend großen, üppigen Garten, der ein eingeschossiges Haus umgab. Auf der offenen Terrasse stand ein hochgewachsener, bärtiger Mann, bekleidet mit einem Turban und einer eleganten weißen *shalwar kamiz*, der traditionellen Tunika mit weiten Pluderhosen. Zunächst förmlich und zurückhaltend, erkannte der Mann schließlich Baqi, und sie gaben sich feierlich die Hände. Dabei verneigten sie sich voreinander und legten als Zeichen ihrer Aufrichtigkeit ihre rechte Hand auf ihre Brust. Es entstand eine Pause, dann fielen sie sich in die Arme, wobei Baqi Tränen aus den Augen schossen, die er sich sogleich wieder von der Wange wischte.

Ich wurde unserem Gastgeber vorgestellt, der ein Sufi-Scheich war, der spirituelle Führer des Dorfes. Er hieß mich herzlich willkommen, und da sich die Nachricht von unserer Ankunft schnell verbreitete, kamen immer mehr Männer zum Haus des Scheichs. Sie hatten Baqi zuletzt als jungen Mann gesehen, und es gab viel zu erzählen. So setzten wir uns alle auf Kissen und Teppiche auf dem Boden, und grüner Tee wurde gebracht. Als er sah, dass ich müde war, führte mich unser Gastgeber in den Garten, wo inmitten von Rosen, voll tragenden Weinreben und Feigenbäumen ein großes hölzernes Kanapee mit einer dicken Decke und vielen Kissen stand. Wie ich dort lag – den Duft der Rosen einsaugend, den frohen und doch ernsten Stimmen der Männer lauschend und zu den unzähligen funkelnden Sternen am Himmel über mir aufschauend –, da wurde mir bewusst, dass ich in einer sehr anderen Welt angekommen war, einer orientalischen Welt voller Mystik und Schönheit. Mein Leben war sehr reich, und mich überkam ein Schauern tiefen Glücks. Wie so oft auf meinen Reisen lösten sich alle schweren Gedanken von zu Hause – meine älter werdende Mutter, familiäre Probleme und die Zukunft unseres Familienunternehmens auf Gut Ankelohe – auf wundersame Weise in Luft auf. Der Stress und Druck waren wie weggepustet, zurück blieb auf meinen Schultern nur der endlose Himmel. Wieder einmal fühlte ich mich als freier Mann.

Etwas hatte sich jedoch verändert. Nach Jahren vergnüglicher, aber leicht zielloser Affären hatte ich mich ernsthaft in ein Mädchen daheim verliebt. Wenige Wochen zuvor hatten Laila und ich uns, passenderweise, auf der Love Parade in Berlin kennengelernt. Die Parade war damals das größte Techno-Musikfestival der Welt, auf dem jedes Jahr gut eine Million junger Menschen ein Sommerwochenende lang auf den Straßen der Stadt tanzten. Laila war Kunststudentin und nach langer Zeit das erste deutsche Mädchen, das ich küsste. Es war Liebe auf den ersten Blick, wir verbrachten wunderschön faule Tage und leidenschaftliche Nächte in ihrer kleinen Studentenwohnung in Berlin-Charlottenburg. Meine Abreise nach Afghanistan rückte bald näher, aber Laila war sehr verständnisvoll und schien die zweimonatige Trennung als Nachteil einer Beziehung mit einem Reporter zu akzeptieren. Es gab damals noch kein Mobilfunknetz in Afghanistan, doch wir vereinbarten, per E-Mail und vielleicht Bundeswehr-Feldpost verbunden zu bleiben. Etwas romantischer war ihre Frage, ob der Nordstern auch am afghanischen Himmel zu sehen sei, damit wir nachts beide zu ihm hochsehen und aneinander denken könnten. Unsere Blicke würden sich dort oben begegnen, sagte sie, und wir würden unsere Liebe spüren. Als ich im Rosengarten des Scheichs lag, entdeckte ich den Nordstern direkt über mir, groß und funkelnd, und musste lächeln.

War es nicht ironisch, dachte ich bei mir, dass ich nie an diesen schönen Ort gekommen wäre, wenn es die 9/11-Anschläge nicht gegeben hätte? Meine Erinnerung an den furchtbaren Tag fast ein Jahr zuvor war noch frisch. Nachdem mein Flug aus Wladikawkas, mit dem der FSB-Offizier Malow mich persönlich aus Russland deportierte, in Istanbul gelandet war, rief ich beim *Telegraph* in London an, um mich zurückzumelden und meine Tschetschenien-Storys anzubieten. Paul kam an die Strippe, aber alle Redakteure waren gerade in der Konferenz, sodass er mich bat, es später noch einmal zu versuchen. Er schien wie ein völlig normaler Tag, jener Dienstag, der 11. September, und Paul klang leicht gelangweilt. Wir hatten nicht die leiseste Ahnung von den folgenschweren Ereignissen, die die Welt wenige Stunden später erschüttern sollten.

Von Istanbul flog ich direkt nach Trabzon, einer Stadt im Osten der Türkei unweit der Grenze zu Georgien, von wo ich meine Reise ans Kaspische Meer fortsetzen wollte. Die Wette, dorthin in meinem eigenen Auto zu gelangen, hatte ich verloren, aber ich war noch immer entschlossen, nunmehr mit Bus und Bahn, Baku zu erreichen.

Am Flughafen von Trabzon stieg ich in ein Taxi. Obwohl der Fahrer nur Türkisch sprach, versuchte er sogleich, mir etwas offenbar Wichtiges mitzuteilen. Immer wieder zeigte er auf das Autoradio, aber ich verstand nicht, worum es seinem erregten Redeschwall über »Amerika, Amerika« ging. Als ich im Hotel ankam, ignorierte der Herr an der Rezeption meinen Wunsch nach einem Zimmer, sondern fragte mich in gebrochenem Englisch, ob ich bereits die Nachrichten aus Amerika gehört hätte.

»Welche Nachrichten?«, fragte ich. Er öffnete die Tür zu einem dunklen Raum hinter der Rezeption und deutete auf einen flimmernden Fernseher. Als ich näher kam, erkannte ich das CNN-Logo und das World Trade Center in New York, in Rauch und Flammen. Das zweite Flugzeug war soeben in den Südturm gerast.

Die folgenden Stunden hing ich an dem Fernseher hinter der Rezeption, filmte den Bildschirm mit meiner Videokamera und betrank mich mit Efes-Bier. Ich entsann mich des strahlenden Frühlingstags, an dem ich bei meinem ersten Aufenthalt in New York als 17-jähriger Austauschschüler auf dem Dach einer der Zwillingstürme gestanden hatte. Genau im gleichen Moment, in dem der Südturm einstürzte, eine riesige Wolke aus Staub und Asche durch die Straßen von Lower Manhattan jagend, begann der Muezzin in der Moschee hinter dem Hotel, über die Megafone an den Minaretten die Muslime von Trabzon zum Gebet zu rufen. *»Alahu Akbar«*, sang die Stimme des Muezzins, während ich Rotz und Wasser heulte.

Im Laufe des Abends wurden die Nachrichten immer verstörender. Das CNN-Programm ging von der Berichterstattung vor Ort zu Analysen und offiziellen Reaktionen über. Der erste ranghohe Staatsmann vor den Kameras war ausgerechnet Ex-Außenminister Henry Kissinger, der inzwischen als Berater der Bush-Regierung fungierte. Mit schaurig sachlicher Stimme verkündete Kissinger, dass die Anschläge nicht bloß ein terroristisches Verbrechen darstellten, sondern eine Kriegshandlung, die, sobald der Feind identifiziert sei, eine massive militärische Vergeltung erfordere. Angesichts seiner Rolle im desaströsen Vietnam-Krieg und als Hintermann von Pinochets Militärputsch in Chile am 11. September (!) 1973 war es eine eigenartige historische Ironie, dass ausgerechnet Kissinger den Ton für Amerikas Reaktion auf die 9/11-Gräueltaten vorgeben sollte.

Als ich Kissingers kriegerische Statements hörte, vermengte sich mein Mitleid mit den Terroropfern mit der Sorge darüber, wie ein verwundetes Amerika, die von einer rechten Regierung angeführte einzige Supermacht der Welt, Rache üben würde. Die relativ sorglosen Jahre seit dem Ende des Kalten Kriegs – nur getrübt durch schreckliche, aber regional begrenzte Konflikte in Jugoslawien, Ruanda und anderen Orten – waren plötzlich vorbei. Ich fragte mich, ob wir uns nicht bald an die 1990er-Jahre, in denen wir uns den Luxus der Obsession mit einem Sexskandal im Weißen Haus leisten konnten, auf die gleiche nostalgische Weise erinnern würden wie an die goldenen Zwanziger, als an eine vergnügliche Unterbrechung zwischen zwei Weltkriegen? Markierte dieser entsetzliche Tag den Beginn eines »Kampfs der Kulturen«, wie ihn Samuel Huntington prophezeit hatte? Bereits wenige Stunden nach den Anschlägen hatten selbstgewisse TV-Experten Osama bin Laden als Hauptverdächtigen ausgemacht. Da er und seine Al-Qaida-Kämpfer Zuflucht in Afghanistan gefunden hatten, wurde das Taliban-Regime schnell zum Hauptziel eines militärischen Vergeltungsschlags erklärt.

Was bedeuteten die Terroranschläge für mich? Auch das fragte ich mich in jener Nacht, während ich schlaflos in meinem Hotelbett lag. Die antiterroristischen Feldzüge, die sie zweifellos auslösen würden, legten ziemlich genau fest, wo ich in den folgenden Jahren arbeiten würde: in Zentralasien und dem Nahen Osten. Wenn ich im Geschäft bleiben wollte, musste ich mich über den Islam schlaumachen und die muslimische Welt kennenlernen. Alle anderen Gegenden der Welt verschwanden über Nacht für lange Zeit von den Radarschirmen der Zeitungsredakteure. Einige Stringer und Korrespondenten, die das Pech hatten, in nicht muslimischen Ländern stationiert zu sein, sollten monatelang nicht einen einzigen Artikel veröffentlichen können. Damit eine Geschichte erscheinen konnte, musste sie unbedingt einen Terroraufhänger haben.

Da das Weltgeschehen, die Weltgeschichte, in eine offenbar entscheidende Phase katapultiert wurde, in der es fortan um Leben und

Naiv und neugierig – als junger Reporter des »Daily Telegraph« im Kosovo (2000)

fnung im Kosovo: h langem Luftkrieg marschieren NATO-Truppen ein.

Gräber von UČK-Rebellen, die von serbischen Einheiten erschossen wurden.

RUF-Rebellen in Sierra Leone:
nicht immer uniformiert …

… aber alle bewaffnet, auch Kinder (2001).

Eisfischer auf dem Ural
in Atyrau, Kasachstan

Kinder in einem tschetschenischen Flüchtlingslager

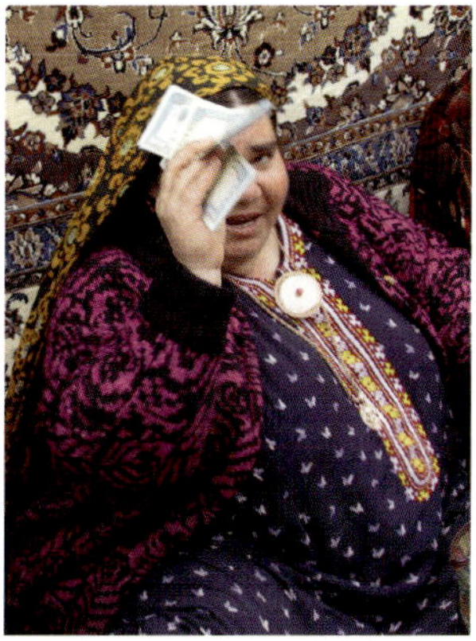

Usbekische Teppichhändlerin

Turkmenischer Hut

Krieg gegen den Terror: US-Soldat auf »Hearts-and-minds«-Mission in Kirgisien (2002)

Männer bei Grillvorbereitungen

Mittagspause

Seidenstraßen-Romantik in Tadschikistan

Bordelldame am Pamir Highway

Der nächste Winter, da kommt er.

Über den Dächern von Osh, Kirgisien

Marktfrau mit Goldzähnen

Bergbauern im Hindukusch, Afghanistan

Junge Vogeljäger im Pandschir-Tal

Opiumbauer nahe Faisabad

Rotblonde Schönheit am Khaiber-Pass

Breschnews Erbe –
zerstörter Sowjetpanzer

In den Ruinen Kabuls

Mädchen in einem Flüchtlingslager nahe Herat

Afghanin vor einem Porträt des Präsidenten Karzai

Noch unverhüllte Anmut

Falscher Afghane: im »shalwar kamiz« vor meinem Quartier in Kabul

Gegen den Krieg im Irak:
Demonstrationen in New York …

… und in London (2003)

US-Soldat vor dem
Ölministerium in Bagdad

Infanteristen der Sparta-Brigade auf Patrouille in Falludscha

Befreier und Befreite?

Schiiten feiern die Rückkehr des Ayatollah Hakim in Kerbala.

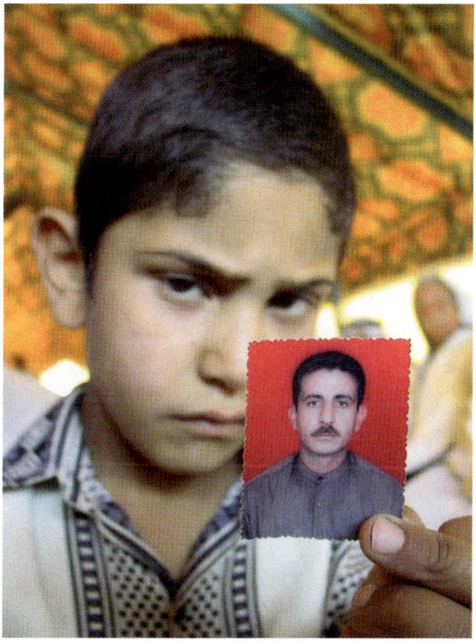

US-Soldaten haben einen Zivilisten erschossen. Angehörige und Stammesälteste trauern.

Saddam-Gegner suchen Opfer in einem Massengrab in Hillah.

US-Soldaten vor Saddams Präsidentenpalast

Kurden in Erbil freuen sich über Saddams Sturz.

Landminenopfer in Kaschmir

Holzsammlerinnen im Karakorum-Gebirge

Auf dem Basar von Peschawar, Pakistan

Drogengangster in
Rio de Janeiro (2004)

Koks und Waffenerotik

Ein Bier für Che Guevara, bitte!

Favela-Bosse mit vergoldeten
Maschinenpistolen

Auf Drogensuche in den bolivianischen Anden (2005)

Mönch in Angkor Wat,
Kambodscha (2006)

Burmesische Straßenarbeiter nahe Mandalay (2007)

Schwer unterwegs in Hanoi

Denkmal von Kim Il Sung in Pjöngjang

Verkehrskontrolle: kaum Autos, aber scharfe Uniformen

Heimlich fotografiert: das Elend der Landbevölkerung in Nordkorea

Immer in Begleitung:
in Nordkorea

Tod gehen würde, war die Zeit für mich gekommen, zwischen zwei Wegen zu wählen: Wollte ich weiter als *Happy-go-lucky*-Schreiberling unterwegs sein, oder sollte ich nicht wenigstens versuchen, ein seriöser Journalist zu werden? Beeinflusst von der neuen Post-9/11-Ernsthaftigkeit, beschloss ich, zumindest für eine Weile etwas seriöser zu werden. Obwohl ich meine Reise nach Baku fortsetzte, stellten die *Telegraph*-Redakteure und ich alle Artikel, die ich unterwegs verfasste – über Muslime in Aserbaidschan und sich in Georgien versteckende tschetschenische Rebellen – in den neuen Kontext des sogenannten globalen »Krieges gegen den Terror«. Die Bosse in London machten aus tschetschenischen Freiheitskämpfern muslimische Extremisten, weil Putins brutaler Krieg gegen sie nach 9/11 auf einmal gerechtfertigt erschien. Es herrschte »War on Terror«, WOT, jeden Tag nur noch WOT.

Als die Amerikaner in jenem Herbst zum Angriff auf Al Qaida und die Taliban in Afghanistan rüsteten, begaben sich viele mir bekannte Reporter in den Norden des Landes. Er wurde noch von der sogenannten Nordallianz kontrolliert, einem losen Bündnis aus Mudschaheddin-Kriegsfürsten, die seit Jahren einen Bürgerkrieg gegen die Taliban führten. Der Anführer der Nordallianz, Achmed Schah Massud, war zwei Tage vor dem 11. September durch ein Attentat der Al Qaida getötet worden. Zu meinem anfänglichen Bedauern entsandte der *Telegraph* erfahrenere, fest angestellte Reporter nach Nordafghanistan. Dorthin ohne festen Auftrag zu reisen kam für mich nicht infrage. Im Kaukasus festsitzend, hatte ich weder genug Bargeld noch ein Satellitentelefon, beides absolute Notwendigkeiten, um in Afghanistan operieren zu können. Nach fast zwei Monaten auf Achse waren auch meine eigenen Batterien ziemlich leer, und ich fühlte mich nicht dazu bereit, einen großen Krieg in unbekannter und potenziell feindseliger Umgebung zu covern. Damals klang Afghanistan noch weit weg und sehr gefährlich.

Um von den Nebenschauplätzen des drohenden Krieges zu berichten, schlug ich Alec vor, dass mich der *Telegraph* in die ex-sowjetische Republik Usbekistan an der Nordgrenze zu Afghanistan entsenden solle. Alec war gleich einverstanden. Der Diktator des Landes, Islam Karimow, hatte gerade Washington gestattet, US-

Truppen auf usbekischen Militärbasen zu stationieren. Als einem von sehr wenigen westlichen Journalisten gelang es mir, auf einem spontanen Kurztrip nach Moskau ein usbekisches Visum zu erstehen und gerade rechtzeitig dorthin zu gelangen, um die Ankunft der Amerikaner in riesigen C-17-Transportflugzeugen zu erleben. Das Ereignis gab eine gute Reportage her, und ich fühlte mich nah genug an wirklicher Action. Während ich tatsächlich ziemlich unterhaltsame Nächte in der usbekischen Hauptstadt Taschkent verbrachte, klagten die meisten meiner Kollegen, die in Afghanistan mit der Nordallianz abhingen, über extreme Langeweile, derweil sie wochenlang darauf warteten, dass der Krieg losging.

Als die Amerikaner mit dem Luftkrieg begannen, der alle Aufmerksamkeit weiter nach Süden lenkte, hatte ich eine neue große Geschichte in Zentralasien ausgemacht: den Ölrausch am Kaspischen Meer. Mein Interesse an Rohstoffthemen war erstmals auf meiner westafrikanischen Reise geweckt worden, als ich in Nigeria eine Geschichte über den Kampf zwischen Ölkonzernen und den Volksstämmen im Nigerdelta recherchierte. Nun schrieb ich für das deutsche Wirtschaftsmagazin *Brandeins* ein langes Stück über das kaspische Öl und wie Washington den Krieg gegen den Terror nutzte, um seine Energieinteressen in Zentralasien zu verfolgen. Der Artikel hatte aufregende Folgen: einen Monat nach meiner Rückkehr nach Deutschland bat mich der Rowohlt-Verlag, ein Sachbuch über das Thema zu verfassen.

Das Angebot erreichte mich im Krankenhaus in Berlin, wo ich mich wegen eines schmerzhaften Bandscheibenvorfalls behandeln ließ. Obwohl die Ärzte mir zu einer Operation rieten, marschierte ich einen Tag später wieder zur Tür hinaus, hatte mir doch das Buchprojekt genau die Adrenalininjektion verschafft, die ich wirklich brauchte. Wie viele Schreiber hatte ich lange schon davon geträumt, mich an ein richtiges Buch zu setzen, ohne jedoch zu wissen, wie ich das hinkriegen sollte. Sobald der Vertrag unterschrieben war, brach ich wieder nach Zentralasien auf und kreuzte die folgenden Monate durch alle fünf ex-sowjetischen »Stans« – also Kasachstan, Usbekistan, Kirgistan, Tadschikistan und Turkmenistan – sowie den Iran und Afghanistan. Dort interviewte ich Ölmanager, Diplomaten,

Generäle, Warlords und viele gewöhnliche Leute. Alle waren sie Spieler, kleine und große, im neuen »Great Game«, einer Neuauflage des geostrategischen Politschachs im 19. Jahrhundert zwischen dem russischen Zarenreich und dem britischen Empire.

Die Recherche für das Buch verschaffte mir eine intensive Lernerfahrung, gewürzt mit einigen *émotions fortes* und einem Haufen Spaß. Dank des großzügigen Vorschusses des Verlags stand ich nicht mehr unter dem Druck, dem *Telegraph* und anderen Zeitungen daheim tagesaktuelle Artikel zum Krieg gegen den Terror anbieten zu müssen. Das war eine große Erleichterung. So sehr ich Tagesjournalismus mit seiner berauschenden Eile und Energie mochte, so viel interessanter war es intellektuell, sich in ein einziges Thema zu vertiefen.

Nach siebzig Jahren der Abschottung im Kalten Krieg war Zentralasien vielleicht die letzte Region der Erde, in deren Steppen und Bergen sich der unerschrockene Reisende noch wie ein Entdecker fühlen konnte. Gerade die »Stans« boten einen berauschenden Cocktail aus postsowjetischem Wahnsinn und der mystischen Schönheit des Orients. Auf dem sagenumwobenen Registan-Platz aus der Zeit Timurlans in Samarkand, Usbekistan, zu stehen, in einem alten Jeep den atemberaubenden Pamir Highway in Tadschikistan zu befahren oder den Karakorum-Pass zwischen China und Pakistan zu überqueren – dabei fühlte ich mich freier und erfüllter als je zuvor in meinem Leben. Ich hatte den besten Job der Welt.

Der eine Ort, der mich am meisten beeindruckte, war Afghanistan, das allen meinen romantischen Vorstellungen entsprach, die ich je vom Reisen und Schreiben in exotischen Ländern hatte. Auf meinem ersten Trip sechs Monate zuvor war es mir so erschienen, dass sich die überwältigenden Berglandschaften des Hindukusch in den Gesichtern und Herzen vieler seiner Bewohner widerspiegelten. Ihr stolzer Wuchs, ihre goldfarbene Haut, das volle glänzende Haar, lange und dichte Bärte, klar scheinende Augen und kräftige weiße Zähne verliehen ihnen eine verwegene Schönheit, die ich nie zuvor gesehen hatte (auch wenn ich meine Eindrücke vielleicht gerade furchtbar romantisiere). Nachdem sie zwei Jahrzehnte Krieg und Unterdrückung durchlitten hatten, bewegten sich die Afghanen in meinen Augen in einer komplett anderen Zeitzone. Wenn Martha Gellhorn recht hatte damit, dass ein Kriegsreporter sich nur in einen Krieg verlieben kann, dann war es Afghanistan für mich. Deswegen war ich zurückgekommen.

Am nächsten Morgen erwachte ich auf einer Matte in einem kahlen, unmöblierten Raum. Durch ein Loch in der Wand schien die Sonne herein. Während ich mir noch die Augen rieb, erschien Baqi und erklärte mir vergnügt, dass wir nun im Haus seines Vetters seien, das gleich neben dem des Scheichs lag. Schwach entsann ich mich, dass Baqi mich mitten in der Nacht hierher gebracht hatte. Einer der Söhne unseres Gastgebers, ein hübscher Junge von vielleicht dreizehn Jahren, brachte einen Eimer voll heiß dampfendem Wasser. Da es in dem Dorf weder fließend Wasser noch Elektrizität gab, wurde das Wasser aus einem Brunnen geschöpft und dann über einem Feuer zum Kochen gebracht. In einem Raum nebenan konnte ich mich waschen. Die kühle Morgenluft ließ mich leicht zittern, sogar meine Beine hatten Gänsehaut. Es war nicht gerade die Dusche, an die ich gewöhnt war, aber eine Kelle heißes Wasser über meinen Kopf und Brustkorb zu gießen, das fühlte sich sehr, sehr gut an. Nach dem Ankleiden und einem kurzen Gang zum Plumpsklo im Garten nahm ich mit Baqi ein einfaches Frühstück aus *Nan*-Brot, Tee und Spiegeleiern ein.

Diese Morgenroutine behielten wir die zehn Tage lang bei, die wir in dem Dorf verbrachten. Unser Gastgeber, Baqis Vetter Qadir, war ein stiller und freundlicher Mann Mitte vierzig, der keine Mühe scheute, um uns mit afghanischer Gastfreundschaft zu überschütten. In meinem Zimmer stand stets ein Teller mit Melonen und süßen Weintrauben. Um die Tageshitze leichter zu ertragen, begann ich bald eine *shalwar kamiz* zu tragen, die Qadir mir gegeben hatte. Auch mit Qadirs Jungs verstand ich mich auf Anhieb gut, durch unsere Unterhaltungen wurde ihr Englisch von Tag zu Tag flüssiger. Zu meiner Überraschung fassten sie mich gerne an. Für afghanische Männer, wie für viele Muslime, ist es nicht ungewöhnlich, mit einem anderen Mann Hände zu halten. Auch die frauenfeindlichen Taliban waren bekannt für ihre ambivalente Erotik. In Herat hatte ich junge, feminin aussehende Soldaten gesehen, die mit ihren schön geschminkten Gesichtern westlichen Drag Queens in nichts nachstanden. Dennoch war ich einigermaßen verdutzt, als der ältere von Qadirs Söhnen mir anbot, die Nacht mit mir unter meiner Decke zu verbringen. Obwohl er mir versicherte, dass er für diesen zärtlichsten Beweis afghanischer Gastfreundschaft seines Vaters Segen hatte, lehnte ich das Angebot höflich dankend ab.

Im Kontrast dazu hatte ich selbst nach einer Woche in Qadirs Haus noch nicht einmal einen flüchtigen Blick auf seine Frau und seine drei Töchter werfen dürfen. Gemäß afghanischer Tradition hielt er sie in einem separaten Teil des Hauses strikt vor mir verborgen. Was das Reisen in Afghanistan einmalig machte, wie mir schon auf meinem ersten Trip klargeworden war, das war die Erfahrung, wochenlang mit keiner Frau zu reden. Jeden Tag verbrachte ich in der ausschließlichen Gesellschaft von Männern, ob in der Moschee oder in Teehäusern, ohne dass mich je eine weibliche Stimme ansprach. Daran konnte ich mich nicht leicht gewöhnen, sondern fand es eher verwirrend. Einmal, auf einem Spaziergang mit Baqi durchs Dorf, lugte ich durch ein offenes Tor.

»Lass das!«, wies Baqi mich scharf zurecht. »Die Leute werden denken, dass du ihre Frauen angucken willst. Dann holen sie ihre Gewehre raus und schießen auf dich.«

Es half auch nicht, dass Qadirs jüngerer Sohn mir oft die Schönheit seiner Schwestern beschrieb. Sie seien alle einige Jahre älter als er, sagte er, und hinreißend schön. »Ich kann sie jeden Tag ansehen, aber du nicht«, neckte er mich, bis ich ihn aus dem Zimmer jagte. Eines Morgens, ich wachte gerade auf, bemerkte ich aus den Augenwinkeln, dass die Mädchen mich durch das Fensterloch anschauten. Sie mussten mir schon eine Weile beim Schlafen zugesehen haben, vermutlich auf Zehenspitzen stehend, aber als ich meinen Kopf hob, rannten sie kokett kichernd davon.

Mein Terminkalender in jenen Tagen war vollgepackt mit Interviews für das Buch und die Opiumgeschichte, einer nächtlichen Patrouille mit ISAF-Truppen und einem zweitägigen Besuch auf der nahe gelegenen US Airbase Bagram. Zu den meisten Treffen mit Afghanen begleitete mich Baqi. Er war ein guter Dolmetscher, und ich arbeitete gerne mit ihm zusammen. Das Einzige, was mich wahnsinnig machte, war seine einzigartige Auffassung von Zeit, Raum und Effizienz. Nach zwei Jahrzehnten im Exil in Hamburg wusste er, auf welche Weise der Deutsche an sich seine Arbeit zu verrichten vorzieht, aber er hatte einfach andere Prioritäten. Ganz oben auf seiner Liste stand Höflichkeit. Bei jedem beliebigen Fremden, mit dem wir sprachen, nahm Baqi, die rechte Hand auf seiner Brust, einen elaborierten Austausch von Höflichkeiten vor. Das ging in etwa so:

»*Salaam aleikum*, mein Name ist Baqi, und dies ist mein Freund Lutz.«

»*Aleikum salaam*«, sagte die andere Person, stellte sich vor, schüttelte Hände mit uns und legte dann ihrerseits die rechte Hand auf die Brust.

»*Chetor hastid?*«, fragte Baqi daraufhin.

»Es geht mir gut, danke. Wie geht es Ihnen?«

»Auch sehr gut, danke. Ist Ihre Seele heil?«

»Ja, danke – und Ihre?«

»Ja, sehr heil. Ist Ihre Familie bei guter Gesundheit?«

»Ja, alle, danke – und Ihre?«

»Es geht ihr gut. Gedeiht Ihr Haushalt?«

»Ja, das tut er. Und bei Ihnen?«

»Alles gut. Und Ihre Verwandten?«

»Sehr gut, danke – und Ihre?«

»Auch gut, danke. *Zinde bashi*!«

»Das wünsche ich Ihnen auch, ein langes Leben.«

»Brauchen Sie im Moment irgendwelche Hilfe, oder gibt es irgendetwas, was wir für Sie tun können?«, fragte Baqi dann.

»Nein, aber danke, dass Sie fragen. Gibt es etwas, was ich für Sie tun kann?«

»Ja, könnten Sie uns freundlicherweise den Weg zum Minibusbahnhof erklären?«

Dieses kommunikative Pingpong war anfangs charmant, aber nach einer Weile zerrte es gewaltig an meiner Geduld und meinen deutschen Vorstellungen von effizienter Informationsbeschaffung. (In den meisten Fällen hatte der andere Typ keine Ahnung, wie man zum Minibusbahnhof kam, oder zu dem Zeitpunkt, da er uns der besten Gesundheit seines Vetters dritten Grades versichert hatte, war unser Bus abgefahren.)

»Sag mal, was würdest du denn tun, wenn der andere Typ sagt: ›Nun, da Sie so nett fragen, Sie könnten mir tatsächlich helfen, meine Garage auszuräumen.‹?«, fragte ich Baqi einmal.

»Dann würde ich mit ihm gehen und ihm seine Garage ausräumen helfen«, antwortete er gelassen.

»Aber er ist ein völlig Fremder und würde dir wahrscheinlich nicht einmal Geld dafür geben!«

»Du verstehst es nicht«, sagte Baqi. »Er ist unser Mitmensch. Ihr Westler haltet euch immer für so clever. Aber eigentlich seid ihr nur kleine materialistische Mäuse.«

An den Abenden unterhielt Baqi seine Verwandten mit Geschichten über die reizbare Ungeduld und andere Possen seines westlichen Gasts. Im Schneidersitz auf dem Teppich sitzend, mit einer Öllampe als einziger Lichtquelle, lachten die Männer herzhaft, während Baqi einen Wutanfall parodierte, den ich am Nachmittag erlitten hatte, als wir uns bei einer Einladung zum Tee beim britischen Botschafter verspäteten. »Stellt euch vor, der Taxifahrer kam nur fünf Minuten zu spät, mehr nicht!«, erzählte Baqi zu jedermanns kopfschüttelnder Heiterkeit. Auch ich lachte mit – so ließ ich mich von Baqi gerne auf die Schippe nehmen, und legte als Zugabe eine spontane Pantomime-Vorstellung hin, in der ich einen stets gehetzten, von seiner bösartigen Armbanduhr beherrschten Reporter spielte. Unser Prusten und Kichern muss im ganzen Dorf zu hören gewesen sein. Aber die Männer diskutierten auch ernsthafte Themen, und wann immer Baqi sprach, hörten ihm die anderen aufmerksam zu. Er war jemand, so kam es mir vor, dessen Meinung sie wertschätzten. Sie achteten ihn auf eine Weise, wie Menschen einen Anführer achten.

Mit der Zeit wollte ich mehr über Baqi erfahren. Auf jedem Spaziergang durch sein Dorf ließ er mich mit jungenhafter Begeisterung an seinen Kindheitserinnerungen teilhaben. Fast jeden alten Mann, dem wir unterwegs begegneten, begrüßte er mit herzhafter Umarmung und flehte ihn fast an, sich daran zu erinnern, wie er als kleiner Junge gewesen war. Dann wieder kniete Baqi nieder und knuddelte einige der Kinder um uns herum, um sogleich eine Ansprache zu halten, ähnlich einer Politikerrede, über die Notwendigkeit, Kinder gut einzukleiden und sie zu bilden, was nur eine von vielen konzertierten Maßnahmen sein müsse, um überall in Afghanistan die Dörfer wieder aufzubauen. Baqi war ein guter Mann mit einem großen Herzen, dachte ich, und sein Auftreten war frei von Arroganz oder falschem Stolz. Und doch war es etwas eigenartig, wie er seine Heimkehr zelebrierte. Was war seine Vergangenheit?, fragte ich mich. Was war seine Geschichte?

Eines Nachmittags zeigte mir Baqi sein Elternhaus im Dorf. Obwohl es im Bürgerkrieg von einer Granate getroffen worden war, erkannte Baqi noch den Raum wieder, in dem er mit vielen seiner neun Geschwister geschlafen hatte. Im Garten wies Baqi auf eine Stelle, wo er alle seine Bücher – Werke von Tolstoi, Tschechow und Brecht – vergraben hatte, als die Sowjets 1979 in Afghanistan einmarschiert waren.

»Für die Russen bedeuteten Bücher, dass jemand ein Troublemaker war, also mussten wir sie verstecken«, erläuterte Baqi. »Sie hatten auch recht – ich habe mich ja bald dem Widerstand angeschlossen.« Er besuchte heimliche Versammlungen der Opposition und stellte dank seiner Ausbildung als Drucker Samisdat-Pamphlete her, die die sowjetische Besatzung anprangerten. Eines Tages flog seine Deckung auf, und er musste nach Pakistan fliehen, um seiner sicheren Verhaftung und Hinrichtung zu entgehen. Plötzlich trat Qadir, der Baqis heroischem Bericht bis dahin zugehört hatte, nach vorne und räusperte sich.

»An dem Tag, an dem Baqi floh, kamen 150 Polizisten von der Staatssicherheit ins Dorf und umstellten sein Haus«, erinnerte er sich, wobei Baqi übersetzte. »Sie erschossen Leute und verhafteten viele, darunter auch mich und einige Freunde, die an jenem Tag in meinem Haus waren.« Sich nun Baqi zuwendend, erzählte Qadir dann, wie die von den Sowjets ausgebildete Polizei ihn verhört und gefoltert habe. Eine Woche lang entzogen sie ihm den Schlaf und prügelten ihn immer wieder, um von ihm den Aufenthaltsort seines Cousins Baqi zu erfahren.

»Aber ich habe ihnen nichts verraten«, versicherte Qadir Baqi, seine Lippen zusammenpressend. »Niemand aus dem Dorf hat dich verraten. Wir haben dich alle geschützt, damit du leben konntest.«

Während er die Worte seines Vetters für mich übersetzte, sah Baqi weg. Es trat eine stille Pause ein, die Baqi beendete, indem er feststellte: »Wir haben alle gekämpft, für Freiheit und Gerechtigkeit.«

Qadir nickte, fuhr aber fort, seine Geschichte zu erzählen. Nach der ersten Woche war seine Tortur noch lange nicht vorüber. In einem Gerichtsprozess wurde er für schuldig befunden, mit dem Widerstand zu kollaborieren, und zu siebzehn Jahren Gefängnis verurteilt. Siebzehn Jahre. Davon saß er acht ab, ohne dass ihn seine junge Frau und seine Kinder je besuchen kommen durften, bis die Sowjets das Land 1989 verließen und ihr Marionettenregime in Kabul zusammenbrach. Kaum war Qadir jedoch entlassen worden und zu seiner Familie zurückgekehrt, zwang sie der Bürgerkrieg, für sechs Jahre nach Pakistan zu fliehen. Erst nachdem die Taliban das Land weitgehend unter ihre Kontrolle gebracht und befriedet hatten, wagten sie es, in ihr Dorf zurückzukehren.

»Du hast meinetwegen acht Jahre im Gefängnis gesessen«, sagte Baqi zu Qadir.

»Ja, für dich«, antwortete Qadir ohne jeden Vorwurf oder Bitterkeit in seiner Stimme. »Viele Männer in diesem Dorf haben das für dich getan.«

Von dieser unerwartet dramatischen Unterhaltung berührt, begriff ich nun, warum sich Baqi im Dorf so sonderbar verhielt. Wie so viele heimkehrende Exilanten plagte Baqi ein schlechtes Gewissen, weil er abgehauen war. Er wünschte sich, dass die Dorfbewohner ihn erkannten und ihn wieder willkommen hießen, denn er trug schwer daran, dass er sie in einer harten Zeit verlassen hatte. Schlimmer noch, er hatte ihnen Schmerz und Leid verursacht. Worum er mit all seinen Küssen und Umarmungen eigentlich bat, war Vergebung.

Im Lichte seiner Vergangenheit verstand ich nun auch die Leichtigkeit, mit der Baqi mir Zugang zu selbst sehr hochgestellten Persönlichkeiten der afghanischen Regierung verschaffte, so etwa zum damaligen Außenminister Abdullah Abdullah und zum Innenminister Younis Qanouni. Er kannte die mächtigen Männer im befreiten Kabul, weil sie einst gemeinsam im Widerstand gegen die Sowjets aktiv gewesen waren. Jetzt kamen wir einfach zu unangekündigten Besuchen in ihre Ministerien, wobei Baqi sich stets redend und gestikulierend einen Weg vorbei an Sicherheitsleuten und Vorzimmerbeamten direkt bis in die Top-Büros bahnte. Kein einziger der hohen Herren lehnte je ein Interview mit mir ab, denn sie schienen Baqi alle gut zu kennen und behandelten ihn mit einem gewissen vorsichtigen Respekt. Seine Hilfe war für mich unschätzbar wertvoll. Dabei hatten wir uns nur mehr oder weniger zufällig in einer Bar in Berlin kennengelernt – das war die Sorte Glück, die mir meine Arbeit manchmal wie Traumtänzerei erschienen ließ.

Trotz Baqis exzellenter Verbindungen fiel mir bald auf, dass wir uns mit unseren Recherchen im Drogenbusiness bei einigen Leuten gar nicht beliebt machten. Viele der neuen Machthaber in Kabul standen schon damals im Verdacht, in die Produktion und den Handel von Opium und Heroin verwickelt zu sein. Einem der vielen Gerüchte zufolge hatten sich einige Anführer der Nordallianz, die im Westen als Freiheitskämpfer gefeiert wurden, mit der russischen Mafia zusammengetan, um die Drogen über die tadschikische Grenze und weiter nach Europa zu schmuggeln. Geschichte schien sich umgekehrt zu wiederholen: In den 1980er-Jahren hatte die CIA die großflächige Produktion von Heroin in Afghanistan gefördert in der Hoffnung, dass die russischen Truppen der Droge so verfallen würden wie zuvor die amerikanischen GIs in Vietnam. Der Plan ging auf, bald produzierte Afghanistan weit mehr Heroin als das »Goldene Dreieck« in Südostasien. Zugleich wurden jedoch viele der von der CIA unterstützten Mudschaheddin zu reichen Drogenbaronen – was nun ironischerweise gerade wieder geschah. Im Krieg gegen die Taliban und Al Qaida hatte die CIA viele einheimische Verbündete bezahlt und bewaffnet, die tief im Drogengeschäft steckten. Die Amerikaner betrachteten dies als ein notwendiges Übel in ihrem »Krieg gegen den Terror«, sehr zum Entsetzen ihrer europäischen Verbündeten.

Die Provinz Badachschan im kaum zugänglichen Nordosten des Landes, der an Tadschikistan, China sowie Pakistan grenzt und der seit langem zum Gebiet der Nordallianz gehörte, war angeblich in eine einzige immense Opiumplantage verwandelt worden. Vom Drogenboom profitierte am meisten Mullah Burhanuddin Rabbani, der ehemalige afghanische Präsident, der seine Machtbasis in der Provinz hatte. Ich hatte den weißbärtigen Mullah in seiner schwarzen Robe schon zu mehreren Anlässen in Kabul gesehen, aber als ich Baqi einmal bat, ihn wegen eines Interviews anzusprechen, lehnte er es vehement ab, auch nur in die Nähe des Mullahs zu gehen. Die Mudschaheddin-Anführer wie Rabbani waren die einzigen Mächtigen, die Baqi zu meiden schien. Als ich ihn nach den Gründen fragte, verdunkelte sich sein Gesicht, aber er wollte sie nicht nennen. »Ich kann diese Leute nicht leiden«, war alles, was er dazu sagte. »Sie sind sehr gefährlich, und mit einigen verbinden mich lange, alte Geschichten.«

In einem Gespräch fragte ich den Innenminister Younis Qanouni, selbst ein Tadschike aus dem Norden mit angeblichen Verbindungen zu Drogenbaronen, warum die afghanische Regierung nicht mehr gegen das Drogenbusiness unternehme. Er gab einige ausweichende Antworten. Je mehr ich nachhakte und Fragen zum Thema stellte, desto ungehaltener wurde Qanouni, bis er dem dolmetschenden Baqi einen bösen Blick zuwarf und das Interview abbrach. Zum Abschied fragte mich der Minister, ob ich auch Recherchen außerhalb Kabuls geplant hätte.

»Ja, wir werden nach Badachschan hochfahren«, sagte ich.

»Ach wirklich?«, entgegnete er dünnlippig. »Nun, genießen Sie die Reise, aber seien Sie vorsichtig, wo Sie hinfahren.«

Am folgenden Tag bekamen wir Ärger mit Qanounis Polizei. Nach einem Abendessen in Kabul fuhren wir kurz nach Beginn der Ausgangssperre mit einem Taxi nach Hause, als uns eine Polizeipatrouille anhielt. Das war nicht ungewöhnlich, denn im Vorfeld des ersten Jahrestags der 9/11-Anschläge galten besonders strenge Sicherheitsvorkehrungen. Am Vortag war im Zentrum von Kabul ein schlimmer Bombenanschlag verübt worden, bei dem mehr als dreißig Menschen ums Leben gekommen waren. Einige Stunden später war auch ein Attentat auf den afghanischen Präsidenten Hamid Karzai verübt worden, dem er nur knapp entkommen war.

Die Polizisten machte argwöhnisch, dass ein Ausländer um diese Stunde zu einem Dorf unterwegs war. Bevor wir weiterfahren durften, mussten wir ihnen unsere genaue Adresse angeben. Eine Stunde später drang ein Dutzend mit AK-47 bewaffnete Polizisten in Qadirs Haus ein. Mit ihren *Patou*-Tüchern sahen sie wie Banditen aus. Sie durchsuchten alle Räume und brachten Baqi, Qadir und seine Söhne in den Garten. »Wo ist der Ausländer?«, bellte der Kommandeur Qadir an, der die Bande daraufhin in mein Zimmer führte. Ich lag bereits halb schlafend im Bett. Erschrocken sah ich, wie sehr sich Qadir und Baqi von den aggressiven Polizisten einschüchtern ließen. Die gesamte Truppe drängte sich in mein kleines Zimmer, einige setzten sich auf den Teppich, und es folgte viel Palaver darüber, was ich in diesem Haus zu suchen hätte. Nachdem ich die Sachlage dreimal erklärt hatte, legte ich mich demonstrativ wieder auf mein Lager und begann in dem Koran zu lesen, den Baqi mir geschenkt hatte.

Als der Anführer verkündete, dass er Qadir und Baqi zum weiteren Verhör mit auf die Polizeiwache nehmen würde, riss mir der Geduldsfaden. Ich ließ den Kommandeur wissen, wie unhöflich und ungehobelt ich sein Verhalten fände, nachts einfach mit Waffen in mein Zimmer zu trampeln, wo ich doch nur in Frieden den Koran lesen wolle.

»Sie haben nicht einmal Ihre Stiefel ausgezogen – ist das Ihre Vorstellung von afghanischer Gastfreundschaft gegenüber einem ausländischen Gast?«

Einigermaßen nervös übersetzte Baqi meine deutsche Tirade. Zu meiner – und vermutlich auch seiner – Überraschung traf mein Kommentar zum Koran und zu afghanischen Manieren ins Schwarze. Der Kommandeur war tatsächlich peinlich berührt. Seine Leute wischten mit ihren Fingern den stiefelbeschmutzten Teppich ab, und unter vielmaligen Entschuldigungen verließen sie den Raum und wenig später das Haus. Wir hatten sie in die Flucht geschlagen.

Es war jedoch ein Pyrrhus-Sieg. Als ich am nächsten Morgen erwachte, waren Qadir und Baqi verschwunden. Verängstigt erzählten mir die Jungen, dass die Polizisten im Morgengrauen zurückgekehrt seien und die beiden Männer mitgenommen hätten. Vom ältesten Sohn begleitet, machte ich mich auf den Weg zur Polizeiwache, um zu protestieren, und nach einigen Stunden wurden Baqi und Qadir freigelassen.

»Das sind dieselben fiesen Bullen wie unter den Taliban und den Mudschaheddin«, seufzte Baqi. Es war Zeit für uns, Kabul zu verlassen und uns nach Badachschan aufzumachen.

Am Vorabend unserer Abreise gingen wir zum Haus des Scheichs, wo eine besondere Feier anstand: die große *dhikr*, ein Ritual, mit dem Sufis eine ganze Nacht lang Gott huldigen. Während meines Aufenthalts hatte ich den Scheich einige Male besucht, und er hatte mir die Essenz des Sufismus erklärt, der, verglichen mit den vorherrschenden sunnitischen und schiitischen Zweigen des Islams, eine tolerantere und entspanntere Version ist, die die Liebe als leitende Kraft betont. Anders als die extremislamischen Wahabis sehen die Sufis Christen und Juden nicht als Ungläubige, sondern alle als Kinder des einen Gottes. Bis der Kampf gegen die sowjetischen Invasoren in den 1980er-Jahren viele afghanische Muslime radikalisierte, war der Sufismus sehr einflussreich in Afghanistan, wie er es in anderen Teilen Zentralasiens noch heute ist. Ich war von der Freundlichkeit der Sufis, die ich in Baqis Gemeinschaft kennenlernte, sehr angetan und fühlte mich geehrt, zu einer Zeremonie eingeladen zu werden, die wenige Außenstehende je zu sehen bekommen.

Zum ersten Mal seit dem Ende der Taliban-Herrschaft, unter der die Sufi-Mystiker als irrgläubige Muslime verfolgt und ihre Rituale verboten wurden, versammelten sich in jener Nacht mehr als hundert Männer aus dem Dorf und anderen Teilen des Landes unbehelligt im Garten des Scheichs, um ihren Glauben auszuüben. Zunächst herrschte entspannte Grillabendatmosphäre. Es gab Lamm-Eintopf, getrocknete Datteln und viel grünen Tee. Die Männer trugen ausnahmslos weiße Gewänder und Kappen. Nachdem sie sich viele dunkle Jahre nicht gesehen hatten, umarmten sie einander froh. Dann begann die Zeremonie. Erst erledigten sie ihre Waschungen, dann ließen sich die Männer auf über den Rasen ausgebreiteten Teppichen nieder und begannen rhythmisch »*La illaha illallah*« (Es gibt keinen Gott außer Gott) zu singen und sich dabei vor und zurück zu wiegen. Mit dem Ziel, Geist und Herz für die

Gegenwart Gottes zu öffnen, kombinierten die Sufis die unzähligen Wiederholungen dieses einen arabischen Verses mit persischen Gedichten und Liebesliedern, die junge Männer mit schönen Stimmen sangen.

Fasziniert begann ich mit den Teenager-Enkeln des Scheichs zu quatschen. Erst sprachen wir über den Islam, aber das Thema langweilte sie bald. Sie fragten mich, ob ich eine Freundin hätte. Ja, antwortete ich.

»Wie heißt sie?«

»Laila«, sagte ich zu den Jungs, was sie vergnügte.

»Dann musst du Madschnun sein, der Liebesverrückte«, sagte einer der Jungs, und sie erzählten mir die Saga von Laila und Madschnun. In dieser klassischen Liebesgeschichte des Nahen Ostens, der orientalischen Version von Romeo und Julia, verliebt sich im 7. Jahrhundert ein beduinischer Dichter in Laila, ein Mädchen aus seinem Stamm. Er bittet den Vater um ihre Hand, doch der Vater findet ihn wohl etwas überspannt und lehnt ab. Bald darauf heiratet Laila einen anderen Mann. Mit gebrochenem Herzen flüchtet der junge Mann aus dem Stamm und verbringt den Rest seines Lebens als Wanderer in der Wüste, der wie wahnsinnig nur für sich selbst romantische Gedichte deklamiert. Das bringt ihm den Namen Madschnun Laila ein, was übersetzt heißt: »Der von Laila in den Wahnsinn Getriebene«.

»Eine eher tragische Geschichte«, stellte ich etwas nachdenklich fest.

»Es ist eine wahre Geschichte«, legten die Jungs lachend nach. »Und da du auch ein Dichter bist, wird deine Laila dich auch wahnsinnig machen.«

Nach einer Stunde standen alle Männer auf, sangen noch lauter und beugten sich abwechselnd nach vorne, um gleich darauf wieder ihre Arme hochzuwerfen. Durch bewusstes Atmen – Ausatmen beim Beugen und Einatmen beim Strecken – sangen sie sich selbst in eine kollektive Trance und Ekstase. Einige Derwische wirbelten in der Menge umher. Das Schauspiel ähnelte einem Techno-Rave orientalischen Stils und ohne Drogen. Baqi war mittendrin in der durchgedrehten Masse, die Augen in Verzückung geschlossen, und seine tiefe Stimme röhrte über den Gesängen. Im deutschen Exil musste ihm eine anständige *dhikr* gefehlt haben. Die Zeremonie dauerte die ganze Nacht. Einige Männer brachen zusammen, Freudentränen kullerten in ihre dichten Bärte. Andere kamen zu mir und schwärmten davon, wie Allah ihr Herz mit Liebe gefüllt habe, sodass sie sich eins mit ihren Mitmenschen und dem gesamten Universum fühlen würden. Obwohl ich ähnliche Dinge schon öfters gehört (und selbst gesagt) hatte, üblicherweise infolge der Einnahme harmonieverstärkender Substanzen, meinten diese Leute es nicht nur ernst, sondern es schien tatsächlich so zu sein: Gott war in ihren Herzen. Ich ging mit dem Gefühl ins Bett, ein spiritueller Debütant zu sein.

Früh am nächsten Morgen brachen wir auf. Baqi hatte die Nacht durchgemacht und sah noch etwas groggy aus. Um zu den Mohnfeldern von Badachschan zu gelangen, unternahmen wir eine lange Reise, die uns zunächst über den Salang-Pass zur Stadt Masar-i-Scharif im Norden führte. Überall sahen wir Spuren vergangener Kriege: Ausgebrannte und bis aufs Gerippe demontierte russische Panzer verunstalteten die Landschaft, und grellrote Schilder warnten vor Minenfeldern. Die meisten der über die braunen Karsthänge verteilten Dörfer waren verlassen, ihre Brunnen nach vierjähriger Dürre ausgetrocknet, und die wenigen Menschen, die wir erblickten, sahen bitterarm aus. Es gab keinen Verkehr bis auf gelegentliche Hilux-Pickup-Trucks, die lokalen Milizführern gehörten. Die bewaffneten Männer, die auf den Ladeflächen der Trucks kauerten, hatten ihre Turbane tief in ihre Gesichter gezogen, um sich gegen den mehlfeinen Sand zu schützen. Dies war Warlord-Land, wo noch keine ISAF-Truppen zu sehen waren. Seit Menschengedenken sind Macht und Autorität jeglicher afghanischer Zentralregierung in den tiefen Schluchten des Hindukusch verkümmert. Hier draußen sprach man von Präsident Karzai nur spöttisch als dem »Bürgermeister von Kabul«.

In Masar-i-Scharif bewunderten wir die Blaue Moschee, die bei Sonnenuntergang von hunderten weißer Tauben umflogen wurde, und fuhren weiter in die Stadt Kundus. Zwei Jahre später sollten hier Bundeswehr-Truppen stationiert werden, aber noch waren weit und breit keine ausländischen Soldaten zu sehen. Als Baqi in meinem Alter war, hatte er hier ein Jahr gelebt und eine Lehre absolviert. Er war schockiert, wie sehr sich die Stadt seit jener Zeit zum Schlechteren verändert hatte. Was er als recht moderne Stadt in den Siebzigern beschrieb, als Frauen in kurzen Röcken ins Kino schlenderten, schien nun in ein dunkles Zeitalter des repressiven Islams zurückgeworfen worden zu sein.

Wohin wir auch fuhren, kannte Baqi Verwandte oder alte Freunde, in deren Häusern wir übernachten konnten. Die Szenen des Wiedererkennens und tränenreicher Umarmungen waren jedesmal rührend, und ich erhielt intime Einsichten in das afghanische Alltagsleben, das für die meisten ausländischen Reporter eine verschlossene, rätselhafte Welt bleibt. Trotz unserer seltsam zufälligen Verbindung kamen Baqi und ich uns als Reisegefährten immer näher. Da er doppelt so alt war wie ich, fühlte ich mich manchmal wie Rudyard Kiplings Junge Kim, und Baqi war der buddhistische Lama, der Kim auf eine abenteuerliche Reise durch das britische Indien des 19. Jahrhunderts führte. Baqi war kein Heiliger, aber er war weise, wo ich mich töricht verhielt.

Er erinnerte mich auch an Vater, sogar die gleichen warmen, ruhigen braunen Augen hatte er. Fünf Jahre nach seinem Tod fehlte mir Vater noch immer schmerzlich. Ich hatte ihm zu Lebzeiten nie gedankt für das, was ich nun als gute Erziehung voller Liebe und kluger Führung empfand. Er starb zu früh, um noch erleben zu können, was ich aus meinem Leben machte. Nun wünschte ich verzweifelt, er könne mich irgendwie sehen und stolz auf seinen jüngsten Sohn sein. Dies war ein zwar irrationaler, aber starker Antrieb für mich, und oft stellte ich mir vor, dass er auf meinen Reisen eine schützende Hand über mich hielt. An gefährlichen Orten bildete ich mir manchmal ein, dass der alte Herr mir Schutzengel sandte – und vielleicht war Baqi, der wie aus dem Nichts in mein Leben getreten war, einer von ihnen.

Besonders freundlich war Baqi gegenüber Fremden, denen wir auf unserer Reise begegneten. Einmal wurden wir auf einem Markt Zeugen, wie ein junger Polizist die Nerven verlor und einen illegalen Verkäufer mit dem Stock schlug. Baqi eilte zu dem Polizisten und nahm ihn zu meiner Überraschung sanft in die Arme, um ihn zu beruhigen. Ein anderes Mal, als wir einen Fluss nahe Kundus überquerten, sahen wir eine Gruppe junger Bauern, die mit allen Kräften einen Damm zu bauen versuchten, um Wasser auf ihre Felder zu lenken. Um die schweren Gesteinsbrocken in die Mitte des Flusses zu transportieren, wickelten die Männer sie in Baumzweige ein, die im Wasser obenauf trieben. Als sie eine solche Ladung, die wie eine riesige grüne Frühlingsrolle aussah, ins Wasser schoben, war sie dann doch zu schwer und drohte zu versinken. Sofort zog sich Baqi bis auf die Unterhose aus, sprang in den Fluss und half den Männern, die Steine auf den Damm zu hieven.

Gelegentlich hielt Baqi mir Predigten darüber, wie Konsum und Materialismus die Amerikaner und Europäer reich, aber unglücklich gemacht hätten. In seinen Augen war diese Lebensweise ein Fluch, der die spirituelle Energie der Menschen austrocknen lasse. Wir diskutierten darüber. Ich nannte ihn einen naiven Idealisten und er mich einen ungezogenen Lümmel. Er hatte natürlich recht. So sehr ich eine Vaterfigur in ihm sah, so unverzeihlich respektlos behandelte ich ihn manchmal. Oft machte ich mich lustig über Baqis jungenhafte Begeisterung bei der Rückkehr in sein Heimatdorf. Schlimmer noch, sein idealistischer Glaube daran, dass meine Arbeit als Journalist wichtig sei und die Zustände in Afghanistan verändern könne, rief in mir nur stillen Zynismus hervor. Baqi war fest davon überzeugt, dass ich dem Rest der Welt nur die »Wahrheit« darüber sagen müsse, was in seinem Land vor sich gehe, um sie zum Handeln zu bewegen. Ich hielt ihn für einen Narren, dass er so etwas annehmen konnte. Ich hatte mir bereits eine abgebrühte Sicht auf den Journalismus zugelegt. Aber die behielt ich für mich. Schließlich wollte ich seine Hingabe ja ausbeuten und ihn weiter als billigen Fixer und Dolmetscher nutzen.

Der Moment, an dem ihm aufgegangen sein muss, dass ich ein Arschloch war, kam, als ich für die lange Fahrt nach Kundus zu geizig war, für ein eigenes Auto zu bezahlen, sondern auf einem Sammeltaxi bestand. Während ich selbst recht komfortabel auf dem Vordersitz Platz nahm, blieb Baqi nur der Rücksitz, wo er zwischen Gepäck und anderen Passagieren eingeklemmt war. Obwohl er der

Ältere war, dem ich Respekt geschuldet hätte, beklagte er sich nicht über diese schäbige Behandlung. Als ich wegen einer Kleinigkeit meine Beherrschung gegenüber dem Fahrer verlor, zog Baqi bloß die Augenbrauen hoch. Ein anderes Mal war ich zu faul, mein Gepäck zu schleppen, und schlug vor, dass der zwölfjährige Sohn der Familie, bei der wir wohnten, in die Stadt laufen möge, um ein Taxi zu holen. Baqi sah mich entsetzt an. Mein Vorschlag war nicht nur eine grobe Unhöflichkeit gegenüber unseren Gastgebern, die Verwandte von ihm waren, sondern es wäre auch unverantwortlich gewesen, den Jungen allein in eine Stadt zu schicken, in der Milizkommandeure regelmäßig Heranwachsende von der Straße weg kidnappen ließen, um sie zu vergewaltigen. Ich wusste von dieser Praxis, aber in meinem Egoismus hatte ich nicht daran gedacht.

Damals dachte ich überhaupt an wenig anderes als an mich selbst und wie meinen eigenen Interessen am besten gedient sei. Während meine Karriere als sogenannter seriöser Journalist steil nach oben ging und mein erstes Buch in Deutschland rauskam, litt ich an schlimmerer Ego-Inflation und Narzissmus als je zuvor. Wie die meisten mäßig erfolgreichen Journalisten fing ich an, mich selbst viel zu ernst zu nehmen. Ich war der Chef, und die Dinge hatten so zu laufen, wie ich mir das vorstellte. Eines Tages, nachdem ich ihn wieder einmal beleidigt hatte, hatte Baqi die Nase voll.

»Wohin soll das eigentlich alles führen?«, fragte er mich.

»Was?«

»Na, deine Story, dein Buch, diese Reise, alles.«

»Was meinst du damit?«

»Nun, lass mich dir sagen, was ich sehe«, antwortete er, die Lamahaltung einnehmend. »Du bist wie ein junger Hengst, der zum Gipfel eines Berges hochrennt, mit all seiner jugendlichen Kraft und rücksichtslosen Entschlossenheit, aber du bist achtlos und zertrampelst Blumen. Und sobald du den Gipfel erreicht hast, galoppierst du auch schon wieder runter. Aber bei all deiner Kraft und Entschlossenheit bist du völlig kopflos, ohne jeden Sinn dafür, wohin du überhaupt gelangen willst.«

Seine Beobachtungen klangen wahr genug, um mich zu beschämen. Ich war Baqi dankbar für seine Ehrlichkeit und bat ihn, mir die schändliche Art zu vergeben, mit der ich ihn behandelt hatte. Er lächelte kopfschüttelnd.

Der letzte Teil unserer Reise von Kundus über Taloquan nach Faisabad, die Provinzhauptstadt von Badachschan, war anstrengend, aber aufregend. Wir mussten in einem robusten russischen UAZ-Jeep ein trockenes Flussbett hinauf und über Bergpässe hinwegfahren. Statt einer Straße gab es bloß einen Sandweg, der sich gerade mal eben an steilen Felswänden über einem rauschenden Fluss festhielt. Mit gequetschter Wirbelsäule und noch immer weißen Fingerknöcheln erreichten wir Faisabad am späten Nachmittag. In einem engen und malerischen Tal lebten etwa 20 000 Menschen in Lehmbehausungen, von denen nur wenige elektrisches Licht hatten. Da das kleine Wasserkraftwerk flussaufwärts seit Jahren kaputt war, wurde Strom nur von privaten Dieselgeneratoren produziert, die bei Sonnenuntergang losröhrten. Wie oft und wo überall auf der Welt ich den Lärm von Dieselgeneratoren schon gehört hatte und noch hören sollte! Er ist die Abendmusik für die Armen dieser Erde.

Auf dem Basar pflügten nur einige wenige russische Geländewagen durch das matschige mittelalterliche Chaos aus Eselskarren und Pferdekutschen. An wackeligen Holzständen wurden Berge von Birnen, Weintrauben, Granatäpfeln, frischen Feigen und anderen Herbstfrüchten verkauft. An Eisenhaken hingen gehäutete Lämmer, die bei Sonnenaufgang geschlachtet worden waren und die nun von hunderten blutdurstiger Wespen umkreist wurden. Die modernsten Waren im Angebot waren große Emaille-Eimer und Plastikflaschen mit iranischem Shampoo.

Einige Shops boten Edelsteine aus umliegenden Bergwerken feil, so etwa Rubine, Smaragde, blaues *lelum*, roten *laal* und orangefarbenes *haqiq*. Die Stars jeder Auslage waren natürlich die Lapislazuli, die zwar nicht die kostbarsten Steine waren, aber für ihre tiefblaue Farbe gerühmt wurden. Frauen mussten die Edelsteine durch die kleinen Löcher ihrer Burkas bewundern. In Gruppen bewegten sie sich über den Markt wie wallende Gespenster. Andere saßen auf Eseln, die von ihren Ehemännern gezogen wurden. Es war offensichtlich, dass die Mullahs und Mudschaheddin, die über diesen Teil des Landes herrschten, genauso sozialkonservativ waren wie die Taliban. Bislang hatten sie sich noch nicht von der neuen Regierung in Kabul entwaffnen lassen. Kalaschnikows waren überall. In einigen Läden wurden recht offen Waffen aller Art verkauft, von Landminen bis zu Granaten mit Raketenantrieb. Ein Händler bot sogar an, uns innerhalb von 24 Stunden einen kampfbereiten russischen T-54-Panzer zu besorgen, für bescheidene 100 000 Dollar.

Die einzige Unterkunft für Fremde war das Gästehaus des Gouverneurs von Badachschan. Um dort ein Zimmer zu bekommen, machte Baqi den Gouverneur selbst ausfindig und zeigte ihm Passierscheine und Empfehlungsschreiben, die uns Ahmed Schah Massuds Bruder Wali und andere mächtige Leute in Kabul geschrieben hatten. Diese eigenartig mittelalterliche Form, unsere Vertrauenswürdigkeit zu belegen und Zugang zu Menschen zu erhalten, ergab sich aus dem Mangel an modernen Reise- und Kommunikationsmitteln. Außerdem hatten Jahrzehnte der Kleinstaaterei und des Bürgerkriegs, in dem meist entlang ethnischer Linien gekämpft wurde, eine Atmosphäre der Angst und des Misstrauens geschaffen, in der persönliche Briefe von geachteten Männern oft der einzige Weg waren, Vertrauen zwischen Fremden aufzubauen. In Kabul hatte sich Baqi klugerweise eine Reihe solcher Briefe schreiben lassen, die auf unserer Reise durch die unsicheren Gebiete einiger fieser Warlords als schützende *laissez-passers* dienten.

Der Gouverneur, ein gewisser Said Amin Tareq, studierte die Briefe mindestens fünf Minuten lang, bevor er sich herabließ, uns auch nur anzusehen. Das Vorzimmer zum Gouverneursbüro war brechend voll mit einfachen Menschen, die darauf warteten, Petitionen vorbringen zu dürfen, was viel darüber aussagte, wie umfassend und personalisiert seine Macht war. Dasselbe galt für Ismail Khan, den berüchtigten Gouverneur von Herat, den ich auf meiner ersten afghanischen Reise interviewt hatte. Anders als Khan war Tareq ein enger Kampfgefährte von Burhanuddin Rabbani, dem Mullah, der Badachschan auch ohne offizielles Amt von Kabul aus regierte und gegen den Baqi aus irgendeinem Grund so eine starke Abneigung hegte. Tareq war seit neun Jahren im Amt. Er musste daher über etwaigen Opiumanbau und Drogenschmuggel in seiner Provinz im

Bilde sein, sodass ich den Grund unseres Besuchs in Faisabad mit vagen und vorsichtigen Worten umschrieb.

»Sie sind einen weiten Weg gereist, um uns zu besuchen«, knurrte der Gouverneur zurück. »Aber in meiner Provinz gibt es keine Drogen. Außer vielleicht in einigen abgelegenen Bergtälern werden Sie keine Mohnfelder finden.«

Als wir sein Büro verließen, bemerkte ich, dass der Gouverneur seinem männlichen Assistenten etwas zuflüsterte und auf Baqi zeigte, der ihn seinerseits schweigend anstarrte. Die beiden Männer konnten sich offenbar gar nicht leiden. Einen Moment lang fragte ich mich, ob sie sich womöglich bereits von irgendwoher kannten.

Wie sich am folgenden Tag herausstellte, brauchten wir von Faisabad nur in die umliegenden Dörfer zu fahren, um ganze Scharen von Mohnbauern zu treffen. Die hellroten Mohnblüten waren natürlich Monate zuvor verwelkt, und die saftige Ernte war schon lange zu festem Opium getrocknet, das uns die Bauern bereitwillig in apfelgroßen Stücken zeigten. Auf gescheckten Decken vor ihren Lehmhütten sitzend, erzählten mir die Männer, deren Gesichter durch Alter und Sonne wie Walnussschalen zerfurcht waren, dass sie ein Kilo Opium für 350 Dollar verkaufen könnten, das Fünfzigfache des Preises, den sie mit herkömmlichen Früchten wie Mais oder Getreide erzielen würden. Nach Jahren der Dürre, in der viele Menschen in den Dörfern verhungert waren, konnte ich ihnen nichts vorwerfen. Als ich um der Diskussion willen den Bauern vor Augen hielt, wie ihr Opiumanbau dazu führte, dass junge Menschen in Europa und Amerika an Heroinsucht starben, entgegneten sie, dass die CIA das Heroingeschäft ja überhaupt erst angefangen habe. Dem war nichts weiter entgegenzuhalten.

Die Mohnbauer beklagten sich darüber, dass sie vom Polizeichef Badachschans dazu gezwungen würden, Opium zu produzieren und ihm Schutzgeld zu bezahlen. Zurück in Faisabad, machten wir den Mann ausfindig und interviewten ihn. Er stritt die Anschuldigungen ab, was wenig überraschend war, aber es fiel ihm sichtlich schwer, seinen Ärger über das Interview zu unterdrücken. Bevor wir sein Büro verließen, hatten Baqi und er ein hitziges Wortgefecht. Als ich Baqi draußen danach fragte, machte er nur eine wegwerfende Handbewegung, doch er sah besorgt aus. Unbeirrt wandte ich mich wieder der Opiumgeschichte zu. Das Interview mit dem Polizeichef gab guten Stoff her, und vor meinen Augen sah ich bereits, wie die Reportage auf einer großen Dossier-Doppelseite der *Zeit* erscheinen würde.

Am Abend saßen wir auf der Terrasse des Gästehauses und lasen zusammen den Koran, als Baqi auf einmal sagte, dass wir in Faisabad nicht mehr sicher seien. Das habe mit Rabbani zu tun, fügte er hinzu. Wie ich vermutet hatte, kannten sich die beiden Männer aus der Zeit vor vielen Jahren. Nun stellte sich heraus, dass sie sich das letzte Mal in der Nacht vor Baqis erzwungener Flucht aus Afghanistan gesehen hatten.

»Nachdem die Russen in unser Land einfielen, gingen Männer aus vielen verschiedenen Motiven in den Widerstand«, erzählte mir Baqi. »Jeder wollte die Russen rauswerfen, aber meine Freunde und ich bekämpften sie, um in Afghanistan eine weltliche Demokratie zu errichten. Wir wollten Freiheit und Gerechtigkeit.«

Im Unterschied dazu kämpften die Mudschaheddin, die dank amerikanischer Dollar und Waffen bald die Widerstandsbewegung dominierten, für einen von Mullahs regierten islamischen Staat wie Khomeinis Iran. Die Folge waren Kämpfe innerhalb des Widerstands.

»Eines Abends Ende 1979 ging ich zu Rabbani«, fuhr Baqi fort. »Er war bereits einer der führenden Mudschaheddin, und ich versuchte ihn zu überzeugen, dass Afghanistan eine säkulare Demokratie brauche. Er aber lehnte die Idee ab und forderte mich auf, mich den Gotteskämpfern anzuschließen. Ich sagte ihm, was ich glaubte: dass der Platz der Mullahs in der Moschee war und nicht in der Regierung. Das hat ihn sehr erbost.«

Das Treffen wurde im beiderseitigen Zorn beendet. Auf dem Weg nach Hause wurde Baqi dann von Rabbanis Schergen überfallen. Sie schossen mehrere Kugeln in seinen Körper und ließen erst von ihm ab, als sie ihn für tot hielten. Als seine Feinde begriffen, dass er den Angriff überlebt hatte, verrieten sie ihn an die von den Russen unterstützten Regierungsbehörden. Er hatte keine Wahl, sondern musste das Land verlassen. Trotz der Schusswunden schaffte er es bis nach Pakistan und später nach Europa. So lautete Baqis Version der Ereignisse, und ich hatte keinen Grund, sie anzuzweifeln. Dann kam mir ein beunruhigender Gedanke.

»Und Rabbani kontrolliert noch immer Badachschan?«

»Ja, das tut er.«

»Und will er dich noch immer umbringen lassen?«

»Möglicherweise.«

»Dann sind wir hier in Gefahr, oder?«

»Ja, das sind wir«, sagte er. »Wir müssen sehr vorsichtig sein.«

Fassungslos sah ich Baqi an. Nun wurde mir alles klar: warum er sich in Kabul von Rabbani und den anderen Mudschaheddin-Führern ferngehalten hatte, und warum ihm seine ehemaligen Kameraden aus dem antisowjetischen Widerstand, die heute Minister waren, mit so argwöhnischem Respekt begegneten. Vielleicht hatten auch sie Baqi 1979 verraten, und vielleicht war seine Rückkehr aus dem Exil für sie eine unwillkommene Erinnerung an die vielen faulen Kompromisse, die sie über die Jahre mit den Mullahs geschlossen hatten. Ich wusste nur, dass ihn seine Vergangenheit einholte und dass er wieder auf der Verliererseite zu stehen schien.

Sein kompromissloser Idealismus, sein integrer Glaube an weltliche Demokratie, machte ihn in den Augen der korrupten Machthaber, die sich in der afghanischen Politik immer irgendwie oben halten, wieder einmal zur unerwünschten Person. Mein rätselhafter, aber loyaler Gefährte, der mir alles beigebracht hatte, was ich über sein geliebtes Heimatland wusste, und der mir Zugang zugleich zu hohen Tieren und einfachen Menschen verschafft hatte, brachte uns nun beide in ernsthafte Gefahr. Er hatte mich in die Höhle des Löwen geführt. Und ich hatte alles nur noch schlimmer gemacht, indem ich Leute über ihre Drogengeschäfte ausfragte. Die Aussicht, Rabbanis Henker zu treffen, bereitete mir umso mehr Sorgen, als Baqi in seinen typisch afghanischen Fatalismus verfiel.

»Hast du denn gar keine Angst?«

Er zuckte mit den Schultern und schwieg. Wir prüften unsere Optionen. Es erschien klüger, den Kopf einzuziehen und damit aufzuhören, Leute über Opium zu interviewen. Wenn es ernst werden sollte, gab es nur wenige Fluchtwege aus Faisabad, das fast am Ende eines Bergtals lag, aus dem nur eine schlechte Straße heraus führte. Wir waren gefangen.

»Verdammt nochmal, Baqi, wenn das hier für dich der gefährlichste Ort in ganz Afghanistan ist, warum bist du dann mit mir hierhergekommen?«

Er sah mir direkt in die Augen, mit verzweifeltem Ernst. »Weil es da für mich etwas Wichtigeres gibt«, sagte er. »Ich wollte, dass du hierherkommst, damit du ein gutes und wahres Buch über Afghanistan schreiben kannst.«

Einige Stunden später, mitten in der Nacht, kam ein Mann in unser Zimmer und weckte uns. Er war ein Beamter aus dem Gouverneurspalast, den Baqi tags zuvor in einem Teehaus kennengelernt und an unseren Tisch eingeladen hatte. Der Mann hatte sich zu uns gesetzt, wie ich mich erinnerte, und Baqi und er hatten sich angeregt über Edelsteine und afghanische Musik unterhalten. Nun kam er, um uns zu warnen, dass wir Faisabad umgehend verlassen müssten.

»Einige Leute hier sind sehr verärgert über eure Anwesenheit, und euer Leben ist in Gefahr«, flüsterte er uns in hastigen Worten zu.

Zweifellos eingedenk seiner schicksalshaften Begegnung mit Rabbani viele Jahre zuvor dankte Baqi unserem nächtlichen Besucher und begann zu packen. Wir verließen das Gästehaus im Morgengrauen. Die Straße nach Taloquan zurückzufahren, war kein Ausweg, weil dort das Risiko eines Hinterhalts bestand. Stattdessen suchten wir Zuflucht in dem kleinen Büro der UN in Faisabad. Die mitfühlenden UN-Mitarbeiter, die die Zustände in der Gegend gut kannten, waren sich schnell einig, dass unsere Sorgen berechtigt waren. Ohne weitere Diskussion fuhren sie uns am Nachmittag raus auf Faisabads kleines Flugfeld und steckten uns in ein UN-Flugzeug, das uns ins benachbarte Tadschikistan und damit in Sicherheit brachte.

Wir fanden nie heraus, ob wir Faisabad wegen Baqis Vergangenheit oder wegen meiner Drogenrecherchen verlassen mussten. Aber Baqi und ich waren heilfroh, als wir nebeneinander im UN-Flieger saßen und sahen, wie die afghanischen Berge unter den Wolken verschwanden.

RUSSLAND VI

Ich bin inzwischen auf dem Weg nach Irkutsk am Baikalsee, mehr als 33 Zugstunden von Novosibirsk entfernt. Fast drei Wochen ist es nun her, dass ich Moskau verlassen habe. Was für ein riesiges Land! Vor dem Zugfenster läuft wieder ein Film in Endlosschleife ab, die Monotonie der sibirischen Taiga. Birken, Birken und noch mehr Birken. Ich muss daran denken, dass Großvater Hans-Heinrich vor fast hundert Jahren genau dieselbe Strecke gefahren ist und dieselbe Landschaft mit denselben Bahnstationen gesehen hat. Wahrscheinlich sind es auch immer noch dieselben Gleise.

Mitte Januar 1917 hat sich Hans-Heinrich gerade in seinem Lager in Astrachan eingerichtet, da kommt der Befehl, dass alle reichsdeutschen Offiziere nach Chabarowsk im Fernen Osten abzutransportieren seien. »Unsere Reise sollte etwa 7 – 8 Wochen dauern«, schreibt Hans-Heinrich. »Sie erfolgte in den sogenannten Tjepluschkys, d.h. Güterwagen, in deren Mitte ein kleiner eiserner Ofen steht. Dieser muß von den Insassen mit Holz geheizt werden. Davor und dahinter, d.h. am Anfang und Ende des Waggons, sind 2 Stockwerke übereinander. Auf diesen sind 26-30 Personen untergebracht, aber nur dadurch, dass alle auf der rechten oder linken Seite liegen müssen, weil sonst der Platz nicht reicht. Dass von Reinlichkeit pp. dabei keine oder nur wenig Möglichkeit ist, geschweige denn von Bequemlichkeit, ist wohl jedem klar. Und das Tag und Nacht für 2 Monate ausgerechnet im Winter. Dazu die Dunkelheit während der langen, russischen Nächte. Die Fahrt verlief dementsprechend unerfreulich.«

Das kann ich mir vorstellen. Im Winter würde ich diese Reise nicht machen wollen, natürlich schon gar nicht in einem Güterwaggon, auf engstem Raum mit dreißig anderen Männern – eine grauenhafte Vorstellung! Hans-Heinrich und seine Kameraden müssen sich wie Vieh vorgekommen sein. Ich halte eine Karte in der Hand, am

25. Januar 1917 von unterwegs abgeschickt. Mit krakeliger Bleistiftschrift steht da: »Liebe Eltern! Von der etwa 8500 km langen Reisestrecke, die ich vor mir habe, sind etwa 1500km und zwar in 9 Tagen zurückgelegt. In Samara erhielten wir vom Schwedischen Roten Kreuz warme Wollsachen in ausreichender Menge. Die Kälte ist in diesen zu ertragen. Gesundheit gut! Herzlichen Gruß, Euer Hans«.

Keine Klage, Gesundheit gut, Hans-Heinrich war offenbar hart im Nehmen. Ob ich so eine Tortur durchhalten würde? Mein Respekt vor ihm wächst. In einer weiteren Karte aus Krasnojarsk vom 3. Februar 1917 schreibt er: »Bis Krasnojarsk sind wir jetzt gekommen. Dieselbe Strecke liegt aber noch vor uns. Soweit man durch die vereisten Fenster gelegentlich sehen konnte, fuhr der Zug durch unendliche Schneefelder mit hohen Schneewehen bzw. Bergen, aus denen von den Häusern in den Ortschaften meist nur die Dächer zu erkennen waren. Außerdem große Waldungen.«

Unendliche Schneefelder wie bei Doktor Schiwago – so muss es hier im Winter aussehen, das kann ich mir vorstellen. Und diese Entfernungen, wochenlang nur das immer gleiche Tatack-Tatack! Schon mir kommt Europa ewig weit weg vor, wie muss Hans-Heinrich das erst empfunden haben? Die nächste Karte ist vom 11. Februar 1917, abgeschickt aus Harbin in der Mandschurei. Das ist ja interessant. Der Zug nach Chabarowsk fährt also nicht wie heute von Irkutsk in nordöstlicher Richtung, sondern wird über die Mongolei und chinesisches Territorium geleitet. Im Jahr 1900 hatten Truppen des expandierenden russischen Zarenreichs die Mandschurei südlich des Amur-Flusses besetzt, mussten sie aber nach dem verlorenen Krieg gegen Japan 1905 wieder räumen. Allerdings handelten die Russen mit den Japanern das Recht aus, weiterhin die Eisenbahnstrecke über Harbin nach Wladiwostok nutzen zu dürfen. So sieht Hans-Heinrich auf seiner Fahrt auch Mongolen, Mandschuren und Chinesen. Darüber schreibt er leider nicht, sondern nur: »In einigen Tagen haben wir unser Ziel erreicht und sind auch ganz froh darüber, endlich nach so langem Eisenbahnleben mal wieder in die geordneten Verhältnisse eines Lagers zu kommen.«

Eine Woche später trifft der Gefangenenzug in Chabarowsk ein. Die Garnisonsstadt liegt am Ufer des Amurs, südlich davon beginnt

China. Erst 1860 hat Russland diesen nördlichen Teil der Mandschurei von China annektiert. Auch mehr als fünfzig Jahre später ist Chabarowsk noch immer Grenzstadt im wilden Osten; außer Soldaten bevölkern vor allem raue Pelzjäger und Händler die Stadt. »Im Lager etwa 700 reichsdeutsche Offiziere«, notiert Hans-Heinrich. »Darunter alle früheren Kameraden aus Nischny-Nowgorod sowie Bekannte aus dem Kadettenkorps und von der Fliegerei. Untergebracht in drei früheren Kasernen in Stuben und Kasematten zu durchschnittlich 15. Spaziergang auf Hof den ganzen Tag über erlaubt. Bücherei vorhanden. Wir dürfen monatlich 4 Karten und 2 Briefe schreiben.«

Auch seinen alten Fliegerkameraden Wegener trifft er im Lager wieder und versöhnt sich mit ihm. Das Wiedersehen währt allerdings nur kurz, denn bald darauf wird Wegener nach Wladiwostok weitertransportiert, von wo er wegen schlechter Gesundheit nach Schweden gebracht werden soll. Fortan wird auch Hans-Heinrich seine Hoffnung auf eine Internierung im neutralen Schweden setzen. Wegen verschiedener Leiden stehen seine Aussichten dafür nicht schlecht. Am 31. April 1917 schreibt er an seine Eltern: »Wie unendlich freue ich mich auf den Austausch nach Schweden. Dann können wir wieder in einen täglichen Gedankenaustausch treten, denn sicher dürfen wir dort soviel schreiben wie wir wollen.«

Um Mitternacht erreicht mein Zug Krasnojarsk. Obwohl ich gute Dinge über das Nachtleben der Stadt gehört habe, bleibe ich dieses Mal an Bord und fühle mich erleichtert. Nicht dass es mir Spaß macht, im Zug zu schlafen. Die Liegen sind zu kurz für meine Beine, und die alten Stoßdämpferfedern halten mich meist bis spät in die Nacht hinein wach. Aber bislang bin ich in fast allen größeren Städten entlang der Route ausgestiegen, nur um festzustellen, dass sie alle in etwa gleich aussehen.

Mein Abteil teile ich heute mit zwei hübschen 17-jährigen Jungs, die auf der Rückreise von einem Urlaub mit ihren Eltern am Schwarzen Meer sind. Braun gebrannt und munter, löchern sie mich den ganzen Abend über mit Fragen über deutsche Autos und Fußballteams. Um unsere Sprachkenntnisse aufzubessern, vereinbaren wir, jeweils fünf Minuten auf Englisch und dann fünf Minuten auf Russisch zu reden. Als sie mich nach meinem Beruf fragen, zögere ich erst und sage dann: »Ich war mal ein Reporter.« Später, als die Jungen schon eingeschlafen sind, liege ich noch wach und denke zum langsamen Rhythmus – tatack-tatack – des dahingleitenden Zugs über den Journalismus nach.

An meinem Dasein als zigeunernder Reporter gefiel mir, dass ich unabhängig war. Keiner konnte mir sagen, was ich zu tun und zu lassen hatte. Geschichten wählte ich selbst aus. Ich konnte arbeiten, wenn ich Lust dazu hatte, oder auch mal für eine Woche an den Strand fahren. Ich war immer stolz darauf, ein freier Reporter zu sein. Freelancer machen ihre Arbeit allein, ohne wohl klingende Visitenkarten oder Briefköpfe und ohne die finanzielle Power, das Prestige und die logistische Unterstützung, über die fest angestellte Journalisten verfügen. Alles, was ein Freelancer braucht, ist ein Laptop, eine Kamera, etwas Cash und eine Internetverbindung. Nur mit dieser Ausrüstung haben Freelancer in den vergangenen zehn Jahren das mitunter selbstgefällige Korrespondenten-Establishment gezwungen, aus den Vier-Sterne-Hotels herauszukommen und wieder öfter von dort zu berichten, wo es schmutzig ist und wehtun kann.

Bei aller Freiheit verharren die meisten freien Reporter immer am untersten Ende der medialen Nahrungskette. Sie behalten nur selten die Kontrolle über ihre Produkte. Sie erledigen draußen vor Ort die Lauferei, die Recherche und das Schreiben – aber am Ende müssen sie ihre Erzeugnisse an die große Medienmaschine verfüttern. Der Schreiber als Handwerker und Künstler ist längst zum Baumwollpflücker degradiert worden. Und so reicht die Unabhängigkeit des Freelancers auch nur so weit, wie Redakteure seine Anrufe annehmen und seine Storys kaufen.

Die Redakteure sind für den Reporter das, was beim Militär die Kameraden der Etappe für den Frontsoldaten sind. Sie versorgen ihn, aber er verachtet sie. In seinen Augen sitzen Redakteure eben nur im Büro und fläzen sich auf ihren Ledersesseln. Redakteure rechnen jedes Mittagessen als Spesen ab und bezahlen ihre Drinks selten selbst. Sie sind Langweiler und Angsthasen, die schon Herzflattern bekommen, wenn sie abends zu ihrem Auto in die Tiefgarage gehen. Insgeheim beneiden Redakteure den Freelancer, weil er an aufregende Orte reist und dort Dinge tut, für die ihnen der Mut fehlt. Zum Trost erfreuen sich Redakteure daran, die Geschichten des Reporters zugrunde zu kürzen oder zu killen. Ihre Vorstellung von klarer, schöner Prosa ist oft sonderbar. Ein Text muss vor allem die Klischees in ihren Köpfen bedienen. Grundsätzlich behaupten Redakteure, mehr über die Situation in einem Land zu wissen als der Reporter vor Ort. Da sie aber selbst nie dort waren, haben sie natürlich keinen Schimmer. Je abgeklärter sie tun, desto dümmer sind sie. Dies gilt besonders für deutsche Redakteure, die oft von Journalistenschulen kommen und danach ihr Büro nicht mehr verlassen, aber keine Ahnung von der Welt haben. Meine Chefs vom *Telegraph* waren da anders. Da sie alle selbst mal draußen als Stringer angefangen hatten, waren sie immer gut informiert und behandelten ihre Jungs fair.

Als ich als Reporter loslegte, glaubte ich noch an den sogenannten seriösen Journalismus, wie er etwa von der *Süddeutschen Zeitung* oder der *New York Times* praktiziert wird. Ich glaubte an die kanonischen Regeln für professionelle Berichterstattung, etwa die, dass aus zwei Quellen eine Tatsache entsteht und dass zwei solcher Tatsachen die Wirklichkeit oder sogar »die Wahrheit« beschreiben. Ich ging zu Pressekonferenzen und interviewte Politiker. Ich bemühte mich um Objektivität, indem ich alle Seiten anhörte und gleich gewichtete. Rückblickend bezweifle ich, dass diese Art von Journalismus den Lesern wirklich jemals ein zutreffendes Bild von der Welt in all ihrem komplexen, wahnsinnigen Chaos vermittelt. Vielmehr versperrt die übliche faktische Berichterstattung den Blick auf das, was wirklich los ist. Der legendäre polnische Reporter Richard Kapuczinsky, mein einziges Idol, hatte das verstanden. Während seiner Interviews machte er sich keine Notizen und nutzte auch kein Aufnahmegerät, damit er die Sinne offen halten konnte für das, was er die »Essenz der Wahrheit« nannte. Um herauszufinden, was wirklich in einem Land vor sich geht, sollte man ohnehin nicht auf Pressekonferenzen gehen, sondern in Bars und Bordelle. Diese Informationsquellen kann man in seriösen Zeitungen zwar nicht offiziell nennen, aber von einem Barkeeper oder einer Hure erfährt man mehr als von jedem Pressesprecher.

Sogenannte seriöse Journalisten nehmen sich selbst zu ernst und wichtig. Sie wissen alles, oder tun so, und glauben an nichts. Die meisten sind auf die eine oder andere Weise Schwindler. Das fiel mir schon während meines Praktikums beim ZDF in Washington auf, als ich Zeuge wurde, wie der damalige Korrespondent für einen Beitrag über die angeblich so segensreiche Gentechnik in der US-Landwirtschaft zu mogeln anfing. Um Bilder von endlosen grünen Maisfeldern für den Zuschauer interessanter zu machen, unterlegte er sie kurzerhand mit Archivtonaufnahmen von fröhlichem Vogelgezwitscher. Irreführender ging es nicht, denn in den Genmais-Monokulturen gab es ja genau diese zwitschernden Vögel nicht mehr. Als ich den Korrespondenten darauf hinwies, antwortete er spöttisch: »Wie süß, unser Praktikant hier ist ein Idealist.« Die Tontechnikerin, die seit mehr als dreißig Jahren beim ZDF arbeitete, schwieg dazu, aber das Vogelzwitschern löschte sie dann später doch.

Eine gängige Weisheit, die an Journalistenschulen gelehrt wird, lautet, dass sich ein guter Reporter wie eine Fliege an der Wand verhalten muss. Er soll passiv beobachten und lauschen, allenfalls mal eine vorsichtige Frage stellen, aber er darf sich nie einmischen, weder durch eigenes Handeln noch eine Meinungsäußerung. Gegen diese Regeln habe ich so oft wie möglich verstoßen, denn sie sind Unsinn. Wir sind keine Fliegen und kleben auch nicht irgendwo an der Wand. Wir sind erwachsene Menschen und stehen mit im Raum. Es ist naiv zu glauben, dass ein Reporter andere Leute beobachten kann, ohne dass seine Gegenwart ihr Verhalten verändert. Heisenbergs Erkenntnistheorie gilt auch im Journalismus: Was ein Reporter sieht und hört, hat er selbst mit verursacht.

Warum also nicht ehrlich sein? Ich glaube an teilnehmenden Journalismus: Um Leute zum Reden zu bringen, habe ich erst einmal selbst geredet. Ich habe mich bemüht, für die Menschen, über die ich schreiben wollte, so interessant zu sein wie sie für mich. Ich habe versucht, sie auch neugierig auf mich zu machen. Ich habe sie zum Lachen gebracht, und manchmal habe ich sie provoziert oder verärgert. Meine Absicht war, nicht nur Auskünfte und Emotionen aus Leuten herauszuholen, sondern ihnen auch etwas von mir zu geben, damit sie Spaß haben und meinen Respekt empfinden. So habe ich Zugang zu einem breiten Spektrum von Menschen erhalten und ihr Vertrauen gewonnen.

Die Haltung des Reporters als aktiv agierendes und sich selbst reflektierendes Subjekt seiner Reportage kann man natürlich auch übertreiben. Die Gegenentwürfe zum sogenannten seriösen Journalismus – der Gonzo-Journalismus Hunter S. Thompsons, der *new journalism* oder auch der deutsche Popjournalismus der Neunziger – wirken mir manchmal schon zu gewollt subjektiv. Eine fast völlige Selbstbezogenheit des Reporters, so flott sie daherkommen mag, kann Schwächen der Recherche nicht kompensieren und verführt den Reporter nur zu leicht zu der Vorstellung, dass es nur noch um ihn selbst geht. Im teilnehmenden Journalismus bleiben die Menschen, die der Reporter trifft, im Vordergrund – nur sein Umgang mit ihnen ist anders.

Ein guter Reporter benötigt eigentlich nur drei Eigenschaften: Neugier, Empathie und Leidenschaft. Von den dreien, glaube ich, ist die Empathie die wichtigste. Sie bedeutet nichts weiter, als dass man seinem Gegenüber gut zuhören und das Gehörte nachempfinden kann. Diese Eigenschaften muss der Reporter ständig wachhalten, denn nur zu leicht kann er sie verlernen oder verlieren. Die Gefahr, über die Jahre abgebrüht und zynisch zu werden, ist groß. Besonders traurig ist es, wenn ein guter Reporter das Staunen verlernt und diese arrogante Abgeklärtheit aufsetzt, die die Auslandsberichterstattung gerade deutscher Medien so widerwärtig macht.

Aber die schlimmste *déformation professionelle* besteht darin, dass Reporter zu Absaugern werden. Für eine Geschichte saugen sie Informationen und Energie aus Menschen und haben sie tags darauf schon wieder vergessen. *Wham-Bam-thanks-Ma'am!* heißt das unter amerikanischen Reportern. Wie Parasiten leben Reporter von den Geschichten anderer Menschen. Sie haben kein eigenes Leben. Reporter leben das Leben der anderen. Und bevor sie sich versehen, verhalten sie sich auch in ihrem Privatleben mit Freunden und Partnern genauso. Es gibt nichts Grauenhafteres als ein Dinner, bei dem viele Journalisten am Tisch sitzen, die sich gegenseitig belauern, süffisante Bemerkungen machen und nichts über sich selbst preisgeben, weil sie nichts zu erzählen haben.

IRAK
DER ZIVILIST

Als Reporter habe ich oft Menschen interviewt, mir notiert, was sie zu sagen hatten, und am nächsten Tag dachte ich bereits an etwas anderes. Nicht so bei Ahmed Abdullah. Er war ein junger Iraker, den ich an einem traurigen Nachmittag im Mai 2003 an einem Massengrab nahe der Stadt Hillah kennenlernte, eine Stunde Autofahrt südlich von Bagdad. Kurz zuvor hatte US-Präsident George W. Bush den Krieg im Irak offiziell für beendet erklärt. Unter einem Banner mit der Aufschrift »*Mission accomplished*« stand er in einer Uniform der Air Force an Bord eines Flugzeugträgers und behauptete, Amerika habe gesiegt. Traf dies zu, oder war es ein voreiliges Urteil? Ich war in den Irak gekommen, um es herauszufinden.

Ahmed war Bush egal. Er sah müde aus und hatte glasige Augen. Seine Mission war eine andere: Unter tausenden Skeletten versuchte er, seinen Bruder wiederzufinden. Seitdem das Massengrab wenige Tage zuvor entdeckt worden war, grub er unter sengender Sonne nach Knochen und Schädeln in dem ausgetrockneten Sumpf. Er war nicht allein: In einem Gebiet so groß wie zwei Fußballfelder standen dutzende Männer und Frauen, mit *Dischdascha*-Kitteln bekleidet, und brachen mit Spaten, Schaufeln und manchmal ihren bloßen Händen den Erdboden um. Viele der Toten waren noch nicht völlig verwest, Haare und krustiges Fleisch hingen an ihren Knochen. Alles, was einem Skelett zugeordnet werden konnte, war in durchsichtige Plastiktüten gesteckt worden, die nun im Wind flatterten, sodass die Killing Fields aussahen wie eine riesige Müllhalde. Trotz des Windes lag ein übel machender, süßlicher Gestank über dem Feld. Viele der Männer weinten, und die Frauen, vermutlich Mütter und Witwen, schlugen sich vor Trauer immer wieder gegen die Stirn.

Ihre einzige Hoffnung war, ihre toten Verwandten zu identifizieren und sie in der heiligen Schiiten-Stadt Nadschaf zu begraben, nahe dem Grab von Imam Ali, dem Schwiegersohn des Propheten Mohammed. Zu dem Zweck hatten einige Leute bereits leere Holzsärge auf ihre Autodächer geschnallt. Wie die meisten Massengräber, die nach der Invasion entdeckt wurden, enthielten die Gruben nahe Hillah die Opfer der von Saddam Hussein niedergeschlagenen Schiiten-Aufstände von 1991, gleich nach dem ersten Golfkrieg. Offenbar waren sie hier vor Ort getötet worden, meist durch Exekutionen aus kurzer Entfernung, wie die Einschusslöcher in einigen Schädeln belegten. Viele sollen auch von Bulldozern lebendig in ihre Gräber geschoben worden sein.

Ahmeds älterer Bruder war eines Tages im März 1991 verschwunden, auf dem Rückweg von der Beerdigung eines Verwandten in Bagdad zu seinem Elternhaus in Kerbala, der zweiten heiligen Stadt der Schiiten. Ein Vetter, der mit Ahmeds Bruder unterwegs war, berichtete später, dass er von Sicherheitskräften des Regimes festgenommen und auf einen Lastwagen voller angeblicher Armeedeserteure geladen worden war. Obwohl es danach immer Gerüchte über Massenhinrichtungen nahe der Straße nach Bagdad gegeben hatte, wagte es Ahmed unter der Terrorherrschaft Saddams nie, sich offiziell nach dem Verbleib seines Bruders zu erkundigen. Nun, zwölf Jahre später, wollte er seine Überreste finden, sie anständig begraben und den vier Kindern seines Bruders sagen können, dass ihr Vater sicher tot war und nie wieder heimkommen würde.

Wie um alles in der Welt aber hoffte er die Überreste seines Bruders unter den unzähligen gleich aussehenden Knochen zu erkennen und zu identifizieren?, fragte ich Ahmed.

»Als junger Mann hatte er mal einen Motorradunfall«, antwortete Ahmed ruhig. »Im Hospital wurde damals sein Knie operiert und eine Schraube in die Kniescheibe eingesetzt. Nach dieser Schraube suche ich.«

Es dauerte einen Augenblick, bis ich die Bedeutung seiner Worte begriff. Ahmed hatte also in den vergangenen Tagen hunderte, wenn nicht tausende Kniescheiben von Skeletten freigelegt, aufgehoben und umgedreht, in der Hoffnung, diejenige seines Bruders zu finden.

Der Gedanke ließ mich erschauern, aber ich empfand tiefe Demut vor Ahmeds Entschlossenheit.

Während er seinen Spaten ergriff und sich wieder an die grässliche Arbeit machte, ließ ich den Blick über die Knochenhaufen um mich herum schweifen. Ich hatte noch nie ein Killing Field oder ein Massengrab gesehen. Nichts hatte mich ins bosnische Srebrenica oder an andere Massaker-Tatorte auf dem Balkan gezogen. Als Student hatte ich Auschwitz und andere ehemalige NS-Konzentrationslager besucht, aber dort hatten keine Totenschädel herumgelegen. Dies hier war anders. Das Böse war spürbarer. Mit Scham erinnerte ich mich daran, dass ich vor dem Krieg in einem Artikel geschrieben hatte, die Bush-Regierung »dämonisiere« Saddam Hussein. Nicht dass ich nicht gewusst hätte, dass er ein widerwärtig brutaler Tyrann war, aber der Anblick der Massengräber machte dieses Wissen furchtbar konkret. Da weiterhin Belege für Massenvernichtungswaffen im Irak fehlten, nutzten die Propagandisten der Bush-Regierung die Massengräber natürlich nach Kräften aus, um die Invasion zu rechtfertigen – aber das änderte nichts an dem, was ich vor mir sah.

Je länger ich die Skelette und die Angehörigen ansah, desto mehr begann ich an meiner bisherigen Haltung zum Irak-Krieg zu zweifeln. Vielleicht waren die Opfer und die Zerstörung, die die Invasion im Irak verursachte, doch ein gerechtfertigter Preis für das Ziel, den völkermordenden Diktator loszuwerden? Obwohl dessen Massenmorde bereits Jahre zuvor verübt worden waren, hatte sein Regime über das gesamte Volk mit Terror und Schrecken geherrscht und besonders die Schiiten unterdrückt. Wenn wir nach dem Holocaust und Ruanda den Ruf »Nie wieder!« ernst meinten, war eine Intervention doch wohl schon aus rein humanitären Gründen gerechtfertigt, egal ob der Irak über Massenvernichtungswaffen verfügte oder nicht. Vielleicht war die Invasion, trotz der Lügen und verborgenen strategischen Motive der Bush-Regierung, am Ende doch eine gute Sache?

Ich war gegen den Krieg im Irak gewesen und hatte in Schriften und privaten Diskussionen gegen ihn Stellung bezogen, seit die neokonservative Clique in Washington den Krieg gefordert und vorangetrieben hatte. Meine Recherchen für das Buch über das neue Große Spiel in Zentralasien ließen mich ohne Zweifel, dass Bushs Behauptungen über Saddams Massenvernichtungswaffen und angebliche Verbindungen mit Al Qaida tatsächlich nur dazu dienen sollten, einen amerikanischen Griff nach dem irakischen Öl zu verschleiern. Ich war mir sicher, dass die US-Regierung wenig Interesse am Irak hätte, wenn es dort nur Erdbeerfelder in der Wüste gäbe. Und es war tief frustrierend, mit anzusehen, wie viele Amerikaner, einschließlich der politischen und medialen Elite, auf Bushs offensichtliche Propagandalügen hereinfielen.

Als ich im Januar 2003 für meinen neuen Job als US-Korrespondent von *Spiegel Online* nach New York zog, war ich verwundert, in welchem Zustand der Angst viele Amerikaner lebten. Mehr als ein Jahr nach dem 11. September veröffentlichte die Regierung regelmäßig beängstigende, wenngleich immer recht vage Terrorwarnungen. Dabei verwendete sie eine Skala, die dank des 1960er-Jahre-Farbdesigns wie ein futuristisches Requisitenstück aus einem dämlichen James-Bond-Film aussah. Als ich in New York ankam, drehte die Regierung gerade das tieforange Licht auf der Skala auf und meldete hohen Terroralarm. Tom Ridge, damals Chef der neu geschaffenen Mammutbehörde für Heimatschutz, empfahl der Bevölkerung, sich mit Klebeband einzudecken und sich so gegen mögliche chemische Anschläge zu schützen. Innerhalb von Stunden war Klebeband in WalMart-Supermärkten ausverkauft, und im Fernsehen sah man, wie verängstigte Familien ihre Türen und Fenster verklebten. Europäer wundern sich ja häufiger über das sonderbare Verhalten von Amerikanern, aber dies war der schiere kollektive Wahnsinn.

Ich erkannte kaum das Amerika wieder, das ich als Austauschschüler und während mehrerer Praktika in den 1990er-Jahren liebgewonnen hatte. Der Ärger begann am John-F.-Kennedy-Flughafen, als ein Grenzbeamter die Beherrschung verlor, nur weil ich auf seinen Computerbildschirm zu blicken versucht hatte. Er beschimpfte mich und drohte mir Schläge mit einem Tackergerät an. Wie sich herausstellte, hatte ich viele Jahre zuvor wegen eines verpassten Fluges ein Touristenvisum um einen Tag überzogen. Auf den nächsten USA-Reisen war dies nie ein Problem gewesen, aber nach dem 11. September wurden die Einreisekontrollen verschärft, und ich erschien im Computersystem der Einwanderungsbehörde als ein Verdächtiger, der gegen Visumsbestimmungen verstoßen hatte. Trotz eines fünf Jahre gültigen Journalistenvisums wurde ich fortan bei jeder Einreise am JFK Airport in einem speziellen Raum für illegale Einwanderer einer »Rothefter-Behandlung« unterzogen. Nach einem zehnstündigen Transkontinentalflug sorgten die langen Verhöre durch barsche Grenzbeamte nicht gerade für ein herzliches Willkommen.

Ein anderer vielsagender Zwischenfall ereignete sich an einem Samstagnachmittag in der Metrostation am Union Square. Ich hatte einer hochschwangeren Freundin beim Shoppen geholfen, und da ich mit den großen Einkaufstüten nicht durch die Ticketschranke passte, ging ich durch eine Seitentür, die mir ein Herr freundlicherweise offenhielt. Im nächsten Augenblick gab sich derselbe Herr als ein Polizist in Zivil aus und beschuldigte mich des Schwarzfahrens. Als ich die Situation zu erklären versuchte, beschlossen er und zwei Kollegen kurzerhand, mich zu verhaften. Dazu rissen mich die bulligen Männer zu Boden, sprangen auf meinen Rücken und legten mir Handschellen an. Meine geschockte Freundin mit den Einkaufstüten zurücklassend, zerrten mich die Beamten dann zu einer nahen Polizeistation. Trotz meiner empörten Proteste sahen die Passanten tatenlos zu. Aus ihren Blicken war deutlich zu lesen, dass sie mich für einen Terroristen hielten, der wohl gerade noch rechtzeitig erwischt worden war.

Auf der Polizeistation wurde ich über mehrere Stunden extrem grob behandelt, beleidigt und sehr, sehr gründlich durchsucht. Ich kam mir nicht vor wie in einem demokratischen Land. Meinen Bitten, die Handschellen etwas zu lösen, weil sie meine Gelenke blutig scheuerten, wurde nicht entsprochen. Als die Cops anhand meiner Visitenkarten feststellten, dass ich Journalist war, riefen sie eine höherrangige Beamtin. Sie ließ mich schließlich frei, aber erst nachdem ich eine vorformulierte Erklärung unterzeichnet hatte, dass mich die Beamten korrekt und respektvoll behandelt hätten. Die Einschüchterung funktionierte. Ich beschloss, keine offizielle Beschwerde einzulegen, aus Sorge, dadurch mein Visum zu riskieren.

In diesem Klima aus Angst und Paranoia hatten es die Bush-

Regierung und ihre ideologischen Helfer leicht, die amerikanische Öffentlichkeit auf einen weiteren »antiterroristischen« Feldzug vorzubereiten, dieses Mal gegen den Irak. Der Plan blendete die Tatsache aus, dass die gesteckten Ziele des Feldzugs in Afghanistan noch lange nicht erreicht waren: Das Land war ein einziges Chaos, und Osama bin Laden sowie viele seiner Kampfgefährten der Al Qaida waren noch immer auf freiem Fuß. Dennoch waren die Sesselkrieger in Washington fest entschlossen, Truppen und Ressourcen, die dringend in Afghanistan benötigt wurden, von dort abzuziehen und die Jagd auf Saddam Hussein zu eröffnen.

New York ist ein eher liberales Pflaster, aber das Thema spaltete die Stadt. Ich erinnere mich an ein typisches Dinner im Haus einer konservativen Publizistin im West Village, das beinahe in einem Eklat endete, als ihre liberalen und neokonservativen Freunde leidenschaftlich über das Für und Wider eines Kriegs debattierten. Die Fürsprecher erinnerten an 9/11, was nur bewies, wie erfolgreich die Bush-Propaganda die Terroranschläge inzwischen mit Saddam Hussein verband. Tatsächlich glaubten viele einfache New Yorker, die ich damals interviewte, dass der irakische Diktator hinter den Anschlägen steckte. Auch die US-Medien taten wenig, um diesen offensichtlichen Mythos zu demontieren.

Für jemanden, der den amerikanischen Journalismus immer sehr geschätzt hatte, war es deprimierend zu sehen, wie fast das gesamte US-Medienestablishment – einschließlich der *New York Times* und der *Washington Post*, die sich später bei ihren Lesern dafür entschuldigten – beim Faktenverdrehen und der Kriegstreiberei der Regierung mitspielten. Gerade weil US-Journalisten von der fadenscheinigen Vorstellung ausgewogener Berichterstattung besessen sind, die alle Seiten zu Wort kommen lässt, gingen die Stimmen der Vernunft und der Skepsis im allgemeinen Lärm fast immer unter. Als die Truppen erst einmal marschierten, fegte ein reflexartiger Nationalismus nach dem Motto *»Right or wrong – my country«* alle verbliebenen Zweifel hinweg. Viele der britischen Medien machten es kaum besser. Der Washington-Korrespondent des *Daily Telegraph*, meines alten Arbeitgebers, sagte mir schon im Herbst 2002, dass die Zeitung einen Krieg unterstützen werde, »komme, was wolle«.

Die Berichterstattung war dermaßen schändlich, dass ich verstehen konnte, warum die Demonstranten auf dem großen Protestzug gegen den Krieg in New York im März 2003 »*Shame on the media!*« skandierten. Wie bereits bei der riesigen Londoner Friedensdemonstration am 15. Februar, der größten in der Geschichte der Stadt, waren das Ausmaß und die Kreativität der Proteste in New York beeindruckend. Aber obwohl hunderttausende Menschen friedlich über den Broadway zogen, spielten CNN und andere TV-Sender am Abend die Größe und die politische Relevanz der Proteste herunter. Schlimmer noch: Sie berichteten, dass gewalttätige Demonstranten mehr als ein Dutzend Polizeibeamte verletzt hätten. Abgesehen von einigen undeutlichen Luftaufnahmen zeigten die TV-Sender allerdings keine Bilder der angeblichen Zusammenstöße, die die von der Polizei verbreitete Nachricht bestätigt hätten. Da ich selbst bis zum Schluss auf der Demonstration gewesen war und zwar einige Festnahmen, aber keine Gewalt gesehen hatte, wurde mir klar, dass die Medienberichte nicht nur voreingenommen und manipulativ, sondern schlicht erlogen waren.

An Wahrheit und Aufrichtigkeit fehlte es auch im UNO-Sicherheitsrat, von dessen dramatischen Sitzungen im Vorfeld des Irak-Kriegs ich für *Spiegel Online* berichtete. Für jemanden mit Interesse an Diplomatie und großer Geschichte war es eine Freude zu erleben, wie die Außenminister der USA und Großbritanniens, Colin Powell und Jack Straw, mit ihren französischen, russischen und chinesischen Gegnern debattierten. Der deutsche Vertreter, Außenminister Joschka Fischer, stolzierte ebenfalls betont staatstragend über die Flure des UN-Gebäudes, aber den Vogel schoss der französische Außenminister Dominique de Villepin ab. Eitel wie ein gallischer Gockel hielt er ein pathetisches Plädoyer für den Frieden, das einige Ratsmitglieder, einmalig in der Geschichte des Sicherheitsrats, zu spontanem Applaus fortriss.

Der Höhepunkt war natürlich Powells berüchtigter Diavortrag, mit dem er den Rat überzeugen wollte, dass der Irak über Massenvernichtungswaffen verfüge. Die projizierten Satellitenbilder waren als »Beweise« so lachhaft haltlos, dass spätestens da jedem klarwurde, dass die Bush-Regierung und ihre britischen Helfer auf die

UN pfiffen. Sie würden auch allein und ohne ein UN-Mandat in den Krieg ziehen. Die Hybris dieser arroganten unilateralen Haltung war verblüffend. Einige Tage zuvor schon hatte Powell die UNO als »irrelevant« bezeichnet. Auf einer Pressekonferenz nach der Sitzung des Sicherheitsrats fragte ich Powell, ob er damit ausdrücken wolle, dass die UNO-Mitgliedsstaaten, einschließlich vieler alter Verbündeter wie etwa Deutschland, für Washington irrelevant geworden seien? Er sah mich unverwandt an und antwortete forsch, dass die Vereinigten Staaten keine Hilfe von anderen Ländern bräuchten, um ihre Bürger vor externen Gefahren zu schützen.

Als alle Zeichen auf Krieg standen, wurde ich ungeduldig. Natürlich wollte ich auch vor Ort dabei sein. Ich bat meine neuen Bosse bei *Spiegel Online*, mich in den Nahen Osten abzukommandieren, doch sie lehnten ab. Stattdessen sollte ich in New York bleiben und über die amerikanische »Heimatfront« schreiben. Eine selten doofe Idee, dachte ich. So gerne ich das Säbelrasseln vor dem Krieg, besonders das Drama im UNO-Sicherheitsrat, aus amerikanischer Perspektive gecovert hatte, so klar war mir, dass die große Geschichte sich von nun an woanders abspielen würde. Während sich die meisten meiner Kollegen aus dem Kriegszonen-Wanderzirkus in Richtung Kuwait oder Kurdistan aufmachten, verbrachte ich meine Zeit mit langen Parkspaziergängen mit Laila, die mit mir nach New York gezogen war. Einige Tage später sahen wir dann den Beginn des *Shock-and-awe*-Bombardements auf Bagdad live im Fernsehen, in einem langweiligen Café in Brooklyn.

»Ehrlich gesagt, so sehr ich dich als Autor unterstütze, so froh bin ich, dass du gerade nicht im Irak bist«, sagte Laila zu mir, während die gigantischen Explosionen über den TV-Bildschirm zuckten. Wir hatten ein nettes Apartment in Brooklyn, und sie genoss es, endlich einmal mit mir zusammen zu wohnen. Vielleicht hoffte Laila auch, dass ich langsam etwas sesshafter würde. Aber ich war wie immer getrieben und begann, meinen beruflichen Frust an ihr auszulassen. Wir stritten uns über nichtige Dinge. Man konnte es Laila nicht verübeln, dass sie meine Liebesaffären mit Kriegsgebieten zunehmend als Bedrohung für unsere Beziehung empfand.

Vorbei war es mit der freibeuternden Unabhängigkeit meiner

Tage als *Telegraph*-Stringer und Freelance-Reporter. Zum ersten Mal in meinem Leben war ich festangestellt, noch dazu bei einem erstklassigen Blatt, und bezog jeden Monat ein ansehnliches Gehalt. *Spiegel Online* war damals ein noch viel kleineres Unternehmen als heute und hatte erst einen Auslandskorrespondenten: mich. Meine Stelle in New York war der beste Posten, den der damalige Chefredakteur Mathias Müller von Blumencron zu vergeben hatte. Nachdem ich einige Geschichten aus Zentralasien für ihn gemacht hatte und mein Buch bei *Spiegel Online* vorab erschienen war, war Blumencron eines Sonntags extra nach Gut Ankelohe gekommen, um mich für den Job anzuwerben. Ich mochte ihn, die Idee gefiel mir, und so sagte ich zu.

Dass ich nun eine feste Stelle hatte, war gut und schön, aber dafür war ich jetzt an einem Ort festgenagelt und musste jeden zweiten Tag einen Artikel abliefern. Ich hatte auf einmal Anweisungen von Blumencrons Redakteuren, die in ihren Ledersesseln im fernen Hamburg und Berlin saßen, zu befolgen. Sie waren meine Vorgesetzten, und ich war ihr Angestellter – was ihnen das Recht gab, mich zu nerven. Ständig und zu den unmöglichsten Zeiten riefen sie mich in New York an und forderten sogar von mir, einen Instant Messenger auf meinem Computer zu installieren, damit ich immer für sie verfügbar war. Das fehlte noch.

Nach den entspannten Jahren beim *Telegraph* törnte mich die *Spiegel*-Maschinerie zunehmend ab. Auf dem selbst ernannten Flaggschiff des deutschen Journalismus ging es unter Kapitän Stefan Aust oft erstaunlich dilettantisch zu. Für eine Titelgeschichte über die Sitzungen des UN-Sicherheitsrats flogen einmal sämtliche *Spiegel*-Starreporter, die sogenannten Edelfedern, in New York ein. Bei der montäglichen Lagebesprechung im *Spiegel*-Büro in Manhattan saßen mehrere Kisch-Preisträger zusammen. Es hätte eine großartige Geschichte über ein seltenes diplomatisches Drama werden können, aber leider gelang es den Kollegen nicht, auch nur in die Nähe der entscheidenden Figuren oder Orte zu kommen. Es fehlte ihnen an Kenntnissen und Kontakten, und sie wussten sich in New York offenbar nicht zu bewegen. Die Recherche war ein Desaster, der Artikel zwar gewohnt süffisant formuliert, aber inhaltlich extrem dünn. Dennoch flogen im New Yorker *Spiegel*-Büro nach Redaktionsschluss die Sektkorken, die Reporter feierten sich selbst.

Langsam erkannte ich, dass selbst Starjournalisten auch nur mit Wasser kochten oder nicht einmal besonders gut kochen konnten. Kaum ein Beruf bringt so viele Schwindler und Ego-Wracks hervor wie der Journalismus. Einmal waren Laila und ich zum Lunch mit einem der *Spiegel*-Korrespondenten und seiner Frau verabredet. Der mehrfach preisgekrönte Reporter gehörte zu den Autoren, zu denen ich immer aufgeblickt hatte. Aber der Mann, den ich nun kennenlernte, war selbstgefällig und langweilig. Während des Essens redete er pausenlos über sein Gehalt und Vermögensanlagen. Obwohl er kaum zehn Jahre älter war als ich, schien er mir verdorben und ausgelaugt. War es das, was der *Spiegel* aus seinen Reportern machte?

Auch meine neuen Redakteure bei *Spiegel Online* taugten im Vergleich zu meinen alten Bossen beim *Telegraph* nicht viel. Sie waren journalistische Bürokraten, die sich gerne abgeklärt gaben, aber eigentlich wenig Ahnung vom Weltgeschehen hatten. Besonders schwierig gestaltete sich die Zusammenarbeit mit der damaligen Politikchefin. Bei Kriegsausbruch vermochte sie den Scoop-Wert eines Interviews nicht zu erkennen, das ich mit dem Neocon-Falken Richard Perle in Washington ergattert hatte. Da wurde es mir zu dumm. Ich rief von Blumencron an und machte ihm mit deutlichen Worten klar, was ich von seiner Redakteurin hielt. Dann forderte ich ihn auf, sie wegen politischer Ahnungslosigkeit zu entlassen. Er lehnte ab.

Stattdessen traf am folgenden Morgen per Kurier ein Brief bei mir in New York ein. Ich war gefeuert.

So endete meine erste und einzige Festanstellung nach zwei Monaten und dreizehn Tagen. Vielleicht wäre es klüger gewesen, den Sachverstand der Redakteurin weniger drastisch zu beurteilen. Aber mir war es recht. Für die fristlose Entlassung gab es keinen Grund, der vor einem deutschen Arbeitsgericht durchgegangen wäre, so dass sie sich als Glücksfall herausstellte. Ein Anwalt holte problemlos eine saftige Abfindung für mich heraus, mit der ich die Reise in den Irak selbst finanzieren konnte. Mit einem Gelübde, nie wieder meinen Freelancer-Status zu opfern, buchte ich den ersten Flug in den Nahen Osten.

In Amman, der Hauptstadt von Jordanien, charterte ich für 500 Dollar einen massigen Chevrolet GMC und ließ mich durch die Wüste nach Bagdad chauffieren. Als ich die irakische Hauptstadt erreichte, war sie gerade befreit und besetzt worden. Überall waren Spuren des Krieges zu sehen. Wie in Belgrad vier Jahre zuvor hatten die Bomben in erster Linie Regierungsgebäude, militärische Einrichtungen und Saddams Paläste getroffen. Weitaus mehr Zerstörung hatten die Mobs angerichtet, die nach dem Einmarsch der Amerikaner fast alle staatlichen Gebäude, auch Schulen und Krankenhäuser, geplündert und niedergebrannt hatten. Mit der bemerkenswerten Ausnahme des Ölministeriums, das die US-Soldaten geschützt hatten, sahen alle Ministerien wie riesige Bienenwaben aus. Viele der monumentalen Bildnisse von Saddam waren von Einschusslöchern durchsiebt.

In anderen Teilen der Stadt blühte bereits wieder der Straßenhandel. Die beliebtesten Produkte waren Satellitenantennen. Unter Saddam waren sie verboten gewesen, jetzt gingen sie für 200 Dollar über den Tisch. Straßenverkäufer boten offen Whisky und andere Spirituosen an. Ironischerweise trugen die Dinar-Banknoten noch immer das Konterfei des verjagten Diktators, der sich inzwischen an einem unbekannten Ort versteckt hielt. Stark nachgefragt waren auch Schlösser, mit denen die Menschen ihre Häuser gegen Einbrecherbanden zu schützen versuchten, die in jenen anarchischen Wochen die wohlhabenderen Stadtteile heimsuchten.

Irakische Polizei war nirgendwo zu sehen auf den Straßen der riesigen Stadt. Der gesamte irakische Staatsapparat war gelähmt oder zusammengebrochen. Hohe Beamte, die Saddams Baath-Partei angehörten, waren untergetaucht. Einfache Staatsdiener gingen nicht zur Arbeit aus Sorge, dass Banditen sonst ihre Häuser plündern und ihre Familien angreifen könnten. Um die Gesetzlosigkeit einzugrenzen, patrouillierten US-Soldaten auf den Straßen zu Fuß und in gepanzerten Fahrzeugen. Aber es wurde schnell klar, dass die geringe Zahl der Bodentruppen zwar dazu ausreichte, einen luftunterstützten Blitzkrieg zu führen, aber hoffnungslos damit überfordert war, das Land zu besetzen und Sicherheit zu gewährleisten.

Auch waren die Soldaten, die fürs Töten ausgebildet und vom Kampfeinsatz noch total aufgeputscht waren, nicht die richtigen Leute, um den Verkehr zu lenken und Polizeiaufgaben zu erfüllen. »Wir haben ja nicht einmal ein Gefängnis für normale Diebe«, sagte mir ein Armee-Offizier an meinem ersten Tag in Badgad. »Also verhaften wir sie nur und lassen sie nach ein paar Stunden wieder laufen.« Einige Kriminelle wurden allerdings in das Gefängnis von Abu Ghraib gebracht, in dem, wie sich später herausstellen sollte, US-Soldaten irakische Gefangene misshandelten und folterten.

Mein Plan war, nach einiger Zeit in Bagdad eine dreiwöchige Tour durch den Rest des Landes zu unternehmen, um die schiitischen Städte im Süden, die kurdischen Gebiete im Norden und das sogenannte sunnitische Dreieck im Westen zu besuchen. Ich wollte mir einen Überblick über die Lage sowie die brennenden Themen im Land verschaffen und darüber von unterwegs Artikel schreiben. Um meine Ausgaben zu decken, hatte ich mir vom deutschen Wirtschaftsmagazin *Brandeins* einen Auftrag besorgt, über den Zustand der irakischen Ölindustrie zu berichten. Dafür musste ich die Ölfelder von Kirkuk besuchen und einige amerikanische sowie irakische Funktionäre interviewen.

Mehr interessierte mich jedoch, ob das amerikanische Großexperiment in gütigem Imperialismus im Irak funktionierte. Um dies herauszufinden, beabsichtigte ich, an Orte wie die Stadt Falludscha zu reisen, wo sunnitische Iraker sich Gerüchten zufolge bereits zum Widerstand gegen die amerikanischen Besatzer formierten. Im Rückblick wählte ich den besten und wohl einzigen Zeitraum, um eine solche landesweite Reise zu unternehmen. Obwohl es nirgendwo wirklich sicher war, gab es im Mai und Juni eine Waffenruhe, denn die großen Kampfhandlungen waren vorbei, und die Aufständischen hatten sich noch nicht organisiert. Später, als Teile des Iraks in apokalyptischer Gewalt versinken sollten, hätte ein Journalist nicht im Traum an die Orte reisen können, die ich aufsuchte.

Nach meiner Ankunft in Bagdad musste ich zunächst eine gute Unterkunft finden. In jeder Kriegshauptstadt scheint es ein Hotel zu geben, in dem sich die meisten Journalisten zusammenrotten. In Saigon war es das Graham Greene's Hotel Continental, in Beirut das Intercontinental, in Sarajewo das Holiday Inn und in Kabul das Mustafa. In Bagdad schien die dubiose Ehre dem Palestine Hotel zuteilzuwerden. Das hässliche Betonhochhaus am Tigris war komplett von großen Fernsehsendern belegt. CNN hatte fast das gesamte Erdgeschoss in ein voll ausgerüstetes Studio verwandelt. Für Aufsager gingen die Reporter aufs Dach, von wo sie und die TV-Zuschauer auf jenen Platz blicken konnten, wo amerikanische Soldaten die große Saddam-Statue umgerissen hatten. Obwohl das Palestine von schwer bewaffneten Soldaten, Betonblöcken und Stacheldraht geschützt war, wurde es bald zu einem Lieblingsziel für Bomben- und Granatenanschläge der Aufständischen. Für Journalisten, die diese Bunkeratmosphäre (oder die Gesellschaft von Fernsehleuten) nicht mochten, gab es aber glücklicherweise eine Alternative: das Al-Hamra-Hotel.

Versteckt hinter hohen Mauern im ruhigen Wohnbezirk Jadriyah in Osten Bagdads und einst der saddamtreuen Elite vorbehalten, wirkte das Al Hamra wie aus einem Club-Med-Katalog. Es hatte angenehme Zimmer westlichen Standards und ein gutes Restaurant mit abgefahrenem 1970er-Jahre-Plastik-Dekor. Der Knaller war der palmenbewachsene Innenhof mit dem großen, schönen Pool. Er war abends das Zentrum allen Geschehens, wenn die Reporter und Fotografen verschwitzt und mit Wüstensand in den Haaren von ihren Einsätzen zurückkehrten, um in das wunderbar kühle Nass zu springen und ein noch kühleres Bier zu trinken. Der von unten beleuchtete Pool war groß genug, um darin Bahnen zu ziehen, aber die meisten tobten nur im Wasser herum, während weiß befrackte Kellner an den umstehenden Tischen Dinner und Drinks servierten. Später am Abend zogen sich besonders die amerikanischen Kollegen, die wegen des Zeitunterschieds sehr bequeme Deadlines hatten, zum Partymachen auf jemandes Zimmer zurück. Dort floss noch bis spät in die Nacht billiger Fusel in die Pappbecher, und dicker Qualm drang aus den Fenstern. So entspannend die Ferienatmosphäre im Al Hamra war, in einem Kriegsgebiet war sie geradezu absurd unpassend. Lange konnte das nicht gutgehen.

Als ich im Al Hamra ankam, war die »Szene« gerade voll in Schwung. Einige der besten und mutigsten Kriegsreporter und Fotografen der Branche hingen am Pool ab. Viele von ihnen waren bei US-Truppeneinheiten *embedded* gewesen und hatten die gesamte Invasion vom Truppenaufbau in Kuwait bis zur Befreiung von Bagdad gecovert. Andere, wie etwa mein Freund und Balkan-Veteran Peter Maass vom *New York Times Magazine*, waren größere Risiken eingegangen, hatten ihre eigenen Jeeps gemietet und waren unabhängig auf den Schlachtfeldern unterwegs gewesen. Vom Pool grüßten mich Alan Chin, der Fotograf für die *New York Times*, und die Autorin Elizabeth Rubin, die ich beide seit Kosovo-Tagen nicht mehr gesehen hatte. An der Bar versuchten einige Kollegen, ihre Laptops an Satellitentelefone anzuschließen, um Texte und Fotos an ihre Arbeitgeber daheim zu schicken.

Unterdessen drehte der *Miami-Herald*-Fotograf Carl Juste, ein lebhafter Florida-Haitianer mit langen Dreadlocks, die Stereoanlage für etwas Reggae auf und verteilte köstliche wodkagetränkte Melonenscheiben. Azadeh Moaveni, die in Persien geborene Korrespondentin der *L.A. Times*, saß anmutig auf einer weißen Hollywood-Schaukel und kühlte ihr Gesicht mit Evian-Spray. Die meisten Leute waren in meinem Alter, wenn nicht jünger. Die einzigen Araber waren die Kellner, Dolmetscher und Rebecca, ein fröhliches Collegegirl aus dem Libanon, das gerade beim *Boston Globe* angeheuert hatte. An einem separaten Tisch saßen die Briten, unter ihnen meine alten *Telegraph*-Kollegen Christina Lamb und Philip Sherwell, tranken Bier und gaben ironische Kommentare zum Geschehen ab.

Da ich seit meiner Abreise aus Belgrad meist allein und an Randorten gearbeitet hatte, kannte ich sonst gar nicht so viele Kollegen. Es war schön, endlich mal wieder Gesellschaft zu haben, aber in den folgenden Tagen fragte ich mich, ob ich wirklich wieder Teil des *hack pack*, der Reporterrotte, sein wollte. Sicher, es gab Kameradschaft und einen *esprit de corps* unter Journalisten, und manche halfen einander auch, aber ebenso gab es kleinliche Rivalitäten und Eifersüchteleien, besonders unter den Agenturreportern und den Fotografen. Man konnte das Zischen sich aufblasender Egos hören, während die

Journalisten in Prahlmodus umschalteten und gegenseitig haarige Storys über ihre Heldentaten »da draußen« zum Besten gaben. Jedwede ernsthafte Unterhaltung über die Politik vor und in diesem Krieg galt hingegen als ein Verstoß gegen die Coolness. Wie die einfachen Soldaten im Feld schienen sich die meisten Reporter nie zu fragen oder infrage zu stellen, warum sie eigentlich im Irak waren. Sie waren weder für noch gegen den Krieg – sie waren im Krieg, und das war zugleich ihre Haltung.

Während sich die Mehrheit unter ihnen vage als Bush-Gegner beschrieben hätte, löste sich ihre liberale Einstellung schnell auf, sobald ihnen klarwurde, dass der Krieg gut bezahlte Arbeit versprach. Anfangs waren viele amerikanische Reporter kaum mehr als Cheerleader für »unsere Truppen«, und ihr unkritischer Patriotismus ertränkte alle Zweifel, die sie vor der Invasion einmal empfunden haben mochten. »Ich bin zuerst Amerikaner und dann Journalist«, erklärte mir ein Kollege aus Washington, DC. Erst als der Krieg nicht enden wollte und die eigenen Verluste schlimmer wurden, begannen amerikanische Journalisten mehr auf die vielen Fehler zu achten, die die militärische und zivile Verwaltung der Besatzer beging.

Die Szene im Al-Hamra-Hotel hätte jedenfalls direkt aus Evelyn Waughs *Scoop* stammen können, dem satirischen Roman über Reporter, die während des Abessinischen Krieges in den 1930er-Jahren im Imperial-Hotel in Addis abhingen. Nur wenige der Kollegen um den Al-Hamra-Pool entsprachen allerdings Michael Herrs Beschreibung seiner Kollegen in Vietnam als »Thrill-Freaks, Todsehnsüchtige, Wundensuchende, Kriegslover und Helden-Verehrer«. Es gab weder einen Tim Page noch einen Sean Flynn im Irak. Die meisten Kriegsreporter waren ziemlich normale und wenig glamouröse Typen, die ihren Job machten. Die Ankunft von Leuten wie mir sahen sie als ein untrügliches Zeichen dafür, dass der Krieg nun wirklich vorbei war und Frieden im Irak einkehrte.

Zum Glück war ich nicht der Einzige, der nicht so recht in die Runde passte. Andere wenig konflikterfahrene und einige sehr eigenartige Charaktere reisten aus den USA an. Unter ihnen war eine hübsche ehemalige Lehrerin, nun Journalistin, die im Auftrag der Modezeitschrift *Elle* über Frauen im Irak schreiben wollte. Dann war da noch eine New Yorkerin namens Ann, die ihre Karriere an der Wall Street aufgegeben hatte, um eine rechte Autorin und selbst ernannte Orientalistin zu werden. Immer darauf bedacht, ihre intellektuellen Neigungen zu betonen, erschien sie am Al-Hamra-Pool mit einem Stapel arabischer Lehrbücher unterm Arm. Kurz entschlossen schritt Ann zu einem besetzten Tisch, mit einer Zeitung wedelnd.

»Ich habe die letzte Ausgabe des *New York Review of Books* mitgebracht«, verkündete sie mit gewissem Pomp. »Wäre jemand daran interessiert?«

Die Gruppe müder und hartgesottener Kriegsreporter, die sich nach einem langen Tag zu entspannen versuchte, blickte leicht genervt zu ihr hoch.

»Nein danke, aber falls du eine Ausgabe vom *Mad Magazine* dabeihast, die würde ich lesen«, sagte ein amerikanischer Fotograf lakonisch.

Ann behielt ihre Zeitung und schlussfolgerte deutlich vernehmbar, dass außer ihr selbst offenbar keine Harvard-Absolventen zugegen seien. Auf die Frage, für wen sie arbeite und was ihr Auftrag im Irak sei, antwortete Ann, dass sie an einem Buchprojekt arbeite.

»Wie interessant – worüber?«, fragte jemand höflich nach.

»Ich werde achtzehn arabische Männer ausfindig machen, um mit ihnen zu schlafen und darüber zu schreiben«, antwortete Ann todernst.

In die verblüffte Stille um den Tisch hinein spekulierte Ann über die großartige kulturelle Erfahrung, die der Sex mit Arabern ihr als amerikanischer Jüdin verschaffen werde, deren Stammbaum »bis zu König David« zurückreiche.

»Warum achtzehn?«, fragte jemand vorsichtig nach. Ann erklärte, dass sie nur drei Wochen Zeit habe, um ihre Aufgabe zu erfüllen. Sie sei gut bekannt mit Ahmed Chalabi, dem vom Pentagon unterstützten schiitischen Exilpolitiker, und daher optimistisch, einige Männer aus seiner Entourage ins Bett zu bekommen. Ann war zweifellos entschlossen, sich in ernsthaften *Hearts-and-minds*-Aktionen zu engagieren. Wir alle nahmen uns vor, unsere irakischen Dolmetscher vor ihr zu verbergen.

Das Al Hamra zog auch Leute aus der NGO-Community und die zivilen Verwalter des Office for Reconstruction and Humanitarian Aid (ORHA) an, das gerade in Coalition Provisional Authority (CPA) umbenannt wurde. Mit militärischem Schutz kamen sie herüber aus der *Green Zone*, einem riesigen und streng geschützten Areal am Südufer des Tigris, wo das US-Militär in die wenigen unzerstörten Paläste Saddams eingezogen war. Der bekannteste von ihnen war der Palast der vier Köpfe, benannt nach den vier gigantischen behelmten Bronzebüsten von Saddam auf dem Dach. In den vergoldeten und marmornen Hallen mit Gemälden im *Faux*-Michelangelo-Stil von irakischen Scud-Raketen (Massenvernichtungswaffen, endlich!) hatten die Truppen Feldbetten und metallene Schreibtische aufgebaut. So muss es ausgesehen haben, als die Barbaren in Rom einfielen.

Einmal ging ich in den Palast, um einen ehemaligen Shell-Manager zu interviewen, der nun damit beauftragt war, die irakische Ölindustrie wieder in Schwung zu bringen. Die CPA-Pressefrau, die mich zum Büro des Amerikaners brachte, fragte mich, wie es »draußen« in der Stadt aussehe. Wie die meisten CPA-Mitarbeiter war sie seit ihrer Ankunft einige Wochen zuvor noch nicht ein einziges Mal außerhalb der *Green Zone* gewesen. Sie verriet mir auch, dass noch nicht einmal ein halbes Dutzend CPA-Angestellte überhaupt arabisch sprachen.

Da die Pressekonferenzen in der *Green Zone* mit mehreren Sicherheitschecks und langen Fußmärschen in der Hitze verbunden waren, zogen es die Journalisten vor, dass die CPA-Verwalter für Interviews ins Al Hamra kamen. Das Problem war, dass sie entweder nicht viel über die Lage im Land zu wissen schienen oder uns nicht erzählten, was sie wussten. Praktische Fragen – etwa warum Bagdads Kraftwerke noch immer nicht so viel Strom wie vor dem Krieg produzierten oder warum nicht gegen die Plünderer und Banditen vorgegangen wurde – wurden meist mit einem Achselzucken beantwortet, obwohl genau diese Themen für viel Frust und Wut unter den Irakern sorgten. Stattdessen handelte das Stadtgespräch in der *Green Zone* von den Machtkämpfen in Washington zwischen dem Pentagon und dem US-Außenministerium. Der hilflose, alternde

General Jay Garner, Bushs erste Wahl als Chef vom ORHA, war gerade entlassen und durch den Karrierediplomaten Paul Bremer ersetzt worden. Als ich Garner eines Abends im Al Hamra traf, fragte ich ihn, was schiefgelaufen war.

»Wir versuchen mit aller Kraft, die Dinge wieder in Gang zu bringen, aber die Lage ist etwas anders als das, was wir erwartet hatten«, sagte mir Garner, nervös mit dem Goldkettchen an seinem Hals spielend. Garner zum Sündenbock zu machen, war natürlich unfair, denn die Bush-Regierung hatte ihm nie auch nur annähernd ausreichend Manpower, Geld und Expertise für seine Mission mitgegeben. Die Kriegsplaner im Weißen Haus und im Pentagon waren immer von einem naiven *best-case-scenario* ausgegangen, in dem die Iraker die US-Truppen als Befreier mit Blumen begrüßen würden, woraufhin das irakische Staatswesen und die Wirtschaft ohne große Hilfe durch die Besatzer weiterfunktionierten. Niemand rechnete damit, dass Plünderer und Kriminelle das Machtvakuum derart massiv und ungehindert ausnutzen würden. In der allgemeinen Anarchie brachen Staat und Wirtschaft komplett zusammen, sodass die Besatzer bei Null anfangen mussten, worauf sie völlig unvorbereitet waren. Die Inkompetenz der Bush-Regierung, die anstatt fachkundiger Experten verdiente, aber ahnungslose Parteigänger in den Irak schickte, war atemberaubend. Sie hatte den Krieg gewonnen und verlor den Frieden.

Der ehrgeizige Botschafter Bremer, zum *De-facto*-Gouverneur des Iraks mit umfassenden Vollmachten eingesetzt, und sein CPA-Team hatten vielleicht die besten Absichten für den Umbau des Iraks in eine kapitalistische Demokratie. Aber angesichts der sich rapide verschlechternden Sicherheitslage waren viele der *Nation-building*-Projekte realitätsferne Spinnereien, ausgedacht in Washington oder im abgeschotteten Wolkenkuckucksheim der *Green Zone*. Bremer machte alles nur noch schlimmer, indem er eigenmächtig die irakische Armee auflöste sowie einen Großteil der ehemaligen Baath-Parteimitglieder aus dem Staatsdienst entließ. So machte er sich und Amerika über Nacht hunderttausende Feinde, die sich den Aufständischen anschlossen. Oft musste ich an ein Zitat Churchills denken: »Nie, nie, nie sollte man glauben, dass ein Krieg glatt und einfach verlaufen wird oder dass jemand, der auf diese seltsame Reise geht, die Gezeiten und Hurrikane absehen kann, die ihn erwarten.«

Ein Mensch, der aus der bunten Gesellschaft des Al Hamra hervorstach, war die unverwechselbare Menschenrechtsaktivistin Marla Ruzicka. Sie war eine süße, blonde Kalifornierin von Mitte zwanzig, mit der ich schon ein Jahr zuvor in Kabul viel gelacht und getrunken hatte. Sie gehörte nicht zu den bisweilen etwas selbstgerechten Gutmenschen, sondern war einer der lebensfrohesten Menschen im Al Hamra. Wegen ihrer überschäumenden und manchmal albernen Art trug sie den Spitznamen »Bubbles«, und anfangs konnte sie tatsächlich wie ein blauäugiges College-Girl rüberkommen. Aber unter ihrer scheinbaren Naivität verbarg sich eine mitfühlende und durchsetzungsstarke Aktivistin, die hart arbeitete, um den zivilen Opfern des Kriegs zu helfen. Mit einem exzentrischen flauschigen Wintermantel und Schneestiefeln gegen die Kälte gewappnet, war Marla in Afghanistan von Tür zu Tür gegangen, um die Anzahl der während des Luftkriegs verwundeten und getöteten Zivilisten festzustellen. Auch im Irak verlieh Marla den »Kollateralschäden« menschliche Gesichter und bedrängte das US-Militär hartnäckig, Schmerzensgeld an betroffene Familien zu zahlen. Nachdem sie ihre eigene kleine Organisation gegründet hatte, die Kampagne für zivile Opfer in Konflikten (CIVIC), brachte sie sogar den US-Kongress dazu, Millionen von Dollar Hilfsgelder für Opfer bereitzustellen.

Wegen ihres unkonventionellen Vorgehens – etwa weil sie mit den US-Militärs zusammenarbeitete und nicht gegen sie – wurde Marla von vielen in der Menschenrechts-Community gemieden. Vielleicht missbilligten sie auch Marlas Feierlaunen. Die besten Partys organisierte sie selbst. In Afghanistan hatte sie sogar eine Bar aufgemacht, den Club Kabul, um Geld für ihre Sache einzutreiben. Bei all ihren Partygirl-Auftritten konnte man nur beeindruckt sein von ihrem pragmatischen Idealismus, der anders als unsere journalistische Arbeit tatsächlich etwas Nützliches bewirkte. Einmal erzählte ihr ein Reporter von einem Bagdader Stadtteil, wo herumliegende amerikanische Streubomben noch immer spielende Kinder töteten. Während die Journalisten pflichtbewusst ihre Artikel schrieben, ohne aber den Menschen helfen zu können, rief Marla ihre

Kontaktpersonen beim US-Militär an. Zwei Tage später rückten Soldaten in dem Stadtteil an und räumten alle Streubomben. Nachdem sie so vielen unschuldigen Opfern des Kriegs geholfen hatte, wurde sie selbst eines: Am 16. April 2005 – zu einer Zeit, als die eskalierende Gewalt die meisten Journalisten aus dem Irak vertrieben hatte – kam sie bei der Explosion einer Autobombe in Bagdad ums Leben. Sie wurde 28 Jahre alt. Immer wenn ich an sie denke, muss ich zugleich lachen und weinen.

Während der Woche, die ich im Al Hamra verbrachte, wurde die allgemeine Stimmung immer aufgeregter, da der Rebellenaufstand an Fahrt gewann. Reporter berichteten, dass in den sunnitischen Städten Ramadi und Falludscha sowie in Sadr City, Bagdads ärmstem Schiiten-Stadtteil, neue Gewalt aufflammte. Die Fotografen zogen sich wieder schusssichere Westen an. Carl trug sogar einen Helm. Eines Abends kam eine Gruppe Reporter, die zur syrischen Grenze gefahren war, zurück zum Hotel. Schrecken stand ihnen ins Gesicht geschrieben: Sie waren unter Beschuss geraten, als ein US-Militärkonvoi, der vor ihnen fuhr, von Saddam-Loyalisten angegriffen wurde.

»Es war sehr eng«, sagte einer von ihnen ohne eine Spur der üblichen Großtuerei. Am letzten Tag meines Aufenthalts im Al Hamra marschierte plötzlich ein Trupp grimmiger US-Marines ins Hotel und durchsuchte das Gelände nach Bomben. Bekannt als westliche Enklave, hatte das Hotel Bombendrohungen erhalten. Die meisten von uns machten nervös Scherze über den Überraschungsbesuch am Pool, aber im Stillen wurde uns allen klar, wie einfach es wäre, einige Granaten über die Mauer genau auf unsere Tische zu werfen. Am folgenden Tag brachte die US-Armee vor dem Hotel zwei Panzer in Stellung und positionierte Wachen. Aus Angst vor Scharfschützen oder Autobomben wurde davon abgeraten, die Außenbalkone der Zimmer zu betreten. Die Party ging zu Ende. Wir waren Zielscheiben geworden. (Im November 2005 kamen bei einem Bombenanschlag auf das Al Hamra acht Menschen ums Leben. Bei einem weiteren Anschlag im Januar 2010 wurde das Hotel komplett zerstört, wobei es 36 Tote und dutzende Verletzte gab.)

Meine Ölrecherchen in Bagdad waren erledigt, und es war Zeit, den Rest des Landes zu bereisen. Wie überall musste ich zunächst einen guten lokalen Fixer finden, der für mich dolmetschen und mir assistieren konnte. Das war schwieriger als üblich in Bagdad. Anderswo, so etwa in der ehemaligen Sowjetunion, ging ich einfach zur Fremdsprachenfakultät einer lokalen Universität und engagierte eine enthusiastische Studentin für den Tag. In Usbekistan assistierte mir zwei Wochen lang ein sehr kompetentes russisches Mädchen, das ich in einer Bar in Taschkent kennengelernt hatte.

In Bagdad schienen alle talentierten Iraker, die gutes Englisch sprachen, bereits entweder für die Besatzer oder andere Journalisten zu dolmetschen. Die meisten Kollegen konnten höhere Tagessätze zahlen als ich. Die TV-Sender gaben für einen guten Fixer bis zu 200 Dollar pro Tag aus. Sicherheit war ein weiteres Problem. Immer häufiger wurden Westler gekidnappt, und ich wollte nicht bei einem Fixer landen, der mich den Aufständischen oder anderen kriminellen Banden übergeben würde. Schon nach einem ersten Treffen musste ich mich entscheiden, ob ich jemandem genug trauen konnte, um mein Leben in seine Hände zu geben. Vor dem Hotel Palestine hingen immer mehrere irakische Männer ab und boten Journalisten ihre Dienste an. Einige von ihnen hatten vor dem Krieg als Begleiter oder Aufpasser in Saddams Informationsministerium gearbeitet und erfanden sich jetzt als Demokraten neu. Einige waren sogar so dreist, sich als Opfer des Regimes darzustellen. Ein Typ, mit dem ich mich im Restaurant des Hotels Palestine traf, trug noch einen Saddam-Schnurrbart und schien so zwielichtig, dass ich ihm nicht einmal meinen Namen verriet.

Schließlich hinterließ mir ein kanadischer Kollege, der den Irak verließ, mit warmen Empfehlungen seinen Fixer. Hassan war ein selbstbewusster junger Mann mit einem gewinnenden Lächeln. Wir fuhren zusammen zu den Ruinen von Babylon. Auf der Fahrt unterhielt er mich mit lustigen Geschichten von seinem zweiten Job als Halbtagsdolmetscher für die US-Infanterieeinheit, die in seinem Stadtteil patrouillierte.

»Oft geht es in meinem Job weniger darum, Sprache zu übersetzen, als darum, den amerikanischen Soldaten zu helfen, kulturelle Fehler zu vermeiden«, erzählte mir Hassan mit kluger Miene. Ihr

Hauptproblem war aus seiner Sicht, dass sie nicht verstehen konnten, warum die Iraker sie nicht als Befreier begrüßten und mit Blumen überhäuften, sondern sie stattdessen als Besatzer sahen.

»Ich habe ihnen schon so oft gesagt, dass sie unseren irakischen Mädchen nicht zuwinken sollen, weil das respektlos ist. ›Wenn Ihr die Mädchen grüßen wollt, dann tut dies in euren Herzen, aber winkt ihnen um Himmels willen nicht zu‹, sage ich immer wieder zu ihnen.« Besonders unverschämte Soldaten würden ihn dann fragen, ob er ihnen weniger prüde Mädchen vorstellen oder ihnen den Weg zu einem Bagdader Bordell zeigen könne.

»Das beleidigt mich«, sagte er mir. »Ich bin doch kein Zuhälter.«

Leider ließ es Hassan oft selbst an Respekt vermissen, gerade im Umgang mit anderen Irakern, die wir interviewten oder deren Hilfe wir brauchten. Er war grob und aggressiv zu ihnen, als ob seine Tätigkeit für einen Ausländer ihn irgendwie über seine Landsleute stellte und ihm das Recht gab, sie herumzukommandieren. Ich fragte mich, ob er sich diese arrogante Einstellung bei seinem Job für das US-Militär zugelegt hatte. Für meine Arbeit war sie jedenfalls höchst kontraproduktiv, weil es die Leute einschüchterte und abstieß. Wie viele Dolmetscher hatte Hassan auch die ärgerliche Angewohnheit, Fragen und Antworten umzuformulieren. Es kann sinnvoll sein, die Fragen eines Reporters nicht eins zu eins zu übersetzen (besonders wenn sie auf eine unverblümte deutsche Weise gestellt werden), sondern sie an lokale Kodizes und Empfindlichkeiten des Interviewpartners anzupassen. Hassan aber tat genau das Gegenteil, indem er den Leuten das Gefühl gab, im Kreuzverhör zu stehen. Schlimmer noch, er übersetzte ihre Antworten nicht genau, sondern fasste sie grob zusammen oder erzählte mir, was der Interviewte seiner Meinung nach hätte sagen sollen. Oft hatte ich den Eindruck, dass ich Hassan interviewte.

Selbst unseren Fahrer beleidigte er, einen sanften Gentleman, der jeden Morgen mit seinem alten Mercedes vor dem Al Hamra auf mich wartete. Während der Fahrt zog Hassan über ihn her und nannte ihn einen ignoranten Bauern, wahrscheinlich in der Annahme, dass der Fahrer seine verächtlichen Bemerkungen nicht verstand. Als ich den Fahrer verteidigte und Hassan bat, einem älteren

Herrn mehr Respekt zu zollen, drehte sich der Fahrer zu mir um und dankte mir zu meiner großen Verwunderung in fehlerlosem Englisch. »Dieser junge Mann hat ja keine Ahnung davon, was meine Generation durchgemacht hat«, sagte er. Ich habe Hassan danach nie wieder engagiert. Eigentlich brauchte ich keinen professionellen Fixer, sondern einen Reisegefährten wie meinen afghanischen Freund Baqi, einen sympathischen und intelligenten Iraker, der mir sein Land zeigen und erklären könnte.

Durch Zufall oder Schicksal lernte ich Chaukat kennen. Er arbeitete in einem kleinen Restaurant nicht weit vom Al Hamra, in dem ich eines Nachmittags eine Cola trank. Wir kamen ins Gespräch. Chaukat war ein gebildeter, bebrillter Ingenieur von Anfang vierzig, der gut Englisch sprach. Er trug Stoffhosen und ein sauberes, gebügeltes Hemd. Er war ungewöhnlich groß gewachsen, hatte einen ordentlichen Bauch und war liebenswert drollig. Seine riesige Nase erinnerte mich an Gérard Dépardieu. Da er gerade ohne Stelle war, half er in dem Restaurant aus, das seinem Bruder gehörte. Ich fragte ihn, ob er mich auf einer Reise durch den Irak begleiten würde. »Es wäre mir eine große Freude«, sagte er.

Als Erstes fuhren wir zu den Killing Fields von Hillah. Chaukat war von den Massengräbern ebenso schockiert wie ich. Wie die meisten Schiiten konnte er viel davon erzählen, wie seine Familie unter dem sunnitisch dominierten Saddam-Regime gelitten hatte. »Zu wissen, dass Saddam noch am Leben ist und sich irgendwo im Irak versteckt, lässt mich vor Angst erzittern«, sagte er. Dennoch war die Lust auf Rache, die viele Schiiten an den Sunniten üben wollten, dem säkular gesinnten Chaukat fremd. Er betrachtete sich eher als irakischer Bürger denn als Schiit. Wir fuhren weiter zu den schiitischen Städten Nadschaf und Kerbala, wo wir die Rückkehr von Ayatollah Mohammed Baqr al-Hakim nach zwei Jahrzehnten Exil im Iran miterlebten. Als spiritueller und politischer Führer der Schiiten wurde er an dem Tag von einer riesigen Menschenmenge in der Imam-Hussein-Moschee empfangen. »Hakim! Hakim! Unsere Seele, unser Blut geben wir für dich!«, skandierten die jungen Männer, schlugen sich auf die Brust und schwenkten grüne Fahnen. Unter ihnen waren Kämpfer der Badr-Brigaden, Hakims privater Schiiten-Miliz.

Die Parallelen zu Ayatollah Khomeinis Heimkehr in den Iran 1979 waren auffällig, und gewiss beobachteten einige amerikanische CIA-Agenten das Ereignis ganz genau. In seiner Ansprache, die der aufgeregte Chaukat für mich übersetzte, erinnerte Hakim an den Märtyrertod des Imam Hussein in der Schlacht von Kerbala im Jahr 682 und verglich ihn mit dem Leid der Schiiten unter Saddam. Die Menge reagierte heftig auf Hakims Worte. Sogar die alten, bärtigen Männer um mich herum brachen in Tränen und lautes Schluchzen aus. Wie zu erwarten war, wetterte Hakim gegen die amerikanische Besetzung des Iraks, aber zugleich forderte er seine Anhänger auf, geduldig zu sein, und sprach sich gegen eine islamistische Theokratie wie im Iran aus. Der 63-Jährige war offensichtlich pragmatischer als das geistliche Oberhaupt der Schiiten, der hoch angesehene Großayatollah Ali al-Sistani, und vor allem moderater als sein junger Rivale, der hitzköpfige Ayatollah Moqtada al-Sadr. Vielleicht hätten die Amerikaner mit Hakim besser klarkommen können als mit Sistani und Sadr. Aber schon Ende August 2003 wurden Hakim und etwa achtzig andere Menschen nach dem Freitagsgebet im goldenen Schrein des Imam Ali in Nadschaf bei einem Bombenanschlag getötet. Wer die Täter waren, kam nie heraus. In seiner letzten Predigt hatte Hakim von der notwendigen Einheit des Iraks gesprochen.

Als Nächstes reisten Chaukat und ich in die Städte Erbil und Suleymania im kurdischen Teil des Iraks, der seit der Operation Wüstensturm im Jahr 1991 halb autonom gewesen war. Am Tag unserer Ankunft in Suleymania traf auch CPA-Chef Bremer in einem Flugzeug der US Air Force zu Konsultationen mit Jalal Talabani und anderen kurdischen Führern ein. Bremers braune Caterpillar-Stahlkappenstiefel passten so gar nicht zu seinen glatt gegelten Haaren und dem Nadelstreifenanzug mit weißem Einstecktuch, aber die Kurden empfingen ihn mit großem Jubel. Hier endlich wurden die Amerikaner als Befreier gefeiert. Kinder hielten *»Thank-you-Mr.-Bush«*-Schilder hoch, und kantige Peschmerga-Kämpfer schwangen begeistert ihre Gewehre amerikanischen Prädikats. Als der lange Autokonvoi vom Flughafen in die Stadt raste, schob sich unser Fahrer geschickt hinter Bremers Limousine, und ich konnte der Versuchung nicht widerstehen, den jubelnden Menschen huldvoll zuzuwinken, woraufhin mir kurdische Mädchen Blumen zuwarfen. Es muss schön sein, ein Befreier zu sein.

Die kurdische Freude über Saddams Sturz verstand ich gut nach einem Ausflug in die nahe gelegene Stadt Halabscha, über der irakische Kampfflugzeuge 1988 Giftgas abgeworfen und damit tausende unschuldiger Zivilisten getötet hatten. Ich brachte den ganzen Tag damit zu, Überlebende von damals zu interviewen. Unter ihnen war ein junger Mann, der mir die erschütternde Geschichte erzählte, wie er als achtjähriger Junge mit seinen Eltern und Geschwistern vor den Bomben zu flüchten versucht hatte. Im Laufen ließ ihn das Gas erblinden und in der Dunkelheit verlor er alle Menschen, die er liebte. Alle kamen sie um – außer ihm.

»Noch heute höre ich die Stimme meiner Mutter, wie sie mir zurief, weiterzurennen, nachdem meine Hand aus ihrer geglitten war.«

Ein weiterer Ort, den ich besuchte, war ein kleines Dorf in den Bergen, wo das Saddam-Regime in einer versteckten Fabrik angeblich chemische Kampfstoffe produziert hatte, wie Colin Powell in seiner berüchtigten Diashow vor dem UN-Sicherheitsrat behauptet hatte. Als Beleg hatte Powell eher unscharfe Satellitenfotos präsentiert. Für jeden, der über ein wenig geografisches Wissen verfügte, war der Vorwurf erkennbarer Unsinn: Warum sollten die Iraker Waffen in einem Gebiet herstellen, das seit 1991 von ihren kurdischen Feinden kontrolliert wurde? Dass diese Frage nach Powells Rede in den amerikanischen Medien nicht ein einziges Mal gestellt wurde, war nur eine weitere deprimierende Absurdität im Vorfeld des Kriegs. Wie vorherzusehen war, fand ich an dem Ort, der gründlich bombardiert worden war, keine Spur von einer Waffenfabrik. Es war ein einfaches Bergdorf aus Steinhäusern, nun zerstört, in dem Schafe auf den Weiden grasten. Einem chemischen Kampfstoff ähnelte am ehesten eine Dose pasteurisierter Milch, die ich in einem Bombenkrater fand.

Nach einem ereignislosen Besuch in Mosul, der nördlichsten Stadt des Landes, und bei den beeindruckenden Ruinen der assyrischen Stadt Niniveh reiste ich nach Kirkuk, um die Recherchen für die Ölstory abzuschließen. Die historische kurdische Stadt Kirkuk wurde inzwischen von vielen Arabern bewohnt, die unter Saddam hierher umgesiedelt wurden, und beide Volksgruppen führten bereits einen Machtkampf um die Stadt und die nahe gelegenen Ölfelder. Die meisten Funktionäre der staatlichen Iraq National Oil Company in Kirkuk waren alte Baath-Parteimitglieder. Sie hegten ein tiefes Misstrauen gegenüber den muskulösen Amerikanern des Ingenieurskorps der US Army und der Halliburton-Tochterfirma Kellogg, Brown & Root, die sich darangemacht hatten, die alten und rostigen Produktionseinrichtungen zu reparieren. Wenn die Amerikaner wegen des Öls in den Irak gekommen waren, dann hatten sie noch eine Menge Arbeit vor sich. Ich erinnerte mich an einen ironischen Autoaufkleber, den ich vor dem Krieg in New York gesehen hatte: »Wie zum Teufel ist unser Öl unter ihren Sand geraten?« Angesichts des erbärmlichen Zustands der irakischen Ölanlagen würde es jedenfalls verdammt schwierig werden, das Öl zurückzuholen.

Je länger ich im Land unterwegs war, desto mehr wurde mir bewusst, dass mir diese Reise nicht gefiel. Zum einen, und das hatte ich noch nie erlebt, begann mir Laila zu fehlen. Besonders nach dem traurigen Tag in Halabscha vermisste ich die zärtliche Liebe meiner Freundin und wünschte mir, ich könnte sie fest in den Armen halten. Auch hatte ich plötzlich Angst, dass Laila zu Hause etwas zustoßen könnte und wir uns nie wieder sehen würden. Da ich kein Satellitentelefon hatte, konnte ich sie nicht anrufen, aber nachts hörte ich Musik von St. Germain und blickte zu unserem Stern, dem Nordstern, empor. Das beruhigte mich. Gleichzeitig wurde mir bewusst, dass ich den Irak zu hassen begann. Das Land hatte nichts von der Schönheit und Romantik, die ich in Afghanistan gesehen hatte, weder was die Landschaft betrifft noch die Menschen. Außer einigen Hügeln im Norden bestand der Großteil des Landes aus öder Steppe und Wüste. Abgesehen von einigen hübschen Moscheen glichen die Städte üblen Müllhalden.

Und die Iraker waren ein seltsames Volk. Wie die meisten Araber aßen sie tonnenweise fettiges Fleisch und hörten grauenhafte orientalische Popmusik. Sie rasierten sich kaum, aber daraus entstanden keine langen, ansehnlichen Bärte wie die der Afghanen, sondern nur struppiges Gewölle. Viele Männer waren ständig und ohne erkennbare Gründe aufgeregt und fuchtelten wild mit den Armen herum. Andere wiederum waren mürrisch, misstrauisch und von einer Aggressivität, wie sie unterdrückter sexueller Frust hervorbringt. Obwohl ich das Leiden der Iraker nachempfand, ärgerte es mich, dass die Freude über die Befreiung vom Tyrannen bald endloser Meckerei wich. Es war nahezu unmöglich, einen Tee mit irakischen Männern zu trinken, ohne sich laute und langatmige Verschwörungstheorien über die CIA und Israel anhören zu müssen. Nach Jahrzehnten Krieg und totalitärer Tyrannei erschienen mir die Iraker wie ein tief traumatisiertes und gebrochenes Volk.

Zwei Wochen nachdem wir Bagdad verlassen hatten, erreichten Chaukat und ich Falludscha, das Zentrum des neuen gewalttätigen Widerstands gegen die amerikanischen Besatzer. Angesichts der wachsenden Feindseligkeit zwischen Sunniten und Schiiten hatte ich Chaukat gefragt, ob er sich wohl dabei fühle, in das von sehr konservativen Volksstämmen geprägte sunnitische Dreieck zu reisen, wo Schiiten nicht mehr willkommen waren. Getreu seinen weltlichen Überzeugungen antwortete Chaukat, dass er ein Iraker wie jeder andere sei und so ohne Probleme mit Sunniten sprechen könne.

»Außerdem können sie ja nicht äußerlich erkennen, dass ich Schiit bin«, fügte er schmunzelnd hinzu. »Wir werden ja nicht über Theologie mit ihnen diskutieren, oder?«

Trotz Chaukats stoischer Ruhe gab es keinen Ort im Irak, den ich von der ersten Minute an weniger mochte als Falludscha. Während meiner Reise hatte ich oft über den kühnen Masterplan der Bush-Regierung nachgedacht, den Irak in eine westliche Demokratie zu verwandeln. »Und was ist, wenn es doch funktionieren sollte?«, hatte ich mich manchmal gefragt. Es wäre zweifellos eine großartige Leistung, die allen Beteiligten nützen würde. Die Dinge, die ich in Falludscha zu sehen bekam, zerstörten jedoch solche optimistischen Gedanken. Sie wichen erst milder Skepsis, dann schierem Entsetzen. Mir wurde klar, zunächst als ein Bauchgefühl, dass die Situation im Irak so schlimm werden könnte wie einst in Vietnam, wenn auch auf andere Weise, und dass die USA diesen Krieg doch noch verlieren würden.

Die Lage in Falludscha war gespannt. Kurz vor unserer Ankunft war eine Demonstration von Bewohnern gegen die Besetzung einer Schule durch das US-Militär außer Kontrolle geraten. Amerikanische Soldaten hatten in die Menge geschossen und fünfzehn Menschen getötet. Seitdem wurden die Truppen jede Nacht und manchmal sogar tagsüber angegriffen. Die Rebellen setzten Minen und Granaten ein, wobei mehr Amerikaner verwundet und getötet wurden als irgendwo sonst im Irak seit dem (offiziellen) Ende des Kriegs.

Als Reaktion entsandten die Kommandeure der US Army die gefürchtete Sparta-Brigade der 3. Infanteriedivision nach Falludscha. Deren Mitglieder waren nicht als Verkehrspolizisten, sondern zum Töten ausgebildet. Sie führten nächtliche Razzien in Falludscha durch und nahmen hunderte fest. Aber die Männer waren seit sechs Monaten unterwegs und hatten den gesamten Feldzug mitgemacht. Sie waren müde und aggressiv und brauchten dringend Erholung. Diesen Eindruck gewann ich von den Sparta-Soldaten, die ich in einem Vorort von Falludscha traf. Sie hatten gerade ihre Nachtschicht beendet, waren verschwitzt und erschöpft. Eigentlich wollte ich sie nur zur Lage in der Stadt befragen, aber wie so oft war meine Frage nicht ideal formuliert.

»Na, wie ist die Lage? Man hört, dass ihr hier in Falludscha ganz schön eure Ärsche versohlt bekommt?«

Es folgte ein Augenblick Stille, während die Soldaten sich umdrehten und mich zornig anstarrten. Einer nahm seinen Helm ab, gab ihn einem Kameraden und trat auf mich zu. »Ärsche versohlt?«, knurrte er mich an, sein Gesicht sehr nah vor meinem. »Was willst du denn damit sagen?« Bevor ich meinen eigenen Arsch versohlt bekam, vermutlich im Sparta-Stil, intervenierte zum Glück ein Offizier und führte die Männer fort.

Als Chaukat und ich nach Falludscha reinfuhren, sahen wir ein Denkmal mit einem Gemälde von Saddam. Es ähnelte den dutzenden von Monumenten, die ich während meiner Reise gezählt hatte, außer dass es den Diktator als sunnitischen Stammesführer mit Turban zeigte und dass es kaum beschädigt war. Dies war ein Hinweis darauf, wie beliebt Saddam in Falludscha noch immer war. Als Nächstes sah ich einen über eine Hauswand gesprühten Slogan, der verkündete, dass »Falludscha das Symbol des Dschihad und des Widerstands« bleibe. Chaukat und ich stellten uns auf einen anstrengenden Tag ein.

Egal wie die Pressesprecher in Bagdads *Green Zone* diese schmutzige Stadt nannten, Falludscha war längst wieder zu einem Kriegsgebiet geworden. Black-Hawk-Helikopter kreisten über den niedrigen Betonhäusern. Bradley-Kampffahrzeuge und schwere Panzer patrouillierten die wenigen festen Straßen entlang, wobei ihre Ketten auf dem Asphalt knirschten. Der Lärm allein war eine Machtdemonstration. Von den Drehtürmen der Panzer brüllten die Soldaten unseren Fahrer an, er solle mindestens fünfzig Fuß Abstand zu ihnen halten. Die Soldaten waren so gereizt, dass ich auch zu filmen aufhörte aus Sorge, sie könnten die Kamera für eine Waffe halten und auf uns schießen.

Als direkt vor uns fünf Panzer anhielten und etwa zwanzig Infanteristen für einen Patrouillegang heraussprangen, beschloss ich spontan, mich ihnen anzuschließen. Normalerweise musste jedwede Begegnung zwischen Militär und Presse von den Kontrollfreaks des Army Information Office bewilligt und organisiert werden. Aber zu meiner Erleichterung hatte der befehlshabende Offizier des Trupps nichts gegen meine Gegenwart einzuwenden. Er stellte nur eine einfache Bedingung.

»Wenn es Feindberührung gibt und die Schießerei wieder losgeht, dann müssen Sie sich hinter uns halten, okay?«

»Natürlich, dafür werden Sie ja bezahlt«, sagte ich. »Erwarten Sie denn Ärger?«

»Möglicherweise«, sagte er. »Aber auf uns schießt man, seit wir die Grenze in den Irak überquert haben. Falls eine Bedrohung aufkommt, werden wir sie neutralisieren.«

»Neutralisieren?«

»Ja, neutralisieren.«

Als die khakifarbenen Soldaten, mit M-16-Gewehren und Pistolen bewaffnet, die engen Gassen betraten, drangen »*Allahu-akbar*!«-Rufe aus den kratzigen Lautsprechern einer nahen Moschee. Ein Graffiti an einer Mauer sagte voraus, dass »Falludscha ein Feuer ist, in dem die Invasoren zu Tode brennen werden«. Es gab offenbar sehr wenig Sympathie zwischen Besetzten und Besatzern. Wo die

Infanteristen auftauchten, in V-Formation marschierend und die Straßen mit angelegten Gewehren sichernd, da zogen sich die Bewohner schnell hinter metallene Tore zurück. Sie sagten nichts, aber sie sahen verängstigt und zugleich feindselig aus. Nur ein paar neugierige Kinder kamen hinter uns hergerannt.

»Manchmal werfen die Kinder mit Kieselsteinen nach uns«, bemerkte ein Soldat aus Georgia. »Wenn wir die Nase voll haben, schnappen wir uns die kleinen Rabauken. Dann kommt irgendeine Mutter angerannt, weinend und kreischend, bis wir sie wieder laufen lassen.«

Die Patrouille war kein *Hearts-and-minds*-Einsatz. Weder verteilten die Soldaten Süßigkeiten, noch lächelten sie den Einheimischen zu.

»Warum winkt ihr den Leuten nicht zu?«, fragte ich den Soldaten aus Georgia.

»Weil wir unsere Finger jederzeit am Abzug halten müssen«, sagte er. »Der Feind könnte gleich um die Ecke lauern.«

Der Patrouillengang dauerte etwa eine Stunde. Obwohl er ohne Zwischenfall endete, war die Luft schwer vor unvorhersehbarer Gefahr. Vielleicht hatten die Aufständischen entschieden, ihre Feinde eine Weile zu beobachten und dann später anzugreifen, in der Dämmerung. Ich wollte nicht in den Stiefeln der Soldaten stecken. Die meisten von ihnen sahen nicht älter aus als zwanzig. Ihnen war gesagt worden, dass man sie als Befreier begrüßen würde. Sie taten mir leid.

Ebenso leid tat mir allerdings auch Kudair Abbass, den ich am Nachmittag auf einer Begräbniszeremonie für seinen Sohn Yaass kennenlernte, der zwei Tage zuvor vor einer Moschee von US-Truppen erschossen worden war. Die Umstände des Todesfalls waren unklar. Es sah so aus, als ob der 27-jährige Lkw-Fahrer, Vater von fünf Kindern, in einen Schusswechsel zwischen Aufständischen und Soldaten geraten war.

»Wir haben die ganze Nacht auf Yaass gewartet«, sagte mir Abbass mit Tränen in den Augen. »Am Morgen sind wir zum Hospital gefahren und fanden dort seinen Leichnam. Mein Sohn war kein Widerstandskämpfer, sondern ein normaler Zivilist.«

Der Fall verdiente eine Untersuchung, beschloss ich, da er auf traurige Weise typisch für die Zustände in Falludscha war. Abbass führte mich in das hastig errichtete Zelt vor seinem Haus, wo sich Mitglieder seines Clans, der Khaubra, versammelt hatten, um zu trauern und zu kondolieren. In weiße *Dischdascha*-Gewänder und gescheckte Turbane gehüllt, umarmten die Männer einander, setzten sich auf Plastikstühle und fingen an, mit ihren Rosenkränzen ähnelnden Holzperlenketten zu klicken. Auch Vertreter anderer Sunni-Stämme erschienen, um zu kondolieren. Frauen waren nicht zu sehen, aber aus dem Haus war ihr Wehklagen zu hören. Aus Lautsprechern vor dem Zelt dröhnten Koranverse von einer Kassette, aber die Stimme des Imams ging im Lärm eines Apache-Hubschraubers der Air Force unter, der minutenlang direkt über dem Grundstück schwebte. Am Boden befand sich unter den hunderten Trauernden auf der Zeremonie nicht ein einziger amerikanischer Vertreter. Das US-Militär hatte kein Wort der Erklärung für die Familie des Getöteten.

»Die Amerikaner haben uns nicht befreit«, sagte Kudair Abbass. »Sie behandeln uns wie Tiere.« Nach Stammesbrauch, erklärte er mir, rechtfertige jeder gewaltsame Tod eine vierfache Vergeltung. Ob er Rache wolle, fragte ich ihn, doch er schwieg. Offensichtlich vertraute er mir nicht ausreichend, was ich ihm nicht vorwerfen konnte.

Plötzlich erschienen einige Männer im Zelt und berichteten aufgeregt, dass es eine Schießerei auf dem Basar gegeben habe. Chaukat und ich entschuldigten uns und sprangen ins Auto. Als wir auf dem Marktgelände ankamen, einem dichten Labyrinth aus Ladengassen, sahen wir, wie eine große Gruppe sichtlich wütender Menschen auf uns zurannte. Unser Fahrer bekam Angst und legte den Rückwärtsgang ein, doch er klemmte. Als es zu spät zum Umkehren war, stiegen Chaukat und ich aus. Die Männer waren sehr aufgebracht. Um unglückliche Missverständnisse zu vermeiden, rief Chaukat immer wieder, dass ich kein Soldat sei, sondern Journalist. Es war nicht ganz klar, ob sie den Unterschied begriffen, aber sie schienen Chaukat zu respektieren und beruhigten sich etwas. Er war ein weiterer meiner Schutzengel, dachte ich.

Wir fragten die Männer, was passiert war.

»Die Amerikaner sind gekommen und haben einen unschuldigen Mann erschossen«, schrien etwa zehn von ihnen zur gleichen Zeit. Sie führten uns in eine Seitenstraße und zeigten uns einen großen Blutfleck im Sand, der in der Sonne trocknete.

»Hier haben sie ihn erschossen«, brüllte die Menschenmenge in vielen aufgebrachten Stimmen. »Hingerichtet! Abgeschlachtet! Mord!« Die Männer redeten so schnell, dass Chaukat mit der Übersetzung kaum hinterherkam. Angeblich war der Mann, dessen Leichnam bereits fortgeschafft worden war, unbewaffnet gewesen. Das war nicht selbstverständlich, denn wir befanden uns in dem Teil des Basars, wo seit Jahrzenten Waffen verkauft wurden. Das US-Militär hatte den illegalen Handel unterbunden, sehr zum Ärger der Waffenschmuggler und Händler. Nach den neuen Regeln wurde jeder, der mit einer Waffe erwischt wurde, verhaftet oder erschossen.

»Mord! Es war Mord!«, brüllte die Menge um uns herum. Der Märtyrer, wie die Männer das Opfer nannten, sei kaltblütig und aus nächster Nähe hingerichtet worden. Dann hätten die Soldaten seine Armbanduhr und Bargeld aus seinen Taschen gestohlen, behaupteten einige, was allerdings meine Skepsis weckte. Daraufhin fügte ein anderer Mann mit zornbebender Stimme hinzu, dass die US-Truppen ihre Nachtsichtbrillen dazu benutzen würden, durch die Kleidung von Frauen hindurch auf ihre Brüste zu sehen. Die Männer nickten vielsagend. Der Verdacht war ein alter Hut, den ich auch in Afghanistan schon oft gehört hatte. Was die Behauptung eher offenbarte, war nicht so sehr das Misstrauen der Männer gegenüber den Amerikanern, sondern ihr heimlicher Wunsch, diese derart nützlichen Röntgenbrillen selbst in die Finger zu kriegen.

»Wir hassen die Amerikaner«, rief ein Basarhändler überflüssigerweise. »Sie brechen in unsere Häuser ein, sie berühren unsere Frauen, und sie töten uns. Aber wir werden die Toten rächen und die Besatzer verjagen.«

Er verschwand in seinem Laden und kam kurz darauf zur lärmenden Freude der Umstehenden mit Postern von Saddam und seinem abscheulichen Sohn Uday wieder. Die Männer begannen zu tanzen und sangen im Chor, dass sie ihrem ehemaligen Herrscher ihr Blut und ihre Seelen geben würden. Der Anblick erschreckte mich. Einmal hatte ich in Bagdad auf ein Interview mit dem neuen irakischen Interimsölminister gewartet und dabei in seinem Büro ein wenig herumgeschnüffelt. Dabei entdeckte ich, in einem Schrank versteckt, ein aufgerolltes Saddam-Poster. Als ich ihn damit konfrontierte, wurde der Minister ganz rot im Gesicht und beteuerte verlegen, er habe noch keine Zeit gehabt, sein Büro aufzuräumen. Dieses Spektakel in Falludscha war jedoch etwas anderes. Es war meines Wissens das erste Mal seit Ende des Krieges, dass Iraker öffentlich und begeistert das Bild von Saddam schwenkten. Keiner meiner Kollegen im Al-Hamra-Hotel hatte je von einem derartigen Ereignis berichtet, sodass ich meine Kameras rausholte und die Männer zu filmen und zu fotografieren begann. Das spornte sie natürlich zusätzlich an.

»Saddam! Saddam! Du wirst wiederkehren, um Mohammeds Heer zu führen«, ging das Gejohle mit Dschihad-Untertönen weiter. Auch auf Arabisch reimte sich dieser Vers. Die Menschenmenge um uns herum, die von Minute zu Minute größer wurde, steigerte sich in einen kollektiven Wahn hinein. Die Männer wurden fortgerissen in einer Welle dummer, irrationaler Leidenschaften, die einen unmittelbar bevorstehenden Gewaltausbruch verhieß. Jeder Versuch, eine vernünftige Unterhaltung mit ihnen zu führen, ging in dem Gebrüll und ihren wahnsinnigen Gesängen unter. Die Menge wuchs zu einem Mob, plötzlich begann ein Schieben und Schubsen. Chaukat und ich tauschten besorgte Blicke aus. Die Lage geriet außer Kontrolle. Meine Augen suchten die Straße nach unserem Wagen ab, aber er war nirgends zu finden. Hatte sich der Fahrer etwa aus dem Staub gemacht?

»Dies sind gefährliche Leute«, rief Chaukat mir zu. »Wir sollten abhauen!«

Plötzlich tauchte ein struppiger Typ auf, der mit einer AK-47 herumfuchtelte und sich als Kämpfer in Saddams berüchtigter *Fedayeen*-Elitetruppe ausgab. Er war offensichtlich gestört, aber daher umso unberechenbarer. Um die Initiative zu behalten, provozierte ich den Mann. Mit der Videokamera im Anschlag fragte ich ihn, warum er trotz des amerikanischen Waffenverbots eine AK-47 trage. Trotz meiner fast zwei Meter Länge, mit der ich den Mob überragte, muss ich den Männern reichlich naiv vorgekommen sein. Aber ich wusste aus Erfahrung, dass man dummen und aggressiven Männern oft nur mit selbstbewusster Naivität beikommen konnte.

»Ich bin ein Jäger«, antwortete der struppige Typ.

»Ach ja? Was jagen Sie denn so dieser Tage?«, fragte ich sarkastisch zurück. »Tauben?«

Mein Kommentar sorgte für einige Lacher, aber die Situation blieb angespannt. Mehrere Männer, ihre Gesichter zornverzerrt, fingen an, Chaukat und mich herumzustoßen. Sie betrachteten mich offenbar nicht als einen neutralen Journalisten, sondern als einen Ausländer, der mit den Invasoren und daher mit dunklen Absichten in ihr Land gekommen war. Vielleicht trieb sie auch einfach nur eine fiese Gruppendynamik an. Jedenfalls kochten sie vor Wut. Sie musste nichts mit mir zu tun haben, aber ich war der perfekte Sündenbock. Chaukat versuchte tapfer, den Mob mit den immer gleichen arabischen Sprüchen zu beruhigen, aber vergebens. Irgendwann sah ich im Chaos nur noch bärtige Gesichter, geballte Fäuste, die Poster des grinsenden Saddam und viele, viele faulige Zähne. Mundgeruch von allen Seiten. Jemand brüllte, dass ich ein Amerikaner sei, und Chaukat erwiderte sofort, ich sei Deutscher.

Das rettete mich. Die Männer verstummten und sahen mich an.

»Deutscher! Er ist ein Deutscher!«, rief jemand in der Menge. »Die Deutschen haben die Scheiß-Juden umgebracht! Sie sind gute Leute.« In dem Augenblick drehte sich die Stimmung, und die Männer lachten mich an (noch mehr faulige Zähne). Ein Typ klopfte mir auf die Schulter, sichtlich erfreut, mal einen judenmordenden deutschen Nazi-Bastard persönlich kennenzulernen. Dann gerieten alle wieder in Erregung, reckten die Fäuste in die Luft und begannen »Hitler! Hitler!« zu skandieren. Es war ein widerwärtiges Spektakel, aber dieses eine Mal entschied ich, den Mund zu halten und gute Miene zu diesem bösen Spiel zu machen. Es war nicht der Moment für Geschichtsunterricht.

Nicht eine Minute zu früh erschien unser Fahrer, bahnte sich einen Weg durch die Menge und brachte uns schleunigst zum Wagen. Wir sprangen hinein und fuhren, begleitet von ekstatischem »Deutschland«-Jubel, davon.

Zwei Tage später verließ ich den Irak und war seitdem nie wieder dort.

RUSSLAND VII

Die Stadt Irkutsk sieht aus wie die meisten russischen Ortschaften, alt und müde. Als Großvater Hans-Heinrich hier vor fast hundert Jahren durchkam, war Irkutsk noch eine lebhafte »Wildost«-Stadt, bekannt als das »Paris von Sibirien«. Pelzhändler und Goldschürfer verdienten und verspielten hier Reichtümer. Seit jenen Tagen aber hat die Geschichte des 20. Jahrhunderts die Stadt komplett zerschreddert. Die sowjetischen Betonwohnblöcke sind heruntergekommen, Busse und Straßenbahnen stammen noch aus den 1950er-Jahren, und viele der großen Holzhäuser im Stadtkern sind abgebrannt.

Von den Gebäuden ist der Verfall auf die Menschen in den Straßen übergegangen. Sie wirken phlegmatisch und ausdruckslos. Sie sind erschöpft, verarmt und nicht gesund. Arme Menschen in Ländern, die schon immer arm waren, tragen ihre Armut oft mit einer gewissen Würde.

Nicht so die Russen. Seit sie zusehen mussten, wie ihr einst so mächtiges Land zerbrochen ist und ihre Existenzen zerstört wurden, sind viele Russen in eine brutale Spirale des sozialen und kulturellen Abstiegs geraten. Unzählige Männer trinken sich buchstäblich zu Tode. Als Folge schrumpft die Bevölkerung von heute noch 143 Millionen Menschen schneller als irgendwo sonst auf der Welt.

Drei Jahrzehnte Stalinismus und dann vierzig Jahre sowjetische Stagnation haben sich schrecklich und dauerhaft auf die Russen ausgewirkt. Zahllose Menschen mit Mut, Selbstinitiative und einem Sinn für soziale Verantwortung wurden in der Sowjetunion entweder umgebracht oder lebendig begraben. Feiglinge und Stumpfköpfe dagegen haben überlebt. So hatte nach dem Ende des Kommunismus die kleine Kapitalistenclique um Boris Jelzin leichtes Spiel, als sie sich in den himmelschreiend korrupten Privatisierungen staatlicher Unternehmen fast das gesamte Volksvermögen unter den Nagel riss und versilberte. Den Großteil der ergaunerten Milliarden haben die Oligarchen wie Boris Berezowski und Roman Abramowitsch seitdem nicht in Russland investiert, sondern ins Ausland geschafft, besonders nach London und in Steueroasen. Das neosowjetische KGB-Regime unter Putin hat zwar einige Oligarchen ins Exil getrieben oder im Falle Michail Chodorkowskis ins Gefängnis gesteckt, aber nur um sich fortan selbst zu bereichern. Das russische Volk wird weiterhin betrogen.

Ein Redakteur des *Forbes*-Magazins in New York hat mir vor ein paar Tagen eine E-Mail geschickt. Ich kenne ihn nicht, aber irgendwie muss er erfahren haben, dass ich in Russland unterwegs bin. Ob ich einen Artikel über »Russlands Macht« schreiben könne, etwa 1000 Wörter lang, Honorar ein Dollar pro Wort. Eigentlich habe ich keine Lust, aber das Thema ist einfach, und das Geld kann ich gut gebrauchen. Also setze ich mich ein paar Stunden hin, schreibe meine Eindrücke auf und maile den Text nach Manhattan. Wenig später kommt die Antwort des Redakteurs: Er ist begeistert, der Artikel erscheint in der nächsten Ausgabe. Ich liebe meinen Job.

Was Hans-Heinrich wohl über die Russen dachte? Darüber findet sich leider sehr wenig in seinen Briefen, aber vielleicht nahm er sich auch nur vor den Zensoren in Acht. Er ist mir jetzt quasi vorausgefahren, von Irkutsk sind es für mich noch mehrere tausend Kilometer bis nach Chabarowsk. Mit seiner Ankunft dort im Februar 1917 beginnt für Hans-Heinrich der wirklich harte Part seiner Gefangenschaft. Das Lager ist zunächst nicht übel. Die Gefangenen können innerhalb des Lagerzauns spazieren gehen, turnen sowie Fußball oder Schlagball spielen. Aber die Befreiung von Zwangsarbeit, eigentlich als Privileg für Offiziere gedacht, wird allmählich zum Fluch. Die dauernde Untätigkeit, schreibt Hans-Heinrich an seine Eltern, sei schwerer zu ertragen als die härteste Arbeit. Die Folge sei körperliche und geistige Erschlaffung. Zudem hat er Magenprobleme und verliert an Gewicht. »Wisst Ihr, welches mein Lieblingslied geworden ist? Das unserer Stimmung so sehr entsprechende ›Nach der Heimat möchte ich wieder …‹. Das singen wir am meisten.«

Im Juli 1917 wird Hans-Heinrich in ein neues Lager verlegt, in eine ehemalige Kaserne. Sein neuer Zimmergenosse ist ein gewisser Leutnant Graf von Schlieben, mit dem er sich leidlich gut versteht: »Im oberen Stockwerk unserer Kaserne liegen wir zu 185 Offizieren in großen Räumen mit den Betten nebeneinander. Unter uns 300 deutsche und österreichische Mannschaften entsprechend enger auf Pritschen neben- und übereinander … Verbessert haben wir uns allerdings nicht, denn in dem ganzen Kasernenkomplex gibt es keine einzige Wasserleitung. Alles Wasser muß erst angefahren werden in einem Tonnenwagen. Dabei herrscht hier eine Temperatur von etwa 30 Grad im Schatten und fast 50 Grad in der Sonne.«

Auch die Hoffnung, für einen Gefangenenaustausch oder eine Internierung im neutralen Schweden ausgesucht zu werden, schwindet langsam. Sein Flugzeugkamerad Wegener, der zu den Auserwählten gehört, hängt noch immer in einem Lager bei Wladiwostok fest. Auf einer Karte vom 30. August 1917 bittet Hans-Heinrich seine Eltern, über einflussreiche Freunde und Bekannte auf die deutsche Regierung einzuwirken, damit sie sich mehr für die kranken Kriegsgefangenen einsetze: »Wegener sowie die übrigen Kranken warten noch in Nikolsk-Ussur [bei Wladiwostok] auf die Weiterfahrt, genau so wie wir anderen hier. Kann die Regierung nicht den Austausch erwirken und zwar für möglichst baldige Zeit?«

In den Munitionskisten auf dem Dachboden des Gutshauses habe ich ein Gedicht gefunden, das Hans-Heinrichs Kamerad Wegener 1917 in Wladiwostok geschrieben hat. Es drückt gut aus, wie es den Männern damals in Russland ergangen ist:

Kriegsgefangen

Im Gefecht vom Feind umschlossen,
Aus der Luft herabgeschossen,
Auf dem Schlachtfeld aufgelesen,
Oder wie es sonst gewesen. –
Kämpfend für das Vaterland

Fielen wir in Feindeshand
Dem wir eben noch gedroht
Zähneknirschend mit dem Tod,
sind wir jetzt mit Ehr' und Leben
Macht- und rechtlos preisgegeben.
Aus sind Kampf und Siegesfreuden
Unser Schicksal heißt jetzt: »Leiden!«

Schlecht verheilt im Lazarett,
wochenlang in keinem Bett,
In den Viehwaggons verlaust,
rumgestossen und zerzaust,
mürbgerüttelt auf der Bahn,
Kommt am Ziel man endlich an,
Krachend fällt ins Schloß das Tor,
Wann komm' wieder ich hervor?? –
Öder Hof, ein Backsteinbau,
Bretterzäune, Drahtverhau,
Drüber der sibir'sche Himmel,
Drinnen Uniformgewimmel,
Kranke Menschen, blaß und mager:
Rußlands Kriegsgefang'nenlager!

Eingepfercht wie wilde Tiere,
Leutnant, Hauptmann, Stabsoff'ziere,
Fünfzig, hundert ohne Wahl
Alle in demselben Saal.
Je ein Schemel und ein Bett,
Schmal und hart aus rohem Brett,
Schmutz'ge Wände, Wanzen, Läuse,
Kakerlaken, Ratten, Mäuse,
Unruh', Lärm und Reiberei'n,
Wenig Geld und schlechte Kost
Von der Heimat keine Post,–
Das gibt diesem Aufenthalt
Den zermürbenden Gehalt!

Abgeschlossen von der Welt,
Wie im Styx die Schatten schweben,–
Nie von Freude aufgehellt
Fließt der Kriegsgefang'nen Leben.
Qualvoll nur die Stunden schleichen,
Jede schwer und zäh wie Blei
In der Tage ewig gleichen
Trostlos grauem Einerlei.

Tatenlos, trotz Kraft und Jugend,
Wo das Vaterland uns braucht,
Wo das Kämpfen Pflicht und Tugend
Und die Welt in Flammen raucht!
Tatenlos, wenn uns're Brüder
Todesmutig mit dem Schwert
Fast ermattend immer wieder
Jeden Ansturm abgewehrt!
Tatenlos, wenn Deutschlands Frauen
Hungern für das Vaterland,
Kinder, Greise Waffen bauen,
Wenn sich regt die letzte Hand!

Nur verurteilt, anzuhören
Uns're Feinde Prahlereien,
Preisgegeben ohne Wehren
Täglich neuen Sticheleien!
Wer das jahrelang ertragen,
All die Leiden klein und groß,
Hoffen bald und bald Verzagen,
Der nur kennt Gefangenen-Los.

Das Gedicht seines Freundes wird Hans-Heinrich aus der Seele gesprochen haben, denn er hat es später mehrfach kopiert. Ich kann nur versuchen, mir vorzustellen, wie sehr er unter dem »trostlos grauen Einerlei« der zäh und bleischwer dahinschleichenden Stunden in der Kriegsgefangenschaft gelitten haben muss. Wie schlimm es für ihn gewesen sein muss, »tatenlos« sein zu müssen mitten im Krieg, »wo das Vaterland uns braucht, wo das Kämpfen Pflicht und Tugend«.

Wie verzweifelt Hans-Heinrich im Herbst 1917 ist, geht aus einem Brief an einen Onkel hervor: »Die Gefangenschaft macht einen geistig und körperlich in gleicher Weise mürbe und kaputt, auf die Dauer selbst den mit den stärksten Nerven und sicherlich weit mehr wie die körperlichen Leiden im Schützengraben. Dort weiß man wenigstens, wofür man leidet, hier zweifelt man oft, ob man die Heimat und die Lieben nochmal wiedersieht. Denn nur die Hoffnung auf die bessere Zukunft hält einen aufrecht. Ihr alle, zu Hause und im Felde, habt es ja auch recht schwer körperlich, vielleicht schwerer, aber Ihr *leistet* was dabei, wir leisten gar nichts. Grade diese Untätigkeit empfinde ich so. Im ewigen Wiederholen dieses so schmerzlichen Gedankens erlahmt die Seele. Man kommt sich ganz unnütz als Ballast vor und verzweifelt manchmal an allem. Dazu keine Nachrichten von denen, die man lieb hat. Ob und wann man sie wiedersieht? Dabei ist kaum Aussicht, daß dieser furchtbare Krieg in diesem Winter aufhört. Rußland macht jedenfalls keinen Frieden, selbst wenn Ihr bis Petrograd kämet.«

Genug der deprimierenden Briefe, denke ich in meinem Hotel in Irkutsk. Es ist schon Abend, ich begebe mich auf die Suche nach einer Bar, aber ohne Erfolg. Also mache ich es den Russen nach: An einem Kiosk kaufe ich zwei Dosen Baltika-Bier und geselle mich zu den traurigen Säufergruppen auf den Parkbänken am Ufer des Angara. Es ist schon absurd: Ich bin nördlich von China, mitten in Asien, und die Russen hier sehen genauso weiß aus und haben dieselbe Aussprache wie ihre Landsleute in Moskau oder St. Petersburg.

Heute Morgen habe ich auf einem Markt einige asiatisch aussehenden Menschen gesehen, Burjaten und Mongolen. Das hatte erstmals einen Hauch von Exotik, aber die Russen interessieren mich null. Dies ist die erste Reise seit Jahren, auf der ich gar nicht erst versuche, mit Einheimischen ins Gespräch zu kommen oder sie gar kennenzulernen. Sie sind mir komplett gleichgültig. Stattdessen starre ich auf den Angara. Als einziger Abfluss des nahen Baikalsees transportiert der Fluss mehrere Millionen Liter pro Sekunde. Während ich Holzstücke beobachte, die in den Wellen und Strudeln dahintreiben, wandern meine Gedanken zurück in den verdammten Irak.

Der Monat, den ich gleich nach dem amerikanischen Einmarsch im Irak verbrachte, war voller verstörender Momente. Im Unterschied zu anderen Kriegsgebieten, in denen ich zuvor gearbeitet hatte, gefiel es mir überhaupt nicht im Irak. Dieser Krieg war kein Spaß mehr, dies war blutiger Ernst. Und dennoch zog es mich weiterhin in Kriegsgebiete. Trotz allem wollte ich noch immer dahin, wo Gewalt herrschte, wo Menschen töteten und litten. Warum nur? Wenn ich mir rückblickend meine ersten Reisen in Krisengebiete mit der jugendlichen Suche nach Abenteuern erklären kann, so frage ich mich, warum ich immer wieder an gefährliche Orte reiste, obwohl ich es längst hätte besser wissen müssen?

Die einfache Antwort: die Sachzwänge des Freelance-Journalismus. Um meine Artikel zu verkaufen, musste ich mich immer wieder dahin begeben, wo berichtenswerte Dinge geschahen. Die etwas komplexere und erwachsene Wahrheit ist allerdings, dass ich von Konflikt, Krieg und Gewalt fasziniert war. Ich liebte das Heroische, das ganz große Drama. Nur in Kriegsgebieten meinte ich erleben zu können, wie große Geschichte gemacht wurde.

Heute drängen sich mir da viele Fragen auf: War meine Haltung etwa ein Erbe des Militarismus in meiner Familie? War ich, obwohl ich im Gegensatz zu meinen drei Brüdern nicht gedient hatte, vom Offiziersgroßvater Hans-Heinrich und seinen Brüdern vielleicht stärker geprägt, als es mir bewusst war oder als ich es wahrhaben wollte? Hatte ich als Nachfahre einer Familie mit langer militärischer Tradition von meinen Vorvätern womöglich kriegsaffine Gene geerbt? Und wenn mich Krieg und Gewalt faszinierten, welche Rolle spielte dabei der Faschismus in meiner Familie?

Noch soll hier nicht die Rede sein von Hans-Heinrich und seiner Rolle im »Dritten Reich«, die er im Juni 1945 den britischen Kriegsverbrecher-Fahndern ganz genau erklären musste.

Dazu kommen wir später noch. Erst einmal geht die Erinnerung in meine Kindheit zurück, wie ich im Buchenwald hinter dem Gutshaus mit Kindern aus dem Dorf spielte und wir plötzlich von der Dorfstraße her einen knirschend brummenden Lärm hörten. Wir rannten hin und sahen, wie zwei Dutzend englische und amerikanische Panzer in unser Dorf einrollten. Die Invasion war Teil eines NATO-Manövers, eines von vielen in Westdeutschland in den frühen 1980er-Jahren.

Es wurde damals viel von Krieg und Frieden geredet, in meinem Elternhaus ebenso wie in den Fernsehnachrichten, die ich jeden Abend mit Vater sah. (Immer die »Heute«-Sendung im ZDF, weil die ARD nach Vaters Geschmack zu progressiv war und weil er als Bürgermeister meist um halb acht zu Sitzungen ins Rathaus musste.) Mit der Stationierung von russischen SS-20 und amerikanischen Pershing-II-Raketen entlang des Eisernen Vorhangs endete die Détente zwischen der NATO und dem Warschauer Pakt, und der Kalte Krieg trat in eine neue, aggressive Phase. An unserer Grundschule übten wir regelmäßig Bombenalarm und lernten Sirenensignale zu unterscheiden. Am unheimlichsten klang der lang gezogene Heulton, der einen Nuklearangriff ankündigte. Nachts plagten mich manchmal Albträume von russischen Flugzeugen, die Atombomben auf Ankelohe abwarfen.

Auf der Suche nach einem geeigneten Lager für die fünftägige Dauer des Manövers beschloss der britische Kommandeur der Panzereinheit, unseren Gutshof zu besetzen. Die Truppen von den nahe gelegenen amerikanischen und britischen Militärstützpunkten parkten die Panzer, bedeckt mit Camouflage-Netzen, zwischen den Stallungen und unter Bäumen. Es war das perfekte Bühnenbild für die Kriegsspiele, die meine Freunde und ich damals mit unseren Plastikrevolvern spielten. Die belustigten Soldaten gewöhnten sich schnell an uns und brachten uns etwas Englisch bei. Die ersten Wörter, die ich in einer Fremdsprache lernte, waren »yes«, »no«, »tank« und »big gun«. Beim Abendbrot sagte ich die Wörter stolz vor meinen Eltern auf. »Gar nicht schlecht, mein Junge«, bemerkte Mutter, die sich an den Tag im Mai 1945 erinnerte, als britische Soldaten ihr Heimatdorf besetzten. »Aber es wäre nützlicher zu lernen, wie man auf Englisch nach Schokolade und Süßigkeiten fragt. Das haben wir nach dem Krieg gemacht.«

Sie hatten den Krieg noch erlebt, meine Eltern, Udo und Reinhild Kleveman. Sie waren beide Jahrgang 1929 und wuchsen im

Das Gutshaus 1912,
das bis heute kaum verändert wurde

»Dritten Reich« auf. Beider Elternhäuser waren eher nationalkonservativ, aber nach 1933 keineswegs oppositionell, sondern anpasserisch. Zumindest vom Vater meiner Mutter, einem recht wohlhabenden Mühlenbesitzer, ist bekannt, dass er nach der »Machtergreifung« der NSDAP beitrat. Selbst wenn meine Eltern daheim unpolitisch erzogen wurden, also nur zu fraglosem Gehorsam, so sogen sie doch den nationalsozialistischen Zeitgeist jener Jahre auf. Vater war in der Hitler-Jugend aktiv und wollte sich noch kurz vor Ende des Krieges als 15-Jähriger freiwillig zum Dienst an der Waffe melden. Zum Glück hielt ihn Großvater Hans-Heinrich von dem wahnwitzigen Plan ab. Mutter war begeisterte Hitler-Verehrerin und Jungmädel-Führerin. Im Mai 1945 brach für meine Mutter die Welt, wie sie sie gekannt hatte, zusammen, aber bis heute erinnert sie sich gerne an die Wochenenden, an denen sie mit ihren Jungmädeln zelten war und Nazi-Lieder sang.

In welch braunem Umfeld sie in ihrem Heimatdorf zwischen Hamburg und Bremen aufwuchs, hat Mutter mir selbst einmal in einer bezeichnenden Anekdote erzählt: Eines Tages Mitte der 1930er-Jahre kam ein Mann aus dem Dorf zu ihrem Vater und beschwerte sich, dass seine kleine Tochter ihn auf der Straße mit

»Guten Tag« begrüßt habe anstatt mit »Heil Hitler«. Ihr Vater versprach dem Mann, dass so etwas nicht wieder vorkommen werde. Jahre später kam der Mann erneut zu ihrem Vater. Inzwischen marschierte die Rote Armee auf Deutschland zu, und der Mann hatte seine beiden Söhne im Krieg verloren. Er war verzweifelt: »Und am Schlimmsten ist, dass die Kinder, voran deine Tochter, mich noch immer jeden Morgen laut mit ›Heil Hitler!‹ begrüßen. Ich kann das nicht mehr hören.«

In der Nähe ihres Heimatdorfs lag das Konzentrationslager Sandbostel. Dorthin verlegte die SS Anfang 1945 tausende Insassen des großen KZ Neuengamme bei Hamburg. Der Todesmarsch führte direkt durch das Dorf, vorbei an Mutters Elternhaus. Die Häftlinge in Sträflingskleidung sahen aus wie Zombies, dem Hungertod nah. Wer stehen blieb oder hinfiel, wurde sofort von SS-Wachleuten erschossen. Später hat Mutter mir erzählt, wie die SS-Männer die Dorfbewohner daran gehindert hätten, den Häftlingen Brot und Wasser zu geben. Ich weiß bis heute nicht, ob ich Mutters Erinnerung an die Barmherzigkeit der Dorfbewohner glauben soll. Oft verhielten sich Deutsche 1945 gegenüber Todesmärschlern anders.

Als britische Truppen das KZ Sandbostel wenige Wochen später befreiten, brachten sie die Frauen ab 16 Jahren aus den umliegenden Dörfern dorthin und zwangen sie, die Leichen und Sterbenden zu waschen. Da es bis zu ihrem sechzehnten Geburtstag noch einige Tage hin war, blieb Mutter diese Aufgabe erspart, aber die meisten ihrer Freundinnen hatten nicht so viel Glück. Wenn Mutter später von dieser britischen Umerziehungsmaßnahme erzählte, klang das für mich manchmal so, als ob im KZ Sandbostel nie etwas Schlimmeres geschehen sei.

Überhaupt bekam ich als Heranwachsender von meinen Eltern und den alten Verwandten viele solcher Geschichten aus der NS- und Kriegszeit zu hören. Da war dann viel von den grausamen Bombenangriffen der Alliierten und von den Vertreibungen aus dem Osten die Rede, weniger von deutschen Verbrechen. Einer meiner Onkel schwadronierte gerne über jüdische Propaganda und leugnete rundweg, dass es Auschwitz gegeben habe. Seinem Sohn, meinem

Cousin, schenkte er gerne Modellbausätze von Panzern und Kriegsflugzeugen sowie echte Pistolen aus dem Zweiten Weltkrieg, die mir mein Cousin dann stolz vorführte. Eine alte Tante aus Hannover fand an den Judendeportationen rückblickend besonders schlimm, »dass das bei hellichtem Tage geschah und wir Deutschen das sehen mussten«. Einig waren sich die meisten meiner Onkel und Tanten, dass die Gebiete östlich der Oder-Neiße-Grenze deutsch seien und deutsch bleiben müssten.

Meine Eltern waren da vorwärtsgewandter. Nach dem Krieg engagierten sich beide politisch und wurden zu guten Demokraten. Nur selten rutschten Vater im Gespräch Begriffe wie »Volksgemeinschaft« heraus, und Mutter fing einmal beim Wandern im Schwarzwald an, alte BDM-Lieder zu singen. Schnell hielt sie sich die Hand vor den Mund und lächelte verlegen. Meine Eltern waren keine Nazis mehr, aber ihre Erziehung im Faschismus hatte sie für den Rest des Lebens geprägt. Einige Elemente ihrer Erziehung in der NS-Zeit haben sie, vielleicht eher unbewusst, auch an ihre vier Söhne weitergegeben. Darunter hatten besonders meine älteren Brüder zu leiden, die noch viel gezüchtigt wurden, auch mit dem Rohrstock.

Als härteste Strafe für Vergehen wurden sie noch wie früher »in die Butze gesperrt«. Die Butzen waren kerkerähnliche Abseiten unter dem Dach des Gutshauses, in denen es je nach Jahreszeit zu kalt oder zu heiß und vor allem eng und stockfinster war. Durch eine winzige Tür wurden meine Brüder hineingesteckt und eingesperrt, damit sie einige Stunden allein im Dunkeln hockend heilsame Ängste durchlitten. Erst als mein zweitältester Bruder einmal in der Butze vergessen und erst abends völlig verängstigt und am ganzen Leibe zitternd hervorgeholt wurde, bekamen meine Eltern Zweifel an dieser archaischen Strafmethode und schufen sie ab. So habe ich die Butzen nie von innen sehen müssen und sie gleich nach Vaters Tod zusammen mit dem Traditionszimmer eingerissen.

Im Gegensatz zu meinen Brüdern wurde ich zwar auch nicht anti-autoritär, aber viel liebevoller und respektvoller erzogen. Daher ist es schwierig, konkrete Elemente meiner Erziehung zu benennen, die noch aus der Zeit des Faschismus oder aus der Zeit davor stammen. Eher unterschwellig wurden mir gewisse Dinge mitgegeben, die es in den Familien meiner Mitschüler so nicht mehr gab. So hatte ich als Kind zu begreifen, dass man sich im Leben durchsetzen und zu den Siegern gehören muss und sich nicht zu lange mit Verlierern abgeben darf. »Wer sich mit Hunden bettet, muss sich nicht wundern, wenn er mit Flöhen aufwacht«, war so ein Motto, an das ich mich erinnere. Niemandem in der Familie, weder uns Söhnen noch den Eltern, war es erlaubt, auch mal Schwäche zu zeigen. Es war immer klar, dass nur das Starke schön ist und das Schwache widerlich und dass schon deshalb das Starke das Schwache besiegt. Überhaupt ging es nie um Harmonie, sondern immer irgendwie um Kampf, Konflikt und Keiletreiberei. Ich lernte schnell, die Schwachpunkte eines Menschen oder zwischen zwei Menschen zu erkennen und auszunutzen. Schon in der Schule provozierte und polarisierte ich gerne. Ich fühlte mich erst wohl, wenn es klare Gegensätze gab, und auf den dazwischen herrschenden Spannungen lernte ich wie auf Drahtseilen zu tanzen.

Prägend war für mich als Kind vielleicht auch, wie auf dem Hof die Tiere gehalten und behandelt wurden. Die Pferde und Rinder hatten es eigentlich ganz gut. Im Winter standen sie im Stall, bekamen Stroh und Heu zu fressen, und im Sommer waren sie auf den Weiden. Besonders tierlieb war Hans, unser Knecht aus Ostpreußen, mit dem ich immer frühstückte. Er hatte einen Hund, hielt sich Enten und Hühner und zog einmal liebevoll ein Rehkitz auf, das er verletzt in der Feldmark gefunden hatte. Auch Katzen hatte er, die sich allerdings, da sie nicht kastriert wurden, für seinen und Vaters Geschmack zu schnell vermehrten. Das war ein Problem, denn wenn nicht alle Katzen gefüttert wurden und zahm blieben, wilderten sie im Jagdrevier, was unseren Jäger Maikuß störte. So waren sich die Männer auf dem Hof einig, dass junge Katzen aufgespürt und getötet werden mussten.

Eines Tages entdeckte Hans auf dem Heuboden einen Wurf von fünf kleinen Katzen. Er legte sie in einen Eimer, griff sich einen Spaten und ging damit in den Wald. Zufällig sah ich Hans, lief zu ihm und fragte ihn, was er mit den kleinen Katzen vorhabe. »Die müssen weg«, sagte er zu mir. »Das werden zu viele, die fressen sonst die Singvögel.« Ich war erst acht oder zehn Jahre alt, aber das leuchtete mir ein. Ich sah in den Eimer. Die Kätzchen sahen sehr niedlich und alle unterschiedlich aus. Eine war eher grau, bei dreien war das Fell schwarzweiß gefleckt, und die fünfte war leicht getigert. Sie waren schon etwa eine Woche alt, denn ihre Augen öffneten sich gerade. Ein süßer Anblick, und so war es nur verständlich, dass Hans keine rechte Lust hatte, sie zu töten. Lieber trat er die unangenehme Aufgabe ab, an mich. »Wird Zeit, dass du das auch lernst, das sieht der Chef bestimmt genauso«, sagte er und drückte mir Eimer und Spaten in die Hände. Möglicherweise hat er im Gehen noch »wat mut, dat mut« gemurmelt.

Da stand ich nun, als Acht- oder Zehnjähriger, in der einen Hand den Eimer voller süßer Katzen und in der anderen Hand den Spaten. Es war gemein von Hans, dachte ich, diese Aufgabe auf mich abzuwälzen. Aber dass die Katzen sterben mussten, das sah ich wohl ein und dachte dabei an die armen Meisen und Rotkehlchen, die sonst von den wildernden Katzen gefressen würden. Und dass ich alt genug war, bei der Lösung des Katzenproblems mitzuhelfen, das sah ja offenbar, wie Hans gesagt hatte, auch der »Chef« so, also mein Vater. Nun musste ich hart sein.

Also habe ich es getan. So unerträglich es mir heute ist, es zuzugeben, ich bin in den Wald gegangen und habe alle fünf Katzen mit dem Spaten erschlagen. Als Erstes nahm ich das graue Kätzchen aus dem Eimer, daran erinnere ich mich noch. Es war gar nicht so einfach, mit der scharfen Kante des Spatens das Genick des Tieres zu treffen. Auch miaute es nach dem ersten Schlag ganz erbärmlich, wie auch die vier Kätzchen, die noch im Eimer lagen. Alle hatten ihre Augen weit aufgerissen und starrten mich an. Am Ende hielt ich es nicht mehr aus, kippte alle Kätzchen aus dem Eimer und schlug mit der flachen Seite des Spatens so lange auf ihre Schädel ein, bis sie Ruhe gaben. Dann grub ich ein Loch, warf die toten Kätzchen, die noch zuckten und ihre Augen verdrehten, hinein und schob Laub und Erde drüber.

Heute bin ich fassungslos, wenn ich daran denke, was ich damals getan habe. Ich empfinde Scham und Selbstekel. Wie konnte es sein, dass ich die Kätzchen, die ich ja selbst niedlich fand, nicht irgendwie gerettet habe? Warum habe ich sie nicht selbst aufgezogen, gefüttert und gezähmt, sodass sie keine Singvögel angreifen würden? Hatte ich als Junge denn noch gar keinen ethisch-moralischen Kompass? Ich würde heute wenigstens gerne sagen können, dass ich nach der fürchterlichen Tat auf mein Zimmer gerannt bin und stundenlang geheult habe, aber die Wahrheit ist, dass ich nicht mehr weiß, was ich danach getan habe. Ich glaube, ich saß noch lange wie gelähmt auf dem Waldboden und starrte auf die Fellreste und Blutspritzer im Laub. Irgendwann kam Hans, glaube ich, und hat mich ins Haus gebracht. Er hat mich nie wieder beauftragt, Katzen zu töten.

Auch im großen Maßstab wurde auf Gut Ankelohe den Tieren, der Kreatur, Gewalt angetan. Seit den 1960ern betrieb Vater Hähnchenmast, ein neuer und einträglicher Betriebszweig der Massentierhaltung. In drei großen Ställen von je tausend Quadratmetern Fläche wurden alle vier Wochen fast 90 000 Tiere zur Schlachtreife gemästet. Die Vögel saßen nicht in Käfigen, sondern in Bodenhaltung auf Stroh, und die Küken hatten unendlich viel Platz. Die kleinen gelben Tierchen waren süß, als Kind setzte ich mich gerne zu ihnen ins Stroh und spielte mit ihnen. Das Licht in den Ställen brannte Tag und Nacht, damit die Tiere nicht lange schliefen, sondern viel Futter aus den Trögen fraßen. Nach vier Wochen standen die fetten Hähnchen dann dicht an dicht gepresst. Vielmehr hockten und lagen sie herum, denn ihre noch jungen Knochen konnten die Körpermasse nicht mehr tragen. Über dem Stroh lag nun eine dicke Schicht aus Kot und Pisse, die entsetzlich scharf stank.

Jeden Tag fielen etliche Tiere tot um. Man musste sie zügig einsammeln, da sie unter den anderen Tieren zerquetscht wurden und bei der Hitze im Stall schnell verwesten. »Die Blauen« nannten wir diese Kadaver, denn so sahen sie unter den Federn aus. Trotzdem waren sie unter den Hähnchenmassen schwer zu finden; es war ein bisschen wie Ostereiersuchen. Oft waren die Kadaver schon am Boden festgedrückt, sodass man sie irgendwie aus dem Kot herauspulen musste, am besten mit dem Gummistiefel, bevor man sie in den Eimer legen konnte. Dabei platzten sie manchmal auf, Blut und Eiter liefen heraus. Die Blauen einsammeln gehörte für uns Kinder auf Gut Ankelohe zu den widerlichsten Aufgaben, zu denen man auf dem Hof eingeteilt werden konnte.

Dann rollten die Laster der Schlachterei heran, und aus dem Dorf und den Nachbardörfern kamen etwa dreißig »Hähnchengreifer«, Männer und harte Frauen, die nun wie ein Rollkommando durch den Stall gingen, die Tiere an den Beinen und Flügeln packten und zu jeweils etwa zwanzig Stück in enge Plastikkäfige steckten, die auf einem Förderband zum Ausgang geschoben wurden. Die scharfen Kanten der Käfige schnitten vielen Hähnchen die unteren Beine ab, aber das störte niemanden, denn die kommen ja später ohnehin nicht in die Supermärkte. Das Licht war bis auf wenige Glühbirnen ausgeschaltet, damit die Hähnchen nicht in Panik ausbrachen und sich an den Wänden totdrückten. Aber auch im Dunkeln versuchten die Vögel zu fliehen, robbend, humpelnd, flügelschlagend, halsverdrehend, beinebrechend, gackernd und kreischend. Im Kampfgetümmel wurde der Kotstaub vom Boden aufgewirbelt, sodass sich die Hähnchengreifer Tücher vor die Münder banden, um überhaupt atmen zu können.

Die dunkle Hitze, der Kotstaub, das Schimpfen der Hähnchengreifer, die zertretenen Tiere am Boden, das ohrenbetäubende Gekreische aus tausenden Vogelkehlen – das Hähnchengreifen war das Grauen überhaupt. Als Kind schon fragte ich mich, wie die Hähnchengreifer die Spiegeleier, die ihnen meine Mutter nach getaner Arbeit in der Gutshausküche briet, überhaupt runterbekamen. Einmal ging ich zurück in den geleerten Stall, in dem nun Totenstille herrschte und der Kotstaub sich langsam legte. An einer Wand entdeckte ich ein einzelnes Hähnchen, das wohl irgendwie übersehen worden war und nun ganz allein und verloren herumstand und in den riesigen Raum blickte, wo am Morgen noch 30 000 andere Hähnchen gewesen waren. Als ich näher kam, piepste es einmal kurz. Ich nahm es auf, ratlos, was ich mit dem Vogel tun sollte. Die Laster der Schlachterei waren schon abgefahren. Setzte ich es ins Freie nach draußen, würde es frieren und in der Nacht vom Fuchs oder Marder gefressen werden. So nahm ich es mit ins Haus. Mutter hat ihm dann den Hals umgedreht, es geschlachtet und tags darauf zum Mittagessen gebraten.

Damals war das alles selbstverständlich, heute kommt es mir verroht und grausam vor. Ich bin weder Vegetarier noch Tierschützer, aber diese Art von Massentierhaltung ist mir heute zuwider. Ich finde sie unethisch. Schon als Kind war ich lieber bei den Pferden und Rindern als in den Hähnchenställen, aber erst als Jugendlicher empfand ich, dass unsere Hähnchenställe irgendwie den Konzentrationslagern der Nazis glichen. Zu Vater allerdings sagte ich so etwas nicht, denn er war stolz, dass er mit der Mast so gutes Geld für uns verdiente. Als Präsident des Bundesverbands der deutschen Geflügelmäster setzte er sich in Hannover, Bonn und Brüssel politisch für Massentierhaltung ein und ließ keine Kritik von Tierschützern zu. Ich schwieg dazu, aber schon bald nach seinem Tod habe ich die Hähnchenmast auf Gut Ankelohe einstellen lassen. Einen der Ställe habe ich zu einem Pferdestall ausgebaut, die anderen beiden stehen leer.

Was hat dies alles mit meiner Faszination als Reporter für Gewalt und Kriegsgebiete zu tun? Vielleicht nichts und vielleicht alles – wer weiß schon, wie wir als Kinder tatsächlich geprägt werden. Ich bin kein Psychologe. Ich könnte es mir auch einfacher machen und wie in einem dämlichen Lebenslauf schreiben, dass mich historische Schwarzweißaufnahmen aus dem Krieg und dem »Dritten Reich« schon immer fasziniert haben. Kaum eine gute TV-Doku über die Zeit lasse ich aus. Kommt Hitler im Fernsehen, kann ich noch heute nicht abschalten. Schickt mich Laila zum Videoholen, komme ich mit dem *Massaker von Katyn* wieder (und als Alternativfilm *The Big Lebowsky*). Auch Artikel und Bücher über jene dunkle Zeit verschlinge ich.

Es ist eine morbide Faszination, aber ich bin mir sicher, dass sie von vielen Deutschen empfunden wird – sonst würden sich etwa *Spiegel*-Hefte mit Nazi-Themen nicht auch heute noch bestens verkaufen. Kann es etwa sein, dass die Jahre 1933 bis 1945 eine zweifellos schlimme Zeit mit vielen Schrecken waren, die aber von vielen Menschen als interessanter, ja größer empfunden wird als die heutige? Wie pervers ist es, dass ich mir in meiner Reporterzeit manchmal wünschte, ich hätte damals gelebt?

Ja, manchmal pfiff ich auf die Gnade der späten Geburt und wünschte mir, ich könnte wie Hemingway und Orwell den Spanischen Bürgerkrieg erleben, könnte mich wie ein junger Franzose für de Gaulles Résistance entscheiden, wie Fitzroy Maclean auf geheimer Mission für Churchill auf dem Balkan unterwegs sein, wie Robert Capa den D-Day in der Normandie erleben – und ja, ich hätte wohl auch nichts dagegen gehabt, mit der Wehrmacht norwegische Fjorde, den Elbrus und die nordafrikanische Wüste zu sehen. Das waren Zeiten, wo man als junger Mann noch etwas erleben konnte! Immerhin mehr als in der vulgären Gegenwart, in der wir gar nicht genug shoppen und uns amüsieren können, um nicht vor Langeweile und Gewöhnlichkeit zu sterben.

Sicher, so kann vielleicht nur einer reden, der die Schrecken von Krieg und Gewaltherrschaft damals eben nicht selbst miterlebt hat, aber es bleibt das irrationale Gefühl, dass damals im Vergleich zu heute eine große Zeit war, in der Weltgeschichte geschrieben wurde und in der Europa darum rang, ob es unter Faschismus, Kommunismus oder Kapitalismus mit bürgerlich-parlamentarischer Demokratie leben wollte; eine heroische Zeit, in der sich ein Mann entscheiden musste, auf welcher Seite er stehen und kämpfen wollte; eine Zeit so voller Dramen und Schicksalsopfer, dass Europa davon noch heute erschöpft und erschlafft ist. Im Vergleich dazu leben wir heute in einer banalen Zeit, in der die Erde bis in die letzten Winkel erforscht ist und man Abenteuer höchstens noch im Extremsport und im Drogenrausch erleben kann; eine sinnentleerte Zeit, in der die letzte große Sache, für die es sich einzusetzen lohnt, der Schutz der Erde gegen uns selbst ist, die inzwischen sieben Milliarden Menschen, die den Planeten zernagen und verkochen.

Heroische Zeit, du lieber Himmel! Das klingt ja unglaublich suspekt, das darf man ja eigentlich gar nicht sagen, will man nicht unter Faschismusverdacht geraten. Also schnell eine Klarstellung: Es war natürlich eine barbarische Zeit, die in vielen Menschen ihre schlimmsten und bösesten Seiten hervorbrachte, sie zu Tieren machte. Da gibt es nichts zu beschönigen oder zu glorifizieren. Allerdings sollte sich niemand einbilden, auch nicht wir heute so friedliebenden Deutschen, dass man nur ausreichend aufgeklärt sein oder tun muss, um nie wieder Krieg zu erleben. Das glaube ich nicht mehr, dafür habe ich auf meinen Reisen zu viele Männer kennengelernt, die noch immer gerne andere Menschen töten und Krieg führen, ja, die sogar Spaß daran haben. Diese Männer waren Jugoslawen, Afrikaner, Russen, Tschetschenen, Afghanen, Iraker und Amerikaner, später noch Brasilianer und Kolumbianer – und im Wesen waren sie alle nicht so viel anders als wir. Ja, es waren sogar einige Deutsche darunter.

BRASILIEN
DER DROGENKÖNIG

Manchmal, wenn er eine Pause vom Töten brauchte, fuhr Speed auf seinem Motorrad nach ganz oben auf den Hügel. Dort rauchte er einen Joint und genoss den Blick aufs Meer. Dieser Blick war wohl das Einzige, was man den Bewohnern der Rocinha-Favela in Rio neiden musste: Er war herrlich. Vom Kamm des Hügels konnten sie den Zuckerhut sehen und darunter die sonnenbadenden Touristen an der Copacabana. Speed war noch nie an der Copacabana gewesen. Für ihn war es eine andere Welt, Lichtjahre entfernt. Gefährlich sei es da unten, sagte er. Die Polizei hatte Fotos von ihm, sie kannten sein Gesicht.

»Wenn die Bullen mich sehen, erschießen sie mich.«

Speed war ein Herr des Hügels – und zugleich sein Gefangener. Ein breit gebauter schwarzer Latino war er, Mitte zwanzig, mit vorsichtigen, aber offen wirkenden Augen. Speed war einer der Anführer in der Gang, die Rocinha kontrollierte. Wie alle Gangster hier benutzte er einen *nom de guerre*.

In Rocinha herrschte Krieg. Wie in den meisten der 700 Favelas, in denen jeder zweite Einwohner Rios hauste. Ein Krieg um Geld, sehr viel Geld. Eine neue Generation junger und brutaler Drogenbarone kämpfte um die Herrschaft über die Hügel, wobei deren mehrere hunderttausend Einwohner praktisch als Geiseln gehalten wurden. Und Rocinha war der begehrteste Preis in diesem gnadenlosen Bandenkrieg.

Viele der Opfer in diesem Krieg waren noch Kinder. Ebenso die Täter – so wie Speed. Er begrüßte mich und Amendoim, meinen Dolmetscher, mit Handschlag, dann einer kurzen Berührung geballter Fäuste, schließlich mit Daumen hoch zum »*Tudo bem!*« – alles klar! Unter seinem T-Shirt, auf Hüfthöhe, wölbte sich der Kolben eines Revolvers. Er zog ein Funkgerät von seinem Gürtel und sprach mit mehreren Männern. Viel Palaver hin und her, dann nickte er mir zu.

»*Vamos!*«

»Wohin denn?«

»In eine Bar. Hör auf, dumme Fragen zu stellen, und komm mit.«

Wir stiegen auf seine Kawasaki und rasten die kurvige Hauptstraße in die Favela hinein. Zwischen 150 000 und 250 000 Menschen lebten hier. Sie hausten in wild verschachtelten Hütten und Betonklötzen, die sich den Hang hochzogen. Darüber ragte die finstere Steilwand eines gigantischen Granitfelsens, umkränzt von tropischen Bäumen. Amendoim hatte Schwierigkeiten, uns auf seiner Maschine zu folgen, denn Speed machte seinem Namen alle Ehre. Wir passierten mehrere Kontrollpunkte, die Uneingeweihten unsichtbar blieben. Einmal bemerkte ich, wie Speed zwei Jungen, die mich misstrauisch beäugten, beruhigend zunickte. Ohne seine Gegenwart und die Erlaubnis seines Chefs wäre ich nicht weit in die Favela hineingelangt.

Es würde richtig lustig werden, sagte ich mir.

Es war Anfang Januar 2005, und etwas Action war genau das, was ich gerade brauchte. Nach meiner Rückkehr aus dem Irak war ich zurück nach New York gezogen, wo mein Buch über das *New Great Game* veröffentlicht wurde. Es war eine schnelle, aufregende Zeit, die zugleich einen Wendepunkt in meiner Laufbahn markierte. Die Buchvorstellungspartys in Manhattan und später in London waren große Erfolge. Die Hauptthese des Buches, dass Washington mit dem »Krieg gegen den Terror« auch strategische Ölinteressen verfolge, wurde gut aufgenommen in den USA und Großbritannien, wo sich die öffentliche Meinung immer stärker gegen den Irak-Krieg wandte. Als politisches Reisebuch geschrieben, erhielt es etliche schmeichelhafte Rezensionen in englischen und amerikanischen Zeitungen. Sogar der *Economist* besprach es, und der *Guardian* ernannte es zum Buch der Woche. Auch wenn es nicht gerade von den Regalen flog, so verkaufte es sich doch recht gut.

Das Buch brachte Veränderungen für mein Leben mit sich. Bisher hatte ich als Reporter unbemerkt im Hintergrund gewirkt, aber nun stand ich plötzlich in der Öffentlichkeit. Auf einmal galt ich als Experte für Zentralasien und Energiepolitik. Ich gab Radio- und Fernsehinterviews zur Hauptsendezeit auf CNN, der BBC und National Public Radio. Jede Woche riefen Radiosender aus Amerika und anderen englischsprachigen Ländern an, um meine Meinung über den Krieg und die Ölindustrie zu hören. Mein Verleger Morgan Entrekin von Grove Atlantic Books schien zufrieden zu sein und lud mich zum Essen ein. Seine PR-Leute arrangierten eine landesweite Radiotour, Lesungen in Buchläden und Vorträge an mehreren Universitäten entlang der Ostküste, darunter Princeton, Columbia, Georgetown und andere Ivy League Institutionen. In Princeton kamen mehr Zuhörer zu mir ins Auditorium als zu Joschka Fischer, der zeitgleich in einem Raum nebenan sprach. Sogar die London School of Economics, meine alte Alma Mater, lud mich ein, vor einem großen Publikum aus Studenten und vielen meiner ehemaligen Professoren zu sprechen.

Kein Wunder, dass mir das alles zu Kopf stieg.

Der ganze Buchzirkus war neu für mich. Mit dem Erscheinen meines ersten Buches in Deutschland war dieses Theater nicht zu vergleichen. Zunächst genoss ich alles, was damit einherging. Durch meine Agentin Emma Parry geriet ich in einen sehr interessanten Kreis aus New Yorker Schriftstellern, Intellektuellen und Künstlern. Fast über Nacht hatte ich viele neue Freunde. Um näher am Geschehen zu sein, zog ich von Brooklyn nach Manhattan. Ich wurde auf exklusive Dinner eingeladen und feierte auf den besten Partys der Stadt. Die Musik war gut, die Drinks waren kalt, und die Frauen waren *easy*. Ich konnte mein Leben auf einmal in tausend verschiedene Richtungen verlaufen sehen, eine aufregender als die andere. Das ewige Versprechen von New York, dass sie jedem Kleinstadtprinzen aus welchem Land auch immer einen Augenblick des Big City Glamour und Glorie verschafft, wurde wahr für mich. Ich bekam meine fünf Minuten Ruhm. Ich fühlte mich wie ein Star.

Für mich war New York ein Ort, in dem die Gegenwart so intensiv war und die Versuchung, sich selbst neu zu erfinden, so groß, dass ich beinahe vergaß, woher ich kam und was meine Vergangenheit war. Nur noch selten rief ich meine alten Freunde in Europa an. Gar nicht mehr gut lief die Beziehung mit Laila, die nach Paris gezogen war, um ihr Studium an der Sorbonne abzuschließen. Wir trafen uns für ein Wochenende in London, aber es endete in Tränen. Ich war untreu gewesen, was Laila wehtat. Sie warf mir vor, unsere Liebe verraten zu haben. Sie hatte recht. Ich war zu selbstsüchtig, um mich durch eine Fernbeziehung mit einem deutschen Mädchen von meinem Ego-Trip in New York abhalten zu lassen. Bewusst verdrängte ich und vergaß irgendwann, dass Laila und ich uns liebten. Während ich sie aus meinem Leben aussperrte, löste sich die enge Verbindung auf, die uns auf meinen Reisen in Afghanistan und im Irak als Paar geschützt hatte. Vor lauter Großstadtlichtern in Manhattan konnte ich unseren Nordstern nicht mehr am Himmel erkennen. Ich sah nicht einmal mehr hoch.

Richtig schlimm wurde es, als ich mir vornahm, das Buch zu einem Bestseller zu machen und mich zu einem berühmten Autoren. Ich richtete eine eigene Website ein und schrieb einen pompösen Blog, den niemand las. Wie ein Schneekönig freute ich mich über die steigende Trefferzahl, die mein Name auf Google erzielte. Ich begann, fünfmal am Tag den Verkaufsrang des Buches auf amazon.com zu checken. Er war nach einem Auftritt in der beliebten Sendung »Fresh Air« auf NPR auf den sagenhaften Platz 53 geklettert, aber seitdem ging es allmählich, aber stetig abwärts. Nachts konnte ich nicht schlafen, weil die *New York Times* mein Buch noch immer nicht besprochen hatte. Um ihre Redakteure wachzurütteln und Anerkennung als relevanter politischer Kommentator zu bekommen, schickte ich der *Times* diverse Meinungsstücke über Zentralasien und amerikanischen Energieimperialismus, von denen keines je veröffentlicht wurde.

Eine weitere neue Angewohnheit von mir war, in Manhattans Buchläden heimlich Exemplare des Buches zu signieren und sie diskret auf die vorderen Regale am Eingang umzustellen. Einmal machte ich im Barnes & Noble am Union Square, dem größten Buchladen New Yorks, eine kleine Szene, nachdem das *New Great Game* vom Erdgeschoss in eine entlegene Ecke des vierten Stockwerks verfrachtet worden war, zwischen Kochbücher und lesbische

Literatur. Ein mitfühlender Verkäufer, der mich von früheren Besuchen kannte, legte den Arm um mich.

»Du hast gerade dein erstes Buch geschrieben, stimmt's?«, fragte er mich.

»Ja, wieso?«

»Guck dich mal um in diesem Laden«, sagte er, indem er mit dem anderen Arm eine weit ausholende Bewegung machte. »Was siehst du?«

»Ich sehe Bücher, tausende von Büchern«, stammelte ich. »Zehntausende von Büchern.«

»Ganz genau«, sagte er. »Geschrieben von tausenden von Autoren wie dir.«

Als die Verkaufszahlen und die Aufmerksamkeit für das Buch zurückgingen, begann ich mit den PR-Leuten von Grove Atlantic zu hadern, bis sie mir klarmachten, dass sie sich auch noch um andere Autoren kümmern mussten. Zu einer Lesung in einem Buchgeschäft in Midtown kamen eines Abends insgesamt sechs Leute. Zwei von ihnen sahen aus wie Obdachlose, die sich etwas aufwärmen wollten. Ihr Schnapsatem war bis zum Podium zu riechen. Als ich zu lesen begann, schliefen sie prompt ein, wobei der Ältere der beiden schnarchte. Eine dritte Person, eine Frau in mittleren Jahren, stand nach zehn Minuten auf und ging, denn sie hatte mich für einen anderen Autor gehalten. Mit Mühe brachte ich die Lesung zu einem würdigen Ende und marschierte danach direkt in eine Bar, um mehrere steife Drinks zu mir zu nehmen.

Ich trank recht viel zu der Zeit. Bisweilen untergruben die Exzesse mein Auftreten als seriöser Autor. Auf einer Werbetour nach London vermasselte ich ein Studiointerview für die *Today Show*, die mit täglich fünf Millionen Zuhörern beliebteste Radiosendung der BBC. Es war eine einmalige Chance, aber als der Wagen mich morgens um sechs bei einem Freund abholte, waren wir noch immer wach und soffen Whisky. Auch von den drei großen Bechern Kaffee, die man mir im Studio einflößte, wurde ich nicht nüchtern. Geplant war eine Diskussion zwischen mir und einem anderen Studiogast, einem alten Lord, der gerade in Tschetschenien gewesen war. Die Mikrofone gingen an. Die Moderatorin Sarah Montague fragte mich nach dem

Buch, doch als Antwort brachte ich nur ein gelalltes Statement über Amerikas Durst nach Blut und Öl zustande. Montague runzelte ihre Stirn und schanzte die restliche kostbare Sendezeit dem Lord zu, der dankbar von seiner Reise nach Russland erzählte.

Ein anderes Mal ging ich auf eine ausgedehnte Kneipentour durch Soho mit Christopher Hitchens, der sich damals auf dem Höhepunkt seines kontroversen Ruhms dafür befand, sich von einem anti-amerikanischen Trotzkisten zu einem Befürworter des Irak-Kriegs gewandelt zu haben. Hitch imponierte mir als Intellektueller und durch seinen Alkoholkunsum. Je mehr Whisky er in sich hineinkippte, desto brillanter und eloquenter schien er zu werden. Auf mich hatte der Alkohol eher die gegensätzliche Wirkung – und wieder durfte ich den Rausch nicht ausschlafen. Als ich Hitch vor seinem Hotel absetzte, hatte ich nur noch wenige Stunden, um mich für eine Podiumsdiskussion über Afghanistan mit prominenten Abgeordneten in den Houses of Parliament frischzumachen. Nach einer langen, kalten Dusche gelang es mir so gerade, beim Betreten der ehrwürdigen Hallen nicht zu torkeln. Aber als der außenpolitische Sprecher der Labour Party mein Buch vor zweihundert Leuten runtermachte, war ich noch zu matschbirnig, um eine gute Verteidigung aufzubauen.

Zurück in New York hatte ich eine Lesung im Half King zu absolvieren, einer berüchtigten Bar in der 23. Straße, die den Kriegsreporterkollegen Sebastian Junger und Scott Anderson gehörte. Der Raum war randvoll und das Publikum erwartungsfroh. Leider hatte meine nutzlose PR-Frau vor mir noch einen anderen Autoren reingeschoben, einen alternden jüdischen Schriftsteller von der Upper West Side, der ein Buch über eine Weltreise mit seiner pubertierenden Tochter geschrieben hatte. Abwechselnd lasen Vater und Tochter eine Stunde lang aus ihren neurotischen Reminiszenzen vor, während ich mit Scott und Sebastian an der Bar schon mal einige Biere trank. Zwei oder drei Longdrinks kamen hinzu. Mir gefiel, wie das Mädchen »Bangkok« aussprach. Als sie endlich fertig waren, waren die meisten Zuhörer vor Langeweile kollabiert, und ich war zu breit, um noch vorlesen zu können. Mehrfach murmelte ich »Bangkok« ins Mikrofon. Schließlich legte ich das Buch beiseite und zeigte stattdessen meine Lieblingsdias aus dem Orient.

Nach der Show nahm mich eine Freundin beiseite.

»Was ist aus ›Klevemans klarem Blick und Bulldoggenenergie‹ geworden?«, fragte sie, auf ein Zitat von Colin Thubron auf dem Cover meines Buches anspielend.

»Noch vorhanden«, antworte ich trotzig, aber ohne Überzeugung.

»Vielleicht solltest du dieses Buch langsam mal abhaken und was Neues machen«, riet sie mir. »Warum verlässt du New York nicht mal für eine Weile?«

Meine Freundin hatte recht. New York laugte mich aus. Ich trank zu viel billigen Wein und hatte zu viel schlechten Sex mit neurotischen Frauen. Einige der neuen Freunde, die mich anfangs umschwärmt hatten, wandten sich inzwischen dem *next hot thing in town* zu. Während ich das Buch noch immer an allen Fronten zu pushen versuchte, begann ich zu vergessen, warum ich ursprünglich mal Autor geworden war. Anstatt weiter in exotische Länder zu reisen und von dort zu berichten, drehte sich mein Leben nur noch um schicke Partys und überteuerte Restaurants. War dies das Ziel meiner Wanderjahre gewesen? Wohl kaum. Es war an der Zeit, New York zu verlassen und zurück auf Wanderschaft zu gehen.

Aber wohin sollte ich von hier aus reisen? Mir war nur klar, dass ich nicht so bald in den Orient zurückkehren wollte. Während der »Krieg gegen den Terror« weiter tobte, wurden Weltgeschichte und journalistische Karrieren weiterhin im Irak gemacht, aber das war mir inzwischen egal. Ich war es leid, ein seriöser Journalist in einem dreckigen und deprimierenden Teil der Welt zu sein. Der Irak war nicht Vietnam, zumindest nicht für Reporter, weil dem Kriegsleben dort jedes exotische Vergnügen fehlte. Ich war nicht Reporter geworden, um meine besten Jahre damit zu verschwenden, mit unrasierten Arabern in Teehäusern herumzusitzen und mir ihre immer gleichen Vorträge über die bösen Amerikaner und das Leid der Muslime anzuhören. Wie glamourös war das denn? Ich wollte aus einem Land berichten, wo die Leute anständigen Schnaps tranken und wussten, wie man Party macht. Wenn die Arbeit erledigt war, wollte ich in eine Bar gehen können, wo die Frauen nicht verschleiert waren, sondern tanzen und Spaß haben wollten.

Solche Orte und Leute gab es, wie ich von früheren Reisen nach Kuba und Kolumbien wusste. Und so zog ich nach Südamerika. Erst lebte ich zwei Monate in Buenos Aires, wo ich jeden Tag sechs Stunden intensiven Spanischunterricht nahm. Dieses Mal wollte ich in der Lage sein, auch ohne Dolmetscher zu arbeiten. Als ich jedoch gerade fließend Spanisch sprach und mich anschickte, den Rest des Kontinents zu erforschen, musste ich über Weihnachten nach Deutschland heimkehren. Eine enge Freundin der Familie lag im Sterben. Während ihrer letzten Tage und Nächte wollten mein Bruder und ich sie begleiten. Inge hatte jahrzehntelang mit uns gelebt und war wie eine unverheiratete Tante maßgeblich an meiner Erziehung beteiligt. Sie hatte mir Reiten und die Namen wilder Blumen beigebracht. Im Spätsommer galoppierten wir gerne ohne Sattel und Zügel über die abgeernteten Stoppelfelder. An ihrem Sterbebett zu sitzen, während draußen der Schnee wie kalte Asche vom Himmel fiel, brachte viele melancholische Erinnerungen an meine verflossene Kindheit zurück. Ihr Tod kam langsam und schmerzvoll. Heiligabend zündeten wir Kerzen für Inge an. Mutter sang »Stille Nacht«. Wenige Tage später begruben wir sie auf unserem Familienfriedhof.

Nach der Beerdigung fragte mich Mutter, wie lange ich zu Hause zu bleiben gedachte. Noch ein paar Tage, sagte ich, dann gehe es zurück nach Südamerika. Sie seufzte.

»Hast du nicht langsam genug von der Welt gesehen?«, fragte sie. »Sieben Jahre sind nun seit Papas Tod vergangen, und es wird allmählich Zeit, dass du nach Hause kommst und den Hof übernimmst.«

Dieses Gespräch hatte ich gefürchtet. Nur ungern wurde ich an die Abmachung mit Mutter erinnert, dass meine Wanderjahre gezählt waren und ich bald nach Deutschland und Gut Ankelohe zurückkehren musste. Ausweichend antwortete ich: »Etwas Zeit habe ich doch noch, oder? Nun habe ich gerade Spanisch gelernt und will noch Südamerika kennenlernen.«

»Junge, ich halte hier ja gerne die Stellung«, sagte sie, »aber ich werde auch nicht jünger. Irgendwann musst du in Ankelohe die Verantwortung übernehmen. Es muss weitergehen.«

»Ich weiß, Mutter, ich kenne meine Pflicht. Aber bitte gib mir noch etwas Zeit.«

Auf dem Rückflug nach Südamerika legte ich einen Zwischenstopp in Paris ein, um mich auf einen Kaffee mit Laila zu treffen. Wegen meines ausschweifenden Lebens in New York und meines Umzugs nach Buenos Aires hatte sie sich von mir getrennt. Wir redeten. Sie liebe mich noch immer, sagte sie, aber sie sei mein Umherflattern leid und müsse sich jetzt um sich selbst kümmern. Ich fühlte mich taub, mein Mund war so verschlossen wie mein Herz. Ihre Stimme erinnerte mich an ein Gefühl, das ich mal empfunden und dann vergessen hatte, aber ich war unfähig, es auszudrücken. Stattdessen schlug ich vor, ein Hotel aufzusuchen, um eine kleine Nummer zu schieben. Laila sah mich an, ihre Augen füllten sich mit Tränen.

»Ich erkenne dich nicht wieder«, sagte sie. »Wer bist du? Was ist aus dem Lutz geworden, den ich mal gekannt habe?«

Ich antwortete nichts. Ich wusste es ja selbst nicht.

Im Flieger nach Rio de Janeiro beschloss ich, das einzig Sinnvolle zu tun und mich wieder auf meine Arbeit zu konzentrieren. Ich nahm mir vor, die Copacabana links liegen zu lassen und mich gleich wieder in eine Reportage zu stürzen, in der es um mein bevorzugtes Sujet ging: zornige junge Männer mit Schusswaffen. Am ersten Abend in der Stadt traf ich mich zum Abendessen mit einem brasilianischen Fotografen und erzählte ihm von meinem Vorhaben, an eine der Favela-Drogengangs heranzukommen. Ich wollte versuchen, einige Tage mit den Gangstern abzuhängen, um sie kennenzulernen und sie zu fotografieren.

»Vergiss es!«, sagte mein Bekannter mit einem müden Lächeln. »Die werden dich niemals in ihre Nähe lassen, schon gar nicht zum Fotografieren. Ich probiere genau das seit zwei Jahren – vergeblich. Außerdem ist es verdammt gefährlich.« Er erzählte mir von Tim Lopes, einem bekannten Fernsehreporter, der im Juni 2002 versucht hatte, mit einer versteckten Kamera einige Drogendealer in Rocinha zu filmen. Sie erwischten ihn und schlugen ihn auf offener Straße zusammen. Dann wurde Lopes nackt ausgezogen, gefesselt, gefoltert und schließlich in eine Spalte des großen Granitfelsens gezwängt.

»Dann schoben sie Gummireifen unter ihn, und er wurde lebendig verbrannt. Die ›Mikrowelle‹ nennen sie das im Gangslang«, sagte mein Bekannter.

Das klang furchtbar. Mein Bekannter räumte allerdings ein, dass es für bürgerliche weiße Brasilianer wie ihn schwieriger war, diese Story zu machen. Sie standen für alles, was die Gangs verabscheuten. Außerdem wurden sie stets verdächtigt, als Journalisten getarnte Polizeispitzel zu sein. Als Ausländer war ich unverdächtig und hatte daher bessere Aussichten, aufgenommen zu werden. Dennoch brauchte ich jemanden mit den richtigen Connections innerhalb der Favelas, der mich in eine Gang einführen konnte. Da ich nun zwar Spanisch, aber kein Portugiesisch konnte, benötigte ich auch einen Dolmetscher. Mein Bekannter gab mir die Telefonnummer eines Sozialarbeiters namens Paolo Amendoim, der ein Straßenkinderprojekt in der Favela Rocinha leitete.

»Dieser Mann kann dir vielleicht helfen, er kennt einige Leute«, sagte er. »Aber sei verdammt vorsichtig, mit diesen Gangstern ist echt nicht zu spaßen.«

Am nächsten Tag nahm ich ein Taxi nach Rocinha. Favelas sind als Tumore beschrieben worden, als verunstaltende Schandflecke einer Stadt, in der die Reichen am Strand leben und die Armen sich an die Hügel darüber klammern. Aber Rocinha ähnelte eher einem Gletscher, der langsam, aber unaufhaltsam nach unten rutschte bis an die Hauptstraße, auf der die Talbewohner von einem wohlhabenden Stadtteil zum anderen hasteten. Vielleicht blickten sie dabei nervös nach oben, voller Furcht vor dem Tag, an dem die Favelas auf sie herunterkrachen würden.

Die Furcht war begründet. In den vergangenen Monaten hatten bewaffnete Gangs mehrmals ihre Favela-Kämpfe in der Stadt unten ausgetragen. Sogar Touristen gerieten in die Schusslinie. Der Highway zum Flughafen musste gesperrt werden, weil sich Gangs dort Schießereien lieferten. Dies rief schlechte Erinnerungen an 1994 hervor, als mehrere Banden am hellichten Tag in die eleganten Straßen von Ipanema und Copacabana gestürmt waren, einen brutalen Häuserkampf ausfochten und Touristen ausraubten. Nur war die Gewalt dieses Mal noch schlimmer.

Auf den ersten Blick sah Rocinha nicht wie ein gefährlicher, drogenverseuchter Slum aus. Es gab keine Hütten aus Holz und nur wenige aus Wellblech. Die meisten Gebäude waren aus Beton und roten Ziegelsteinen. Seit Jahren gab es Strom und fließend Wasser. Die Bewohner trugen neue Jeans und saubere Hemden, glänzende Handys hingen an ihren Gürteln. Es gab Läden und Restaurants, mehrere Sportstudios, eine Bank, ein Postamt – und sogar zwei Polizeistationen. Weitaus üblere Slums existierten in Rio, so etwa die Favela Cidade de Deus, »City of Gods«, die durch den gleichnamigen Film 2002 weltweite Bekanntheit erlangte.

Rocinha war älter und etablierter als die meisten anderen Favelas: Schon Mitte der 1950er-Jahre errichteten Landflüchtlinge hier ihre Hütten. Obwohl bald zehntausende Menschen folgten, ignorierte die Stadtregierung ihre Existenz jahrzehntelang. Wo offiziell niemand lebte, mussten die Stadtväter auch keine Schulen und Krankenhäuser bauen. Lieber gaben sie das Geld für touristische Strandpromenaden aus. Erst 1992 erhielt Rocinha den offiziellen Status eines Stadtteils. Nun kamen sogar öffentliche Busse hierher.

Aber Rocinha hatte ein zweites Gesicht, in der Nacht. Dann traten die Gangster auf die Straße. Nachts brauchte ich Schutz. Vielleicht war Paolo Amendoim mein Mann. Ich wählte seine Nummer.

Eine Stunde später saß ich einem kleinen, drahtigen Mann in seinem Büro gegenüber und hörte mir staunend seine Lebensgeschichte an. Amendoim war in den 1950er-Jahren als Sohn bettelarmer Alkoholiker in Rocinha aufgewachsen und hatte sein gesamtes Leben hier verbracht. Allerdings hatte er auch die Welt »da draußen« kennengelernt, als einer der besten Leichtathleten Brasiliens in den 1970er-Jahren. Lange hielt er mehrere südamerikanische Laufrekorde. Bei den Olympischen Spielen in Montreal 1976 kam er über 1500 Meter als Siebter ins Ziel. Als Belohnung gewährte ihm die Regierung ein zweijähriges Stipendium, mit dem er an der Universität Frankfurt Sportwissenschaften studierte und Deutsch lernte – eine erstaunliche Karriere für einen schwarzen Jungen aus Rocinha.

Seit zehn Jahren leitete Amendoim ein Sport- und Bildungsprojekt, um die Kinder der Favela von der Straße zu holen. Er hatte etwa fünfzig meist ehrenamtliche Mitarbeiter.

»Bis zu 500 Kinder kommen jeden zweiten Tag hierher«, erzählte mir Amendoim, als wir den Sportclub betraten, den er mit dem Geld der Stadtverwaltung auf der anderen Seite des Rocinha-Hügels mietete. Der Club mit einem großen Pool gehörte ursprünglich den wohlhabenden Familien, die weiter unten im Tal wohnten. Als dann die Favela über den Hügel gekrochen kam, beschlossen sie, woanders schwimmen zu gehen.

»Vorher war es uns nicht einmal erlaubt, in die Nähe des Eingangstors zu kommen – nun haben wir den Club besetzt«, bemerkte Amendoim mit einem Lachen.

Dutzende Jungen und Mädchen im Alter von fünf bis siebzehn Jahren planschten im Pool herum, während andere Schüler Volleyball und Basketball spielten. Unterdessen saß die andere Hälfte der Gruppe im Unterricht.

»Fast zwanzig Lehrer bringen den Kindern alle wesentlichen Fächer bei«, erklärte Amendoim auf einer Tour durch das Clubhaus. »Wenige von ihnen gehen in eine normale Schule.« In Klassenzimmern mit einem derart spektakulären Panorama – mit Blick auf den Zuckerhut, die Lagune und die Statue von Christus dem Erlöser auf dem Corvocado – war es sicher nicht leicht, sich auf den Unterricht zu konzentrieren.

Er spreche über Drogen und Dealer mit den Kindern, sagte Amendoim. »Nicht einmal die Eltern haben den Mut dazu, um die Gang nicht zu verärgern.« Natürlich wüssten die Bandenführer über seine Arbeit Bescheid, fuhr er fort, aber sie hätten ihm noch nie Probleme bereitet. Fast klang Amendoim, als ob er einen fairen Wettbewerb mit der Gang beschriebe.

»Sie respektieren mich. Ich mische mich nicht in ihr Business ein, und sie lassen mich in Ruhe. Außerdem wissen sie, dass es immer genug Kinder geben wird, die willens sind, Drogen zu kaufen oder für die Gang zu arbeiten.«

»Also kennen Sie sie persönlich?«, fragte ich.

»Wen?«

»Die Anführer der Gang.«

»Nun, einige von ihnen, vielleicht. Warum?«

Ich erläuterte mein Vorhaben und fragte ihn, ob er mir helfen könne, die Anführer kennenzulernen. Er antwortete ausweichend. Er bezweifle, dass er dabei nützlich sein könne. Ich müsste die Erlaubnis von den obersten Verbrechern in der Favela bekommen, die er nicht persönlich kenne. Einfach nur herumzufragen wäre zu gefährlich.

»Vielleicht kennen Sie jemand anderen, der mir helfen könnte?«

»Nein, nicht damit«, sagte er mit einem misstrauischen Blick. Ich war mir sicher, dass er jeden Gangster von Rang in Rocinha kannte, aber offensichtlich vertraute er mir nicht. Oder er glaubte nicht, dass ich den Aufwand wert wäre. Ich nahm meine Tasche.

»Nun, schade. Aber bevor ich mich verabschiede, könnte ich wohl kurz in Ihrem Pool schwimmen?« Meine Bitte überraschte Amendoim, doch er willigte ein.

Zum Glück hatte ich Badehose und Taucherbrille dabei. Das Wasser im Pool war köstlich kalt. Etwa eine halbe Stunde zog ich meine Bahnen. Als Wassermann finde ich, dass es kein besseres Element als Wasser gibt. Die Aufhebung der Schwerkraft im Wasser erlaubt es Menschen, sich weitaus anmutiger zu bewegen als an Land, wo alle nur rumeiern. (Monty Python hatte recht: Die meisten Menschen haben einen lächerlichen Gang.) Nach dem Schwimmen spielte ich etwas Basketball mit den Kindern, die alle den deutschen Zwei-Meter-Lulatsch in ihrem Team haben wollten. Zwar stellten sie bald fest, dass dieser weiße Mann weder springen noch treffen konnte wie sie, aber wir hatten dennoch viel zu lachen.

Amendoim beobachtete uns von der Seitenlinie. Als ich mich auf den Weg machen wollte, hielt er mich auf.

»Hör zu, mein Junge, ich habe darüber nachgedacht. Vielleicht kann ich dir doch helfen.«

Nur wenige Stunden später saß ich auf Speeds Motorrad, ein grinsender Amendoim direkt hinter uns. Es dämmerte bereits, der Granitfelsen oberhalb Rocinha leuchtete im tiefroten Licht der untergehenden Sonne. Es roch nach Regen, Dieselqualm und gegrilltem Fleisch. Speed bremste und parkte die Maschine vor einer Bar namens Garota da Via Apia, zu deutsch: das Mädchen der Via Apia.

Die Bar hatte offene Fenster und eine erhöhte Terrasse. Auf den Tischen lagen rotweiß karierte Plastikdecken. Ventilatoren summten an der Decke, aus einem Fernseher an der Wand plärrte Popmusik. Hinter der Bar war ein Bataillon von Flaschen aufgereiht, die alles enthielten, was gut schmeckte und ordentlich knallte: viel Gin, Whisky und natürlich Rum. Die Kellnerinnen trugen enge schwarze Röcke und rote T-Shirts. Sie grüßten Speed und Amendoim wie alte Bekannte.

Wir wählten einen Tisch mit Blick auf die Straße, wo reges Treiben herrschte: Motorradtaxis, beladen mit Frauen und ihren Einkaufstaschen, knatterten vorbei. Leute tratschten, fluchten, handelten, kauften, lachten und gingen weiter. Es gab wenige weiße Menschen und ebenso wenige alte Leute. Surfer kamen vom Strand hoch, das Brett unterm Arm, die Haare nass. Stolz präsentierten sie ihre hemdlosen, muskulösen Oberkörper einer Gruppe kichernder Mädchen, die hüftschwingend an ihnen vorbeischlenderten.

Mitten im Getümmel die Dealer. An einem Strommast direkt gegenüber der Bar standen fünf Jungs in Sporthosen und Flipflops, alle mit Goldketten und Tattoos. Jeder hielt zwei dünne Plastiktüten in der Hand, eine offenbar mit Geldscheinen gefüllt, die andere mit Kokain, in länglichen Plastikbeutelchen abgepackt. Einer der Jungs hatte sich zehn Kokstütchen in den Mundwinkel gesteckt. »Stoff, hier gibt's Stoff!«, rief ein anderer unnötigerweise wie ein Aalverkäufer auf dem Hamburger Fischmarkt.

Das Dealen ging schnell. Der Kunde kam, reichte einen 10-Real-Schein rüber, bekam dafür ein Beutelchen und ging weiter. Zehn Real, gut drei Euro, für ein Gramm Koks, genug für acht Linien. Das war nicht teuer, in London oder München kostete das Gramm das Zwanzigfache. Manchmal gab es einen Handschlag mit dem Kunden, gefolgt vom Fäuste-Berühren. Geredet wurde nicht viel, schon gar nicht verhandelt. Diskretion war offenbar unnötig. Der Dealer war wie ein Koksautomat am Straßenrand.

Speed selbst vertickte nur noch selten. Er war jetzt ein *soldado*, nachdem er die jahrelange, strikt hierarchische Bandenkarriere durchlaufen hatte.

»Du fängst an, wenn du noch jung bist, als *fogueteiro*«, erzählte mir Speed, während Amendoim auf angenehm diskrete Weise übersetzte. »Du spielst am Rand der Favela mit anderen Kindern und lässt Drachen steigen.« Tatsächlich hatte ich bereits viele Kinder bemerkt, die Drachen steigen ließen. Wenn die *fogueteiros* etwas Verdächtiges sehen, Fremde oder Polizisten, flitzen sie los und sagen den *foguetes*, den Raketen, Bescheid. »Die sind etwas älter. Ihre Aufgabe ist es, Böller zu zünden und damit die Späher zu warnen.«

Die Späher übernehmen die Observation der Eindringlinge. Mit Funkgeräten ausgerüstet, beschreiben sie die Lage den *soldados*, die sich wiederum mit den *gerentes*, den Drogenverwaltern, beraten. Bei Gefahr zieht sich die Gang nach oben auf den Hügel zurück, gerade wenn die schießwütigen Spezialeinheiten der Polizei zu einer Razzia anrücken. »Von da oben kann man besser auf Feinde weiter unten zielen«, erklärte Speed. »Schießbefehle gibt nur der *chefe* oder seine rechte Hand. All das muss sehr schnell geschehen, innerhalb von Minuten.«

Plötzlich stand ein schlaksiger Junge an unserem Tisch. In den Händen hielt er eine M-16, die Vorzugswaffe von US-Marinesoldaten. Auf dem Kolben prangte ein Aufkleber von Che Guevara in der berühmten Pose, in eine revolutionäre Zukunft blickend. Die Gegenwart eines Gringos in ihrer Bar, der in auffällig unauffälliger Weise die Dealer beobachtete, war nicht unbemerkt geblieben.

»Was macht dieser Typ hier?«, fragte der schlaksige Kerl. Speed beruhigte ihn, indem er mich großzügig einen Amigo nannte. Der Boss sei im Bilde. Nun denn, Daumen hoch, *tudo bem*! Der Junge, der sich Angel nannte, lehnte sein Gewehr an den Tisch, setzte sich zu uns und bestellte ein Skol-Bier.

»Warum mussten Sie sich eigentlich einen Job suchen, der ihre Lebenserwartung nicht gerade verlängerte?«, fragte ich sie. Die beiden grinsten spöttisch.

»Unser Leben ist nie langweilig, und wir kriegen regelmäßig Kohle«, antwortete Speed und legte seine Neun-Millimeter-Pistole auf den Tisch. »Früh sterben nur die Dummen und die Unvorsichtigen. Ich bin schon seit mehr als zehn Jahren dabei.«

Gangster in Rio, die ihre Jugend überlebt hatten, galten bereits als Veteranen. Speed und Angel versuchten sich als private Cops darzustellen, die lediglich die reguläre Polizei ersetzten. »Wir beschützen die Gemeinschaft und sorgen für Sicherheit«, behaupteten sie ohne einen Anflug von Ironie. »Wir haben unsere eigenen Gesetze, und die sind hart«, sagte Speed. »Kriminalität gibt es hier nicht, keine Diebe, auch keine Zuhälterei. Vergewaltiger kriegen die Todesstrafe, sofort.« Auch Gangmitglieder? »Auch die.«

Aus dem Munde von Kriminellen klang dieses *Law-and-order*-Gerede zunächst wenig glaubhaft. Aber alle Favela-Experten, die ich später interviewte, bestätigten, dass es tatsächlich kaum Kriminalität in den Favelas gab – außer natürlich Drogenkriminalität. Es war weitaus wahrscheinlicher, an der Copacabana ausgeraubt zu werden als in Rocinha. In fünfzig Jahren selbst organisierten Zusammenlebens in der Favela hatten Bürgerwehren immer eine Rolle gespielt. Zwar schützte die Gang zuerst sich selbst und das Drogengeschäft, doch zugleich sorgte sie auch für Ordnung in der Favela. Die Logik dahinter war, dass die Gangsterbosse Besuche der Polizei vermeiden wollten. Ruhe war gut fürs Geschäft.

Aber natürlich trugen Speed und Angel ihre Waffen nicht, um kleine Diebe abzuschrecken.

»Wir haben Feinde«, sagte Speed. »Die Militärpolizei und vor allem andere Gangs.«

Hauptfeind der Gang von Rocinha war die Bande, die die Nachbar-Favela Vidigal kontrollierte. Mit etwa 20 000 Einwohnern lag sie auf der anderen Seite des Granitfelsens, über dem Jet-Set-Strand von Leblon. Früher gab es selten Probleme mit Vidigal – bis Dudu aus dem Knast zurückkehrte. Wenn sein Name fiel, reagierten die Rocinhaner, ob Gangster oder normale Bewohner, mit Abscheu und Angst. Dudu wuchs in Rocinha auf und wurde Ende der 1990er-Jahre, mit zwanzig Jahren, Stellvertreter von Lulu, dem langjährigen Drogenboss der Favela. »Lulu war ein guter Chef, der sich um seine Männer kümmerte«, erinnerte sich Speed. »Dudu aber war ein Arschloch. Er war brutal, und wenn er seinen Rum mit Aufputschpillen mischte, wurde er unberechenbar.«

So war niemand traurig, als Dudu bei einer Polizeirazzia verhaftet wurde und in den Bau ging. Zu dreißig Jahren Haft wurde er verurteilt, aber schon nach drei Jahren wieder entlassen – wegen guter Führung. »Er hat die richtigen Leute bestochen, damit sie ihn freilassen«, mutmaßte Speed. Schon am folgenden Tag tauchte

Dudu wieder in Rocinha auf und verlangte seinen alten Posten zurück. Als Lulu ablehnte, tat sich Dudu mit den Gangstern in Vidigal zusammen und überredete sie zu einem Überfall auf Rocinha.

Im Morgengrauen des Karfreitags 2004 stürmten sie mit sechzig Mann, alle schwarz gekleidet, die Nachbar-Favela. Nach stundenlangen heftigen Schießereien kontrollierten die Angreifer alle wichtigen *bocas de fumo*, die Drogenumschlagplätze. Fast zwanzig Menschen lagen tot auf der Straße. Unter den Toten war auch Boss Lulu, der in seinem Schlafzimmer überrascht wurde – allerdings von Polizisten, die den Überfall nutzten, um mit dem Bandenchef abzurechnen. Angeblich kollaborierte die Polizei mit Dudu. Aber dann machte er einen entscheidenden Fehler: Während des Überfalls kaperte er auf der Strandstraße mehrere Autos und erschoss dabei die Tochter eines einflussreichen brasilianischen Diplomaten.

Nun musste die Polizei Dudu jagen. 1200 Elitekämpfer der Militärpolizei rückten am Ostermontag in Rocinha ein, und Dudu floh. Nach langem Versteckspiel mit etlichen Schießereien stellte sich Dudu am Silvesterabend der Justiz und ging wieder ins Gefängnis, wo sein Leben am sichersten war. Als die Nachricht von der Festnahme die Rocinhaner erreichte, brachen sie in Freudengeheul aus. »Die ganze Nacht haben wir gefeiert, Feuerwerk gemacht und unsere Magazine leer geschossen, in die Luft«, erinnerte sich Speed, wurde aber gleich wieder ernst: »Mit den Arschlöchern von Vidigal haben wir noch eine Rechnung zu begleichen.«

Inzwischen kamen immer mehr Kunden zu den Koksdealern vor der Garota. Sie sahen nicht so aus, als ob sie in Rocinha lebten.

»Die sind aus Ipanema«, kommentierte Speed. »Sie gehen wahrscheinlich später auf eine Party und wollen sich vorher einen dröhnen.«

»Um witzig und geistreich zu sein«, fügte Amendoim verächtlich hinzu.

Die bürgerlichen Kunden parkten ihre Autos meist unten an der Hauptstraße und gingen den Rest des Weges zu Fuß. Andere schickten einen Motortaxifahrer hoch, um die Drogen für sie zu holen. Rocinha galt als eine etwas sicherere Favela als etwa Cidade de Deus, wohin sich wenige Leute trauten. Daher machte Speeds Gang auch weit mehr Umsatz als die Konkurrenz – drei bis fünf Millionen Dollar in der Woche, hieß es in der Presse, was Rocinhas *bocas de fumo* zur begehrtesten Beute in den Revierkriegen der Favelas machte. Wer Rocinha kontrollierte, wurde reich.

Was war mit den Polizisten, die zwei Häuserblocks weiter vor ihrer Wache standen?

»Ach, die sind kein Problem«, antwortete Speed nonchalant. Die Gang untersagte den Bewohnern von Rocinha, mit der Polizei zu sprechen. »Die Cops wissen, dass wir alle Geld verdienen müssen. Es ist auch gesünder für sie, nicht allzu genau hinzusehen.« Fürs Wegsehen wurden sie natürlich bezahlt, das war ein offenes Geheimnis. Das meiste Schmiergeld traten sie an ihre ebenso korrupten Vorgesetzten ab.

Drei große und rivalisierende Kartelle kontrollierten seinerzeit das Drogengeschäft in Rio. Das älteste war das »Comando Vermelho« (CV), das Rote Kommando. Der politische Klang seines Namens war kein Zufall. Seine Ursprünge gingen auf die 1970er-Jahre zurück, als die ersten professionellen Drogenhändler im Gefängnis landeten. Unter der damals regierenden rechten Militärdiktatur teilten sie ihre Zellen oft mit politischen Häftlingen, meist Mitgliedern kommunistischer Parteien. Sie waren es, die den Dealern zuerst beibrachten, wie man straff organisierte, klandestine Gruppen aufbaut.

Kaum waren die Drogenhändler aus der Haft entlassen, gründeten sie das erste Kartell und benannten es nach ihren roten Mentoren. Später entstand eine konkurrierende Mafia, das »Tercero Comando« (TC), das Dritte Kommando. In den späten Neunzigern taten sich unzufriedene Drogenbarone aus beiden Organisationen zu einem dritten großen Kartell zusammen, den »Amigos dos Amigos« (ADA). Diese »Freunde von Freunden« kontrollierten Rocinha und andere Favelas seit einigen Jahren.

Mithilfe ihrer exzellenten Kontakte in Politik und Geschäftswelt waren die Paten aller drei Kartelle in der Lage, enorme Mengen Kokain aus Kolumbien zu bewegen. Der erste Brasilianer, der in den 1980er-Jahren zum Medellin-Kartell reiste und Flugzeugladungen von Koks orderte, war der Geschäftsmann und spätere CV-Boss Fernandinho Beira-Mar. Im November 2001 wurde er in Kolumbien verhaftet und saß seitdem in Rio im Gefängnis. Seine Verhaftung setzte seinen krummen Geschäften jedoch kein Ende. So wie einst der Drogenkönig Pablo Escobar in seinem Privatgefängnis in Medellin hielt Beira-Mar sein Drogenbusiness mithilfe von Handytelefonaten und Anwaltsbesuchen am Laufen. Als die Regierung im Februar 2003 versuchte, die Haftbedingungen für Beira-Mar zu verschärfen und ihm das Handy wegzunehmen, demonstrierte er kurz die Reichweite seiner Macht außerhalb der Gefängnismauern. Innerhalb weniger Stunden jagten CV-Gangster zwanzig öffentliche Busse in die Luft. Beira-Mar erhielt sein Telefon umgehend zurück.

Die Gangs in Rio und anderen Städten hatten Brasilien zu einem Hauptkunden im globalen Kokaingeschäft gemacht. In keinem Land der Erde außer den USA wurde damals so viel Koks konsumiert wie hier. Mehr als fünf Tonnen Kokain beschlagnahmte die Polizei im Jahr 2003 in der Region um Rio, dreimal so viel wie noch im Jahr 2000. Allein in Rio waren 10 000 Menschen, meist Minderjährige, im Drogenhandel beschäftigt. Die Zahl der Mordfälle in Rio hatte sich in zehn Jahren verdreifacht, auf mehr als fünfzig je 100 000 Einwohner. Hinzu kamen jedes Jahr etwa 2000 Vermisste, von denen die meisten wohl auf den geheimen Friedhöfen der Favela-Gangs lagen. Jedes Jahr wurden in Rio mehr Jugendliche erschossen als in Kolumbien oder Sierra Leone.

Wegen seiner langen und durchlässigen Grenzen war Brasilien auch zum wichtigsten Transitland für den Kokainschmuggel aus den Anden nach Europa und in die USA avanciert. Bürgermeister und Polizeichefs in Städten entlang der Schmuggelrouten im Amazonasdschungel waren auf dubiose Weise reich geworden. In bisher unbekanntem Ausmaß untergrub das weiße Gold den Staat und die Gesellschaft. Beobachter begannen vor einer »Kolumbianisierung« des Landes zu warnen. Wie in den USA erzielte der zunehmend militärische »Krieg gegen Drogen«, den auch die Regierung des linksgerichteten Präsidenten Ignacio Lula fortsetzte, nur wenige Erfolge. Durch die eskalierende Gewalt sah es eher so aus, als ob die Medizin schädlicher war als die Krankheit selbst.

In der Garota-Bar waren inzwischen weitere Bandenmitglieder aufgetaucht. Auch sie waren jung, zwischen 13 und 25 Jahren alt. Ihr

Outfit glich dem so vieler Kindersoldaten in den Tropen: Flipflops, Bermudashorts, übergroße T-Shirts von Nike oder Adidas, gebleichte Haare und Tattoos. Höherrangige Soldaten verfügten über Funkgeräte, mit denen sie ständig mit Kameraden auf dem Hügel in Kontakt waren.

Ihr Waffenarsenal war eklektisch: Remington-Revolver, die unvermeidlichen Kalaschnikows mit aufgeklebten Magazinen, zwei israelische Uzis und seltsame Schrotflinten mit abgesägten Läufen, die problemlos eine Ladung Schrot über die gesamte Bar verteilen konnten. Einem der Gangster baumelten drei alte Handgranaten vom Gürtel. In anderen Favelas fand die Polizei sogar Landminen. Wenige Monate zuvor hatte eine Gang versucht, einen Polizeihubschrauber mit einer Luftabwehrrakete abzuschießen.

Ganz entspannt gingen die Jungs mit den Waffen um, wie Engländer mit Regenschirmen. Die Gewehrkolben schmückten Aufkleber, auf denen außer dem stets beliebten Che Guevara auch Bob Marley und diverse weibliche Schönheiten zu sehen waren. Ein Aufkleber zeigte – tausende Kilometer von Afghanistan entfernt – keinen geringeren als Osama bin Laden mit Bart und Turban. »Warum ausgerechnet er?«, fragte ich.

»Keine Ahnung«, sagte der Besitzer des Gewehrs mit einem Achselzucken. »Er ist auch ein Rebell wie wir, sagen meine Freunde.« Die Jungs lachten. Einige Mädchen kamen dazu, in Partylaune. Dünne weiße Linien zeichneten den Verlauf ihrer Bikinis nach, damals ein angesagtes Modestatement in Rio. Der Anblick der Waffen schien sie nicht zu stören, eher im Gegenteil. »Was für ein schönes langes Ding du da hast«, scherzte ein Girl, während es über den Lauf von Angels M-16 streichelte. Eine Freundin präsentierte ihre Tattoos: über dem Po ein hellrotes Herz und auf dem Bauch, gleich neben dem gepiercten Bauchnabel, eine Amazone, die ein Sturmgewehr abfeuerte.

»Sexy, oder?«

Alle tranken Bier und rauchten Joints, enorme Trompeten von Joints, wenn auch nur auf der Straße.

»Nicht in der Bar, das gehört sich nicht«, sagte Speed. »Der Rauch würde essende Gäste stören.« Auch trank niemand Bier aus der Flasche, was als stillos galt, oder vergaß, seine Bierrechnung zu begleichen.

»Wo wird das Koks konsumiert?«, wollte ich von Speed wissen. Sein Blick gab mir zu verstehen, dass dies eine dumme Frage war. »Von uns nimmt keiner Koks. Das Zeug macht dich kirre und kaputt. Es zu nehmen ist unprofessionell und bringt nur Ärger. Der Boss erlaubt es nicht.«

Nicht alle Gangs waren so diszipliniert. Viele Kämpfer in anderen Favelas waren gerade deshalb so gefürchtet, weil sie vor einem Gefecht alle Hemmungen mit ein paar Linien beseitigten. Den Gebrauch und Verkauf von Crack hatten allerdings alle Gangsterbosse verboten. Es war in Rio so schwer zu bekommen wie Heroin.

Plötzlich wurden die Jungs still. Diejenigen, die noch immer lachten oder redeten, erhielten einen Tritt gegen das Schienbein. Ein kräftiger Mann betrat die Bar, gekleidet wie ein Basketballer. »Das ist die rechte Hand vom Boss«, flüsterte Speed. Der Mann, Mitte zwanzig, nickte seinen Kumpels zu und setzte sich auf einen Hocker, die *boca de fuma* immer im Blick. Nichts verdeutlichte seine Macht mehr als die AK-47, die in seinem Schoß lag – sie war aus Gold. Nicht die inneren Teile natürlich, aber der gesamte Lauf und der Abzug. Er war der Mann mit der dicksten Wumme, dem ultimativen Statussymbol im Gangster-Lifestyle. Sie gehörte nicht ihm selbst, sondern seinem Boss. Der Chef vom Hügel hieß Bill und war der Nachfolger von Lulu. Er stand ganz oben auf der Fahndungsliste der Polizei, die in Rio einer schwarzen Liste für Schwerverbrecher gleichkam, die zu liquidieren waren. Daher ließ sich Bill kaum noch auf der Straße blicken und wechselte angeblich jede Nacht sein Schlafquartier. Es gab ein Gerücht, dass er auch eine Pistole aus weißem Gold besaß, die er nur benutzte, um Gegner zu exekutieren – angeblich mit vergoldeten Kugeln, die ein chirurgisch geübtes Gangmitglied danach aus den Leichen herausschnitt, damit sie erneut verwendet werden konnten.

Es war nach Mitternacht, die meisten Gangster waren betrunken. Ihre Unterhaltungen drehten sich um Rap-Musik, Sex und die Arschlöcher aus Vidigal, die noch eine Abreibung zu gewärtigen hatten. Zu den Jungs gesellten sich einige Rocinha-Bewohner, die nicht zur Gang gehörten. Unter ihnen waren ein Maler, der mich zu Galerien in New York befragte, ein sich selbst verlegender Romanschriftsteller, der gerade ein Theaterstück für Kinder schrieb, und ein in ganz Brasilien bekannter Hip-Hop-Sänger, der emphatisch verkündete, dass er trotz seines Erfolgs und seines neuen Reichtums niemals aus Rocinha wegziehen werde. So wie der verrückte Typ, der, wie mir Amendoim erzählte, seit zwanzig Jahren in einer Höhle im Granitfelsen hauste – nackt.

Der Fernseher über der Bar zeigte Diego Maradona, damals noch fett wie eine Qualle. »Der Kerl nimmt zu viel Koks«, kommentierte einer der Gangster. »Das ist nicht gesund.« Die anderen nickten ohne jede Ironie. Das Thema Gesundheit interessierte alle. Speed goss sich einige Löffel Olivenöl in sein Bier und erläuterte: »Das Öl reinigt die Blutbahnen, das gesamte System.« Angel empfahl mir, jeden Morgen eine Knoblauchzehe zu essen. »Seitdem ich das mache, kriege ich keine Erkältungen oder Halsschmerzen mehr.« So sprach ein Gangster, dessen Leben mit ziemlicher Sicherheit eine Kugel beenden würde, vielleicht schon in der folgenden Woche.

Mit dem Alkohol schwand das Misstrauen, und nach einigem Zögern ließen die Jungs sich fotografieren. Eitel warfen sie sich in Pose und präsentierten ihre Waffen. Nach jedem Foto bewunderten sie sich selbst, lachend wie kleine Kinder, auf dem Display meiner Digitalkamera. Sogar die rechte Hand vom Chef ließ sich nicht zweimal um ein Porträtfoto mit der goldenen Wumme bitten, wenngleich er dann doch vorsichtshalber eine Baseballkappe vor sein Gesicht zog. Immer wieder musste ich den Jungs versichern, dass die Bilder nur für meinen privaten Gebrauch bestimmt waren. Ich wolle sie lediglich meinen Freunden daheim zeigen, damit sie sehen könnten, wie gut ich mich in Rio amüsiert hatte. Das war natürlich gelogen. Im Stillen jubilierte ich, weil ich die Story mit derart exklusiven Fotos an ein gut zahlendes Hochglanzmagazin verkaufen konnte.

Auf einmal schlug die Stimmung um, als sich ein Mann vor der Kamera seine Hose aufknöpfte und strippte. Er war mir schon vorher aufgefallen: Älter als die meisten, in lumpige Klamotten gekleidet und offensichtlich kein Gangmitglied, hatte er den Abend über immer wieder betont untertänig Bier und Sandwiches für die Jungs geholt. Er war sturzbetrunken und torkelte. Nun hatte er vor dem Gringo die Hose heruntergelassen – das war zu viel. Von seinem Hocker aus wies die rechte Hand des Chefs einige Jungs an, sich um das Problem zu kümmern. Widerstandslos ließ sich der Mann von ihnen abführen.

»Der Kerl ist ein Idiot«, sagte Speed. »Die Hose ausziehen in der Öffentlichkeit, noch dazu vor einem Gast, das geht nicht. Er hat Schande über uns gebracht.«

»Was wird jetzt mit ihm geschehen?«, fragte ich, als mir bewusst wurde, dass meine Fotosession jemanden in ernsthafte Schwierigkeiten gebracht hatte.

Speed sah auf die Straße und schwieg. Auch Amendoim sagte nichts.

»Wird er verprügelt?«

Speed schüttelte den Kopf: »Nein, er wird sterben.«

»Nicht im Ernst, oder?«, sagte ich ungläubig. »Doch nicht wegen so einer Kleinigkeit!?«

»Es war ein ernstes Vergehen und nicht sein erstes. Er trinkt zu viel und pisst auf die Straße. Er hat es verdient.«

Ich sah Amendoim an, der unseren Wortwechsel so teilnahmslos wie möglich übersetzt hatte. Er zog die Schultern hoch.

»Ich habe es dir gesagt, Louis. Sie töten wegen nichts, einfach so.«

Die Gang war das Gesetz in Rocinha, aber die Gang unterhielt keine Gefängnisse. Es gab wenige alte Menschen in Rocinha.

Mit wachsendem Entsetzen begriff ich, dass ein Mensch ermordet werden sollte, weil ich ihn fotografiert hatte. War es meine Schuld?, fragte ich mich verwirrt. Vielleicht ja, aber es gab nichts, was ich nun noch daran ändern konnte. Zumindest unternahm ich nichts. Ich versuchte nicht einmal einzugreifen. Ich wollte mich nicht mit der Gang anlegen. Ich war zu feige und opportunistisch. Der teilnehmende Reporter, der sich sonst so gerne einmischte und das Geschehen beeinflusste, zog sich lieber auf eine rein beobachtende passive Rolle zurück.

Am nächsten Tag traf ich mich wieder mit Amendoim. Er lud mich zu einem Drink in seine nette kleine Wohnung in Rocinha ein, wo er mit seiner Frau lebte. Zu meiner Überraschung hing ein Poster der Kommunistischen Partei an der Tür, darauf ein lächelndes Bild von ihm selbst. Amendoim erklärte, dass er bei den anstehenden Wahlen für einen Sitz im Stadtrat von Rocinha kandidiere. Dank seiner Arbeit mit den Kindern in der Sportclubschule hatte er gute Chancen, gewählt zu werden.

Dennoch kannte Amendoim seine Grenzen. Die Gang ließ ihn nie vergessen, wer die wahre Macht in der Favela hatte. »Im Club hatte ich jahrelang einen Jungen, einen von der netten und stillen Sorte, der künstlerisch begabt war«, erinnerte er sich. »Eines Tages erwischte ihn die Polizei dabei, wie er in der Innenstadt Graffiti sprühte, und er kam ins Gefängnis, für zwei verdammte Jahre.« Unweigerlich kam der Junge in Kontakt mit echten Kriminellen. Als er freikam, schloss er sich der Rocinha-Gang an. Amendoim traute seinen Augen nicht, als er ihn das erste Mal mit einem Gewehr auf der Straße sah.

»Ich flehte ihn an, zu seinen Eltern nach Hause zu gehen, aber er zuckte nur mit den Schultern. Drei Wochen später wurde er erschossen.«

Amendoim sah mich an. Es schmerzte ihn noch immer, dass er dieses Kind nicht hatte retten können. Obwohl ich ihn kaum 24 Stunden kannte, mochte ich Amendoim bereits sehr. Kein Zeitschriftenredakteur daheim in Europa würde sich für seine Geschichte interessieren, aber in meinem Herzen gesellte er sich zu den Männern, meinen Schutzengeln wie Baqi oder Chaukat, die in mein Leben getreten waren und mir halfen, die Welt etwas besser zu begreifen. Sie inspirierten mich und lehrten mich Demut.

»Die Lage in Rocinha war noch nie so schlimm wie jetzt«, sagte Amendoim. »Früher arbeiteten die Gangster auf diskrete Weise. Sie mordeten nur hinter verschlossenen Türen. Heute herrscht hier Krieg auf den Straßen.« Die Ursache war klar: Seit dem Abgang der alten Drogenbarone hatten junge Heißsporne das Geschäft übernommen und lieferten sich rücksichtslose Machtkämpfe.

»Die alte Garde war mit uns aufgewachsen, sie kannten jeden in der Favela«, sagte Amendoim. »Sie waren Paten, die auch, so komisch das klingen mag, ein soziales Verantwortungsgefühl hatten. Sie wussten, dass sie ein bestimmtes Maß an Zustimmung von der

Gemeinde brauchten, um ihre Geschäfte zu machen.« Im Gegensatz dazu seien die neuen Bosse nur auf schnelle Profite aus und gingen mit zügelloser Brutalität vor. Die Gemeinde sei ihnen egal.

»Sie wissen, dass sie jung sterben werden, und so benehmen sie sich auch. Es ist der reinste Terror.«

Am nächsten Tag trafen Amendoim und ich uns wieder mit Speed und seinen Gangsterfreunden in der Garota-Bar. Später am Abend wollte Speed mich auf ein *baile funk*, ein Funk-Konzert, mitnehmen. Es war an der Zeit, ein wenig Party zu machen; schließlich waren wir in Rio.

Aber Speed war schlechter Laune. Nervös sog er an seiner Zigarette. »Es könnte Ärger geben heute Nacht«, sagte er nur. Er und seine Kameraden tranken Bier, doch die Stimmung blieb angespannt. Sie sprachen leise, die Joints wurden hektisch herumgereicht. Selbst die Dealer gingen rastlos auf und ab.

Was war los?

Plötzlich gab es einen lauten Knall. Und gleich noch einen – bumm! Alle sahen zum Himmel. Feuerwerkskörper! Auf dem Granitfelsen schoss jemand Raketen in die dunkle Nacht. Was hatte das zu bedeuten? Zu meiner Überraschung sahen die Jungs auf einmal erleichtert aus, einige lachten. Die rechte Hand vom Boss sprang von seinem Hocker auf, ballte die Hand zur Siegerfaust und bestellte eine Runde Bier für alle. »Es gibt Grund zum Feiern«, sagte Speed und grinste.

Wenig später kam eine Gruppe *soldados* in der Garota an. Sie stolzierten zur Bar und stellten ihre Gewehre ab. Dann erzählten sie: Sie hatten soeben mit einem Dutzend Mann Vidigal angegriffen, waren über den Granitfelsen geklettert, in die Straßen hinabgestiegen und hatten das Feuer eröffnet.

»Wir haben sie total überrascht«, erzählte einer der Kämpfer atemlos. Sein Gesicht war von einem wahnsinnigen Grinsen verzerrt, die dicken Augenbrauen zuckten. War es nur das Adrenalin oder doch Kokain? »Einige hatten nicht mal ihre Waffen zur Hand. Vier ihrer Leute haben wir erwischt. Einer hat noch gewinselt und gefleht, aber puff, paff – das war's.«

Um seine Zuhörer nicht im Ungewissen darüber zu lassen, aus

wessen Waffe die tödlichen Kugeln gekommen waren, streichelte er den Revolver, der in seinem Gürtel steckte.

In der Art, wie die Rocinha-Jungs lebten und über tägliche Gewalt sprachen, gab es keinen Platz für Mitleid. Sie waren grausam. Mitleid zu empfinden galt als schwach und weibisch. Gespielte Gleichgültigkeit mag zum südamerikanischen Machismo gehören, aber die Gangster schienen völlig abgestumpft zu sein. Im Streben danach, immer hart zu sein, hatten sie sogar die Fähigkeit verloren, sich selbst gegenüber Empathie zu empfinden. Anfangs kam dies als Stoizismus rüber, bis mir klarwurde, dass die Jungs ihre Gangsterspiele mit der gleichen Tiefe moralischen Bewusstseins spielten wie die Kinder in William Goldings Roman *Herr der Fliegen.*

»Ihr habt Rache genommen für den Angriff damals«, gratulierte Speed seinen Kameraden. »Vidigal ist am Ende.«

Der Sieg erfordere einen Trinkspruch, rief einer der Kämpfer. Auf seinem Arm prangte ein Tattoo von Ogun, dem westafrikanischen Gott der Krieger, der einen feuerspeienden Drachen tötet.

»*Saud?*«, schlug ich vor.

»Auf die Gesundheit?«, spottete der Kämpfer. »Darauf trinke ich nicht – sondern auf die *felicidad*! Das Glück, in diesem Moment hier zu sein!« Er nahm einen kräftigen Schluck und legte seinen Arm um einen etwa zehnjährigen Jungen, der gerade zu ihm gerannt war. »Das ist mein Sohn.«

Dies war der Augenblick, in dem mir bewusst wurde, dass ich die Jungs aus der Gang auch gern hatte. Ihre Herkunft, ihre Werte und ihr Lebensstil waren gänzlich anders als meine. Sie waren Verbrecher. Dennoch mochte ich sie. Sie waren freundlich zu mir, ich hing gerne mit ihnen ab. Ich wäre nicht nach Rocinha gezogen und hätte mich der Gang angeschlossen, aber wie mit den jungen Rebellen in Sierra Leone kam ich mit diesen Jungs einfach klar.

Für sie war ich genauso eine Kuriosität wie sie für mich. Ich musste unzählige Fragen zu meinem Leben in Europa beantworten, zu Preisen von Autos und Fernsehern, zu Fußball, Religion und warum ich noch nicht verheiratet war. Da die Jungs selbst kaum aus ihrer Favela herauskamen, war ihnen die Vorstellung fremd, in andere Länder zu reisen. Sie nahmen an, dass ich enormen Reichtum und Macht in Deutschland besitzen musste. Dafür sprachen die bloßen Tatsachen, dass ich über einen Reisepass verfügte und scheinbar nicht für meinen Lebensunterhalt arbeiten musste. Dies war ein Missverständnis, auf das ich in armen Ländern immer wieder stieß. Für die Jungs von Rocinha bedeutete es allerdings in erster Linie, dass ich ihnen Getränke spendieren konnte.

Das tat ich auch, und bald waren wir alle wieder gut betrunken. Es gab keine Einwände, als ich erneut meine Kamera rausholte. Mein brasilianischer Fotografenfreund würde staunen, dachte ich. Ich hatte es geschafft. Ich hatte eine fantastische Story in der Tasche und dazu die passenden Fotos. Es war ein prächtiger Scoop, den ich mit ein wenig Glück für viel Geld verkaufen würde. Ich konnte es noch! Ich liebte meinen Job.

Anstatt meinen Erfolg im Stillen zu genießen, geriet ich in Feierlaune. Ich kippte einige Rum-Shots mit Amendoim herunter. Dann spazierte ich über die Straße zu den Koksdealern. Teil der Recherche, sagte ich mir. Für eine Zehn-Real-Note bekam ich Ein-Gramm-Tütchen. Ich blickte mich um. Ohne Polizei in der Nähe schien es keinen Grund zu geben, sich auf eine Toilette zu verziehen. Wie schön, dachte ich. Es gab keine würdelosere Weise, eine Droge zu nehmen, als über einem Klo zu knien, auf dem andere Leute ihr Geschäft verrichteten. Koks von einem Spiegel zu schniefen und dabei ins eigene gierverzerrte Gesicht zu starren, war kaum angenehmer.

Nicht nur aus stilistisch-ästhetischen Gründen hatte ich bislang selten gekokst. Meine Freunde und ich kifften lieber, Kokser fanden wir nervig und aggressiv. Zudem sah ich nie die Notwendigkeit, mein ohnehin schon großes Ego noch weiter aufzublasen. Erst auf einer Reise nach Kolumbien führte mich ein kolumbianischer Freund in die Wonnen puren, unverschnittenen Kokains ein. Da gab es keine zähneknirschende Paranoia, sondern nur nächtelanges, freudvolles Tanzen. Seitdem nahm ich es gelegentlich, immer vergeblich darauf hoffend, erneut den vollendeten Rausch zu erleben.

Wie es wohl dieses Mal sein würde?, fragte ich mich, als ich auf der Straße stand und einen Geldschein aufrollte. Kurz blickte ich zur Garota herüber, wo Amendoim und die Jungs mit Trinken beschäftigt waren. Dann tauchte ich mit dem Strohhalm direkt in das Beutelchen und zog das Pulver hoch. Trockener als erwartet schoss das Zeug durch meine Nüstern. Viel zu viel. In meiner Lunge schneite es. Als ich in das Beutelchen sah, war es fast leer. In drei Sekunden hatte ich eine Menge konsumiert, die eigentlich für sechs Linien reichte. Auweia, dachte ich, das konnte nicht gut sein.

Mit einem lauten »Whoaa!!« atmete ich aus. Die Droge traf mich hart. In meinem Kopf röhrte es, mein Herz begann zu rasen. Es war so laut, dass ich sicher war, die Dealer würden es hören. Ich grinste sie an. Ihr Kokain war mit irgendeinem dreckigen Mist gestreckt, wahrscheinlich brasilianischem Backpulver. Aber das Grinsen blieb auf meinem Gesicht. Da müssen wir jetzt durch, dachte ich.

Als ich die Bar erreichte, zitterte mein Körper bereits unkontrollierbar, aber das schien niemandem aufzufallen. Ich warf den Kellnerinnen anzügliche Blicke zu. Ein Rausch von Größenwahn überkam mich. Ich war der größte Reporter der Welt. Rios gefährlichste Gangster waren meine Kumpels.

»Ich bin der Größte!«, brüllte ich Amendoim ins Ohr.

»Natürlich, mein Junge, natürlich.«

Gerade als ich mich räusperte, um Drinks für den gesamten Stadtteil zu bestellen und möglicherweise Rocinha zur ersten lateinamerikanischen Monarchie mit einem deutschen Kaiser zu erklären, bliesen die Jungs zum Aufbruch auf das Funk-Konzert.

»Superidee!«, schrie ich.

»Ich komme nicht mit«, sagte Amendoim. »Aber wir sehen uns später.«

Wir stiegen alle auf Motorräder und jagten den Hügel hoch. Ich saß hinter Speed, hart geradeaus starrend und heftig durch meine mahlenden Zähne atmend. In jeder Kurve legte sich seine Maschine so hart in die Seite, dass unsere Beine fast auf dem Asphalt kratzten. Kühle Luft blies mir ins Gesicht. Was für ein geiles Leben – ich genoss jede Sekunde.

Wir erreichten die Musikhalle. Hunderte junger Menschen tummelten sich davor, drinnen noch einmal bestimmt tausend. Es war heiß und roch nach Bier, Schweiß und Sex. Tanzende Mädchen überall, in Fuck Fashion gekleidet. Hotpants und stoffarme Röcke, glänzende Haut. Sie kreisten suggestiv mit den Hüften, einige saugten an ihren Fingern, die Augen auf mich fixiert. »Erlöse mich von dem Bösen!«, las sich ein Tattoo auf dem Rücken eines Mädchens. Mach ich gerne, dachte ich.

Auf der Bühne röhrten zwei MCs in ihre Mikros. Einer hatte eine schwarze Pistole in seine Shorts gesteckt. Ihre Liedtexte handelten von Sex und Gewalt, Koks und anderen Drogen, wieder Sex, manchmal anal, oft brutal. Funk war meilenweit entfernt vom Samba und Karneval, für den Rio weltbekannt ist. Auch mit der Funk-Musik à la James Brown der 1970er-Jahre hatte der Favela-Funk in Rio nur den Namen gemein, sonst nichts. Er war aus dem Miami-Bass der späten Achtziger hervorgegangen, aber inzwischen setzten die Funk-DJs auch den elektronischen Beat von Popmusik, harte Bässe und Technorhythmen ein, gewürzt mit aggressivem Rap.

Die meisten Funkkonzerte wurden von den Gangs organisiert, um die Jugend zu unterhalten – und die Drogenverkäufe zu steigern. Funk war die Musik der urbanen Subkultur. Die Favela-Teenager liebten sie, weil die düsteren Liedtexte und schnellen Rhythmen die Wirklichkeit ihres Lebens widerspiegelten. Funk gab es nur im hedonistischen Rio. In anderen brasilianischen Städten hatte er nicht viele Anhänger gefunden. In den Songs der Rapper in São Paolo ging es um Armut und Rassismus – in Rio um Sex und Drogen.

»Ich liebe das Leben, aber in mich verliebt ist der Tod«, hatte jemand in dicken schwarzen Lettern an eine Wand in der Musikhalle geschrieben. Darunter in einer anderen Schrift: »Es ist besser, eine Minute meines Lebens zu verlieren, als das Leben in einer Minute zu verlieren.«

Das konnte auf einem *baile funk* schnell passieren. Immer wieder kam es zu Kämpfen rivalisierender Banden. Wie in einem Ritual bauten sie sich dafür auf beiden Seiten der Halle auf und formierten in der Mitte einen »Korridor des Todes«. Dort gingen die Kämpfer aufeinander los, angestachelt von den MCs und den Mädchen. Obwohl Schusswaffen dabei untersagt waren, gab es immer wieder Tote. Gewinner war die Gang, die die meisten Feinde – im Favela-Slang eigenartigerweise »Deutsche« genannt – ausgeschaltet hatte.

Ich begann zu tanzen, noch immer voll druff. Das Zeug war so stark, dass mein Urteilsvermögen, ohnehin nicht eine meiner Stärken, komplett aussetzte. Bevor Speed mich aufhalten konnte, war ich auf die Bühne geklettert. Ich sprang um die MCs herum und schoss Fotos von ihnen. Die Menge johlte. Sekunden später eilten kräftige Sicherheitsleute auf die Bühne, ergriffen mich und zerrten mich davon. Ich lachte wie ein Irrer. Als sie mich von der Bühne stießen, fiel ich direkt in die Arme eines hübschen schwarzen Mädchens, das mich amüsiert anlächelte. Sofort küssten wir uns. Sie zog mich gegen die Wand und legte ihre Beine um mich.

Später, als ich wieder etwas runtergekommen war, schlug Speed vor, frische Luft zu schnappen. Draußen vor dem Ausgang hielt er inne und flüsterte mir zu: »Da ist Bill, der Chef!« Er stand an ein Auto gelehnt, umringt von *soldados*. Er war ein Weißer, mit kurzem blondem Haar. Niedrige Stirn, wache Augen, die Wangen fett ausgewölbt. Eine Bulldogge von einem Mann. Über dem blauen Muskelshirt hingen dicke Ketten und ein riesiges Amulett, alles aus Gold und sicher kiloschwer. Trotz des täglich stärker werdenden Drucks der Medien auf die Polizei, Bill zu liquidieren, war er selbst unbewaffnet. Vielleicht wollte er seine goldene Pistole nicht zu offen zeigen.

Man musste keine Zeitungen lesen, um zu begreifen, dass dieser Mann ein Killer war. Nach dem Tod von Boss Lulu während der Dudu-Invasion war Bill zunächst nur *primus inter pares* gewesen, einer von vier gleichberechtigten Epigonen. Ein kleiner Bürgerkrieg um die Alleinherrschaft in Rocinha begann unter den Rivalen. Einen nach dem anderen räumte Bill mit goldenen Schüssen aus dem Weg.

Als Boss erlaubte er sich, absolut kein Interesse an dem Gringo-Besucher zu zeigen. Angesichts meines Zustands war mir das nur recht. Unser spontanes Interview begann und endete mit einem gegenseitigen »*Tudo bem?*«

Nach dem Funk-Rave fuhren Speed und ich mit einigen Mädchen zurück zur Garota, wo wir die ganze Nacht weiterfeierten. Nichts davon erwähnte ich in der Reportage, geschrieben in der dritten Person, die ich später an das *Telegraph Magazine* verkaufte. Es war ein seriöses Standardstück voller Klischees über gefährliche Drogendealer in Rio und den Fluch des Kokains. Eine ebenso geheuchelte Version der Story erschien im *Playboy*, der meine Fotos in einer langen Strecke brachte. Auf keine der beiden Geschichten war ich stolz, denn ich hatte die Jungs verraten. Aber das Honorar reichte, um eine sechsmonatige Reise durch Südamerika zu finanzieren.

Als ich mich bei Sonnenaufgang vor der Garota von Amendoim verabschiedete und auf ein Motortaxi stieg, um in mein Hotel zurückzukehren, war alles wieder ruhig. Auf der Via Apia patrouillierte ein Polizeiauto; kein Dealer und kein *soldado* waren zu sehen. Für einen kurzen Augenblick war Rocinha wieder ein normaler Stadtteil von Rio, nicht weit vom Strand.

RUSSLAND VIII

Von Irkutsk habe ich gestern ein altes sowjetisches Raketenboot nach Olkhon genommen, einer Insel weit draußen im enormen Baikalsee. Trotz des Bootsnamens, *Kometa 15*, dauerte die Überfahrt fünf lange Stunden. Ein Sturm kam auf und ich wurde, was unüblich ist für mich, seekrank und musste ordentlich spucken. Auch heute fühle ich mich noch etwas wackelig auf den Beinen und habe keine Lust, groß was zu unternehmen.

Unter dem Dorf, wo ich eine Herberge gefunden habe, liegt ein hübscher, mit Kiefern bewachsener Sandstrand. Hier habe ich heute morgen mein Handtuch ausgebreitet. Sechs Stunden sind seitdem vergangen, ich bin noch immer hier und außer mir noch einige russische Urlauber. Vor einer Weile habe ich einen Badeversuch unternommen, aber selbst im Sommer klettert die Wassertemperatur kaum über zwölf Grad. Nach etwa fünfzehn Sekunden war ich zurück an Land. Nun sehe ich zwei burjatischen Fischern dabei zu, wie sie aus ihrem Boot ein Netz voller Omul ziehen, einen lachsähnlichen Fisch, den es nur im Baikalsee gibt.

Von Taiga und schneebedeckten Bergen umgeben, wird der Baikalsee das Blaue Auge Sibiriens genannt, denn so sieht er aus dem Weltall aus. Es ist »der älteste, kälteste, sauberste und tiefste See der Welt«, wie mein Freund Bartle Bull in *Around the Sacred Sea* schreibt, seinem wunderbaren Buch über die Expedition, auf der er und einige seiner Harvard-Freunde 1993 den See erstmalig auf Pferden umrundeten.

Die bloßen Fakten sind erstaunlich: Der Baikalsee ist 636 Kilometer lang, 79 Kilometer breit und fast 1700 Meter tief. Er hat ein Alter von etwa 25 Millionen Jahren und enthält 20 Prozent der nicht gefrorenen Süßwasserreserven der Erde, mehr als in allen Großen Seen der USA zusammen. Man stelle sich vor, die Russen würden – in der besten Tradition sowjetischer Ingenieurskunst – den See irgendwie leeren und dann alle großen Flüsse der Erde in das trockene Bassin umleiten. Wie lange würde es wohl dauern, bis der Nil, der Amazonas, der Mekong, die Donau und so weiter gemeinsam den Baikalsee wieder aufgefüllt hätten? Nicht eine Woche, nicht einen Monat, nein, ein ganzes Jahr! So viel Wasser ist in diesem See.

Ob Hans-Heinrich ebenso ins Staunen geriet, als sein Zug im Februar 1917 am Südufer des Baikalsees entlang rollte? Wahrscheinlich nicht, denn der See wird in keinem seiner Briefe erwähnt, die ich mit nach Olkhon genommen habe. Es ist schon frustrierend, wie selten Hans-Heinrich irgendwelche Reiseeindrücke aus Russland aufschreibt. Beschreibungen der Menschen, ihrer Lebensumstände, der Dörfer und Städte, der politischen Zustände – alles Fehlanzeige! Wirklich schade, aber wieder erwarte ich wohl zu viel. Er war nun mal preußischer Offizier und kein feingeistiger Literat.

Worüber Hans-Heinrich im Herbst 1917 allerdings viel schreibt, ist seine eigene zunehmende Verzweiflung im Kriegsgefangenenlager von Chabarowsk. Von der »furchtbar langweilig und eintönig dahin schleichenden Zeit« schreibt er in einem Brief an seinen Bruder Paul-Udo, der nach seiner Fußverwundung gleich zu Beginn des Kriegs noch immer einen ruhigen Heimatfront-Dienst in Ostpreußen verrichtet. »Man hat keinen anderen Wunsch als mal irgendwo allein zu sein mit seiner Trauer und seinen Schmerzen«, schreibt Hans-Heinrich weiter. »Aber ein solches Plätzchen findet man leider im ganzen Lager nicht. Bei der so ungeheuer engen Belegung ist man sich fast den ganzen Tag gegenseitig im Wege. Für eine gute Kameradschaft fehlen die Grundlagen. Bei den vielen Unannehmlichkeiten und Verdruß wird fast jeder egoistisch. Selbst der geringen kleinen Annehmlichkeiten können in solch großem Lager – mit den Österreichern sind wir weit über 1000 – nur wenige teilhaftig werden und jeder glaubt sich besonders dazu berechtigt. Dabei sind alle mißgestimmt, über alle Maßen nervös, unzufrieden usw. Zu den Glücklichsten sind noch diejenigen zu zählen, die stumpfsinnig den ganzen Tag Karten spielen können. Aber das ekelt mich erst recht an. Ich gehöre auch zu denen, es sind wenige, die noch nie eine Karte angerührt haben.«

Wie bitte? Der Mann verbringt Jahre in eintöniger Gefangenschaft und spielt keine Karten? Nicht mal Skat, was daheim in Ankelohe alle Bauern spielen? Ach, ich vergaß, Herr Oberleutnant war ja kein Bauer, sondern etwas Besseres. Es klingt doch wieder typisch für den Prinzipienreiter Hans-Heinrich, dass er in jeder Art von Muße oder Amüsement ein Laster sieht. Wie er sich selbst im fernen Russland noch an seiner Sekundärtugendhaftigkeit festklammert! Aber zugleich scheint der Arme in einer veritablen Depression zu stecken, die man damals »Kriegsgefangenenkrankheit« nannte: »Früher habe ich mich gern unterhalten, habe gelesen, landwirtschaftliche Bücher durchgearbeitet, Sport getrieben, hiesige Ämter verwaltet usw. – jetzt mag ich nichts mehr davon hören. Mich erfüllt nur ein Gedanke: Nach Hause, zu einer schöneren Zukunft. Aber wann wird das sein? In diesem Jahre gibt's sicher keinen Frieden mehr. Und aus der Internierung in Skandinavien scheint auch nichts mehr zu werden. Es ist zum Verzweifeln!«

Schluss jetzt! Genug gejammert, Hans-Heinrich, alte Pickelhaube, ich habe es satt! Ich weiß, dass es dir schlechtging in Russland, aber ich weiß auch, dass du später aus der Gefangenschaft nach Deutschland heimgekehrt bist. Jetzt reden wir mal darüber, was ich noch auf dem Dachboden des Gutshauses gefunden habe über das, was du zwanzig Jahre später gemacht hast, im »Dritten Reich« und im Zweiten Weltkrieg. Deine übrigen Karten und Briefe aus Russland können warten, die kann ich später noch lesen. Jetzt reden wir mal über die Nazi-Zeit!

Was mein Großvater im »Dritten Reich« getan hatte, wurde zu Hause nie groß diskutiert. Ich wusste bloß, dass er gleich im Mai 1945 von unseren Nachbarn bei den britischen Besatzungstruppen als hoher Nazi und Kriegsverbrecher denunziert worden war. Daraufhin wurde Hans-Heinrich von den Briten auf Gut Ankelohe verhaftet und in ein Kriegsgefangenenlager gebracht. Dort wurde er mehrfach verhört, stritt aber alle Vorwürfe ab, zu einem Prozess kam es nicht. Später ließen ihn die Alliierten wieder frei, worin er und die Familie den Nachweis seiner Unschuld sahen und die Sache als erledigt betrachteten.

Als ich diese Geschichte das erste Mal hörte, fragte ich mich zunächst einmal nur: Warum hatten ihn ausgerechnet unsere Nachbarn denunziert? Was war da vorgefallen? Der Hof der Nachbarn grenzte direkt an unser Grundstück. Er war kleiner als der Gutshof, aber einer der größten Höfe im Dorf, mit viel Weideland und etlichen Milchkühen im Stall. Früher bestanden gute Beziehungen zwischen den beiden Höfen, meine Urgroßmutter Helene war bis zu ihrem Tod Mitte der 1930er-Jahre sogar eng mit der Nachbarin befreundet. Auch fünfzig Jahre später war wieder alles in Ordnung: Als Kind spielte ich oft auf dem Nachbarhof mit den Zwillingsjungs von nebenan. Sie waren meine besten Freunde. Die Landwirtschaft auf dem Hof war inzwischen stillgelegt, doch die Großeltern und die Uroma der Jungs lebten noch dort. Die Uroma war steinalt, weit über neunzig Jahre, hatte ein ganz runzliges Gesicht und sah uns Kindern gern beim Spielen zu. Sie war es, aber das wusste ich damals noch nicht, die Hans-Heinrich im Mai 1945 bei den Briten angeschwärzt hatte.

Einmal sah mich die Uroma der Zwillinge lange an und sagte zu mir: »Du bist ein lieber Junge, auch dein Vater ist ein guter Mann, aber dein Großvater war ein Schwein. Er hat meinen Sohn auf dem Gewissen.« Was für einen Sohn, fragte ich nur zurück, etwas verwirrt, denn ich kannte nur ihre Tochter, die Oma meiner Freunde. Die Uroma zeigte auf ein gerahmtes Schwarzweißfoto an der Wand über ihrem Sessel. Es zeigte einen jungen Mann in Soldatenuniform: »Das war mein Sohn. Er sollte den Hof übernehmen, aber er ist im Krieg gefallen.« Das tue mir leid, sagte ich damals zu der alten Frau, aber was hatte das mit meinem Großvater zu tun? »Das ist eine lange Geschichte«, antwortete sie. »Die erzähle ich dir ein anderes Mal, dafür bist du noch zu jung.«

Die lange Geschichte beginnt mit Hans-Heinrichs Heimkehr aus Russland im Jahr 1918. Noch ist der Krieg nicht ganz vorbei, doch er ist verloren. Auch auf Gut Ankelohe hat sich vieles verändert. Das Paradies von 1914 und der Jahre davor ist zerstört, nicht verloren, sondern verraten und zerstört. Zwar hat die Landwirtschaft vom Krieg mit Seeblockade und Hungersnot eher profitiert, doch Helene und Theodor sind von der vielen Arbeit erschöpft. Helene hat nur noch wenige Pensionärinnen, Theodor ein chronisches Magenleiden. Beide sind über der Trauer um ihren Sohn Kuno und der jahrelangen Sorge um Hans-Heinrich alt und gram geworden. Sie wollen den Betrieb endlich an ihren heimgekehrten Sohn übergeben.

So nimmt Hans-Heinrich seinen Abschied vom geliebten Heer, das nach dem Frieden von Versailles ohnehin auf nur noch 100 000 Mann begrenzt wird, und wird Landwirt. Er studiert Landwirtschaft in Leipzig und absolviert praktische Lehrzeiten auf verschiedenen Gutshöfen und einem Klosterhof in Ostdeutschland. In seinen Zeugnissen, die er alle aufbewahrt hat, loben die Lehrmeister an ihm Fleiß und Disziplin, lassen aber keinen Zweifel daran, dass er noch immer eher Offizier als Landwirt ist. Hans-Heinrich übernimmt die Leitung von Gut Ankelohe, während sich Helene und Theodor aufs Altenteil zurückziehen, und heiratet 1924 meine Großmutter Theda, eine gescheite und resolute Arzttochter aus Hannover. Die beiden bringen drei Kinder zur Welt. Mein Onkel, der Älteste, wird 1927 ausgerechnet am Geburtstag des verehrten gefallenen Kuno geboren und sogleich nach ihm benannt. Mein Vater folgt ihm zwei Jahre später und wird Udo getauft, nach dem zweiten Onkel Paul-Udo, der noch oft mit seiner Frau von Hannover zu Besuch nach Ankelohe kommt und sich dort ein Jagdhaus im Wald gebaut hat. Kuno und Udo sind als Brüder schnell unzertrennlich und werden 1934 noch um Schwester Erika verstärkt.

Familie und Landwirtschaft allein füllen Hans-Heinrich nicht aus. Immer wieder reist er zu Kameradentreffen mit den alten Freunden aus dem Kadettenkorps, die den Krieg überlebt haben. Die Stimmung ist schlecht: Viele der Offiziere haben ihre Posten in der nach dem Versailler Vertrag verkleinerten Reichswehr verloren und sich rechtsextremen Freikorps angeschlossen. Auch Hans-Heinrich ist vom Verlauf und Ausgang des Kriegs tief frustriert. Wie viele deutsche Veteranen ist er noch nicht demobilisiert, sondern steckt gedanklich und emotional weiter im Krieg. Zudem hat er das nagende Gefühl, dass er als Gefangener wertvolle Zeit nutzlos verschwendet und den größten Teil des Kriegs verpasst hat. Sicher glaubt Hans-Heinrich an die »Dolchstoßlegende« und fordert Rache an den Verrätern, die dem »im Felde unbesiegten deutschen

Heere« im November 1918 in den Rücken gefallen seien. Zweifellos sieht auch er den Versailler Vertrag als einen »Schmachfrieden« zur Knechtung Deutschlands.

Als er wie sein Vater beginnt, sich politisch zu engagieren, ist es daher nur folgerichtig, dass er sich rechtsextremen Organisationen anschließt. Als nationalkonservativer Monarchist hält er ohnehin nichts von der parlamentarischen Demokratie der Weimarer Republik. Früh wird er Mitglied im »Stahlhelm«, dem Bund der Frontsoldaten. Der im Dezember 1918 von Veteranen gegründete, paramilitärisch organisierte Wehrverband gilt als bewaffneter Arm der Deutschnationalen Volkspartei (DNVP) und stellt auf deren Parteiversammlungen oft den »Saalschutz«. Hans-Heinrich engagiert sich stark in der Ortsgruppe des »Stahlhelm« von Bederkesa, der Kleinstadt nahe Gut Ankelohe, und ist auf alten Fotos von Aufmärschen als ranghöchster und auch körperlich hochgewachsenster Offizier meist an erster Stelle zu sehen. Mal trägt er die alte Pickelhaube, mal den modernen Stahlhelm, während er mit Stechschritt und durchgedrücktem Rücken an den am Straßenrand versammelten Zivilisten vorbeischreitet. Andere Fotos, die ich auf dem Dachboden gefunden habe, zeigen ihn und seine Kameraden auf Massenveranstaltungen der Frontsoldaten in Hannover und Sachsen. Ab 1929 bekämpft der Stahlhelm, mit inzwischen etwa 500 000 Mitgliedern fast so stark wie das republikanische »Reichsbanner«-Bündnis, offen die Weimarer Republik und nähert sich in seinen Zielen – die Errichtung einer Diktatur oder eines antiparlamentarischen Ständestaats und die Vorbereitung eines Revanchekrieges zur Schaffung eines völkisch-großdeutschen Reiches – immer mehr der NSDAP an.

Mit der Partei Hitlers tut sich der Stahlhelm 1931 zum rechtsextremen Bündnis der Harzburger Front zusammen. Auf deren Massenaufmarsch am 11. Oktober 1931 in Bad Harzburg ist Hans-Heinrich vermutlich dabei, zumindest hat er etliche Zeitungsartikel über die rechtsextreme Kundgebung, an der auch Hitler teilnimmt, fein säuberlich abgeheftet.

Auch in einem weiteren Gründungsmitglied der Harzburger Front ist Hans-Heinrich aktiv, dem Reichslandbund. Der von ostelbischen Junkern finanzierte, protestantisch-rechtsgerichtete Inter-

Hans-Heinrich (vorne) auf einer »Stahlhelm«-Parade, um 1930

essenverband der deutschen Landwirtschaft steht zunächst auch der DNVP nahe, wird aber seit Ende der 1920er-Jahre zunehmend von der NSDAP beeinflusst. Bei der Reichspräsidentenwahl 1932 empfiehlt der Reichslandbund der Landbevölkerung eine Stimmabgabe gegen Hindenburg und für Hitler. Hans-Heinrich, der nach seiner Rückkehr aus Russland 1918 einige Wochen persönlicher Leibwächter von Hindenburgs Gemahlin war und den alten Generalfeldmarschall noch immer verehrt, ist vielleicht nicht glücklich über diese Wahlempfehlung, aber als Kreisvorsitzender des Landbundes trägt er sie öffentlich mit. Das Wahlergebnis in Ankelohe fällt entsprechend eindeutig aus: In beiden Wahlgängen stimmen fast 90 Prozent der Dorfbewohner für Hitler. Was für eine braune Suppe, dieses Dorf! Zum Vergleich: Reichsweit erhält Hitler beide Male nur etwa ein Drittel der Stimmen und verliert die Wahl gegen Hindenburg. Als die Nationalsozialisten dann im Januar 1933 an die Macht kommen, begrüßt der Reichslandbund dies und lässt sich bereitwillig gleichschalten.

Auch der Stahlhelm wird ohne große Gegenwehr bis 1934

gleichgeschaltet und in die Sturmabteilungen (SA) der NSDAP eingegliedert. Nur wenige Mitglieder treten aus oder werden ausgeschlossen. Der Stahlhelm-Vorsitzende Franz Seldte wird Reichsarbeitsminister unter Hitler, der im November 1935 die endgültige Auflösung des Stahlhelms anordnet. Wie steht Hans-Heinrich zur Gleichschaltung? Wird auch er SA-Mitglied oder tritt er aus? In den hinterlassenen Schriften auf dem Dachboden habe ich lange vergeblich nach einer Antwort gesucht. »Opa ein Mitglied der SA? – Undenkbar!«, hieß es in der Familie.

Schon wollte ich mich damit abfinden, bis ich eines Abends in einem bislang unbeachteten Album zwei alte Fotos finde, die mich regelrecht umhauen. Eines wurde offenbar von Hans-Heinrich selbst geschossen und zeigt drei hochrangige Teilnehmer der letzten Reichsführertagung des Stahlhelms in Hannover im September 1933: SA-Chef Ernst Röhm und SS-Reichsführer Heinrich Himmler, neben ihnen Stahlhelm-Mitglied Kronprinz Wilhelm von Preußen, gekleidet in schneidige SA-Uniform. Der älteste Sohn Wilhelms II. versuchte durch seine Anbiederung an Hitler, der die Stahlhelm-Tagung ebenfalls besuchte, seine Chancen als zukünftiger Monarch zu wahren. Sicher wollte Hans-Heinrich als Monarchist in erster Linie den Hohenzollern-Prinz fotografieren, aber seine räumliche Nähe zu Röhm und Himmler ist frappant.

Das zweite Foto stammt ebenfalls aus dem September 1933 und zeigt Hans-Heinrich, wie er selbst handschriftlich in dem Album vermerkt hat, auf dem Reichsparteitag der NSDAP in Nürnberg. Steht dort grinsend mit Stahlhelm-Kameraden aus der Heimat und trägt über der Uniform tatsächlich die Hakenkreuz-Armbinde! Hans-Heinrich unterm Hakenkreuz in Nürnberg – der Anblick macht mich noch heute sprachlos. Hat er Hitler reden gehört, ist er vor ihm marschiert, hat er ihm zugejubelt? Zwar beweist das Tragen der Armbinde keine Parteimitgliedschaft, sondern ist Zeichen der Aufnahme der Stahlhelmer in die SA, aber es zeigt doch Hans-Heinrichs Nähe zum NS-Regime.

So viel also zum Familienmythos, dass die Nazis für Hans-Heinrich der Pöbel waren, mit dem er nichts zu tun haben wollte. Wie so viele Deutsche aus dem konservativen Establishment hält

Hans-Heinrich (3.v.li. hinten) mit Hakenkreuz-Armbinde der SA auf dem NSDAP-Reichsparteitag im September 1933

auch er Hitler den Steigbügel. Auch sein Bruder Paul-Udo ist ein glühender Hitler-Verehrer und hat über der Tür zu seinem Ankeloher Jagdhaus ein Schild angebracht, das jeden Besucher zum »deutschen Gruß« auffordert. Seine NS-Begeisterung hat allerdings weniger konservative Gründe. Er tritt aus der Kirche aus, weil er sich, wie er in seiner Begründung schreibt, der »deutschen Gottschau« zugewandt habe, für die die Bibel eine jüdische Märchensammlung sei. In einem Brief, den ich gefunden habe, schreibt Paul-Udo mit Erleichterung darüber, dass die Nazis die alten Standesunterschiede aufgehoben hätten, sodass er nunmehr ohne Dünkel auf die Dorfbewohner als seine »Volksgenossen« zugehen und mit ihnen auf die Jagd gehen könne.

Das war wahrscheinlich weniger nach dem Geschmack des elitären Hans-Heinrich. Ihm gefällt am »Führer« eher, dass er den Versailler Vertrag zerreißt und die Reichswehr, später Wehrmacht, wieder hochrüstet. Vermutlich sinnt Hans-Heinrich auch auf Rache für die Schmach von 1918 und will einen Revanchekrieg. Schon im Januar 1935 tritt er wieder in den Militärdienst ein, lässt sich zum nahen Wehrbezirkskommando Wesermünde (heute Bremerhaven) abkommandieren und wird zum Major und später zum Oberstleutnant befördert. Die Ernennungsurkunden liegen noch in den Munitionskisten auf dem Dachboden. Sie sind mit dem Hakenkreuz abgestempelt und tragen die Unterschrift seines obersten Dienstherren, auf den Hans-Heinrich nun einen persönlichen Treueeid geschworen hat: Adolf Hitler.

Aus der Zeit zwischen 1933 und 1945 habe ich leider weniger Primärquellen gefunden als aus dem Ersten Weltkrieg. Da Hans-Heinrich zum Wochenende aus der Kaserne immer nach Hause kommt, schreibt er im Gegensatz zur Zeit seiner russischen Gefangenschaft kaum Briefe. Ich muss mich in erster Linie auf die »Lebenserinnerungen« stützen, die Hans-Heinrich Anfang der 1970er-Jahre als über achtzigjähriger Mann als »Lebens- und Rechenschaftsbericht« verfasst hat:

»Er möge beweisen«, heißt es da gleich auf der ersten Seite, »dass ich weniger für eigene Wünsche und Liebhabereien, sondern als Offizier zur Liebe zur Sache und für den Berufsstand sowie als Landwirt für den Betrieb und damit für die Familie gearbeitet habe. Zwar habe ich selbst nicht immer alles erreicht, was ich als wünschenswert erachtet hatte, aber an mangelhafter Pflichtauffassung und -erfüllung hat es nicht gelegen.« Der Lebensbericht ist natürlich, wie bei Memoiren üblich, geschönt und an den Ecken abgerundet, aber das in so offensichtlicher und bezeichnender Weise, dass er schon wieder interessant ist. So erwähnt Hans-Heinrich mit keinem Wort seine Reisen zum Reichsparteitag der NSDAP in Nürnberg und zur Reichsführertagung in Hannover im September 1933.

Eine andere Quelle sind zwei lange Texte, die mein Vater und mein Onkel Kuno gleich nach dem Krieg geschrieben haben. Dabei handelt es sich um sogenannte »Bildungsgänge«, die ein Gymnasiast damals als Rückblick auf seine persönlichkeitsbildenden Erfahrungen als Kind und Jugendlicher verfassen musste, um zum Abitur zugelassen zu werden. Die britische Besatzungsmacht hatte die deutschen Schulbehörden angewiesen, die Schüler zu einem kritischen Umgang mit dem »Dritten Reich« zu ermutigen. Zugleich saßen in den Prüfungskommissionen noch lauter alte Nazis, sodass die Schüler mit Bedacht formulieren mussten.

Im »Bildungsgang« meines Onkels finden sich sehr anschauliche

Passagen über das Leben auf Gut Ankelohe in der NS-Zeit, mit einem Dienst habenden und daher oft abwesenden Wehrmachtsoffizier als Vater: »Um doch noch ein möglichst enges Familienleben zu führen und den Betrieb zu leiten, kam Vater zu jedem Wochenende nach Hause. Jahrelang war es so, daß er uns bei seinem Kommen irgendetwas mitbrachte, Bananen oder Apfelsinen, um uns eine Freude zu machen. Das gelang ihm aber nicht immer, denn bald berichtete meine Mutter ihm die Streiche der vergangenen Woche, und es gab die übliche Tracht Prügel. Sonntags hatte er den Ärger und wir die Schmerzen verschlafen, und wir gingen zum familiären Teil über.«

Was es mit der »üblichen Tracht Prügel« auf sich hatte, hat mir Vater mal erzählt. Wenn Hans-Heinrich sonnabends nach Hause kam, ließ er sich als Erstes von seiner Frau eine Liste der Missetaten überreichen, die seine Söhne während seiner Abwesenheit begangen hatten. Dann marschierte er mit den Jungs in den Pferdestall und befahl ihnen, die Hosen runterzuziehen und sich über zwei aufgebockte Sättel zu beugen. Laut las der Vater dann die meist gemeinschaftlich begangenen Vergehen vor, verkündete als Strafmaß eine Anzahl von Schlägen und ließ die lederne Reitgerte auf die blanken Hintern der Kinder niedersausen. »Das tat furchtbar weh, aber wir durften nicht weinen, sondern mussten die Schläge laut mitzählen«, erinnerte sich mein Vater, den ich danach am liebsten in den Arm genommen hätte, wenn mir nicht so übel geworden wäre.

»Besonderen Wert legte er auf die körperliche Ertüchtigung und Abhärtung«, schreibt Onkel Kuno weiter über Hans-Heinrich. »Wenn wir durch den Garten gingen und an der Reckstange vorbeikamen, sah er sich unsere Klimmzüge an. Er war im preußischen Kadettenkorps aufgewachsen. In diesem Geist wurden wir auch erzogen. Sein erster Erziehungsgrundsatz war der Pflichtbegriff.« So mussten die Jungs schon früh auf dem Hof mitarbeiten und in den Sommerferien die Schafe hüten. Hans-Heinrichs Maxime war, dass seine Söhne für den Hof da seien und nicht der Hof für sie. Gerne las er den Jungs die alten Briefe, Tagebücher und Zeugnisse aus der Kriegszeit vor, die ich Jahrzehnte später auf dem Dachboden finden sollte. »Durch alles dies gewöhnten wir uns an eine Pflege der Tradition und wuchsen so in die Sphäre der deutschen Offiziersfamilie hinein, die Pflichtgefühl, Einfachheit und Charakterfestigkeit zu ihren höchsten Tugenden zählte.«

Auch über den Kriegsbeginn 1939 schreibt Kuno: »Wir hörten die Rede des Führers am 1. September. In meinem Elternhaus wurde sie mit tiefem Ernst aufgenommen. Vater kannte den Krieg mit allen seinen Schrecken und schweren Folgen aus eigenem Erleben.« Die kritische Haltung Hans-Heinrichs zu Hitlers Krieg ist noch so ein Mythos in unserer Familiengeschichte. Ob wahr oder unwahr, beim Überfall auf Russland im Juni 1941 soll Hans-Heinrich gesagt haben, dass der Krieg nun verloren sei, da man Russland nicht besiegen könne. Das mag ich glauben, denn Hans-Heinrich hatte das Land zweimal in Güterzügen durchquert und wusste, wie groß seine Fläche und Ressourcen waren. Dennoch wird er die Kinder dazu verdonnert haben, seine Bemerkung, wenn er sie denn gemacht hat, zu verschweigen – aus Sorge, sie könnten sich in der Schule verplappern und er wegen »Wehrkraftzersetzung« angeklagt werden.

Ein Fronteinsatz kommt für Hans-Heinrich wegen seines Alters und der Verantwortung für den Gutsbetrieb nicht mehr infrage. So fährt er weiter jeden Montagmorgen zum Kommando des Wehrbezirks Wesermünde, um dort Führer, Volk und Vaterland zu dienen. Von seinem Heimatfront-Schreibtisch aus übersieht er die Musterung und Rekrutierung junger Wehrpflichtiger. Dazu gehört auch die Entscheidungsgewalt darüber, ob jemand vom Wehrdienst verschont wird, weil er auf einem landwirtschaftlichen Betrieb und damit für die Volksernährung dringender gebraucht wird als an der Front. Um in einem Antrag, unabkömmlich (»uk«) gestellt zu werden, muss ein Bauer oder sein Sohn nachweisen, dass er für die Arbeit auf dem Hof unverzichtbar ist. Am Ende hat Hans-Heinrich zu entscheiden, ob der Antrag genehmigt oder abgelehnt wird. Das ist oft nicht einfach, gerade wenn er beurteilen muss, ob ein Vater noch kräftig genug oder schon zu alt ist, um einen Hof auch ohne seine Söhne zu bewirtschaften. Seine Aufgabe macht Oberstleutnant Kleveman für die Bauernfamilien im Landkreis zu einem mächtigen Mann, der über das Schicksal ihrer Höfe und das Leben ihrer Söhne entscheiden kann.

Zu Beginn des Kriegs genehmigt Hans-Heinrich noch viele Anträge, aber als der Vormarsch im Osten ab 1942/43 ins Stocken gerät und die Generäle mehr Truppen fordern, werden die Kriterien für eine Uk-Stellung, die jedes Jahr erneuert werden muss, zunehmend verschärft. Der Entscheidungsspielraum für Hans-Heinrich wird immer kleiner, bis gegen Kriegsende fast gar keine Ausnahmen mehr zugelassen sind. Dreißig Jahre später schreibt er in seinen Lebenserinnerungen, dass viele Bauern aus Ankelohe und den Nachbardörfern von ihm, ihrem ehemaligen Kreislandbund-Vorsitzenden, milde Urteile erhofft und erbeten hatten. »Dem konnte ich mich nur dadurch entziehen, dass ich grundsätzlich nur formgerechte schriftliche Anträge auf dem Dienstwege annahm und keine mündlichen ›Erläuterungen‹ in Ankelohe an den Sonntagen oder sonst in meinem Quartier in Bremerhaven.«

Auch für die Ankeloher Bauern macht Hans-Heinrich da keine Ausnahme, zumal er sich als Gutsherr ohnehin einem höheren Stand als sie zugehörig glaubt und sich als erklärter Abstinenzler auf keinem Dorffest blicken lässt. »In meiner unmittelbaren Umgebung, d.h. im Dorfe, pflegte ich keinen näheren Verkehr.« So gibt es wohl auch kein Gespräch mit dem Nachbarn, als Ende 1943 oder Anfang 1944 dessen Antrag auf Hans-Heinrichs Schreibtisch landet, die bisherige Uk-Stellung seines einzigen Sohnes zu verlängern. Der Vater ist schon älter und gibt an, die Arbeit auf dem Hof ohne seinen Sohn nicht bewältigen zu können. In den vorausgegangenen Jahren hat Hans-Heinrich die Anträge genehmigt, doch dieses Mal lehnt er ab. Eine Möglichkeit zum Einspruch gibt es nicht. Der Junge wird eingezogen, im März 1944 fällt er.

Er ist nicht der einzige Ankeloher Sohn, den Hans-Heinrich in den Tod schickt. Auf dem Kriegerdenkmal im Dorf (»Den Gefallenen zur Ehre, den Lebenden zur Mahnung!«) ist für den Ersten Weltkrieg nur »Kuno Kleveman« eingraviert, aber für den Zweiten Weltkrieg sind es etwa zwanzig Namen, erstaunlich viele für so ein kleines Dorf. Die meisten unter ihnen kamen von Höfen und sind 1944 oder 1945 gefallen. Hat Hans-Heinrich diese jungen Männer auf dem Gewissen, wie die Uroma meiner Kindheitsfreunde, die ihn im Mai 1945 bei den Briten denunziert hat, zu mir sagte? Oder handelte er bei allem Standesdünkel im Grunde nur unvoreingenommen und unbestechlich, weil er die Gleichheit aller vor dem Gesetz über persönliche Beziehungen stellte? Schließlich war Krieg, und alle jungen deutschen Männer mussten an die Front, da wären Ausnahmen ungerecht gewesen. Auch die eigene Familie brachte Opfer: Der einzige Bruder meiner Großmutter fiel 1944 in Russland, und im selben Jahr ließ Hans-Heinrich auch seinen eigenen Sohn, meinen Onkel Kuno, mit siebzehn Jahren an die Ostfront ziehen.

In Hans-Heinrichs »Lebenserinnerungen« findet sich keine Spur von Reue, aber immerhin das Bedürfnis, sich ausführlich zu rechtfertigen und etwaiges Schuldverhalten abzustreiten. Dies tut er wie so viele verantwortliche Deutsche nach dem Krieg, indem er sich als Gegner und sogar Opfer der Nazis darstellt, der anderen Opfern geholfen habe. »Dienstlich und beruflich war alles in bester Ordnung«, schreibt er rückblickend über den Krieg. »Aber politisch hatte ich Schwierigkeiten mit der NSDAP. Diese hatte es nicht vergessen, dass ich bei ihrer Machtübernahme als Kreislandbundvorsitzender nicht genügend mitgemacht hatte. Dies stimmte, da ich deutschnational und Stahlhelmer war. Im Jahre 1944 glaubte sie, einen Grund zu finden, um sich an mir rächen zu können.«

Nun folgt die Geschichte eines kränklichen Schusterjungen, den Hans-Heinrich trotz verschärfter Musterungen schonte und für untauglich erklären ließ. Der Fall sei dann Anlass für eine Intrige der Nazis gegen ihn bei der Wehrmacht gewesen: »Der NSDAP-Kreisleiter beantragte seinerzeit meine Entlassung, weil ich mich nicht genügend, d.h. nicht scharf und hart genug, bei den Musterungen für die Gestellung von ausreichend Ersatz einsetzte. Dabei war der Krieg damals schon nicht mehr zu gewinnen.« Tatsächlich scheidet Hans-Heinrich im Januar 1945 aus dem Militär aus. Der Grund dafür war allerdings nicht irgendein Problem mit den Nazis, sondern, wie mir meine Tante berichtete, ein chronisches Blasenleiden. Außerdem: Wenn Hans-Heinrich kein Nazi war, warum lagen dann auf dem Dachboden die säuberlich zusammengelegte Hakenkreuz-Fahne und dieses Foto seiner kleinen Söhne, die Arme zum Hitlergruß gereckt? Wenn er nichts von den Nazis hielt, warum ist er dann 1933 mit seinen Stahlhelm-Kameraden zum NSDAP-Reichsparteitag nach Nürnberg gereist, die Hakenkreuz-Binde am Arm?

Aber so ging das nach dem Krieg: Dem Vorwurf der Nachbarn und anderer, er habe gnadenlos junge Männer in den Krieg geschickt, hält Hans-Heinrich einfach entgegen, die Nazis hätten ihn wegen zu großer Milde beseitigt. Als Beleg nennt er einen einzigen jungen Mann, den »Alibi«-Juden, dem er geholfen hat. Auf dem Posten bleiben, um Schlimmeres zu verhüten – auch Hans-Heinrich bemüht die klassische Erklärung so vieler Mitglieder der konservativen Elite, warum sie bei der Wehrmacht und in Staatsämtern dem Hitler-Regime bis zum Schluss gedient haben. Kein Wort hingegen schreibt er über den Nachbarssohn oder die vielen anderen jungen Männer, die er an die Front geschickt hat, in einen Krieg, den er längst verloren wusste. Auch die Denunziation der Nachbarn und seine Verhaftung durch die Briten im Mai 1945 sind ihm nicht ein Sterbenswörtchen wert.

Es ist natürlich leicht, unsere Großväter rückblickend moralisch zu verurteilen, aber ich verstehe das nicht. Natürlich war Hans-Heinrich kein hoher Nazi-Funktionär und auch kein Kriegsverbrecher, aber warum macht er so lange mit? Warum schickt Hans-Heinrich all die jungen Männer in ihr Verderben, obwohl er den Krieg schon seit dem Angriff auf die Sowjetunion im Juni 1941 für verloren hält? Dass er sich nicht am Widerstand einiger Wehrmachtsoffiziere gegen Hitler beteiligt, der in Stauffenbergs Attentatsversuch vom 20. Juli 1944 gipfelt, lässt sich noch mit dem persönlichen Treueschwur auf den »Führer« erklären. Aber warum nimmt er seinen Abschied vom Militär nicht viel früher, mit Hinweis auf Blasenleiden und Gutspflichten, sondern dient dem Nazi-Regime weiter und versorgt es weiter mit Kanonenfutter? Bei allem Pflichtgefühl – begreift er nicht, wie sinnlos das massenhafte Töten ist? Glaubt er doch an den Endsieg? Ist er noch immer kriegslüstern, will weiter die Revanche? Müssen all die jungen Männer eigentlich den Krieg weiterkämpfen, den er 1914 bis 1918 verloren hat, als er noch selbst ein junger Mann war?

Alles Fragen, die ich Hans-Heinrich gerne noch gestellt hätte. In seinem »Lebens- und Rechenschaftsbericht« finde ich kaum direkte Antworten, nur indirekte, eher für den Psychologen verständliche Hinweise darauf, wie Hans-Heinrich nach dem Krieg seine Verantwortung und Schuld leugnet und verdrängt. Auch beschreibt er, wie die Briten noch in den letzten Kriegstagen im Mai 1945 das kleine Dorf Ankelohe beschießen. Dabei werden ein Mensch getötet und einige Gebäude beschädigt. Eine Granate kappt die Krone der großen Fichte am Gutshaus, eine andere durchschlägt den Ostgiebel der Scheune. Das Einschussloch, obwohl wieder zugemauert, ist heute noch zu erkennen. Eine weitere Granate trifft auf dem Familienfriedhof ausgerechnet den Gedenkstein für den 1914 gefallenen Großonkel Kuno. Dabei wird der Stein gespalten – Zufall oder Gottes Fingerzeig? –, und die rechte Ecke des großen Findlings mit dem Gedenkspruch über die »markige Kraft« des ruhmreichsten Kriegers der Familie fällt auf den Waldboden.

Da liegt das Stück heute noch, der Spruch ist inzwischen verwittert und fast unleserlich – Symbol für Untergang und Befreiung sowie zugleich für das Ende des nationalistischen Militarismus, dieser unseligen Familientradition der Klevemans. Zwar ist mein ältester Bruder heute wieder Reserveoffizier, aber im alten Geiste hat als Letzter der Familie mein Onkel Kuno gekämpft. Sein »Bildungsgang« von 1945 liest sich wie ein Abschied vom alten Gedankengut: »Wenn ich heute meine Einstellung zum Krieg festlegen soll, so muß ich von ›Stolz und Trauer‹ sprechen. Stolz bin ich auf die Leistungen, die vollbracht wurden und dabei den ganzen Menschen verlangten. Nackt und bloß stand er da und mußte diese Prüfung bestehen. Wieviele Soldaten sah ich, die sich fast errechnen konnten, wann sie fallen würden, und trotzdem mit männlicher Haltung ihr Schicksal auf sich nahmen. Ich habe es bewundert, dieses ›immer bereit sein‹ und ›sich nie aufgeben‹. Doch das Leid und die Gräber sind geblieben und mahnen eindringlicher, sodaß die Trauer bald überwiegt und der Stolz selbst zu Trauer wird.«

KOLUMBIEN
DER MÖRDER

Papa Giovanni ließ auf sich warten. Vielleicht war sein Motorrad kaputt, dachte ich, während ich mit den Augen den Platz vor dem Hotel Nutibara absuchte. Oder würde unser Kontaktmann uns im Stich lassen und gar nicht auftauchen? Der Platz lag im orangefarbenen Licht der frühabendlichen Sonne, die in wenigen Minuten hinter den Hügeln um Medellin verschwinden würde.

»Vielleicht haben wir einen Fehler gemacht«, sagte Karl, mein kolumbianischer Reisegefährte. »Vielleicht hätten wir ihm nicht vertrauen sollen.«

Ich überlegte, noch einen Gin Tonic an der Hotelbar zu trinken. Das Nutibara gefiel mir. Das imposante *Belle-époque*-Gebäude war einst das beste Hotel in Medellin gewesen, bis das alte Stadtzentrum zu Beginn der Kokainkriege zu einem schäbigen Rotlichtviertel verkam. Seit Jahrzehnten war das Hotel nicht renoviert worden. Trotzdem bemühte sich das Nutibara weiter um eine respektvolle Haltung. Die massigen Ledersofas und Sessel in der Lobby waren vermutlich so alt wie der großartige *Art-nouveau*-Kronleuchter an der Stuckdecke. Die Aufzüge wurden von zwei älteren Damen in Uniformen betrieben. Auch die 1940er-Jahre-Möbel in unserer Suite passten gut zum roten Teppich und der grünen Tapete.

»Wir wussten, dass Papa Giovanni nicht sauber ist«, bemerkte Karl mit einem nervösen Blick auf die Uhr.

Die Lobby und das Restaurant des Nutibara waren Treffpunkte für die arrivierten Ganoven und Dealer der Stadt. Während sie dort diskret ihre Geschäfte besprachen, sahen die lichtscheuen Herren ständig über ihre Schultern. In meiner angeregten Fantasie erwartete ich, dass jeden Moment einer eine Waffe ziehen könnte.

Ein Taxi fuhr vor dem Hotel vor. Heraus trat Papa Giovanni,

unser Mann. Er war Mitte dreißig, hatte bereits eine Glatze, aber unter seinen schlabbrigen Hip-Hop-Klamotten verbarg sich ein muskulöser Körper. Papa Giovanni hatte eine Autowerkstatt in Medellin. Ein Kollege hatte ihn mir als jemanden empfohlen, der mir vielleicht Zugang zur Szene der Paramilitärs und Drogenbosse verschaffen könnte. Nach der Rocinha-Story in Rio zwei Monate zuvor hatte ich beschlossen, mehr über das Kokainbusiness in Lateinamerika herauszufinden. Ich wollte die großen Hersteller und Schmuggler kennenlernen. Einige hatte ich bereits in Bolivien aufgesucht, allesamt im San-Pedro-Gefängnis in La Paz eingesperrt, aber die mächtigen Bosse in Kolumbien liefen noch frei herum.

Wie so viele Länder, die ich über die Jahre bereist hatte, war Kolumbien ein gescheiterter Staat. Seit dem Marihuanaboom der späten 1970er-Jahre war Kolumbien ein Drogenland, in dem zudem ein Bürgerkrieg zwischen den marxistischen Rebellen der Fuerzas Armadas Revolucionarias de Colombia (FARC) und der kolumbianischen Armee herrschte. Allein in den vergangenen zehn Jahren hatte er 35 000 Menschenleben gefordert. Was als ideologischer Kampf im Kalten Krieg begonnen hatte, war längst zu einem brutalen Drogenkrieg um die Kontrolle über die Kokafelder und Schmuggelrouten in den Anden degeneriert. Mit einem mehrere Milliarden Dollar schweren »Plan Colombia« unterstützte Washington die konservative Regierung von Präsident Alvaro Uribe in ihrem Kampf gegen die Rebellen und den Kokainhandel.

Da die Armee der Lage aber nicht Herr wurde, griffen seit einigen Jahren auch rechtsextreme paramilitärische Gruppen, finanziert von reichen Landbesitzern, in den Kampf gegen die FARC-Rebellen ein. Auch gegen angebliche Sympathisanten, etwa linke Aktivisten und Gewerkschafter, gingen die »Autodefensas Unidas de Colombia« (AUC) äußerst brutal vor. Alle Kriegsparteien, besonders die Paramilitärs, verübten entsetzliche Massaker an der Zivilbevölkerung. Das mörderische Treiben der Paras wurde inzwischen selbst der konservativen Regierung zu viel, die mit den Anführern über eine Demobilisierung verhandelte. Zugleich kidnappte die FARC jedes Jahr hunderte Menschen, darunter etliche Ausländer. Große Teile des Landes galten daher als extrem gefährlich, aber nach einer wochenlangen Rechercherreise kreuz und quer durch Kolumbien schienen Karl und ich den Kokainkönigen endlich näher zu kommen.

Offenbar kannte Papa Giovanni jeden Bösewicht in Medellin persönlich. Wie sein Alias vermuten ließ, hatte er eine zwielichtige Vergangenheit, aber darüber wollte er nicht reden. Auf unserem Treffen in seiner Werkstatt fragte ich Papa Giovanni, ob er mich mit einem *sicario* bekannt machen könne. *Sicarios* waren die Auftragskiller, die seit der Herrschaft von Pablo Escobar in den Achtzigern Medellin und andere kolumbianische Städte terrorisierten. Gerne nutzten auch die paramilitärischen Gruppen ihre Dienste im Kampf gegen die FARC-Rebellen. Jedes Jahr kostete dieser Konflikt allein in Medellin hunderte Menschen das Leben – Grund genug für die Zeitschrift *National Geographic*, Medellin die gefährlichste Stadt der Welt zu nennen.

Tatsächlich war die extrem hohe Zahl der zumeist jungen Krüppel nicht zu übersehen, die auf den Straßen der Stadt in Rollstühlen oder auf Krücken unterwegs waren. Sie waren ehemalige *sicarios* oder Opfer von *sicarios* oder beides. Dabei waren die Krüppel auf der Straße nur eine Minderheit. Die meisten verließen ihre Wohnungen aus Angst gar nicht mehr.

Über die *sicarios* hoffte ich, an Paramilitärs heranzukommen und Einblicke in deren Rolle im Kokainhandel zu gewinnen. Meine Mission war, Diego Murillo Bejarano alias Don Berna aufzuspüren, den berüchtigten Paten und Kartellchef seit der Escobar-Zeit. Einige Jahre zuvor hatte sich Don Berna als regierungstreuer Top-Kommandeur der AUC-Paramilitärs in Medellin neu erfunden. Hunderte Morde wurden ihm vorgeworfen. Auch sollte er nach wie vor für einen Großteil des Kokains verantwortlich sein, das in die USA und nach Europa geschmuggelt wurde. Der 44-Jährige stand ganz oben auf der *Most-Wanted*-Liste des FBI, das von der kolumbianischen Regierung seine Auslieferung an die USA forderte.

Indem sie sich als Kämpfer gegen die FARC gerierten, hofften Don Berna und andere Drogenbarone der AUC auf einen Deal mit der kolumbianischen Regierung, der sie vor einer Auslieferung bewahrte. Sogar einen friedlicher klingenden Namen hatte sich Don Berna zugelegt: Adolfo Paz. Obgleich die Behörden in den vergangenen drei Jahren mehr als 250 Kriminelle an die USA ausgeliefert hatten, durfte Don Berna optimistisch sein, denn ihn verband eine enge Beziehung mit Staatspräsident Alvaro Uribe, der einst Bürgermeister von Medellin gewesen war. Uribe war entschlossen, die ehemalige Escobar-Festung als gesetzestreue Boom-Stadt wiederauferstehen zu lassen. Daher hatte er die mörderische *limpieza* (Säuberung) der Paramilitärs gegen FARC-Rebellen in Medellin bislang stillschweigend geduldet.

Papa Giovanni war nicht allein. Er hatte einen Kollegen dabei, der viel jünger und ein wenig schüchtern wirkte. Auch er war wie ein Hiphopper gekleidet und trug eine Halskette mit einem goldenen Kreuz.

»Dies ist mein Freund Ramon«, stellte Papa Giovanni ihn vor. Wir stiegen alle ins Taxi und fuhren los.

»Also, wo werden wir diesen *sicario* treffen?«, fragte ich Papa Giovanni von hinten, wo ich eingeengt zwischen Karl und Ramon saß. Er drehte sich um und sah mich amüsiert an. Karl stieß mir in die Seite und flüsterte auf Englisch: »Ich glaube, der *sicario* sitzt schon neben uns.«

Großartig, dachte ich, das ging ja gut los. Was fiel Papa Giovanni ein, einen Serienmörder direkt zu unserem Hotel zu bringen? Es gab eine Regel im Journalismus – die er wohl nicht kannte –, dass ein gefährlicher Interviewpartner niemals wissen durfte, wo der Reporter wohnte.

»Oh, *claro*, na dann hallo nochmal!«, sagte ich leicht hysterisch zu Ramon. Er fixierte mich mit einem starren Blick. Seine Augen ließen mich gleich frösteln. Es wäre ein Klischee zu sagen, dass sie so leer waren wie die Augen einer Kuh, aber genau das war der Fall – außer einem nervösen Zucken, das ich Speedpillen oder Koks zuschrieb. Ein *blind date*, das lustig zu werden versprach.

Wir fuhren in eine Bar, wo ich eine Runde Drinks bestellte, um Ramons Zunge zu lösen. So erzählte er uns seine Geschichte, die allem ähnelte, was ich bisher über *sicarios* gelesen hatte. Er war in Las Terrazas aufgewachsen, einer der ärmsten und gewalttätigsten *comu-*

nas in Medellin, mit wenig Aussicht auf Arbeit außerhalb der Drogengangs, die seit dem Kollaps des Escobar-Kartells entstanden waren. Bereits als Junge schloss er sich einer Gruppe älterer Gangster an, die ihn zu einigen Auftragsmorden mitnahmen und ihm beibrachten, wie man eine Waffe benutzte. Eines Tages war er an der Reihe und musste den Abzug drücken.

»Wie alt warst du damals?«, fragte ich Ramon.

»Sieben«, antwortete er, als wäre es ein ganz normales Alter, um zum Mörder zu werden. Am goldenen Kreuz seiner Halskette fummelnd, erinnerte er sich an den Tag. Sein damaliger Boss war damals in eine Frau vernarrt gewesen, die sich aber gerade mit einem anderen Mann verlobt hatte. Wütend schickte der Boss am Valentinstag Ramon zum Haus jenes Mannes.

»Ich klingelte, einen Strauß Blumen in der Hand. ›Dies ist von Ihrer Lady‹, sagte ich, als der Typ die Tür aufmachte. Er nahm die Blumen und kramte nach Trinkgeld. ›Und dies ist von meinem Boss‹, sagte ich dann, zog die Waffe und schoss ihm durch die Blumen in den Bauch.«

»Durch die Blumen?«

»*Si*. Als er nach hinten fiel, flogen die Blütenblätter durch die Luft und segelten in die Blutlache, die sich um seinen zuckenden Körper ausbreitete, während ich noch weitere Kugeln abfeuerte.«

»Und dann?«, fragte ich, mir den Tatort ausmalend.

»Dann lief ich zu meinem Boss und berichtete ihm, dass alles gut gelaufen war.«

»Erinnerst du dich, wie du dich dabei gefühlt hast?«

»Ich habe gar nichts gefühlt, glaube ich. Ich war nun ein richtiges Mitglied der Gang.«

Mir wurde mulmig zumute. Karl übersetzte unser Gespräch mit ruhiger Stimme, aber auch ihm war offenbar etwas unwohl. Ramon war anders als die Kindersoldaten und Gangster, die ich in Afrika und Brasilien kennengelernt hatte. Was mir an Ramons Story auffiel, war diese seltsame Blut-und-Blumen-Romantik. Solche Symbole spielten in der *Sicario*-Kultur eine große Rolle, wie Karl diskret erläuterte. Wie auch die Jungfrau Maria, die von den Auftragsmördern als Schutzheilige verehrt wurde.

Im Alter von 27 Jahren war Ramon seit nunmehr zwei Jahrzehnten ein Killer. Er war ein Veteran. In dieser Stadt der Krüppel kam es einem Wunder gleich, dass er noch immer unversehrt war. War er je verwundet worden? Er zeigte uns drei Schussnarben in seinem rechten Bein. Eine war noch recht frisch.

»Was ist da passiert?«

»Da ging was schief. Der andere Typ hatte auch eine Waffe und sah mich kommen. Zum Glück hatte ich einen Freund dabei, der ihn kaltmachte.«

»Wie viele Menschen hast du in deinem Leben getötet?«

»Keine Ahnung«, sagte er. »Ein paar hundert vielleicht.«

Ich schluckte, versuchte mich aber weiter auf meine Fragen zu konzentrieren: »Wie viel zahlt man dir pro Auftrag?«

»Das kommt drauf an. Normal sind etwa 100 000 Pesos.«

Das waren etwa fünfzig Dollar. Das Leben war nicht viel wert in Medellin. Papa Giovanni warf ein, dass die Höhe des Honorars auch dem Verhältnis von Angebot und Nachfrage auf dem Mordmarkt entspreche. Viele junge Männer seien gewillt, als *sicarios* zu arbeiten. Da sie in einem Klima der Gewalt aufwuchsen, war dies keine berufliche Wahl, sondern ein Lebensstil, zu dem sie keine Alternative kannten.

Dies schien der richtige Moment zu sein, um herauszufinden, wer Ramons Auftraggeber waren. »Bezahlen dir die Paramilitärs mehr als die Drogenkartelle?«

»Nein, die bezahlen alle gleich«, sagte Ramon.

Dann berichtete er, dass die paramilitärischen Gruppen inzwischen alle Drogenkartelle in Medellin kontrollierten, die mit der FARC-Guerilla kooperiert hatten. Was die AUC-Paramilitärs als *limpieza* rühmten, sei in Wirklichkeit nichts anderes als eine feindliche Übernahme des Drogengeschäfts. Wie den FARC-Rebellen wird den *paras* vorgeworfen, die Kokain-Schmuggelrouten von den Kokafeldern der Anden bis zu den kleinen Häfen an der Küste zu sichern. Während die *sicarios* für die schmutzige Arbeit in den Städten angeheuert wurden, konzentrierten sich die Paramilitärs auf großflächige Aktionen auf dem Land. Gerne hätte ich noch mehr über die Kommandostruktur der *paras* und Don Bernas Aufenthaltsort erfahren, aber Ramon wurde unruhig. Er sei mit einem Bekannten in einer anderen Bar verabredet. Er bot uns an mitzukommen. Wir nickten. Papa Giovanni fuhr zur Werkstatt zurück. Er wünschte uns einen netten Abend.

Auf den Straßen des Rotlichtviertels, die tagsüber fast leer waren, tummelte sich jetzt ein buntes Volk aus Snackverkäufern, Bettlern, Jugendlichen, Krüppeln und Sexsuchenden. Die Luft roch nach Bier, Kotze und frittiertem Essen. Latinorhythmen drangen aus schmuddeligen Bars. Hochhackige Huren, viele noch sehr jung, versuchten uns in Absteigen zu locken. Ihre Zuhälter waren nie weit weg. Gewalt lag in der Luft, aber mit Ramon an unserer Seite belästigte uns niemand. Wir stiegen eine Treppe hoch, die in ein ranziges mehrstöckiges Bordell führte. Am Empfang trafen wir auf Ramons Bekannten, einen aggressiv aussehenden Jungen mit einer Zahnspange. Er war offenbar ein *Sicario*-Kollege. Während die beiden kurz etwas besprachen, standen Karl und ich herum und zählten die Huren, die über den Flur wackelten.

Ramon kam zurück und sagte: »Ich muss mit meinem Kumpel was erledigen. Ihr könnt mitkommen, oder ihr wartet hier, bis wir zurück sind. Es wird nicht lange dauern.«

Ich zögerte, aber Karl sagte schnell: »Danke, aber wir bleiben hier und warten auf euch. Gucken uns die Mädchen an und so.«

Ramon und sein Bekannter nickten und gingen die Treppe herunter. Durch ein Fenster sahen wir, wie sie in einen neuen VW Golf einstiegen. Der Fahrer war ein Weißer, wie mir auffiel, als sie losfuhren.

»Warum wolltest du nicht mit?«, fragte ich Karl.

»Weil mir der andere Typ nicht gefiel«, murmelte er.

»Und Ramon?«

»Der gefällt mir auch nicht.«

Wie bei Baqi in Afghanistan und Chaukat im Irak verließ ich mich auf Karls Intuition gegenüber seinen Landsleuten. Auch er war eine Zufallsbekanntschaft: Wir hatten uns im Vorjahr auf einem Rave kennengelernt. Ein kolumbianischer Freund aus New York hatte mich zum Karneval in seine Heimatstadt Barranquilla eingeladen. Nach drei Tagen trunkenen Tanzens auf den Straßen hörte ich von einem Techno-Rave an einem Strand vor der Stadt. Trotz der Warnungen meiner Gastgeber, dass das Kidnapping-Risiko zu hoch sei, nahm ich ein Taxi und fuhr da raus. Der Rave stieg in einem Beachclub unter freiem Himmel. Eine junge und überraschend hippe Menge tanzte zu den Bässen von DJ Frutto aus Bogota. Gerade schäkerte ich mit einigen Mädchen, als mich ein gut aussehender Junge in geschliffenem Englisch ansprach.

»Entschuldigung, mein Name ist Karl. Kann ich kurz mit dir reden?« Ohne auf eine Antwort zu warten, ergriff er meinen Arm und nahm mich beiseite. »Ich habe zufällig deine Unterhaltung mit einigen Leuten mitbekommen«, sagte er. »Du willst in Kolumbien also FARC-Rebellen finden?«

»Ja, das stimmt.«

»Nun, solche Dinge solltest du hier lieber nicht sagen.«

»Warum nicht?«

»Weil du vorsichtig sein musst. Dies ist kein guter Ort für politische Diskussionen. Einige Leute sind schon sauer auf dich.«

»Aber ich will die FARC-Rebellen ja nur interviewen. Das ist mein Job. Ich bin Journalist.«

»Sicher, aber du bist in Kolumbien. Hier sind die Dinge etwas *complicado*.«

Mein Spanisch reichte aus um zu begreifen, dass *complicado* nach nichts Gutem klang. Als ich zu einem Plädoyer für mutigen politischen Journalismus ansetzte, schlug Karl mir vor, lieber ein wenig heimisches Kokain zu probieren. So geschah es. Den Rest des Abends tanzten wir und redeten über ausschließlich apolitische Themen. Am nächsten Morgen verriet mir Karl, dass die Söhne eines wichtigen Para-Kommandeurs auf der Party gewesen waren. Scherzend sagte ich zu Karl, dass er wohl mein Leben gerettet habe.

Wir blieben im Kontakt, und als ich nach Kolumbien zurückkehrte, rief ich ihn an. Karl hatte gerade sein Studium in Bogota abgeschlossen und wollte Drehbuchautor werden. Er wusste mehr über Indie-Musik und -Filme als irgendeiner meiner Freunde. Als ich einen gemeinsamen Trip durch Kolumbien vorschlug, willigte er freudig ein. Zum ersten Mal arbeitete ich mit jemandem zusammen, der viel jünger als ich war. Aber wie sich herausstellen sollte, hätte ich mir keinen besseren Gefährten wünschen können – wir wurden schnell Freunde.

Einmal fragte ich Karl, warum er statt »Carlos« einen deutschen Namen trug. Es stellte sich heraus, dass er der einzige Sohn eines großen Drogenhändlers der 1980er-Jahre war, der ihn nach einem deutschen Geschäftspartner benannt hatte. Karl war in Luxus und Wahnsinn aufgewachsen, während sein Vater mit Pablo Escobar und dem mexikanischen Drogenkönig Gonzalo Rodriguez Gacha zu tun hatte. Dann ging, als Karls Vater selbst zu koksen begann, alles den Bach runter. Der Vater wurde zunehmend launisch und gewalttätig. Eines Tages nahm Karls Mutter ihren kleinen Sohn und zog aus dem protzigen Haus aus, aber sein Vater spürte die beiden auf und entführte ihn. Als die Polizei sein Haus umstellte, kam er vor die Tür, den Sohn auf dem Arm und eine Pistole an dessen Kopf haltend. Erst nach einem stundenlangen Stand-off lenkte sein Vater ein und gab den Jungen der Mutter zurück. Etwa zwei Jahre später verschwand der Vater spurlos. Später kam heraus, dass er nach einem Konflikt mit einem anderen Kartell entführt und erschossen worden war. Sein Grab wurde nie gefunden.

»Das war also mein Vater«, sagte Karl. »Ich habe ihn geliebt, aber er war ganz schön blöd.« Auch Karl dealte manchmal, aber eher mit Gras als mit größeren Mengen Kokain. Aus dem großen Business hielt er sich heraus. Dafür habe er zu viel Schiss, sagte Karl. »Ich bin lieber ein Feigling, der Spaß im Leben hat, als ein toter Held, irgendein Idiot, der sich wegen Geld erschießen lässt. Kokain ist der sichere Weg ins Verderben.«

Karl war nicht groß gewachsen, aber muskulös und auf eine dunkle Weise, die einige Frauen leicht verstörend fanden, sehr attraktiv. Andere vertrieb Karl mit seinem intellektuellen Eigensinn und dem beißenden Punkspott, den er über Leute auskippte, die ihm nicht passten. Karl sprach ein kreatives Englisch, das er im HBO-Filmkanal und aus Büchern von William Burroughs gelernt hatte. Seine Ausdrucksweise, immer mit wilden Gesten untermalt, war mal blumig oder mäandernd und dann wieder, wie Woody Allen es ausdrücken würde, »kurz, präzise und degeneriert«.

Wir warteten etwa zwanzig Minuten in dem Bordell, tranken

Bier und rauchten einen kleinen Joint, bis Ramon ohne seinen Kollegen zurückkam. Er schlug vor, eine Bar aufzusuchen. »Es ist besser, dort zu reden.«

Nach ein paar Schritten erreichten wir ein unscheinbares Gebäude, gleich um die Ecke vom Hotel Nutibara. Die Türsteher begrüßten Ramon höflich und ließen uns hinein. Am Ende eines dunklen Flurs kamen wir in einen verrauchten hohen Raum mit einem Bartresen am Ende und einer langen Striptease-Bühne in der Mitte. Huren lehnten rauchend an den Wänden. Nur wenige Männer standen an der Bar und sahen einem nackten *chica* dabei zu, wie es sich auf der Bühne an der Metallstange rieb. Zu ihren lasziven Bewegungen wurde schnelle House-Musik gespielt. Ramon sah sich im Raum um und kniff einer blonden Hure, die nervös auflachte, in den Po. Wir gingen eine Treppe hoch und setzten uns an einen Tisch, der einen guten Blick auf die Vorgänge unter uns bot.

»Dies ist unser Hauptquartier«, verkündete Ramon grinsend. »Während der *limpieza* sind wir hier jeden Abend zusammengekommen, um unsere Taktik zu besprechen.«

»Und heute?«

»Gehört der Laden immer noch uns. All die Männer da unten sind unsere Freunde.«

Ein Kellner kam, wir bestellten gegrilltes Hähnchen und Rum. Ich sah mich in der Bar um. Der Flur, durch den wir gekommen waren, schien der einzige Weg nach draußen zu sein. Nahe dem Bartresen gab es einige Türen, die zu den Hurenzimmern führten. Um Kunden in Stimmung zu bringen, wurden Pornovideoclips auf eine große Leinwand projiziert, gemischt mit amerikanischer TV-Werbung. Das Resultat war nicht ohne künstlerischen Wert.

»Amigo, würde es dir etwas ausmachen, wenn ich mal kurz runtergehe und die Girls auschecke?«, fragte Karl.

»Was?«

»Ich will mich nur kurz mit der Blonden unterhalten, die da an der Bar steht.«

»Bist du wahnsinnig? Das ist jetzt wirklich kein guter Augenblick dafür. Du wirst mich nicht mit diesem Killerjungen allein lassen. Wir sind auf Arbeit, denk dran.«

»Lutz, entspann dich. Es wird nicht lange dauern, versprochen.«

Karls Ansinnen war verständlich. Auf unserer Reise waren wir an zahllosen Love-Hotels vorbeigekommen, wo Kolumbianer sich mit Geliebten treffen, aber keinen guten Bordellen. Als wir in Medellin eintrafen, das im ganzen Land für seine heißen, wenngleich oft plastisch optimierten Frauen gerühmt wurde, waren wir voller erotischer Vorfreude. Leider kamen wir ausgerechnet am Karfreitag an, einem hohen religiösen Feiertag in diesem sehr katholischen Land. Alle Läden, Restaurants, Bars und Nachtclubs waren geschlossen. Niemand ging zur Arbeit. Sogar die Huren waren in der Kirche. Uns blieb nach dem Abendessen kein anderes Unterhaltungsprogramm, als eine Trompete zu löten und uns die lokalen TV-Berichte von der gewaltigen Christus-Prozession in Medellin anzusehen – ein schwer zu tragendes Kreuz. Die Menschenmenge sah noch trauriger als üblich aus, weil jederzeit mit dem Ableben des todkranken Papstes Johannes Paul II. in Rom zu rechnen war.

Irgendwann hatten wir das blutige, abergläubische Spektakel satt und beschlossen, nach den zwei säkularen Maria Magdalenas zu suchen, die es auch in dieser frommen Stadt noch geben musste. Es war nicht leicht, einen Taxifahrer davon zu überzeugen, uns bei einem derart frevelhaften Unterfangen behilflich zu sein. Nach zwanzig Minuten verdächtig ziellosen Umherfahrens bemerkte ich das hölzerne Kreuz, das am Rückspiegel hing. Unser Fahrer war ein treuer Gläubiger, der uns eher direkt in die Hölle gebracht hätte als in ein Bordell. Wir gaben ihm Geld und stiegen aus.

Nach langem Warten im Regen nahm uns ein anderer Taxifahrer mit, aber alle Lasterhöhlen der Stadt, die wir abklapperten, waren geschlossen. Vor einem Bordell fegte eine weißhaarige Oma die Türschwelle. Sie sagte uns, dass alle Frauen zur Kirche oder nach Hause gegangen seien – bis auf eine, die nach ihrer Schicht eingeschlafen war. Bereitwillig bot die Oma an, die Frau zu wecken, die sie als großbusig und *todas terranas* beschrieb. Was wohl eine »geländegängige« Hure mit uns am Karfreitag anstellen würde? Uns wurde unbehaglich. Wir dankten der Oma und ließen uns vom Fahrer zum Hotel zurückbringen. Die folgenden Tage waren voller Arbeit, was uns keine Zeit zum Herumstromern ließ. Nun waren wir unversehens in diesen verheißungsvollen Sündenpfuhl geraten. Nichts könnte Karl jetzt noch aufhalten.

»Na gut, geh spielen«, sagte ich zu ihm.

»*Yessssmassah, thankyoumassah*!«, rief Karl mit einem ironischen Grinsen und eilte nach unten. Ich blieb mit Ramon zurück, der gerade ein Streichholz in ein Tütchen Koks dippte. Er hob die Minihaufen an seine Nasenlöcher und schniefte sie so beiläufig weg, als ob er Erdnüsse knabbern würde.

»Und, alles erledigt vorhin?«, fragte ich Ramon auf Spanisch, da mir kein Gesprächsthema einfiel.

»*Bueno*. Hat dreißig Sekunden gedauert, dann war das Problem gelöst.«

»Cool, was war denn das Problem?«

»Dieser Typ, der dem Boss auf die Nerven ging. Den mussten wir umlegen.«

Einen Augenblick lang hoffte ich, dass ich mich verhört hatte. »Ihr habt jemanden umgebracht?«, stammelte ich. Ich muss so verdattert geklungen haben wie Hugh Grant. Meine Augen suchten nach Karl, der gerade die dralle Blonde an der Bar ansprach.

»Auf der Terrasse seiner Wohnung haben wir ihn erwischt«, fuhr Ramon fort, während das Koks offenbar seine Zunge löste. »Er rauchte gerade eine, allein. Das war *perfecto*.«

Ich nickte, ohne recht zu wissen, was ich dazu sagen sollte. Ihm zu einer sauberen Leistung gratulieren? Ich begann mich sehr unwohl zu fühlen, aber Ramon wollte reden. »Ich ging von hinten auf ihn zu und schoss ihm in den Kopf. Das war's. Dreißig Sekunden, und ich war wieder im Auto.«

»Nett«, murmelte ich. Deswegen wollte Karl also nicht mit den beiden mitfahren. Er muss gespürt haben, dass sie etwas vorhatten.

»Der Typ hatte es verdient. Wir waren mal Freunde, er und ich. Wir sind zusammen aufgewachsen, verstanden uns immer gut, aber dann hat er einige bescheuerte Dinge gemacht. Danach war er dran.«

»Er war dein Freund?!«

»*Si*. Früher sind wir zusammen durch die Bars gezogen, wie du und ich heute. Aber dann fing er an mich zu nerven.«

In dem Moment kam Karl die Treppe hoch, die Blonde im

Schlepptau. Mit ihren eindeutig falschen Donnerbrüsten entsprach sie genau Karls Geschmack. Zur Begrüßung stand ich von meinem Stuhl auf und gab der Frau die Hand, was sie zu amüsieren schien.

»Karl, hör mal eben, kannst du die Kleine nicht später vernaschen?«, zischte ich ihm zu. »Unser Freund hier spricht sehr schnelles Spanisch, ich kann ihn kaum verstehen. Du musst wieder dolmetschen.«

»Jetzt nicht, tut mir leid«, sagte Karl. »Ich bin nur zehn Minuten weg. Unterhaltet euch doch übers Wetter oder so.«

Wie von einem hormonellen Autopiloten gesteuert, rannte Karl mit der Blonden die Treppe runter und verschwand in einem Zimmer. Ich war wieder allein mit Killerboy Ramon. Leider wollte er nicht über das Wetter reden.

»Wie viel bezahlst du mir eigentlich für das Interview?«, fragte er plötzlich mit ernster Miene.

»Nun, äh, also normalerweise bezahle ich dafür niemals Geld.«

»Aber Papa Giovanni gibst du doch Geld, oder?«

»Ja, aber das ist was anderes. Er ist ein Informant.«

»Aber ich gebe dir doch auch Informationen, oder etwa nicht?« Ramon lehnte sich nach vorne und sah auf einmal sehr geschäftsmäßig aus.

»Ja, schon, aber so funktioniert das nicht, verstehst du? Also gut, ich lade dich zum Essen und zu Drinks ein.«

»Dazu noch 100 000 Pesos würde ich okay finden. Warum auch nicht? Ich dachte, wir beide kommen gut klar. Ich mochte dich.«

Dies ging in keine gute Richtung. Ramons Stimme begann bedrohlich zu klingen. Sein Gesicht wurde hart, seine Augen kleiner. Er sah ernsthaft verärgert aus. Mir ging es ums Prinzip, aber wie handelte man mit einem Typen, der kaum eine Stunde zuvor einen alten Kumpel kaltblütig ermordet hatte?

»Okay, du hast recht. Ich gebe dir 100 000, kein Problem.«

»Bist ein feiner Kerl«, rief Ramon aus, lehnte sich zurück und schlug mir auf die Schulter. »Ich mag dich.«

»Ich dich auch.«

Der Kellner kam mit zwei gegrillten Hähnchen, die in Fett schwammen. Wir aßen schweigend. In Ramons Gegenwart hatte ich mit jedem Bissen zu kämpfen. Warum musste ich nur immer in solch ein Schlamassel geraten? Karl hatte schon festgestellt, dass ich beim Kennenlernen neuer Menschen selten nach Gemeinsamkeiten suchte, sondern immer Spannungsverhältnisse aufbaute. Er hatte recht. Gerade bei gefährlichen Leuten ging ich in Interviews nach der konfrontativen Methode vor. Eine kleine Provokation konnte nie schaden, um Leute aufzuknacken und sie dazu zu bringen, interessante Sachen zu sagen. Mein Credo war einfach: Ärgere jemanden ein wenig, und die amüsantesten Dinge passieren – womöglich entsteht sogar eine neue Freundschaft. Das Problem dieses Mal war allerdings, dass ich nicht Ramons Freund werden wollte. Ich wollte nur weg.

Karl kam nach einer Viertelstunde wieder. Er sah königlich entspannt aus.

»Wie war dein Mädchen?«, fragte ich.

»Gut, danke«, antwortete er lässig. »Wie war dein Hähnchen?«

»Ebenso gut, danke.«

Ich entschuldigte mich und ging nach unten zu den Klos. Eine Gruppe Mädchen kam gerade kichernd heraus. Klokabinen waren in Medellin auch als *los ascensores* (Aufzüge) bekannt, weil Kokser darin schnell nach oben gelangten – oder, je nach Betrachtungsweise, langsam nach unten. Als ich an den Tisch zurückkehrte, sah ich, wie Karl unter Einsatz beider Arme wild auf Ramon einredete. Ramon sah ihn argwöhnisch an. Was war los?

»Ramon hat Gewissensbisse, weil er so viele Leute getötet hat«, erläuterte Karl. »Er will aussteigen, und wir sollen ihm dabei helfen.«

»Wie das?«

»Ich gebe ihm gerade eine Berufsberatung«, strahlte Karl. »Er kann noch immer die Karriere wechseln und als Bodyguard für einen Politiker oder als Wachmann für eine Bank arbeiten.«

Er wandte sich wieder Ramon zu und redete weiter mit jugendlichem Elan auf ihn ein. »Ramon, ich sage dir: Wir sind in Kolumbien, und du hast eine glänzende Zukunft im Sicherheitsbusiness vor dir!«

»Nun, wenn du meinst«, brummte Ramon nur halb überzeugt.

Was Ramon wohl in seinen Lebenslauf schreiben würde, dachte ich bei mir. »Säuberungsexperte« würde sich euphemistisch genug anhören. Genug von diesem Wahnsinn, mir reichte es. Ich gab Ramon die 100 000 Pesos und schlug vor, seine Karriereoptionen ein anderes Mal zu erörtern. Er blieb sitzen, wir gingen.

In der Nacht hatte ich einen Albtraum, in dem bewaffnete junge Männer Gut Ankelohe überfielen und niederbrannten. Verzweifelt riefen Mutter und, eigenartigerweise, Laila in dem Traum nach mir. Immer wieder: Lutz, wo bist du? Warum hilfst du uns denn nicht? Als ich völlig gerädert erwachte, rief ich sofort zu Hause an. Mutter hob ab.

»Lutz, wie schön, von dir zu hören.«

»Ist alles in Ordnung zu Hause?«

»Na sicher, alles ist wie immer«, sagte Mutter. »Der Frühling kommt. Die Kastanienbäume um das Haus fangen an zu blühen.«

»Das muss schön sein«, sagte ich und versuchte mich zu erinnern, wie die Bäume in Blüte aussahen. Ich war schon seit Jahren nicht mehr im Frühling zu Hause gewesen.

»Bist du noch immer in Kolumbien?« fragte sie. Etwas einsam fühle sie sich. Hundert kleine Probleme hatten sich in meiner Abwesenheit auf dem Gut angehäuft. Ein Bauer bezahlte seine Pacht nicht, ein Handwerker verlangte zu viel Geld, dazu wie immer Ärger mit irgendwelchen blöden Ämtern.

»Wann kommst du nach Hause?«, wollte Mutter wissen. »Du bist schon wieder seit drei Monaten unterwegs.«

»Bald, Mutter, bald«, beschwichtigte ich sie und legte auf. Ich fühlte mich mies. Was machte ich hier eigentlich? Warum verbrachte ich meine Abende mit unmenschlichen Killern? Was erhoffte ich mir von diesen Begegnungen, die doch nur alle Energie aus mir sogen? Meine alten Antworten auf diese Fragen – die Suche nach Abenteuern, nach starken Gefühlen und nach Autorenruhm – klangen an diesem Morgen auf einmal hohl. Wurde es nicht langsam Zeit, meine Wanderjahre zu beenden? Dass Laila in meinem Traum aufgetaucht war, schien mir auch kein Zufall zu sein. Trotz allen Spaßes, den Karl und ich in Kolumbien hatten, fehlte mir Laila. Ich begann zu bereuen, dass ich sie so leichtfertig verloren hatte. Manchmal erzählte ich Karl stundenlang von Laila. Allmählich ging mir auf, dass ich sie wie ein Arschloch behandelt hatte. War es zu spät, um mich wieder mit ihr zu versöhnen? Ich hoffte nicht. Es gab einfach keine wie sie.

Wir sahen Ramon nie wieder. Stattdessen arrangierte Papa Giovanni ein Treffen mit einem von Medellins paramilitärischen Kommandeuren in der *comuna* Santo Domingo. Er verriet mir, dass ich seinen Boss Don Berna vielleicht im AUC-Hauptquartier in Santa Fe de Ralito finden könne. Zwei Tage später nahmen wir einen Flieger nach Monteria, einer kleinen Stadt nahe Santa Fe in der nördlichen Provinz Cordoba. Das Flugzeug wurde von West Caribbean betrieben. Kaum eine andere Airline in Lateinamerika stürzte so oft ab, was vermutlich ihren Werbeslogan »Wir fliegen anders!« erklärte. Durch die Wolken sah ich, wie sich die Landschaft unter uns von üppigen Kaffeeplantagen zu trockenen Savannen mit vielen Rindern wandelte. Wir landeten. Von Monteria waren es noch immer zwei Stunden Autofahrt nach Santa Fe de Ralito.

Die größte Schwierigkeit würde allerdings darin bestehen, in die 700 Quadratkilometer große »entmilitarisierte« Zone um das Dorf zu gelangen, die die kolumbianische Regierung den Para-Kommandeuren und ihren Truppen praktisch überlassen hatte. Die Regierung hoffte, die verschiedenen AUC-Kampfeinheiten durch Friedensverhandlungen dazu zu bringen, sich entwaffnen und demobilisieren zu lassen. Im Gegenzug bot sie eine partielle Amnestie an, die die wegen Drogenkriminalität gesuchten AUC-Kommandeure vor einer Auslieferung in die USA bewahren konnte. Den einfachen Kämpfern wurden Ausbildungsprogramme und monatliche Geldsummen in Aussicht gestellt. Das klang alles gut, wenngleich Menschenrechtsgruppen beklagten, dass der Prozess die Kämpfer lediglich »recyceln« würde. Anfang 2005 hatten etwa 16 000 AUC-Mitglieder ihre Waffen abgegeben, aber weit mehr lehnten das Angebot noch immer ab.

Die Besuchserlaubnis für Santa Fe, die mir das Innenministerium aus Bogota zugefaxt hatte, würde vor Ort nicht das Papier wert sein, auf dem sie gedruckt war. Vielleicht half sie uns durch etwaige Armee-Checkpoints, aber die Zone selbst kontrollierten paramilitärische Einheiten, die nicht im Ruf standen, viel auf behördliche Papiere zu geben. Es ging schon mal schlecht los, als vor dem Flughafengebäude von Monteria kein Taxi zu finden war. Wir waren gestrandet, bis Karl eine Frau aus dem Flieger fragte, wie man nach Santa Fe de Ralito gelangen könne.

»Warum wollt ihr dahin?«, erwiderte die Frau verdutzt.

»Mein Freund hier ist ein Journalist aus Deutschland. Er würde gerne die Kommandeure der Paramilitärs interviewen.«

Die Frau sah mich mit unverhohlener Skepsis an. Das war ihr nicht übelzunehmen, denn ich sah nicht gerade wie ein respektabler Journalist aus. Eine exzessive Kneipentour mit Karl am Vorabend, mit viel Rum und mehrmaligen Ausflügen zum *ascensor*, stand mir ins Gesicht geschrieben. Wir hatten uns am Morgen noch nicht einmal duschen und umziehen können, sonst hätten wir den Flieger verpasst. Aber die Frau sah auch nicht gerade ladylike aus. Sie trug extrem enge Jeans, Stiefel mit hohen Absätzen und ein quietschpinkes T-Shirt, unter dem gewaltige Brüste hervorquollen. Ihre Lippen waren chirurgisch aufgepumpt, ihr Haar im Mahagoniton gefärbt, und dickes Make-up bedeckte ihre sonnenverbrannte Haut. Sie kam mir vor wie eine alternde Pornodarstellerin aus Bogota, auf Besuch in ihrem Heimatdorf.

»Zufälligerweise bin ich auch Journalistin und auf dem Weg nach Santa Fe«, verkündete sie da zu meiner Überraschung. »Mein Fahrer müsste jeden Moment kommen. Ihr könnt mitfahren, wenn ihr wollt.«

Schnell in den Charmegang schaltend, nahm ich ihr freundliches Angebot an. Die Frau war dubios, aber da wir keinen besseren Plan hatten, war es einen Versuch wert. Im Auto stellte sich unsere neue Reisegefährtin als Lulu vor, TV-Reporterin aus Bogota. Erwartungsvoll sah sie Karl an, der höflich so tat, als ob er schon mal von ihr gehört habe.

»Ich war eine der ersten Journalistinnen, die in paramilitärische Lager reinkamen«, informierte sie uns mit nervig lebhafter Stimme. »Seit Jahren covere ich den Konflikt mit der FARC-Guerilla und habe dabei viel Schlachtfeld-Action gesehen.«

»*Es verdad?*«, fragte Karl.

»Ja, so ist es. Einmal wurde ich sogar von Granatensplittern getroffen. Eine Granate der Rebellen – es stand in allen Zeitungen!«

Lulu zog ihr enges Hemd hoch und zeigte uns eine winzige Narbe unter ihrem Bauchnabel. Ich nickte mit gespieltem Mitleid.

»Die Rebellen sind entsetzliche Leute«, stellte Lulu fest.

»Sind die Paras denn netter?« fragte ich.

»Ja, natürlich sind sie das. Sie kämpfen, um unser Land zu retten. Außerdem kenne ich sie ja alle persönlich.«

»Also fahren sie da heute nicht als Journalistin raus?«

»Nein«, sagte sie mit einem albernen Lachen. »Ich besuche sie einfach nur. Sie sind meine Freunde.«

Die Frau war ein Albtraum, aber wenn sie die Kommandeure wirklich persönlich kannte, konnte sie uns helfen. Ich versuchte, mich bestens zu benehmen, und hoffte, es lange genug durchhalten zu können. Meine einzige Sorge war, dass Lulu, deren erotischer Appetit sicher enorm war, für ihren Gefallen sexuelle Dienste von uns erwarten könnte. In diesem Fall würde Karl für mich einspringen müssen.

Nach einer Stunde Fahrt bogen wir von der Hauptstraße in einen Sandweg ab, der sich durch die braunen Savannenfelder schlängelte. Vereinzelt sahen wir kleine Dörfer und eine Herde von Longhorn-Rindern, die sich unter einem Baum vor der sengenden Sonne schützte. Ansonsten bewegte sich hier draußen nicht viel außer der riesigen Staubwolke, die unser Wagen aufwirbelte. Wir erreichten den ersten und zugleich letzten Armee-Checkpoint, eine klapprige Holzhütte, an der matt eine kolumbianische Fahne hing. Ich kramte nach dem Erlaubnisfax vom Innenministerium, aber die müde aussehenden Rekruten winkten uns durch.

»Das Papier da solltest du jetzt lieber gut wegstecken, wenn du es nach Santa Fe schaffen willst«, riet Lulu mir, während wir uns dem ersten Para-Checkpoint näherten. »Und sagt lieber nichts, das Reden übernehme ich.«

Allerdings, das tat sie. Kaum hatte der Fahrer den Wagen zum Halten gebracht, zwitscherte sie lächelnd und winkend »*Hola chicos*!« durch die offenen Fenster. Die Soldaten, die jung und fies aussahen, senkten ihre Sturmgewehre und lächelten zurück. Als sie sich für einen Plausch ans Auto lehnten, gab ihnen Lulu etwas Bargeld aus ihrer Handtasche. Dann holte sie einen Kamm hervor und ließ ihn mit kalkuliert lasziven Bewegungen durch ihr Mahagonihaar gleiten.

»Wie schön, dass Sie wieder da sind, Señorita Lulu«, sagte der älteste der Paras, das Geldgeschenk umständlich in die Westentasche seiner Uniform steckend.

»Nun, ich hoffe, ihr habt mich alle vermisst«, flirtete sie zurück und tauschte ihren Kamm gegen ein Flakon Parfüm aus. Damit besprühte sie sich den Hals, von den Soldaten aufmerksam beobachtet. Ihr Parfüm hieß »Trouble«. Das war schon eine klasse Nummer, die sie da hinlegte, fast so gut wie Marilyn Monroes Auftritt vor den US-Truppen in Korea.

»Und wer sind diese beiden Jungs?«, fragte einer der Soldaten, auf uns zeigend.

»Oh, das sind Freunde von mir, die die *comandantes* besuchen wollen.«

Wir fuhren weiter, Karl und ich hatten es in die verbotene Zone geschafft. Ich konnte unser Glück kaum fassen. Dankbarkeit milderte meine Abneigung gegenüber Lulu. Da wusste ich noch nicht, in welche Schwierigkeiten sie uns bringen würde. Der Name ihres Parfüms passte zu Lulu.

Auf den ersten Blick war Santa Fe ein so unscheinbares und ärmliches Dorf wie Macondo bei Garcia Marquez. Davon gab es in Kolumbien tausende. Entlang der Hauptstraße, die auch in drei Jahrzehnten noch nicht asphaltiert sein würde, duckten sich einige bröckelige eingeschossige Häuser, aus Beton oder Lehm erbaut, und mehrere Holzhütten mit Wellblechdächern. Blauer Qualm waberte durch die Seitenstraßen, wo lumpige Kinder zwischen Eselskarren Hühner und Schweine jagten. In riesigen metallenen Pötten, die über offenen Feuerstellen hingen, kochten Frauen das Essen.

Wenn die Paramilitärs tatsächlich das Land retteten, wie sie behaupteten, dann hatten sie aus irgendeinem Grund dieses Dorf übersehen. Als die Regierung ihnen zu Beginn der Friedensverhandlungen diesen Landstrich übergeben hätte, waren die höchsten AUC-Kommandeure aus dem ganzen Land mit einigen ihrer Truppen hierhergezogen und hatten sich quasi über Nacht gewaltige Fincas mit Feldern, Vieh und Personal aufgebaut. Gerüchten zufolge ließen sie sogar Edelprostituierte aus Bogota einfliegen. Frei von staatlicher Einmischung schufen sich die Paras in Santa Fe ihr eigenes kolumbianisches Fantasialand, wo sie ihren verschwenderischen Landbesitzerlebensstil genießen konnten, während die Dorfbewohner weiterhin in trostloser Armut lebten.

Als ein Pickup-Truck voller waffenstarrender Kämpfer die Dorfstraße hochraste, wie wahnsinnig hupend und Kinder zu Rettungssprüngen zwingend, empfand ich Mitleid mit den Dorfbewohnern. Da hatten sie bislang ein armes, aber relativ friedliches Leben geführt, bis eines Tages die Paramilitärs in ihr Dorf einfielen. Nicht nur zwei oder drei, sondern gleich alle verdammten Kommandeure aus dem gesamten Land tauchten plötzlich auf, eskortiert von hunderten schießfreudiger Kämpfer, und stellten sich als die neuen Nachbarn vor. Was für ein beschissener Tag das gewesen sein muss.

Einige Meilen außerhalb von Santa Fe erreichten wir, umgeben von sanften Hügeln und einigen Bäumen, eine große Finca. Die drei Farmgebäude sahen aus wie das Wochenenddomizil eines landliebenden Städters. Die Bauweise aus Balken und Reetdächern verriet Wohlstand. Auf dem Rasen im Hof saßen einige gelangweilte Soldaten. Die Ranch gehörte, wie Lulu uns erklärte, dem *Comandante* Ernesto Baez, einem der Hauptanführer der AUC. Er war ein ehemaliger Geschichtsprofessor an der Universität Cali, der in die Wälder gegangen war, um das Kommando über eine paramilitärische Einheit zu übernehmen. Er war zu höchstem Rang aufgestiegen und fungierte während der Friedensverhandlungen als AUC-Sprecher. Wenn mich jemand zu Don Berna bringen konnte, dann Baez.

Zwei Dienerinnen kamen aus dem Haupthaus herbeigeeilt, begrüßten uns und ergriffen unser Gepäck. Wir hatten eigentlich vor, in einem Hotel zu nächtigen, aber Lulu lachte nur: »Hier gibt es nirgendwo ein Hotel. Ihr seid auf die Gastfreundschaft von Kommandant Baez angewiesen. Hoffentlich mag er euch.«

Karl und ich folgten den Dienerinnen zum Gästezimmer, das geschmackvoll eingerichtet und – zum Glück! – klimatisiert war. Mein erschöpfter Körper entschied, dass es besser war, sich gut mit Baez zu stellen. Er war allerdings außer Haus und würde nicht vor

Mitternacht zurückkehren, sagte uns sein Haushälter. Da es bereits dunkel wurde, nahmen wir sein Angebot eines Abendessens gerne an. Wie so üblich in Cordoba, gab es reichliche Mengen an Würsten und anderem Fleisch, das mit Bier und noch mehr Bier runtergespült wurde. Ermüdet von den Anstrengungen des Tages und der Nacht davor, gingen wir bald ins Bett. Bevor wir das Licht ausknipsten, bemerkten wir, dass Lulu, deren Zimmer neben unserem lag, in einem Geländewagen davongefahren wurde. Wie seltsam, dachte ich, aber dann überkam mich der Schlaf.

Früh am nächsten Morgen rüttelte mich Karl wach. Zwei Soldaten waren vor unserer Tür postiert worden. »Ich wollte einen kleinen Morgenspaziergang machen, aber die lassen mich nicht aus dem Zimmer.«

Dies war keine ideale Entwicklung, zumal mein Magen nach Frühstück verlangte. Wie auf Zuruf sprang die Tür auf und eine der Dienerinnen trat ein, ein Tablett mit Brot, mehr Würsten und einem Glas Milch balancierend. Hinter ihr stand der Haushälter, der uns brüsk mitteilte, dass wir in unserem Zimmer bleiben müssten. »Warum denn?«, fragte ich.

»Heute Vormittag wird im Haus eine Sitzung des AUC-Generalstabs stattfinden«, erklärte er.

»Könnten wir der nicht beiwohnen?«, bat ich hellwach.

»Leider nicht möglich. Es ist keine öffentliche Sitzung.«

Eine Zusammenkunft des Generalstabs bedeutete, dass die höchsten paramilitärischen Kriegsfürsten des Landes erscheinen würden. Don Berna war sicher dabei. Eine halbe Stunde später traf ein luxuriöser Geländewagen nach dem anderen auf der Ranch ein. Ich zählte einen Lexus und zwei Nissan Patrols, aber die meisten Warlords fuhren – wie erstaunlicherweise in allen Kriegsgebieten der Erde – einen Toyota Land Cruiser. Ärgerlicherweise blockierte ein Baum den Blick aus dem Fenster, sodass wir nur sehen konnten, wie uniformierte Männer zum Haupthaus schritten und Soldaten über das Gelände ausschwärmten. Auch Lulu erkannten wir auf dem Parkplatz.

»Sie ist echt ein Para-Groupie«, kommentierte Karl.

Während wir in unserem Zimmer ausharrten, spekulierten Karl

und ich, was die oberste Führung der Paras zu besprechen hatte. Wollten sie etwa die blockierten Friedensgespräche mit der Regierung abbrechen und den Kampf in den Bergen wieder aufnehmen? Die Gerüchte, dass dieser Schritt unmittelbar bevorstand, füllten seit Tagen die Zeitungen. Selbst der Verwalter hatte beim Abendessen ominöse Andeutungen gemacht.

»Du weißt, was das bedeuten würde«, sagte Karl besorgt. »Sie müssten dann so schnell wie möglich aus Santa Fe verschwinden, bevor die Armee hier einmarschiert. Entsinnst du dich, was der Haushälter gestern sagte? Dass sie alle Farmen niederbrennen und mit großem Geballere hier abziehen würden.«

»Und wir wären wieder mal am richtigen Ort zur richtigen Zeit – na super!«

Gegen Mittag endete die Sitzung. Die Kommandeure stiegen wieder in ihre Geländewagen und brausten davon. Unsere Wächter öffneten die Tür. Herein spazierte Lulu, umwölkt von süßlichem Trouble-Parfüm.

»Guten Morgen, Jungs!« rief sie fröhlich. »Was für eine hochinteressante Sitzung das war. Zu schade, dass ihr nicht dabei sein konntet.«

»Sah eher nach einer Privatparty aus«, erwiderte ich. »Nur für Freunde und Familie.«

»Sie kennen euch noch nicht. Aber die gute Nachricht ist, dass Kommandeur Baez euch später empfangen wird.«

Das war eine tröstliche Nachricht. Bis dahin könnten wir einen Spaziergang ins Dorf machen, schlug ich vor, aber Lulu schüttelte den Kopf. Ausgeschlossen. Wir dürften die Finca nicht verlassen. Warum nicht?, fragte ich, aber wie alle autoritär eingestellten Frauen wiederholte sie nur, dass es nicht erlaubt war. Es fiel uns immer schwerer, unsere gegenseitige Abneigung zu verbergen.

»Blöde Para-Schlampe«, murmelte ich zu Karl, als sie aus der Tür ging.

»Was hast du erwartet?«, sagte er. »Sie steckt mit denen unter einer Decke – vielleicht sogar buchstäblich. Ich vermute, sie treibt es mit einem der Kommandeure. Auf dessen Ranch ist sie gestern gewesen. Das bedeutet aber, dass sie hier Einfluss hat. Also versuch bitte, etwas netter zu ihr zu sein – sonst kriegen wir noch den Hintern versohlt.«

Karl hatte schlecht geschlafen. Da unsere Mobiltelefone keinen Empfang hatten, konnten wir niemanden über unseren Verbleib informieren. Karl fühlte sich auf dieser Para-Ranch von Stunde zu Stunde unwohler. Schlimmer noch, er hasste die Paras wie die Pest. Nicht, dass er Sympathien für die FARC-Rebellen empfand. Beide Seiten hatten schreckliche Verbrechen gegen Zivilisten begangen, die unschuldig zwischen die Fronten gerieten. Keine Woche verging, ohne dass irgendwo ein Massaker an armen Dorfbewohnern verübt wurde, die der Kollaboration mit dem Feind verdächtigt wurden. Die Zeitungen brachten nur noch kurze Artikel darüber, so sehr hatten die Kolumbianer sich an solche Kriegsverbrechen gewöhnt.

Vor meiner Reise hatte ich ein Buch von Robin Kirk gelesen, die viele Jahre als Rechercheurin für die Menschenrechtsorganisation »Human Rights Watch« in Kolumbien verbracht hat. Sie begriff den Bürgerkrieg als einen systematischen Kampf um Land und Kokafelder. Die von Kirk beschriebenen Massaker waren schockierend brutal. So hatten sich die Paras auf eine Mordmethode namens »Krawatte« spezialisiert, bei der die Zunge des Opfers durch den aufgeschlitzten Hals gezogen wurde. Konnte man diese Grausamkeit mit Kolumbiens langer Geschichte blutiger Konflikte erklären, wie es Garcia Marquez in *Hundert Jahre Einsamkeit* versuchte? Oder lag sie den Kolumbianern etwa im Blut?

Was immer die Antwort sein mochte, Karl fühlte sich in derart unangenehmer Gesellschaft nicht wohl. Ich besaß als ausländischer Journalist immerhin einen Reisepass, mit dem ich das Land, sofern ich nicht gekidnappt wurde, jederzeit verlassen konnte. Karl konnte nicht so ohne weiteres abhauen, falls er auf der Schwarzen Liste der Paras landen sollte. Selbst wenn wir Santa Fe unversehrt verließen, könnten sie ihn in Bogota oder sonstwo im Land ausfindig machen. Der kolumbianische Bürgerkrieg hatte keine klaren Fronten. Sowohl die FARC als auch die AUC waren überall. Mir wurde bewusst, welcher Gefahr ich Karl aussetzte.

»Wir können sofort abreisen, wenn das hier für deinen Geschmack zu heiß wird«, sagte ich zu ihm.

»Danke, Bruder, das ist nett, aber die werden uns jetzt nicht mehr so einfach gehen lassen. Außerdem gefällt es mir, die Bastarde mal von nahem zu sehen. Zugleich lege ich ein feierliches Gelübde ab: Sobald wir hier rauskommen, werde ich mein Hemd verbrennen. Es stinkt jetzt schon nach Paras.«

Den Rest des Tages warteten wir auf die Audienz bei Kommandeur Baez. Viele Leute halten Auslandsjournalismus für einen tempogeladenen, glamourösen Beruf, aber in Wirklichkeit verbringen Reporter einen Großteil ihres Lebens mit Warten. Entweder wartet man darauf, dass etwas passiert, oder man wartet darauf, dass jemand anderes etwas tut, was die Recherche vielleicht einen Schritt weiterbringt. Meistens passiert aber gar nichts, und niemand kriegt irgendetwas gebacken. Solche Tage, an denen man nichts erreicht und nichts erringt, sollen einen angeblich die Kunst der Geduld lehren, aber bei mir führten sie nur dazu, dass ich mich vor Ungeduld wand. Ich hasste solche Tage. Karl hatte es da leichter. Lange Wartezeiten waren für ihn völlig normal, besonders in Südamerika.

Um uns abzulenken, stahlen wir uns an den Soldaten vorbei und schnüffelten etwas auf der Ranch herum. Hinter einem Holzverschlag entdeckte Karl ein Dutzend Hähne in Gitterkäfigen. Sie dienten offenbar dem liebsten Zeitvertreib der Kommandeure, wenn es mal keine Rebellen zu jagen gab: Hahnenkämpfe. Baez hatte eigens einen ehemaligen AUC-Kämpfer als Friseur eingestellt, damit er die Vögel für den blutigen Brauch aufhübschte. Wir sahen ihm zu, wie er ihre Flügel beschnitt und liebevoll die Federn kämmte. Er mochte seine schönen Hähne und hatte jedem einen Namen gegeben.

»Die Käfige sind wie Kolumbien in einem Mikrokosmos«, sagte Karl düster. »Wie die Hähne werden wir zusammen aufgezogen, wir zeigen unsere schönen Federn – und dann geht das Töten los.«

Der Friseur vertraute uns an, dass er die Hahnenkämpfe verabscheute, weil sie seine ganze Arbeit zerstörten. Schlimmer noch, seine Lieblingshähne verloren fast immer. Ein ums andere Mal hatte er ihre verstümmelten Leichen auf dem Feld vergraben müssen. Er hatte schon daran gedacht, die mörderischsten Hähne zu vergiften, aber sie waren die Lieblingstiere der Kommandeure, die ihr Verschwinden bemerken würden. Also pflegte er weiterhin die Killer und die Opfer.

Auch ins Haupthaus schlichen wir unentdeckt und sahen uns heimlich die privaten Räume von Kommandeur Baez an. Sein Schlafzimmer war opulent eingerichtet mit einem riesigen Flachbildfernseher, einer Stereoanlage, in der eine Beethoven-CD steckte, einem schicken Computer und dem neuesten iPod mit Lautsprechern. Liebenswerter waren die deckenhohen Türme akademischer Bücher auf Spanisch und Englisch, unter anderem Biografien von Lenin und Stalin. Über dem großen Mahagonibett hing, eigenartigerweise für einen rechtsextremen Paramilitär, ein Porträt von Che Guevara in heroischer Pose. Ich musste mal und ging über den Flur. Neben der Toilette ermahnte ein handgeschriebener Zettel männliche Nutzer, sich zum Pinkeln hinzusetzen. Unterschrieben war die Anweisung von keinem Geringeren als »*Ernesto Baez, Comandante*«. Offenbar waren die AUC-Anführer ziemlich kleinliche Kontrollfreaks. Es war tröstlich, dass ihr juristischer Zuständigkeitsbereich kaum über diese Toiletten hinausreichte.

Auf dem Weg nach draußen, den Hosenstall noch offen, stieß ich mit einem Mann in grüner Uniform zusammen. Ich murmelte eine Entschuldigung, aber der Typ hielt mich fest. Ich blickte in ein angespanntes, kantiges Gesicht mit dünnen Lippen und blassblauen Augen. Eine Offiziersmütze war über die Stirn gezogen, darauf stand in schwarzen Lettern: BAEZ.

»*Oh, holà!*«, sagte ich und streckte die noch nasse Hand aus. Baez ignorierte sie. Es war kein guter Start für unsere Audienz. Baez nutzte sie für eine Tirade über konservative Werte, das Vaterland und die Pflicht der AUC, Kolumbianer vor den Rebellen zu schützen. Obwohl wir keinen Meter auseinandersaßen, brüllte Baez aus voller Lunge, als hielte er eine Rede vor Millionen. Der Kommandeur war einer der absurdesten Menschen, die ich je kennengelernt habe, eine bizarre Mischung aus Fidel Castro und Colonel Kurtz. Nachdem ich eine Stunde lang seinen Spuckangriffen ausgewichen war, konnte ich ihn endlich nach Don Berna fragen. Erst mauerte Baez, aber dann gewannen Karl und ich sein Herz, indem wir ihm zeigten, wie er seinen neuen iPod benutzen konnte. Baez freute sich wie ein kleiner Junge. Zum Dank rief er über Satellitentelefon Don Berna an und überredete ihn, uns für ein Interview zu empfangen.

Eine Stunde später waren wir auf dem Weg zu Don Bernas Finca, begleitet von zwei Soldaten und einer mürrischen Lulu, die darauf bestanden hatte mitzukommen. Mich beschlich das böse Gefühl, dass sie etwas Hinterhältiges plante. Die Villa lag am Rande des Dorfes, von einer hohen Mauer umgeben. Die Wachen begrüßten Lulu wie eine bestens bekannte Marketenderin und ließen sie rein, während Karl und ich warten mussten. Wir rauchten eine Kippe. Einer der Soldaten hielt sein Gewehr etwas achtlos in meine Richtung, sodass ich ihn bat, vorsichtiger zu sein. »Wir haben doch jetzt Frieden, oder?«, sagte ich zu ihm. »Die Verhandlungen, die Entwaffnung – das ist doch *la paz*, oder nicht?«

»Es gibt nur eine Sorte Frieden«, grunzte der Soldat zurück. Er hob sein Sturmgewehr und imitierte Schüsse: »*Paz, paz, paz*!«

Das Tor wurde geöffnet, wir traten ein. Für ein vorübergehendes Zuhause war Don Bernas Villa gar nicht übel. *Country Living* hätte das Ensemble aus einer halb offenen Terrasse und einem grünen Hof wahrscheinlich als Safarilodge mit mediterranem Flair beschrieben. Wir gingen auf italienischen Bodenfliesen, vorbei an einem kleinen Pool und einer Bar, gewaltigen Eichensesseln und makellos weißen Ledersofas, über denen Ventilatoren surrten.

»Authentischer 1990er-Jahre-*narco*-Stil«, murmelte Karl, während wir auf unseren Gastgeber zugingen.

Von der ersten Sekunde an wurde Don Berna seinem Mythos gerecht. In seinem weißen, wallenden Gewand, das zu den Möbeln passte, war er eine humpelnde, wabbelige Masse von Mann. Seit einer Schießerei während der Drogenkartellkriege der 1980er-Jahre hatte er Gerüchten zufolge noch immer ein gutes Dutzend Kugeln in seinem Körper. Ein Bein hatte er verloren, daher das Humpeln. Auch ein Teil seines schnurrbärtigen Gesichts war ihm weggeschossen worden, was ihm etwas Monsterhaftes verlieh. Er galt als ungebildeter Mann, aber dass er ein entstellter, riesiger Krüppel war, vergrößerte nur die Macht, die er ausstrahlte. Er war in der Vergangenheit oft unterschätzt worden, doch die meisten seiner Feinde waren inzwischen tot. Zu Beginn seiner kriminellen Karriere arbeitete Don Berna für Pablo Escobar, aber nach einem Streit um Geld wandte er sich gegen ihn und gründete ein neues Kartell. Nachdem Escobar 1993 von der Polizei erschossen wurde, übernahm Don Berna einen Großteil seiner Geschäfte.

Neben ihm stand ein anderer Kommandeur, der auch in Weiß gekleidet, aber etwas jünger und weniger fett war. Lulu stellte uns vor, wir schüttelten Hände. Ich lobte seine Villa, aber Don Berna und sein Partner schwiegen. Was hatte Lulu den beiden Gentlemen über uns erzählt? Um die Spannung aus der Situation zu nehmen, fragte ich nach der Toilette und entschuldigte mich. Wenige Augenblicke später kam mir Karl nach.

»Hör zu, es gibt schlechte Neuigkeiten«, zischte er mir zu. »Der andere Kommandeur ist der Anfasser von Lulu. Sie ist seine Geliebte.«

»Schön für sie. Na und?«

»Sie hat ihm und Don Berna gerade Scheiße über dich erzählt. Dass du keine Achtung vor dem Kampf der Paramilitärs hast und dass du sie alle für Verbrecher und Drogenbarone hältst. Es war ihnen sogar egal, dass ich danebenstand.«

Das klang nicht gut. Hatte uns Lulu etwa in eine Falle gelockt? Wenn die Kommandeure sauer waren, konnten sie uns das Leben sicher sehr schwer machen. Der einzige Ausweg schien nun, alles Heucheln sein zu lassen und ehrlich zu sein. Ich atmete tief durch und marschierte zurück auf die Bühne. Das Interview war hart. Don Berna fläzte sich in die weiße Couch, knabberte Nachos und versuchte zugleich gelangweilt und einschüchternd zu wirken. Lulu und ihr Lover sahen uns von der Bar zu. Nach einigen harmlosen Kommentaren zum Friedensprozess kamen wir zum interessanten Teil.

»Die Behörden in den USA glauben, dass Sie einer der größten Kokainhändler Kolumbiens sind«, sagte ich. »Werden Sie bald an die USA ausgeliefert?«

»Das wird nicht geschehen, weil sie keine Beweise haben«, knurrte Don Berna. »Es gibt keinen Grund, warum ich ausgeliefert werden sollte.«

»Okay, nehmen wir an, dass Sie kein Drogenbaron sind, sondern nur ein anständiger, edel gesinnter AUC-Kommandeur, der gegen die FARC kämpft. Gewiss haben Sie aber schon mal Geld von Kokainschmugglern erhalten, damit Sie deren Business schützen, oder?«

Don Berna antwortete nicht, sondern wischte sich mit einem Handtuch, das er über der Schulter trug, den Schweiß von der Stirn. Dann starrte er ungläubig auf die kleine Zigarette, die ich mir gerade mit losem Tabak drehte. Zigaretten anzubieten und zu rauchen war einer der ältesten Reportertricks, um an verschlossene Leute heranzukommen. Angesichts der Trompetenform meiner selbst gedrehten Kippe glaubte Don Berna aber offenbar, dass ich im Begriff war, vor ihm einen Joint zu rauchen.

»Was zum Teufel?«, krächzte Don Berna und sah Karl an. Einer der dienstältesten Drogendealer des Landes konnte doch nichts dagegenhaben, dass ich in seinem Haus einen kleinen Spliff schmodderte.

»Keine Sorge, Señor, das ist kein Marihuana – nur Tabak«, beeilte sich Karl dem Hausherrn zu versichern. Das brachte Don Berna erstmals zum Lachen. Sogar sein AUC-Kumpel musste grinsen. Beide entspannten sich nun sichtlich. Gott segne Tabak! dachte ich.

»Schau mal, Junge«, setzte Don Berna neu an. »Wir schützen keine Schmuggler. Aber du kannst keinen Krieg führen ohne Waffen. Die Waffen musst du kaufen, dafür brauchst du Geld.«

»Also nehmen Sie Geld von den Drogenhändlern?«

»Jede Seite in diesem Krieg tut das«, rief Don Berna aus. »Der *narcotrafico* ist ein normales Business, das wir versteuern wie jedes andere auch.«

Das war ein außergewöhnliches Eingeständnis. Die meisten Kommandeure auf beiden Seiten leugneten trotz erdrückender Beweislast, überhaupt mit *narcos* zu tun zu haben. Seine Offenheit ermunterte mich, noch etwas weiter zu puschen.

»Señor, ist es nicht vielmehr so, dass Sie den Krieg nur nutzen, um Ihr Drogengeschäft voranzutreiben?«

Don Berna arretierte seine Nacho kauenden Kiefer, Karl verdrehte die Augen. Wieder einmal hatte ich sinnlos provoziert. Aus mir würde nie ein anständiger Journalist werden. Dennoch rang sich Don Berna zu einem Lächeln durch und sagte: »Hast du je ›Scarface‹ gesehen? Das ist der beste Film aller Zeiten.«

»Ja, Al Pacino ist ein großartiger Schauspieler.«

»Ich habe mehr Narben in meinem Gesicht als er«, sagte er wie zu sich selbst.

Damit war das groteske Interview beendet. Ich war zufrieden, dass ich meine Mission, Don Berna aufzuspüren, erfüllt hatte. Das Interview gab eine gute Reportage her. Wenige Monate später wurde Don Berna wegen mehrfachen Mordes verhaftet und im Mai 2008 an die USA ausgeliefert. Im Prozess wegen Drogenhandels vor einem Gericht in New York plädierte der Kolumbianer auf schuldig. Zugleich beteuerte er, mit den Profiten nur den Kampf gegen die FARC finanziert zu haben. Er wurde zu 31 Jahren Haft verurteilt.

Als Karl und ich schließlich Santa Fe verließen und die schöne Stadt Cartagena erreichten, gingen wir zum Strand und gönnten uns einige kühle Biere. Dann holte Karl ein Feuerzeug hervor und verbrannte sein Hemd.

RUSSLAND IX

Die Zugfahrt von Irkutsk nach Chabarowsk: mehr Birkenwälder, mehr kleine Holzhüttendörfer, mehr Ödnis. Wirklich die eintönigste Reise, die ich je gemacht habe. Die Transsib wird völlig überbewertet, eine 10 000 Kilometer lange Zumutung. Als der Zug die Vororte von Chabarowsk erreicht, zeigt mein Kabinengenosse, ein russischer Zahnarzt, der literweise Tee trinkt, auf seltsame Hütten auf einem Feld. »Darin leben Chinesen«, erklärt er. »Chinesische Geschäftsleute pachten das Land und bewirtschaften es mit Arbeitern, die sie aus China rüberbringen.«

Um die Chinesen aus dem dünn besiedelten Fernosten rauszuhalten und die Vorherrschaft der Russen zu bekräftigen, hat Moskau die Einwanderungsgesetze verschärft. Aber die Chinesen haben neue Wege gefunden, das Land zu erobern, wie mir der Zahnarzt erklärt: »Viele russische Männer sind faule Alkoholiker, die ihre Frauen schlagen. Also ziehen es einige unserer Frauen inzwischen vor, chinesische Männer zu heiraten, weil die zuverlässiger sind. Die bringen dann ihre Verwandten nach, und nach einem Jahr sprechen die alle fließend Russisch und machen hier Geschäfte!«

Von mir aus können die Chinesen ganz Russland übernehmen, das ist mir heute schnurzegal. Nach sechswöchiger Reise bin ich nur noch erschöpft und will nach Hause. Stattdessen sitze ich in meinem Zimmer im siebten Stock des Intourist-Hotels in Chabarowsk, halte seit einer halben Stunde dieselbe Dose Bier in der Hand und starre aus dem Fenster auf den Amur. Vor der Uferpromenade liegt ein etwa fünf Meter breiter Streifen Sand, den der *Lonely Planet* allen Ernstes als einen schönen Strand bezeichnet. Typischer Reiseführer-Unsinn, da unten badet sicher niemand. Ein Glück, dass ich die letzten Jahre vor allem in Länder gereist bin, über die es noch keine *Lonely Planets* gibt.

Vor ein paar Stunden bin ich kurz durch die Stadt gelaufen, im Nieselregen. Für russische Verhältnisse ist Chabarowsk erstaunlich sauber, hat heile Straßen und hübsche Parks mit Blumenrabatten. Der Bürgermeister soll zu den wenigen nicht korrupten Politikern Russlands gehören. Ich ging ins historische Museum der Stadt. Die Ausstellung dort zeigte einige alte Fotos aus dem Ersten Weltkrieg, als Chabarowsk noch kaum 15 000 Einwohner zählte. Gut möglich, dachte ich, dass die Kaserne, in der Hans-Heinrich damals interniert war, noch steht. In seinen Briefen ist von Ziegelgebäuden die Rede, die man ja nicht ohne weiteres abreißt.

Ich suchte die Museumsleiterin auf, eine Historikerin, und fragte sie, ob sie etwas über die Kaserne wisse, aber sie schüttelte den Kopf. Zusammen gingen wir zum Militärmuseum nebenan, um in dessen Archiv nach Fotos von deutschen Kriegsgefangenen des Ersten Weltkriegs zu suchen, aber die dortige Leiterin sah mich misstrauisch an (ein Spion!) und lehnte jede Kooperation ab. Ohne eine Genehmigung des Verteidigungsministeriums in Moskau dürfe sie mich nicht in das Archiv lassen. Ich gab auf.

Es fällt mir jetzt ohnehin schwer, mir Hans-Heinrich wieder als jungen Mann mit Pickelhaube vorzustellen und nicht als schnarrenden Oberstleutnant in Wehrmachtsuniform, den Arm zum Hitlergruß gereckt. Der alte Hans-Heinrich ist mir widerwärtig, und ich schäme mich für ihn. Am liebsten möchte ich wieder vergessen, was später aus ihm geworden ist, aus dem 26-jährigen Kriegsgefangenen, der mir in seinen Briefen lebendig und bei aller Schrulligkeit auch ein wenig sympathisch geworden ist. Ich will ihn zurückholen, den Hans-Heinrich meines Alters, zu dem ich in den vergangenen Wochen so mühsam eine Beziehung aufgebaut habe. Dazu muss ich mich wieder den restlichen Briefen zuwenden, die ich auf meinem Hotelbett ausgebreitet habe.

Im Jahr 1917 ändert sich Hans-Heinrichs Leben auf dramatische Weise. Die Russische Revolution erreicht sein Lager im Fernen Osten. Nachdem der Krieg für die russische Armee verlustreich verlaufen war und sich die Versorgungslage der Bevölkerung verschlechtert hatte, brechen Anfang 1917 in Moskau und Petersburg Demonstrationen und Hungerrevolten aus. Auf Druck der Straße und des Parlaments dankt der Zar im März 1917 ab, woraufhin sich Duma und Sowjets auf eine gemäßigte Übergangsregierung einigen. Da sie die sozialen Probleme allerdings nicht löst und vor allem den Krieg nicht beendet, werden die Bolschewiki Lenins, deren Parole »Brot und Frieden« beim Volk gut ankommt, im Laufe des Jahres immer mächtiger, bis sie in der Oktoberrevolution im November 1917 endgültig die Macht ergreifen.

Selbst im fernen Chabarowsk bekommt Hans-Heinrich die Auswirkungen der russischen Revolution und der Diktatur des Proletariats zu spüren. Nach dem Ende der Zarenmonarchie ist es auf einmal vorbei mit der privilegierten Behandlung der Offiziere unter den Gefangenen. In einem Brief an die Eltern schreibt Hans-Heinrich am 1. Oktober 1917: »Alles, was nicht unbedingt zum Leben notwendig ist, wie Milch, Eier, Fett, Honig, Zucker, Kuchen und dergleichen lassen die Arbeiter- und Soldaten-Deputierten nicht mehr ins Lager, da sie selbst es auch nicht hätten und die Gefangenen in Deutschland es auch nicht bekämen.«

Je näher die Oktoberrevolution rückt, desto mehr verschlimmert sich die Lage für die gefangenen Offiziere, die nun nicht mehr nur Feinde im Krieg, sondern auch Klassenfeinde sind. Das wird deutlich in einer Karte vom 5. Oktober 1917: »Meine Lieben. Mit meinem neuen Lager habe ich mich leider nur verschlechtert. Unterbringung viel zu eng. Verpflegung schlecht und viel zu teuer, d.h. schamlose Ausbeutung der Gefangenen. Behandlung schlecht. Beleidigungen und Kolbenstöße. Offiziere keine Macht. Pakete werden unterschlagen oder ausgeplündert. Ordnung herrscht nirgends. Beschwerden unnütz. Wir hoffen auf Internierung im neutralen Ausland. Auf Frieden wenig Aussicht. Lebt wohl. In treuem Gedenken, Euer Hans.« Das klingt ja schon fast wie ein Abschiedsbrief. Mit den Worten »Offiziere keine Macht« beschreibt er sowohl die eigene Lage als auch den Machtverlust der russischen Offiziere gegenüber den einfachen Soldaten.

In dieser Zeit leidet Hans-Heinrich besonders unter Heimweh und beginnt erstmals, sich gedanklich darauf vorzubereiten, nach einem Friedensschluss und einer Rückkehr in die Heimat den Betrieb auf Gut Ankelohe zu übernehmen – zumal Vater Theodor auf die siebzig zugeht. Trotz der geistigen Trägheit des Gefangenendaseins versucht er, landwirtschaftliche Bücher zu lesen und macht sich Gedanken über die Zukunft des Hofs. An die Eltern schreibt er: »Daß die Landwirtschaft jetzt so schönen Verdienst abwirft, freut mich sehr, desgleichen die sehr gute Ernte. Wollt Ihr denn aber nicht noch ein paar Gefangene mehr nehmen, um auch schon Arbeiten für die Zukunft ausführen zu lassen?« Auch zwei neue Pferde bittet er die Eltern zu besorgen, ein ehemaliges Feldartilleriepferd für den Acker und ein neues Reitpferd für ihn selbst.

Dennoch klingen die Vorschläge und Gedanken zum landwirtschaftlichen Betrieb etwas zu pflichtbewusst, eher halbherzig und fast gezwungen. Wichtiger bleibt für Hans-Heinrich nach wie vor seine militärische Laufbahn. Dafür ist entscheidend, dass er für die freiwillige Flugmission, auf der er abgeschossen wurde, das Eiserne Kreuz Erster Klasse verliehen bekommt. Sobald sein Kopilot Wegener in Schweden angekommen ist, kann er »von dort den Bericht über unsere Gefangennahme absenden, nach welchem die Rehabilitierung und die Verleihung des Eisernen Kreuzes I. erfolgen kann«, schreibt er in einem Brief an die Eltern Mitte Oktober 1917 und bittet sie, ihrerseits Druck auf familienbekannte Militärs auszuüben, damit sie ihn fürs Eiserne Kreuz vorschlagen. »Die Angelegenheit ist für mich von der allergrößten Bedeutung, geradezu entscheidend für mein militärisches und auch für mein sonstiges Leben.«

Mitte November kommt für Hans-Heinrich und seine Mitgefangenen die erlösende Nachricht: Sie werden gen Westen abtransportiert, um gegen russische Kriegsgefangene ausgetauscht zu werden. Die Maßnahme ist Teil der Strategie Lenins, der nach der Oktoberrevolution so schnell wie möglich einen Frieden mit den Mittelmächten schließen will, um daheim die Macht zu konsolidieren und den sich abzeichnenden Bürgerkrieg mit Konterrevolutionären zu gewinnen. Hans-Heinrich schöpft wieder Mut und denkt in einem Brief an Mutter Helene vom 22. November 1917 erneut darüber nach, wie der Betrieb auf Gut Ankelohe vergrößert werden könnte. Man müsse das Brachland kultivieren und das Heideland aufforsten: »Könnten wir nicht anstatt der vier neuen Knechte, von denen Ihr schriebt, mindestens noch die doppelte Zahl einstellen?«

Hochzeit von Hans-Heinrich und Theda auf Gut Ankelohe, 1924

Den Hof übernehmen oder beim Militär bleiben – Hans-Heinrich befindet sich im Konflikt zwischen der Familienpflicht und der Leidenschaft für einen selbst gewählten, geliebten Beruf. Schon sein Vater Theodor wäre lieber Offizier beim Militär geblieben und musste sich auf Drängen seines Vaters doch für Gut Ankelohe entscheiden. Wie gut auch ich diesen Zwiespalt kenne! Mein Herz schlägt zwar nicht fürs Militär, aber für das Reporterdasein. Der Beruf an sich ist unwichtig, aber den grandiosen Lebensstil aus Reisen und hoher Erlebnisdichte, den er ermöglicht, möchte ich ungerne aufgeben, nur um mich aus reinem Verantwortungsgefühl auf Gut Ankelohe niederzulassen. Auch meine Freunde in Berlin und London oder gar in New York verstehen nicht, warum ich den Hof übernehmen muss. Keiner von ihnen hat eine vergleichbar altmodische, fast anachronistische familiäre Verpflichtung. Kaum einer würde freiwillig dahin zurückziehen, wo er aufgewachsen ist. Sie leben da, wo sie leben wollen, und machen das, was ihnen Spaß macht.

Aber es geht nicht anders, die Wanderjahre sind vorbei, so war es abgemacht. Theodor, Hans-Heinrich, nun auch Lutz – so wie ich ihren blauen Siegelring trage, so habe ich mich wohl einzureihen in die Traditionsriege aus Hofnachfolgern, die den Familiensitz weiterführen, obwohl sie eigentlich etwas ganz anderes mit ihrem Leben anfangen wollten.

Moment einmal, was ist eigentlich mit Vater? Traf es eigentlich auch auf ihn zu, dass er lieber für immer von Gut Ankelohe weggegangen wäre? Und überhaupt, wo ist in dieser Geschichte eigentlich mein Vater? Nachdem ich mich auf dieser Russland-Reise, ja womöglich auf allen Reisen davor, so an Großvater Hans-Heinrich abgearbeitet habe, fällt mir erst hier in meinem Chabarowsker Intourist-Hotelzimmer im siebten Stock auf, dass Vater bislang fast völlig fehlt. Finde ich die Antworten nach dem Warum, die ich suche, vielleicht eher bei ihm? Ist die Suche nach Hans-Heinrich womöglich nur ein Ablenkungsmanöver gewesen, ein Nebenschauplatz? Mag sein, denn da, wo ich jetzt hingehe, tut es wirklich weh.

Gerne denke ich nicht an jenen verdammten Tag, an dem er starb. Frühmorgens rief Mutter mich in meiner Studentenbude in London an, mittags saß ich im Flieger über dem Kanal, heulend wie ein Hund. Wir überquerten Holland, dann näherten wir uns meiner Heimat, der Region zwischen Weser und Elbe. Nur ein paar Wolken versperrten den Blick, deutlich war Bremerhaven zu erkennen. Wenige Minuten später flogen wir direkt über Ankelohe. Ich erkannte den See und den Wald, wo ich als kleiner Junge gespielt hatte. Am Ende des Dorfes, gut sichtbar aus 18 000 Fuß, lag unser Hof. Und das Haus, in dem Mutter jetzt in der Küche saß und auf den Tisch starrte. Im Norden, an der Küste, lag das Krankenhaus, in dem Vater aufgebahrt war.

Ich kam zu spät, wie immer. Mein Vater lag auf dem Sterbebett, und ich hatte ihn nicht mehr besucht. Sicher, er hatte mir noch am Telefon gesagt, ich bräuchte ihn nicht im Krankenhaus besuchen. Wichtiger sei es, mich auf mein Studium und mein neues Leben in London zu konzentrieren. Im Übrigen werde er bald wieder gesund sein. »Kein Aufheben«, das war immer sein Motto gewesen. Er ließ sich in einem zweitklassigen Hospital behandeln, obwohl ihm die besten Ärzte zustanden. Bescheidener und weniger arrogant als sein Vater Hans-Heinrich war er, Standesdünkel hatte er kaum. Vielleicht war es auch eine Reaktion auf den Militarismus seines Vaters, dass Udo Kleveman zeit seines Lebens ein resoluter Zivilist blieb. Er war seit Generationen der erste Mann in unserer Familie, der kein Offizier wurde. Als 1929er war er ein »weißer Jahrgang«, erst zu jung, um noch in der Wehrmacht zu kämpfen, und 1956 schon zu alt, um noch in die neue Bundeswehr eingezogen zu werden. Zwar war Vater kein Pazifist, aber er hielt nichts vom deutschen Fetisch für Uniformen und Orden. Für das pseudomilitärische Getue der heimatlichen Schützenvereine, mit ihren Fahnen und Paraden, hatte er nur leisen Spott übrig.

Allerdings hatte er sich nach dem Krieg an der Universität Göttingen, wo er Landwirtschaft studierte, einem konservativen, schlagenden Studentenkorps angeschlossen. Für den Rest seines Lebens trug er auf seiner Wange einen kleinen Schmiss aus einem Fechtduell. Als ich aufwuchs, hing über der Tür zu seinem Büro im Gutshaus sein Degen – so wie zwei Stockwerke höher die Säbel von Hans-Heinrich über den Türrahmen des Traditionszimmers prangten. Vater muss ein guter Fechter gewesen sein. Einmal lud er seine ehemaligen Verbindungsbrüder aus dem Korps zu einem Treffen nach Ankelohe ein. Die alten Herren trugen alle deutlich mehr Schmisse im Gesicht. »Die meisten stammen vom Degen deines Vaters«, sagte mir ein Herr. »Der hat uns gut zugerichtet früher.«

Am Hamburger Flughafen holte mich mein Bruder ab, und wir fuhren aufs Land. Als wir auf dem Hof ankamen, schien das Haus zunächst verlassen. Dann hörten wir Stimmen aus Vaters Büro. Als wir eintraten, sah Mutter auf. Aufrecht saß sie auf einem Stuhl, die Hände gefaltet, die Schultern eingezogen. Ihr Gesicht war blass, sie sah verängstigt aus, aber sie weinte nicht. Wir umarmten uns und sagten nichts. Mein ältester Bruder war am Telefon. Er nickte uns zu. Er trug einen schwarzen dreiteiligen Anzug und sprach in sehr sachlichem Ton. Offenbar stellte er eine Adressenliste von Leuten zusammen, die Todesanzeigen erhalten sollten.

Überrascht sah ich, dass Vaters Schreibtisch komplett leer geräumt war. Zeitlebens war sein Schreibtisch immer ein totales Chaos gewesen, mehrere byzantinische Haufen aus Papieren, Heften, Aschenbechern, Büchern und Akten, einige etliche Jahre alt. Einmal hatte ich einen dieser Haufen hochgehoben, neugierig darauf, was wohl ganz unten lag. Dort starrte ich ungläubig auf eine

Rechnung, datiert im Juni 1982, was mehr als zehn Jahre zurücklag. Aber Vater lehnte es ab, seinen Schreibtisch aufzuräumen. Er fand ein wenig Chaos bei der Arbeit nicht verkehrt, und ich vermute, es bereitete ihm Vergnügen zu wissen, dass nur er diesen unüberschaubaren Schreibtisch meistern konnte. Von diesem Schreibtisch aus machte er Politik, mit Jackett und Pfeife. Als konservativer Bürgermeister regierte er die Gemeinde, den Zusammenschluss einer nahe gelegenen Kleinstadt mit mehreren Dörfern, mit dem gleichen sozialen Paternalismus wie das Gut.

Nun hatte mein ältester Bruder alle Papiere und Akten vom Schreibtisch geräumt. Nur noch das Telefon und eine Vase mit einer einzelnen roten Rose standen dort. Erstmals bemerkte ich den rotsamtenen Stoff, mit dem die eichene Oberfläche des Schreibtischs bezogen war. Aber wie klein, fast lächerlich dieses zuvor enorme, überbordende Möbel nun wirkte, da man ihm seine Ladung genommen hatte, sein Gewicht, seine Bedeutung. Es schien nackt und seltsam fehl am Platze. An diesen sauberen Schreibtisch würde er sich nicht setzen, dachte ich.

Ich sah zum Fenster, wo sein Sofa stand, unverändert. Hier hatte er jeden Tag seine halbe Stunde Mittagsschlaf gehalten, und jeder war gut beraten, ihn dabei nicht zu stören. Auf diesem Sofa liegend fand ich ihn auch einige Jahre zuvor an Heiligabend, nachdem er sich zu später Stunde unbemerkt aus dem Weihnachtszimmer, wo wir als Familie vor dem Tannenbaum saßen und zu Mutters Klavierspiel Lieder sangen, in sein Büro zurückgezogen hatte. Ich sah, dass er leise weinte. »Was ist los, Papa?«, fragte ich ihn.

»Komm, drück deinen Papa mal«, sagte er nur. Das hatte er manchmal zu mir als Kind gesagt, wenn er eine Umarmung brauchte.

»Aber was hast du denn?«, fragte ich wieder erschrocken, denn ich hatte meinen Vater noch nie weinen sehen.

»Ach nichts, es ist nur, dass das Leben so viel schneller vorbeigeht, als man denkt als junger Mann, und dass es so ganz anders verlaufen kann, als man mal gehofft hat.«

Heute frage ich mich, was Vater damit genau meinte. Bereute er es, den Gutshof übernommen und dort sein Leben eingerichtet zu haben? So wie schon sein Vater und sein Großvater, ja wahrscheinlich auch sein Urgroßvater, der das Gut gekauft hatte, diesen Schritt bereut hatten? Als Student hatte Vater in den frühen 1950er-Jahren überlegt, den Hof nicht zu übernehmen, sondern in Bonn zu bleiben, wo man ihm eine wissenschaftliche Stelle an der Uni angeboten hatte. Auch hatte er sich dort in eine junge Ärztin verliebt, die aber ein Stadtmensch war und nie mit ihm nach Ankelohe gezogen wäre. Er musste sich entscheiden, seinen Lebensweg wählen. Ob aus Pflichtgefühl oder Passion für die Landwirtschaft, er entschied sich für Ankelohe und heiratete später meine Mutter, die gerne auf dem Land lebte.

Als er älter war, holte Vater oft die Reue ein angesichts der Dinge, die er in seinem Leben nicht getan hatte. Zumal die ersten Jahre in Ankelohe schwer gewesen waren. Hans-Heinrich, immer mehr Offizier als Landwirt, hatte Hof und Land in einem recht maroden Zustand übergeben, und anfangs fürchteten meine Eltern jede Rechnung. Aber der Grund für Vaters tiefe Traurigkeit lag, glaube ich, nicht in seiner Entscheidung für Ankelohe. Vielmehr kam er nie über den Tod seiner kleinen Tochter hinweg, die im Alter von sechs Jahren beim Schlittschuhlaufen im See ertrank. An jenem Tag im Januar 1972 war auch er im eisigen, dunklen Wasser untergegangen und nie wieder völlig aufgetaucht. Dass er, anders als Mutter, nicht über seine Trauer sprechen konnte, machte ihn so einsam. Um den Schatten, der seit der Tragödie über unserem Haus lag, zu vertreiben und das Lachen zurückzubringen, wurde dann ich geboren. Meine Eltern hätten wohl kein weiteres Kind gewollt, wenn sie nicht ihre Tochter verloren hätten. Es ist meine existenzielle Ironie, dass ich mein Leben dem Tod meiner Schwester verdanke.

Oft frage ich mich, welche Rolle der frühe Tod meines Vaters in meinen rastlosen Wanderungen durch Krisengebiete gespielt hat. Waren sie eine Art Eskapismus, um den Schmerz über den plötzlichen Verlust zu vergessen? So wie die meisten Kriegsreporter vor Problemen daheim davonrennen, etwa vor Drogensucht, nur um dann Kriegsjunkies zu werden? Das ist mir zu küchenpsychologisch und klischeehaft. Die Wahrheit ist, wie mir heute klarwird, etwas komplexer. Wenn ein Elternteil stirbt, trauern wir nicht nur um den Vater oder die Mutter, sondern auch um das Leben, das wir mit ihnen verbracht haben. Der Tod meines Vaters markierte das definitive Ende meiner Kindheit und den Verlust all der sorgenfreien Schönheit und Unschuld jenes Alters.

Sein Tod zerstörte meine kindliche Annahme, dass alles, vor allem das Gute, für immer fortbestehen würde. Nie wieder würde ich mit Vater abends zu den Feldern rausfahren, um die Rinder zu zählen. Nie wieder würde ich dabei neben ihm auf dem Weideheck stehen, immer zwei Querstangen höher als er, damit ich an seine Schultern heranreichte. Nie wieder würde er nach dem Abzählen der Tiere mit seiner großen Hand durch meinen Bubenschopf streichen. Das waren banale Erinnerungen, aber im Rückblick bedeuteten sie die Welt für mich. Das war nun alles vorbei. Das Leben war endlich.

Natürlich markierte Vaters Tod auch einen Anfang, da ich in das Erwachsenenalter eintrat. Ich musste mich auf die Verantwortung vorbereiten, die mit meinem Erbe einherging. Obwohl ich sicher weniger protestantische Arbeitsethik in mir hatte als meine Eltern, so wollte ich doch beweisen, dass ich ein würdiger Nachfolger war. Bei allen Abenteuern, die ich suchte, wollte ich noch immer Vater beeindrucken. Meine Hoffnung war, dass er, von wo auch immer er mich jetzt beobachten und seine schützende Hand über mich halten mochte, stolz auf seinen jüngsten Sohn war.

Aber warum wählte ich dafür eine so gefährliche Arbeit aus? Heute glaube ich, dass ich mit Vaters Tod nicht umgehen konnte. Der Tod in seiner plötzlichen Grausamkeit war mir ein Rätsel, das ich lösen wollte. Ich bewegte mich an den gefährlichen Rändern des Lebens, um mich meinem Vater näher zu fühlen. Ich suchte nach den Grenzen des Lebens, um vielleicht zu begreifen, welchen Sinn es hatte und was ich mit meinem eigenen Leben anfangen sollte. Man sagt, dass die meisten Kriegsreporter die Gefahr suchen, weil sie einen insgeheimen Todeswunsch haben. In meinem Fall ist das kompletter Unsinn. Das genaue Gegenteil traf zu. Mir gefiel es, aus riskanten Situationen heil herauszukommen. Erst voller Adrenalin konnte ich mir versichern, dass ich lebte. Mein Leben sollte anders sein als das meines Vaters, ohne Reue über irgendetwas, schon gar nicht über Dinge, die ich nicht getan hatte. Er war tot, aber ich lebte.

Ach Papa, wie fein analysiert das klingt, wie schön distanziert, nicht wahr? Wie legen wir uns doch unsere Geschichten zurecht, und mit jedem Erzählen werden sie glatter und runder, abgenutzter und abgeschmackter, damit sie nur nicht mehr so wehtun und man weiterleben kann, bis man selbst nicht mehr genau weiß, wie es wirklich gewesen ist. Aber du und ich, wir wissen, dass es anders war. Seit Wochen erscheinst du in meinen Träumen und erinnerst mich daran, hier bei aller Diskretion, die dir immer so wichtig war, keinen Unsinn aufzuschreiben. Wenn ich also ehrlich bin, dann war da noch etwas anderes, etwas, das in den vergangenen zehn Jahren wahrscheinlich viel wichtiger war als alles, worüber ich auf dieser Reise so wortreich nachgedacht habe, wichtiger und schlimmer als der Elterntod an sich, als die ganze Familiengeschichte auf Ankelohe, die kriegerischen Vorväter, Hans-Heinrichs Gefangenschaft und seine Rolle im »Dritten Reich«, wichtiger als das Aufwachsen mit Gewalt, das NS-Erbe, meine Scham als Deutscher, meine Suche nach Identität, all das kluge Geschwätz. Im Kern ist die Wahrheit doch viel einfacher, sie liegt näher und natürlich da, wo es wehtut. Ja, ich kam mit deinem Tod nicht klar, weil ich mich schuldig fühlte, weil ich ihn mir selbst nicht vergeben konnte.

Am Tag vor dem Begräbnis bin ich noch einmal allein in die Kapelle gegangen, wo dein Leichnam aufgebahrt im offenen Sarg lag, in einem Meer von Blumen. Der Bestatter hatte meinen Abschiedsbrief aufgerollt unter deine Hände geschoben. Diese Hände hatten mich schon als kleiner Junge fasziniert. Manchmal habe ich dich dann gefragt, ob ich meine kleine Pfote mal in deine große legen kann. Auch fuhr ich gerne mit dem Zeigefinger über die Venen, die unter der Haut deiner Hände wie Schläuche hervortraten. Mit meinem Daumen versuchte ich den Blutfluss aufzuhalten, und wenn ich den Druck verringerte, spürte ich den starken Puls. Alles an deinen Händen zeugte von Stärke – ihre Größe, die rauen Innenflächen, die langen Finger und die dicken Nägel.

Diese Hände, die nun steif gefroren und schrumpelig auf dem weißen Tuch lagen, hatten hart gearbeitet. Sie gaben auch gute Ohrfeigen, so selten sie waren. Etwas einschüchternd fand ich als Junge deinen linken Zeigefinger, von dem Jahrzehnte zuvor ein Traktorkeilriemen ein gutes Stück abgerissen hatte, einen nagellosen und leicht obszönen Krüppel zurücklassend. Damit hast du auf Fahrten mit dem Mercedes entgegenkommende Autofahrer gegrüßt: die Hand am Lenker, schoss der Stummelfinger hoch, jedes Mal, auch bei Leuten, deren Autos wir nicht kannten. »Könnten alles Wähler sein«, sagtest du dann lachend, hoch den Finger. »Die sollen nicht sagen können, ich hätte sie nicht gegrüßt.«

Wie klein sie nun aussahen, diese Hände, wie dünn die Gelenke und Arme. Das dunkle Jackett, in das man dich gekleidet hatte, sah um einige Nummern zu groß aus. Am Ende, obwohl du keine siebzig Jahre alt wurdest, bist du als alter Mann gestorben. Ich hatte gesehen, wie du alt wurdest, und es hatte mich zornig gemacht. Zornig auf dich. Als starker Raucher warst du nie besonders fit gewesen, und in den letzten Jahren war es gesundheitlich ständig bergab gegangen. Das habe ich dir nicht verziehen. Ich war unfähig, das Unvermeidliche zu akzeptieren, und begehrte dagegen auf. Doch es war mehr als Zorn über deine bewusste Selbstzerstörung. Es war Angst.

Ich erinnere mich an den Tag, an dem ich feststellte, dass deine Finger zitterten, nur leicht zwar, aber konstant. Du saßt im Sessel und sahst fern, die rechte Hand über die Lehne gelegt. Mit wachsendem Ekel starrte ich auf die Finger, die scheinbar unkontrollierbar wackelten wie der Schwanz eines gut gelaunten Hundes. Entweder war dir das Zittern deiner Finger nicht bewusst, oder es störte dich nicht. Peinlich berührt, versuchte ich wegzusehen und das Zittern nicht weiter zu beachten. Am nächsten Abend aber sah ich wieder nur deine zitternden Finger. Meine Augen flehten dich an, damit aufzuhören. Es machte mich wütend, dass du dieses Zeichen deines Alterns offenbar gar nicht bemerktest. Ich hielt es nicht mehr aus und sagte: »Papa, kannst du bitte damit aufhören?«

Verblüfft sahst du mich an und fragtest: »Aufhören womit?«

Ich zeigte auf deine rechte Hand. Du sahst auf die zitternden Finger und sagtest, achselzuckend und ruhig, wie zu dir selbst: »Ach, den Tatterich, ja, den bekommt man wohl im Alter irgendwann, da kann man nicht viel gegen machen.« Du nahmst die Fernbedienung und schaltetest um, dabei leicht hustend. Ich wusste, dass ich dich beschämt hatte. Du wurdest alt, und ich konnte es nicht ertragen. Ich wollte unbedingt an meinem Bild vom starken, unbesiegbaren Vater festhalten, der mich noch immer beschützen konnte.

Jetzt zitterten deine Hände nicht mehr. Die Totenstarre hatte die Finger gekrümmt wie Klauen. Zwischen ihnen lagen mein Brief und Mutters Bund welkender Blümchen. Ich entsinne mich, wie ich eines Tages, da war ich schon Student, in dein Büro kam, während du in der Zeitung die Todesanzeigen studiertest. Seit einiger Zeit schon last du sie immer zuerst, noch vor dem Politikteil.

»Er war mein Alter«, sagtest du zu mir, auf eine Anzeige deutend. »Seine Frau fand ihn morgens tot im Bett, einfach so.« Du drehtest dich zu mir um. »Das kann mir auch passieren.«

Es dauerte einen Moment, bis ich begriff, was du da gesagt hattest. Du hattest es gewagt, deinen Tod anzusprechen. Ich wusste nicht, was ich antworten sollte, und versuchte, deine Worte mit einem Scherz abzutun: »Ach komm, du wirst doch noch hundert Jahre alt!«

Du hast mich nur schweigend angesehen und leicht den Kopf geschüttelt, als könntest du nicht glauben, was für dummes Zeug dein Sohn manchmal redete.

Da wurde ich wütend: »Fang jetzt nicht wieder mit deinem Selbstmitleid an. Worüber beklagst du dich eigentlich? Die Menschen in Afrika hungern, du hast hier alles und jammerst nur rum!«

»Du verstehst es nicht«, sagtest du nur und wandtest dich wieder der Zeitung zu.

Nein, ich habe es nicht verstanden. Du hast mich gebeten, mit dir über den Tod zu sprechen und zuzuhören, was du darüber dachtest und wovor du vielleicht Angst hattest. Es war eine Bitte gewesen und zugleich ein Angebot, miteinander zu reden, als erwachsene Männer, die reif genug sind, mit der Wahrheit umzugehen. Du hast mich auf das Unvermeidliche vorzubereiten versucht, aber ich wollte es nicht wahrhaben, bin weggerannt.

Und dann, kurz bevor ich nach London zog, unser Streit, mein Wutanfall. Wir saßen in der Küche, eine längst vergessene Nichtigkeit war der Anlass, um aufgestaute Wut herauszulassen. Nie vergessen werde ich, was ich dir dabei ins Gesicht brüllte:

»Immer nur ›Nein‹ und ›Das geht nicht‹! Ich bin ihn so leid, deinen Pessimismus! Du lachst nicht mehr, du freust dich nicht mehr – es macht mich wahnsinnig. Willst du wissen, warum deine Söhne nicht mehr nach Hause kommen? Und warum ich nur noch weg will von hier?«

Deine Augen flehten mich an aufzuhören, aber ich wütete weiter:

»Weil es unmöglich ist, mit dir zusammenzuleben. Es ist nicht mit anzusehen, wie du nur noch abbaust. Du bist ein griesgrämiger alter Mann geworden, du nimmst einem jeden Optimismus, jede Energie und alle guten Ideen!«

Meine harten Worte haben dich getroffen, du hast Hass in ihnen gehört. Wie angeschossen bist du aufgestanden und hast nur noch gesagt: »Dann ist es wohl besser, wenn ich gehe.«

An deinem offenen Sarg ist mir klargeworden, warum du mich davon abgehalten hast, dich im Krankenhaus zu besuchen. Du wolltest nicht, dass ich dich krank und schwach sehe, dass ich registriere, wie du weiter »abbaust«. Sicher hättest du mich, deinen Jüngsten, gerne nochmal in den Arm genommen, oder? Aber du hattest mein Urteil gehört. Du bist gestorben, damit ich dich nicht sterben sehen musste. »Aber ich brauche dich doch noch!«, wollte ich ausrufen, aber mir wurde bewusst, wie egoistisch es klang. Ich hatte dir das Recht verwehrt, in Würde alt zu werden. Um deine Würde zu wahren, bist du gegangen.

»Drück deinen Papa mal«, sagte eine Stimme in meinem Kopf, aber es würde keine versöhnende Umarmung mehr geben. Ich ließ meine Finger über dein Gesicht gleiten, deine Stirn und Wangen, aber die Haut war kalt, alles Leben darin erstarrt wie in einem zu Boden gefallenen Wachstropfen. Es war, als ob meine Finger nur noch ein Foto eines geliebten Gesichts berührten, eine bereits verblassende Erinnerung.

BURMA UND LAOS
DER PFEIFENBAUER

Als ich Südamerika verließ, gab es nur noch einen großen weißen Fleck auf meiner persönlichen Weltkarte, der interessant klang: Ost- und Südostasien. Da es in der boomenden Region kaum Kriegsgebiete gab, war ich noch nie dorthin gereist. Kaschmir war der östlichste Teil Asiens, den ich bislang kannte. Mit dem neuen Fokus meiner Arbeit auf Drogenkriege würde ich jedoch, so hoffte ich, leicht ein paar gute Storys in Asien finden.

Um mich auf die Reise vorzubereiten, las ich im Sommer 2005 alle möglichen Bücher über Asien. Auf meinem Schreibtisch auf Gut Ankelohe türmten sich Werke von Korrespondenten, die in den 1960er- und 1970er-Jahren über den Vietnam-Krieg berichtet hatten. Darunter befanden sich Michael Herrs Klassiker *Dispatches*, die kaum weniger eigentümlichen Memoiren von Tim Page und Jon Swains *River of Time* sowie die sentimentalen, aber bewegenden Memoiren seiner Abenteuer als junger *Sunday-Times*-Reporter in Vietnam und Kambodscha. Beim Lesen dieser Bücher wurde ich neidisch. Die Vietnam-*hacks* schienen damals viel aufregendere Dinge erlebt zu haben als die folgende Generation von Kriegsreportern. Auch hatten sie offenbar mehr Spaß als wir.

Nicht zum ersten Mal hatte ich das Gefühl, mindestens achtzig Jahre zu spät geboren worden zu sein. Oft empfand ich tiefen Neid auf die Korrespondenten, die über den Spanischen Bürgerkrieg, den Zweiten Weltkrieg, den Korea-Krieg und die anderen großen ideologischen Kämpfe des 20. Jahrhunderts zwischen Imperialismus, Faschismus, Kommunismus und liberaler Demokratie hatten berichten dürfen. Was hätten wohl Ernest Hemingway, George Orwell, Robert Capa und Martha Gellhorn von den beschissenen kleinen Kriegen gehalten, die für uns übrig blieben? Worin lag der Glamour, über das widerwärtige Schlachten auf dem Balkan und in Westafrika zu berichten? Oder über den erbärmlichen »asymmetrischen« Zermürbungskrieg gegen bescheuerte islamische Terroristen? Die Zukunft, in der die meisten Konflikte wahrscheinlich durch Klimawandel und Rohstoffknappheit verursacht werden, sah auch nicht vielversprechender aus.

Vermutlich hatte ich einen arg romantisierten Blick auf die Vergangenheit. Alle Kriege waren hässlich. Wenige der Korrespondenten, die über sie berichteten, kamen emotional unversehrt zurück. Und dennoch nährten die Vietnam-Memoiren, die ich las, in mir den nagenden Verdacht, dass Reporter früher dabei sein durften, als noch große Geschichte geschrieben wurde – wohingegen wir erst die Arena betraten, als der Kalte Krieg vorbei war und das Ende der Geschichte ausgerufen wurde. Swain und Herr, so stellte ich mir vor, hatten wahrscheinlich noch richtig faszinierende Typen wie aus einem John-le-Carré-Roman getroffen. Trenchcoat-Spione alter Schule, die in rauchigen Bars Scotch tranken. Wohin waren die nur alle verschwunden? Rauchige Bars wurden auch schon weniger.

Mit Ausnahme von Anthony Loyds brillantem *My War Gone By I Miss It So* und vielleicht noch *Love Thy Neighbor* von Peter Maass schmeckte keines der Bücher über den Krieg in Jugoslawien auch nur annähernd so stark nach dem wahren Leben, nach der Romantik eines Reporterlebens wie Swains und Pages Memoiren über Vietnam. Neben den Beschreibungen der Kriegsschrecken waren die Seiten voller Geschichten über Frauen und Drogen. Wenn sie abends von ihrer Arbeit auf den Schlachtfeldern heimkehrten, verzogen sich die Vietnam-*hacks* gerne in eine der vielen Opiumhöhlen in Saigon und Phnom Penh, wo sich die blutigen Bilder des Tages in einem wonniglichen Schleier auflösten.

Das faszinierte mich. Als ich 2002 über den Opiumschmuggel in Afghanistan geschrieben hatte, war ich nicht auf die Idee gekommen, das Zeug zu rauchen. Als fromme Muslime fassten die Mohnbauern in Badachschan, die mir ihre klebrige Ernte zeigten, keine Drogen an. Das rohe Opium in irgendeiner Pfeife anzuzünden, hätte ohnehin nicht funktioniert. Es muss fachmännisch zu einer Paste verfeinert werden, bevor man es überhaupt wirkungsvoll rauchen kann. Es gab eine ganze Menge Drogen, von denen ich mich lieber fernhielt, aber auf Opium war ich immer neugierig gewesen. Es hatte etwas Geheimnisvolles. Große Männer der Vergangenheit, darunter viele Schriftsteller, hatten davon gekostet – wenige hatten es mehr bereut als ein unerlaubtes Rendezvous mit einer exotischen Fremden. Dies hatte, so vermutete ich, genauso viel mit der Wirkung der Droge an sich zu tun wie mit den Orten, an denen sie konsumiert wurde.

Von meiner Lektüre inspiriert, hatte ich Fantasien von schummrigen Räumen, mit Brokatvorhängen separiert, wo kultivierte Männer auf samtenen Kissen lagen, im Glück badeten und von überirdischer Schönheit sprachen. Währenddessen spielten sinnliche, in *ao dais* gekleidete Nymphen auf Harfen und reichten den Rauchern ihre Pfeifen. Mit geschlossenen Augen hörte ich Sauggeräusche verschiedenen pläsierlichen Ursprungs, während die dichten Rauchranken die Geschehnisse in diffuse Diskretion hüllten.

Angefixt beschloss ich, so eine gemütlich sündige Opiumhöhle zu finden, und wenn es die letzte in ganz Asien war. Auch auf die Droge an sich war ich neugierig. »An jene vier Winter, die ich in Indochina verbrachte, hat mir Opium die glücklichste Erinnerung geschenkt«, beichtete Graham Greene in seinen Memoiren. »Es war wie der erste Anblick einer schönen Frau, mit der eine Beziehung möglich erscheint: jemand, an den die Erinnerung nicht vom Schlaf einer Nacht getrübt wird.« Jean Cocteau, der viele Jahre von der Droge abhängig war, nannte sie »das verbotene, fabelhafte Opium«.

Der Buchklassiker über Opium, *The Confessions of an English Opium-Eater*, stammt aus dem 19. Jahrhundert, aus der Feder von Thomas de Quincey, einem Engländer, der nie in Asien war. Er rauchte das Zeug nicht, sondern löste es in reichlich Alkohol auf. Dennoch schwärmte er von Opium als »himmlischer Droge« und »Allheilmittel für alle menschlichen Leiden; hier war das Geheimnis von Glück, über das sich Philosophen seit ewigen Zeiten stritten«. All dies klang wunderbar. Ich wollte selbst den Drachen jagen. Ich hatte ein Rendezvous mit Morpheus, dem Gott der Träume.

Kurz vor meiner Abreise nach Südostasien hatte ich jedoch Pech. Bei einem Sturz verdrehte ich mir den Rücken, wobei zwei Bandscheiben aus der Wirbelsäule platzten. Mehrere Monate lang konnte ich kaum gehen, geschweige denn reisen. Ich lag am Boden. Mein unterer Rücken fühlte sich an, als sei er entzweigesägt. Keiner der Ärzte, die ich aufsuchte, war bereit, mich zu operieren. Sie warnten mich, dass ein missglückter Eingriff zu einer Lähmung von der Taille abwärts führen könnte. Als die Schmerzen schlimmer wurden, spritzte man mir mit beängstigend langen Nadeln betäubende Mittel direkt in die Wirbelsäule, während ich hilflos und gedemütigt in einer Tomografieröhre lag. So hatte ich mir mein Date mit Morpheus nicht vorgestellt!

Als mein linkes Bein taub und die Schmerzen unerträglich wurden, hatte ich keine Wahl mehr. Es musste operiert werden. Augenblicke bevor das Narkosemittel mich wegschoss, dachte ich an Laila und an Afghanistan. Als ich Stunden später im Krankenhausbett erwachte, versuchte ich mit meinen Zehen zu wackeln. Sie bewegten sich. Es war alles gut gelaufen. Die Schmerzen waren weg. Mich erfüllten Freude und Dankbarkeit – es war wie ein zweiter Geburtstag.

Am nächsten Tag besuchte mich der Chirurg in meinem Zimmer. Es sei eng gewesen, sagte er mir. Im Moment sei alles gut, aber meine Bandscheiben könnten jederzeit wieder aufplatzen. Meine Rückenprobleme seien wohl eine Folge von Stress und Druck in meinem Lebensstil, meinte der Arzt und riet mir, auf die Warnung der Natur zu achten. Was dies bedeuten solle, fragte ich.

»Sie sollten die Dinge vielleicht etwas langsamer angehen und weniger Zeit auf Achse verbringen.«

»Wollen Sie mir sagen, ich solle häuslicher werden?«

»Das wäre jedenfalls gesünder für Sie.«

Ich dankte dem Arzt für seinen Rat, aber im Stillen war ich mir sicher, dass er unrecht hatte. Ich war am glücklichsten, wenn ich *on the road* sein durfte. Schließlich war mein Rücken nicht in irgendeinem exotischen Land zerbrochen, sondern in Deutschland. Die wahre Ursache war vermutlich eine falsche Haltung am Schreibtisch – oder die Tatsache, dass ich mich immer öfter mit Büroarbeit auf Gut Ankelohe befassen musste. Dieses sesshaftere Leben war es, was mich kaputtmachte. Es war Zeit, meine Wanderjahre fortzusetzen und die Opiumstory in Angriff zu nehmen.

Keine 24 Stunden nachdem ich das Krankenhaus verlassen hatte, buchte ich einen Flug nach Hanoi.

Auf jener ersten Reise blieb ich nur wenige Wochen in Asien. Was ich sah, gefiel mir so gut, dass ich beim nächsten Mal nicht mehr allein unterwegs sein wollte. Nach meiner Rückkehr aus Kolumbien hatte ich zunächst mein Zelt in Paris aufgeschlagen, um Lailas Herz zurückzugewinnen. Es war nicht leicht, denn meine Treulosigkeit hatte sie verletzt. Je mehr Frauen ich allerdings in New York und in Südamerika kennengelernt hatte, desto klarer war mir geworden, dass ich nur Laila liebte. Schließlich vergab sie mir, und wir entdeckten unsere Liebe neu. Als sie ihr Studium in Paris abgeschlossen hatte, bestiegen wir ein Flugzeug und zogen zusammen nach Hanoi.

Wir bewohnten ein charmantes kleines Haus direkt an einem See in der Altstadt von Hanoi, umgeben von schöner Kolonialarchitektur. Es war ein inspirierender Ort zum Schreiben und eine gute Basis für Reisen in der Region. Mit meiner Freundin unter einem Dach zu leben, war ein Zugeständnis an ein sesshafteres Leben – aber ich war der glücklichste Mann der Welt. Weiterhin wollte ich alleine arbeiten und reisen, aber zum ersten Mal würde ich nicht in eine leere Wohnung oder ein Hotelzimmer zurückkommen, sondern in ein wirkliches Zuhause. Jemand würde auf mich warten, jemand, der mich liebte. Das war nicht verkehrt.

Nachdem wir uns eingewöhnt und die Stadt erkundet hatten, begann ich endlich, meine Suche nach Asiens letzter Opiumhöhle vorzubereiten. Meine Drogengeschichten aus Afghanistan und Südamerika hatten sich gut verkauft, aber diese Story sollte anders werden. Die Vorstellung einer weiteren klischeehaften, politisch korrekten Reportage über den Fluch des Heroins in Südostasien brachte mich zum Gähnen. Dieses Mal wollte ich ehrlicher sein. Aber ich musste mich beeilen, denn die Statistiken klangen alarmierend: Die Opiumproduktion in Südostasien ging stark zurück! Laut einer UN-Studie hatte die Anbaufläche seit 1998 um 85 Prozent abgenommen. Da das meiste Opium (und Heroin) inzwischen aus Afghanistan kam, war der südostasiatische Anteil auf nur noch etwa fünf Prozent der globalen Produktion gesunken.

Anfangs stellte ich einige diskrete Erkundigungen in Hanoi an, aber die Antworten waren entmutigend. Die vietnamesische Regierung, die fünfzehn Jahre nach dem Ende der Sowjetunion noch immer aus alten Kommunisten bestand, setzte ein striktes Opiumverbot durch. Dies war eine fehlgeleitete Politik, denn noch nie hatte ich Leute gesehen, die so dringend mal ein kleines Pfeifchen gebraucht hätten wie die Vietnamesen. Sie waren stolze Menschen und ihr Land die einzige Nation, die Kriege gegen die Chinesen, die Franzosen und die Amerikaner gewonnen hatte. Anstatt allerdings aus dieser historischen Leistung eine gewisse Coolness zu entwickeln, schienen sich die meisten noch immer im Kriegszustand zu befinden. Beim Hechtsprung vom feudalistischen Sozialismus in den rohen Kapitalismus war das gesamte Land zu einer einzigen großen Baustelle verkommen, die mit rasendem Tempo alle natürliche Schönheit zerstörte.

Im täglichen Kampf, in diesem Chaos zu bestehen, verhielten sich viele Vietnamesen extrem aggressiv. So gingen sie rotzrüde miteinander und mit Ausländern um. Sie spuckten auf der Straße, schubsten sich gegenseitig aus dem Weg und hielten nie eine Tür auf. Auf Millionen von Honda-Motorrädern rasten sie durch Hanoi, immerfort feindselig und grundlos hupend. Vietnamesen waren die anstrengendsten und unangenehmsten Menschen, die ich je erlebt hatte. Wie an anderen Orten, an denen ich gewohnt hatte, versuchte ich mich mit Einheimischen anzufreunden, aber die kulturelle Kluft zwischen uns war unüberbrückbar. In Vietnam zu leben war so, als sei man der einzige vernünftige Mensch unter 80 Millionen Leuten auf schlechten Speedpillen. Vietnamesen gaben Sartres Diktum, dass die Hölle die anderen seien, eine ganz neue Bedeutung.

Das nächste Land, in das ich auf meiner Opiumsuche reiste, war Kambodscha. Die Menschen dort waren weitaus freundlicher und entspannter als die Vietnamesen. Außerdem waren es weniger, nur etwa vier Millionen. Das Land litt allerdings noch immer unter den Folgen des Regimes der ultrakommunistischen Khmer Rouge, die in den späten 1970er-Jahren ein Viertel der Bevölkerung ermordet hatten. Die Hauptstadt Phnom Penh war ein ziemlich gesetzloser Ort, wo hinter jeder Straßenecke Gewalt lauerte. Die lokalen Zeitungen berichteten regelmäßig von bestürzenden Verbrechen, etwa gemeinschaftlichen Vergewaltigungen durch buddhistische Mönche. Kambodscha war auch zu einem Hauptreiseziel für die Päderasten dieser Welt geworden. Wenn man das Angebot vieler Motortaxifahrer – »*lady, massage, boom-boom*« – ausschlug, boten sie einem gerne zehnjährige Jungen zum Sex an.

Regiert von Jun Sa, einem ehemaligen Khmer Rouge, war das Land sehr arm. Sogar vor dem Königspalast knüpften Obdachlose ihre Hängematten auf. Aber in all seinem Shiwa-Tanz-Wahnsinn mochte ich Phnom Penh. Die Menschen hielten sich mit einem gewissen postkatastrophalen Aplomb aufrecht – selbst die Huren, die nach der Arbeit in den »Heart-of-Darkness«-Club kamen und Billard spielten. Mit bewundernswerter Verachtung für Geld schnippten sie die 50-Dollar-Scheine, die sie gerade bei ihren westlichen Kunden eingenommen hatten, auf den Billardtisch. Achselzuckend riskier-ten sie, den gesamten Gewinn der Nacht in einem Match zu verspielen. Es war alles bezaubernd verrückt, aber Phnom Penh schien nie der richtige Ort zu sein, um Opium zu schmoken. Ich fragte gar nicht erst.

Bangkok war da vielversprechender. Die Demimonde der thailändischen Hauptstadt bediente jedes nur denkbare Laster. Sicher hatten die Thais auch das, was ich suchte, im Angebot. Das hoffte ich zumindest, aber ich irrte mich. Fragte man nach Sex egal welcher Fasson, so wurde einem das Gewünschte meist noch am selben Abend ermöglicht. Was Drogen anging, brauchte man auch nie lange zu suchen. Heroin, schlechtes Kokain, Ecstasy, MDMA oder andere in Pillenform komprimierbare Substanzen waren vorhanden – aber Opium? Konnte ich vergessen. Die Leute, die ich in Bangkok danach fragte, sahen mich an, als hätte ich um alte Grammofonaufnahmen von Zarah Leander gebeten. Aus Sicht der Dealer war es eindeutig schlauer, Amphetamine zu verkaufen. Die Profite aus Pillen und ihr süchtig machendes Potenzial waren viel höher als beim altmodischen Opium, selbst wenn man es zu Heroin verarbeitete. Auch auf der Nachfrageseite suchten die meisten Drogennutzer heutzutage nicht das Vergessen, sondern den Rush von Speed. Tatsächlich waren Millionen von Thais süchtig nach *ya ba*, Amphetaminen, um ihr Lächeln aufrecht zu halten.

Ah, was ist nur aus der Welt geworden?, wunderte ich mich. Die *fumerie*, die urbane Opiumhöhle in Grahame-Greene-Land, wo kultivierte Herren kultivierte Dinge taten, schien wie das koloniale Indochina selbst der Vergangenheit anzugehören. In unserem grässlichen Konsumzeitalter schienen sogar die Menschen in Südostasien das Interesse am schlichten Versprechen himmlischen Glücks verloren zu haben und zogen es stattdessen vor, sich mit Speed und Softdrinks vollzudröhnen.

Aber ich gab nicht auf. Wonach ich suchte, war nicht nur Spaß, sondern wahre Freude. *Gaudia causa seria est* – schon bei den Römern galt die Freude als eine ernste Angelegenheit. Meine letzte Hoffnung bestand darin, die großen Städte zu verlassen und mich in die entlegenen Orte vorzuwagen, wo Bauern und Aufständische noch Mohn anbauten. Also musste ich in die Shan-Berge in Burma reisen.

Als der Flieger aus Bangkok über Rangun zu sinken begann, erinnerte uns der Pilot daran, die Uhren um eine halbe Stunde zurückzustellen. Es sah so aus, dass Burma – oder Myanmar, wie es seit einigen Jahren genannt wurde – seine ganz eigene Zeitzone besaß. Als ich vom Flughafen in die Stadt fuhr, stellte ich allerdings fest, dass die Uhren in Burma eher vor einem halben Jahrhundert stehengeblieben waren. Verbeulte Trucks aus den 1950er-Jahren dienten als Busse für dutzende Menschen, die sich teilweise außen festhielten. Die einzigen präsentablen Gebäude der Stadt, abgesehen von den vergoldeten Pagoden, waren noch immer die Kolonialbauten der Briten. Unter den alten, von Lianen behangenen Bäumen vor der imperialen Architektur des Hotels Strand waren die Bürgersteige aufgeplatzt. Magere Menschen besetzten Häuser oder campten in Baulücken. Mit kleinen Feuern kochten sie Suppen oder brieten Fische. Die Betonwände trugen dunkelrote Flecken von ausgespucktem Betelsaft. Sie sahen aus wie getrocknetes Blut.

Vor fünfzig Jahren war Burma das reichste Land mit der gebildetsten Bevölkerung in Südostasien gewesen. Rangun galt als weitaus wichtiger und wohlhabender als Singapur oder Bangkok. Nun, nach mehr als vier Jahrzehnten Militärdiktatur und Bürgerkrieg, lag

Rangun apathisch da. Nur Verfall und Brutalität hatten Fortschritte gemacht. Wenige Wochen zuvor hatten die Generäle die Hauptstadt in eine kleine und leichter zu verteidigende Kleinstadt namens Nay Pyi Taw oder so ähnlich verlegt. Burma war das einzige Land Südostasiens, wo die Mehrheit der Menschen noch traditionelle Kleidung trug. Einige Jugendliche hatten nachgemachte Jeans an, aber die meisten Männer zogen noch immer *longyis* an, seltsame bodenlange Röcke. Frauen und Kinder bemalten ihre Gesichter mit *thanakha*, einer bräunlichen, aus Holz hergestellten Schminke.

Da ausländische Journalisten Einreiseverbot für Burma hatten, musste ich etwas aufpassen. In der burmesischen Botschaft in Hanoi hatte ich mich als ein an Tempelarchitektur interessierter Tourist ausgegeben. Ein Freund, der gerne zum Sammeln seltener Käferarten nach Burma reiste, hatte mir einen Kontakt in Rangun vermittelt, der mich vielleicht mit den richtigen Leuten im Norden des Landes zusammenbringen konnte. Der Mann namens Thura und ich trafen uns am ersten Abend in einem Restaurant, nicht weit entfernt von der Straße, wo Aung San Suu Kyi, die charismatische Oppositionsführerin und Friedensnobelpreisträgerin, seit den frühen 1990er-Jahren von den Militärs unter Hausarrest gehalten wurde.

»Sie haben sie lebendig begraben«, flüsterte Thura mir am Tisch zu. »Die Menschen lieben sie, aber wir können nichts tun. Wenn wir demonstrieren, schießt uns das Militär tot.«

Nach dem Essen widmeten wir uns dem Unterhaltungsprogramm des Restaurants, einer »Modenschau«. Etwa zwanzig Mädchen spazierten auf die Bühne, in gewöhnlichen Klamotten, aber mit zauberhaft langem, vollem Haar, wie man es in Asien selten sah. Einem Mädchen reichten die Haare bis zu den Knöcheln.

»Für fünfzig Dollar kannst du mit ihr schlafen«, sagte Thura zu mir. »Du kannst in diesem Land alles bekommen, wenn du dafür bezahlst.«

»Auch Opium?«, fragte ich.

Thura sah mich verdutzt, dann misstrauisch an. Nicht in Rangun, sagte er, das sei unmöglich. Nach einer Pause gab er mir den Namen eines Mannes, den ich in einer kleinen Shan-Stadt namens Hsipaw aufsuchen solle. Sie lag in den Bergen, etwa fünf Autostunden von Mandalay entfernt, Burmas religiösem Zentrum und zweitgrößter Stadt.

»Er kann dir vielleicht weiterhelfen, aber sei vorsichtig: Wenn du beim Opiumrauchen erwischt wirst, landest du für mindestens zwanzig Jahre in einem Militärgefängnis.«

Das waren beunruhigende Neuigkeiten. Die Wirkung der Droge, egal wie himmlisch, würde keine zwanzig Jahre anhalten. Also ging ich zur prachtvollen Schwedagon-Pagode, um für Schutz auf meiner Reise zu beten. Als ich vor einem goldenen Buddha niederkniete, sah ich eine Ratte über seinen Schoß flitzen. Verhieß dies nun Glück oder Unglück? Ich beschloss, dass die Ratte die Reinkarnation eines Drogenhändlers war und mit mir rein gar nichts zu tun hatte.

Mandalay entsprach den romantischen Beschreibungen Rudyard Kiplings in keiner Weise. Zwar watschelten zahllose Mönche in malerischen Safranroben die Straßen entlang, immer eine Schüssel für Almosen unterm Arm, aber viel mehr gab es in der Stadt nicht zu sehen. Als es dunkel wurde, fiel der Strom aus. Nicht eine Bar bot Zuflucht. Die einzigen Massentränken waren sogenannte Bierstationen, wo Einheimische sich um einen Dieselgenerator scharten und sich still betranken. (Da waren sie wieder, die allgegenwärtigen Dieselgeneratoren.) Der Weg dorthin führte durch dunkle Straßen. Mich langsam vortastend, sah ich vor einem Haus eine kleine Gruppe Menschen. Ich hörte Stimmen, das musste eine Bierstation sein.

Als meine Augen im dämmrigen Licht nach einem Kellner suchten, stieß ich gegen einen Tisch, auf dem unter einem Moskitonetz eine blasse Frau lag. Die Frau war tot. Sie war vor ihrem Haus aufgebahrt. Dutzende Augen starrten mich an – eine buddhistische Totenwache in der Nacht vor dem Begräbnis. Das war nicht das, was ich suchte. Ich bat um Entschuldigung und eilte zu meinem Hotel zurück. Dort empfing mich der Nachtwächter, ein alter Mann, dessen Vater noch in der britischen Kolonialarmee gedient hatte. Er beruhigte mich: Es sei ganz normal für burmesische Buddhisten, einen Toten öffentlich aufzubahren.

»Aber warum hat niemand geweint?«

»Sie weinen nur auf der Beerdigung«, antwortete er kichernd.

»Wenn sie dann nach Hause kommen, verbrennen sie die Kleidung des Verstorbenen und zerschlagen sein Geschirr. Danach geht das Leben normal weiter.«

»Keine lange Trauerzeit?«, fragte ich, an Mutter denkend, die nach Vaters Tod gemäß der ländlichen Tradition ein Jahr lang nur dunkle Kleidung getragen und nicht zu Feierlichkeiten gegangen war.

»Nein, warum?«, sagte er. »Die Leute hier machen sich nicht so viele Sorgen um den Tod wie ihr in Europa. Ich zum Beispiel bin 78 Jahre alt und inzwischen mit meiner vierzehnten Frau verheiratet. Die anderen dreizehn sind alle gestorben. So ist das Leben.«

Buddhisten übertrieben ihren Gleichmut, fand ich. Auch schien es nicht gesund zu sein, diesen ansonsten liebenswürdigen Mann zu heiraten. Seine vierzehnte Frau musste von optimistischer Wesensart sein.

Als ich Mandalay am nächsten Morgen verließ, musste ich an George Orwell denken, der sich als Kolonialbeamter in den 1920er-Jahren in Burma befand: »Mandalay ist eine eher unangenehme Stadt – sie ist schmutzig und unerträglich heiß, und sie ist für fünf Produkte bekannt, die alle mit P beginnen, nämlich Pagoden, Parias, Schweine (*pigs*), Priester und Prostituierte.«

Da Mohn nur in höheren Lagen wuchs, nahm ich ein Taxi nach Hsipaw. Die fünfstündige Fahrt dorthin war wenig erbaulich. Arbeitsbrigaden aus erbärmlich aussehenden Männern und Frauen, vermutlich Zwangsarbeiter, schufteten entlang der Straße. Sie führte nach China, Burmas wichtigstem Verbündeten, und wurde daher von vielen chinesischen Trucks benutzt. Einige von ihnen transportierten die Stämme riesiger Tropenbäume, die im Reich der Mitte wohl zu Essstäbchen und Fabrikbänken zerkleinert wurden. Die Hügel zu beiden Seiten der Straße waren komplett gerodet. Nur in den Dörfern überlebte jeweils ein einzelner Bo-Baum, der heilige *Ficus religiosa*, unter dem Prinz Siddhartha sich zum Buddha hochmeditiert hatte.

In Hsipaw bemerkte ich eine starke Militärpräsenz, einschließlich gepanzerter Fahrzeuge mit aufgesetzten Maschinengewehren. Soldaten patrouillierten auf der Hauptstraße. So wanderte ich zunächst zum Palast des letzten *saopha*, des Shan-Prinzen, der während des Militärputsches 1962 getötet worden war. Am Tor bat mich seine einzige überlebende Nichte, ins Dorf zurückzukehren. Sie hatte Angst davor, mit mir zu sprechen, denn das Militär hatte jüngst ihren Ehemann verhaftet. So suchte ich den Mann auf, den mein Bekannter in Rangun mir empfohlen hatte. Nachdem ich diskret meine *bona fides* etabliert hatte, erzählte ich ihm vom Zweck meiner Reise. Er schüttelte den Kopf.

»Opium ist hier inzwischen unmöglich zu finden, weil das Militär die Straße nach China kontrolliert«, sagte er. »Aber sie bauen es noch immer in den aufständischen Gebieten der östlichen Shan-Berge an. Da müssen Sie hinfahren.«

»Wohin genau?«

»Fahren Sie nach Mong La, mein Freund, nahe der Grenze zu China. Es ist eine wilde Grenzstadt. Illegales Glücksspiel, Prostitution und Schmuggelei.«

Das hörte sich gut an. Die einzige Straße, die in den entlegenen Nordosten des Landes führte, war allerdings wegen wiederholter Anschläge von Rebellen für Ausländer gesperrt. So musste ich von Mandalay nach Kyaing Tung fliegen, einer südlich von Mong La gelegenen Kleinstadt. Schon bald nach dem Start in einem Fokker-Propellerflugzeug aus den 1960er-Jahren verschwanden in den Bergen unter uns alle Zeichen menschlicher Zivilisation. Asphaltierte Straßen wurden zu Sandwegen, die sich bald darauf völlig verloren. Die einzigen Dörfer waren trostlose Ansammlungen von Holzhütten – isolierte Inseln im unermesslichen Dschungel, der die steilen Berghänge bedeckte. Ein oder zwei kaffeefarbene Flüsse schlängelten sich durch das Dickicht. In diesen Bergen galten die Gesetze aus Rangun nicht viel.

Schon die Briten hatten große Schwierigkeiten, die vielen Bergvölker – vor allem die Shan, die Kayah, die Karen, die Wa und im Norden die Kachin – zu befrieden. Nur mit einer Politik des Teile-und-Herrsche ließen sie sich halbwegs kontrollieren. Seit der Unabhängigkeit 1948 befanden sich viele dieser ethnischen Gruppen in ständiger Revolte gegen die burmesische Zentralregierung. Das Militär bekämpfte die Aufständischen mit einer brutalen Taktik der verbrannten Erde, die Massaker und Vergewaltigungen umfasste.

Jedes Jahr trieb die Armee so tausende Flüchtlinge über die Grenze nach Thailand, wo sie in Lagern ihrer Rückkehr harrten.

Aufständische brauchen Geld. So wie die Taliban in Afghanistan hatten Burmas Bergvölker ihren Kampf jahrzehntelang mit Opiumprofiten finanziert. Die Shan-Berge eigneten sich ideal für den Anbau, denn in trockenen und milden Klimata oberhalb einer Höhe von 1000 Metern wächst *papaver somniferum* am besten. Die ersten, die darin geschäftliches Potenzial erkannten, waren die chinesischen Kuomintang, die während Chinas Bürgerkrieg in den späten 1940er-Jahren für den Nationalisten-General Chiang Kaishek kämpften. Die 93. Division der Kuomintang wurde zur berüchtigten »verlorenen Armee«, als sie von Mao Tse-tungs Volksbefreiungsarmee über die burmesische Grenze in die Shan-Berge gejagt wurde. Von ihrem burmesischen Versteck aus setzten die etwa 12 000 Soldaten ihre militärischen Operationen gegen die Kommunisten fort. Das Geld dafür verdienten sie durch einen schwunghaften Opiumhandel.

Darin wurden sie bald von der CIA unterstützt. Während des Vietnam-Kriegs versuchte der US-Geheimdienst, Kämpfer gegen Ho Chi Minhs Vietcong zu rekrutieren. Diskret ermunterten die Agenten verschiedene Bergvölker dazu, Opium anzubauen und es zu »China White«, dem legendär reinen Heroin, zu verarbeiten. Für Transporte setzte die CIA sogar ihre eigene Airline ein, die berüchtigte Air America. Gegen Ende der 1960er-Jahre produzierte das Goldene Dreieck – wie die Berge von Burma, Thailand und Laos nahe dem Zusammenfluss des Mekong und des Ruak bald genannt wurden – mehr Heroin, als die Welt je gesehen hatte.

Die Strategie der CIA ging nach hinten los. Viele amerikanische GIs wurden zu Heroinsüchtigen und brachten die Droge mit in die Heimat. Asiatische Drogenbarone überschwemmten die USA und Europa mit »China White«. Der berüchtigtste unter ihnen war der Shan-Chinese Khun Sa, alias Prinz des Todes, der mithilfe korrupter thailändischer Generäle und der chinesischen Triaden tonnenweise Heroin nach Amerika schmuggelte. Mit den Gewinnen finanzierte Khun Sa in den 1980er- und 1990er-Jahren den bewaffneten Kampf für die Unabhängigkeit der Shan gegen das burmesische Militär. Zu allseitiger Überraschung zog sich Khun Sa 1995 zurück und schloss einen Deal mit den burmesischen Generälen, die selbst bis über die Epauletten im Drogenhandel verstrickt waren. Seitdem lebte Khun Sa unbehelligt in Rangun, während sich die Shan-Rebellen weit in die Berge zurückgezogen haben.

Im hinteren Teil des Flugzeugs bemerkte ich einen wichtig aussehenden Mann in der olivgrünen Uniform eines Generalleutnants. Dass seine Entourage aus vier jungen Offizieren bestand, deutete darauf hin, dass er ein mächtiger Mann war, womöglich ein Mitglied der Regierung. Neben ihm saß ein Zivilist, offenbar ein Geschäftsmann, in einem teuren Anzug. Beide Männer waren ziemlich fett, mittleren Alters und hatten selbstgefällige Gesichter. Sie sahen aus wie korrupte, kleptokratische Schweine, was sie wahrscheinlich auch waren.

Erfreut über die seltene Gelegenheit, die Elite des Landes kennenzulernen, setzte ich mich kurz entschlossen auf die leere Sitzbank vor den beiden und drehte mich um. Unangenehm überrascht sahen sie mich an. Ich spielte ihnen die Rolle eines naiven Touristen aus England vor. Nach einigen Artigkeiten über die Schönheit Burmas, des goldenen Landes, fragte ich den General, wann denn diese dämliche Militärdiktatur nun einmal ein Ende finden würde? Ob es nicht langsam Zeit für Demokratie sei?

Der Geschäftsmann wurde ganz steif vor Unwohlsein, aber der Offizier bewahrte kühles Blut. Abgesehen von einer leicht gehobenen Braue drückten seine halbverschlossenen Augen nur müde Langeweile aus. Er glich einem Reptil, das seine nächste Bewegung vorbereitet.

»Sie können diese Frage an das Informationsministerium richten«, sagte er nach langem Schweigen. »Ich bin bloß ein Soldat, der sein Land gegen den Feind verteidigt.«

»Schon klar. Wer ist denn der Feind?«

»Woher kommen Sie?«

»Aus England«, log ich grinsend. »Sie wissen schon, wir haben den Laden hier mal geschmissen in Burma. Damals, in der guten alten Zeit, als die Queen noch Kaiserin von Indien war.«

Während ich nostalgisch seufzte, verdüsterte sich der Blick des Generals.

»Die Engländer haben Opium nach Burma gebracht«, warf der Geschäftsmann mit einem nervösen Blick auf seine diamantenbesetzte Rolex ein.

»In der Tat«, pflichtete ich ihm höflich bei. »Und noch viele andere gute Dinge wie etwa Straßen, Eisenbahnen, Schulen und Krankenhäuser.«

»Die Engländer haben viel Mist gebaut«, zischte der General.

»Haben wir das? Fehler fallen mir eigentlich keine ein«, fuhr ich fort. »Außer vielleicht, dass wir das Empire und dieses Land etwas zu früh aufgegeben haben.«

Stille. Vier Augen blitzten mich böse an. Die jungen Offiziere hinter dem General wurden unruhig.

»Nein, sie mussten gehen, weil das burmesische Volk seine Freiheit liebt«, rief der Geschäftsmann etwas pathetisch aus. Es fiel ihm nun offenbar schwer, sich weiter zusammenzureißen.

»Ah, das Volk liebt tatsächlich die Freiheit. Deshalb hat es euch Militärs ja auch abgewählt, oder etwa nicht?«, sagte ich. Die demokratische Opposition hatte im Jahr 1990 Burmas einzige freie Wahlen haushoch gewonnen. »Aber dann war es euch plötzlich zu viel Freiheit für das Volk. Ihr habt die Wahlen annulliert und die Oppositionsführerin Aung San Suu Kyi unter Hausarrest gestellt.«

»Sie ist eine Agentin des Auslands«, schnaubte der General verächtlich. »Sie hat die meiste Zeit ihres Lebens in England gelebt und war mit einem Engländer verheiratet. Sie dient nicht den Interessen unseres Landes.«

»Aber Sie, was?«

»Hören Sie, junger Mann«, entgegnete der General. »Das burmesische Volk ist glücklich. Die Leute haben Arbeit, sie haben Geld, und das Wetter ist gut.«

Das Wetter in Burma war zu heiß. Bevor wir aber über das Klima diskutieren konnten, bat der General zwei seiner jungen Offiziere, mich zurück zu meinem alten Platz zu eskortieren. Ich konnte nicht widerstehen und verabschiedete mich mit militärischem Salut und einem vollendeten Hitler-Gruß. Es war natürlich eine vergebliche Geste, die die beiden Männer nicht verstanden. Sie nickten erleichtert.

In einem hatte der Geschäftsmann allerdings recht: Die Briten waren tatsächlich für den ersten Import von Opium nach Burma verantwortlich. Schon in der Antike wurde Mohn im östlichen Mittelmeerraum angebaut. Im vierten Buch der Odyssee verwies Homer auf Opium als »milden Zauber der Vergesslichkeit«. Hippokrates lobte die Wirkung der Droge als Schmerzmittel. Im 4. Jahrhundert brachten arabische Händler das erste Opium nach Asien. Später führten die Holländer, die Ausländern ja immer gerne zu einem netten Buzz verhelfen, die Opiumpfeife in ihre fernöstlichen Kolonien ein. Deutschen Pharmachemikern blieb es überlassen, im 19. Jahrhundert als Erste Opium zu Morphium und Heroin zu verarbeiten. Fortan produzierte die Firma Bayer massenweise Heroin als schmerzlinderndes Heilmittel gegen Bronchitis und Tuberkulose, bis es zu einer illegalen Substanz erklärt wurde.

Es war die British East India Company, die Opium im späten 18. Jahrhundert zu einem globalen Gebrauchsgut machte, um die Handelsbilanz mit China zu verbessern. Anstatt wie bisher mit Silber für kostbare chinesische Produkte wie Porzellan, Seide und Tee zu bezahlen, begannen britische Händler Opium nach China zu importieren. Während die Briten dadurch enorme Profite einstrichen, stieg die Zahl der Süchtigen bald auf zwei Millionen. Im Jahr 1839 hatte der chinesische Kaiser Taukwang genug und ließ eine Million Kilogramm britischen und amerikanischen Opiums in chinesischen Häfen beschlagnahmen und vernichten. Die Briten waren empört und entsandten Kanonenboote, die kurzerhand die chinesische Flotte versenkten. Im Vertrag von Nanking von 1842 zwang London die Chinesen dazu, Reparationen zu zahlen und obendrein Hongkong an das Empire abzutreten.

Es sollte noch schlimmer kommen. In einem zweiten Opiumkrieg wurde China 1858 dazu gezwungen, zehn weitere Häfen für britische und amerikanische Drogenhändler zu öffnen und Opium zu legalisieren. Schon bald bauten Bauern im bergigen Süden Chinas sowie die Bergvölker in Burma, Thailand und Laos fast nur noch Opium an. Erst im frühen 20. Jahrhundert, als die Zahl der chinesischen Süchtigen auf erschütternde 15 Millionen angestiegen war, verabschiedete das britische Parlament ein Gesetz, um den Opiumhandel mit China zu beenden. Kein Wunder, dass Chinesen heute auf Vorträge des Westens über Demokratie und Menschenrechte mit einer gesunden Dosis Misstrauen reagieren.

Während des Landeanflugs suchte ich die Landschaft nach roten Mohnfeldern ab – vergebens. Ich wusste, dass das International Drugs Control Program der UN ein Büro in Kyaing Tung unterhielt. Als ernsthafter Nachrichtenjournalist hätte ich als Erstes Zitate und Informationen von den UN-Leuten besorgt, aber dieses Mal hatte ich dazu keine Lust. Stattdessen marschierte ich zu einer blöden Behörde, um eine offizielle Reiseerlaubnis für Mong La zu erhalten. Während von einem gerahmten Bild an der Wand Burmas Diktator General Than Shwe, schick herausgeputzt in einer lächerlich überdekorierten weißen Uniform, auf uns niederblickte, holte der dösige Regierungsbeamte, der einen nicht weniger lächerlichen Pyjama und Flipflops trug, eine alte Schreibmaschine hervor und tippte das Dokument – klack! klack! klack! – in dreifacher Ausfertigung.

Sodann mietete ich einen zerbeulten Toyota Corolla mit Chauffeur, und ab ging es in nördlicher Richtung nach Mong La. Ich war aufgeregt, denn ich hatte schon tolle Geschichten über diese Stadt gehört. Offenbar war sie ein Mekka für Drogen, Drinks und Casinos, das täglich tausende chinesischer Glücksspieler über die Grenze lockte. Mong La wurde von einem gewissen Commander U Sai Lin kontrolliert, einem Warlord des Wa-Bergvolks und mutmaßlichem Heroinhändler. Als Anführer der Eastern Shan State Army (ESSA) hatte er mit Rangun einen Deal verabredet, der ihm genug Autonomie verschaffte, um seine geschäftlichen Interessen zu verfolgen. Sicher doch hätte Commander Lin nichts dagegen, wenn ich in seinem kleinen Hochlandreich eine Pfeife Opium oder zwei rauchte.

Kurz bevor wir nach dreistündiger Fahrt durch wilde und dicht bewaldete Berge endlich Mong La erreichten, wurden wir an einer Straßensperre angehalten, wo ich eine »Eintrittsgebühr« von fünf Dollar an schlecht gelaunte Soldaten entrichten musste. Mein Fahrer lächelte die Soldaten untertänig an, und ich gab mir Mühe, es ihm gleichzutun. Ich hatte gelesen, dass sich der Stamm der Wa weit bis ins 20. Jahrhundert hinein einen Spaß daraus gemacht hatte, vor ihren Dörfern die Köpfe getöteter Feinde auf Pfählen aufzuspießen. Zum ersten Mal hätte ich nichts dagegen gehabt, etwas burmesisches Militär in der Nähe zu haben – aber es war keines zu sehen. Mong La hatte sogar eine eigene Flagge, die schlaff an einer schiefen Bambusstange hing.

Als wir vorbei an Commander Lins prächtiger Residenz in die Stadt fuhren, kam ich mir vor wie in China. Jeder sprach chinesisch. Alle Ladenschilder waren auf Chinesisch. Die einzig akzeptable Währung war der Yuan. Die Burmesen hatten diesen Teil des Landes offenbar quasi an Peking abgetreten, vermutlich als Dank dafür, dass China im UN-Sicherheitsrat alle Resolutionen gegen Burma blockierte.

Chinesische Geschmäcker waren auch für den illegalen Tiermarkt im Zentrum der Stadt verantwortlich. Der Anblick von Leopardenfellen, Hundeskeletten, Bärenklauen, Wildkatzen, komatösen Kobras, elend aussehenden Adlern und anderen seltenen Tieren, die in winzigen Käfigen eingesperrt waren, war herzzerreißend. Ich hatte von Fisch- und Vogelmärkten gehört, wo Buddhisten ihr Karma verbessern, indem sie die Tiere kaufen und freilassen. Aber dies war kein solcher Markt. Hier ging es nur um Gaumenkitzel, Aberglauben und Quacksalberei.

Mein Fahrer machte mich mit einem Einheimischen bekannt, der mir die Stadt zeigen sollte. Charlie sprach gutes Englisch und trug westliche Kleidung. Seine Coolness grenzte an Lethargie, aber er schien ein gewisses Maß an Wohlstand erlangt zu haben, wie sein schicker Toyota bezeugte. Er war wahrscheinlich ein Zuhälter, und ein netter dazu.

»Yeah, ich habe gutes Geld verdient, als die Casinos noch offen waren und Mong La noch boomte. Aber die Tage guter Geschäfte sind vorbei.«

»Wie bitte?«

»Nun, die Casinos sind alle dicht«, sagte er traurig. »Mong La ist tot.«

Na super, dachte ich. Ich mal wieder am richtigen Ort zur richtigen Zeit! Mich umsehend stellte ich fest, dass die Stadt in der Tat wie ausgestorben schien. Auf den Straßen waren nie mehr als fünf oder zehn Leute zu sehen. Die Casinohotels, überdimensionierte Ungeheuer chinesischer Gegenwartsarchitektur, waren geschlossen. Ihre rosa Fassaden bröckelten bereits. Charlie erklärte, dass Peking die Schließung veranlasst und den Grenzverkehr eingeschränkt hat, nachdem der Gouverneur der benachbarten Provinz Yunnan in Mong La mit staatlichem Geld gezockt und ein Vermögen verloren hatte.

»Wir hatten ein großartiges Nachtleben hier. Fünf Diskotheken, in denen westliche Musik gespielt wurde. Das ist auch alles vorbei.«

»Gibt es auch gute Nachrichten?«

»Hmm. Einige der Huren sind noch hier, und ihre Preise sind um die Hälfte gesunken«, sagte Charlie und zeigte auf ein Gebäude, vor dem vier dünne schmollende Mädchen standen.

Die einzig verbliebene Attraktion der Stadt war ein Museum der Drogenbeseitigung, das Commander Lin jüngst eröffnet hatte. Deshalb hatte er Mong La zur opiumfreien Zone erklärt. Den Mann verfluchend ging ich in das brandneue Gebäude. Auf zwei Stockwerken hingen verblassende Fotos von Polizeirazzien, Heroinlaboren und beschlagnahmten Drogen. In einer Ecke lagen Wachsfiguren von verlausten, abgemagerten Süchtigen herum, die Opiumpfeifen rauchten. Die Message war klar. Aber gewiss war das Museum, so hoffte ich noch immer, nur ein Deckmantel für die fortgesetzte Opiumproduktion in Mong La.

»Kennst du einen Ort, wo wir Opium rauchen könnten?«, fragte ich Charlie so beiläufig wie möglich. Charlie sah mich argwöhnisch an, dann schüttelte er den Kopf. Inzwischen hielt er mich wahrscheinlich für einen etwas plumpen Agenten der amerikanischen Rauschgiftpolizei.

»Keim Opium mehr in Mong La – im Ernst?«, fragte ich ihn.

»Gar keins mehr«, bekräftigte er. »Opium gehört der Vergangenheit an.«

»Aber wenn alle Casinos dicht sind, woher bekommt Commander Lin denn jetzt Steuereinnahmen?«

»Das ist einfach«, sagte Charlie grinsend. »Amphetamine. Pillen, *ya ba*, Speed – wir produzieren für die Thais. Da liegt heutzutage das große Geschäft.«

»Amphetamine?«

»Ja«, sagte Charlie. »Sie sind billiger und einfacher herzustellen als Opium. Und die Gewinne sind größer. Opium – vergiss die Scheiße! Dafür bist du hier am falschen Ort.«

Wenige Stunden später verließ ich Mong La, überwältigt von Weltschmerz. Nun zerstörten die Chinesen auch die letzten lustigen Grenzstädte Asiens. Und alles, was die majestätischen Shan-Berge dieser Tage hervorbrachten, waren beschissene kleine Chemopillen. Dies waren banale Zeiten.

Von Burma reiste ich in den Norden Thailands. Dort hatte ich keine hohen Erwartungen. Auf westlichen Druck hin führte die thailändische Regierung seit Jahren einen aggressiven Kampf gegen Drogenkriminalität. Bei Polizeirazzien starben hunderte mutmaßlicher Drogendealer. Die Berge um die Stadt Chiang Mai waren inzwischen fast opiumfrei.

Einige Backpacker in Chiang Mai erzählten mir, sie hätten in der Hippiekolonie Pai Opium geraucht. Die Erfahrung sei allerdings teuer und enttäuschend gewesen. Entweder war ihnen von der Pfeife schlecht geworden, oder sie hatten gar nichts gemerkt. In anderen Worten, sie waren reingelegt worden. Unechtes Zeug war das Letzte, was ich wollte. Allein, es gab nichts anderes. Das ehemalige Opiumdorf Sop Ruak am Mekong hatten die Thais längst in eine kitschige Touristenattraktion verwandelt, wo an Souvenirständen kleine Opiumpfeifen aus Plastik und Hemden mit Mohnblumendesign verkauft wurden. Busladungen voller amerikanischer Touristen posierten neben Schildern mit der Aufschrift »Golden Triangle«. Es gab sogar ein Golden Triangle Paradise Resort mit Casino und Golfplatz. Die Thais sind sehr gut darin, *Farang*-Touristen alle möglichen Ersatzfreuden und falschen Vergnügungen zu verschaffen. In der Sexindustrie fand ich dieses Talent auch immer sehr sinnvoll und nützlich, aber mein Verlangen nach einer wahren Opiumerfahrung befriedigte es keineswegs.

Meine letzte Hoffnung war Laos. Schon als ich das laotische Ostufer des Mekongs erreichte, verlangsamte sich alles auf angenehmste Weise. Es gab einen Spruch in Südostasien, der die Entspanntheitsgrade der verschiedenen Völker dort perfekt beschrieb:

»Die Vietnamesen pflanzen den Reis. Die Kambodschaner sehen ihm beim Wachsen zu, und die Menschen in Laos hören ihm beim Wachsen zu.« (Und die Thais, dachte ich mir, verkaufen den Reis.) Seitdem die Franzosen Laos 1954 verlassen hatten, war hier nicht mehr viel passiert. Die meisten Menschen waren fromme Buddhisten, die fest daran glaubten, dass Denken zu Stress führe und zu viel Arbeit eine Sünde sei. Dagegen konnte man nicht viel einwenden.

Wie in Vietnam regierten auch in Laos alte Kommunisten, aber sie hatten klugerweise inzwischen Hammer und Sichel aus ihrer Nationalfahne herausgeschnitten. Seit Jahren debattierten sie nun schon darüber, womit man das dabei entstandene runde Loch füllen könnte, waren aber noch zu keinem Entschluss gekommen. An dem kleinen Grenzposten gleich oberhalb des Flusses füllte ich einen Visumsantrag aus. Als Beruf gab ich »Atomwaffeninspekteur« an. Die Grenzbeamten lächelten und winkten mich durch.

Die beste Aussicht auf anständiges Opium hatte ich in den Bergen im Norden von Laos, nahe der Grenze zu China. Da sich die einzige Straße dorthin in einem fürchterlichen Zustand befand und die Mekong-Fähren in der Trockenzeit nicht flussaufwärts fuhren, mietete ich ein Longtail-Boot. Der Besitzer hatte den Yamaha-Motor mächtig frisiert, sodass das Boot mit einem tiefen Röhren losjagte. Innerhalb von Sekunden erreichten wir eine Geschwindigkeit von 80 Kilometern pro Stunde – geil! An manchen Stellen war der Fluss keine fünf Meter mehr breit. Ganz nah schoss das Boot an den gewaltigen Granitfelsen vorbei, die über uns aufragten und unter der Oberfläche lauerten. Die Fahrt war ein einziger Nervenkitzel. Wasser spritzte mir ins Gesicht, mein Haar stand gerade nach hinten ab. Opium mag der Schlüssel zum Paradies sein, aber ich musste zugeben, dass auch Geschwindigkeit und Adrenalin ihren Reiz haben.

Auf 150 Kilometern markierte dieser Abschnitt des Mekongs die Grenze zwischen Burma und Laos. In diesem Niemandsland aus Wasser, Felsen, strahlend weißen Sandbänken und bewaldeten Bergen gab es bis auf zwei Dörfer mit primitiven Hütten keine Zeichen menschlicher Zivilisation. Ein paar alte chinesische Dschunken und kleine Schmugglerboote bildeten den einzigen Verkehr auf dem Fluss. An beiden Ufern waren die Hänge bedeckt mit Palmfarnen, Kastanienbäumen, Kokospalmen, Teak- und Maisong-Bäumen, die mit riesigen Lianen behängt waren und aus tausenden weißer Blüten dufteten. Die Natur war wild und menschenleer – eine selten gewordene Erfahrung auf unserem gequälten, übervölkerten Planeten.

Von Xieng Kok, einem verschlafenen Schmugglernest, trampte ich auf der Ladefläche eines Viehtransporters nach Muang Sing. Unter französischer Kolonialverwaltung wurde in dieser kleinen Stadt auf einer bergigen Hochebene einmal der größte legale Opiummarkt im ganzen Goldenen Dreieck abgehalten. In den umliegenden Dörfern wurde Opium noch immer als Medizin genutzt. Dort musste es doch den einen oder anderen ergrauten Großvater geben, der sich ab und an ein Pfeifchen gönnte. Die Frage war: Wie finde ich zu ihm?

Am nächsten Tag waren nur ein paar Einheimische mit olivgrünen Mao-Mützen auf der Straße zu sehen. Ich bezweifelte, dass es klug wäre, sie am hellichten Tag auf Drogen anzusprechen. Stattdessen beschloss ich, in die kühlere Bergluft zu wandern. Viele der Berghänge waren kürzlich brandgerodet worden, wobei eine unheimliche, von schwarzen Baumstümpfen durchsetzte Asche- und Mondlandschaft entstanden war. Wahrscheinlich sollten hier Kautschukplantagen für den chinesischen Markt angelegt werden.

Als ich das erste Dorf erreichte, in dem Menschen vom Bergvolk der Akha lebten, warf die Sonne bereits lange Schatten. Ich war so erschöpft, dass mich ein Bauer für eine Stärkung in sein Haus einlud. Sein Lächeln legte eine Reihe absichtlich geschwärzter Zähne bloß, was bei manchen laotischen Bergvölkern traditionell als Zierde galt, die die Menschen von weiß gezahnten Hunden unterscheiden sollte. Dankbar nahm ich die Einladung an. Am Eingang bemerkte ich an der Holzwand ein Poster eines Landsmannes, Papst Benedikts XVI. Katholische Missionare müssen es auf die armen Akhas abgesehen haben.

Lächelnd füllten mir die zwei jugendlichen Töchter des Mannes einen Becher mit Tee und einen Teller mit Reis. Die Mädchen trugen den verzwickten Kopfschmuck aus Silbermünzen und Eisennadeln – aber nicht einen Fetzen Stoff, um ihre hübschen Brüste zu verhüllen.

»Opium?«, fragte mich mein Gastgeber plötzlich.

Ich sah ihn an, sein überraschendes Angebot abwägend. Sein Stelzenhaus war gemütlich und hatte wahrscheinlich höchst harmonisches Feng Shui. In einer Ecke befand sich eine Feuerstelle zum Kochen, neben uns lagen Schlafmatten aus Rattan. Aber die samtene Opiumhöhle meiner Träume war dieses Haus nicht. Nur seine süßen Töchter kamen dem Ideal nahe.

»Ja, gerne«, sagte ich daher.

Wir legten uns auf die Rattanmatten. Aus einem Korb holte der Bauer eine stoffumwickelte Pfeife hervor. Mit dem runden Pfeifenkopf sah sie authentisch aus. Er zündete eine Öllampe an. Auch dies kam mir richtig vor. Er nahm ein Messer und begann schwarze Rußreste aus dem Pfeifenkopf zu kratzen. Den Ruß tat er in ein kleines Gefäß und streute aus einem kleinen Tütchen seltsames weißes Pulver darüber. Es war ein chinesisches Kopfschmerzmittel.

Ich rauchte mehrere Pfeifen von der bizarren Mischung meines Gastgebers. Der Schlüssel zum Paradies war es nicht.

Um richtiges *chandoo* zu bekommen, wie rauchfertige Opiumpaste in Südostasien genannt wird, muss man das rohe Opium, nachdem es als harziger Saft von den Samenköpfen der Mohnpflanzen abgeschabt wird, einem zehntägigen Reinigungsprozess unterziehen. Indem man es kocht, filtert und ablagern lässt, extrahiert man die aktiven Alkaloide. Diese Arbeit muss meinem Gastgeber zu aufwändig gewesen sein. Dank des chinesischen Aspirins bekam ich immerhin keine Kopfschmerzen.

Da ich auch sonst keinerlei Wirkung verspürte, dankte ich meinem Gastgeber und seinen zauberhaften Töchtern und erhob mich. Etwas unstet ging ich die Treppe herunter und benötigte auch recht lange, um die Straße nach Muang Sing wiederzufinden. Ganz klar in der Birne war ich jedenfalls doch nicht.

Zum Glück bot mir ein Trucker an, mich mitzunehmen. Dankbar sprang ich auf die Ladefläche, wo vier von den Feldern zurückkehrende Landarbeiter saßen; schlanke, sehnige Männer in erdverkrusteten Lumpen, die von der harten Arbeit in der Sonne erschöpft waren. Aber sie waren vergnügt und freundlich. Unser Gespräch erforderte viel Zeichensprache, aber wir kamen gut klar. Einer von ihnen, der sich Miko nannte, fragte mich, ob ich wohl Lust hätte, später mit ihnen noch eine Pfeife zu rauchen. Und ob ich Lust hatte!

Zur vereinbarten Stunde holte mich Miko vor meinem Gästehaus ab und ging voran in die mondlose Nacht. Ich folgte ihm mit diskretem Abstand, während ich mir den Zickzackkurs durch die dunklen und verlassenen Gassen einzuprägen versuchte. Ich fragte mich, ob ich ihm vertrauen konnte. Nach etwa zwanzig Minuten erreichten wir am Rande der Stadt ein Stelzenhaus aus Holz. Über der offenen Veranda hing Wäsche. Miko öffnete die Tür zu einem kleinen Schuppen. Ein süßer Geruch traf meine Nase. Die einzige Lichtquelle war eine Öllampe, deren Flamme tanzende Schatten an die Bretterwände warf. In einem Durcheinander aus Gartengeräten, einer Leiter und mehreren Motorrädern lagen drei Männer auf alten Matratzen. Ich erkannte die Feldarbeiter vom Lastwagen. Sie hatten glasige Augen und verhielten sich still.

Es war an der Zeit, die kultivierten Städter aus meinen romantischen Pfeifenträumen zu vergessen, ebenso die Brokatvorhänge und samtenen Kissen, die Harfen und Flöten, auch die fellatiofreudigen Nymphen. Diese Männer waren meine Gesellschaft an diesem Abend, und dies war meine Opiumhöhle. Ein Geräteschuppen.

Nach der dritten Pfeife war das alles total in Ordnung. Fasziniert sah ich Miko dabei zu, wie er die nächste Pfeife für mich vorbereitete. Erst beschnitt er den Docht der Öllampe, damit die Flamme die richtige Höhe und Hitze hatte. Dann nahm er einen kleinen Krümel der braunen Opiumpaste, den *chandoo*, und legte ihn um eine Metallspindel. Er hielt sie direkt über die Flamme und knetete den Krümel mit zwei Fingern vorsichtig in eine weiche Kegelform. Dann stopfte er das Opium in den Pfeifenkopf und reichte ihn mir. Ich legte mich auf die Seite. Es war nicht die bequemste Lage, aber es war doch würdevoller, als auf einer öffentlichen Toilette zu knien und Koks zu ziehen.

Meine Lippen schlossen sich um das Mundstück. Dann hielt ich den Pfeifenkopf schräg über die Flamme. Als der Opiumkrümel gerade zu brutzeln begann, sog ich den Rauch ein. Verglichen mit

Kiffen war das Inhalieren harte Arbeit, weswegen Opiumsüchtige auch hohle Wangen haben. Der Rauch hatte nichts von der beißenden Derbheit von Zigarettenqualm. Er war eher wie ein milder und schmackhafter Dampf, vergleichbar mit dem einer *Schischa*, und ich behielt ihn lange in der Lunge.

Mit geschlossenen Augen lehnte ich mich zurück und spürte, wie sich meine Glieder entspannten. Während mein Blut die Opiate aufnahm, gab es keinen Rausch. Wohl empfand ich einen stärker werdenden Buzz, aber ich war nicht *stoned*. Es war, als ob liebliche kühle Luft in meinen Geist und mein Herz gefächelt würde, wie eine Morgenbrise am Meer. Das Opium machte mich nicht gesprächig, euphorisch, paranoid oder besonders perzeptiv. Es gab mir nur das Gefühl, dass alles so, wie es war, gut sei. Völlig entspannt lag ich da und summte leise Lou Reeds »Perfect Day« vor mich hin.

Heiter und unfähig, auch nur einen negativen Gedanken zu fassen, so fühlte ich mich. Alle Sorgen fielen von mir ab. War es dieser Zustand, von dem Greene und andere Opium-*aficionados* geschwärmt hatten? War es das verheißene himmlische Glück? Mag sein, keine Ahnung. Glück ist ein scheues Vögelchen, das sich nicht einfach herbeirufen lässt.

Die Männer und ich redeten nicht viel. Mussten wir ja auch nicht. Wir tauschten hin und wieder ein Lächeln, während sie die Pfeifen präparierten. Ah, die Gesellschaft schweigender Männer. Eine Stunde verging. Nachdem ich etwa zehn Pfeifen geraucht hatte, erhob ich mich, dankte Miko und gab ihm etwas Geld für die ihm entstandenen Unkosten. Er fragte mich, ob ich mich an den Rückweg zum Gästehaus erinnern würde. Ich nickte.

Wie ich durch die leeren Straßen von Muang Sing ging, blickte ich zu den Sternen empor, die in der schwarzen Nacht hell funkelten. Diese Sterne waren auf fast allen meinen Reisen über mir gewesen. Ich fand den Nordstern und stellte mir vor, dass ihn Laila in Hanoi im selben Moment ansah.

Auf der Suche nach Asiens letzter Opiumhöhle war ich durch fünf Länder gereist und hatte sie schließlich in einer windigen Kleinstadt in den Bergen von Laos gefunden. Opium war eine wunderbare Droge der Natur, aber sie war hoffnungslos anachronistisch. Wer an

Koks oder Ecstasy gewöhnt ist, wird von Opium nicht überwältigt sein. Seine Wirkung ist zu fein, um aufregend zu sein, zu subtil, um den faulen Geist zu entlasten, und zu schwer fassbar, um die Leere zu füllen, wo die Seele sein sollte. Die heitere Klarheit, um dies zu begreifen, verdankte ich allerdings dem Opium selbst.

An einem anderen Ort zu einer anderen Zeit wäre dies eine enttäuschende Erkenntnis gewesen. Als ich jedoch in jener Nacht in mein Gästehaus zurückkehrte, nahm ich sie frohen Herzens an. Es war tiefste Nacht, der Sonnenaufgang noch Stunden entfernt. So ging ich auf die Dachterrasse und drehte mir in aller Ruhe einen netten altmodischen Joint.

RUSSLAND X

Anfang August, sechs lange Wochen nach meiner Abfahrt aus St. Petersburg, erreiche ich mein Ziel, Wladiwostok. Das einstige »Paris des Pazifiks«, gleich nördlich von Korea gelegen und lange für Ausländer gesperrt, erstreckt sich wie San Francisco über mehrere Hügel, aber bei meiner Ankunft ist die Stadt in dichten Küstennebel gehüllt. Vom Balkon meines schäbigen Sowjet-Hotels kann ich keine zehn Meter weit auf das Japanische Meer hinausblicken.

Am Nachmittag beschließe ich, zum Hafen runterzugehen. Die Straßen von Wladiwostok, dieses Außenpostens des russischen Imperiums acht Zeitzonen östlich von Moskau und mitten in Asien, sehen genauso aus wie in jeder anderen Stadt auf meiner Reise. Auch die Menschen hier sehen genauso aus wie ihre Landsleute im europäischen Russland: blass, abgerissen und hoffnungslos. Dieselben Gesichter und dieselben Orte, wo immer ich hingehe! Kein Wandel, kein Fortschritt, nur sinnlose Wiederholung. Bin ich diesen weiten Weg gereist, fast 10 000 Kilometer in ratternden alten Zügen, nur um wieder am Anfang zu landen?

Wladiwostok ist der Stützpunkt für die russische Pazifikflotte. Um einen Blick auf die Kriegsschiffe zu werfen, gehe ich an Bord einer der Fähren, die zu den Inseln entlang der Küste rausfahren. Wie die anderen Passagiere stehe ich auf der offenen Ladefläche, rauche eine Zigarette und starre schweigend in den Nebel. Abgesehen von zwei rostigen Fregatten gibt es auf der Fahrt durch den Hafen nicht viel zu bestaunen. Obwohl es einer der größten Häfen des Landes ist, sind nur wenige Exportprodukte zu sehen. Russland produziert nichts, was die Welt braucht, außer Brennstoffen und Waffen. Stattdessen liegen auf den Pieren gigantische Berge Metallschrott, der als Baumaterial für neue Fabriken nach China verschifft wird. Wenn die Sowjetunion etwas im Überfluss hergestellt hat, dann Stahl. Nach dem Abriss des Sowjetreichs werden nun seine Ruinen von einem neuen Reich gefressen.

Als die Fähre aus dem Hafen heraus in die Bucht fährt, verschwinden die Kräne und Schiffe im dichten Küstennebel. Nur noch von amorpher weißer Masse umgeben, pflügt die Fähre durch die Wellen, einem unsichtbaren Ziel entgegen. Hin und wieder tauchen die grauen Konturen vor Anker liegender Schiffe auf, um gleich darauf wieder vom Nebel verschlungen zu werden.

Wladiwostok markiert den Wendepunkt in Hans-Heinrichs russischer Kriegsgefangenschaft. Im November 1917 wird er von Chabarowsk in ein Lager hierherverlegt. Einige Wochen später, wieder mitten im Winter und wieder in einem Güterzug, geht es dann auf die Rückreise nach Westen. Über die Mandschurei und Mongolei, von Irkutsk quer durch Sibirien nach Omsk, über Ufa und Moskau werden die Gefangenen nach St. Petersburg gebracht. Wieder warten sie unterwegs viele Tage oder Wochen auf irgendwelchen Bahnhöfen auf die Weiterfahrt, wieder sind sie in den Güterwagen zu 26 Leidensgefährten auf zwei Lagen Pritschen zusammengepfercht. Aber wegen des politischen Chaos und des beginnenden Bürgerkriegs in Russland ist die Fahrt noch viel strapaziöser als im Winter zuvor. Niemand fühlt sich für die Verpflegung der Gefangenen zuständig. Nur den schwedischen Transportbegleitern des Roten Kreuzes, die unermüdlich mit den Russen verhandeln und Nahrung besorgen, verdanken die Gefangenen ihr Überleben. Am 28. Januar 1918, nach 67 Tagen Fahrt, kommen sie endlich in St. Petersburg an.

In seinem ersten Brief vom 31. Januar 1918 schreibt Hans-Heinrich den Eltern: »Hier sorgt das schwedische Rote Kreuz genau wie auch auf der Reise in vorbildlicher Weise für uns, sonst wären wir bei dem jetzigen unglaublichen Durcheinander, das die übliche normale russische Lodderei noch ganz erheblich übersteigt, schon längst verhungert.« Die Lage in St. Petersburg ist noch immer revolutionär. Erst zwei Wochen zuvor haben die Bolschewiki die noch Ende November 1917 neugewählte verfassungsgebende Versammlung gewaltsam aufgelöst, nachdem sie bei den Wahlen keine Mehrheit erlangt hatten. Der Volkskommissar für Militärwesen, Leo Trotzki, gründet die Rote Armee und führt zugleich im weißrussischen Brest-Litowsk die Verhandlungen mit den Mittelmächten, um den seit Dezember gültigen Waffenstillstand an der Ostfront in einen dauerhaften Frieden umzuwandeln. Dadurch hoffen Trotzki und Lenin die bolschewistischen Kräfte zu sammeln, um den konterrevolutionären Widerstand im eigenen Land niederzuschlagen und die Weltrevolution in Gang zu bringen.

Zu alldem schreibt Hans-Heinrich im Februar an die Eltern: »Die Zustände in Petersburg wie in Rußland überhaupt sind fast noch schrecklicher wie die Schilderungen in den Zeitungen. Man kann leicht aus irgendeinem Grunde mal eben totgeschlagen werden. Danach kräht ja jetzt kein Hahn, Menschenleben gelten nichts bei diesen Tieren. Trotzdem sind wir ohne Verlust (abgesehen von Krankheit) durchgekommen.« Das ist alles. Wie gerne würde ich noch mehr erfahren von den Zuständen während der russischen Revolution! Wie wenig Zeitzeuge Hans-Heinrich darüber schreibt, ist frustrierend. Weder politische Analysen noch eindrückliche Beschreibungen finden sich in seinen Briefen. Begriff Hans-Heinrich nicht, welchem welthistorischen Ereignis er in St. Petersburg beiwohnte? Vermutlich nicht. Als Enkel muss ich einsehen, dass mein Großvater weder literarisches Talent noch politischen Verstand hatte. Es fehlte ihm überhaupt die Fähigkeit zum kritischen Nachdenken. Bezeichnend ist ein Brief aus St. Petersburg vom 3. Februar 1918: »Hier atmet man ordentlich auf. Wir können uns in gewissen Grenzen die Stadt ansehen und haben auch sonst weit mehr Freiheiten wie bisher. Ich freue mich auf die Rückkehr in die Heimat und an die Front.«

Die Heimat und die Front, das sind Begriffe, mit denen Hans-Heinrich etwas anfangen kann, und darüber macht er sich Gedanken, wie etwa in einem Brief an die Eltern vom 6. Februar 1918: »Ihr ahnt ja gar nicht, wie ich mich auf den Augenblick freue, wo ich mein Erbe wiedersehe.« Sein Erbe wiedersehen, bis dahin gefällt der Brief seinen Eltern bestimmt, doch dann kommt der Knaller: »Dann möchte ich gern wieder zu Felmy nach Palästina bzw. in seine Nähe, damit ich noch etwas von der Welt sehe. Dann hätte ich wenigstens außer West- und Ostfront noch einen anderen und zwar außereuropäischen Kriegsschauplatz gesehen und auch noch etwas zu erzählen, wenn mir die Kameraden von Rumänien, Serbien, Mazedonien und Italien ihre Heldentaten berichten.«

Ja, ist es denn zu fassen? Was waren das für sonderbare Männer, die so redeten, was war das für eine Zeit? Nach fast vier Jahren Krieg mit Millionen Toten und Verwundeten und nach mehr als zwei Jahren eigener Gefangenschaft denkt Hans-Heinrich darüber nach, wo er weiterkämpfen kann? Hat er denn immer noch nicht genug vom Krieg? Das kann doch nicht wahr sein! Und dieses Mal bitte schön einen außereuropäischen Kriegsschauplatz, um noch etwas von der Welt zu sehen. Der Krieg als großes Spiel, als Schnitzeljagd für unbelehrbare Jungs – um noch immer so denken zu können, muss man wohl wirklich die Jahre 1916 und 1917 in ruhigen russischen Lagern verbracht haben anstatt in den Schützengräben von Verdun. Die Westfront fehlt ja interessanterweise auch in Hans-Heinrichs Aufzählung von Orten, von denen die Kameraden ihm ihre Heldentaten berichten.

Am 13. Februar 1918 wird Hans-Heinrich an der russisch-deutschen Frontgrenze mit etwa hundert anderen deutschen Offizieren gegen 800 russische Mannschaften ausgetauscht, »welche allerdings wegen meist fehlender Glieder – Hände, Füße, Arme, Beine und selbst Augen – einen noch kläglicheren Eindruck machten als wir«. Der Zeitpunkt für den Austausch ist glücklich gewählt, denn schon fünf Tage später endet der Waffenstillstand an der Ostfront. Nach Trotzkis Weigerung, einen Diktatfrieden zu akzeptieren, marschieren die Truppen der Mittelmächte mit der »Operation Faustschlag« tief nach Sowjetrussland ein und besetzen Minsk und Kiew. Kurz darauf stimmen die Bolschewiken eilig dem Friedensvertrag von Brest-Litowsk zu, in dem Russland fast ein Drittel seines damaligen europäischen Territoriums verliert.

Hans-Heinrich hingegen trifft in Wilna ein, von wo er 27 Monate zuvor losgeflogen war. Sogleich schickt er eine Karte nach Hause: »Hurra, ich bin wieder im lieben teuren Vaterlande. Mein Glück zu beschreiben ist unmöglich. Heute Nachmittag habe ich die neutrale Zone und dann die deutschen Linien überschritten … Eben sind wir in unserem neuen Quartier untergebracht. Es ist wunderhübsch, ein Sommersitz des ehemaligen Zaren mit gradezu herrlichem Park.«

Nach einem Bad meldet sich Hans-Heinrich bei seiner ehemaligen Fliegereinheit zurück, und der neue Kommandeur teilt ihm mit, dass ihm für den schicksalhaften Flug im Dezember 1915 das Eiserne Kreuz Erster Klasse zuerkannt werde. »Welch ein schöner Willkommensgruß!«, freut sich Hans-Heinrich. Auch sein alter Kamerad Wegener steht in Wilna plötzlich wieder vor ihm. Er hat eine noch abenteuerlichere Reise hinter sich. Nach der Abfahrt aus Wladiwostok blieb sein Güterzug in Tomsk stecken. Da er in der Gefangenschaft konsequent Russisch gelernt hatte, beschaffte sich Wegener russische Kleidung und flüchtete aus Tomsk. Auf eigene Faust und meist zu Fuß schlug er sich dann im revolutionären Wirrwarr die 3500 Kilometer bis zur deutschen Front durch – eine tollkühne Leistung. Hans-Heinrich wird bis zu Wegeners Tod in den Sechzigern mit ihm befreundet bleiben.

Auf Gut Ankelohe erwarten Helene und Theodor sehnsüchtig die Heimkehr ihres jüngsten Sohnes. Mitte März kann die Mutter ihn dann am Bahnhof in Hannover wieder in die Arme schließen: »Endlich war er da und ich hatte meinen lieben guten Hansjungen in meinen Armen«, schreibt sie in ihr Tagebuch. »Er war sehr schmal geworden und sah mich aus tiefliegenden Augen glücklich an.«

Wie sich Hans-Heinrich und sein Vater Theodor bei ihrem Wiedersehen auf Ankelohe begrüßen (warme Umarmung oder fester Händedruck?) und ob Hans-Heinrich seinen Genesungsurlaub zu Hause genießt, kann ich nur vermuten, denn hier brechen die Schriftzeugnisse ab. Im letzten Brief, den er Ende Februar aus Warschau abschickt, bekräftigt Hans-Heinrich, dass er so bald wie möglich an die Front zurückwill. Schon in Warschau kauft er sich eine neue Uniform und bittet die Eltern, seine guten braunen Militärschnürstiefel von Ankelohe nach Berlin zu schicken, damit er sich vor seiner Meldung bei der Inspektion dort umziehen kann.

Zu seinem Bedauern wird er bei der Inspektion als vorerst nicht frontfähig eingestuft. Man verordnet ihm eine Erholungskur und kommandiert ihn später zum Dienst in der Leibgarde von Frau von Hindenburg ab. Die Aussichten auf einen weiteren Fronteinsatz

Hans-Heinrich als preußischer Kadett,
um 1903 ...

schwinden, zumal sein alter Vorgesetzter, Hauptmann Felmy, inzwischen aus Palästina abgezogen worden ist. »Das bedaure ich sehr«, schreibt Hans-Heinrich. »Ich habe immer das Gefühl, daß ich nach so langer Untätigkeit so bald wie möglich wieder an meine Arbeit und meine Pflicht müsse.« Damit wird Hans-Heinrich dann allerdings, da der Erste Weltkrieg im November 1918 endet, bis zum Zweiten Weltkrieg warten müssen.

Seine Neugier auf möglichst viele verschiedene Kriegsschauplätze, so fremd sie uns heute sein mag, kann ich irgendwie auch verstehen. Wie mein Großvater habe auch ich Kriege als Möglichkeit

… und als Oberstleutnant der Wehrmacht, um 1943

gesehen, die Welt kennenzulernen. Wie er den Soldatenberuf, so habe ich den Journalismus dazu benutzt, um viel herumzukommen und zu erleben. Vielleicht sind Hans-Heinrich und ich uns doch ähnlicher, als ich immer dachte? Oder ist es nur das unternehmungslustige Alter, das wir hier gemeinsam haben? Mit Ende zwanzig ändert sich der Mensch. Denke ich etwa an meine Reise nach Laos zurück oder an Südamerika, dann frage ich mich heute: War das wirklich ich? War ich das, der da mit den Drogenbossen in der Favela in Rio de Janeiro getanzt hat, oder war das ein anderes Selbst? Der Junge, der ich mal war, kommt mir heute nicht nur viel jünger vor, sondern wie ein völlig anderer Mensch, fast wie ein Fremder. Alle sieben Jahre häutet sich ein Mensch, heißt es, indem er jede Zelle im Körper austauscht. Mir kommt es vor, als hätte ich in den vergangenen Jahren gleich mehrmals meine Haut abgeworfen.

Neben den Geschichten, die ich hier aufgeschrieben habe, steigen oft noch viele weitere intensive Erinnerungen in mir hoch, ein Kaleidoskop aus Gesichtern und Emotionen. Da sind die kaschmirischen Flüchtlinge in einem Lager auf der pakistanischen Seite, die auf ihrer Flucht aus Indien durch Minenfelder gerannt waren. Viele waren in die Luft gejagt worden, wie sie mir erzählten, wurden aber von ihren Freunden weitergeschleppt. Als ich die Flüchtlinge im Verdacht hatte, ihre Geschichten zu übertreiben, zogen sie langsam und schweigend, einer nach dem anderen, ihre *salwar kamiz* hoch, um mir ihre Holzbeine zu zeigen.

Das nächste Bild stammt von einer Privatparty in Karatschi mit losen Mädchen und schwulen Jungs, die meine Vorstellungen vom Leben im islamischen Pakistan komplett auf den Kopf stellten. Ich habe eine verschwommene Erinnerung an einen Gast, den Sohn des Polizeichefs von Karatschi, der auf der Party eine Beretta-Pistole hervorholte und darauf bestand, mit mir russisches Roulette zu spielen. Betrunken und *stoned*, fuhren wir dann an einen Strand, von wo der Kerl mit der Beretta auf Fischer in ihren Booten schoss, die zum Glück außer Reichweite fuhren.

Dann entsinne ich mich einer surrealen Kleinstadt in den albanischen Bergen, in der nur pensionierte kommunistische Weltkriegspartisanen lebten. Mehr als zehn Jahre nach dem Fall der Berliner Mauer schmetterten da diese alten Männer in verblichenen Anzügen und Lederhüten noch immer sozialistische Lieder, die Fäuste in die Höhe gereckt, und zeigten mir stolz Fotos von ihrem Führer, dem längst verstorbenen Diktator Enver Hodscha. Das wiederum erinnert mich an das Bild von Che Guevara, das im Schlafzimmer von Angel hing, einem kleinen Gangster, den ich auf Kuba kennenlernte. Eines Abends nahmen wir zusammen rumhaltige Drinks in einer Bar mit Mädels in Santiago de Cuba, als die Polizei hereinstürmte und Angel wegen Zuhälterei festnahm. Ich verbrachte die halbe Nacht auf der Polizeiwache und beschwor die verwunderten Polizisten, Angel wieder freizulassen. Als sie meinen neuen Freund schließlich gehen ließen, dankte er mir feierlich. Danach führte er mich in eine dunkle Gasse, raubte mich aus und verschwand.

So viele tolle und sonderbare Menschen, so viele großartige Orte: das Jam-Minarett in den Bergen nahe Herat, Afghanistan; der glorreiche Registan-Platz in der Seidenstraßen-Stadt Samarkand, Usbekistan; die gigantischen goldenen Statuen von Turkmenbashi, den mittlerweile verstorbenen Diktator von Turkmenistan; die überwältigende Umayyaden-Moschee in Damaskus; das mysteriöse Machu Pichu in Peru; der Nil zwischen Luxor und Assuan; das zauberhafte Taj Mahal; die Chinesische Mauer und, faszinierender als alles andere, das unglaubliche Angkor Wat im kambodschanischen Dschungel. Und welch größere Freude gibt es, als auf einem Toyota-Truck durch die Taklamakan-Wüste zu rasen?

Bei aller Schönheit habe ich auch einen Planeten gesehen, den die sich immer breiter machende Menschheit rasant zerstört. Um des Geldes willen werden noch die letzten Reste heiler Natur vernichtet und Tierarten ausgerottet. Dabei vernichten die Menschen ihre eigenen Lebensgrundlagen. Milliarden Menschen müssen gerade in den Megastädten der armen Länder unter trostlosen, erbärmlichen Umständen leben. Seit ich in Lagos, Bombay und São Paolo gewesen bin, weiß ich, was für mich die Hölle ist. Seitdem habe ich Deutschland neu zu schätzen gelernt.

Welches Glück haben wir doch, in einem Land zu leben, das mit mildem, regenreichem Klima, fruchtbarem Boden sowie ausreichend Trinkwasser und Nahrung gesegnet ist! Dies sind kostbare Geschenke, ganz zu schweigen von unserem immensen wirtschaftlichen Reichtum. Auch weiß ich heute, wie froh wir sein können, einen politisch stabilen Rechtsstaat zu haben mit einem funktionierenden Bildungs- und Gesundheitssystem und ohne die Korruption, die so viele Gesellschaften der Welt zerfrisst. Früher habe ich dies alles für selbstverständlich gehalten. Ich musste erst Jahre durch die übrige Welt ziehen, um zu begreifen, in welch einem Paradies wir in Deutschland leben.

Von den Naturwundern der Erde beeindruckten mich immer am meisten schroffe, majestätische Berge: die Anden, die Drakensberge, die Rocky Mountains, der Pamir, der Karakoram und der Himalaja. Die Berge des Hindukusch haben sich vor allem als tödliche Hindernisse am Ende der Startbahn des Kabuler Flughafens in mein Gedächtnis eingebrannt. Einmal habe ich Kabul an Bord einer gecharterten Antonov-124 verlassen, dem größten Transportflugzeug der Welt. Mit mehreren UN-Lastwagen und anderer schwerer Fracht beladen, brauchte das Flugzeug eine Ewigkeit, um von der Piste abzuheben. Um ein Haar streiften wir die Berggipfel.

An die vielen haarsträubenden Flüge mit Himmelfahrts-Airlines in Afrika und der ehemaligen Sowjetunion will ich gar nicht denken. Meine lebenslange Bewunderung gilt dem Piloten von Tajikistan Airlines, der uns in seiner Yak-40 heil durch die Pamirschluchten bis zur afghanischen Grenze gesteuert hat. Auch die ukrainischen Piloten der von der UN gecharterten russischen MI-8-Helikopter sind meine Helden. Jeweils ein paar Tage nachdem ich mit ihnen geflogen bin, sind gleich zwei dieser klapprigen Hubschrauber, einer in Sierra Leone und einer in Georgien, abgestürzt oder wurden abgeschossen. Dringend warnen muss ich allerdings auch vor einer kommerziellen Fluglinie, China Airlines, mit der Laila und ich auf einem grauenhaft turbulenten Nachtflug von Tokio nach Schanghai beinahe abgestürzt sind.

Auch per Schiff war es oft haarig. Das Kaspische Meer von Baku nach Turkmenistan habe ich auf einem rostigen sowjetischen Dampfer überquert und auf dem Amazonas mit einer Barkasse Drogenschmuggler zwischen Peru und Kolumbien gejagt. Unvergessen ist der Nachmittag, an dem ich ein Schnellboot mietete, um versenkte Öltanker im Nigerdelta zu finden. Kaum steckten wir tief in den krokodilverseuchten Mangrovensümpfen, da schalteten der nigerianische Bootskapitän und sein muskulöser Kompagnon die Yamaha-Motoren aus, um die Mietgebühr nochmal neu zu »verhandeln«. Innerhalb von wenigen Minuten gab ich ihnen jeden einzelnen Dollar, den ich bei mir trug. Die Alternative wäre gewesen, allein zurückzuschwimmen.

Heute bin ich überwältigt von den vielen verschiedenen Orten und Menschen, die ich in relativ kurzer Zeit kennengelernt habe. Vielleicht hatte mein afghanischer Freund Baqi recht, und ich rannte tatsächlich umher wie ein kopfloser Hengst – aber ich habe mich in meinem Leben nie freier gefühlt. Ich tat, was mir gefiel, das war meine Freiheit. Im Rückblick erkenne ich allerdings einen Knick in meinen Wanderjahren: den Krieg im Irak. Der Krieg und meine Reise durch das Land waren deprimierende Erfahrungen, nach denen für mich vieles nicht mehr wie vorher war. Zugleich gewöhnte ich mich im Irak endgültig an den gefährlichen Adrenalin-Dauerrausch von Kriegsgebieten, sodass ich meine danach folgenden Arbeitsreisen durch Südamerika zunächst als langweiligen *come down* empfand. Es störten mich die scheinbare Normalität und der Anblick von Touristen, die ich bisher nie hatte sehen müssen. Wieder suchte ich also die geheimen Pfade, die mich zu Killern und Abenteuern führen würden. Wieder brauchte ich die Kicks und Thrills. Um die Erfahrung zu intensivieren und die Langeweile zu bekämpfen, konsumierte ich immer mehr Marihuana und Kokain. Aber die innere Leere, die sich seit dem Krieg im Irak in mir aufgetan hatte, ließ sich auch mit Drogen nicht füllen.

Wie sollte es weitergehen?, fragte ich mich immer öfter. Wer war ich, und wohin ging mein Weg? Oft habe ich mir vorgestellt, wie es wäre, Ankelohe zu vergessen, dauerhaft auszuwandern und mich in New York oder sonstwo niederzulassen. Schließlich fühlte ich mich an so vielen Orten der Welt zu Hause. Auf welche Bahn mein Leben dann wohl geraten würde? Oft beneidete ich die kosmopolitischen Globalnomaden unter meinen Freunden, die alle Verbindungen zu ihren Herkunftsorten gekappt hatten. Aber dann wiederum merkte ich, dass ich nicht so entwurzelt sein konnte wie sie. Meine Versuche, eine Identität zu entwickeln oder zu erfinden, die nichts mit Deutschland oder Ankelohe zu tun hatte, waren gescheitert. Mehr noch: Mit den Jahren fand ich Deutschland gar nicht mehr so schlecht und hörte auf, mein Deutschsein zu leugnen und mich als Engländer auszugeben. Ich begriff, dass Identitäten dynamisch sein können, und so wurde ich eben wieder etwas deutscher, warum auch nicht? Was mich am meisten nach Deutschland zurückzog, war Ankelohe. Meine Besuche dort wurden wieder häufiger, meine Aufenthalte länger. Es ließ sich nicht leugnen: Ankelohe war und blieb mein Sehnsuchtsort. Manchmal hatte ich jetzt sogar Heimweh.

Der Wendepunkt in meiner Laufbahn ereilte mich endgültig in Vietnam, als ich endlich das Fürchten lernte. Bis dahin hatte ich nie Todesangst empfunden und mich sogar unverwundbar gefühlt, nicht weil ich besonders mutig war, sondern schlicht unfähig, mir Gefahr oder Tod vorzustellen. Das hat sich seit jener Nacht in Hanoi gründlich geändert. Dorthin war ich wenige Wochen nach meiner Bandscheibenoperation im Frühjahr 2006 gereist. Gegen den Rat der Ärzte glaubte ich, als Reporter so weitermachen zu können wie zuvor. Ich wollte nicht begreifen, dass im unteren Rücken das physische und spirituelle Kraftzentrum des Menschen liegt, aus dem wir unseren Antrieb beziehen. Obwohl der Chirurg meine Wirbelsäule reparieren konnte, hatte ich offenbar viel von jener Kraft verloren, die mich über die Jahre auf Achse hielt und die auch irgendwie Leute davon abzuhalten schien, mir etwas anzutun. Als ob ich all die Zeit unter einem Zauber gelebt hatte, der nun jedoch wie mein Rücken gebrochen war.

Nichts davon war mir bewusst bis in jener Nacht, als ich in die schäbige Karaokebar trat, die zugleich als illegales Bordell zu fungieren schien. Ich war betrunken und suchte weibliche Gesellschaft. Ich wurde eine Treppe hoch in einen Raum mit einem schwarzen Ledersofa geführt. Eine Truppe junger Frauen trippelte herein, jede trug eine Nummer. Ich wählte eine aus, die sich neben mich setzte und mir ein Mikrofon gab, um mit mir Popsongs aus den 1980er-Jahren zu singen. Darunter war, wie ich mich erinnere, »Lady in Red« von Chris de Burgh. Die Nacht schien ihren zweifelhaften Reiz zu entfalten. Da erschien der Barmanager mit der Karaoke-Rechnung, und der Ärger ging los.

Die Rechnung belief sich auf mehr als hundert Dollar, das meiste davon für den Genuss von Süßigkeiten aus einer Schüssel auf dem Tisch. Wir hätten kaum davon gegessen, protestierte ich, woraufhin der Manager auf einen Berg von Bonbonpapier unter dem Tisch deutete. Der Schwindel war so durchschaubar, fast schon niedlich, dass ich auflachen musste. Ich beschloss zu gehen. Auf der Treppe kamen mir drei Männer entgegen und drängten mich zurück in den Raum. Einer der Männer sah besonders aggressiv aus. Der Manager riet mir, das Geld für die Rechnung rauszurücken, aber ich lehnte ab und versuchte, dabei nun möglichst böse zu gucken. Als der aggressive Mann mir Schläge androhte, lachte ich wieder, wie über einen gemeinsamen Scherz. Dann wies ich sie darauf hin, dass sie als Vietnamesen ja kaum halb so groß wie ich waren. Um dies zu verdeutlichen, legte ich meine Hand auf den Kopf des aggressiven Mannes. Das war ein Fehler.

Wie ein Karatekämpfer schlug er mir hart in den Bauch und versetzte mir einen gezielten Tritt in den Unterleib. Vor Schmerz wurde ich beinahe ohnmächtig und rang nach Luft. Was war geschehen, was war hier los? Jemand hatte mich tatsächlich körperlich angegriffen. Ich war total geschockt und wehrlos, so etwas hätte ich niemals erwartet. Als Nächstes sah ich, wie einer der Typen ein langes Messer hervorholte. Die Dinge gerieten außer Kontrolle und liefen zugleich in Zeitlupe ab. In dem Moment bekam ich Angst, große Angst, so wie ich sie noch nie empfunden hatte: Todesangst. Sie zwängte meine Brust ein, schnürte mir den Hals zu. Mein Herz raste. Ich griff nach meinem Portemonnaie, gab ihnen das Geld und bat den Manager, mich gehen zu lassen. Sie zerrten mich die Treppe herunter und warfen mich hinaus. Ich rannte durch die Straßen Hanois, bis ich ein Taxi fand. Im Hotel trank ich mich in den Schlaf.

Als ich am nächsten Morgen erwachte, war die Angst gleich wieder da. Den ganzen Tag über blieb ich in meinem Zimmer. Schon zuvor war ich ausgeraubt und körperlich bedroht worden, aber da ich Drohungen und Gefahrensituationen nie ernst nahm, war ich immer ohne eine Schramme davongekommen. Jetzt hatte jemand meinen Bluff entzaubert und mich tatsächlich geschlagen. So wurde mir endlich klar, welch unglaubliches Schwein ich all die Jahre zuvor gehabt hatte. Wenn ich mein Schicksal allerdings zu dreist herausforderte, konnte auch Vater seine schützende Hand nicht mehr über mich halten. Endlich hatte ich meine Naivität verloren und gelernt, Angst zu haben und mich vor Gefahr in Acht zu nehmen. Ich war kein Übermensch, sondern verwundbar. Endlich war ich ein Mann geworden.

Heute bin ich froh über den Verlust meiner furchtlosen Unschuld, denn was ist ein Mann, der nicht weiß, was das Böse ist? Ein Kind, ein Psychopath. Einer, der selbst grausam handelt, sich seiner eigenen Boshaftigkeit nicht bewusst ist. Mit dem Erlebnis in Hanoi geschah etwas Eigenartiges: Ich verlor mein Interesse an Kriegsgebieten. Nichts, aber auch gar nichts konnte mich danach noch in den Irak oder nach Tschetschenien ziehen. Stattdessen begann ich endlich, nach Frieden zu suchen. Die Heilung konnte beginnen.

Auf der Reise nach Vietnam wurde mir klar, mit wem ich mein Glück im Leben suchen musste, egal wo. Gewiss nicht mit meinen Vorfahren, sondern mit einem gegenwärtigen, lebendigen und liebenden Menschen: Laila. An den vielen einsamen Abenden in irgendwelchen gottverlassenen Nestern im Nahen Osten oder in Südamerika hatte mir Laila immer mehr gefehlt. Seit dem Tag, an dem wir uns ausgerechnet auf der Love Parade in Berlin kennengelernt hatten, war sie meine große Liebe. Warum nur eine deutsche Frau, dachte ich oft, aber mit ihr bekam das Leben eine unbekannte (und sehr erträgliche) Leichtigkeit. Mit ihr konnte ich lachen und nächtelang reden, über Gott und das Schreiben. Mehr als jeder andere Mensch inspirierte und beriet sie mich, unterstützte mich in meiner Arbeit und zeigte mir, was Liebe ist. Aber unsere Beziehung drohte zu zerbrechen, weil ich fast nie da war. Ich war ein Getriebener, immer unterwegs. Seit Jahren waren wir ein Paar, aber wir hatten noch nie in einer Wohnung gelebt. Oft sahen wir uns monatelang nicht und telefonierten nicht einmal, denn auf Reisen tauchte ich immer fast völlig ab und koppelte mich von allem daheim ab. In der kurzen Zeit, die wir an ihrem Studienort in Paris zusammen verbrachten, war ich immer nur auf Zwischenstopp, oft ruhelos und in Gedanken schon bei meinem nächsten Reiseziel. Darüber war Laila zunehmend unglücklich und zweifelte, ob ich der richtige Mann für sie sei. Wenn ich sie nicht verlieren wollte, musste ich meinen Lebensstil ändern.

So schlug ich ihr vor, mit mir zu reisen und zusammen ein Jahr nach Asien zu gehen. Das war wahrscheinlich die beste Idee meines Lebens. Wir zogen los, reisten zusammen, lebten zusammen und genossen es. Gemeinsam gingen wir auf Streifzüge, fotografierten Menschen und Orte. Laila ermutigte mich, ein neues Buch zu schreiben. Sie erdete mich und ließ mich zur Ruhe kommen. Zugleich half sie mir, meinen Horizont zu erweitern und Dinge zu sehen, die ich so nie wahrgenommen hatte. Einmal in Phnom Penh verglichen wir Fotos, die wir auf einer Ausstellung mit Bildern von später hingerichteten Gefangenen der Khmer Rouge gemacht hatten. Während ich die großflächigen Pinnwände als Ganze abgelichtet hatte, war Laila ganz nah rangegangen und hatte jeden Menschen einzeln fotografiert. Die Porträts zeigten ihre Gesichter, ihre Augen, ihren Halsschmuck. Mich als Journalisten hatten nur »die Opfer« als Gruppe, als Statistik interessiert, Laila der einzelne Mensch. Sie suchte Schönheit und Wahrheit im Kleinen, ihr Blick war für mich wie eine Offenbarung. Mit Laila konnte ich glücklich sein, ob in Asien oder in Ankelohe.

Schon in meinen Fotos damals zeigte sich, warum ich als Reporter aufhören musste. Nicht nur wegen Ankelohe oder weil der *Telegraph* seine Auslandsredaktion mit dem weltweiten Netz aus Stringern und Korrespondenten inzwischen aus Rentabilitätsgründen fast komplett aufgelöst und meine einstigen Chefs und Kollegen alle entlassen hat, um sich wie fast alle anderen Zeitungen nur noch auf Agenturberichte zu verlassen. Das ist traurig genug, aber der Hauptgrund ist, dass ich verloren habe, was ein guter Reporter braucht: Neugier und Mitgefühl. Nachdem ich jahrelang alles wissen und jeden kennenlernen wollte, liegt meine Aufnahmebereitschaft heute bei null. Wenn ich mir die Videos ansehe, die ich bislang auf der Reise durch Russland gemacht habe, wird mir klar, wie sehr sie sich von den Aufnahmen aller früheren Reisen unterscheiden. Sie zeigen meist weitwinkelige Landschaften aus großen Entfernungen aufgenommen, aber nur selten einzelne Menschen. Unter den fünf Stunden Material findet sich, ganz im Unterschied zu früher, nicht ein einziges Interview mit jemandem.

Bestimmt haben die Russen um mich herum interessante Geschichten zu erzählen, aber ich will sie einfach nicht mehr hören. Sie sind mir völlig egal. Ich will keinen Input mehr, keine Anregung. Der Schwamm, der früher alles aufsog, ist voll, saturiert, unfähig, weiteres Material aufzunehmen. Ich bin müde. Über die Jahre ist mir bewusst geworden, wie wenig mich der Journalismus befriedigt. Alles, was ich getan habe, war passiv. Ich habe beschrieben und kommentiert, aber nichts von Wert geschaffen und niemandes Leben einfacher oder schöner gemacht. So interessant der Tribünenplatz auch immer sein mag, ich bin es heute leid, nurmehr Beobachter zu sein. Vielleicht kann ich auf Ankelohe etwas Neues machen, das sich wirklicher und dauerhafter anfühlt als jeder Artikel, den ich je geschrieben habe.

NORDKOREA
DER ZAUBERER

Zwei Monate nachdem ich aus jener Opiumhöhle in Laos gestolpert war, bestieg ich eine alte Iljuschin-Maschine von Peking nach Pjöngjang, der Hauptstadt Nordkoreas. Meine Reise in dieses abgeschottete kommunistische Land sollte der letzte Höhepunkt meiner siebenmonatigen Asientour sein.

Nordkoreas paranoides Regime ließ nur wenige Ausländer ins Land, schon gar keine Journalisten. Aber ein gut vernetzter Mittelsmann in Peking hatte die Konsularbeamten in der nordkoreanischen Botschaft überzeugen können, dass ich nur ein harmloser Kulturreisender sei. Offenbar wurden Visumsbewerber in der Botschaft nicht gegoogelt, oder sie hatten noch immer keine Computer. Jedenfalls hielt ich, als ich meinen Sitzplatz im Flugzeug der Koryo Air einnahm, eines der seltensten Visa der Welt in den Händen.

Seit der Teilung der koreanischen Halbinsel nach dem Krieg von 1950 bis 1953 war die Demokratische Volksrepublik Korea (DPRK) eine stalinistische Diktatur. Sie pflegte einen starken Personenkult um den Staatsgründer Kim Il Sung, der 1994 starb, und seinen Sohn und Nachfolger Kim Jong-Il. Nach dem Zusammenbruch der Sowjetunion und einer Reihe von Naturkatastrophen in den 1990er-Jahren erlebte Nordkorea eine Phase der Hungersnöte und des wirtschaftlichen Niedergangs. Als einziger Verbündeter blieb dem Land nur China.

Fortan setzte das Regime voll auf den Ausbau des Militärs und eines Atomwaffenprogramms, um so westliche Nahrungsmittellieferungen erpressen zu können. Dies verleitete US-Präsident George W. Bush dazu, Nordkorea als einen »Außenposten der Tyrannei« und zusammen mit Iran und Irak als Bestandteil einer »Achse des Bösen« zu bezeichnen. Die Beziehungen zu Südkorea, wo noch immer

35 000 US-Truppen stationiert waren, blieben angespannt. Immer wieder flammten Konflikte auf.

Mein Besuch fiel auf den 95. Geburtstag des toten Kim Il Sung am 15. April, der im Land mit Paraden und Volksfesten, einschließlich der notorischen Massenspiele, gefeiert werden sollte. Ich wusste, dass ich während der einwöchigen Solotour, die ich beim staatlichen Reiseveranstalter gebucht hatte, strikt überwacht werden würde. Zugleich hoffte ich zu erfahren, wie dieses anachronistische Land funktionierte. Es gab Berichte über ein bizarres kommunistisches Fantasieland, ein Relikt des Kalten Krieges, wo die Zeit seit den 1970er-Jahren stillgestanden war. Aber selbst diese Beschreibungen konnten mich nicht auf das Maß an surrealer Absurdität vorbereiten, das mich erwartete.

Es war kalt und windig, als wir am Pjöngjang Airport aus dem Flugzeug stiegen. Militärpolizei geleitete uns in das Terminalgebäude, das mit einem riesigen Porträt eines strahlenden Kim Il Sung geschmückt war. Mit versteinerten Gesichtern durchsuchten die Zöllner mein Gepäck gründlich nach illegalen Objekten. Mobiltelefone waren verboten, obwohl es in Nordkorea ohnehin kein Mobilfunknetz gab. Zur Verwunderung der Beamten war mein Rucksack voller Spucktüten von Koryo Air, die ich im Flieger eingesammelt hatte. Ein Freund hatte mir erzählt, dass Raritätensammler auf Ebay bis zu 50 Dollar für eine Tüte bezahlen würden. Sie gingen durch.

In der Empfangshalle begrüßten mich meine beiden Reiseführer, sprich: Aufpasser der Regierung, die mich die gesamte Woche über begleiten sollten. Ihre Aufgabe war es, meinen Zugang zu Einheimischen und Orten, die nicht auf dem Programm standen, rigoros zu unterbinden. Sie waren dafür ausgebildet, etwaige journalistische oder nachrichtendienstliche Tätigkeit von Reisenden zu erkennen und zu vereiteln. Kim war 23 Jahre alt, hatte ein unschuldiges Gesicht und sprach Englisch. Li war mein Alter, sprach Deutsch und sah so verschlagen aus, dass er garantiert für den Staatssicherheitsdienst arbeitete. Jeder ausländische Besucher Nordkoreas wurde von zwei Bewachern betreut, sodass sie sich auch gegenseitig kontrollieren und denunzieren konnten. Beide waren etwa halb so groß wie ich und trugen dunkle Anzüge mit weißen Hemden und Krawatten.

Kim und Li sahen aus wie asiatische Blues Brothers. Es fehlten nur die Sonnenbrillen. Am Revers ihrer Jacketts steckte, wie bei allen Nordkoreanern, ein Button mit dem Konterfei von Kim Il Sung.

»Herzlich willkommen in der Demokratischen Volksrepublik Korea«, sagten Kim und Li auf Englisch und auf Deutsch. Am Ausgang stand ein schwarzer Mercedes. Der Chauffeur in Lederjacke sprach kein Wort, sah aber verdächtig intelligent aus. Ich stieg auf den Rücksitz, bewunderte die Leopardenmuster-Bezüge und fühlte mich wie ein Staatsgast, als wir in die Stadt brausten. Die ersten Eindrücke waren ganz anders als das lärmende Chaos in Peking: Die bräunliche Landschaft sah öde aus, es gab kaum Verkehr. Viele und auffällig dünne Menschen liefen am Straßenrand.

»Ich bin etwas aufgeregt«, sagte der junge Kim, der neben mir saß. »Ich will keine Fehler machen. Ich habe gerade das College abgeschlossen, und Sie sind mein allererster Tourist.«

»Wir werden uns bestimmt prima amüsieren«, sagte ich. Da musste der arme Junge als ersten Kunden ausgerechnet mich erwischen – er tat mir jetzt schon leid.

Die erste Sehenswürdigkeit war die gigantische Bronzestatue von Kim Il Sung, wo ich wie alle ausländischen Besucher einige Blumen niederlegen und mich verneigen musste. Nach seinem Tod war Kim Il Sung zum »Ewigen Präsidenten« erklärt worden, der noch immer die Geschicke seines Landes lenkte und wie ein Gott zu verehren war. Hunderte Soldaten und Zivilisten traten in Reihen vor, um sich zu verneigen. Die Männer waren in dunkle oder olivgrüne Anzüge gekleidet, die Frauen in grellbunte Kleider. Als ich meine Kamera zückte, sprach Li seine ersten Verbote aus. Das sollte zu seiner Hauptbeschäftigung während meines Aufenthalts werden.

»Sie müssen uns fragen, bevor Sie irgendetwas filmen oder fotografieren«, sagte er mit argwöhnischem Blick auf meine große Kameratasche. »Auf Fotos der Statue muss immer der gesamte Präsident von Kopf bis Fuß zu sehen sein. Teilaufnahmen sind respektlos und nicht erlaubt.«

»Was ist mit Menschen auf den Straßen, kann ich die fotografieren?«, fragte ich schon leicht genervt.

»Nein, das ist auch verboten, schon gar nicht Soldaten.«

Nach der Verbeugung ging es zum Hotel. Die Stadt, in den prosperierenden 1970er-Jahren nach dem Vorbild Ost-Berlins erbaut, sah sauber und steril aus. Cafés oder Restaurants gab es nicht. Die wenigen Läden, die ich ausmachte, hatten abgesehen von Batterien von Mineralwasserflaschen nur leere Regale vorzuweisen. Nirgendwo gab es Werbung oder Neonschilder. Große Plakatflächen waren mit militärischen Motiven und Propagandaslogans bemalt. Dunkel angezogene Gestalten huschten über die Bürgersteige, oft Karren hinter sich herziehend.

Der einzige erbauliche Anblick waren die süßen Mädchen, die den Verkehr in Pjöngjang regelten. Angeblich wurden sie von Kim Jong Il persönlich ausgesucht. Gekleidet in royalblaue Uniformen mit weißen Söckchen und schwarze Lackpumps, erledigten sie ihre Aufgabe mit militärischer Präzision und großer Hingabe. Bei jeder halben Drehung schlugen sie ihre Hacken zusammen und ließen ihren Stock durch die Luft sausen. Die Tatsache, dass es auf den breiten Boulevards außer einigen Dacias und Volgas kaum Verkehr zu regeln gab, erhöhte nur die Sinnlichkeit ihres Wirkens. Ich zögerte nicht lange und schoss die ersten heimlichen Fotos von den hinreißenden Verkehrspolizistinnen. Li bemerkte es nicht, Kim sah schmunzelnd weg.

Mein Hotel war ein 47-stöckiger Vier-Sterne-Klotz auf einer Flussinsel, der ein Casino, eine Kegelbahn und einen Golfplatz zu bieten hatte. In meinem Zimmer hing ein Pionier-Kalender – hübsche Mädchen mit roten Halstüchern. Die Minibar war mit Mineralwasser gefüllt. Das Telefonverzeichnis listete zwei Ländervorwahlen für Deutschland auf, eine für die BRD und eine für die DDR.

»Als ich 1989 Deutsch zu lernen begann, wollte ich in der DDR studieren«, erzählte Li, während wir mit Kim ein vertrauensförderndes Bier an der Hotelbar tranken. »Aber ein Jahr später war die DDR verschwunden, und ich kam nie ins Ausland.«

»Das ist schade«, sagte ich. Das meinte ich ernst, denn er sprach Schuldeutsch mit einem so starken Akzent, dass ich ihm kaum folgen konnte.

»Was machen Sie beruflich?«, fragte er mich. Es war ein Routineversuch, meine touristische Identität zu prüfen. Schon oft hatte ich diese Frage in den vergangenen Jahren mit einer Lüge beantwortet und eine Tarngeschichte erfunden. Dieses Mal musste ich besonders Acht geben. Indem ich offiziell als Tourist nach Nordkorea gekommen war, hatte ich das Gesetz gebrochen. Wieder einmal drohte mir Haft wegen Spionage. In Kim Jong Ils Gefängnissen zu sitzen stellte ich mir als eine eher unerfreuliche Erfahrung vor.

»Ich habe ein Gasthaus auf dem Land«, sagte ich und erzählte ihm von Gut Ankelohe. Meine Geschichte stimmte, aber Li schien zu ahnen, dass ich ihm etwas verschwiegen hatte. Zum Glück wechselte Kim das Thema und fragte nach deutschen Mädchen. Je mehr Bier wir tranken, desto besser verstanden wir uns. Obwohl unsere Vorstellungen von Humor weit auseinanderlagen, lachten wir viel zusammen. Als die Bar schloss, zogen sich Li und Kim in ein Zimmer neben meinem zurück – nicht allerdings ohne mich nochmal eindringlich zu ermahnen, dass ich das Hotel niemals allein verlassen dürfe. Ich mochte die Jungs, aber ihre Verbotsregeln fingen an, mir auf die Nerven zu gehen. Als ich aus meinem Hotelfenster auf Pjöngjang blickte, sah ich nur wenige Lichter. In einigen Stadtteilen war der Strom komplett abgeschaltet.

Ich fühlte mich müde. Was suchte ich eigentlich in dieser Stadt? Ich dachte an Laila, die in Peking auf mich wartete. Von dort wollten wir zwei Wochen später zusammen zurück nach Deutschland fliegen. Nach Hause.

Am nächsten Tag fuhren wir zu einer Geburtstagsparty für einen Toten. Ein langer Konvoi von Diplomatenwagen parkte vor dem Mausoleum von Kim Il Sung. Der chinesische Botschafter erschien zuerst, gefolgt vom Repräsentanten des UN-Welternährungsprogramms. Das sagte ja schon alles. Weiter hinten standen blasse Diplomaten aus Russland und Osteuropa, die in ihren billigen grauen Anzügen wie Fossilien des Warschauer Pakts aussahen. Vermutlich wurden nach Nordkorea die unverbesserlichen Sozialisten geschickt, die kein anderes Land haben wollte.

Heute trugen Kim und Li tiefschwarze Anzüge. Sie fühlten sich offenbar unwohl und waren nervös. Ausländer in das Mausoleum zu begleiten gehörte normalerweise nicht zu ihrer Tour. Kim trug mir vor, dass sein berühmter Namensvetter, der »vom Himmel herabgestiegene Sohn der Menschheit«, am 15. April 1912 geboren wurde, am selben Tag, an dem die *Titanic* im Nordatlantik sank. »Als das größte kapitalistische Schiff im Westen unterging, ging im Osten die große Sonne auf«, scherzte Li. Ich widerstand der Versuchung, den Jungs zu sagen, dass Kim Il Sung kein Gott war, sondern nach Ansicht der meisten Historiker lediglich ein gegen die Japaner kämpfender Partisanenführer. Nach dem Zweiten Weltkrieg setzten ihn die Sowjets als Parteichef ein. Im Krieg von 1950 bis 1953 bewahrte ihn nur Maos chinesische Freiwilligenarmee vor dem Ende.

Das Mausoleum war ein kolossales graues Gebäude, das Kim Il Sung einst als Palast genutzt hatte. Zu den Diplomaten gesellte sich eine Truppe aus hohen nordkoreanischen Regierungsbeamten und Generälen. Auf endlosen Laufbändern gelangten wir ins Innere. Niemand ging, alle standen feierlich erstarrt. Wir mussten mehrere Sicherheitschecks mit Metalldetektoren und einer mysteriösen Röntgen-Blackbox durchlaufen. Kameras, Schlüssel und Münzen wurden abgegeben, bevor man uns in eine hohe Marmorhalle führte, in der düstere Musik spielte. In der Mitte lag in einem gläsernen Sarg das Geburtstagskind: Kim Il Sung. Er trug einen schwarzen Anzug, die Hände waren über seinem noch immer gewaltigen Körper gefaltet. Das Haar war dunkel nachgefärbt und die Lippen schmollend geschürzt wie bei einer Mon-Chi-Chi-Puppe.

Unter den aufmerksamen Augen von Soldatenwachen defilierten die Diplomaten und Beamten einmal um die Leiche herum. Dabei verneigten sie sich an jeder Seite dreimal. Einer der nordkoreanischen Generäle beugte sich so tief, dass ich angesichts seines Alters und der vielen Orden an seiner Brust fürchtete, er würde nicht wieder hochkommen. Das war mir zu blöd. Ich nickte nur und schlug im Stil eines preußischen Offiziers meine Hacken zusammen, was ein imposantes Echo in der Marmorhalle erzeugte. Oberstleutnant und Großvater Hans-Heinrich hätte es wohl gebilligt.

Zurück auf dem Laufband, das uns wieder hinaustransportierte, besah ich mir die niedrigen Staatsbeamten und Armeerekruten, die in die entgegengesetzte Richtung fuhren. Sie standen paarweise und starrten steif und schweigend auf den Rücken ihres Vordermanns.

Niemand sah mich an oder erwiderte mein Lächeln. Sie schienen wie seelenlose Automaten.

Den Rest des Tages klapperten wir mit unserem schwarzen Mercedes diverse Sehenswürdigkeiten ab. Kim und Li zeigten mir kommunistische Denkmäler, einen Friedhof für Partisanenhelden, ein leeres Buddhistenkloster, Kim Il Sungs Geburtsort, den Juche-Turm zu Ehren der (gescheiterten) Autarkie Nordkoreas und einen Triumphbogen, der, wie meine Reiseführer behaupteten, größer als der in Paris war. Später gingen wir in einen Zirkus, in dem es noch Tanzbären gab. Dann war der sogenannte Kinderpalast dran, wo angeblich die talentiertesten Kinder des Landes eine besondere Ausbildung erhielten. Es war eher ein potemkinscher Palast. Der Guide zeigte uns einen Computerunterricht, aber als ich genauer hinsah, hackten die Kinder nur verständnislos auf den Tastaturen rum. Als ich den Lehrer zum Internet befragte, sah er mich nur mit großen Augen an.

Abends stärkten wir uns mit einem vorbestellten Dinner in einem fast leeren Restaurant, in dem sicher keine normalen Nordkoreaner zugelassen wurden. In einem separierten Raum aßen wir koreanische Spezialitäten, während ein Fernseher lobhudelnde Propaganda über Kim Il Sung und dann einen Film über den Krieg zeigte. »Unsere heroischen Partisanen haben gegen die imperialistischen Japaner gekämpft«, erklärte Kim eifrig den Filminhalt. Keiner der Jungs schien in der Lage zu sein, »Japaner« oder »Amerikaner« zu sagen, ohne »imperialistisch« hinzuzufügen.

»Jetzt fahren wir zum Kim-Il-Sung-Platz«, verkündete Li. »Dort könnte es spontane Tänze geben, um den Geburtstag des Präsidenten zu feiern.«

»Tänze und Glücksbekundungen«, ergänzte Kim beflissen. Nur die Spontanität dieser Festlichkeiten war etwas zweifelhaft, da wir den ganzen Tag über voll kostümierte Tanzgruppen beim Üben gesehen hatten.

Der noch leere Platz war umgeben von bedrückend stalinistischer Architektur und drei großen Bildern von Karl Marx, Wladimir Lenin und Kim Il Sung. Wir betraten eine große Tribüne, die zur Hälfte von schwer dekorierten Offizieren und ansonsten von Regierungskadern besetzt war. Die wenigen ausländischen Besucher waren Diplomaten. Auf dem Juche-Turm am anderen Flussufer tanzte eine rote Flamme. Da erschollen Fanfarenklänge.

Die Show war spektakulär. Von allen Seiten marschierten jeweils 5000 Mann starke Formationen aus Turnern und Tänzern auf den Platz. Zu der Musik eines riesigen Orchesters führten sie in der streng choreografierten Ästhetik ideologischer Massenbewegungen ihre Tänze und Übungen vor. So etwas bekam man seit Ende des Kalten Krieges höchstens noch auf Kuba zu sehen: Die roten Fahnen waren da, dazu die Fackeln und ein luftgefüllter blauer Globus. Einige der Russen neben mir hatten Tränen dder Nostalgie in den Augen.

Dieses eine Mal hatten Kim und Li nichts gegen Filmaufnahmen einzuwenden. Überwältigt von der Schönheit konzertierter Bewegungen von 30 000 Menschen, filmte ich so begeistert wie Leni Riefenstahl bei den Olympischen Spielen 1936 in Berlin. Es wurde noch besser, als die Zuschauer zum Mitmachen aufgefordert wurden. Ich lief auf den Platz und mischte mich unter die Tänzer. Kim und Li konnten mir kaum folgen, während ich weiterfilmte. Zum großen Finale erleuchtete ein halbstündiges gewaltiges Feuerwerk den Himmel über der Stadt. Während ich vergeblich nach Kim Jong Il Ausschau hielt, hatte sein Stellvertreter (auch ein Kim) einen viel applaudierten kurzen Auftritt in der VIP-Zone. Als wir zurück zum Hotel fuhren, erzählte ich den Jungs, dass ich nie zuvor ein derart imposantes Spektakel gesehen hätte. Sie sahen zufrieden aus. Auch ich freute mich. Meine Videotapes waren Schätze, denn derartige Aufnahmen aus Nordkorea gab es bislang kaum. Da das Regime so gut wie nie Drehgenehmigungen an ausländische Fernsehteams erteilte, hatten Sender wie die ARD oder die BBC nichts Vergleichbares in ihren Archiven.

Am nächsten Morgen fragte ich Kim und Li, ob ich auch mal mit einigen normalen Nordkoreanern zusammenkommen und sprechen dürfe. Mir war aufgefallen, dass nur Kinder spontan auf mich reagierten und mein Lächeln erwiderten. Alle Erwachsenen auf der Straße sahen geradewegs an mir vorbei oder durch mich hindurch, besonders sobald sie meine staatlichen Aufpasser bemerkten. Es schien, als sei ihnen bei Strafe untersagt, Ausländer auch nur anzusehen. Unter normalen Umständen hätte ich schon Wege gefunden, um diskret mit ihnen zu sprechen, aber Kim und Li verloren mich nie aus den Augen. Nicht eine Sekunde ließen sie mich allein. Sogar bis vor die Türen öffentlicher Toiletten begleiteten sie mich. Die Kontrolle war total, und sie ging mir gewaltig auf den Senkel.

»Sie werden heute viele normale Leute sehen«, sagte Kim vage. »Aber ich bin nicht sicher, ob wir die Zeit haben werden, mit ihnen zu sprechen. Wir werden sehen.«

Zunächst fuhren wir auf eine Blumenschau in einer Ausstellungshalle im Stadtzentrum. Ein Schild am Eingang verkündete eine Sensation: Die Blumenzüchter des Landes hatten zwei neue Blumen gezüchtet, die sie – Überraschung! – Kim-Il-Sung-Blume und Kim-Jong-Il-Blume getauft hatten. Die beiden Pflanzen waren hübsch, sahen jedoch ehrlich gesagt wie ganz normale Lilien aus. Kim hatte nicht zu viel versprochen: Hunderte Menschen waren auf der Schau, aber wie üblich bewegten sie sich in Reihen und hielten sich aus Angst vor Ärger von uns fern. Nur zwei Armeerekrutinnen sahen kurz herüber, kichernd und rot anlaufend, aber als ich sie ansprach, schüttelten Kim und Li nur finster ihre Köpfe. Die Mädchen gingen schnell weiter.

»Lassen Sie uns zur Metrostation gehen«, sagte Kim. »Da werden Sie Menschen treffen.« In den 1970er-Jahren in großer Tiefe gebaut, war das U-Bahn-System von Pjöngjang eine Quelle des Stolzes für das Regime. Angeblich bestand es aus einem weitläufigen Streckennetz. Eigenartigerweise bekamen allerdings alle ausländischen Besucher immer nur dieselben zwei Stationen am Stadtrand zu sehen. Gerüchten zufolge war der Rest des Metrosystems nie fertiggestellt oder lange stillgelegt worden. Mithilfe von zwei Zügen und hunderten Statisten, die als Passagiere agierten, führte das Regime angeblich eine weitere Zaubershow auf, hatte ich gelesen. So viel Aufwand und Manpower, nur um einen Ausländer zu beeindrucken? Das konnte ich nicht glauben, war aber grimmig entschlossen, auf alle verräterischen Anzeichen potemkinscher Magie zu achten. Mich legte kein Koreaner rein.

Am Eingang der Station schien noch alles normal. Wir kauften Tickets, studierten die Netzkarte an der Wand und nahmen die lange Rolltreppe runter zum Bahnsteig. Die Leute, die auf der parallelen Rolltreppe aufwärtsfuhren, sahen nett und ordentlich aus. Ich fragte Li, ob ich sie filmen dürfe. Widerwillig stimmte er zu. Sie waren Arbeiter, Studenten und Familien mit kleinen Kindern. Alle waren adrett angezogen. Einige trugen im Stil ihres Machthabers nur Khakikleidung und Sonnenbrillen. Ein Student las ein Buch.

Der Bahnhof war so groß und prächtig wie die Stationen des sowjetischen Metrosystems in Moskau. Er war mit marmornen Decken und Darstellungen revolutionärer Szenen ausgeschmückt. Auch die Züge erkannte ich wieder. Sie stammten aus der DDR. Die gleichen Modelle waren in Ost-Berlin noch bis in die späten 1990er-Jahre gefahren. Sogar das mir so vertraute Dülülü-Türsignal ertönte. Leute stiegen ein und aus, ich filmte. Kein Schieben oder Drängen, alles erschien sehr angenehm und ordentlich. Wir bestiegen einen Zug. Aufmerksam beobachtete ich die Passagiere in unserem Waggon. Alte Leute unterhielten sich, junge Leute flirteten. Wie üblich hielten sie Abstand von mir und den Jungs, doch ein Mann nickte immerhin zum Gruß. Nichts schien zu fehlen. Unvorstellbar, dass all diese Menschen nur staatliche Schauspieler sein sollten, die mir das Märchen von der Metro vorspielten. Man musste schon sehr paranoid sein, um dies zu glauben. Allerdings bestanden Kim und Li darauf, im nächsten Bahnhof auszusteigen. Unser Mercedes wartete oben auf uns.

Die nächste Gelegenheit, normale Menschen zu treffen, bot ein nachmittäglicher Spaziergang in einem der vielen Parks von Pjöngjang. Auch der Tag nach dem Geburtstag des Präsidenten war ein öffentlicher Feiertag und obendrein ein schöner Frühlingstag. Im Park tummelten sich Familien und andere Picknickgruppen. Der Anblick war friedlich. Seltsam war nur, dass alle Menschen, sobald sie mich und meine beiden Süßen erblickten, augenblicklich ihre Musikinstrumente ergriffen, aufsprangen und mit verklärtem Gesichtsausdruck zu singen und zu tanzen begannen. Dies schien abgesprochen zu sein. Die allgemeine Biersauferei allerdings war authentisch und führte zu meinem ersten und einzigen ungeplanten Treffen mit einem Nordkoreaner, als mich ein sehr betrunkener alter Mann zu seiner Gruppe herüberwinkte. Erschrocken versuchte Li mich zurückzuhalten, aber der Mann war ein hoher Armeeoffizier, der ihm befahl, sich zurückzuhalten. Begeistert nahm ich einen Drink von dem Herrn an, der mich seinem Sohn, einem besorgt aussehenden Apparatschik, und seiner hübschen Enkelin vorstellte. Sie sprach Englisch und dolmetschte für uns.

»Ich muss Ihnen etwas sagen«, verkündete der alte Mann, während ich diskret meine Videokamera anschaltete. »Ich war dabei, als wir in den Fünfzigern die imperialistischen Amerikaner besiegt haben. Und ich sage Ihnen, wir werden sie wieder besiegen.« Seine besoffene Tirade dauerte etwa zehn Minuten. Er klang wie ein koreanischer Boris Jelzin. Es war alles Propaganda-Rhetorik, unbekümmert übersetzt von der Enkelin, aber ich genoss jede Sekunde. Geradezu erleichtert war ich, den ersten spontanen menschlichen Ausbruch in dieser orwellschen Stadt zu erleben. »Und wenn die imperialistischen Amerikaner es wagen sollten, sich mit unserem großen Führer Kim Jong Il anzulegen, dann werden wir sie vernichten!«

Am Abend fuhren wir zum Stadion des Ersten Mai, dem höchsten Stadion der Welt, um die Massenspiele zu sehen, das größte Spektakel der Welt. In einer perfekt choreografierten Saga führten nicht weniger als 50 000 kostümierte Darsteller vor, wie Kim Il Sung das kommunistische Paradies in Nordkorea erschaffen hatte. Das Publikum saß nur auf einer Seite des Stadions, da die gesamte gegenüberliegende Tribüne von etwa 20 000 Schulkindern besetzt war, die an der Show teilnahmen. Ihre Aufgabe war es, riesige und schnell wechselnde Hintergrundbilder meist revolutionären Inhalts zu schaffen, indem sie diverse Farbkartons hochhielten. Ein Kind war ein Pixel. Jeder Bildwechsel war perfekt synchronisiert und von kollektivem Brüllen oder Fußstampfen begleitet. Obwohl mich der Fade-over-Effekt ästhetisch an ungarische Pornofilme der 1990er-Jahre erinnerte, war der Anblick beeindruckend.

»Eine fantastische Show, oder?«, sagte Li stolz, aber ich konnte ihm nicht zustimmen. Im Gegensatz zu den Tanzfestlichkeiten am Vorabend fand ich dieses Massenspektakel verstörend. Sein militärischer Stil erinnerte mich an die Aufmärsche des »Dritten Reichs«. Mit dem Kameraobjektiv zoomte ich einzelne Menschen heran und versuchte ihre individuellen Züge zu erkennen, aber jede Einzelperson ging gleich wieder in der wogenden Menschenmasse unter. Auf einmal war ich sehr froh, im westlichen Teil Deutschlands aufgewachsen zu sein. Trotz aller Schwächen war der Individualismus, den die kapitalistische Demokratie zuließ, immer noch besser als dieser erschlagende Kollektivwahnsinn.

»Mir gefällt es nicht«, sagte ich zu Li, der überrascht guckte. »Ich bevorzuge individuelle Darsteller. Das ist kreativer.«

Zurück im Hotel an jenem Abend schaute ich die Videos, die ich über den Tag gefilmt hatte. Es galt, das Metro-Mysterium aufzulösen. Seit unserem Besuch der beiden Metrostationen war mein Misstrauen gewachsen. Auf den Fahrten durch die Stadt hatte ich keine weiteren Eingänge zu U-Bahnhöfen gesehen. Wenn das Regime in der Lage war, 50 000 Erwachsene im arbeitsfähigen Alter für die Massenspiele abzurichten – warum sollte es dann nicht einige hundert anderer Leute dazu bringen können, den ganzen Tag als falsche Passagiere in zwei Metrostationen herumzulaufen? Nur weil es surreal war, musste es nicht unwirklich sein.

Als ich mir die Leute ansah, die ich auf den Rolltreppen gefilmt hatte, schienen sie auf einmal irgendwie zu sauber und perfekt, als seien sie für ihre Rolle gecastet worden. Abgesehen von den Klamotten fiel mir auf, dass nicht ein Passagier eine Tasche dabeihatte. Der Einzige, der irgendetwas trug, war der Student mit dem Buch. Und siehe da! Als ich das Tape zurückspulte, ging mir plötzlich auf, dass derselbe Student zweimal auftauchte! Das erste Mal kam er die Rolltreppe in der ersten Station zum Ausgang hoch – zwanzig Minuten später jedoch filmte ich denselben Typen, wie er die Rolltreppe in der zweiten Station herunterfuhr. Dies ergab keinen Sinn. Der Student war tatsächlich ein Statist, der den ganzen Tag in zwei Zügen und auf zwei Rolltreppen unterwegs war. Es war der Beweis. Mir wurde leicht schwindelig. Auf Staatskosten wurde mir eine gigantische Truman-Show geboten.

Da musste ich lachen. War es nicht ironisch, dass ich am Ende meiner journalistischen Laufbahn mit einer Welt aus Lügen und Illusionen konfrontiert wurde? Ich fragte mich, ob nicht die vergangenen acht Jahre eine einzige Truman-Show gewesen waren. Vieles, was mir in der Vergangenheit als Tatsache erschienen war, konnte auch unwahr gewesen sein. Die Wahrheit ist eine Frage der Sichtweise, und Menschen neigen dazu, die Sichtweise zu wählen, die ihnen gerade am genehmsten war. Fast erwartete ich, dass mir Heinz Rühmann mit einem Glas Feuerzangenbowle erschiene und alles für erstunken und erlogen erklärte.

Am nächsten Morgen saßen wir wieder im schwarzen Mercedes und rasten auf einer leeren Autobahn zur entmilitarisierten Zone (DMZ) zwischen Nord- und Südkorea. Angesichts von zehntausenden Soldaten und Artilleriegeschossen, die sich hier gegenüberstanden, war die DMZ in Wirklichkeit die am meisten militarisierte Zone der Welt, aber inzwischen war ich an derlei Absurditäten gewöhnt. Jedenfalls hatten wir seit mindestens einer Stunde, abgesehen von einem Militärjeep, nicht ein einziges anderes Fahrzeug gesehen.

Obwohl entlang der Autobahn dichte Hecken als Sichtsperren gepflanzt worden waren, konnte ich hagere Bauern erkennen, die das Land mit Ochsen oder ihren bloßen Händen bearbeiteten. Soldaten steckten rote Fahnen in die Ackerflächen, aber es war nicht ein Traktor zu sehen. Alte Frauen schienen Wurzeln aus dem Erdreich zu graben. In den meisten Fabriken, die wir passierten, ruhte die Arbeit. Bei aller glückstänzerischen Propaganda war dieses Land offensichtlich längst am Ende.

»Hören Sie auf, die Bauern zu filmen!«, ermhnte mich Li gewiss zum zehnten Mal. Zweimal hatte er mir die Kamera bereits aus der Hand geschlagen – aber inzwischen konnte er mich mal. Ich bestand auf meinen Touristenrechten, und das Tauziehen ging weiter.

»Warum sollte ich?«, erwiderte ich.

»Weil ich Ihnen gesagt habe, dass es verboten ist, Menschen zu filmen oder zu fotografieren«, zischte Li, während Kim sich raushielt. »Sie wollen nur arme Menschen filmen. Dann wollen Sie in Deutschland zeigen, dass Nordkorea ein armes Land ist.«

»Unsinn«, sagte ich verärgert. »Ich filme das, was ich sehe, das Gute und das Schlechte. Aber ich habe eine Frage: Wenn Ihr die Kohle habt, Atombomben zu bauen, warum kauft Ihr dann nicht auch mal ein paar Trecker?«

»Die Priorität unserer Regierung ist die nationale Verteidigung gegen das imperialistische Amerika«, antwortete Li wie immer drehbuchgetreu.

»Um ehrlich zu sein, ich sehe nicht viel, was hier noch zu verteidigen wäre«, sagte ich. »Schauen Sie sich um: Das Land ist im Arsch. Euer System funktioniert nicht.«

Li drehte sich um und starrte mich zornig an. Es war gut, dass Kim und der Fahrer kein Deutsch sprachen. So konnten Li und ich einen offenen Meinungsaustausch führen, ohne jemandes Gefühle zu verletzen. Kurz holten wir Luft, dann brüllten wir uns an.

Hier saßen wir, Li und Lutz, beide 33 Jahre alt, und mussten damit umgehen, dass wir in völlig verschiedenen Welten lebten. Wie die meisten jungen Männer, die ich auf meinen Reisen kennengelernt hatte, versuchte ich Li zu verstehen und mit ihm auf einen Nenner zu kommen – aber dieses Mal klappte es nicht. Ich hielt die Videokamera direkt in Lis Gesicht. Er senkte seine Stimme zu einem drohenden Knurren.

»Was ist Ihre Aufgabe in Nordkorea, Herr Kleveman?«, fragte er. »Was ist Ihre Mission? Warum filmen Sie alles? Warum stellen Sie so viele Fragen über Politik?«

»Rein aus persönlichem Interesse«, antwortete ich.

»Das glaube ich Ihnen nicht. Sie lügen. Ich glaube, dass Sie ein Journalist sind.«

Ich schwieg.

»Sind Sie ein Journalist?«

Der Fahrer bremste den Mercedes ab, auch Kim sah mich an. Ich wusste nicht, was ich sagen sollte. Sollte ich wieder einmal lügen, um meinen Arsch zu retten? War ich denn überhaupt noch ein Journalist?

In dem Moment wurde mir klar, dass ich es satthatte. Ich wollte nur noch raus aus dem schwarzen Mercedes, raus aus diesem furchtbaren Land. Ich wollte endlich nach Hause.

»Unsinn«, sagte ich. »Alles Unsinn.«

EPILOG

Bei meiner Rückkehr aus Russland erwartet mich Laila am Flughafen in Tegel. Sie fragt mich, ob ich gefunden hätte, wonach ich gesucht habe. Ich glaube schon, sage ich. Ein paar Tage später fahren wir nach Gut Ankelohe raus. Mutter begrüßt uns mit Kaffee und Kuchen, ich zeige ihr ein paar Fotos aus Sibirien, und wir sprechen darüber, was in den vergangenen Wochen im Dorf und auf dem Hof geschehen ist. Dann gehen Mutter und Laila schwimmen, und ich mache einen Spaziergang durch den Wald und zum Familienfriedhof.

Unter den hohen Eichen wirken die Grabsteine klein, fast versteckt, obwohl viele von ihnen massive Findlinge sind. Hier liegen sie: Johan Heinrich Klävemann, der Gründer, sein Sohn Theodor und dessen Frau Helene, ihr Sohn Hans-Heinrich und dessen Frau Theda und wiederum ihr Sohn Udo, mein Vater. Außerdem einige Verwandte, enge Freunde der Familie und meine ertrunkene kleine Schwester Antje. Nur durch riesige Gedenksteine vertreten sind die Kriegstoten der Familie, Thedas Bruder und der dreißig Jahre zuvor gefallene Kuno; darunter, in einer Urne, Tante Hedi, seine ewige Verlobte. Unter dem Grabstein eines entfernten Onkels fehlt die Urne, wie ich weiß. Als dessen Witwe einige Jahre kein Geld für die Friedhofspflege überwies, grub Hans-Heinrich kurzerhand die Urne mit der Asche ihres Mannes wieder aus, setzte sich in den Zug nach Hannover und brachte sie mit den Worten »Hier hast du deinen Mann wieder!« der Tante zurück.

Hans-Heinrich konnte recht stur sein im Alter. Daher fehlt auch Paul-Udo, sein ältester Bruder. Der Familienfriedhof war ihm versperrt, denn Hans-Heinrich und er hatten sich im Krieg bitter zerstritten und nie mehr versöhnt. Politik soll dabei eine Rolle gespielt haben, aber auch die alte Geschichte, dass sich Paul-Udo zu

Beginn des Ersten Weltkriegs angeblich selbst verwundet hatte, um sich zu drücken, wofür ihn Hans-Heinrich immer verachtet hat. Und so hatte Paul-Udo auf diesem Friedhof, der mit dem Gedenkstein für den ruhmreichen Kuno ja auch ein Heldenfriedhof war, wohl nichts zu suchen. Paul-Udo soll es leichtgenommen haben. Als Nazi war er ohnehin aus der Kirche ausgetreten und ließ seine Asche lieber anonym hinter seinem Jagdhaus vergraben.

Tatsächlich lag die Fehde zwischen den alternden Brüdern wohl eher daran, dass Paul-Udo in seinem Jagdhaus mit seiner Frau Else und einer attraktiven Haushälterin ein lockeres, zufriedenes Leben führte, was dem verbitterten Hans-Heinrich im nur 500 Meter entfernten Gutshaus nicht gelang. Er wurde zu einem pedantischen Tyrannen, der seine Bitterkeit angesichts zweier verlorener Kriege an seiner Familie ausließ. Meine älteren Brüder erinnern sich ungern an den militärischen Drill, dem er sie unterzog, und an die endlosen Klimmzüge, die er sie an der Reckstange im Garten machen ließ. Abends mussten sie sich regelmäßig langatmige Anekdoten aus dem Weltkrieg anhören, dem Ersten natürlich, nie dem Zweiten. Nicht nur die Familie hatte zu leiden: Früher tummelten sich im Efeu rund ums Gutshaus lauter verspielte Eichhörnchen, bis Hans-Heinrich zur Schrotflinte griff und sie von oben aus den Fenstern nacheinander alle totschoss.

Ach, Hans-Heinrich, du alte Pickelhaube, was warst du nur für ein komischer Typ. Da ließen deine Briefe aus Russland dich mir so jung und lebendig erscheinen – und nun steht doch nur »Oberstleutnant a.D.« auf deinem Grabstein. Und genau das ist Hans-Heinrich bis an sein Lebensende 1974, dem Jahr meiner Geburt, geblieben: ein preußischer Offizier, der zur Begrüßung die Hacken zusammenknallte und bei Damen eine Verbeugung mit Handkuss vollführte. Außer Dienst war er jedoch nie. Sein ganzes Leben blickte er nur zurück auf die »unvergesslichen Jugendjahre im Kadettenkorps mit seiner strengen, oft harten, aber zweckmäßigen und erfolgreichen Erziehung«, wie er in seinem »Lebensbericht« schrieb. Das Kaiserreich, das war seine beste Zeit, in der er fortan für immer hängenblieb. Bis zu seinem Tod besuchte er die Treffen der alten Korpskameraden, obwohl er seine besten Freunde bereits im Ersten

Weltkrieg verloren hatte. Dieser Krieg mit der Erfahrung der russischen Gefangenschaft ließ ihn nie los, nach 1918 hat Hans-Heinrich sich als Mann kaum noch weiterentwickelt und der Moderne fast völlig verschlossen. Er ist nie wieder geflogen und lernte auch nie, Auto zu fahren, sondern ritt und ging, wohin er konnte, oder ließ sich chauffieren. Für ihn als Offizier, der früher über einen Burschen verfügt hatte, war es selbstverständlich, einen Fahrer zu haben, und wenn es seine Ehefrau war.

Bei aller Rückwärtsgewandtheit hing Hans-Heinrich vielleicht aber auch der vagen Erinnerung an Gut Ankelohe vor 1914 nach, einer Idylle, in der die Familie noch zusammen und glücklich war, er der jüngste Sohn liebender Eltern, umgeben von singenden und tanzenden Pensionatsmädchen in weißen Kleidern. Vielleicht wollte der alte Hans-Heinrich diese Erinnerung festhalten, an jenes nach 1914 verlorene oder vielmehr verratene Paradies, doch er wird gewusst haben, dass die begangenen Fehler, das Versagen und die Feigheit, nicht wiedergutzumachen waren.

Vielleicht fühlte er sich manchmal sogar wie Friedrich Wilhelm Pfaffrath in Wolfgang Koeppens brillantem Nachkriegsroman *Der Tod in Rom*, dem es auf einem Italien-Urlaub Anfang der 1950er-Jahre eines Abends so schien, »als sei er in jungen Jahren vom Weg abgekommen, als habe es einen anderen Pfad für ihn und für Deutschland gegeben als die Heerstraße, die Pfaffrath gegangen war; eine andere deutsche Möglichkeit, an die er nie geglaubt hatte, lag nun wie eine durch das Gaukelspiel der Erinnerung verklärte Jugendlandschaft vor ihm, doch ihr, dieser anderen Möglichkeit war er untreu gewesen, und das andere Deutschland war für immer versäumt worden.« Genau diese verhängnisvolle Heerstraße, auf der Hans-Heinrich noch so eifrig marschierte, soll nun auch für mich vorbei sein.

»Längst vergessene historische Ereignisse werden zu unseren unvergesslichen Tagen«, schrieb der afrikanische Reporter Aidan Hartley in seinen Memoiren. Ich fühle mich ähnlich feuchtäugig wie er, wenn ich auf meine lange Reise zurückblicke. Ich werde die Romantik und Exotik des Reporterlebens vermissen. Vielleicht wird mir irgendwann selbst der ständige Lärm von Dieselgeneratoren fehlen, der sich wie ein akustisches Leitmotiv durch alle meine Reisen in Chaosländern zog. Aber ich will mich nicht wie Hans-Heinrich mit meinen Dämonen in Ankelohe niederlassen und im ständigen nostalgischen Rückblick leben. Ich möchte meinen Frieden finden mit der Familie, mit Hans-Heinrich, mit Vater und all den anderen, die vor mir hier waren – und dann sollen sie mich bitte endlich in Ruhe lassen. Sie sind tot, aber ich lebe. Ich will nach vorne schauen, eine eigene Familie gründen und Ankelohe vielleicht wieder zu einem paradiesischen Ort machen, wo viele Menschen glücklich und unbeschwert leben können.

Acht Jahre lang habe ich »in der Sorglosigkeit der Jugend nach jedem Fetzen Abenteuer, Erfahrung oder Material für Artikel gesucht«, wie Winston Churchill über sein frühes Leben in den 1890er-Jahren schrieb, als er, wie ich hundert Jahre später, als Freelance-Reporter für den *Daily Telegraph* zu arbeiten anfing. Das Zitat gefällt mir, weil auch in meinem frühen Leben das Abenteuer zuerst kam und dann erst das Material für Artikel. Ich habe die Fährnisse und Anfechtungen des freibeuternden Reporterlebens genossen, habe viele faszinierende Menschen getroffen. Sie haben mir Lehren fürs Leben erteilt, mir viel beigebracht über die Natur des Menschen, Mut und Feigheit, Gier und Großzügigkeit, Liebe und Verrat. Glück bedeutete für mich, in ein neues Land zu kommen, in dem ich niemanden kannte, nur ein paar Telefonnummern in meinem Notizblock stehen hatte. Dann entdeckte und erforschte ich dieses Land und verwandelte Fremde in Menschen, deren Leben für mich nicht mehr abstrakt war. Nicht immer hat das geklappt, aber wenn es klappte, war es jede anstrengende Reise wert.

Mehr als hundert Länder habe ich bereist und aus vielen berichtet. Es war, fast immer, ein Heidenspaß. Ich habe die Welt kennengelernt als ein von den Menschen geschundenes, gefährliches Paradies, in dem es wohl nie überall Frieden geben wird. Eher werden uns die Konflikte der vergangenen zehn Jahre bald wie Kinderkram vorkommen angesichts der Kriege und Katastrophen, die uns durch den globalen Klimawandel bevorstehen. Doch darüber sollen andere schreiben.

Der Journalismus, wie ich ihn ausgeübt habe, ist nichts für Erwachsene. Wer nicht spätestens mit Anfang dreißig damit aufhört, wird Säufer oder geht seelisch daran zugrunde. Die vergangenen acht Jahre waren unglaublich intensiv und aufregend, als ob ich die ganze Zeit auf Drogen gewesen wäre. Nun ist es an der Zeit, einige Gänge runter zu schalten, aber selbst wenn ich mich wieder in ein sesshaftes, normales Leben integrieren kann, wird das Runterkommen hart sein und lange dauern. Oft fühle ich mich nur hohl, ausgebrannt und tief gelangweilt. Die Rechnung kommt zum Schluss, wie gesagt wird, und das ist wohl der Preis, den ich zu zahlen habe.

Meine Wanderjahre, die Wunderjahre, sind vorüber. Ankelohe hat gewonnen, der sogenannte Ernst des Lebens kann beginnen. Aber vielleicht wird es ja auch ganz schön sein. Einen Versuch ist es wert. Man muss dem Schicksal ja auch mal ein Angebot machen.

DANK

Ein Buch zu schreiben ist eine einsame Arbeit, doch allein hätte ich es nicht geschafft. Allen Menschen, die mich dabei unterstützt haben, möchte ich herzlich danken:

Alex Todorovic, Gibril und Teddy, Maguiraga Mahamadou, 'Baqi' Abdul Aziz Samander, Chaukat, Paolo Amendoim, Karl Pinzon, Kaung San und allen anderen ‚Fixern' und Reisegefährten, die mir Türen geöffnet und ihre Länder verständlich gemacht haben.

Peter Scholl-Latour und meinen vielen anderen Schutzengeln, die im richtigen Moment meinen Weg gekreuzt und mich vor Unheil bewahrt haben.

Alec Russell und Paul Hill, meinen Redakteuren beim *Daily Telegraph*, für die harte Schule; Emma Parry und Dr. Uwe Heldt, meinen großartigen Agenten; Dr. Heike Specht, Dr. Tobias Winstel und Markus Desaga vom Siedler Verlag, die an dieses Buch geglaubt und seine Geburt mit kenntnisreichem Enthusiasmus begleitet haben, sowie ihren hervorragenden Mitarbeitern Dr. Jan Schleusener (Lektorat), Ditta Ahmadi, Peter Palm und Ulrike Nikel.

Jana Simon, James Crabtree, Lawrence Osborne, Bartle Bull, Solana Larsen, Justine Harari, Silvana Paternostro, Christina Lamb und Peter Maass, großartigen Autoren und Freunden, für ihre kritischen und hilfreichen Kommentare zum ersten Manuskript, sowie ganz besonders Georg Schönharting von zimmer209 Productions, der aus meinen zahllosen Reisevideos zu diesem Buch eine tolle Filmserie geschnitten hat (zu sehen auf www.kleveman.com).

Timothy Garton Ash, Ahmed Rashid, Elizabeth Rubin, Samantha Power, Parag Khanna, Morgan Entrekin, Toby Mundy, Petra Pissulla, Harald Schumann sowie Oleg Bogdanov, Gregor Schatz, Matthias Gebauer, Jan Becker, Stephen Schumacher, Frank Rothe und Christoph Reuter für Anregung, Rat und Freundschaft über die Jahre.

Reinhild Kleveman, meiner unvergleichlichen Mutter, für ihre verständnisvolle Geduld während meiner Wanderjahre; Ingrid Engler und allen anderen Mitarbeitern auf Gut Ankelohe fürs Rückenfreihalten, wenn ich unterwegs war.

Und natürlich Laila, meiner wunderbaren Frau und Wegbegleiterin, für die nächtelangen Gespräche und die Inspiration, ohne die ich dieses Buch nie geschrieben hätte.

Gut Ankelohe, im Mai 2011
Lutz Kleveman

Reiseroute Hans-Heinrich Kleveman 1917
Reiseroute Lutz Kleveman 2008
RUS
St. Petersburg
Nischny-Novgorod
Jekaterienburg
Omsk
Kovno
Wilna
Minsk
Moskau
Samara
Astrachan